신사조행정법

김 성 수

신 조 사

머리말

연구자로서 33년의 시간을 보내면서 행정법을 포함한 공법 질서 전반의 변화를 목격하고 그러한 변화의 내용과 방향성에 대한 학문적 논쟁에 아주 작은 부분이기는 하지만 직접 당사자로서 참여할 기회를 가질 수 있었다는 것은 큰 기쁨이자 행운이었음을 고백하지 않을 수 없다. 특히 행정법 분야를 헌법질서와의 관계성 속에서 이해하고자 하는 관심이 학부와 대학원 석사과정에서 미국 연방대법원에 관한 문헌들을 접하면서 자연 숙성되었고 독일 유학시절 박사학위 논문의 주제에도 이어지게 되었다.

본디 행정법규는 양이 방대하고 관련 주제들은 모래알처럼 인간 생활의 모든 분야에 산재하며 기술적인 부분도 많은 데다가 행정소송 등 실무적인 문제와도 관련되는 경우가 많아서 자칫 행정법 연구자들은 지극히 지엽적이고 기능적인 주제에 매달리기 쉽다. 행정법학의 연구에서 영속적이고 보다 근본적인 주제에 천착하기 위해서는 헌법질서와 연결고리를 발견하는 것이 불가피했고 조세나 부담금에 관한 당시 연구 주제는 이를 요구하는 국가와 자신의 주머니를 지키려는 시민들과의 영원한 줄다리기를 슬기롭게 해결하는 방안을 찾는 과정으로 보였다.

1990년부터 대학에 적을 두면서 민관협력, 민간투자, 제3섹터가 해외에서는 물론 국내에서도 행정법적인 제도화를 이루는 과정을 지켜보면서 전통적인 행정법학 연구 및 실정법 체계에 미칠 영향에 대한 고민이 시작되었다. 특히 사업자와 주무관청이 실시협약이라는 제도를 통하여 과거 행정처분 중심의 수직적 행정법관계를 지양하고 국민의 삶에 지대한 영향을 미치는 사회기반시설에 대한 지속가능한 운영을 위하여 협력적 관계를 구축하는 것은 저자에게 큰 자극이자 충격으로 다가왔다.

1997년 독일에서의 연구년은 당시 유럽연합의 가속화로 인하여 독일 역시 전통적인 법학방법론과 Otto Mayer의 행정법학이 크게 동요하고 있고 그 대안 세력으로서 이른바 신사조행정법학(Neue Verwaltungsrechts-wissenschaft)이 등장하면서 신구파 간의 격렬한 논쟁을 체험하는 소중한 기회가 되었다. 어찌 보면 저자는 지난 30년 간 독일과 유럽행정법을 대상으로 진행된 이러한 거대한 학문적 담론과 흐름에 스스로 몸을 던지고 한편 이를 즐기면서 한마디 거들 수 있는 기회의 시대를 살았는지 모른다.

그런데 시민들이 정부와 수직적인 종속관계를 청산하고 합리적이고 공정한 행정활동을 통하여 스스로 그 수혜자가 되기 위한 협력관계를 지향하는 것은 유럽과 독일의 문제만은 아니며 시민사회의 역량이 급격하게 성장한 한국을 포함하여 21세기 중반 대다수 문명국가의 일반적인 법적 프레임이라고 할 수 있다. 그러므로 신사조행정법학은 한국의 행정법학이며 동시에 global 행정법 질서라고 말하여도 지나친 것이 아니다. 특히 오늘날 시민들은 자신들의 일상생활과 운명에 중요한 영향을 미치는 정부의 결정이 헌법이나 법률에 부합하는 것인가 하는 문제보다는 그것이 합리적이고, 공정하며, 거부감 없이 수용가능한 것인가에 더욱 많은 관심을 가지고 있다.

신사조행정법은 행정처분을 비롯하여 공적인 결정의 적법, 위법의 이분법을 극복하고 합리적인 거버넌스와 절차형성, 과학기술과 지식 및 정보를 적극적으로 활용하면서 국가와 행정보다는 시민들이 원하는 "좋은 행정"을 구현하기 위한 법과 제도를 찾는데 행정법학 연구의 역량을 집중하고 있다. 이 책은 이러한 노력과 연구의 작고 보잘 것 없는 결과라고 할 수 있다. "행정법"이란 과연 무엇인가? 법은 행정의 최소한이기 때문에 시민은 법치 그 이상의 "좋은 행정"을 원하며 행정법학 연구는 행정법규와 사법부의 판례 외에도 행정 그 자체의 합리성과 공정성 실현을 위한 제도를 설계하는데 바처져야 한다. 이렇게 본다면 "헌법의 구체화법으로서의 행정법"이라는 명제는 여전히 타당하지만 오늘날 과학기술의 발달과 시민의 법의식을 고려할 때 분명한 한계도 존재한다. 그렇게 본다면 "헌법은 민주적 정당성과 法治를 지향하지만, 행정법은 합리적 정당성과 協治를 추구한다"는 말이 현실에 더욱 부합하는지 모른다. 헌법과 행정법 질서가 서로 평행선을 달리지 않고 다시 한 번 조화로운 관계를 모색할 수 있을지 저자가 스스로에게 매일 던지는 질문이다.

신사조행정법학은 공적 의사결정에 일상적으로 민간과 인공지능 등 선출되지 않는 권력의 참여를 허용함으로써 합리적인 결정을 지향하는 과정에서 헌법의 민주적 정당성원칙과 갈등을 빚을 수 있으며, 종국적인 결정보다는 당사자 간의 협의와 갈등조정을 문제의 해법으로 제시함으로써 법적 명확성과 예측가능성을 중심으로 하는 법치행정, 법치주의에 대한 위험요인을 제공할 수도 있다. 이렇게 본다면 "헌법의 구체화법으로서의 행정법"이라는 명제는 여전히 타당하지만 오늘날 과학기술의 발달과 시민의 법의식을 고려할 때 분명한 한계도 존재한다. 헌법은 무엇인가 "구성한다(constitute)"는 의미이니 집으로 치면 기초나 골조공사에 해당하며 당연히 내구성을 가지기 위해서 工法의 원칙과 원리를 강조하는 것이라면, 행정법은 무엇을 "관리한다(administer)"는 뜻으로서 집안의 내부 인테리어에 해당하며 주거만족도를 극대화하기 위한 효율성과 편리성을 추구하는 실사구시가 중요한 "管理의 美學"으로 비유할 수 있을 것이다.

이 책 역시 많은 분들과 기관의 도움 그리고 격려 속에서 세상에 나올 수 있었다. 누구보다도 고마운 분으로 저자의 모든 生을 배려하신 Oppermann 교수님을 어찌 잊을 수 있겠는가. Jena 대학의 Brenner 교수, Speyer 대학의 Ziekow 교수에게도 그 동안 교류와 협조에 감사의 말씀을 드린다. 한국연구재단은 2017년부터 우수학자 지원사업으로 5년 간 저자의 연구를 지원하였다(2017S1A5B1020348). 독일 Humboldt 재단은 1990년대 중반부터 지속적으로 그리고 2020년 Reimar Lüst 국제연구상을 수여하여 여전히 저자의 연구를 지원하고 있다. 또한 어려운 여건 속에서도 기꺼이 저자의 저서를 출판해주신 신조사 이종은 부장님과 교정을 맡아주신 송일근 주간님께도 깊은 사의를 표한다.

그러나 그 누구보다도 30년 간 새로운 행정법을 연구한다면서 일상의 舊態를 벗지 못한 지아비를 지극정성으로 보살펴준 아내에게 인간의 언어로 표현하기 어려운 감사를 드린다. 그리고 이 책은 아버님의 만수무강과 딸, 손자 승학이의 건강과 행복을 위하여 바친다.

2023년 새해 초 신촌 연구실에서

저자 **김성수**

차 례

제1장

문제의 제기

Mayer vs. Vosskuhle
- 행정법학의 統一場 理論은 가능한가?

Ⅰ. 문제의 제기

무릇 학문이란 무엇인가? 학문은 인간의 관심사에 대한 끊임없는 분리와 통합의 과정이다. 120년 전 독일행정법의 아버지로 불리는 Otto Mayer는 독일의 전통적인 법학방법론을 행정법학에 도입하여 행정법학에 있어서 일체의 외부적 환경이나 사회적, 정치적 고려를 배제하고 오직 규범 자체의 의미에 대한 해석론만을 연구와 실무의 대상으로 분리하는데 성공하였다.[1] 오늘날은 물론 이미 Mayer의 행정법학 연구가 태동하기 시작할 당시부터 그의 행정법학 방법론과 체계론에 대해서는 상당한 비판이 제기되었지만 필자는 Mayer가 행정법학 연구와 실무상의 방법론을 철저하게 법치행정과 실정법의 해석론에 근거한 권리구제 및 소송제도의 구축에 매진한 이유에 대해 최대한 善解하고 싶다. Mayer는 독일행정법 Ⅰ, Ⅱ를 통하여 자유주의적 법치국가 행정법학을 완성하고 독일행정법은 물론 범 유럽, 일본 및 한국의 행정법 이론과 실무에 지대한 영향을 여전히 미치고 있지만 그 사상적 원류는 프랑스 절대왕정 시대의 행정제도에서 출발하고 있다.[2] Mayer의 머릿속에는 입헌군주의 절대 권력을 인정하더라도 일반적인 행정적 권한은 견제와 균형의 원칙과 법치행정원리에 따라서 의회가 제정한 법률에 엄격하게 기속시키고 법률유보, 법률우위를 위반한 행정권 행사가 있는 경우 행정소송제도를 통하여 사법부가 신민들의 권리를 보장하는 행정법체계를 평생 구상하고 있었다. 이렇게 볼 때 Mayer가 Hegel의 국가론을 계승한 國粹主義者라는 비판을 받을 수도 있지만 국가의 행정권에 대한 입법자의 우위, 법률위반 등 행정권 남용에 대한 사법부의 견제를 통한 삼권 간의 균형을 자신의 행정법 이론의 중핵으로 체계화했다는 점에서 자유주의 행정법학자로 평가할 근거는 충분하다. Mayer는 법치행정원리를 중심으로 하는 행정법학 연구와 행정법체계에서 일체의 외부적

---

1) 김성수, 오토 마이어 - 행정법의 아이콘인가 극복의 대상인가, 공법연구 제45집 제2호, 2016, 235면 이하.
2) 박정훈, 행정법의 체계와 방법론, 2005, 461면 이하.

인 정치 환경이나 사회적 현실을 捨象할 것을 강조하였는데, 그 이유는 정치적 고려나 영향력이 행정법 체계에 침투하는 순간부터 행정법체계의 안정성과 예측가능성은 사라지고 법은 정치논리에 휘둘리게 된다는 것을 누구보다 잘 알고 있었기 때문이다. Mayer는 "헌법은 사라지나 행정법은 존속한다"[3]는 명제를 통하여 정치적, 이념적 규범인 헌법체계를 경계하고 행정법 체계를 헌법규범으로부터도 분리하여 행정법학 연구의 정체성을 확립하고자 하였다. Mayer는 그의 독일행정법 제3판이 출간된 1923년인 1년 뒤인 1924년 사망하였으나 그로부터 약 100년 간 그의 행정법학 방법론과 행정법체계는 법적 안정성과 명확성이라는 행정법의 정신을 실현하며 여전히 독일은 물론 일본과 한국에서도 건재하다.[4]

하지만 세월을 이기는 장사가 있을까? 지난 100년 간 우리는 인류역사가 시작된 이래로 유래를 경험하지 못한 기술적, 사회적 진보를 이룩하였다. 한 마디로 천지가 개벽을 한 것이다. 특히 정부와 국가에 비하여 개인과 기업, 시민사회의 역량이 양적, 질적으로 성장하여 공공부문을 압도하는 상황에 이르게 되었고, 인터넷의 폭발적인 보급을 통하여 국경을 넘어서는 자본거래와 정보의 흐름은 개별 국가 차원에서 가지는 규제기능에 대한 한계를 노정하게 된 것이다. 정치적, 사회적 현실로부터 규범을 분리하여 규범체계의 안정성과 예측가능성을 부여하려는 Mayer의 행정법학 방법론의 취지와 목적을 이해하기는 하지만 실정 행정법규에 대한 해석론에 매몰된 이른바 "사법부 중심의 행정법학 방법론"은 행정법 관계의 문제해결 능력에 문제를 제기하기에 이르렀다. 행정법학은 실정법의 해석은 물론 끊임없이 변화하는 외부환경에 대응하고 제기되는 문제를 해결하기 위한 입법론을 항상 동시에 염두에 두어야 하며, 국회와 시민사회는 현실적으로 제기되는 다양한 정책적 과제 수행에 필요한 행정법규의 제정과 개

3) 1923년 오토 마이어 독일행정법 제3판의 서문. 하지만, 헌법질서 역시 헌법재판 등을 통하여 과잉금지원칙, 기본권 보장 등 헌법원리를 발견하고 정착시켰다는 점에서 반드시 정치적, 이념적 규범이 아니라 항구적이고 지속가능한 규범이 되었다는 반론도 있다. 김성수, 헌법은 존속하고, 행정법은 변화한다. 공법연구 제41집 제4호, 2013, 65면 이하.

4) 김성수, 오토 마이어 선생님께 보내는 편지, 행정법학 제16호, 2019, 141면 이하.

정을 위한 법리와 체계를 상시적으로 구상해야 한다. 특히 입법정책적 측면이 강조되는 행정법과 행정법학의 규율과 연구대상이 국가와 사회의 현안을 다루고 있다는 점을 고려한다면 현실 세계로부터 완벽하게 규범체계를 분리한다는 Mayer의 사고가 비현실적이라는 점은 자명하다. 따라서 행정법의 규범체계와 연구방법론이 공동체의 현실과 외부환경을 고려하는 것이 불가피하였기 때문에 현실과 규범의 통합, 행정법학의 연구방법론과 경제학, 사회학, 정치학적 방법론과의 연계성을 고려하는 행정법학의 방법론이 1990년대 초부터 독일에서 등장하기 시작하였다. 흔히 이와 같은 행정법학의 새로운 방법론을 통칭하여 신사조행정법학(New Administrative Law Scholarship; Neue Verwaltungsrechtswissenschaft)이라고 부르고 있다.[5)]

후술하는 바와 같이 특히 신사조행정법학은 Dogmatic보다는 Pragmatic을, 규범의 Text보다는 Context를 강조하면서 행정이 보다 합리적, 객관적이고 공정한 결정을 내리기 위하여 행정처분 등 행정청의 최종 결정의 위법, 적법 여부보다는 그와 같은 결정이 이루어지는 행정조직과 거버넌스, 결정에 참여하는 이해관계인들과의 협력과 네트워킹, 지식과 정보창출의 기능을 강조하는 방법론이다. 결국 신사조행정법학에서 행정법규는 명령이나 강제적 처분을 내리기 위한 법적 근거로서 행정처분의 법률적합성을 강조하기 보다는 합리적이고 일반 국민에게 수용가능성을 제고하는 행정적 결정이 이루어지도록 행정법의 기능을 국민과 이해관계인들에게 지속적인 영향력을 행사하고 그들의 행태를 조율(Steering)하는데 중점을 둔다.[6)] 후

5) 간략한 소개로서 Andreas Voßkuhle, Neue Verwaltungsrechtswissenschaft, Grundlagen des Verwaltungsrechts, 2012, S. 1ff.; Andreas Voßkuhle/Thomas Wischmeyer, The 'Neue Verwaltungsrechtswissenschaft' against the backdrop of traditional administrative law scholarship in Germany, Comparative Administrative Law 2. Ed. (Susan Rose-Ackerman/Peter L. Linseth/Black Emerson, Edt.), 2017, pp. 1-21.

6) 김성수, 독일의 신사조 행정법학 사반세기 - 평가와 전망, 강원법학 제51권, 321면 이하(특히 331면 이하), 필자는 Steering(Steuerung)이라는 용어를 制御 또는 調律로 병용하고 있는데, 操縱이라고 표현하는 학자들도 있다. 정남철, 독일행정법방법론의 발전과 변화 - 독일 행정법학의 성립부터 신행정법론의 등장까지 -, 저스티스 통권 제181호, 2020, 45면 이하; 이원우, 21세기 행정환경의 변화와 행정법학방법론의 과제, 행정법연구 제48호, 2017, 83면 이하(특히 95면, 100면 이하).

술하는 바와 같이 신사조행정법학의 문제의식은 행정과 국민 간의 수직적 관계를 전제로 하는 Mayer의 고전적인 행정법학 방법론과는 달리 공공부문과 민간부문 간의 협력과 소통을 통하여 행정이 보다 합리적이고 수용가능성이 제고된 결정을 내리는 연착륙 방식을 지향한다는 점에서 특징을 가진다. 다만, 후술하는 바와 같이 신사조행정법학이 "신사조"라는 점을 강조하기는 하지만 규범과 현실 문제를 통합한 독일의 Lorenz von Stein의 방법론을 계승한 것에 불과하며7) 이미 1930년대 Ernst Forsthoff 역시 행정법학의 방법론은 행정처분 등 결과물에 대한 규범적인 해석론을 중심으로 하되 동시에 행정의 환경 등을 고려하는 이른바 "컨텍스트적 의미"와 규범을 결합한 방법론을 재현하는 것에 다름 아니라는 비판도 제기된다. 특히 신사조행정법학은 행정활동을 법규범에 엄격하게 기속시키는 법치행정원리를 통하여 행정법 관계의 안정성과 예측가능성을 중시하기보다는 법규범의 조율기능에 치중하여 행정적 결정의 적법, 위법 여부의 구분을 모호하게 하고 그러한 결정이 처분인지 혹은 규범인지 또는 사실행위인지 역시 불명확하여 상대방의 권리구제를 어렵게 하며 결과적으로 행정법 관계의 불확실성을 증가시킨다는 비판을 받고 있다. 상대적으로 Mayer의 행정법학 방법론은 이에 비하여 여전히 행정법 관계의 안정성과 예측가능성, 행정쟁송 등 권리구제수단의 명확성이라는 누구도 쉽게 부인하기 어려운 장점을 가지고 있다.

이 연구는 Mayer의 행정법학 방법론이 갖는 명확성과 간결성에도 불구하고 한 세기 이상의 시간이 경과하면서 정치적, 사회적, 경제적 환경의 변화를 제대로 포섭하지 못하였고 문제해결 능력에 한계를 드러내면서 자연스럽게 제기된 새로운 행정법학 방법론에 대하여 논의하고자 한다. 다만, 오늘의 주제는 행정법학의 미래를 구상하는 것이고 Mayer의 방법론에

---

7) 일부 학자는 신사조행정법학이 독일의 일반국가론 내지 국가학(allgemeine Staatslehre, Staatswissenschaften)의 전통을 이어받은 것으로서 일종의 일반국가론의 부활에 불과하다고 평가하고 있다. Gärditz, Die "Neue Verwaltungsrechtswissenschaft" - Alter Wein in neuen Schläuchen?, Die Verwaltung Beiheft 12, 2017, S. 105-145,

대해서는 이미 많은 선행연구와 더불어 필자 역시 그 공과에 대한 평가를 한 경험이 있으므로 여기에서는 신사조행정법학에 집중하고자 한다. 과연 신사조행정법학은 무엇이며 학자들은 무엇을 바꾸려 하는지, 그 중심적인 철학이나 지향점은 어떤 것이며, 새로운 방법론은 특정 국가에 한정되지 않고 일반화가 가능한 것인지, 최근 신사조행정법학에 대하여 제기되는 비판 내지 충고, 그리고 이에 대한 필자의 재반박 등을 서술한다. 중요한 것은 전통적인 Mayer의 방법론과 신사조행정법학을 단순 서술하거나 비교하는 것이 아니라 양자 간의 관계 정립을 통해서 행정법학의 방법론이 행정법 관계에서 발생하는 문제에 대하여 보다 합리적이고 효과적이며 국민들이 납득할 수 있는 해법을 제시할 수 있는가 하는 문제일 것이다. 결국 Dogmatic은 자기목적이 아니며 Pragmatic을 위해서 존재하기 때문이다. 이 연구의 결론 부분에서는 Mayer의 행정법학 방법론과 신사조행정법학의 관계가 서로 양립하지 못하고 영원히 평행선을 유지하는 배척관계에 있는 것인지, 혹은 양자 간의 방식과 내용상의 차이에도 불구하고 상보관계 혹은 그 이상의 통합적 관계를 구축할 수 있는 것인지, 양자 간의 관계가 후자에 해당한다면 전통적인 이론과 새로운 방법론은 행정법 관계에서 발생하는 문제를 어떠한 방식으로 해결하는 것이 가능하고 또 바람직한 것인지 살펴보기로 한다.

Ⅱ. 신사조행정법학의 본질은 무엇이며 무엇을 바꾸려 하는가?

1. 신사조행정법학과 비판자의 입장을 보도한 독일 일간지

2017년 12월 2일자 독일의 Frankfurter Allgemeine Zeitung은 이른바 신사조행정법학에 대한 기사를 다음과 같이 게재했다. 기사의 제목은 아래와 같으며, 그 내용은 다음과 같다.[8)]

---

8) Steuerung statt Gängelung: Modern verstand sich der Entwurf eines neuen Verwaltungsrechts von Andreas Voßkuhle und Kollegen. Ein Kritiker zieht jetzt Linien zurück zum Jahr 1933.

"(스스로) 걷기보다 방향(만) 제시하라:[9] Andreas Voßkuhle와 신사조 행정법학자들은 자신들이 저술한" 행정법학의 기초"라는 저작물을[10] 신사조행정법학의 집대성으로 이해하고 있다. 하지만 이제 한 비판자가[11] 그 새롭다는 내용을 1933년[12]으로 돌아가서 평가하다"(筆者 註).

신문기사에 따르면 행정법학이 법률가 사이에서는 평균 50년마다 이론적인 변화가 있을 정도로 황무지라고 불리고 있는데, 이제 그 마지막 50년 전으로부터 지난 20년을 돌이켜 평가할 기회가 된 것으로 보고 있다. 독일에서는 1848년 이른바 3월 시민혁명이 발발했으나 불행히도 정치적 개혁은 위로부터 진행되어 19세기 말의 자유주의적 법치국가의 법질서가 탄생하였으며, 1871년 프로이센이 주도하는 독일제국이 성립하고 오늘날 행정법 총론이라고 부르는 법치국가 행정의 개념적 기초가 형성되었다. 제2차 세계대전 이후에는 팽창일로에 있던 복지국가(사회국가)는 행정법의 기능과 기본법상의 기본권 문제를 동시에 고려하기 시작했다.

그 이후에 행정법학에는 무슨 일이 일어났던 것인가? 1980년대 당시 유행하던 Niklas Luhmann의 이른바 시스템이론은 행정법학으로 하여금 이른바 법의 조율기능, 과도한 입법화 현상, 그리고 행정개혁 등에 대한 논

---

9) 이 용어는 지난 1997년 독일국법학자대회 행정법 분야의 토론 사회자가 국가와 행정개혁 관련 저작자들인 미국의 David Osborne과 Ted Gaebler의 말을 빌어 "국가는 스스로 노를 젓지 말고 방향타만 조절하라"(steuern statt rudern)를 연상시킨다. Verwaltung und Verwaltungsrecht zwischen gesellschaftlicher Selbstregulierung und staatlicher Steuerung in Dresden vom 2. bis 5. Oktober 1996. Mit Beiträgen von Hailbronner, Kay / Wolfrum, Rüdiger / Wildhaber, Luzius / Öhlinger, Theo / Schmidt-Preuß, Matthias / Di Fabio, Udo, 1997. ISBN 3-11-015620-2. 3. Aussprache und Schlußworte, S. 283.

10) Grundlagen des Verwaltungsrechts Ⅰ, Ⅱ, Ⅲ.

11) 후술하는 바와 같이 이 비판자는 본 대학 교수 Kaus-Ferdinand Gärditz이다.

12) Gärdiz는 신사조행정법학이 행정법 영역에 사실관계와 정치적 요소를 고려할 것을 강하게 요구하였다는 점에서 나치시대의 행정법학과 유사한 방법론을 답습하고 있다고 비판하고 있다. 필자는 Gärditz의 이와 같은 비판에 전혀 동의할 수 없기 때문에 후술하는 바와 같이 그의 비판론에서는 이 부분을 다루지 않았다. Gärditz, Die "Neue Verwaltungsrechtswissenschaft"- Alter Wein in neuen Schläuchen?, Die Verwaltung Beiheft 12, 2017, S. 105-145, 특히 나치시대와의 비교는 S. 113-119.

쟁을 촉발하였다. 슈뢰더(Gerhard Fritz Kurt Schröder) 총리 시절 행정법은 개혁의 걸림돌로 인식되기도 하였지만 동시에 그가 내세운 이른바 新中道(Die neue Mitte) 혹은 제3의 길(Der dritte Weg)의 실현을 위한 핵심적인 수단이기도 하였다. 이른바 New Public Management를 통해 행정에 경영기법이 도입되고, 정보통신, 에너지, 교통 분야의 민영화 현상은 당시 복지국가적 행정법 질서에 대한 문제해결 능력에 의문을 제기하기 시작하였다. 특히 환경법 영역에서는 과거 명령과 금지 또는 강제수단을 넘어서는 새로운 법적 조율 수단을 요구하였다. 당시 이러한 시대적 과제를 행정법이론을 통하여 개혁하고자 했던 행정법학자들이 있었는데, 대표적으로 하이델베르그 대학교수 Eberhard Schmidt-Aßmann, 연방헌법재판소 재판관을 지낸 Wolfgang Hoffmann-Riem, 그리고 연방헌법재판소 소장을 역임하고 2020년 퇴임한 Andreas Voßkuhle 등이 주도적인 역할을 수행하였다. 이들은 과거 독일의 행정법 도그마틱에 대하여 비판적인 입장을 견지하고 보다 실용주의, 경험주의적 접근방법을 선호하였는데, 특히 행정실무, 사회과학 및 경제학과의 학제적 연구, 행정적 결정에 대한 적법/위법의 이분법보다는 그러한 결정이 내려지는 절차, 조직, 의사결정의 구조 등, 한마디로 보다 합리적이고 객관적인 행정결정을 위한 다양한 요소에 보다 많은 관심을 가지게 되었다. 그리고 이들의 문제의식과 학문적 이론을 집대성 한 것이 2006년부터 출간한 Grundlagen des Verwaltungsrechts Ⅰ, Ⅱ, Ⅲ권이다.[13)]

그런데 최근 본 대학의 젊은 교수 Klaus-Ferdinand Gärditz는 이른바 신사조행정법학자들을 비판하는 선봉에 서게 되었고, 그는 신사조행정법학을 "낡은 술을 새 부대에 담는가?"라는 표제의 논문에서[14)] 신사조행정법학에 대하여 비판의 수준을 넘어서 비난 내지 독설에 가까운 쓴 소리를 하고 있다. Gärditz는 신사조행정법학자들이 법적 현실에 무지하고 자신들이

---

13) 이 책들 제2판은 2012년 출간되었다.

14) Gärditz, Die "Neue Verwaltungsrechtswissenschaft" - Alter Wein in neuen Schläuchen?, Die Verwaltung Beiheft 12, 2017, S. 105-145.

주장하는 목표를 전혀 실현하지 못하였을 뿐만 아니라 '調律'(Steuerung)이니 '규제된 자율규제'(regulierte Selbstregulierung)니 하는 무용하고 모호한 개념을 사용하여 쓸데없는 논쟁을 촉발한 것으로 평가하고 있다. Gärditz 비판론에 대해서는 상세하게 후술한다. Gärditz는 신사조행정법학이 표면적으로만 개혁을 표방하고 실제로는 과거지향적, 심지어 반동주의적 경향까지 보여주는 것으로 평가하고 있다. 그가 이러한 극단적인 평가를 하는 이유는 1933년 집권한 Hitler의 국가사회주의 역시 신사조행정법학과 유사한 질문, 예를 들어 행정법을 적법성 보장과 주권적 권리 실현이라는 시각에만 가두지 않고 국가와 권력중심의 행정현실을 고려하여 새로운 시대가 요구하는 과제를 수행하기 위한 정치적 성격을 가진 법으로 변화시키려고 하였기 때문이다.[15] Gärditz는 신사조행정법학이 개혁과 새로움을 내세우고 있지만 과거 독일의 전통적인 자유주의적 행정법이 제기한 문제들과 같은 전통을 그대로 유지하고 있는 것으로 보고 있다. 그 이유는 Ernst Forsthoff가 이미 1938년 행정법학에서 사회적, 시대적 현실을 반영한 이른바 생존배려행정이라는 개념을 사용하여 그의 작은 책 "급부행정의 주체로서 행정"(Die Verwaltung als Leistungsträger)에서 19세기 자유주의적 법치국가의 행정법이론이 20세기 사회적 법치국가에서는 더 이상 통용되지 않는다는 점을 지적하였기 때문이다.

그러나 독일행정법 이론의 변화에도 불구하고 시대를 초월하는 일정한 불가분의 연속성이 발견된다면 이에 대한 새로운 문제 제기나 학문적 논쟁은 전혀 불필요한 것인가? 아니면 연속성 속에서도 무엇인가 주목할 만한 변화가 있었다면 여기에 대해서 서로 대화하는 것이 가능하고 또 필요한 것 아닌가? Gärditz는 신사조행정법학자들이 법치주의원리와 민주주의원리를 독일행정법학사에서 너무도 당연한 것으로 받아들이고 있기 때문

15) 앞서 지적한 바와 같이 필자는 신사조행정법학이 나치의 法學觀을 수용하였다는 Gärditz의 비판에 전혀 동의할 수 없으며, 따라서 필자는 Gärditz의 비판에 이 부분을 포함시키지 않았다. 필자뿐만 아니라 Fehling 교수도 Gärditz의 비판을 재비판하고 있다. Michael Fehling, Die "Neue Verwaltungsrechtswissenschaft" - Problem oder Lösung, Die Verwaltung Beiheft 12, 2017, S. 71, FN. 46.

에 독일학문의 연속성을 존중한다는 전제 하에서도 그들이 다른 방향으로의 의미 있는 대화를 제시한 것을 전혀 불필요하다고 생각하고 있는 것은 아닌지 필자가 역으로 그에게 질문하고 싶다. 만약, 필자로부터 Gärditz에게 주어진 이 질문에 그가 답하지 못한다면 매우 유감스러운 일이다. 그 이유는 신사조행정법학자들이 제기한 이론과 실무상 해법이 1990년 독일통일 이후 30년 간 독일의 최근 法學史에서 가장 광폭의 論場이었기 때문이다. 프로이센 이후 행정과 행정법이 비록 수동적인 방식이기는 하지만 정치적 개혁의 기회로 인식함으로서 행정법과 개혁과의 관계는 많은 관심과 조명을 받았으며, 이는 오늘날에도 여전히 타당하기 때문에 신사조행정법학이 지향한 개혁도 역시 빛나는 것으로 평가받아 마땅하다.

아무튼 독일사람들, 그 중에서도 지성인들이 열독하는 일간지 Frankfurter Allgemeine Zeitung에 이런 기사가 게재된 것을 보고 필자는 행정법학자들 간의 논쟁이나 노선 다툼을 신문이 보도한다는 것 자체가 다소 의외라는 생각도 들었다. 아무리 학문을 존중하는 독일이라는 나라이기는 하지만 이런 것까지 신문을 구독하는 일반 독자들이 관심을 가져야 하는 것일까? 하지만 필자로서는 기사의 내용이 매우 흥미로운 것임에 틀림없었고 그러지 않아도 굳이 학문적 陣營으로 따진다면 신사조행정법학에 보다 가까운 사람으로서 Gärditz의 비판, 특히 그 중에서도 신사조행정법학을 나치시대의 행정법학과 비교하는 것이 황당하다는 생각을 평소에 가지고 있었기 때문에 Frankfurter Allgemeine Zeitung의 보도는 더욱 의미가 있었다.

그런데 중요한 것은 후술하는 바와 같이 신사조행정법학이 제기한 문제와 해법은 독일의 전유물이 결코 아니라는 점이다. 우리나라에서도 신사조행정법학이라는 용어를 사용하지 않았을 뿐 지난 30년 간 꾸준히 민관협력, 규제완화, 행정혁신을 위한 행정법제가 출현하였으며, 세계금융위기 극복, 최근에는 코로나 사태에 따르는 국가 역할의 강화라는 점에서 어떻게 보면 자유주의와 국가주의 사이에서 다소 롤러코스터를 타는 듯한 행정법과 행정법학의 역할에 대한 유사한 변화를 겪었기 때문이다. 하지만 국내에서는 독일이나 유럽에서 진행되는 이와 같은 방법론에 대한 논쟁을 일부 소개하는데 그치고 이를 우리나라의 상황과 비교하여 체계화하려는 학문적 시도는 거의 찾아볼 수 없다. 그래서 이 연구에서는 도대체 신사조 행정법학이라는 것이 어떠한 학문적 조류이며, 왜 이러한 방법론이 제기되었는지, 이는 과연 우리 한국의 행정법학 논쟁에도 수용가능하고 또한 필요한 것인지, 신사조행정법학을 제안하고 지지하는 학자와 이를 비판하는 학자, 여기에 조언을 하는 학자들의 입장을 살펴보고 우리나라의 현실에 비추어 이러한 논쟁과 방법론이 과연 적실성을 가질 수 있을 것인지, 더 나아가 우리의 행정법과 행정법학이 오히려 이들이 간과하거나 미처 다루지 못한 주제를 제시하여 행정법학의 글로벌화에 공헌할 수 있는 부분은 없는 것인지 검토하기로 한다.

2. 전통적인 사법부 중심주의 행정법학 도그마틱

전통적인 행정법학 방법론이 가지는 한계를 지적하면서 시대의 변화에 따르는 새로운 행정법 방법론을 제시하는 이른바 신사조행정법학(Neue Verwaltungsrechtswissenschaft)이 무엇이며,[16] 어떠한 근거와 배경에서 등장하게 되었는지, 한국의 행정법 이론체계와는 어떠한 관련성과 시사점을 발견할 수 있는지를 서술하는 것이 이 연구의 목표라고 할 수 있다. 신사조행정법학은 독일에서 1990년대부터 학자들의 저술작업을 통하여 본격적으로 논의되기 시작한 것이기는 하지만 후술하는 바와 같이 이는 독일만의 고립적인 현상이라기보다는 유럽연합을 포함하여 행정적 과제의 처

16) 신사조행정법이라는 용어는 다음과 같은 문헌들에서 점차로 나타나고 개념상 합의가 이루어졌다. Hoffmann-Riem, Methoden einer anwendungsorientierten Verwaltungsrechtswissenschaft, in : Methoden der Verwaltungsrechtswissenschaft, Schmitt-Aßmann/Hoffmann-Riem(Hrsg.), 2004, S. 13; Bumke, Die Entwicklung der verwaltungsrechtswissenschaftlichen Methodik in der Bundesrepublik Deutschalnd, in : Schmitt-Aßmann/Hoffmann-Riem(Hrsg.), Methoden der Verwaltungsrechtswissenschaft, S. 103; Wahl, Herausforderungen und Antworten : Das öffentliche Recht der letzten fünf Jahrzente, 2006, S. 52; Schuppert, Verwaltungsrecht und Verwaltungsrechtswissenschaft im Wandel, AöR 133, 91-100; Voßkuhle, Neue Verwaltungsrechtswissenschaft, Grundlagen des Verwaltungsrechts Ⅰ, § 1, S. 4, FN. 17 m.w.N.

리방식에 대한 공공부문과 민간부문의 새로운 역할 배분과 재구성이라는 전 세계적으로 거의 모든 국가가 당면한 글로벌한 법제도적 변화의 산물이라고 할 수 있다. 그리고 이러한 새로운 변화와 현상은 우리나라 역시 예외가 될 수 없다. 그런데 후술하는 바와 같이 우리나라의 경우 구체적인 예를 제시하여 논의를 이어 나가려는 것은 독일에서 신사조행정법을 대상으로 이루어지는 문헌 연구는 매우 추상적인 개념이나 논제를 제기함으로써 특히 외국연구자들에게는 그 내용과 방향에 대한 이해가 쉽지 않기 때문에 구체적인 사례를 통하여 보다 쉽게 문제의 본질에 접근할 수 있도록 한 것이다.

신사조행정법학은 19세기 후반 독일에서 행정법학이 독립적인 학문 분야로 정착되는 과정에서 핵심적인 방법론인 법학방법론과 법도그마틱(Rechtsdogmatik)이 오늘날 변화된 현실을 제대로 설명하기 어렵다는 비판에서 출발하고 있다. 물론 이와 같은 법도그마틱은 나라에 따라서 다소간 차이에도 불구하고 행정법질서의 본질적인 방법론이라는 점을 부인할 수 없지만 자유주의적 법치국가 시대에 완성된 이와 같은 방법론과 행정법 이론체계는 20세기 사회적 법치국가를 지나 오늘날 지식정보화사회에서 행정의 역할과 기능상의 변화를 적확하게 파악하고 그에 따르는 해법을 제시할 수 없다는 객관적 한계를 노정하고 있다. 하지만 전통적인 법학방법론과 행정법 도그마틱이 시대적 소명을 다하기에 상당한 문제가 있다고 하더라도 신사조행정법학이 새로운 대안적 방법론을 제시하는 경우에는 그에 대한 객관적이고 과학적인 근거와 함께 그 적절성에 대한 냉정한 평가를 받아야 한다. 이러한 배경 하에서 1990년대에 시작된 신사조행정법학은 19세기 후반 Otto Mayer로 대표되는 독일의 전통적인 행정법학 방법론에 대한 비판적 논쟁으로부터 촉발되었으며, 최근까지도 찬반 양론이 뜨겁게 전개되고 있다.

물론 중요한 것은 독일을 포함한 이른바 대륙법계 행정법체계에서 벌어지는 방법론에 대한 기본적인 논쟁이 반드시 독일에 국한되는 문제가 아니라는 점이다. 이는 21세기 중반에 전 세계적으로 전개되는 국가행정활동에서 지식과 정보의 중요성, 민간부문과의 역할 분담, 행정을 둘러싼 다양한 행위자들 간의 소통과 네트워크 구축이라는 현대 행정이 직면한 글로벌한 현상이며, 그렇기 때문에 한국의 행정법 이론체계와 실무에 미치는 영향도 결코 적지 않다고 할 수 있다. 신사조행정법학이 출현한 배경에는 여러 가지 원인들이 있지만 가장 핵심적인 사항은 전통적인 법학방법론에 기초한 행정법학이 행정의 법률적합성원칙에 따르는 행정처분의 적법 여부와 이를 판단하는 법원의 재판 결과에 지나치게 편중함으로써 행정처분에 사전적으로 영향을 미치는 행정조직의 문제나 절차 등을 상대적으로 등한시하였다는 점이다. 다시 말하자면 전통적인 행정법학 방법론은 "사법부 중심주의"에서 그 특징과 한계를 살펴볼 수 있다.[17)]

사법부 중심주의 행정법 도그마틱은 독일기본법 제19조 제4항에 따라서 공권력 행사로 인하여 권리를 침해당한 국민은 광범위한 재판청구권을 보장하는 방식으로서 국가는 공권력 행사의 주체로서, 그리고 국민은 국가에 의한 기본권과 행정법상 권리 침해에 대한 구제를 청구하는 대립적인 구도를 형성하고 있다. 여기에서 국가가 헌법과 법률을 위반하여 개인의 기본권과 권리를 침해하였는지 여부를 판단하는 주체는 권력분립원칙에 따라서 사법부이기 때문에 사법부 판단의 적정성 여부가 당연히 행정법학자들에게 지대한 관심의 대상이 된 것은 어찌 보면 매우 자연스러운 과정이라고 할 수 있다.[18)] 행정법학자들은 Otto Mayer가 완성한 자유주의 법치주의 시대의 행정법 도그마틱이 행정처분의 위법 여부에 따르는 권리침해와 사법부의 구제 절차라는 법체계를 확립한 것으로서 이론적으로는 물론 실무적으로도 상당히 성공한 것으로 평가하였으며, 후술하는 바와 같이 제2차 세계대전 이후 독일이 기본법체계에 진입하면서 겪은 사회적 법치

17) Andreas Voßkuhle/Thomas Wischmeyer, The 'Neue Verwaltungsrechtswissenschaft' against the backdrop of traditional administrative law scholarship in Germany, Comparative Administrative Law 2. Ed. (Susan Rose-Ackerman/Peter L. Linseth/ Black Emerson, Edt.), 2017, pp. 1-21(p.3).

18) Schmitt-Aßmann, Das allgemeine Verwaltungsrecht als Ordnungsidee, 2006.

주의로의 헌법적인 변화에도 불구하고 Otto Mayer의 행정법 도그마틱은 안정적으로 유지되어 왔다.

사법부는 권력분립원칙에 의하여 민주적 정당성을 가지는 입법부가 제정한 법률을 기준으로 행정청의 행정행위가 이에 위반하는가의 문제를 집중적으로 심리하면서 행정의 법률적합성원칙을 법치주의의 핵심가치로 인정하였다. 그리고 사법부는 행정의 법률적합성원칙이 이른바 책임행정을 실현하는 수단으로 인식함으로써 책임행정을 순수히 법적인 책임으로 이해하고 있으며, 이러한 인식은 오늘날도 여전히 보편적이다. 사법부의 재판결과를 행정법학의 연구대상으로 인식하는 것이 행정법학자들의 숙명처럼 여겨지고 일본을 비롯한 우리나라에도 판례연구를 위한 학회들이 여전히 상당한 영향력을 가지고 있는 것도 사법부 중심주의 행정법 도그마틱의 현주소를 보여주는 방증이라고 할 수 있다. 결국, 사법부 중심주의 행정법학 연구는 실정 행정법규를 충실하게 해석하는 해석법학적 방법론을 중시하고 상대적으로 정책과의 연관관계나 입법학에 대해서는 큰 관심을 가지지 않거나 아예 다른 학문의 영역으로 밀어버렸다. 물론 사법부 중심주의와 판례 연구가 행정법학에서 중요하지 않다는 이야기는 아니지만 정작 행정법학의 대상인 '행정 현상'에 대해서는 관심이 없으며, 최종적인 행정의 결과물로서 처분이 내려지는 과정, 이를 결정하는 의사결정의 조직과 구조의 타당성, 법률 자체의 문제점이나 개선방안에 대한 문제는 행정학이나 정책학의 대상으로 또는 국회 입법의 영역으로 인정하는 경향을 보인다.[19]

오늘날 우리나라에서도 입법학을 연구하는 학자나 학회는 많이 있지만 신사조행정법학과 같이 이를 조직, 재정, 절차, 인적 구성 등과 총체적으로 통합하여 행정법학의 연구대상으로 체계화하려는 시도는 아직 보이지 않는다. 행정법학자들은 행정청이 결정한 행정처분이라는 법적 행위에 대하여 실정 법규와 불문의 법원칙을 심사기준으로 적용하여 그 위법 여부를 가리고 행정처분에 대한 법원의 통제를 법치행정원리, 구체적 규범통제,

---

19) Schmitt-Aßmann, (FN 18), S. 222-223.

국가배상제도 및 행정쟁송 영역에서 상세하게 분석함으로써 사법부 중심의 행정법학 체계를 더욱 공고화하는데 기여한다. 그리고 법원은 행정처분의 위법성 심사기준으로서 신뢰보호원칙, 비례의 원칙 등을 적용하여 행정처분의 일관성, 예측가능성 등을 통제함으로써 원고의 권리구제에 사법심사의 초점을 맞추고 학자들과 행정법학의 방법론을 공유한 결과 행정법학자들의 학문적 정체성이 더욱 확고하게 굳어진다.

하지만 이러한 고전적인 연구대상을 넘어서서 다른 사회과학 분야와의 학제적인 연구나 통섭, 융복합 연구방법론에 익숙하지 못한 결과가 초래된다. 이에 따라서 입법자들과 공직자들에게 정작 중요한 행정 활동의 목표나 지향점은 행정법학의 논의에서 실종되었고, 공직자들과 행정청이 행정법을 통하여 무엇을 실현하고자 의도하였으며 왜 그러한 결정을 내리게 되었는지, 이러한 결정은 행정목표와 공익을 실현하는데 효과적이었는지 등의 문제는 법적인 토론의 대상이 되지 못하였다. 행정법학자들의 유일한 관심사는 행정처분 등 최종적인 결정이 법령에 위반한 것인지에 집중되었으며, 이는 입법과 행정이 명령과 강제라는 경찰법상의 직접적 수단을 통하여 행정객체인 국민을 직접적으로 규제하는 시스템 하에서는 계속하여 타당성을 가질 수 있었다. 하지만 이러한 전통적인 행정법학 방법론은 협치와 조율이라는 행정법의 새로운 기능 부상과 더불어 시대적 상황과 환경이 변하면 더 이상 현실을 설명할 수 없으며, 방법론적인 위기에 처하게 된다.

3. 새로운 방법론의 모색

앞서 여러 차례 언급한 바와 같이 독일행정법학의 전통적인 방법론이 동요한 이유는 유럽연합이 가속화하고 그에 따른 회원국들의 법질서가 일원화되는 과정에서 이른바 '독일의 독자적 노선'(deutscher Alleingang)이 타당성을 상실하고 영미와 스칸디나비아의 법 제도가 수용되었기 때문이다. 이른바 유럽화 현상이 독일법의 전통에 금을 가게 하는 계기로 작용한 것이다. 독일법의 유럽화 현상 중 핵심적인 사항으로 관료제를 중심으로 하는 수직적 행정조직법의 퇴조와 정부 내지 행정기능의 민영화 내지 민간 부문과의 협력을 통한 공공부문의 혁신을 들 수 있다. 이미 1990년대부터 본격적으로 개인용 컴퓨터가 보급되고 그에 따르는 엄청난 정보와 지식이 생성되면서 관료제를 중심으로 하는 행정조직은 특히 환경이나 과학기술 분야와 같이 전문적인 영역에서 과거 경찰법적인 명령과 강제수단으로 일정한 행정적 규제를 실현하는 것이 의도한 효과를 발생시키지도 않았으며, 특히 경직된 관료제 행정조직은 규제에 필요한 전문적인 지식이나 정보마저도 적기에 적절하게 사용하는 것이 용이하지 못하였다. 이 경우 행정이 취할 수 있는 조치는 규제의 실패로 인하여 피규제자의 불법행위를 방관하거나 피규제자의 도움을 받으면서 이들과 적절하게 협력하는 것이다.

이러한 경색국면에서 행정이 사용할 수 있었던 수단은 당시 연방행정절차법에 규정된 공법상 계약이나 이른바 조언, 정보제공 등 비고권적 단순행정(schlichtes Verwaltungshandeln)에 의지하는 것이 전부였다.[20] 독일 행정법학 연구에서 1980년대, 1990년대에 특히 이 분야에 대한 연구가 활발하게 이루어졌다. 그러나 이미 인터넷 등이 등장하고 정보와 지식의 혁명적 변화가 예고되면서 공직자가 법률을 적용하는 것을 꺼리고 계속하여 피규제자와 이른바 비공식적 협력관계를 통하여 행정처분보다는 비고권적 단순행정에 의존하려 한다면 이제 전통적인 행정법학의 도그마틱은 행정실무에서도 더 이상 현실 적응력을 가지지 못한다. 당시 행정법학이 처한 이와 같은 난국에서 많은 학자들은 앞서 언급한 공법상 계약이나 비고권적 단순행정에 대한 연구와 더불어 사회학과 정치학과의 학제적 연계를 통한 문제해결 방안을 찾았으나 이들의 시도 역시 일종의 땜질식 처방에 불과했으며 20세기 후반의 시대적 흐름을 근본적으로 바꾸기에는 역부족이었기 때문에 결국 새로운 행정법학 방법론을 모색하기 시작한 것이다.

---

20) Voßkuhle/Wischmeyer, (FN 17), S. 6.

4. 이른바 규제된 자율규제, 보장국가론

1990년대 시작한 신사조행정법학의 방법론 중에서 가장 눈에 띄는 것은 행정의 규제 패러다임에 대한 변화를 들 수 있다. 이 시기는 전 세계적으로 이른바 포스트 신자유주의시대에서 정부와 공공부문의 개혁을 통하여 경쟁력을 회복하고 국가부채 문제를 해결하고자 하는 서구 제국들의 노력의 일환으로 행정법제의 개혁이 논의되기 시작한 시점이기도 하다. 결국 이러한 변화는 국가로 하여금 실현하기 어려운 과제와 목표로부터 그 부담을 덜고 할 수 있는 일에 집중하며 나머지 공적 과제는 관료가 아닌 민간부문의 player들에게 넘기거나 이들과의 협력을 통하여 해결하자는 것으로서 이것이 정부개혁의 핵심으로 등장하였다. 이에 따라서 국가와 관료행정조직은 그들의 미션을 재정립하기 시작했는데, 큰 개혁의 방향은 첫째, 국가는 공동체가 설정한 공적 과제와 목표를 실현하기 위하여 여기에 참여하는 이해관계인들의 행위를 조율하고 振作하는데 집중하고, 둘째, 민간부문, 기업 등은 종래 국가가 독점한 공적 과제 특히 공적 서비스를 대신하여 혹은 국가와 협력하여 실현하되, 국가는 이 혁신과정 전체의 최종적인 보장책임을 지면서 이를 방기하지 않는다는 것이다. 이른바 보장국가론(Gewährleistungsstaat)이 탄생한 것이다. 공공부문과 민간부문은 보장국가론의 실천적 방안으로서 민영화, 민관협력, 신행정론 등을 제시하였으며, 행정법학자들과 입법자는 이를 위한 정교한 법제의 구축에 나서게 되었다.

실제로 이 시기에 행정법학자들은 과거와는 비교할 수 없을 정도로 현실참여의 기회 내지 실천적 과제에 대한 부담을 지게 되었고 이러한 경험을 통하여 전통적인 행정법학 방법론에 대한 대안을 제시하기 위한 많은 연구성과들을 발표하였다. 동시에 행정법학자들은 자신들의 역할에 대한 변화에 대하여 많은 고민을 하게 되었으며 과거 법원의 판결 등을 분석하는 것뿐만 아니라 미래의 입법정책적 과제가 무엇인지 생각하는 과정에서 '과거지향적 통제 메커니즘'으로부터 '미래형 행정법 디자인'에 대해 진지한 성찰을 시작하게 된 것이다. 보장국가론은 1990년대부터 본격화하기 시작한 독일법의 유럽화와 세계화 현상과 맞물리면서 복잡한 변화와 적응, 발전과정을 맞이하였다. 물론 이 시기에 독일의 전통적 법학방법론을 고수하자는 일부 학자들의 반론과 비판이 제기되었지만 특히 회원국 법질서의 통합을 지향하는 유럽연합의 지침 등을 통하여 독일행정법은 이전까지는 전혀 생소한 많은 제도들을 수용하였다. 이러한 새로운 법제들은 특히 환경법 영역에서 두드러졌는데, 예를 들어 환경정보 공개제도, 배출권 거래제와 같은 시장메커니즘을 활용한 온실가스 저감 제도, 환경인증제와 같은 것들이다.[21] 이와 같은 제도상의 변화들은 과거 법학방법론에 익숙한 행정법학자들에게는 문제해결 방안을 찾는데 상당한 어려움을 안겨주었으며, 행정이 규제해야 하는 영역은 계속하여 증가일로를 보이고 있었다. 그리고 행정이 담당하는 규제의 내용은 매우 세부적인 사항을 포함하고 어떤 경우에는 규제의 최종목표만 제시되어 기존의 관료제가 풀 수 없는 스마트한 규제방식을 요구하게 되었기 때문에 실정법의 해석과 경직된 행정법 체계를 중시하는 법학방법론은 설 자리를 잃게 되었다.

독일행정법의 유럽화, 세계화 현상을 가속화한 이유 중의 하나는 행정과 행정법이 고도의 전문적인 지식에 대한 의존도가 커졌기 때문이다. 행정과 입법 그리고 이를 집행하는 공직자가 필요로 하는 지식의 양은 사회적 법치국가에서 국민의 다양한 복지 수요를 충족시키는 과정에서 폭발적으로 증가하였다. 그러나 이른바 위험사회로 특징되는 21세기 현대국가에서 행정과 행정법이 시장실패와 정부실패 양자를 모두 극복하고 시장과 경제, 환경, IT 등의 분야 규제를 스마트한 방식으로 이루기 위해서는 과거와는 비교할 수 없을 정도로 질적으로 고급화된 전문적인 지식과 정보를 필요로 하며, 이를 정부와 공공부문에서 전적으로 충족하기 어려운 경우에는 외부의 전문가 및 민간부문과의 지식 네트워크를 구축해야 한다. 이러한 상황에서 고전적인 행정법 질서가 행정처분과 같은 고권적 행정작용

21) Voßkuhle/Wischmeyer, (FN 17), S. 7.

외에도 앞서 언급한 바와 같이 공법상 계약이나 비공식적이고 비고권적 단순행정에 관심을 보이기는 했지만 지식과 정보에 대한 결핍 문제를 근본적으로 해결할 수 있었던 것은 아니다.

현대 행정법이 질적, 양적으로 지식과 정보에 대한 부족과 결핍의 문제를 근본적으로 해소하기 위한 방식으로 제안한 것이 바로 지식정보행정법(Informationsverwaltungsrecht, 이하 정보행정법이라 한다)이며,[22] 정보행정법에서는 정보를 조달하고 사용하기 위한 조직과 절차의 중요성이 강조된다. 다시 말하자면, 과거 관료제 행정조직과는 달리 현대 행정에서 행정조직법은 행정처분과 같은 결과물을 만들어내기 위한 상하계층조직의 명령과 복종이라는 경직된 조직문화를 지양하고 공직자 간의 정보의 흐름과 관리, 사용 문제를 우선적으로 고려하며, 행정조직에 민간부문을 직접 참여시키는 민간주도형 거버넌스를 지향하거나, 혹은 행정조직과 외부의 전문가 및 기업 등을 연결시키는 네트워킹에 중점을 두는 방식으로 행정조직을 혁신하는 방식을 선호한다. 이 역시 행정에 필요한 고급지식과 정보를 조달하기 위함이다. 행정절차 또한 과거 불이익처분에 대한 상대방의 의견 청취나 사전통지 등 절차적 정의실현이라는 고전적인 목표를 넘어서서 광범위한 이해관계인을 참여시켜 문제해결을 위한 다양한 정보와 지식을 창출하는 과정으로 이해한다.

결국, 이 과정에서 행정법학자들은 규범의 영역에 국한하지 않고 경제학, 사회학, 커뮤니케이션학 등을 전공하는 전문가들과 상당한 소통 관계를 고려할 수밖에 없는 학제적 관계를 유지한다. 특히 정보행정법학의 경우 정보의 수집과 관리, 처리 등 각 단계에서 정보 주체의 자기결정권을 보호하는 고전적인 임무와 함께 최근 문제가 되고 있는 비식별 익명정보의 처리를 통하여 학문적, 문화적 영역에서 개인정보 이용의 활성화 문제를 적극적으로 고려하고 있다. 결국 이와 같은 사회적 변화에 따라서 독일 행정법은 고전적 방법론을 유지할 것인가 혹은 변화된 환경에 따라서 미

22) 대표적으로 Augsberg, Informationsverwaltungsrecht, 2014.

지의 영역이기는 하지만 보다 실효적인 규제학으로서 변모할 것인가의 갈림길에 서게 되었고, 신사조행정법학은 후자의 방식을 택한 결과라고 할 수 있다.

그러나 유의할 것은 신사조행정법학이 행정법학의 과제와 방법론에 대하여 고전적인 행정법학에 대한 대안을 제시하였다는 사실을 후자를 전적으로 배제하거나 타당성을 부인하는 것으로 이해하는 것은 곤란하다는 것이다. 특히 고전적인 행정법학이 이룬 행정의 법률적합성, 위법한 처분 등에 대한 권리구제 등은 시대가 변해도 부정할 수 없는 행정법의 기본질서라는 점은 분명하다. 이 연구가 행정법학 분야에서 양자를 통합하는 이른바 통일장 이론(Unified Field Theory)을 지향하는 것도 바로 그러한 이유 때문이다. 다만, 신사조행정법학은 오직 최종적인 행정적 결정으로서 처분 등의 법적 행위가 헌법이나 법률에 위반되는가 여부에 집중하고 행정 활동의 위법성 심사에 매몰되는 사법부 중심주의의 행정법학이[23] 가지고 있는 축소지향주의를 극복하고 보다 현실적응성을 제고하는 실용적 행정법학을 위한 새로운 방법론과 대안 제시에 주력하는 것으로 이해할 필요가 있다. 예를 들어 독일연방행정절차법 제54조에 규정된 공법상 계약에 대해서도 그에 대한 별도의 법적 근거나 계약 내용의 법령위반이라는 해석론도 중요하지만 과연 공법상 계약이라는 수단이 행정처분에 비하여 시장의 참여자들로 하여금 정부에 더 유용하고 전문적인 지식이나 정보를 제공하고 있는지, 혹은 행정처분보다는 상대방과 협약을 통하여 협력관계를 지향하는 것이 행정목적의 달성에 더 효과적인 것인지 등의 사실적, 사회학적, 행정학적 접근도 행정법학과 행정법학자들의 관심사가 되어야 한다는 점을 신사조행정법학이 강조하고 있는 것이다.

그렇기 때문에 전통적인 행정법학이 실정법의 해석과 입법론을 엄격하게 구분하고 그 관심의 대상을 전자에 국한하는 것은 행정법을 적용하는

---

23) Voßkuhle는 전통적인 행정법학 도그마틱이 행정청의 잘못만을 들추고 행정처분의 위법성에만 초점을 맞추었다는 점에서 病理的 행정법학이라고 부르고 있다. (FN 16), Rn. 10, FN. 55.

과정에 늘 해석과 입법론을 동시에 고려해야만 올바른 결론에 이를 수 있다는 점을 간과하는 것이다.[24] 물론 신사조행정법학이라는 행정법학 방법론이 주로 독일에서 1990년대 이후 본격적으로 논의된 것은 주지의 사실이다. 그러나 앞서 언급한 바와 같이 신사조행정법학이 독일의 고유한 현상은 결코 아니며 행정법의 유럽화와 세계화 흐름의 결과라는 점을 고려한다면 신사조행정법이 made in germany라고 단정 지을 수 없으며, 이는 한국을 비롯하여 일종의 global한 현상이라고 말할 수 있다. 미국행정법은 유럽과는 달리 독립규제행정청(independent regulatory agency)을 중심으로 행정입법과 처분 절차에서 행정청 존중(agency deference)에 따르는 사법심사의 완급조절이라는 전통을 유지하고 있으나, 미국 역시 행정법학의 관심은 입법과 처분, 사법심사를 통하여 의회, 정부, 국민 등 이해관계인들이 행정법의 적용과 구체화 과정을 모두가 공유하고 있다는 사실을 부인하지 않는다. 당연히 이러한 과정에서 행정법의 해석론과 입법론은 항상 연계되어 있다.

5. 신사조행정법과 스티어링, 거버넌스

신사조행정법에서 사용하는 핵심 키워드 중의 하나가 steering(Steuerung, 調律)이다. 신사조행정법의 논의과정에서 조율이라는 개념은 1970년대 당시 행정법학에서 유행했던 계획(Planung), 내지 사회공학(social engineering)을 대체하는 개념으로 사용되었다.[25] 조율은 행위자 중심의 제도학파 내지 신제도학파가 제안한 것으로서 의회나 정부와 같은 정치제도의 행위자들이 사회의 개별적 혹은 집단적인 구성원들을 대상으로 매우 정교하고 세련된 영향력을 행사하는 방식을 말한다. 조율이라는 개념은 행위자로서의 주체와 그러한 행위의 대상인 객체를 구분하고 행위의 목표와 이를 달성하는 수단을 구별한다. 이를 구분하는 이유는 행위자인 주체는 객체들에게 정교하고 세련된 영향력을 행사하기 위하여 객체에 대한 지식과 정보

24) Wischmeyer, Zweck im Recht des Verfassungsstaates, S. 23-26.
25) Voßkuhle/Wischmeyer, (FN 17), S. 10.

를 필요로 하며, 그러한 영향력 행사의 결과에 대하여 알기를 원하는데, 이는 결국 조율행위의 성패를 결정한다. 정부와 의회와 같은 정치제도의 행위자들이 국민이라는 영향력 행사의 대상자들에게 경제, 환경, 방송통신 등의 분야에서 일정한 규제와 영향력을 행사하고 이것이 성공하려면 무엇보다 국민들이 이러한 분야에서 어떠한 관심과 선호를 가지고 있는지를 이해하고 파악하는 것이 중요하다.

결국 조율의 주체와 상대방은 각각 단독인 경우도 있겠지만 대부분의 경우 집단적으로 혹은 다수의 이해관계인이 참여하는 과정이므로 공동의 프레임워크 안에서 상호 간에 영향을 주고받는 관계성을 형성하는 것이 핵심이다. 그리고 이와 같은 행위자와 대상자 간의 관계성은 단선적인 것이 아니라 복합적이고 다층적인 구조를 갖게 되는데,[26] 이는 현대사회에서 정부, 개인, 기업 등의 역할이 고정적이지 않고 여러 영역에서 서로 교차하거나 중복되는 것에서 기인하는 것이다. 결국 행정처분과 같은 정부의 최종결정은 이와 같이 행위자와 대상자 간의 상호 영향력 행사과정을 거쳐서 이루어지는 프레임워크의 산물이라는 점을 고려한다면 행정처분 등 법적 행위는 어느 날 느닷없는 맥락에서 급조된 것이 아니라, 항상 다양한 주체와 객체 간의 상호 관계성과 영향력 행사의 결과라는 점을 주목할 필요가 있다.

그러므로 신사조행정법학은 과거 전통적인 행정법학의 방법론이 행정처분이라는 법적 행위의 결과만을 중시하고 그 적법 유무, 하자의 경중과 그에 따르는 법적 효과 및 상응하는 행정쟁송의 방식 등을 법적으로 체계화하는 것보다는 행정처분이 내려지는 개별 분야, 여기에 참여하는 이해관계인, 절차, 거버넌스를 포함하는 행정조직, 재정적 여건 등 법적 행위에 영향을 미치는 조건과 환경에 보다 많은 관심을 가진다. 앞서 조율과 더불어 신사조행정법이 강조하는 거버넌스도 상당한 유사성을 가지고 있다. 무엇보다도 조율행위와 같이 거버넌스에도 많은 이해관계인이 조직적으로

26) Schmitt-Aßmann, (FN 18), S. 21-22.

참여하고 있으며, 이들 상호 관계성과 영향력의 행사가 역시 다층적이며 다면적이기 때문이다. 사실 독일 이외의 다른 국가에서는 조율이라는 개념보다는 거버넌스라는 용어를 더욱 선호하는 것이 사실이다. 그런데 신사조 행정법학이 거번넌스라는 용어 사용을 꺼리는 이유는 원래 거버넌스라는 개념이 특히 민간부문을 행정의 의사결정 과정에 광범위하게 참여하도록 하는 것을 제도화함으로서 정치권력의 분산과 順化를 전제로 하게 되고 결과적으로 규제의 대상인 객체들에 대한 영향력 행사가 위축될 수 있다는 점을 우려한 때문이다.

따라서 국제법상 국제기구 등의 조직원리로서 거버넌스 개념을 사용하는 것은 혹시 모르지만 한 국가 내에서 행정의 의사결정 과정을 설명하는 것으로는 적절하지 못하다는 문제가 제기될 수 있기 때문이다. 특히 독일과 같이 전통적으로 공권력의 정당성과 실효성에 대한 확신이 강한 국가에서 행정처분 등을 중심으로 하는 권력적 행정법학 이론에 익숙한 행정법학자들은 아무리 신사조행정법학으로 방법론의 전환이 이루어진다고 하더라도 “강하면서도 민주적 정당성을 가진 유능한 행정 권력”이 국민을 효과적으로 규제할 수 있을 것이라는 믿음을 쉽게 저버릴 수 없는 문화적 요인도 작용하는 것으로 보아야 한다.[27] 특히 헤겔의 국가관을 굳이 언급하지 않는다고 하더라도 독일의 행정법학자들의 정신세계에는 법질서와 법률은 국가의 정치적 의사의 표현이라는 사고가 여전히 지배하고 있다. 그렇기 때문에 민간부문을 중심으로 하는 거버넌스가 행정적 의사를 결정하는 것은 민주적 정당성과 책임행정이라는 헌법원리에 배치된다는 사고방식도 여전히 존재한다. 그리고 여기에 더하여 유럽연합과 회원국들은 비교적 법질서가 상당한 정도로 정비되어 있는 국가들임에도 불구하고 유럽연합의 지침(directive)이나 개별 회원국의 행정법규가 직접적인 구속력을 가지기 보다는 이해관계인에게 영향력을 행사하고 협력을 유도하는 수단에 불과하여 복잡한 상호관계를 거친 후에야 비로소 집행된다는 것을 쉽게

27) Voßkuhle/Wischmeyer, (FN 17), S. 12.

받아들일 수 없다는 것도 신사조행정법학이 거버넌스보다는 조율이라는 개념을 선호하는 이유라고 할 수 있다. 물론 신사조행정법학에서는 조율이라는 개념이 법제도와 행정법을 단순히 행정목적의 실현을 위한 도구로 이해하는 것을 경계하고 있다. 오히려 조율이라는 개념 속에서도 항상 국민의 헌법상 권리와 국가의 보호의무가 전제되며, 행정법규에는 실체적, 절차적 가치들이 표상되어 있음을 간과해서는 아니 된다는 점을 강조하고 있다. 행정법규를 통해서 달성하려는 행정목적은 효과적인 입법과 행정을 도구로서 이해하는 것이 아니라 이들이 헌법의 규범적 틀 내에서 지향하는 가치를 담고 있기 때문에 정당화 될 수 있다는 점에 대해서는 신사조행정법학의 조율론도 의심의 여지없이 받아들이기 때문이다.

하지만 필자의 입장에서는 거버넌스보다 조율론을 내세우는 신사조행정법에 대해 비판의 여지가 있을 것으로 보인다. 일단, 민주적 정당성과 강하고 유능한 정부는 독일학자들이 일반적으로 가지고 있는 전통적인 사고방식으로서 조율론 역시 영향력을 행사하는 정치제도와 행정을 주체(subject)로서, 상대방인 국민을 객체(object)로 표현하는 것 자체가 국민에 대해 국가와 행정의 우위론을 강조하는 전통적인 Otto Mayer의 행정법관과 유사하다는 생각을 지울 수 없다. 마이어의 행정법 이론에 등장하는 행정주체와 행정객체를 연상시키기 때문이다. 이를 수평적인 이해관계인들(players)로 표현하는 것이 조율론의 사고에 보다 합치하기 때문이다. 그리고 오늘날 국가가 민간부문을 중심으로 하는 거버넌스에 대하여 입법적인 틀을 제공하고 공공부문이 인사와 예산을 통하여 민간부문을 통제할 수 있고 책임행정을 다할 수 있는 구조를 형성하는 경우에는 민주적 정당성의 원리에 위반되는 것으로 보기 어렵다. 국가와 정부는 항상 강하고 유능하다는 전제는 신사조행정법학이 강조하는 정보화 시대에서 행정이 질적으로 고급화되고 전문적인 정보와 지식이 부족하다는 현실로 인하여 민간부문과 네트워킹을 통한 협력을 강조하는 논리와도 모순된다는 점도 지적하지 않을 수 없다. “국가는 항상 강해야 한다”는 논리는 “남자는 항상 강해야 한다”는 사고만큼이나 시대착오적이며, 강한 정부와 유연한 정부를 구별하지 못하는 것이다. 국가와 정부는 천재지변 등 국가비상사태를 극복하기 위해서 예외적으로 강한 체제를 유지하는 것으로 족하며 이른바 위험사회를 대비하기 위한 사전배려조치에도 민간의 협력이 불가피하다. 특히 오늘날 한국의 경우 법 제도화된 공식적인 거버넌스와 시민사회의 비공식적 거버넌스와의 교차관계와 정보교환이 중요해지고 있는 시점에서 정부가 모든 행위자들에게 효과적인 영향력을 행사해야 한다는 일종의 강박에 사로잡히게 된다면 이는 전통적인 통제행정 내지 강력한 규제행정과 사실상 다를 바 없게 될 가능성도 있다. 특히 한국과 같이 여전히 대통령 중심의 국정운영이 이루어지고 이들이 萬機親覽하는 행정문화가 만연한 국가에서는 조율이 자칫하면 사실상 명령이나 고권적 裁可에 가까운 통제수단으로 전락할 수 있다는 점을 고려한다면 조율보다는 보다 제도화된 형태의 거버넌스 개념이 적합할 것으로 생각한다.

6. 텍스트에서 컨텍스트로

행정법과 행정법학은 絶海孤島가 아니며 그것이 처한 환경이나 사회적 맥락 안에서 존재하고 변화한다. 그리고 행정법의 환경적 요인은 고전적인 법학방법론의 대표자 Otto Mayer 역시 잘 알고 있었으며, 그가 아무리 실정법의 텍스트에 대한 해석에 중점을 두는 방법론을 제안했다고 하더라도 실정법의 해석에는 역사적 배경, 법이 지향하는 가치와 목적 등을 고려하지 않을 수 없었다. 그리고 경험적 사실과 실정법의 해석론이 합쳐지는 경우에 한하여 일정한 행정적 결정이나 법적 결과가 창출될 수 있다는 견해는 Mayer시대는 물론 오늘날 신사조행정법학이 특별한 관심을 가지는 환경법, 과학기술법, IT법 등 분야에도 여전히 타당하다.[28] 다만, 신사조행정법학자들은 과거 전통적인 방법론을 신봉하는 학자들에 비하여 행정적 결정 내지 법적 결과가 사회에 어떠한 영향을 미치는지, 더 나아가 의회의 입법 작용에 어떻게 반영될 수 있는가 하는 문제에 대해 더 많은 관심을

28) Hoffmann-Riem, (FN 16), S. 36-38; Müller/Christensen, Juristische Methodik, 11. Aufl., 2013.

가지고 있다. 그리고 행정적 결정이 사회적 환경의 변화에 미치는 영향을 구체적으로 비용편익 분석이나 사전, 사후 입법 평가 등 각종 영향평가제도를 통하여 계량화하는 작업을 병행하는 것이 일반적이다. 따라서 신사조 행정법학자들은 행정적 결정이 과학적 통계나 증거를 바탕으로 이루어지는 사회적 맥락과 객관적인 평가를 존중하며, 연구자의 개인적 선호와 직관에 의한 판단을 지양한다.[29] 따라서 이는 필연적으로 정치이론, 사회적 체계론, 제도경제학 등과의 학제적인 연구에 대한 관심을 강화하고 있다.

물론 법학자들이 다른 사회과학의 방법론이나 이론을 어설프게 수용하는 경우에는 행정법학의 정체성을 위협하고 연구결과의 타당성에 대한 회의론을 야기할 가능성이 크기 때문에 인접 학문의 이론이나 방법론을 행정법학 분야에 도입하는 경우에는 매우 선택적이어야 하며, 법학방법론의 고유한 정체성을 훼손하지 않는 범위 안에서 신중한 접근이 필요하다.[30] 학제적 연구에 대한 가능성과 동시에 그 한계와 관련하여 신사조행정법학은 특유한 개념과 용어의 사용을 통하여 학제적 연구의 부담을 덜고 있다. Otto Mayer가 제시한 행정행위와 같은 개념은 전통적인 행정법학에서도 공정력과 같이 그에 따르는 명확한 법적 효과를 부여하여 실정법 체계 하에서 공직자와 법관이 신속한 의사결정을 할 수 있도록 기능한다. 앞서 언급한 바와 같이 조율, 거버넌스, 보장국가, 규제된 자율규제와 같은 행정법학에서 사용하는 특정한 개념과 용어는 규범적 가치와 현실에 대한 記述을 결합하여 인접 학문과 대화를 용이하게 하는 기능이 있으며, 이는 법적 추론에 따르는 의사결정에도 상당한 영향을 미친다.

신사조행정법학에서는 위와 같은 개념과 용어를 이른바 "핵심개념"

29) Bumke, (FN 16), S. 109-124; Schmitt-Aßmann, Verwaltungsorganisationsrecht als Steuerungsressource – Einleitende Problemskizze, in : Schmitt-Aßmann/Hoffmann-Riem(Hrsg.), Verwaltungsorganisationsrecht als Steuerungsressource, 1997, S. 15.

30) Voßkuhle, Methode und Pragmatik im öffentlichen Recht, in : Bauer(Hrsg.), Umwelt, Wirtschaft und Recht, 2002, S. 182-184; Hoffmann-Riem, Sozialwissenschaften im Verwaltungsrecht, Die Verwaltung Beiheft 2, 1999, S. 85.

(Schlüsselbegriffe)이라고 부른다. 실제로 이와 같은 핵심개념들이 학제적 연구에서 매우 유용하다는 연구결과도 있다.[31] 1990년대 이후 이와 같은 핵심개념들은 행정법학뿐만 아니라 법원의 판례 및 입법 활동에서도 실제로 사용되는 경우가 있다. 대표적으로 독일연방헌법재판소는 공적 역무의 민영화 이후에도 국가가 국민들에게 보편적인 역무제공이 이루어질 수 있도록 최종적인 "보장책임"(Gewährleistungsverantwortung)을 진다는 결정을 내리면서 신사조행정법학의 핵심개념 중 하나인 보장국가론을 언급한 것을 그 예로 볼 수 있다.[32] 신사조행정법학은 기존의 법학방법론에 익숙한 행정법학자들의 문제의식에서는 보이지 않는 학제적 연구를 통하여 글로벌한 환경의 변화에 대하여 보다 설득력 있는 대안을 제시하고 행정법학의 외연과 내포를 확장하는 역할을 하고 있다는 점을 부인할 수 없다. 물론 후술하는 바와 같이 신사조행정법학에 대해서는 상당한 비판이 가해지고 있는 것은 사실이지만 특히 비교행정법학 분야에서 다양하고 개방적인 방법론을 제시하고 있다는 점은 분명하다. 그리고 마지막으로 신사조행정법학이 기존의 전통적인 방법론을 배척하고 그 흐름을 단절하겠다는 것이 아니라는 점을 다시 한 번 강조할 필요가 있다. 다시 말하자면, 신사조행정법학은 행정적 결정, 법적 결과가 이루어지기 이전의 절차와 조직, 거버넌스, 규제의 방식 변화에 대한 많은 고민을 하고 있으며, 이것이 행정법학 방법론의 발전에 상당한 기여를 하고 있음이 분명하지만 일단 행정처분 등이 내려진 이후에는 기존의 행정법학 방법론에 따라서 그 위법 여부를 판단하고 그에 따르는 법적 효과와 권리구제 수단을 모색하는 것은 불가피하다. 이러한 의미에서 신사조행정법학과 법학방법론은 상호 배척하는 것이 아니라 상보관계에 있다고 보는 것이 타당하다.[33]

---

31) Voßkuhle/Wischmeyer, (FN 17), S. 14.
32) BVerfGE 130, 76.
33) Voßkuhle/Wischmeyer, (FN 17), S. 15.

Ⅲ. 신사조행정법학에 대한 Kaus-Ferdinand Gärditz의 비판론

1. 신사조행정법학은 Lorenz von Stein과 Ernst Forsthoff의 부활인가?

신사조행정법학이 전통적인 법학방법론에 비하여 제시하는 특징들은 첫째, 실정법 자체에 국한하는 법해석론보다는 법규범이 처한 현실과 환경을 연동하고, 둘째, 행정처분 등 법적인 결과보다는 행정절차와 의사결정을 내리는 과정과 조직, 재원 등 물적 수단을 중시하며, 셋째, 정치학, 행정학, 사회학 등 인접 사회과학 분야와의 학제적 연구를 강조한다는 점을 들 수 있다. 그런데 최근 신사조행정법에 대하여 비판적인 견해를 제시하는 학자들 중에 대표적으로 Kaus Ferdinand Gärditz 등은 신사조행정법학이 제시하는 새로운 방법론이 결코 새로운 것이 아니라 독일의 일반국가론 내지 국가학(allgemeine Staatslehre, Staatswissenschaften)의 전통을 이어받은 것으로서 일종의 일반국가론의 부활이라고 평가하고 있다. 이하에서는 Gärditz 교수의 비판을 중심으로 신사조행정법학의 한계와 재반론의 근거를 중심으로 논의하고자 한다.

Gärditz에 따르면 신사조행정법은 독일의 전통적인 관방학 내지 국가학(Kameral- Staatswissenschaften)으로부터 파생된 행정학과 유사한 문제의식으로부터 출발하고 있다. 당시 법학 교육 프로그램을 보완하는 의미에서 행정학을 독립한 교과목으로 제안하였는데, 행정학은 실정법의 해석을 넘어서서 행정조직과 이상적인 행정 시스템의 원칙을 기술하고 입법정책학적인 방법론을 제시하였다. 다만, 19세기 독일의 행정학은 학문의 한 장르임에는 분명하지만 행정과 법 간의 관계를 체계적으로 학문화하는 데는 실패하였다는 평가가 우세하다. 신사조행정법학을 지지하는 학자들 중 일부는 Lorenz von Stein의 행정학 이론이 신사조행정법의 이론적 모태가 되었다는 주장을 실제로 하는 경우도 있다. 이는 결국 신사조행정법이 새로운 행정법학의 방법론이라는 사실을 스스로 부인하는 것이기도 하지만 자세히 살펴보면 Lorenz von Stein의 행정학 이론이 신사조행정법학의

전법이라는 주장에 대해서는 동의하기 어려우며 내부에서도 상당한 비판이 제기된다.[34)]

주지하는 바와 같이 Lorenz von Stein은 국가를 "완전한 전체적 意思體"로 보는 헤겔의 국가유기체설에서 출발하고 있는데,[35)] 국가의 현실적인 힘과 의사력을 중시하는 국가이론은 오늘날 더 이상 존재하지 않으며 행정조직이 복잡하게 분화한 상태에서는 설득력이 없다. 그런데 신사조행정법학이 Lorenz von Stein의 행정학 내지 국가학까지 끌어들여 전통적인 법학방법론의 문제점을 지적하려는 이유는 법학방법론이 법적 현실을 전혀 도외시하고 있는 반면에 신사조행정법학은 사실관계와 규범이 처한 환경에 대한 고려를 하고 있다는 점을 부각시키려는 의도로 보인다. 하지만 전통적인 행정법학 방법론이 당시 행정학적 방법론을 수용하는 것을 거부한 것은 나름대로의 이유가 있다. 이에 대해서 Walter Jellinek는 당시 행정학이 가지고 있던 국가의사, 국가권력 등의 사실적 요소들을 행정법학에 접목해서 하나의 새로운 행정법 방법론을 제시하려는 의도는[36)] 충분히 이해하지만 당시 행정학은 대학의 교과과정에도 존재하지 않았으며, 학문적으로 독립한 체계를 갖추지 못하였기 때문에 당시 행정법학 방법론은 외부의 정치적, 현실적 환경과는 단절하여 순수한 법적인 학문체계를 지향하지 않을 수 없었음을 고백하고 있다. 물론 당시 Otto Mayer와[37)] Walter Jellinek 등으로 대표되었던 행정법학 방법론은 자신들이 추구하는 방향에 대한 비판을 잘 알고 있었으며, 이러한 비판은 바이마르공화국을 거쳐서 오늘날까지도 꾸준하게 제기되고 있다.

결국, 이러한 관점에서 보면 이른바 신사조행정법학은 기존의 법학방법론이 현실 세계와는 유리되어 오로지 실정법의 해석에 매달리고 있다고 비판하고 있지만, 실제로 이러한 비판 역시 새로운 것이 결코 아니라는 점

34) Gärditz, (FN 7), S. 111.
35) von Stein, Die Verwaltungslehre, Bd. Ⅰ, 1865, S. 1ff.
36) W. Jellinek, Verwaltungsrecht, 3. Aufl., 1931, S. 100.
37) 그의 대표저작, O. Mayer, Deutsches Verwaltungsrecht, Bd. Ⅰ, Ⅱ, 3. Aufl., 1924.

을 방증하는 것이다.[38] 제2차 세계대전이 종식되고 독일에서 기본법체계가 시작되면서 독일 통일을 거쳐 현재까지 이루어진 헌법적인 변화에도 불구하고 법학방법론을 중심으로 하는 행정법학 연구방식은 거의 변화하지 않았으며, 어떻게 보면 오히려 더욱 공고화된 측면이 있다. 그 이유는 과거 나치시대의 반성적 고려에 따라서 법적으로 기속되지 않는 행정권력을 원칙적으로 부인하고 의회가 제정한 법률에 근거를 두도록 하는 원칙을 확립하고 행정권의 행사가 법률이나 헌법, 또는 이에 상응하는 헌법, 행정법의 일반원칙에 위반하면 법원의 강력한 사법적 통제를 통하여 국민의 권리구제를 확대하는 행정법 체계는 Mayer가 제시한 행정법학 방법론과 거의 일치하는 것이기 때문이다. 그리고 독일연방공화국 초기에는 의회와 법원이 행정재량에 대해서도 상당한 거부감을 가지고 행정재량권의 법적 기속과 법원의 엄격한 사법심사 역시 이러한 행정법 체계와 맥을 같이 하는 것이다.

하지만 본기본법 시대로 대표되는 독일의 전후 민주주의 행정법 체계에서도 행정법학 방법론이 전통적인 방법론에 매몰되지 않고 행정현실과 환경을 고려한 행정법학 방법론이 요구되며, 효율적인 행정목적 달성을 위하여 행정재량의 필요성과 사법심사의 자제를 강조하는 견해가 제기되었다. 이러한 흐름을 주도한 대표적인 학자는 Ernst Forsthoff로서[39] 행정법학의 방법론은 행정처분 등 결과물에 대한 규범적인 해석론을 중심으로 하되 동시에 행정의 환경 등을 고려하는 이른바 “컨텍스트적 의미”와 규범을 결합한 방법론을 제안하였다.[40] 물론 신사조행정법학이 Forsthoff의 방법론과 모든 면에서 동일하다는 것은 아니지만 내용상 상당한 유사성을 발견할 수 있으며, 실제로 Forsthoff의 방법론을 신사조행정법학의 이념 내지 철학사적 연혁으로 보는 견해도 있다. 물론 Forsthoff의 견해는 본기본법 시대에도 여전히 Carl Schmitt가 꿈꾸었던 강한 국가와 행정, 그리

38) Gärditz, (FN 7), S. 113.
39) Forsthoff, Lehrbuch des Verwaltungsrechts, Bd. Ⅰ, S. 47.
40) Bumke, (FN 16), S. 73, 92f.

고 이것을 지탱하는 직업공무원제를 신봉하는 과정에서 나온 것으로서 이것을 신사조행정법학이 지향하는 다원적 민주주의 사회에 결코 어울리지 않는다는 지적도 있지만, 직업공무원제와 신사조행정법학이 제시하는 기술관료제와는 놀랄 정도의 유사성이 있음을 부인할 수 없다.[41]

아무튼 Forsthoff가 제안한 컨텍스트와 규범의 결합론은 이후 1970년대에도 꾸준히 학문적 논쟁의 대상이 되었다. 이 시기에도 전통적인 행정법학 방법론이 행정현실을 반영하려는 노력을 게을리하지 않았으며, 한 예로 1971년 독일 국법학자대회에서는 행정법의 전통적인 도그마가 현대적 과제를 처리함에 있어서 어떤 위상을 가지고 있는지에 대한 토론이 이루어졌다.[42] 이 시기에 전통적인 행정법학 방법론과 도그마는 행정법체계와 현실세계를 동시에 포착하고 다원적인 사회국가에서 행정과 행정법이 당면한 과제를 어떠한 방식으로 처리할 것인지에 대해서 많은 연구가 있었기 때문에 훗날 신사조행정법이 이와 같은 토대 하에 규범과 사실을 결합한 방법론을 제시할 수 있었던 것으로 평가할 수 있다. 물론 앞서 언급한 바와 같이 1970년대 이후 사회적 법치국가에서 행정법은 여전히 전통적인 행정법 도그마와 방법론이 행정현실을 중시하는 방법론을 압도하였고 이를 흡수하였다는 평가도 가능할 것으로 보인다. 따라서 이 시기에는 구태여 행정법학의 새로운 방법론을 모색할 필요가 없었으며, 오히려 행정법학의 관심은 행정법 질서의 헌법적합성 강화, 사회보장법, 환경법 등 개별 분야로의 분화와 법전화 등 주로 현대 행정의 양적인 팽창과 그에 대한 규범화 문제, 헌법재판소와 행정법원 판례의 분석 등이 행정법학자들의 주된 관심사였다고 할 수 있다. 아마도 현대 독일에서 발행되는 행정법 개별 분야 학술지의 양과 종류를 본다면 이 시기에 이루어진 행정법의 양적 팽창과 복잡성을 실감할 수 있을 것으로 보인다.[43]

---

41) Gärditz, (FN 7), S. 121.
42) Der Stand der Dogmatik des Verwaltungsrechts vor den Gegenwahrtsaufgaben der Verwaltung, VVDStRL 30(1972).
43) Gärditz, (FN 7), S. 123.

2. 신사조행정법학은 행정학적 행정법론(verwaltungswissenschaftliche Verwaltungsrechtswissenschaft)의 부활인가?

신사조행정법학이 과거 국법학 또는 일반 국가론으로부터 행정법학을 통합하는 행정학적 어프로치를 재차 시도한 것이라면 이는 행정학이 명확한 인식의 관점을 제시하는데 실패하고 방법론적 정체성을 확립하지 못했다는 점을 고려할 때 과거의 행정학 이상의 무엇을 가지고 있어야만 한다. 그런데 지난 30년 간 신사조행정법학은 전통적인 행정법학 도그마의 핵심원리인 행정의 법률적합성원칙이나 행정행위와 같은 간결하고 명확한 도구개념이나 원리에 비교하면 그와 같은 긍정적 평가를 과연 받을 수 있을지 의문이다. 신사조행정법이 제시하는 핵심적인 도구개념인 조율(Steuerung)이나 거버넌스는 여전히 명확한 내용이나 실체적 기준을 제시한다고 보기 어려우며, 어떻게 보면 일종의 정치적 구호에 가까운 이러한 모호한 개념들이 다양한 해석과 토론의 여지를 남기고 있는 것이 현실이다. 실제로 신사조행정법학을 집대성한 세 권의 "행정법의 기초"(Grundlagen des Verwaltungsrechts)라는 저작의 다양한 저자들의 면면을 보아도 이들이 모두 신사조행정법학을 신봉하는 사람들이라고 보기는 어려우며, 특히 행정법학을 일종의 조율학(Steuerungswissenschaft)으로 본다고 할 때 과연 이러한 많은 학자들이 모두 조율학이라는 관점에서 자신이 담당한 부분의 주제를 대상으로 저술한 것인지 의문이 제기된다.[44] 굳이 이 저서와 신사조행정법학을 긍정적으로 평가하자면 기존에 아무런 문제의식을 가지지 않고 사용하던 행정법학의 용어나 방법론에 대해서 문제를 제기하고 이를 학문적으로 서술하였다는 것은 분명해 보인다.

냉정하게 보면 신사조행정법학은 전통적인 행정법 도그마에 독일에서 역사적으로 성립하고 발전한 Lorenz von Stein의 행정학이나 Ernst Forsthoff의 "행정학적 행정법론"(verwaltungswissenschaftliche Verwaltungsrechtswissenschaft)을 방법론적으로 계승한 것으로서 결코 새로운 행정법

44) Gärditz, (FN 7), S. 124.

학 방법론을 제시한 것은 아니다. 물론 신사조행정법이 본기본법이라는 새로운 민주주의와 법치국가의 헌법적 토대 하에서 행정학적 행정법론이라는 방법론을 제시한 것은 과거와는 분명하게 구별될 수 있는 것은 사실이다. 그렇지만 이와 같은 헌법적 기초가 변화했다는 것을 인정한다고 하더라도 신사조행정법학의 본질이 행정법학은 항상 현실 세계를 주목해야 한다는 행정법학의 숙명적인 논제를 다시 제시한 것일 뿐이며 그 이상의 무엇이라고 보기에는 어렵다.[45)]

3. 신사조행정법학은 행정현실을 어느 정도 반영하고 있는가?

신사조행정법학이 규범과 현실과의 관계를 중요하게 생각하는 방법론이라면 실제로 규범체계에 현실 세계를 어느 정도 정확하게 투영하고 있는지 검토할 필요가 있다. 규범과 현실 세계 간의 관계는 철학적으로 보면 인식론의 기본적인 문제로서 매우 난해한 설정이라고 할 수 있으며, 더욱이 규범적 현실은 단순한 현실 인식과는 차원이 다른 문제이기 때문에 신사조행정법학이 지향하는 규범적 현실론이 진정으로 유의미한 방법론으로 자리를 잡은 것인지에 대해서는 의문의 여지가 있다. 이러한 의미에서 우선적으로 지적할 수 있는 문제는 신사조행정법학이 전통적인 행정법도그마가 사법부 중심의 방법론을 맹신한다는 비판을 하고 있음에도 불구하고 정작 규범적 현실을 대변하고 있는 법원의 판례를 전적으로 무시하고 있다는 점이다.[46)] 실제로 행정판례는 변호사 등 실무가들이 행정절차에 참여하여 일정한 역할을 수행하고 소송과정에서 법적 쟁점을 추출하여 주장함으로써 행정법 영역에 중요한 역할을 부여하는 과정임에도 불구하고 신사조행정법학은 규범이 현실 세계와 부딪히는 문제를 전적으로 간과하고 있다는 비판을 받을 수 있다. 결국 신사조행정법은 행정판례나 사법부와 실무가들의 역할을 축소 내지 간과함으로서 극도로 추상화된 이론을 제시하고 있다. 이론의 추상화는 학문의 세계에서 어느 정도 불가피한 측면이

---

45) Gärditz, (FN 7), S. 125.
46) Gärditz, (FN 7), S. 126.

있음을 인정하지만 신사조행정법학이 제시하는 핵심개념인 조율, 거버넌스 등과 관련된 이론은 추상화의 정점에 이르게 되어 때로는 그 내용 자체를 파악하기가 어렵다.[47] 이는 한국 사람인 필자도 늘 가지고 있는 생각이며, 모두에서 한국의 구체적인 예를 들면서 신사조행정법학의 내용과 방법론을 설명하고자 한 이유도 바로 이러한 이론적 추상성을 극복해야만 설득력을 가질 수 있기 때문이다.

신사조행정법학이 가지고 있는 또 다른 문제점의 하나는 이와 같은 추상적 개념을 가지고 행정법 일반이론의 "向導的 이념"(Ordnungsidee)으로 삼고자 했기 때문에 행정법 영역에서 이른바 총론에 해당하는 부분에만 집중하고 앞서 언급한 바와 같이 다양한 개별 분야에 대한 분석을 소홀하게 취급한다는 비판을 받고 있다.[48] 이는 마치 신사조행정법학이 과거의 국법학 내지 행정학이 실패한 전철을 밟고 있는 것 아니가 하는 생각을 갖게 하며, 개별 전문 행정법 분야에서 제기되는 다양한 법적 문제와 해법을 제시할 수 없다는 현실적 한계를 드러내고 있다. 신사조행정법학은 행정청 내부에서 이루어지는 정보의 흐름에 대해서도 상당한 관심을 가지고 있으며, 정보의 흐름과 과정이 최종적인 의사결정으로서 행정처분보다도 중요하다는 의견을 제시하고 있으나 실제로 행정법학자들이 행정청 내부에서 이루어지는 일들을 자세하게 알 수 없으며, 이를 단순하게 추정할 뿐이다. 따라서 전통적인 행정법 도그마에서 행정청의 공직자들이 관심을 가지는 것은 행정처분과 같은 행정적 의사결정의 결과물이 적법한 것인지, 혹시 이를 대상으로 소송이 제기된 경우 법원은 어떠한 판결을 할 것인지에 있기 때문에 행정법체계에서 현실의 문제는 바로 이와 같은 행정의 법률적합성과 법원의 판결에 보다 집중한다. 물론 이러한 전통적인 행정법학 방

---

47) Eifert, Das Verwaltungsrecht zwischen klassischem dogmatischem Verständnis und steuerungswissenschaftlichem Anspruch, VVDStRL 67 (2007), S. 286 (305ff.).

48) 신사조행정법학은 환경법이나 경제행정법 분야와 같은 이른바 참조분야(Refenzgebiete)에서 전통적인 행정법 도그마틱의 문제해결 능력을 질타했기 때문에 이들 개별 분야에는 처음부터 관심을 가지고 있었지만, 이들을 제외하면 오직 예외적으로 정보행정법이 개별 분야에서 거의 유일한 관심 대상이라는 평가도 가능하다.

법론에 대해서 신사조행정법학은 보다 행정현실의 비중을 강화할 것을 주장해 왔지만 이것이 현실적으로 설득력 있는 대안으로 정착한 것인가에 대해서는 여전히 의문이 있다. 예를 들어 신사조행정법학은 특히 행정절차와 거버넌스를 중시하지만, 이 역시 일반적으로 새로운 지식의 발견과 협치 실현이라는 여전히 모호한 총론적 주제에만 매몰되어 있을 뿐 수많은 개별 행정법 분야에서 현실적으로 벌어지고 행정절차상 제기되는 다양한 법적인 문제에 대하여 해법을 제시하는 데에는 별 관심이 없다.

4. 입법정책론, 학제적 연구방법론과 신사조행정법학

신사조행정법학자들은 실정법의 해석보다는 입법론에 상당한 비중을 두고 있지만 이는 주장에 불과할 뿐 실제로 구체적인 방안이나 결과물을 제시한 것은 아니다. 특히 행정법학에서의 입법론은 헌법이나 실정법의 해석과 적용과정에서 표출된 구체적인 사안을 그 대상으로 하는 것이어야 함에도 불구하고 단순히 정치적인 관점에서 추진하는 입법론은 Lorenz von Stein의 행정학의 오류를 반복할 가능성이 크다. 즉 정치적 동기에서 출발하는 입법론은 입법이라는 민주적 정당성의 근거를 가질 수 없으며, 이는 역사적으로 가깝게 Lorenz von Stein과 보다 멀리 보면 유럽의 정치학적 전통을 형성한 플라톤의 철인정치와 베이컨이 주창한 기술관료의 지배를 의미하는 것으로서 법적인 기초보다는 힘의 지배를 정당화하는 그릇된 방향으로 흐르기 쉽다.[49)]

입법정책론과 함께 신사조행정법이 강하게 주장하는 것이 바로 학제간 연구방법론이다. 특히 정책론의 비중이 상대적으로 높은 행정법학 분야에서는 인접 사회과학은 물론 다른 영역과의 융·복합적인 연구가 필요하다는 것에 이의를 제기할 수 없을 것이다. 다만, 정작 중요하고 어려운 것은 다른 인접 학문의 방법론을 행정법학 분야에 어떤 방식으로 또 어느 정도로 도입하고 융합할 것인가 하는 점이다. 이미 언급한 바와 같이 신사조

---

49) Gärditz, (FN 7), S. 132.

행정법학은 조율이나 거버넌스와 같이 고도로 추상화한 개념을 제시하고 이를 행정법 전체 질서를 선도하는 "향도적 내지 질서적 이념"(Ordnungsidee)으로 사용하고 있기 때문에 다른 분야와의 학제적 연구에 문호를 개방한 것으로 보인다. 하지만, 실제로 신사조행정법학이 학제적 연구를 제안하고 있는 분야는 환경법과 정보통신법 또는 정보지식행정법 등으로 그 범위가 제한되고 있다. 어떻게 보면 학제적 연구가 더욱 절실한 이민법, 공무원법, 교육 및 경찰법 분야 등에는 연구의 손길이 전혀 미치고 있지 못하다.[50]

한편, 신사조행정법은 민주주의 원리와 같은 담론에 필수적으로 공조가 필요한 정치학과의 학제적 연구가 거의 없다는 점 역시 문제로 지적할 수 있다.[51] 신사조행정법학이 행정법학 방법론 전환의 변곡점으로 지적하는 민영화와 유럽화 현상도 사실상 행정법학이 처한 외부 환경과 정치적 패러다임의 변화에 따라 독일의 행정법 체계가 새로운 제도를 수용하고 국내 입법적으로 적절하게 대응한 결과이지 이를 확대해석할 근거는 희박하다. 민영화와 유럽화 문제는 기존의 행정법 도그마를 통해서도 만족스러운 수준에서 설명과 해결이 가능한 문제이기 때문이다. 특히 이러한 영역에서 조율이나 거버넌스가 구체적으로 어떠한 설명과 문제해결을 위한 새로운 방법론의 기제로 작용하였는지에 대해서 신사조행정법학은 대답하지 못하고 있다. 신사조행정법은 행정계획론이나 여타 기존의 행정법 도그마로서는 해결하기 어려운 영역에서 방법론의 전환이 필요하다고 주장하나 전통적인 행정법학 방법론 역시 꾸준하게 이 문제에 대하여 계획 재량, 단순 비고권적 행정작용에 대한 법치국가적 통제, 새로운 지식의 창출을 위한 행정절차 개념의 확대 등을 통하여 대응해 왔다는 점을 지적하지 않을 수 없다.

신사조행정법학은 국가기능의 축소와 재조정, 재정적 한계상황 등을 고려할 때 특히 행정조직법, 절차법, 예산법 등에서 개혁이 필요하다고 주

50) Gärditz, (FN 7), S. 135.
51) Möllers, Theorie, Praxis und Interdisziplinarität in der Verwaltungsrechtswissenschaft, VerwArch, Bd. 93 (2002), S. 22 (32).

장하지만 이러한 영역에서 문제를 적절하게 해결할 수 있었던 이유가 재정학이나 조직론 등과의 학제적 연구로부터 이루어진 것이라기보다는 입법자가 적절한 대응 입법을 시행한 결과이며 특히 행정계획법 분야에서는 전통적인 절차상 하자론이 큰 역할을 했음을 부인할 수 없다.[52] 그리고 신사조행정법학자들이 학제적 연구의 중요성과 필요성을 강조하는 것은 이해하지만 실제로 법학자들이 인접 학문의 방법론이나 전문적 지식을 풍부하게 마스터할 수 있다고는 보기 어렵다. 상당한 한계가 현실적으로 존재한다는 말이다.

헌법학에서는 민주적 정당성 문제를 항상 중요한 논의의 주제로 제시하지만 상대적으로 신사조행정법학에서는 이 문제를 거의 다루지 않고 있는데, 행정적 결정은 민주적 정당성과 행정적 책임 문제가 밀접하게 결부되어 있으므로 행정활동을 법적으로 명확하게 규율하지 못하는 영역에서 인접학문의 다른 기준과 방법론으로 문제를 해결하겠다는 것은 행정의 책임성원칙과 민주적 정당성원칙에도 반하는 문제가 있다.[53] 물론 신사조행정법학에서는 경제학이나 사회학적 방법론 등의 학제적 연구와 분석이 이루어지기는 하지만 정작 환경법, 과학기술법, 공간계획법 등 분야에서 행정조직과 행정활동에 지대한 영향을 미치는 공학적 접근방법에 대해서는 거의 언급조차 없기 때문에 학제적 연구라는 논제가 큰 의미를 가질 수 있을지 의문이다. 결과적으로 신사조행정법학이 학제적 연구방법론을 제안하고 일정한 성과를 거두었는가에 대해서 후한 점수를 주기는 어려울 것이다. 법학자가 법률행위나 행정행위라는 결과만을 주목하는 좁은 시야를 극복해야 한다는 주장은 당연히 설득력을 가지지만 이것이 결코 새로운 것은 아니다. 인접학문과 학제적 연구가 어설프게 이루어지는 경우에는 자기주장을 강화하고 정당화하기 위하여 다른 분야에서 선택적으로 유리한 부분만 추출하고 이것을 학제적 연구로 위장하는 경우도 있기 때문이다. 법질서 내에서 주관적 권리의 분화기준, 사법심사의 엄격 또는 완화된 기

52) Gärditz, (FN 7), S. 137.
53) Gärditz, (FN 7), S. 138.

준의 발견, 위계적 행정조직의 민주화 모델 등의 어려운 논제들을 해결하기 위해서 다른 학문분야의 방법론과 협업하는 것이 필요할 것으로 보이지만 실제로는 이들 인접 분야에서 규범적으로 활용이 가능한 기준이나 방법론을 찾는다는 것이 얼마나 어려운 일인지 역시 새삼스러운 것이 아니다.[54]

5. 신사조행정법학이 행정법 도그마 발전과 이론화에 기여한 바는 무엇인가?

이상에서 살펴본 바와 같이 신사조행정법학이 초기에 큰 기대를 보여주었지만 실제로 지대한 성과를 거두고 있다고는 보기 어렵다. 그럼에도 불구하고 신사조행정법학이 행정법학 연구에 있어서 적지 않은 기여를 한 것도 사실이며, 특히 행정법이론과 도그마틱 발전에 새로운 계기를 부여한 것만은 분명해 보인다. 특히 신사조행정법학은 기존의 행정법학 도그마틱에 비하여 법해석과 적용과 관련한 컨텍스트의 지평을 넓혔다는 평가를 할 수 있다. 특히 행정처분 등 법적 결과에 매몰되지 않고 그것이 이루어지는 절차와 조직의 문제, 처분이 공동체에 미치는 영향 등을 거시적으로 방법론에 포함시켜서 행정법 도그마틱의 새로운 방향성을 제시한 것은 마땅히 긍정적인 평가를 받아야 할 것이다. 이와 더불어 신사조행정법학은 특히 조율이나 거버넌스, 보장국가론, 규제된 자율규제 등의 새로운 개념을 행정법학의 총론적 논의에 도입함으로써 행정법의 이론화에 상당한 기여를 하였다는 점도 간과할 수 없는 부분이다. 앞서 언급한 바와 같이 신사조행정법학이 결코 새로운 방법론을 창조한 것은 아니지만 그 동안 행정법학 연구에서 소외되었던 행정조직, 지식과 정보, 예산 등의 문제를 행정법학이 본격적으로 관심을 가지도록 이끌었다는 것은 상당한 의미를 가진다.[55]

---

54) Gärditz, (FN 7), S. 141.

55) Gärditz, (FN 7), S. 142. Gärditz는 이러한 의미에서 신사조행정법학이 전혀 새로운 방법론을 제시한 것은 아니기 때문에 진실로 새로운 것은 아니며, 이제까지 행정법학자들이 간과하거나 소홀하게 다룬 문제를 새롭게 제기했다는 점에서 "새롭다면 새롭다"는 평가를

특히 3권으로서 이루어진 행정법의 기초(Grundlagen des Verwaltungsrechts Ⅰ, Ⅱ, Ⅲ)는 행정법학의 방법론과 인식론에 대해 많은 학자들을 참여시켜 그 어떤 저작물보다도 이 분야에 대한 논쟁과 비판의 장을 제공하였다는 점에서 행정법학사에 있어서도 매우 드문 일이다. 이렇게 보면 신사조행정법학은 19세기 국가학이나 행정학과 유사한 문제의식을 가지고 있지만 그것으로 회귀한 퇴행적 방법론은 결코 아니다. 오히려 행정법학 연구에 있어서 규범체계가 처한 환경과 컨텍스트를 강조한 Ernst Forsthoff의 방법론과 보다 가깝다고 할 수 있다. 그런 의미에서 냉정하게 보자면 신사조행정법학이 역사적으로 행정법학의 큰 흐름이나 방향을 바꾸는 패러다임의 변화로는 보기 어렵다. 그 이유는 신사조행정법학이 행정법체계와 행정현실 간의 관계를 강조하지만 역설적으로 행정현실을 극적으로 반영하는 법원의 판례나 법률실무가의 역할에 대해서는 무관심함으로써 현실반영의 한계를 스스로 드러냈기 때문이다. 물론 신사조행정법학이 사법부 중심의 행정법 방법론을 중시하는 전통적인 법학방법론과 차별화하려는 이유도 있겠지만 이를 통하여 기존의 행정법학 도그마틱을 완전하게 극복했다고는 누구도 단언할 수 없다. 또한 행정법이 제정되고 적용되는 현실 세계의 과정에서 신사조행정법학이 제시하는 근본적인 방향으로의 전환이 이루어지지도 않았다. 하지만 신사조행정법학은 적어도 행정법학 연구 분야에서는 지난 30년 간 그 누구도 지나치기 어려운 도발적인 문제와 논쟁적 주제들을 제기하고 학자 간에 치열한 토론과 비판을 통하여 시대적 변화와 행정법학의 방향성에 대한 관계를 설정하는데 지대한 공헌을 한 것은 사실이다. 그런 의미에서 신사조행정법은 “헌 술을 새 부대에 담은 것”은 아니며 그 이상의 기여를 한 것이 분명하다.[56)]

하고 있다. 과연 그의 이러한 평가를 우리가 어떻게 받아들여야 하는지 독자들도 한 번 생각해보기 바란다.

56) Gärditz, (FN 7), S. 144.

6. Kaus Ferdinand Gärditz의 비판론에 대한 재반론

신사조행정법학이 행정현실과 행정법 규범체계의 정치적, 사회적 환경을 중시하는 것은 컨텍스트 중심의 Forsthoff의 방법론의 부활에 불과하며 결코 새로운 방법론이 아니라는 지적에 대하여 일정 부분 동의한다. 그리고 필자의 견해 역시 신사조행정법학이 조율이나 거버넌스 등 핵심개념에 대한 지나친 추상화로 인하여 실정법에 대한 해석론이나 법원의 판결, 행정실무가나 법조인들의 구체적인 현장에서의 요구를 제대로 수용하고 있지 못하다는 점에 대해서는 상당한 정도로 공감한다. 그렇다고 하더라도 신사조행정법학이 Forsthoff의 방법론의 부활에 불과하고 전혀 새로운 행정법학의 사조는 아니라는 다소 박한 평가를 받아야 하는가에 대해서는 동의하기 어렵다. 다만, Gärditz 같은 학자들이 비판한 내용 하나하나에 대한 반박을 하는 것을 지양하고 전체적인 측면에서 반론을 제기하고자 한다.

한 번 생각해 보자. 이 세상에 전혀 새로운 것이라는 것이 과연 존재하는 것일까? 예를 들어 20세기 초반 Einstein의 특수, 일반상대성이론이 세상에 전혀 없었던 과학적 발견인가? 중세 갈릴레오 갈릴레이는 이미 특정한 관찰자가 가지는 일정한 속도에 따라서 시간이 상대적으로 흐른다는 사실을 알고 있었고, 물체가 가지는 중력은 질량에 비례, 거리의 제곱에 반비례한다는 뉴튼의 고전역학을 바탕으로 아인슈타인은 시공간이 휘어지는 중력장의 개념을 제안한 것이다. 그렇다면 아인슈타인은 상대성이론은 전혀 새로운 것이 아니기 때문에 그에게 수여한 노벨 물리학상은 취소되어야 마땅한 것인가? 이탈리아를 중심으로 르네상스가 발생한 것은 그리스와 로마의 인본주의 문화를 모방하는데 그친 것인가? 아니면 기독교에 묻혀있던 인간과 인간의 이성에 대한 새로운 발견을 통하여 근대세계로의 가교를 놓은 새로운 문화운동인가? 하물며 인간과 공동체가 중심적인 관찰대상인 사회과학 분야에서 과거의 학문적 성과의 집적 없이 전혀 새로운 이론이 하늘에서 뚝 하고 떨어질 수 있는 것일까? 신사조행정법학을 비판하는 사람들은 사회과학적 발전과정에서 進化가 아니라 혁명적 변화만을 세상에서 인정받을 수 있는 새로운 이론으로 보는 것인가?

필자가 보기에 신사조행정법학은 법학의 영역에서 충분히 새롭다는 평가를 받을 수 있는 근거가 있다고 본다. 시대적 변화에 따르는 새로운 방법론적 대응이라는 점에서 보면 1990년대에 등장한 신사조행정법학은 공적 과제의 수행이라는 목표를 두고 국가와 정부 등 공공부분의 현실적 한계를 매우 지혜롭게 포착하고 대안을 제시하는 면에서 과거의 법학방법론에서 인식하지 못한 새로운 시각을 제시하고 있다. 주지하는 바와 같이 1980년대 이후 지난 3, 40년 간 각국마다 사정은 조금씩 차이가 있기는 하지만 사회국가, 복지국가화에 따르는 정부의 부담이 증가하고 재정적 능력이 한계에 이른 상황에서 공적 과제 실현을 위한 민간부문의 역할이 증대되었다는 것은 부인할 수 없는 사실이다. 따라서 정부와 행정은 명령과 강제 중심의 행정처분, 국민과의 수직적인 법률관계와 그에 따르는 항고소송체계만을 가지고는 민간부문의 능력 제고를 통한 공적 과제 실현이라는 목표를 달성하기 어렵다. 그렇다면 자연히 행정법과 그에 기초한 처분 등 도구개념도 상대방에 대한 일방적인 명령과 통제 방식을 바꾸어야 할 필요성이라는 행정적 현실로부터 발생한다.

행정법학이 현실과 유리되어 오로지 법적 결과물에 매달리는 경우 민간부문의 역할 자체에 대한 인식이 미치기 어려우며 여전히 그들을 통치의 대상으로만 여기는 경우 정부와 행정은 제한된 문제해결 능력으로 인하여 공적 과제를 방치하거나 국민에 대한 행정적 서비스의 수준이 저하되기 마련이기 때문이다. 물론 이를 위한 타개책으로 전통적인 법학방법론은 공법상 계약이나 비고권적 단순 행정작용에 대해서 관심을 보였지만 여전히 행정이 주도권을 행사하는 이와 같은 방식으로는 문제를 근본적으로 해결하기에는 역부족인 것이 사실이다. 따라서 신사조행정법은 변화된 사회의 공적 과제를 보다 효과적으로 처리하기 위해서는 행정이 상대방을 포함한 민간부문 관련자들의 행태를 조율하고 행정법 체계를 조직과 절차 중심으로 개편하여 다수 이해관계인의 참여와 협력을 이끄는 방식으로 새로운 패러다임의 전환을 시도한 것이다.

신사조행정법학을 비판하는 사람들은 유럽화와 민영화 현상 등이 마치 신사조행정법학의 고유한 전유물인 양 처신하는 것을 비판하면서 이는 결국 입법의 영역에 불과한 것이며 전통적인 도그마틱으로도 충분히 설명이 가능하다는 점을 지적하고 있다. 그러나 환경법 분야에서 유럽화 내지 세계화가 가속화 되면서 나타난 새로운 제도들, 예를 들어 환경인증제, 총량관리제, 배출권 거래제, 환경관리인 등은 기존의 행정법학 방법론으로는 만족스럽게 설명하기 어려우며 행정과 정부가 주도하는 방식과는 근본적인 차이가 있다. 따라서 민간주도의 거버넌스, 자율규제와 국가의 최후적 보장책임 등의 해법을 제시하는 것은 단순하게 환경법 분야에 국한하지 않고 다른 행정법 분야로 확산하는 효과를 가진다. 신사조행정법학이 지나치게 추상적인 개념을 사용함으로써 행정법 총론분야에 치중하여 개별 영역으로 분화하는 행정법의 구체적인 문제를 등한시하고 비판하고 있지만, 일단 기존의 행정법 도그마틱 역시 총론적이고 일반적인 방법론이기 때문에 이를 극복 내지 보완하기 위해서는 신사조행정법학 역시 불가피하게 일반적인 논의에 일단 집중하지 않을 수 없는 측면이 분명히 있는 것이다. 이와 같은 새로운 제도와 개념들이 거의 대부분 전통적인 법학방법론에 의하여 흡수되어 통합이 가능하기 때문에 신사조행정법학의 역할론에 대해 의문을 제기하는 것은 재차 비판을 받아 마땅하다.

보다 중요한 것은 기존의 법학방법론이 이룩한 성과, 예를 들어 행정활동의 법적 기속, 행정작용의 행위론, 하자론, 소송제도를 신사조행정법학이 부인하거나 거부하는 것이 아님은 분명하다. 신사조행정법학은 행정처분 등 최종적인 행정의 결과물에만 주목할 것이 아니라 그러한 결정이 내려지기 이전의 과정, 조직, 정보의 흐름, 인적, 물적 자원의 배분 등에 대하여 보다 많은 연구의 역량을 결집하자는 것이기 때문에 전통적인 법학방법론과 신사조행정법은 상호 보완관계에 있는 것이지 배척관계에 있는 것이 아니다. 따라서 향후 행정법학의 과제는 이와 같은 방법론의 융합을 통하여 보다 행정현실에 부합하고 행정법 관계의 안정을 도모할 수 있도록 제3의 방법론을 창출하는 것을 목표로 삼아야 한다. 그렇기 때문에 신사조행정법학을 비판하는 것은 학문의 세계에서 바람직하고 긍정적인 현상이지만 굳이 "새로운 것이 없다", "컨텍스트주의의 부활에 불과하다"고 깎아 내리는 것이 정당한 것인지 의문이 든다. 물론 신사조행정법학을 비판하는 학자들도 "헌 술을 새 부대에 담은 것 이상"이라는 평가를 하지만 필자가 보기에 신사조행정법학은 "헌 술과 새 술을 섞어서 새 부대에 담은 것"이라고 보는 것이 보다 정확한 표현일 것이다.

Ⅳ. 신사조행정법학에 대한 Michael Fehling의 평가와 건설적 조언

1. 신사조행정법학 비판론에 대한 평가

앞서 살펴본 바와 같이 Gärditz가 신사조행정법학에 대하여 다소 가혹할 정도의 비판론을 전개한 것과는 대조적으로 Fehling은 신사조행정법학에 대하여 다양한 측면에서 비판을 제기하면서도 동시에 그 학문적 성과를 객관적으로 평가하고 향후 과제에 대하여 매우 건설적인 조언과 충고를 아끼지 않고 있다. 앞서 Gärditz가 신사조행정법학자들, 특히 그 중에서도 "행정법의 기초"(Grundlagen des Verwaltungsrechts Ⅰ, Ⅱ, Ⅲ)를 공동으로 집필한 사람들이 과연 신사조행정법학자로서의 동질성을 가지고 그 이념을 공유하는 사람들인지 의문을 제기한 바 있다. 이에 대하여 Fehling 역시 Gärditz의 지적이 타당하다는 점을 인정하면서도 특히 이 학파를 주도한 Schuppert는 기본적으로 행정학적 관점에서, 그리고 Schmitt-Aßmann과 Hoffmann-Riem 같은 사람들은 행정법적 시각에서 각자의 입장을 개진하고 있다는 점에서도 다소간의 이질성이 표출되는 것으로 보고 있다. 하지만 그럼에도 불구하고 신사조행정법학에 참여한 사람들은 과거 행정법학 도그마틱에 대해 비판하고 시대적 변화에 대응하는 새로운 방법론을

제시하겠다는 분명한 문제의식과 과제를 공유하고 있다는 점을 부인하기 어렵다.[57)]

물론 신사조행정법학자들은 행정법학이 새로운 시대의 새로운 과제를 적절하게 포착하기 위해서는 행정법학이 다루는 주제와 문제들에 대한 시야를 넓히는 것에 대한 공감대를 가지고 있으면서도 동시에 종래의 행정법학 도그마틱을 전면적으로 포기하거나 대체하는 것이 아니라는 점에 대해서도 분명한 입장을 제시하였다.[58)] 다만, 신사조행정법학이 가지고 있는 이와 같은 기본적인 입장에 대해서 호의적인 학자들도 각자 조금씩 다른 평가를 하고 있기 때문에 특히 이에 비판적인 학자들이 신사조행정법학이 공감대가 결여되었다는 의견을 제시하는 빌미를 제공한 것이 사실이기는 하지만 결과에서 과정으로, 법해석과 적용에서 입법과 정책으로, 직관에서 경험으로 행정법학 영역에서 일정한 중심축이 이동한 사실은 부인할 수 없다.

특히 신사조행정법학은 시대적 변화를 적절하게 포착하고 적실성 있는 방법론을 제시하기 위하여 조율(Steuerung)이나 보장국가와 같은 이른바 핵심개념의 정립에 주력한 나머지 매우 추상적인 이론체계를 지향하게 되면서 그 내용과 실체가 모호하다는 비판론자들의 공격의 표적이 되었으며, 이러한 비판을 피하기 위해서 경제행정법과 환경법과 같은 이른바 대표적인 참조분야(Referenzgebiete)의 법체계 변화를 구체적으로 분석하는데 초점을 맞추었다. 물론 이와 같은 과정에서 신사조행정법학이 규범과 더불어 규범과 관련된 사실관계와 정치적, 사회적 환경과의 연관성을 분석하고 연구하였다는 사실이 법학으로서의 정체성을 상실하거나 평가절하의 근거가 될 수 없다.[59)] 특히 신사조행정법학이 헌법학적 관점에서 새로운 중심이동을 가지고 온 것을 주목할 필요가 있는데, 주지하는 바와 같이 독일의 전통적인 행정법학과 도그마틱은 행정의 엄격한 법률적합성 내지 법률기

57) Fehling, (FN 15), S. 67.
58) Eifert, (FN 47), S. 286 (274).
59) Wahl, (FN 16), S. 92ff.

속성을 강조하고 이를 위반한 경우 위법한 행정처분 등에 대한 항고소송 등 권리구제에 집중하였다는 점에서 헌법상 법치주의원리에 충실한 법학체계를 운영하여 온 것으로 볼 수 있다. 반면에 신사조행정법학에서는 헌법상 민주주의 원리가 중심에 서게 되는데, 그 이유는 행정의 입장에서 볼 때 이른바 행정법규의 조율적 기능은 특히 광범위한 시민이 참여하는 사회영역에 대한 영향력 행사를 통하여 극대화되기 때문이다. 물론 신사조행정법학의 헌법적 함의는 Carl Schmitt 방식의 법치주의와 민주주의의 대립적 구도를 의미하는 것이 아니다.[60)]

신사조행정법학 역시 전통적인 행정법 도그마틱이 기반하고 있는 행정의 법률적합성과 법적 기속을 존중하기 때문에 양자는 상호 보완관계에 있는 것으로 보아야 한다. 다만, 아무래도 신사조행정법학에서 행정법의 기능이 사회의 구성원 간의 광범위한 소통과 협력을 조율하는 것을 강조하다 보니 민주주의 원리와 공공복리에 대한 관심을 환기하게 되는 것은 자연스러운 현상이라고 할 수 있다. 특히 법치주의 원리는 행정을 법에 기속시킴으로써 개인의 자유를 보장하고자 하는 목적과 기능을 가지고 있기 때문에 혹시나 신사조행정법학이 이른바 조율이라는 도구개념을 통하여 사회적 자율성이나 개인의 자유를 위축시킬 수 있다는 우려는 전혀 근거가 없는 것은 아니기 때문이다. 그러나 분명한 것은 신사조행정법학은 행정법의 조율 기능을 통하여 사회와 개인에 대한 지속적인 영향력을 행사하고 공공복리를 극대화하자는 이른바 극좌적인 진보논리가 아님은 분명하다.[61)]

예를 들어 신사조행정법학이 보장국가론을 제시하는 이유는 민영화 이후 국민들에게 국가가 적어도 보편적 서비스에 대한 최후의 책임을 짐으로써 공공복리를 실현한다는 측면이 분명히 있지만 동시에 보장국가가 일차적으로는 공적 과제의 실현에 대한 책임을 공공부문과 민간부문에 배분하고 일차적으로 민간부문의 자율성과 창의를 존중한다는 의미에서 개인

---

60) C. Schmitt, Verfassungslehre, 1928, S. 123ff, 221ff.
61) Fehling, (FN 15), S. 70.

과 기업의 자유 보장을 그 철학적 기초로 하고 있음은 분명하다. 또한 이른바 "규제된 자율규제"의 형식 역시 일차적으로 사회의 자율적 규제기능을 존중하는 규제프레임이기 때문에 이는 규제 완화라는 보수주의의 핵심적인 정책철학에 기반하고 있다. 따라서 신사조행정법학에서 헌법상 민주주의 원리가 법치주의 원리에 비하여 상대적으로 강조되는 것은 사실이기는 하지만 이를 진보와 보수와 같은 정치적인 진영논리에 편입시키고자 하는 견해는 수용할 수 없다.[62)]

1) 행정의 법률적합성 내지 법적 기속을 상대화한다는 비판

앞서 지적한 바와 같이 신사조행정법학을 비판하는 사람들은 신사조행정법학이 행정적 결정의 적법성보다는 보다 합리적이고 객관적인 결정을 이끌어내는데 중점을 두고 있기 때문에 행정의 법률적합성 또는 법적 기속이라는 법치주의의 기본원칙을 침해할 수 있다고 지적하고 있다.[63)] 그렇지만 신사조행정법이 지향하는 합리적이고 객관적인 행정결정은 당연히 법률의 테두리 안에서 그 내용에 합치되는 것을 전제로 하고 있기 때문에 이른바 행정법의 조율작용이라는 것이 실정법을 무시하고 조율의 대상에 대한 최대한의 영향력 행사와 행정의 효율성을 지향하는 것이 아니라는 점을 분명히 할 필요가 있다. 신사조행정법학과 행정재량 간의 문제 역시 법치행정원리라는 점에서 일견 모순된 관계에 놓일 수 있다. 전통적인 행정법학에서 행정재량을 인정하고 있지만 일정한 법적 한계를 설정하고 재량권 남용 등의 경우에는 사법부가 엄격하게 통제하고 있으며, 행정청이 이른바 불확정 개념에 대한 판단여지를 갖고 있어도 객관적으로 오로지 하나의 적법한 판단만이 적법하다는 법리에 따르고 있다. 이러한 점을 의식하여 신사조행정법학자들 중 일부는 행정청에 보다 많은 재량과 판단여지를 인정할 것을 주장하고 있다. 하지만 신사조행정법학자들 중 다른 사람들은 새로운 방법론이 법학 이외의 다른 인접 분야에서의 방법론이나

62) Fehling, (FN 6), S. 71.

63) Grzeszick, Anspruch, Leistungen und Grenzen steuerungswissenschaftlicher Ansätze für das geltende Recht, Die Verwaltung 42 (2009), S. 105 (115ff.).

개념들을 적극적으로 수용함으로써 이에 대한 법적 근거와 요건을 엄격하게 규율할 필요성이 동시에 증가할 것이기 때문에 행정청의 재량과 판단여지에 대한 축소를 주장하고 있다.

행정재량과 판단여지를 폭 넓게 인정하자는 주장은 신사조행정법학의 특성상 행정결정을 적법, 위법이라는 양 극단으로 재단할 수 없으며 적법과 위법이라는 스칼라에서 행정이 선택할 수 있는 지점이 광범위하고 따라서 이 중에서 가장 합리적이고 객관적인 선택이 이루어질 수 있도록 절차와 조직의 정비, 행정법규의 조율기능 극대화라는 입장을 반영하는 것이다.[64] 신사조행정법학은 법과 사실 간의 보다 긴밀한 관계를 요구하면서 기존의 법학방법론이나 행정법학 도그마틱이 이러한 측면에 대한 성찰이 부족했다고 지적하면서도 구체적으로 특정한 방법론에 대한 제시가 없다는 점이 많은 비판자들의 표적이 되어 왔다. 그러나 법과 사실 간의 보다 밀접한 성찰을 요구하는 신사조행정법학이 행정의 법률기속성을 완전히 무시한 것이라는 비판은 수용하기 어렵다. 그 이유는 법질서가 행정의 법적 기속의 정도에 대하여 상당한 진폭을 가지고 있으며 그에 따라서 재량행위, 기속행위, 기속재량 등 다양한 구분과 상대화가 가능하기 때문에 이러한 다양성을 고려하는 것이 행정의 법률적합성이나 법적 기속의 원칙을 결코 부인하는 것이 아니기 때문이다. 신사조행정법이 강조하는 조율이나 보장국가, 거버넌스, 민관협력 등의 개념과 주제어들은 기존의 행정법 도그마틱에서 강조하는 행위형식론에서 보면 다소간 생소한 것이 사실이다. 그러나 이러한 개념이나 용어들을 규범적으로 완전하게 포섭할 수 있는 것으로 과장해서는 아니 되며, 신사조행정법학 나름의 체계형성을 보다 쉽게 할 수 있을 정도의 핵심개념으로 이해하면 충분하다. 또한 이와 같은 개념이나 용어들이 다소간 생소한 것은 사실이지만 1930년대 이미 Forsthoff가 당시에는 전혀 들어본 적이 없는 "생존배려"(Daseinsvorsorge)라는 용어를 사용한 것을 상기할 필요가 있다.[65]

64) Fehling, (FN 6), S. 72.
65) Fehling, (FN 6), S. 75.

2) 기본권 주체인 개인을 국가와 행정의 조율 대상으로 전락시킨다는 비판

신사조행정법학에 대한 이러한 비판은 자신의 운명에 대한 자기결정권의 주체인 개인, 기본권의 향유자와 주체로서의 개인의 법적 지위에 대하여 국가와 행정이 후견인 역할을 자처한다는 것이다. 결국, 국가와 행정은 행정법규의 조율기능을 통하여 개인에게 막대한 영향력을 행사함으로 인하여 무엇보다도 개인적 자유의 상실 내지 심대한 위축현상을 야기할 것이라는 비판인 것이다.[66] 하지만 국가와 행정이 아무런 액션을 취하지 않거나 행정법규를 통한 조율기능을 포기하는 것으로서 개인의 자유가 저절로 보장되지 않는다는 것은 이미 20세기 사회적 법치국가에 대한 담론에서 경험적으로 체득한 사실이다. 신사조행정법학이 지향하는 개인의 자유는 시민적 법치국가시대의 국가로부터의 자유와 함께 사회적 법치국가가 지향하는 국가를 통한 자유, 국가의 기본권 보호의무와 보장국가에서 국가가 최후로 보장하는 개인의 자유에 초점을 맞추고 있다. 특히 민관협력, 규제된 자율규제라는 개념은 개인과 사회의 자율적 능력이나 자치의 범위를 확장하려는 시도이기 때문에 신사조행정법학이 개인의 자유를 위축시킨다는 비판은 설득력이 약하다. 신사조행정법학을 지지하는 학자들이 초기에는 주로 민영화와 규제 완화 주제에 천착하였다는 점은(물론 이는 이후에 잘못된 시도로 더 이상 거론되지 않았지만) 신사조행정법학을 정반대의 시각에서 보면 시장에서 공정한 경쟁과 실질적 평등보다는 개인과 기업의 자유를 보다 강조한 것으로 보아도 무리한 해석은 아니다.[67]

3) 법학 영역에 사실관계를 과도하게 연계하여 사실과 규범의 이분법을 훼손하였다는 비판

앞서 언급한 바와 같이 신사조행정법학은 규범의 해석과 집행에서 사회학이나 정치학, 경제학 등의 인접 사회과학 분야를 깊숙하게 개입시켜서

---

66) Lepsius, Steuerungsdikussion, Systemtheorie und Parlamentarismuskritik, 1999, S. 17ff. 이에 대한 반론은 Eifert, (FN 56), S. 286 (314).

67) Fehling, (FN 6), S. 76.

법학의 정체성을 훼손하였다는 비판이 제기되었다.[68] 특히 조율이나 거버넌스와 같이 정치학 등에서 사용하는 용어를 신사조행정법학이 무비판적으로 수용하였다는 점에 대해서 비판자들은 상당한 불쾌감을 가질 수 있을 것으로 보인다. 따라서 비판론자들은 신사조행정법학이 이른바 sein과 sollen, 법과 정치를 혼돈스럽게 섞어버렸다는 강한 선입견을 표출하고 있다. 앞서 Gärditz가 신사조행정법학이 Lorenz von Stein의 행정학적 방법론을 차용하여 법과 정치, 법과 행정의 구분을 무너뜨림으로써 행정법학의 정체성을 훼손하였다는 점을 기술하였다. 그러나 신사조행정법학자들은 인접 사회과학 또는 연관 분야의 개념이나 용어를 행정법학에 계수하는 것이 결코 법적인 것과 비법적인 사실을 구별하는 것을 포기하지 않는 것임을 강조하고 있다. 물론 인접 분야의 방법론과 개념을 법학 분야로 정치한 과정을 통해 수용하는 것이 용이한 일은 아니다. 여기에서 유념해야 할 사실은 이른바 존재와 당위를 구별하는 것이 법학방법론의 자기만족적 敎條를 위해서가 아니라 타 인접 분야의 개념과 방법론을 성찰과 여과 없이 받아들이는 것을 경계해야 한다는 것을 강조하는 것이다.

그러나 사실상 법규범 역시 현실을 반영하고 환경의 변화에 따라 개정 등을 통하여 끊임 없이 현실에 적응하여야 한다는 점에서 본다면 이와 같은 존재와 당위의 구별도 절대적인 것은 아니다.[69] Otto Mayer의 행정법학 역시 과거 독일의 관념론에 기반한 철학적 기초를 가지고 있으며, 기하학과 수학을 응용한 흔적을 발견할 수 있다.[70] 결국 신사조행정법학 역시 이와 같은 존재와 당위를 적절하게 연계시키려는 노력의 일환이며 이를 위해 사실관계를 중시하는 인접 분야와 학제적인 노력을 경주하고 있는 것으로 이해할 필요가 있다. 법해석과 입법정책을 구분하고 행정법학의 기능과 임

---

68) Kaiser, in : Augsberg (Hrsg.), Extrajuridisches Wissen im Verwaltungsrecht, 2013, S. 99 (110).

69) Fehling, (FN 6), S. 78.

70) Vesting, Nachbarwissenschaftlich informierte und reflektierte Verwaltungsrechtswissenschaft-Verkehrsregeln und Verkehrsströme, Schmitt-Aßmann/Hoffmann-Riem(Hrsg.), Methoden der Verwaltungsrechtswissenschaft, 2004, S. 253 (256ff.).

무를 전자에 국한하려는 시도는 법학연구를 오로지 가치중립적이고 비정치적인 영역에 가둠으로써 학문의 지평을 좁히고 미래를 위한 학문의 변화가능성과 개방성을 차단하는 것이다. 따라서 입법정책은 입법학의 문제뿐만이 아니라 해석법학과 법적용에도 상당한 함의를 가지고 있다. 전통적인 행정법학 방법론을 신봉하는 사람들이 생각하는 것처럼 도그마틱 역시 단순한 법 기술이 아니며 법을 사회적 과제와 목표를 실현하는 과정으로 이해하고 이를 둘러싼 정치적, 사회적 환경과 밀접하게 연관되어 있다는 사실을 간과해서는 안 된다. 신사조행정법학이 입법정책과 법적용, 법해석학을 연계시키고 있다는 사실로 인하여 법학의 정체성이 훼손되는 것이 아니라는 사실은 독일의 경우 많은 행정법학자들이 환경법전(Umweltgesetzbuch)과 정보자유법(정보공개법; Informationsfreiheitsgesetz)의 제정과정을 통하여 입법정책에 깊숙이 관여하였다는 사실도 이러한 주장을 뒷받침하는 것이다.[71]

4) 인접학문 분야를 수용하는데 과부하가 걸린다는 비판

앞서 언급한 바와 같이 신사조행정법학이 인접 분야, 특히 그 중에서도 사회학이나 정치학, 경제학과 같은 사회과학 인접 분야와 학제적인 연구를 강조한 결과 과부하가 걸리게 되고 상대적으로 법학연구의 정체성을 결정하는 법원의 판례 분석 등에 연구역량을 집중하는데 소홀하였다는 비판이 가해진다.[72] 이와 같은 비판에도 불구하고 행정법학의 새로운 방법론을 모색하는 작업은 상당한 시간이 소요되고 특히 주석서 연구 등이 동반되어야만 실무에서 일정한 반향을 얻게 된다. 예를 들어 신사조행정법학에서 자주 등장하는 '보장국가'라는 용어나 개념이 이제 상당한 정도로 법원의 판례에서 등장하며, 법원의 판결에 대한 분석을 통하여 신사조행정법학의 수용 여부는 대부분 환경법이나 경제행정법과 같은 개별 분야에서 먼저 이루어지고 있다. 행정법학의 연구를 위하여 인접 사회과학 분야의

---

71) Fehling, (FN 6), S. 79.
72) Durner, Die Wissenschaft vom öffentlichen Recht in Verwaltung und Wirtschaft, Die Verwaltung 48 (2015), S. 203 (213, FN 47).

개념과 방법론을 수용하고 광범위한 인접 분야의 관심과 문제제기를 모두 검토한다는 것은 상당한 부담을 수반하는 것이 사실이다. 특히 이와 같은 인접 분야에서 관심을 가지고 문제를 제기하는 대상에 대하여 법학 영역에서 이를 적절하게 포착하고 자신의 문제와 관심사로 치환하는 것은 결코 용이하지 않으며, 자칫 인접 분야의 관심과 문제 제기를 법학 분야에서 아주 피상적으로 이해하는 것으로 그칠 위험성도 있고 법적인 효력을 미치고자 하는 부분에 대하여 경험적으로 타당한 결과를 도출하지 못하는 경우도 허다하다.[73)]

이러한 비판에 대하여 신사조행정법학은 인접 학문분야의 지식과 개념을 매우 효과적으로 활용하고 있다고 스스로 自讚하지 않으며, 중요한 것은 보다 경험적인 연구와 사실관계에 대한 고려가 훨씬 광범위하게 이루어져야 한다는 점을 강조한다. 사실 적절한 경험적 연구를 행정법학 분야에 수용하고 투영하는 것보다 어려운 것은 인접 분야의 개념이나 방법론 중 어떤 것을 선택적으로 수용할 것인가를 결정하는 것이다. 이와 관련하여 신사조행정법학에 대하여 비판적인 견해를 제시하는 사람들은 신사조행정법학이 1970년대 유행하였던 사회개혁의 목표를 실현하기 위한 정치학과 사회학 등의 방법론을 선택적으로 성찰하는 데 그치고 있다고 본다.[74)] 하지만 이와 같은 비판은 지난 40여 년간 법적, 정치적인 환경이 상당한 정도로 변화했으며, 신사조행정법학을 연구하는 학자들의 정치적 지향성이 동일하다는 그릇된 전제를 가지고 있다.

앞서 언급한 바와 같이 신사조행정법학자들을 정치적으로 일정한 진영논리에 가두는 것은 설득력이 없으며, 심지어 다른 사람들의 비판을 받을 정도로 신사조행정법학자들 간에 일정한 정치적 지향이나 공통점을 발견하기 어렵다. 이러한 배경 하에서 신사조행정법학자들 개개인의 관심 분야와 성장 배경, 가치관 등에 따라서 인접 분야의 개념, 용어, 방법론의 수용

73) Eifert, (FN 56), S. 286 (307).

74) Mayntz, in : Ellwein/Hesse/Mayntz/Scharpf (Hrsg.), Jahrbuch zur Staats- und Verwaltungswissenschaft I (1987), S. 89 (92ff.).

도가 상당한 정도의 편차를 보이고 있다. 물론 이러한 다양한 시각과 학문적 시도가 신사조행정법학의 일원적 정체성 확립에 부정적인 요소로 작용할 수 있다는 우려나 비판도 근거가 없는 것은 아니다. 그럼에도 불구하고 법학이라는 학문 자체가 인간의 모든 생활영역을 대상으로 하고 있으며 그에 따라서 다양한 해법을 내 놓을 수 있기 때문에 행정법학의 연구가 특정 학문 분야의 특정 방법론이나 개념을 일괄적으로 계수하여야 한다는 주장은 비현실적이며, 문제의 복잡성을 단순화하는 논리에 불과하다. 중요한 것은 다양한 인접 분야의 개념과 방법론을 선택하고 성찰하는 과정을 통하여 행정법학 연구에 긍정적인 결과를 얻고자 하는 노력이며, 이러한 측면에서 보자면 신사조행정법학은 자신의 가능성과 한계를 동시에 인식하고 있다는 점에서 실용적인 방법론이라는 평가가 가능하다.[75] 일단 신사조행정법학이 이와 같은 열린 사고에 바탕하고 있으며, 다른 인접 학문 분야에서 축적된 지식과 개념을 자신의 방법론 구축에 적극 활용하고 있다는 점에서 긍정적으로 평가할 부분이 있는 것이다.

5) 유럽화 내지 세계화를 표방한 독일적 사고에 불과하다는 비판

신사조행정법학이 가지고 있는 문제 중의 하나는 독일을 중심으로 한 논의가 얼마나 유럽을 비롯하여 글로벌한 측면에서 타당성을 갖을 수 있는가 하는 것이다. 사실 신사조행정법학을 비판하는 사람들은 신사조행정법학자들이 유럽화와 세계화에 따르는 적극적인 대응 차원에서 이론을 전개한다고는 주장하고 있지만 실제로는 독일에 국한된 제한적인 행정법학의 개혁논의에 불과한 것으로서 독일적인 현상으로 그치게 될 것이라는 의견을 제시하고 있다.[76] 독일에서 시작된 신사조행정법학이 유럽 차원에서 지지를 받는 경우는 매우 제한적인 것이 사실이며, 이탈리아의 Cassese가 특히 Schmitt-Aßmann의 이론을 적극적으로 수용하고 있다.[77] 하지만 Cassese 역시 조율이라는 개념을 자신의 핵심적인 이론으로 언급하기보다는 영미

75) Fehling, (FN 15), S. 86.
76) Franzius, Jahrbuch des öffentlichen Rechts der Gegenwart 65 (2017), S. 441 (453).
77) Cassese, 10 Int'I J. Const. L (2012), S. 603.

식의 거버넌스를 더욱 선호하고 있으며, 그는 독일의 신사조행정법학이 아니라 행정법의 국제화 내지 비교행정법학에 보다 많은 관심을 가지고 있다. 스페인의 경우 독일에서 행정법을 연구한 일부 젊은 학자들이 신사조행정법학을 활발하게 소개하고 있다.

영국의 경우 Paul Craig가 독일과의 비교행정법 연구를 통하여 신사조행정법학에 상당한 관심을 가지고 있으며, 특히 London School of Economics 같은 교육 및 연구기관은 행정법이 사회개혁의 수단이라는 점에 대해서 독일의 신사조행정법학보다 오랜 전통을 가지고 있다. 미국과 영국의 경우 독일의 신사조행정법학에 대한 관심은 찾아보기 어렵지만 1980년대 시작된 민영화, 규제완화, 거버넌스론을 포함하는 행정개혁 차원에서 제시된 New Public Management론 등이 사실상 신사조행정법학과 궤를 같이하는 것으로 볼 수 있다. 미국에서는 Law-and-Economics의 전통을 가지고 있기 때문에 법적 분석에 경험적 요소를 강조할 수밖에 없으며, 행정법을 경제 등 국가의 정책적 목표를 실현하는 수단으로 인식하고 있다. 프랑스의 경우 급부행정론과 절차관리론은 이후에 독일에서 절차간소화 및 절차촉진 등에 대한 논의를 촉발하는 동기를 제공하여 신사조행정법학이 이 문제에 관심을 가지는 계기가 되었다. 프랑스는 전통적으로 행정법학에서 조율이라는 개념이 보다 확고하게 자리 잡을 수 있는 토양이 존재한 것으로 볼 수 있으며, 과거에 비하여 Conseil d'Etat가 소송당사자들을 대상으로 하는 조정 등 이른바 권고적 활동이 축소되기는 했지만 행정법이 소송당사자 등에게 일정한 조율기능을 수행하는 것을 당연시하는 분위기가 존재한다. 특히 프랑스는 전통적으로 행정법 영역에 이른바 공역무(service public) 개념이 오래 전부터 깊숙하게 자리 잡아 법치주의원리보다는 널리 공공복리를 실현하는 수단으로 보고 있기 때문에 맥락상으로는 독일의 신사조행정법학과 비교가 가능하다.

오스트리아는 Hans Kelsen의 이른바 순수 법학(Reine Rechtslehre) 영향력이 여전히 건재하여 행정법학의 경우에도 사실관계나 사회적 영향력 등을 법학연구 방법론에 도입하는 것을 경계하고 있기 때문에 독일식의 신사조행정법학에 상응하는 방법론 개혁활동은 찾아볼 수 없다. 이탈리아는 앞서 언급한 Cassese를 중심으로 행정법학에 보다 경험과 정치적, 사회적인 요소들을 강조하며 통계와 자료를 상당 부분 활용하고 있다. 하지만 이탈리아 학자들은 유럽화와 글로벌화에 따라서 이와 같은 경험적, 통계적 방법론이 행정법학 연구의 개방성을 촉진하는 계기가 되었음을 인정하면서도 동시에 인접 사회과학적 방법론에 매료된 법학자들이 법원의 판결 등 자신의 고유한 분석 도구나 정체성을 상실할 위험성이 있음을 경고하고 있다.[78]

결론적으로 독일이 가지고 있는 오랜 대륙법계 국가법체계로서의 전통으로 인하여 신사조행정법학이 행정법학 방법론의 새로운 지평을 열고 행정법의 글로벌화를 지향한다고 하더라도 다른 국가들이 선뜻 이를 수용하기에는 법체계상의 한계가 있으며, 독일어라는 언어 또한 상당한 제약요인으로 작용한다. 하지만 법체계와 언어 등 문화적인 문제가 신사조행정법이 지향하는 행정법의 세계와, 글로벌화, 유럽화에 미치는 영향을 과소평가할 수는 없다. 중요한 것은 방향과 contents이기 때문이다. 앞서 언급한 여러 나라의 예를 보듯이 신사조행정법학이라는 용어가 일반화된 것은 물론 아니지만, 행정법의 기능과 과제에 대한 유사한 방향성과 contents를 가지고 있다는 사실은 행정법학의 연구가 상당한 정도로 수렴하고 있다는 방증이며[79] 한국도 물론 이와 같은 시대적 흐름에서 예외라고 할 수 없다.

2. 신사조행정법학에 대한 Fehling의 건설적 조언

1) 시대적 위기극복이라는 시대적 한계에서 자유로울 필요가 있다

연혁적으로 신사조행정법학은 1990년대까지 행정법 질서를 지배하고 있었던 “명령과 강제”라는 전통적인 행정처분 중심의 도그마틱이 시대적

78) Sandudlli, in : von Bogdandy/Cassese/Hubner (Hrsg.), Handbuch Ius Publicum Europaeum, Bd. IV, § 61 Rn. 58.
79) Fehling, (FN 15), S. 91.

변화에 따르는 법의 조율기능을 제대로 발휘하지 못하게 됨에 따라서 국가적 규제중심의 질서행정법질서가 위기를 맞았고 이를 극복하기 위한 방법론의 모색으로부터 시작되었다. 하지만 이와 같은 문제의식은 이미 당시에도 신사조행정법학이 환경법이나 경제행정법과 같은 일부 참조 분야를 제외하고 일반화할 수 있는 방법론인가에 대해서는 의문의 여지가 있었으며 30여 년이 경과한 현 시점에서 과거의 문제가 그대로 남아있다. 이야기하는 것은 설득력이 약하기 때문이다. 따라서 오늘날 신사조행정법학은 1980년대와 1990년대 국가의 재정적 부담이나 과제의 폭주에 따르는 위기상황을 강조하던 일종의 시대적 한계로부터 탈피하여 변화된 정치, 경제적 환경에 따라서 끊임 없이 행정법학의 변혁을 시도하는 방향으로 거듭나는 것이 필요하다.[80] 특히 2008년 세계 금융위기를 겪으면서 금융 분야에 대한 자율규제의 실효성이 의문시되고 다시 국가가 강력한 규제 권한을 행사해야 한다는 목소리가 높아지면서 실제로 일부 국가는 국가의 직접 규제를 다시 제도화하였다. 또한 지방 상수도 사업을 민영화하였던 국가들 중 일부도 다시 이를 자치단체의 직접적 고유사무로 환원하는 사례도 늘고 있으며, 독일의 경우 교통과 에너지 공급을 담당하는 공기업에 대하여 이윤추구를 지양하고 보다 공공복리 실현에 이바지하도록 하는 요구가 강해지고 있다.

따라서 오늘날 신사조행정법학이 다루는 의제들이 이른바 輕量國家(schlanker Staat), '규제된 자율규제와' 같은 이른바 신자유주의의 법학적 연구모델이라는 한계로부터 벗어나서 이와 같은 시대적 변화에 따르는 행정법학의 개혁론이라는 목표를 지향할 필요가 있다. 신사조행정법학의 특징은 어느 한 시대의 사조를 대표하기보다는 새로운 환경과 변화에 적극적으로 대응하여 혁신모델을 추구한다는 새로운 정체성을 확립하는 것이 보다 본질적인 문제이기 때문이다. 다시 말하자면 행정법학은 그 시대의 기술과 사회적 변화를 법적 혁신이라는 그릇으로 담아내는 것이며 이러한

80) Fehling, (FN 15), S. 92.

변화와 발전을 촉진하고 지지하는 역할을 보다 적극적으로 수행하여야 한다.[81] 한국을 포함한 각국의 경우에도 제4차 산업혁명 시대를 맞아 AI나 IoT 등 기술적인 혁신을 어떻게 법적 혁신으로 포착할 것인가 새로운 도전적 과제가 제기되는 것이다. 이를 위해서 이제 인접 사회과학 분야뿐만 아니라 기술과 공학 분야와의 학제적 연구, 이를 위한 정보와 지식의 창출 등을 행정법학이 여하히 감당할 것인가에 대해 신사조행정법학이 보다 많은 관심을 기울여야 한다.

2) 조율에서 거버넌스로 이행

이른바 조율의 주체가 행정법을 통하여 객체에게 지속적인 영향력을 행사하고 이를 바탕으로 일정한 행정목표의 실현에 이바지하자는 조율론(Steuerungswissenschaft)으로부터 보다 다면적인 협력관계를 구축하자는 거버넌스로의 이행은 신사조행정법학에서 결코 새로운 논의가 아니다. 조율론과 거버넌스 사이에 큰 차이가 있는 것은 아니지만 후자는 전자의 논의를 보다 확장하고 특정한 영역 사회에 존재하는 다수의 이해관계인 간에 네트워크를 구축하고 상호 협력을 제도화하자는 점에서 다소 진전된 논의임을 부인할 수 없다. 특히 이러한 부분사회의 자율성을 존중하는 전제 하에 국가의 조율기능을 인정하고 이러한 규제된 자율규제의 틀 속에서 국가적 성격의 변화를 보다 면밀하게 고찰하자는 측면에서 양자 간의 조율보다는 다자간의 거버넌스에 신사조행정법학이 좀 더 연구를 진전시킬 필요가 있다는 것이다.[82] 특히 최근 거버넌스의 연구에서는 행정청이나 행정위원회 등 공식적인 협치 구조에 부분 사회에 존재하는 각종 이익단체나 전문가, 능동적인 시민 등이 다수로 참여하는 민간중심의 거버넌스와 함께 행정과 시민이 공식적인 거버넌스에서 논의할 의제를 미리 조율하고 선별하는 보다 개방적이고 비공식적인 거버넌스와의 관계설정이 중요한 문제로 제기되고 있다.

---

81) Fehling, (FN 15), S. 93.
82) Fehling, (FN 15), S. 94.

물론 선출되지 않는 권력으로서 민간중심의 거버넌스는 행정의 책임성 담보와 민주적 정당성 측면에서 끊임 없이 문제가 제기될 수 있으며, 조율론과 마찬가지로 그 내용과 성격이 모호하며 과도하게 개방적이라는 점에서 법적 명확성이 부족하다는 비판을 어떻게 극복할 것인가 하는 과제를 안고 있다. 사실 여전히 거버넌스의 개념과 관련하여 두 가지 대립되는 입장을 여하히 조정할 것인가 하는 근본적인 문제가 남아 있는 것이다. 한편으로는 신사조행정법학자들이 강조하는 바와 같이 과거 강한 국가권력과 행정을 통치와 동일한 개념으로 받아들였던 전통적인 도그마틱을 극복하고 사회의 자율성을 바탕으로 이해관계인들과의 협력적 네트워크를 구축하는 것은 피할 수 없는 행정법학의 시대적 과제임은 자명하다. 그러나 다른 한편으로는 여전히 국가의 행정책임과 민주적 정당성에 대한 국민의 믿음이 확고하고 자칫 자신들의 이익에만 매몰될 수 있는 부분 사회영역에 대한 국가적 규제가 필요하며, 이른바 보장국가라는 나약한 국가에 대한 의구심이 있다는 점도 신사조행정법학이 극복해야 하는 난제들이다.

3) 지식정보법체계 및 행정상 법률관계론과의 연계구축

오늘날 행정과 정부가 가지고 있는 지식과 정보는 적절한 조율기능과 거버넌스의 작동을 위하여 필수적인 사항이지만 실제로는 많은 경우에 행정이나 정부가 가동할 수 있는 지식과 정보는 한계를 드러내는 경우가 많이 있다. 앞서 언급한 바와 같이 오늘날 행정절차 역시 적법절차와 절차적 정의의 실현 외에도 합리적이고 객관적인 행정적 의사를 결정하기 위한 수단이라는 의미가 강조되고 있다. 다만, 공공부문과 민간부문이 공동으로 일정한 정보를 처리하고 사용하기 위하여 일정한 정보네트워크를 구축하는 경우 개인정보에 대한 자기결정권 보장과 더불어 개인 또는 단체가 행정부에게 일정한 정보의 공개를 청구하여 행정과 시민, 시민 상호 간에 정보의 격차를 시정하는 문제 역시 신사조행정법이 관심을 가지고 있는 주제이다. 그런데 의료정보 등 big data활동, AI, Block Chain 등 새로운 기술의 발전에 따라서 개인정보에 대한 자기결정권과 정보공개청구권 보장의 문제와 더불어 정보에 대한 산업과 학문, 문화적 발전을 위하여 적절한 활용을 가능하게 하는 것도 지식정보행정법학의 분야에서 중요한 주제로 등장하고 있기 때문에 신사조행정법학이 이 문제에 대해 조율론이나 거버넌스 차원에서 보다 많은 연구와 관심을 기울일 필요가 있다.[83)]

그리고 이와 같은 정보와 지식의 네트워크를 구축한다는 점에서 신사조행정법학이 과거 별다른 관심을 가지지 않았던 공법상 계약, 권고와 지도 등 이른바 비고권적 단순행정활동에 대하여 주목할 필요가 있다. 이들이 정보와 지식행정법에서 중요한 이유는 행정처분 등과는 달리 정부와 시민 간에 지속적이며 계속적인 관계를 설정하여 필요한 정보와 지식을 교환하는 수단이 될 수 있기 때문이다. 특히 비공식적, 비고권적 단순행정활동은 신사조행정법학이 지향하는 조율론을 통하여 국민을 일정한 방향으로 유도하도록 영향력을 행사할 수 있으며, 경우에 따라서는 양자 간의 관계를 넘어서서 다자간에도 사회적 협약 등을 통하여 부분 사회의 자율성을 존중하는 동시에 행정과 정부에 필요한 정보와 지식을 제공하고 서로의 입장을 조율할 수 있는 장점이 있기 때문이다.[84)]

3. Fehling의 비판과 조언에 대한 평가

신사조행정법학자는 아니지만 Fehling의 비판과 평가는 객관적인 시각에서 이루어지고 있으며, 다른 비판자들과는 달리 신사조행정법학이 안고 있는 향후의 과제에 대해서도 정확히 지적하고 있는 것으로 볼 수 있다. 사실상, 앞에서 살펴본 바와 같이 Gärdiz는 신사조행정법학에 대한 비판이라기보다는 오히려 비난에 가까운 독설이라고 볼 여지가 큰 데 비하여 Fehling의 비판과 조언에 대해서는 신사조행정법학자들이 보다 많은 관심과 연구의 역량을 고도화하는 것이 필요하다. Fehling은 정보와 지식의 흐름이 현대행정법이 포착해야 하는 중요한 과제임을 역설하면서 신사조행정법학이 이른바 넛지효과 내지 넛지이론(nudge effect, nudge theory)

83) Fehling, (FN 15), S. 97.
84) Fehling, (FN 15), S. 98.

을 조율론과 관련하여 어떻게 이를 긍정적으로 활용할지와 이른바 국가권력에 의한 과도한 넛지효과가 개인의 자기결정권 침해와 후견국가론으로 변질되지 않기 위한 문제를 고민할 필요가 있음을 제안하고 있다.

필자는 이 문제에 대해 언급하지는 않았지만 Fehling은 신사조행정법이 이와 같은 넛지효과를 적절하게 포착하고 조율론과 연계시키기 위하여 수학이나 통계학, 게임이론(game theory)까지도 인접 연관분야에 포함시켜서 학제적 연구가 필요하다고 주장하고 있는데,[85] 물론 수긍할 부분이 없는 것은 아니다. 하지만, 앞서 언급한 바와 같이 신사조행정법학에 대해 끊임 없이 제기되는 비판 중에서 개념과 방법론이 모호하고 정체성 혼란과 불확실성이 크다는 점을 고려한다면 자칫 Fehling의 견해에 따를 경우 신사조행정법학은 법학방법론이 아니라 시장의 모든 신상품을 진열하여 판매하는 “쇼핑몰”(shopping mall)이라는 또 다른 비판에 직면할 수 있다. Fehling은 신사조행정법학이 태생과 시기적인 한계로부터 탈피하여 행정법학 혁신의 주체가 되어야 한다고 주장하고, 이 역시 필자도 상당 부분 공감하지만 인문사회과학 분야의 혁신은 모든 새로운 물건을 주워 담은 그릇의 형태가 아니라 인간의 사고에 대한 새로운 방향을 제시하는 知的 고도화 상태라는 점을 유념할 필요가 있다.

85) Fehling, (FN 15), S. 98ff.

V. 신사조행정법학과 한국행정법 - 水法의 거버넌스, 의료광고의 규제된 자율규제의 예를 중심으로

1. 국가 물관리를 위한 행정조직, 거버넌스와 행정절차

한국은 2018년 물관리기본법의 제정과 정부조직법의 개정에 따라서 물관리 권한이 환경부로 일원화 되고[86] 국가 물관리 정책을 최종적으로 결정하는 국가물관리위원회가 출범하였다. 정부조직법이 개정되기 이전에 한국의 물관리 행정은 수량은 국토교통부가, 수질 문제는 환경부가 각각 관장하고 있었다. 수량, 특히 물이라는 공공재의 이용과 관련하여 이를 법적으로 규율하는 법은 하천법인데, 하천법은 환경부장관과 그 위임을 받은 홍수통제소가 물의 사용에 대한 허가권을 행사하도록 규정하고 있다. 하천법상 물의 이용관계는 환경부장관의 위임을 받은 홍수통제소장의 허가를 얻으면 되기 때문에 표면적으로는 매우 단순한 행정법상 법률관계를 규율하고 있는 것으로 보인다. 즉 하천법 제50조 제1항에 따라서 생활·공업·농업·환경개선·발전·주운(舟運) 등의 용도로 하천수를 사용하려는 자는 대통령령으로 정하는 바에 따라 환경부장관의 허가를 받아야 한다. 허가받은 사항 중 대통령령으로 정하는 중요한 사항을 변경하려는 경우에도 또한 같다. 그리고 하천법 제92조 제1항, 동법 시행령 제105조 제3항 제20호에 근거하여 환경부장관은 하천수 사용허가권을 관할 홍수통제소장에게 위임한다. 예를 들어 남한강 유역에서 사업자 A가 맥주 제조를 위하여 공업용으로 한강물을 사용하고자 하는 경우에는 위 조항에 따라서 하천수 사용허가를 신청하고 한강홍수통제소장은 하천관리유량을 초과하여 풍부한 수량이 있는 경우 이를 허가하고 더 이상 가용 수량이 없다고 판단하면 사용허가 신청을 거부할 것이다.[87]

---

86) 당시 정부조직법의 개정에도 불구하고 하천관리기능의 일부는 여전히 국토교통부장관에게 남아 있었으나 국회는 2020년 12월 31일 정부조직법 제39조 제1항과 하천법 관련 규정을 개정하여 하천에 관한 관리권을 환경부장관에게 완전하게 이양하였다. 개정된 하천법은 2022년 1월 1일부터 시행되었다.

87) 하천수 사용허가와 관련한 물수지 분석과 이른바 기준갈수량에 대한 해설은 김성수, 수법

A가 가진 정보에 의하면 남한강 유역에서 도로를 건설하는 사업자 B가 공공폐수처리시설의 가동을 위한 하천수 사용허가를 신청하여 이를 받은 사실과 남한강 유역의 가용 수량이 여전히 존재한다는 전문가 등의 의견에 따라 한강홍수통제소장의 거부처분이 위법함을 이유로 관할 행정법원에 그 취소를 구하는 항고소송을 제기하였다고 가정하자. 행정법원은 소송요건을 검토하고,[88] 특히 본안심리 과정에서 피고가 남한강 유역의 가용한 수량 평가에 있어서 사실 오인이 있었는지, 재량행위에 해당하는 하천수 사용허가를 거부하면서 재량권 행사의 일탈, 남용이 있는지 여부를 심사하여 A의 소송상 청구의 인용 여부를 가리게 될 것이다. 한국은 물론 독일과 일본 등 대륙법계 행정법 체계를 가지고 있는 국가들에서 행정상 법률관계와 행정법의 고찰대상을 확정하는 방식 내지 방법론의 핵심은 하천법 제50조 제1항의 해석론이다. 즉 여기에서 말하는 하천수 사용허가는 강학상 단순한 허가인가? 혹은 허가라는 용어를 사용하고 있음에도 불구하고 그 법적 성질은 특허에 해당하는가?[89] 하천법 제51조 제1항이 규정하는 생활·공업·농업·환경개선·발전·주운(舟運) 등의 용도로 하천수를 사용하는 것은 우선순위를 규정한 것인가 혹은 단순히 사용 용도를 예시한 것인가를 해석하고 확정하여 행정법원은 공업용으로 하천수 사용허가를 신청한 A가 환경개선사업에 해당하는 B의 사용신청 허가에 비하여 차별을 받은 것은 아닌지 심리한다. 행정법원은 그 외에 한강홍수통제소장이 조건 등 부관을 부가하여 A가 원하는 수준의 물량이 아니더라도 조업 활동을 위한 최소한의 하천수 사용허가가 가능했음에도 불구하고 이를 거부하여 재량권을 남용한 것은 아닌지 여부를 심사한다. 이른바 법학방법론에 바탕을 둔 행정법이론체계는 철저하게 하천법 제50조 제1항이라는 실정법의 해석에 매달리는 결과 법원이 소송요건과 본안심리에 대한 해석에 대

연구 II, 신조사, 2020, 272면 각주 13.

88) 아마도 본안 전 소송요건에서 문제가 될 수 있는 부분은 거부처분이 항고소송의 대상이 되는 처분인가가 다투어질 수 있지만, A는 하천법 제50조 제1항에 따라서 법령상 하천수 사용허가 신청권을 가지고 있기 때문에 큰 다툼의 여지는 없다.

89) 김성수, 전게서 (각주 87), 51면, 54면.

한 학문적 연구가 행정법학 방법론의 전부라고 하여도 과언이 아니다. 오로지 행정법학의 관심사는 실정법의 해석과 법원의 재판에 집중함으로써 전통적인 법학방법론은 법원 중심의 해석법학이라는 범주를 벗어나지 않는다.

그런데 오늘날 행정과 행정법은 19세기의 법학방법론과 그에 기초한 행정법학과는 현저한 차이가 발생하고 있으며, 하천수의 사용이라는 국가행정을 둘러싼 외부환경은 매우 복잡한 양상으로 전개된다. 우선 홍수통제소장의 A에 대한 거부처분은 사실상 예정된 수순이라고 할 수 있다. 다시 말하자면, 그동안 한국에서 진행된 산업화와 아파트 건설 등 집단 주거시설의 폭발적 증가로 인하여 하천수의 자연적인 부존량은 거의 한계에 다다랐으며, 오히려 최근 기후변화의 영향과 강수량 부족 등으로 인하여 환경부와 홍수통제소는 신규로 하천수 사용허가를 내 줄 수 없는 한계상황으로 몰리고 있다. 실무상으로는 하천수가 아니라 오히려 한국수자원공사가 운영하는 다목적 댐의 댐용수의 사용에 의존하고 있다.[90] 즉 A가 맥주를 생산하기 위하여 더 이상 하천수를 사용하지 못하는 경우에는 한국수자원공사가 관리하는 충주댐 등 다목적 댐의 댐사용권을 가진 자와 댐용수 사용을 위한 사용계약을 우선 체결하고 홍수통제소장은 댐으로부터 하천으로 흘러드는 댐용수 계약량의 사용을 위한 하천수 사용허가를 내어준다. A는 물리적으로는 하천수를 취수하지만 법적으로는 하천수가 아닌 댐용수를 사용하는 것이다. 법원은 당연히 이런 문제를 고려하여 재판하는 기관이 아니기 때문에 오로지 하천수 사용허가에 대한 거부처분이 적법한가에 대해서만 심리하고 판결한다. 이는 사법의 본질상 어쩔 수 없는 부분이며 사법부는 일차적으로 국가정책을 결정하는 기관이 아니라는 점에서 당연한 결과라고 할 수 있다.

하지만 문제는 전통적인 법학방법론에 토대를 둔 행정법학 역시 사법부의 문제의식 이상을 벗어나지 않고 여전히 실정법의 해석과 법원의 재

90) 댐용수와 댐용수 사용권 등에 대한 논의는 김성수, 전게서 (각주 87), 21면 이하.

판 결과에 대해서만 관심을 갖는다는 점이다. 예를 들어 이러한 문제의식의 카테고리를 벗어나서 하천법 제50조 제1항의 하천수 사용허가를 대상으로 하는 하천법과 댐을 규율하는 법체계가 이원화되고 법적으로 하천수와 댐용수가 법적으로 다른 취급을 받는 것이 바람직한 것인가 혹은 입법적으로 개선의 여지가 있는 것인가 대해서는 행정법학은 상대적으로 큰 관심을 두지 않는다. 학자들은 여전히 행정법원의 판례를 중심으로 사용허가가 허가인지 특허인지 논쟁을 벌이고 만약 A와 동시에 C가 하천수 사용허가를 신청해서 C만 받은 경우라면 A가 경원자소송에서 C에 대한 처분을 다투어야 하는지 아니면 이와 더불어 A자신에 대한 거부처분을 다툴 수 있는 원고적격이 있는지에 대해서만 관심이 있다. 그 이상의 문제에 대해서는 “내가 그것을 왜 알아야 하며, 정책론은 행정학자들이나 하는 일이다”라고 생각할 것이다.

그런데 만약에 A가 이미 하천수 사용허가를 받은 사업자이고, 이른바 4대강 사업에 따라서 건설한 16개의 다기능 보가 녹조 등 하천에 대한 수질을 악화시킨 주범이기 때문에 정부가 하천의 수질을 회복하고 재자연화를 위한 보의 해체를 결정함에 따라서 불가피하게 A가 가지고 있는 하천수 사용허가를 철회하는 일이 벌어진다고 가정해 보자. 홍수통제소장은 이 경우 하천법 제70조 제1항의[91] 하천수 사용허가 철회 및 그에 따른 손실보상(제77조 제1항)[92] 문제에 집중하며, 하천수 사용허가를 철회하는 것이

---

91) ① 하천관리청은 다음 각 호의 어느 하나에 해당하는 경우에는 이 법에 따른 허가를 받거나 승인을 얻은 자에 대하여 제69조 제1항에 따른 처분을 하거나 조치를 명할 수 있다. 1. 하천수량의 부족 또는 하천상황의 변경으로 부득이한 경우 2. 하천의 보전 및 재해 예방 등 공익에 대한 피해를 없애거나 줄이기 위하여 필요한 경우 3. 하천공사를 하기 위하여 필요한 경우 4. 「공익사업을 위한 토지 등의 취득 및 보상에 관한 법률」 제4조에 따른 공익사업을 위하여 필요한 경우.

92) ① 제76조는 제70조에 따른 하천관리청의 처분으로 생긴 손실과 제71조에 따른 환경부장관의 처분으로 생긴 손실 또는 환경부장관의 명령에 따라 하천관리청이 그 처분을 취소 또는 변경함으로 생긴 손실의 보상에 관하여 준용한다.
제76조(공용부담 등으로 인한 손실보상) ① 제75조에 따른 처분이나 제한으로 손실을 입은 자가 있거나 하천관리청이 시행하는 하천공사로 손실을 입은 자가 있는 때에는 환경부장관이 행한 처분이나 공사로 인한 것은 국고에서, 시·도지사가 행한 처분이나 공사로

불이익처분에 해당하기 때문에 하천법 제91조에[93] 의한 청문을 행정절차법이 정하는 바에 따라서 실시한다. 원칙적으로 하천법은 하천과 하천수 사용을 규율하기 때문에 수질에 대한 문제는 고려의 대상이 아니다. 그런데 홍수통제소장이 A에 대한 하천수 사용허가를 취소하는 것은 결국 하천의 수질을 회복하고 재자연화를 위한 물환경 보전조치이므로 하천수 사용과 수질 및 생태계 보호하는 물환경적 요소를 종합적으로 고려하는 이른바 통합물관리(Integrated Water Management)원칙이 문제될 수 있다.[94] 2018년 제정된 물관리기본법은 제12조 제3항에서 "국가와 지방자치단체는 물관리를 할 때 수량확보, 수질보전, 가뭄 및 홍수 등으로 발생하는 재해방지, 기후·토지·자원·환경·식생 등과 같은 자연환경, 경제·사회 등에 미치는 영향 등을 종합적으로 고려하여야 한다"고 규정하여 이른바 통합물관리원칙을 선언하고 있다. 따라서 홍수통제소장이 A의 하천수 사용허가를 철회하는 행정처분은 보상 및 청문이라는 하천법의 해석에 집중하기보다는 다기능 보의 해체에 따르는 수질 문제, 물환경의 보호 및 재해방지 등의 통합적이고 다층적인 고려가 요구되는 것이다.

따라서 홍수통제소장은 하천법은 물론 수질 및 수생태계를 규율하는 물환경보전법과 한강수계뿐만 아니라 우리나라 전체의 수자원 이용과 관련하여 수자원의 효율적 보전·이용·개발 및 물 관련 재해의 경감·예방을 위하여 제정된 수자원의 조사·계획 및 관리에 관한 법률 (수자원법)을 통합적으로 고려하는 물관리원칙에 따라서 A에 대한 철회처분, 보상의 수준 등

인한 것은 해당 시·도에서 그 손실을 보상하여야 한다. ② 환경부장관, 시·도지사는 제1항에 따른 손실을 보상하는 경우에는 손실을 입은 자와 협의하여야 한다. ③ 제2항에 따른 협의가 성립되지 아니하거나 협의를 할 수 없는 때에는 대통령령으로 정하는 바에 따라 관할 토지수용위원회에 재결을 신청할 수 있다. ④ 제1항부터 제3항까지에 따라 손실보상을 하는 경우 이 법에 규정된 것을 제외하고는 「공익사업을 위한 토지 등의 취득 및 보상에 관한 법률」을 준용한다.

93) 하천관리청은 제69조 및 제70조에 따라 이 법에 따른 허가 또는 승인을 취소하는 경우에는 청문을 실시하여야 한다.

94) 통합물관리에 대한 개념과 논의는 김성수, 기후변화 적응을 위한 통합물관리 법적 거버넌스 구축방안, 물 거버넌스, 도서출판 피어나 2014, 178면 이하.

을 결정하여야 한다. 결국 홍수통제소장은 통합물관리원칙을 실현하는 하천수 사용허가 및 그 철회 문제와 직면하여 과거 수자원과 수량 문제만을 고려하는 단선적이고 일차원적인 법집행을 지양하고 통합적이며 다차원적인 물관리 문제를 고려하여야 하며, 여기에 필요한 정보와 지식의 양은 기하급수적으로 증가하고 합리적이고 객관적인 결정을 위한 정보와 지식은 외부전문가 등의 협업을 통해서만 취득이 가능한 경우도 있다. 홍수통제소장이 A에 대한 하천수 사용허가를 철회하면서 사전에 청문을 행하게 되는데, 이러한 의견청취절차는 어떠한 의미를 가지는가? 전통적으로 행정절차에서 청문 등 의견정취절차는 불이익 처분의 상대방의 의견을 청취하고 보다 공정하고 타당한 결정을 내린다는 점에서 적법절차 내지 절차적 정의를 실현하는 취지와 목적을 가지는 것으로 이해하였다. 이와 같은 적법절차의 전통적인 기능이나 목적이 오늘날 변한 것은 아니지만 A에 대한 청문절차는 보다 복합적인 목적과 기능이 고려된다.

다기능 보를 해체하는 경우 당해 유역에서 하천수 사용허가를 가지고 있는 자는 A만이 아니라 생활용수 및 공업용수 등의 수요를 고려하면 상당히 많은 대상자들이 있을 것으로 보인다. 다시 말하자면, 이른바 4대강 사업의 결과 건설한 16개의 다기능 보 중 일부를 해체하는 것은 국가의 중요한 정책과제이며 다수의 이해관계인이 존재할 것이라는 것은 분명하다. A와 같이 하천수 사용허가를 가지고 있는 사업자들은 물론 하천의 재자연화에 대하여 지대한 관심이 있는 지역 주민들이나 환경단체, 지하수를 사용하는 농업인 역시 이해관계인 중 빼놓을 수 없다. 대체로 보의 해체를 통하여 하천의 수위가 내려가면 지하수의 양도 감소하여 지하수에 의존하는 영농인 등 지역 주민들의 이해관계가 복잡하게 나뉘기 때문이다.[95] 그렇다면 A에 대한 청문절차는 불이익처분에 대한 의견 청취라는 고전적인

95) "공주보 해체결정 소식을 들은 충남 공주시민들은 강하게 반발한 반면, 죽산보가 있는 나주시민들은 찬반으로 입장이 나뉘었다. 충남도는 정부 결정을 존중한다는 입장을 냈다. 당초 해체를 반대했던 세종시는 정부 결정을 수용하는 쪽으로 입장을 바꿨다", donga.com, 2021-01-18.

차원을 넘어서 과연 하천에 건설한 다기능 보의 해체가 수자원의 확보, 홍수방지 등에 적절한 것인지부터 하천수 사용허가를 일괄적으로 모두 철회할 것인지, 아니면 일부만이 그 대상이 되는 것인지 하천법 제77조 제1항에 의한 보상의 기준과 수준을 어떻게 결정할 것인지, 보의 해체에 필요한 경제적 비용과 그로 인한 물환경 보전의 편익은 어느 정도인지, 지하수법에 따른 지하수의 관리 및 지하수 사용허가와는 어떠한 통합적 고려를 할 것인지 등 하천의 물관리는 물론 이와 관련된 제반 쟁점에 대한 복잡한 토론의 장이 열리게 된다. 즉 오늘날 행정절차에서 청문이나 의견 청취는 불이익처분의 상대방에 대한 절차적 정의를 실현하는 것을 포함하여 다기능 보의 해체와 관련하여 A와 같은 사업자, 지역 주민, 지역의 NGO, 지하수와 물관리 전문가 등이 참여하여 이 문제와 관련되는 모든 정보와 지식을 현출, 교환하고 토론을 통하여 가장 합리적이고 투명하며 객관적인 결정을 도출하는 기능을 수행한다.

오늘날의 행정절차는 억울한 자의 의견을 들어주는 것에서 행정적 의사결정에 대하여 만인이 수긍할 정도의 수용도와 합리성을 제고하고 갈등을 조율하며 정부와 행정에 대한 신뢰를 생성하는 숙의민주주의 공론의 장으로 질적 변화를 지향한다. 그런데 이러한 행정절차는 과연 일회적인 현상으로 그치는 것인가 아니면 이를 지속적으로 수행할 행정조직 및 조직의 구성원리에까지 영향을 미치는 것인가? 행정조직과 거버넌스 등에 대해서도 행정법학의 새로운 문제의식과 방법론, 연구범위가 확장될 수 있을 것인가? 앞서 언급한 바와 같이 물관리기본법은 통합관리 등 물관리원칙을 규정하고 물관리에 대한 기본법으로서 물관리에 관하여 다른 법률을 제정하거나 개정하는 경우에는 이 법에 맞도록 하고, 물관리에 관하여 다른 법률에 특별한 규정이 있는 경우를 제외하고는 이 법에서 정하는 바에 따른다(제7조 제1항, 제2항). 물관리기본법은 제1조에서 물관리의 기본이념과 물관리 정책의 기본방향을 제시하는 목적을 가지고 있기 때문에 앞의 예로 돌아가서 홍수통제소장이 A의 하천수 사용허가를 철회하는 처분을 하는 경우 하천수와 같은 지표수와 지하수, 수량과 수질 등에 대한 통합관리의 원칙을 고려하여야 한다. 그리고 이러한 통합관리와 행정절차를 통한 새로운 지식과 정보의 발견, 합리적인 행정적 의사결정을 위한 조직으로서 국가물관리위원회와 유역물관리위원회에 대하여 규정하고 있다.

물관리기본법에 따라서 물관리에 관한 중요 사항을 심의·의결하기 위하여 대통령 소속으로 국가물관리위원회를 두고, 국가물관리위원회에 유역별로 유역물관리위원회(이하 국가물관리위원회 등이라 한다)를 둔다(제20조 제1항). 사실 물관리에 대한 주요 정책을 심의하고 의결하기 위한 합의제 행정기관으로서 국가물관리위원회 등을 설치하는 것은 앞서 언급한 물관리와 관련한 통합적이고 종합적인 의사결정을 위한 제도적 장치를 사안 별로 문제되는 행정절차에만 의존하지 않고 보다 이를 전문적으로 처리하는 행정조직에서 담당하기 위함이다. 따라서 4대강에 건설한 다기능 보 중 일부에 대한 해체결정은 국가물관리위원회 등의 중요한 심의와 의결사항에 해당한다. 한 번 생각해 보자. 아마도 고전적인 법학방법론에 따른 행정법학은 다기능 보의 해체는 이른바 강학상 처분에 해당하지 않는 단순한 사실행위이기 때문에 주민 등이 법률상 이익의 침해를 주장하며 해체결정의 취소 등을 구하는 행정소송을 제기하면 소의 이익이 없어 각하하면 그만이라고 간단하게 볼 가능성이 크다. 오히려 홍수통제소장의 하천수 사용허가 철회처분이 법적으로 중요한 문제로 취급될 가능성이 크다. 실제로는 보의 해체라는 정부결정이 훨씬 근본적이고 그 효과도 광역적이겠지만 행정법학의 연구방법론이나 범위는 그에 대한 확장효과에 대해서는 전통적으로 무관심으로 일관했다.

그런데 국가물관리위원회는 합의제 행정기관인 행정조직으로서 물관리 정책과 관련한 모든 정보와 지식을 수집, 관리, 사용, 처리하는 주체라고 할 수 있으며, 물관리에 대하여 전문성을 가지고 있는 한국수자원공사, 한국환경공단 등 공기업, 관련되는 민간부문의 기업, 전문가 등과의 네트워크를 통하여 이들과 필요한 정보를 공유하고 교환한다. 사실상 과거 법학방법론이 지배하던 시대의 행정조직법은 행정법의 연구분야에서 거의 주목을 받지 못했던 것이 사실이다. 행정조직은 위계질서라는 조직원리가 지배하는 단순한 인적, 물적 결합으로서 상층부가 의사결정을 하면 공직자들이 충실하게 집행하도록 상하 감독과 징계 등 제재수단, 조직의 정상적인 업무수행을 담보하는 공직자의 성실의무, 겸직금지, 청렴의무, 정치적 중립과 같은 복무원리 등이 지배하는 매우 정적인 조직으로 이해하였다. 마치 컨베이어벨트처럼 각 부분조직들이 기계적인 정합성에 따라서 마찰 없이 행정적 결정과 집행을 위하여 톱니바퀴 같이 맞물려 돌아가는 공장과 같은 행정조직을 그림으로 연상할 수 있다. 그러나 오늘날 행정조직은 합리적이고 수용성이 높은 행정적 결정을 지향하기 위해서 구성원들의 역량을 고도화하는데 필요한 모든 지식과 정보가 모이는 곳, 이를 사용하고 처리하는 중심체로서 외부의 전문가와 일반 시민을 네트워크로 연결하고 소통하는 역동적인 조직으로 변모하였다.

다시 말하자면 오늘날의 행정조직은 지식과 소통을 생산하는 工場이다. 그리고 이러한 역동적인 업무 집행에 필요한 인적, 물적 요소를 스스로 추계하고 예산과 인사 담당 부처에 요구하며, 업무에 대한 상시적인 평가를 통하여 쉼 없이 스스로를 개혁하는 주체로서 이를 행정조직법의 연구대상으로 포착하는 것이 중요하다. 특히 물관리기본법은 국가물관리위원회 등의 조직혁신과 역동성을 지속하기 위해서 민간중심의 거버넌스를 구축하고자 필요한 조직원리를 고려하고 있다.[96] 이러한 조직원리는 단순히 물관리기본법이 규정하는 국가물관리위원회 등에만 적용되는 것은 아니며 공공부문과 민간부문의 협치가 요구되는 영역으로 확장성을 갖는다. 하지만, 많은 학자들이 지적하듯이 행정조직법과 조직의 구성원리를 정교하게 구축한다고 하더라도 한국처럼 대통령과 비서조직이 독립적이고 중립적인 행정조직을 정치논리로 사실상 장악하는 경우에는 이에 대한 이론적인 연구나 행정혁신은 무의미하다.

96) 김성수, 전게서 (각주 87), 171면 이하.

2. 의료광고규제 방식의 전환 – 국가의 직접규제로부터 규제된 자율규제로

한국사회에서는 전통적으로 의료나 보건 영역은 고도의 공공적 성격을 가지고 있는 仁術이라는 의식이 강하게 자리 잡고 있었기 때문에 의료행위에 대한 광고행위를 국가가 광범위하게 규제하는 법제를 유지하여 왔다.[97] 그러나 의료광고를 정부가 직접적으로 규제하는 방식은 광고행위라는 표현의 자유에 대한 사전검열에 해당하여 위헌이라는 지적이 있어 오다가 2005년 헌법재판소는 특정의료기관이나 특정의료인의 기능·진료방법에 관한 광고를 금지하는 구 의료법 제46조 제3항 및 그 위반 시 300만원 이하의 벌금에 처하도록 하는 동법 제69조가 표현의 자유 내지 직업수행의 자유를 침해한다고 판시하였다.[98] 헌법재판소는 이 사건 조항이 보호하고자 하는 공익의 달성 여부는 불분명한 것인 반면, 의료인에게 자신의 기능과 진료방법에 관한 광고와 선전을 할 기회를 박탈함으로써 표현의 자유를 제한하고, 다른 의료인과의 영업상 경쟁을 효율적으로 수행하는 것을 방해함으로써 직업수행의 자유를 제한하고 있고, 소비자의 의료정보에 대한 알 권리를 제약하게 된다. 따라서 보호하고자 하는 공익보다 제한되는 사익이 더 중하다고 볼 것이므로 이 사건 조항은 '법익의 균형성' 원칙에 위반되며, 의료인의 기능과 진료방법에 대한 광고를 금지하고 이에 대하여 벌금형에 처하도록 한 것은 입법목적을 달성하기 위하여 필요한 범위를 넘어선 것이므로, '피해의 최소성' 원칙에 위반되기 때문에 결국 헌법 제37조 제2항의 비례의 원칙에 위배하여 표현의 자유와 직업수행의 자유를 침해한다고 결정하였다. 결국 헌법재판소는 의료행위의 공공성으로 인하여 의료광고에 대한 규제가 필요하고 의료광고는 상업광고의 일종으로서 헌법재판소가 완화된 위헌심사기준을 적용하여야 하지만, 그럼에도 불구하고 의료인의 직업의 자유와 소비자의 선택권 등을 고려하여 의료광

97) 의료광고 규제의 역사적 고찰과 자율규제 시스템에 대해서는 김용민, 의료광고 규제제도 개선에 관한 공법적 연구, 연세대학교 대학원 박사학위 청구논문, 2020.
98) 헌재 2005.10.27. 2003헌가3.

고에 대한 과잉적인 규제는 허용되지 않는다는 점을 분명히 한 것이다.

그로부터 10년 후 헌법재판소는 의료광고를 허용하는 것을 넘어서서 그 규제방식에 대해 코페르니쿠스적 전환을 예고하였다. 헌법재판소는 사전심의를 받지 아니한 의료광고를 금지하고 이를 위반한 경우 처벌하는 구 의료법규정이 사전검열금지원칙에 위반하여 위헌으로 결정하였다.[99) 헌법재판소는 의료광고의 사전심의가 보건복지부장관으로부터 위탁을 받은 각 의사협회가 행하고 있으나 사전심의의 주체인 보건복지부장관은 언제든지 위탁을 철회하고 직접 의료광고 심의업무를 담당할 수 있는 점, 의료법 시행령이 심의위원회의 구성에 관하여 직접 규율하고 있는 점, 심의기관의 장은 심의 및 재심의 결과를 보건복지부장관에게 보고하여야 하는 점, 보건복지부장관은 의료인 단체에 대해 재정지원을 할 수 있는 점, 심의기준·절차 등에 관한 사항을 대통령령으로 정하도록 하고 있는 점 등을 종합하여 보면, 각 의사협회는 행정권의 영향력에서 벗어나 독립적이고 자율적으로 사전심의업무를 수행하고 있다고 보기 어렵기 때문에 심판대상조항이 사전검열금지원칙에 위배되는 것으로 결정하였다.

그런데 헌재결정 내용 중에서 특히 주목을 끄는 것은 의료광고에 대한 사전심의가 헌법적으로 허용되지 않는 것은 아니지만 심의주체가 정부의 영향력으로부터 완전히 벗어난 독립적이고 자율적인 민간기구가 되어야 한다는 점을 강조하고 있다. 하지만 헌재의 판단으로는 대한의사협회, 대한치과의사협회, 대한한의사협회나 그 산하의 각 심의위원회가 의료광고의 사전심의업무를 수행함에 있어서 보건복지부장관 등 행정권의 영향력에서 완전히 벗어나 독립적이고 자율적으로 사전심의를 하고 있다고 보기 어렵고, 결국 심의기관인 대한의사협회, 대한치과의사협회, 대한한의사협회의 행정기관성은 이를 부인할 수 없기 때문에 행정권에 의한 사전심의로서 위헌이라는 것이다. 따라서 헌재는 "정부의 영향력으로부터 완전하게 독립한 자율적인 민간기구에 의한 사전규제"라는 의료광고의 사전규제방

---

99) 헌재 2015.12.23. 2015헌바75.

식을 제안한 것이다. 이에 따라 국회는 2018년 헌재가 주문한 요건에 합치하도록 의료광고기구의 독립성과 자율성을 존중하는 사전심의제도를 도입하였다. 의료법 제57조 제1항에 따라서 의료인 등이 의료광고를 하려는 경우 미리 의료광고가 의료광고금지 규정에 위반되는지 여부에 관하여 의사회·치과의사회·한의사회가 설치하여 운영하는 자율심의기구의 심의를 받아야 한다. 의료광고 사전심의 자율기구의 구성은 아래와 같다.[100] 결국

100) 제57조의2(의료광고에 관한 심의위원회) ① 자율심의기구는 의료광고를 심의하기 위하여 제2항 각 호의 구분에 따른 심의위원회(이하 이 조에서 "심의위원회"라 한다)를 설치·운영하여야 한다.

② 심의위원회의 종류와 심의 대상은 다음 각 호와 같다.

1. 의료광고심의위원회: 의사, 의원, 의원의 개설자, 병원, 병원의 개설자, 요양병원(한의사가 개설한 경우는 제외한다), 요양병원의 개설자, 정신병원, 정신병원의 개설자, 종합병원(치과는 제외한다. 이하 이 호에서 같다), 종합병원의 개설자, 조산사, 조산원, 조산원의 개설자가 하는 의료광고의 심의
2. 치과의료광고심의위원회: 치과의사, 치과의원, 치과의원의 개설자, 치과병원, 치과병원의 개설자, 종합병원(치과만 해당한다. 이하 이 호에서 같다), 종합병원의 개설자가 하는 의료광고의 심의
3. 한방의료광고심의위원회: 한의사, 한의원, 한의원의 개설자, 한방병원, 한방병원의 개설자, 요양병원(한의사가 개설한 경우만 해당한다. 이하 이 호에서 같다), 요양병원의 개설자가 하는 의료광고의 심의

③ 제57조 제2항 제1호에 따른 자율심의기구 중 의사회는 제2항 제1호에 따른 심의위원회만, 치과의사회는 같은 항 제2호에 따른 심의위원회만, 한의사회는 같은 항 제3호에 따른 심의위원회만 설치·운영하고, 제57조 제2항 제2호에 따른 자율심의기구는 제2항 각 호의 어느 하나에 해당하는 심의위원회만 설치·운영할 수 있다.

④ 심의위원회는 위원장 1명과 부위원장 1명을 포함하여 15명 이상 25명 이하의 위원으로 구성한다. 이 경우 제2항 각 호의 심의위원회 종류별로 다음 각 호의 구분에 따라 구성하여야 한다.

1. 의료광고심의위원회: 제5항 제2호부터 제9호까지의 사람을 각각 1명 이상 포함하되, 같은 항 제4호부터 제9호까지의 사람이 전체 위원의 3분의 1 이상이 되도록 구성하여야 한다.
2. 치과의료광고심의위원회: 제5항 제1호 및 제3호부터 제9호까지의 사람을 각각 1명 이상 포함하되, 같은 항 제4호부터 제9호까지의 사람이 전체 위원의 3분의 1 이상이 되도록 구성하여야 한다.
3. 한방의료광고심의위원회: 제5항 제1호·제2호 및 제4호부터 제9호까지의 사람을 각각 1명 이상 포함하되, 같은 항 제4호부터 제9호까지의 사람이 전체 위원의 3분의 1 이상이 되도록 구성하여야 한다.

의료법에 따라서 의료광고의 사전규제는 사업자단체의 자율규제를 우선적으로 운영하고, 국가는 이와 같은 자율규제가 원활하게 이루어질 수 있도록 입법적인 틀을 제공하며, 자율규제방식이 원활하게 작동하지 않거나 혹은 공익적인 관점에서 멀어지는 경우 좀 더 국가의 입장을 잘 관철할 수 있는 다른 규제방식을 모색하는 방식이 도입된 것이다. 흔히 신사조행정법에서는 이와 같은 규제방식을 규제된 자율규제(regulated self-regulation)라고 부르며,[101] 국가는 이러한 전체적인 규제체계가 작동할 수 있도록 최후의 보장책임을 진다.[102]

헌법재판소는 2019년 5월 30일 사전심의를 받지 않은 건강기능식품의 기능성 광고를 금지하고 이를 어길 경우 형사처벌 하도록 한 구 '건강기능식품에 관한 법률'에 따라서 심의를 받지 아니한 광고를 한 자'에 관한 부분이 사전검열금지원칙에 위반되는 것으로 결정하였다.[103] 헌법재판소의 결정에 따르면 광고의 심의기관이 행정기관인지 여부는 기관의 형식에 의

---

⑤ 심의위원회 위원은 다음 각 호의 어느 하나에 해당하는 사람 중에서 자율심의기구의 장이 위촉한다.
1. 의사
2. 치과의사
3. 한의사
4. 「약사법」 제2조 제2호에 따른 약사
5. 「소비자기본법」 제2조 제3호에 따른 소비자단체의 장이 추천하는 사람
6. 「변호사법」 제7조 제1항에 따라 같은 법 제78조에 따른 대한변호사협회에 등록한 변호사로서 대한변호사협회의 장이 추천하는 사람
7. 「민법」 제32조에 따라 설립된 법인 중 여성의 사회참여 확대 및 복지 증진을 주된 목적으로 설립된 법인의 장이 추천하는 사람
8. 「비영리민간단체 지원법」 제4조에 따라 등록된 단체로서 환자의 권익 보호를 주된 목적으로 하는 단체의 장이 추천하는 사람
9. 그 밖에 보건의료 또는 의료광고에 관한 학식과 경험이 풍부한 사람

⑥ 제1항부터 제5항까지의 규정에서 정한 것 외에 심의위원회의 구성 및 운영에 필요한 사항은 자율심의기구가 정한다.

101) 이에 대한 상세한 논의는 Martin Eifert, Regulierungsstrategien, Grundlagen des Verwaltungsrechts Ⅰ, § 19, Rn. 52ff.

102) Helmuth Schulze-Fielitz, Grundmodi der Aufgabenwahrnehmung, Grundlagen des Verwaltungsrechts Ⅰ, § 12. Rn. 154ff.

103) 헌재 2019.5.30. 2019헌가4.

하기보다는 그 실질에 따라 판단되어야 하고, 행정기관이 자의로 개입할 가능성이 열려 있다면 개입 가능성의 존재 자체로 헌법이 금지하는 사전검열이라고 보아야 한다. '건강기능식품에 관한 법률'에 따르면 기능성 광고의 심의는 식품의약품안전처장으로부터 위탁받은 한국건강기능식품협회에서 수행하고 있지만, 법상 심의 주체는 행정기관인 식품의약품안전처장이며, 언제든지 그 위탁을 철회할 수 있고, 심의위원회의 구성에 관하여도 법령을 통해 행정권이 개입하고 지속적으로 영향을 미칠 가능성이 존재하는 이상 그 구성에 자율성이 보장되어 있다고 볼 수 없다. 식품의약품안전처장이 심의기준 등의 제정과 개정을 통해 심의내용과 절차에 영향을 줄 수 있고, 식품의약품안전처장이 재심의를 권하면 심의기관이 이를 따라야 하며, 분기별로 식품의약품안전처장에게 보고가 이루어진다는 점에서도 그 심의업무의 독립성과 자율성이 있다고 보기 어렵다.

그러므로 헌재는 건강기능식품 기능성 광고 사전심의는 행정권이 주체가 된 사전심사로서, 헌법이 금지하는 사전검열에 해당하므로 헌법에 위반된다고 본 것이다. 이는 헌재가 의료광고 사전심의에 대한 2015년 2015헌바75 결정과 사실상 동일한 논리를 전개한 것으로 향후 국회는 건강기능식품에 관한 법률을 개정하여 정부의 영향력으로부터 완전한 독립성과 자율성을 가지는 민간 자율규제기구를 도입할 것으로 보인다.

헌재는 2020. 8. 28일 의료기기와 관련하여 심의를 받지 아니하거나 심의받은 내용과 다른 내용의 광고를 하는 것을 금지하고 이를 위반한 경우 행정제재와 형벌을 부과하도록 한 구 의료기기법 조항이 사전검열금지원칙에 위반되어 위헌으로 결정하였다.[104] 헌재의 결정에 의하면 의료기기법상 의료기기 광고의 심의는 식약처장으로부터 위탁받은 한국의료기기산업협회가 수행하고 있지만, 법상 심의 주체는 행정기관인 식약처장이고, 식약처장이 언제든지 그 위탁을 철회할 수 있으며, 심의위원회의 구성에 관하여도 식약처 고시를 통해 행정권이 개입하고 지속적으로 영향을 미칠

---

104) 헌재 2020.8.28. 2017헌가35.

가능성이 존재하는 이상 그 구성에 자율성이 보장되어 있다고 보기 어렵다. 식약처장이 심의기준 등의 개정을 통해 심의 내용 및 절차에 영향을 줄 수 있고, 심의기관의 장이 매 심의 결과를 식약처장에게 보고하여야 하며, 식약처장이 재심의를 요청하면 심의기관은 특별한 사정이 없는 한 이에 따라야 한다는 점에서도 그 심의업무 처리에 있어 독립성 및 자율성이 보장되어 있다고 보기 어렵다.

따라서 헌재는 의료기기 광고 사전심의는 행정권이 주체가 된 사전심사로서 헌법이 금지하는 사전검열에 해당하고, 이러한 사전심의제도를 구성하는 심판대상 조항은 헌법 제21조 제2항의 사전검열금지원칙에 위반된 것으로서 위헌으로 결정한 것이다. 이 문제 역시 향후 국회가 의료광고 및 건강기능식품 사전심의제도와 마찬가지로 독립성과 자율성을 가진 민간의 자율규제기구가 사전심의를 운영하도록 관련 법률을 개정할 것으로 예상된다. 그런데 헌재가 기존의 광고사전심의제도가 국가에 의한 사전검열에 해당하는 것으로 보고 이를 모두 규제된 자율규제로 전환할 것을 제안한 것은 반드시 의료, 건강기능식품, 의료기기의 광고에 국한하지 않고 사실상 규제행정 전반에 미치는 확산효과를 부인할 수 없다. 예를 들어, 금융규제, 환경규제, 무역규제 등을 포함하는 경제규제의 광범위한 영역에서 국가는 일차적으로 민간부문의 자율규제를 존중하고 이러한 자율규제체제가 원만하게 작동하도록 하여 국가의 과도한 직접규제로 인한 정부실패를 방지하고 소비자와 일반 국민을 적절하게 보호할 수 있도록 규제의 틀과 입법적 조치를 취하는 것을 우선시 한다. 그러나 사업자들이나 민간부문의 행위자들이 정부를 포획하고 시장의 실패를 야기하는 경우에는 국가가 보다 강한 규제의 방식을 도입하며, 최후의 수단으로 사업자의 표현의 자유와 직업의 자유 등의 본질적 내용을 침해하지 않는 범위 안에서 사전검열에 해당하지 않는 국가의 직접적인 규제방식으로 환원함으로써 국가가 규제행정 영역에서 다양한 형태의 보장책임을 지는 규제행정 패러다임의 전환이 오늘날 행정법학의 주요한 관심사가 된 것이다.

Ⅵ. 결론 - 행정법학의 통일장 이론은 가능하고 또 필요하다

우주의 운행질서와 자연계의 작동원리를 단 하나의 아름다운 이론으로 설명할 수 없을까? 단순하면서도 아름답고 그리고 만인이 흔쾌히 수긍할 수 있는 오직 하나의 이론, 이른바 통일장 이론은 Isaac Newton 이래로 Albert Einstein이나 Niels Bohr와 같은 물리학자들만의 꿈일까? 아니면 행정법학의 경우에도 고전적인 법학방법론과 신사조행정법학을 하나로 통합함으로서 이론과 실무에서 행정법 관계의 합리성과 타당성 국민에게 만족스럽게 설명하고 효과적인 권리구제를 지향하는 통일장 이론이 가능한 것인가?

우선 앞서 수차례 언급한 바와 같이 신사조행정법학은 Mayer의 고전적인 행정법학 방법론이 無用하거나 현실 문제의 해결가능성이 全無한 것으로 백안시 하는 것은 결코 아니다. 그 이유는 Mayer의 행정법학 방법론이 추구하는 궁극의 가치인 명확성과 법적 안정성은 신사조행정법학을 포함하여 누구도 쉽게 부인할 수 없기 때문이다. 행정의 법률적합성원칙의 요체는 특히 국민의 권리를 제한하고 의무를 부과하는 행정작용이나 국민의 기본권 실현을 위해 중요하고 본질적인 행정활동이 이루어지기 위해서는 국민의 직접선거로 구성된 의회의 의사에 그 법적 근거를 요구한다. 이 지점에서 Mayer의 요구는 권력분립 원칙을 단순하면서도 명확하게 구체화하며 우리에게 너무나도 분명한 메시지를 주고 있다. 행정은 국민의 대표기관의 의회의 의사를 대신하거나 창설할 수 없으며 오직 입법자가 입법으로 허락한 사항만을 집행할 수 있을 뿐이다. 경우에 따라서 행정청이 재량권을 행사하거나 판단여지를 가지는 것이 필요하다면 이것 역시 입법자가 법률에 그 내용과 한계를 스스로 정하는 바에 따른다. 그렇기 때문에 그 어떠한 경우에도 행정활동은 입법자가 결단한 입법의 내용을 확장하거나 왜곡하거나 위반할 수 없다.

행정활동이 입법자의 의사에 의하지 않거나 그에 위반하면 그 행정활동은 위법하다. 행정활동의 위법 정도는 터무니없을 정도로 중대하고 명확한 경우에 그에 따르는 법적 효과를 인정할 수 없기 때문에 무효이며, 행정활동이 중대하지만 명확하지 않고 명확하지만 중대하지 않는 정도의 흠결을 가진 경우에는 행정의 상대방이 일정한 기간 내에만 그 위법성을 주장할 수 있도록 하고, 예외적인 사유가 없는 한 행정의 위법성에 대한 시비는 종결한다. 국가의 소송제도 역시 행정작용의 위법성의 정도에 따라서 무효를 주장하는 소송과 일정한 기간의 제약을 받는 취소소송을 운영하고 혹시 그 과정에서 행정의 고의 또는 과실로 인하여 상대방에게 손해를 입힌 경우 법률이 정하는 바에 따라서 이를 배상하도록 한다.

사실 Mayer의 행정법학론은 그 자체로서 행정의 법적 규율에 대한 이론으로서 거의 완벽에 가까우며 그에 따르는 안정성과 예측가능성, 명확성 측면에서 인류가 여태 것 人治의 불확실성에서 벗어나 행정을 법적으로 완벽하게 통제하려고 꿈꾸던 법치행정의 白眉라고 부를 수 있을 정도의 秀作이라는 점을 인정하지 않을 수 없다. 아마도 Mayer가 1923년 독일행정법 제3판 서문에서 밝힌 바와 같이 "이제 우리 독일행정법이 하나의 독립한 학문 분야로 완성되었다"[105)]고 이야기한 순간 그는 Isaac Newton이

$$F = G\frac{Mm}{r^2}$$

위 중력의 법칙을 발견하고 우주의 운행원리를 하나의 이론으로 설명할 수 있다는 환호한 그 감정을 행정법학의 영역에서도 가능한 것으로 느끼면서 역시 황홀해 했을지 모른다. 모든 행정법 관계를 완벽하게 그리고 명확하게 설명할 수 있는 통일장 이론을 완성하였다는 그런 환희가 아니었을까? 그런 점에서 Mayer는 자신의 행정법학론에 따라서 행정법 관계에서는 결코 人治의 불확실성이 지배할 수 없으며 완벽하고 아름다운 법률

105) "Möchte der Leser den Eindruck gewinnen, daß unser deutsches Verwaltungsrecht doch schon eine Wissenschaft geworden ist, an der man Freude haben kann". Heidelberg, den 29. August 1923. Otto Mayer.

관계를 설명할 수 있다는 자신감에 차있었기 때문에 “신은 주사위 놀이를 하지 않는다”(God does not play dice)라는 말처럼 우주는 불확실하고 모호한 존재가 아니라 완벽하고 整然한 질서를 가지고 있다고 확신한 Einstein과 같은 생각을 했을지도 모른다.

하지만 21세기 중반을 향하는 오늘날의 행정법 관계가 그렇게 단순하고 명확하며 질서정연한 법적 관계만을 반영하고 있을까? 행정청 혹은 정부는 물론 일정한 행정적 결정에 이르는 과정에서 다수의 이해관계를 가지는 사람들이 저마다 상대방에게 일정한 영향력을 행사하려고 한다면 법의 기능을 행정과 상대방에 대한 명령과 강제, 수익처분 등 단순 양면관계로만 이해하는 것은 복잡한 문제를 해결하는데 한계를 드러낸다. 행정과 정부의 결정에 의존하거나 영향을 받는 이해관계인들은 그러한 결정이 적법 또는 위법하다는 이분법에는 관심이 없으며, 그보다는 오히려 자신들의 권익을 증진하고 시장참여자들이 무리 없이 받아들일 수 있는 합리적이고 공정한 결정을 기대한다. 행정법이 시장참여자들에게 “이래라 저래라” 라든가 “너에게 무엇을 주노라”하는 것보다는 이해관계인들에게는 비록 불리한 결과가 도출되는 경우라고 하더라도 행정적 결정을 합리적인 것으로서 수용할 수 있는 것이라면 이에 만족한다.

이와 같이 정부와 행정이 공정하고 합리적인 결정을 내리기 위해서는 행정절차의 기능 변화를 이해하고 정보의 흐름을 적절하게 관리하는 것이 무엇보다 중요하다. 그리고 이와 같은 절차와 정보, 의사결정에 필요한 재원과 인원을 배치하고 활용하는 주체가 행정조직이며 이로서 행정조직법은 단순히 행정적 의사결정의 상명하복을 질서라는 조직 원리를 탈피하여 마치 산소와 영양소가 혈액을 통하여 순환하면서 필요한 에너지를 생산하는 유기체의 관리시스템을 연상시킨다. 신사조행정법학은 행정의 최종결정이 법치행정원칙에 따라서 적법 혹은 위법한가보다는 앞서 현대 행정이 당면한 복잡한 사회적 관계성을 고려하여 행정법관계 역시 다층적이며 다면적인 법률관계를 조율하기 때문에 최대한의 다수가 일정 부분 합리적인 것으로 수용할 수 있도록 행정적 결정의 합리성과 공정성을 담보하는데 주력한다. 그런데 도대체 합리적이고 공정하며 효율적인 결정을 어떻게 행정법적으로 규율할 수 있다는 말인가? 명확성과 법적 안정성을 행정법관계의 금과옥조로 여기는 전통적인 Mayer의 행정법학의 관점에서 보면 신사조행정법학은 지극히 불확실하고 불안정한 이론으로 보일 것이다. 행정적 결정에 대하여 상대방이 불복하는 경우 어느 지점에서 법원에 권리구제를 호소할 수 있는가? 위법한 결정이 아니라 불공정하고 비합리적인 결정도 취소소송의 대상이 되는 것인가? 행정의 최종적 결정만이 불복의 대상인가 혹은 행정 내부의 의사결정이나 왜곡된 정보의 흐름에 대해서도 법적으로 문제를 제기할 수 있다는 것인가?

그렇기 때문에 신사조행정법학은 헌법상 재판청구권을 근거로 하는 행정소송제도 이외에도 Mediation이나 대체적 분쟁해결제도(Alternative Dispute Resolution) 등 수 많은 공식, 비공식의 재판 이외의 분쟁해결방안을 활용할 것을 제안하고 있다. 사실상 오늘날 다양한 이해관계인이 참여하는 다면적(multilateral)이며 다층적(multidimensional)인 행정법관계에는 당연히 불확실성이 지배하며, 어떻게 보면 이는 Mayer의 법학방법론이 지향하는 단순화의 한계를 넘어서는 행정법관계의 본질에 해당하는 문제인지도 모른다. 행정법을 통하여 조율하려는 상대방을 파악하려고 하는 경우에는 상대방이 가진 정보와 역량이 무엇인지 잘 알 수 없으며, 특정한 상대방에 대하여 안다고 생각하는 경우에는 파악 대상인 상대방의 숫자가 과연 어느 정도 범위인지 잘 알 수 없다. "대상을 알면 범위를 알 수 없으며, 범위를 알면 대상을 알 수 없다"는 관계성의 영원한 不整合性(Unschärfelelation)이[106] 21세기 현대 행정법관계에서도 그대로 나타난다. 그러니 "신은 주

106) Werner Heisenberg는 Einstein과의 대화에서 특히 전자의 운동량과 위치 간에 부정합관계를 인정하려 하지 않는 Einstein과 논쟁을 벌인다. Einstein은 "안개상자 실험을 통해서 우리는 전자의 궤도를 관찰할 수 있습니다. 당신의 견해에 따르면 원자핵 주위를 운동하는 전자에 궤도가 없다는 것인데, 이는 말이 되지 않습니다. 아무리 안개상자 공간을 축소하는 경우에도 전자의 궤도를 무시할 수 없습니다"라고 Heisenberg를 추궁하자 Heisenberg는 다음과 같이 반론을 제기한다. "우리는 실험의 결과에 대해 고전물리학자들이 사용하는 전통적인 언어만을 사용한다는 한계를 인정해야 합니다. 우리

사위 놀이를 하지 않는다"는 力學的, 決定論的 우주관을 가진 Einstein에게 "신에게 이래라 저래라 하지 말아라"(Stop telling God what to do)고 되받아친 Bohr의 이야기처럼 오늘날 행정법관계는 마치 量子의 세계와 유사하게 우리가 생각하는 것보다 훨씬 불확실하며 행정법상의 다양한 관계를 기계적으로 정확하게 파악할 수 없기 때문에 일정 부분 부정합성을 특징으로 하는 것인지도 모른다.

이러한 상황에서 신사조행정법학이 고전적인 법학방법론의 문제 해결 능력의 한계를 지적하고 새로운 해법을 제시한 것은 시대의 변화에 따르는 자연스러운 현상이라고 할 수 있다. 다만, 중요한 것은 고전적인 법학방법론과 신사조행정법학이 마치 상대성원리와 양자역학과 같이 우주의 이치를 하나의 이론으로 통합하는 것이 불가능한 것인가 하는 문제이다. 결론적으로 필자는 희망적이다. 그 이유는 법학방법론과 신사조행정법학이 상호를 배척함으로써 공존이 불가능한 방법론이 결코 아니며 오히려 相補를 통하여 행정법관계를 보다 설득력 있게 설명하고 실무적으로도 공식, 비공식적인 권리구제 수단을 통하여 문제를 효과적으로 해결할 수 있기 때문이다.

앞서 언급한 바와 같이 오늘날 행정과 정부의 의사결정이 합리적이고 공정하게 이루어지기 위해서는 신사조행정법학이 지향하는 행정법의 조율기능을 극대화하고 조율과정에 참여하는 수많은 이해관계인들과 의사결정에 필요한 정확하고 충분한 정보를 공유하기 위하여 행정절차의 기능이 강화된다. 행정절차의 기능변화와 함께 정부와 행정의 합리적이고 공정한 결정을 기대하기 위해서는 의사결정 조직의 거버넌스를 민간중심으로 개

가 양자역학을 완벽하게 이해했다고는 주장하지는 않습니다. 하지만 저는 (行列) 數學을 통해서 이미 궤도를 가지지 않는 전자의 운동을 설명할 수 있다고 봅니다. 문제는 이러한 수학적 원리를 기존에 우리가 사용하는 언어를 통하여 설명한다는 것이 현재로서는 어렵습니다. 만약, 이러한 것이 앞으로 가능해진다면 우리는 모순 없이 안개상자에서 이루어지는 전자의 궤도에 대해서 이야기할 수 있을 겁니다. 하지만 오늘 이 시점에서 선생님이 제기하신 문제를 해결하기에는 아직은 이른 것 같습니다". Werner Heisenberg, Der Teil und das Ganze, Die Quantenmechanik und ein Gespräch mit Einstein, 1969, S. 96.

편하여 일차적으로 시장에서 수요자와 시민이 원하는 규제와 결정이 이루어지도록 입법적인 배려가 이루어질 필요가 있다. 민간중심 거버넌스가 시스템화 한 행정조직은 의사결정에 필요한 인적, 물적 요소를 활용하여 민간부문의 행위자들과의 협력을 제도화하고 국민들에게 수용가능성이 제고된 합리적 의사결정을 가능하게 하는 네트워크를 구축한다. 국가는 이와 같은 민간중심 시장참여자들이 스스로 일정한 규제권한과 의사결정권을 행사할 수 있도록 입법적으로 배려할 필요가 있으며, 시장에서의 자율규제가 참여자 일부에 의하여 포획됨으로써 작동하지 않거나 실패하는 경우 정부와 행정이 공적으로 강화된 규제권한을 스스로 행사한다. 규제된 자율규제, 행정법규의 조율기능, 행정절차 기능의 질적 변화와 강화, 원활한 정보의 흐름과 행정적 의사결정에 필요한 자원을 배분하는 민간중심 거버넌스를 통하여 시장에서 많은 이해관계인들과 행위자들이 참여하는 정부와 행정의 최종적인 의사결정은 행정이 단독으로 결정하는 구조에 비하여 많은 시간이 소요되고 불명확하며 불확실한 과정을 거치기는 하지만 그 합리성과 공정성, 수용가능성이 상당한 정도로 담보된다. 행정과 정부의 최종적인 의사결정이 내려지기 이전의 이러한 모든 프로세스에 신사조행정법학의 방법론이 기여한다.

그러나 일단 결정이 이루어진 이후에 그러한 결정의 법적인 결과에 대해서는 고전적인 Mayer 행정법학의 영역으로 이전된다. 정부와 행정이 최종적으로 결정한 처분 등이 현행 법령에 부합하는가 하는 문제는 법치행정, 행정의 법률적합성을 지도원리로 하는 법치국가에서 여전히 중요한 법적 판단기준이다. 행정적 결정이 적법한 경우 그에 따르는 법적 효과가 발생하고 상대방에 대한 권리의무관계가 형성된다. 만약, 행정처분 등이 법령에 위반하는 등 위법하여 법치행정원칙에 따르는 부정적 판단을 받는 경우 그 효과를 부인하게 되는데, 이 경우 아무런 효력을 가지지 않는 이른바 무효로 볼 것인지 제3자 보호 등 행정법관계의 안정과 명확성을 위하여 일단 그 효력을 인정하고 행정청이나 법원이 사후에 이를 부인할 때까지는 잠정적으로 유지할 것인지의 문제 역시 Mayer의 무효와 취소론에 따라서 결정된다. 그리고 행정처분의 상대방 등은 행정처분의 위법성 정도에 따라서 그 무효확인을 구할 것인지 혹은 일정한 제소기간 안에 취소를 구하는 항고소송을 제기할 것인지 결정한다. 행정쟁송 제도 역시 고전적인 Mayer 행정법학이 오랜 시간 동안 걸쳐 확립한 행정법 제도의 틀을 그대로 유지하고 있다. 다만, 앞서 언급한 바와 같이 행정처분 등 행정의 최종결정이 위법과 적법이라는 일도양단 식의 분명한 선을 긋기 어려운 경우에는 소송외적 권리구제나 조정 등의 보다 비공식적인 권리구제 내지 분쟁의 해결방식을 고려할 수 있다.

이렇게 본다면 행정법학의 이론과 실제에서 현재의 상황을 최적으로 설명하고 문제를 해결할 수 있는 방법론은 고전적인 행정법학 방법론과 신사조행정법학을 적절하게 통합하는 것이다. 특히 행정처분 등 행정과 정부가 최종적인 의사결정을 하기 이전의 조직과 절차, 정보와 재원의 활용 등의 부분에 있어서는 신사조행정법학이 지금까지 이룩한 성과와 방법론을 최대한 활용하여 합리적이고 공정하며 상대방과 이해관계인에게 수용가능성을 담보하는 결정이 이루어지도록 한다. 그러나 일단 행정과 정부가 일정한 결정을 내린 이후에 그것이 법령과 헌법, 행정법의 일반원칙에 적합한 것인지, 만약, 이러한 결정이 위법하여 상대방과 이해관계인의 권익을 해할 수 있는 것이라면 위법성의 정도에 따르는 효력과 그에 상응하는 권리구제수단을 상대방 등이 선택할 수 있도록 하고 법원에서 다양한 심사기준에 따라서 행정의 판단여지와 재량권의 일탈과 남용 여부에 따르는 권리구제 여부를 결정한다. 행정법학은 사법부의 재판과정에서 야기된 법적 쟁점이 더 이상 사법부의 해석론에 의하여 해결하기 어려운 사안인 경우에는 그에 대한 적절한 입법론을 모색하기 위하여 다시 신사조행정법학에 feed back하는 과정을 거치면서 일종의 선순환 구조를 형성한다. 사법부 중심의 해석론에 매몰되는 것을 벗어나서 행정법학의 연구방법론은 새로운 입법을 통하여 다시 행정법규의 조율, 협치, 절차, 정보 등의 흐름을 재편한다. 물리학자들이 꿈꾸는 것, 단 하나의 이론으로 우주를 설명하는 아름다운 통일장 이론(Unified Field Theory) 혹은 대통일장 이론(Grand

Unified Field Theory)은 아직은 미완성이지만 행정법학 분야에서의 統一場은 꿈이 아닌 현실로서 이미 우리 곁에 있는 것이다.

제2장

오토 마이어

행정법의 아이콘인가
극복의 대상인가

Ⅰ. 문제의 제기

아마도 독일은 물론 일본과 우리나라의 행정법 이론과 실제에 오토 마이어만큼 큰 영향력을 행사한 연구자는 없을 것이다. 21세기의 중반을 향하여 가는 이 시점에서도 마이어가 독일의 법학방법론을 토대로 구축한 행정법 이론체계는 100여 년을 뛰어넘어 여전히 난공불락이다. 물론 오늘날의 시각에서 보면 마이어의 행정법 이론체계는 19세기 말 입헌군주제하의 권위주의적 정치문화가 팽배한 시기에 국가공동체와 개인 간의 수직적인 법률관계를 전제로 한 '비민주적인 행정법'이라는 시대적 한계를 가지고 있는 것이 사실이다. 그럼에도 불구하고 마이어는 행정법의 거인답게 자신이 살아갔던 시대적 한계마저 초월하는 위대함과 치밀함을 보여주는 행정법의 대가처럼 좀처럼 빈틈을 보이지 않는 이론적 완벽함으로 무장하고 있다.[1] 그의 천재성과 위대성은 후술하는 바와 같이 세기적 역작인 두 권으로 구성된 책, 그리고 제3판으로 완성된 독일행정법(Deutsches Verwaltungsrecht)의 내용을 검토하는 과정에서 보다 극적으로 현출될 것이다. 오늘날의 시각에서 마이어의 행정법 이론체계의 잔 먼지를 애써 터는 정도의 비판만으로는 오히려 그의 위대성과 완벽성을 더욱 부각시킬 뿐이다. 이러한 의미에서 오토 마이어는 행정법의 영원한 아이콘이라고 불러도 부족함이 없을 것이다.

그럼에도 불구하고 거인의 위대함은 그에 비례하는 어두운 그림자를 짙게 드리우고 있다는 점을 고백하지 않을 수 없다. 그리고 그러한 마이어의 음영은 마이어가 생존한 시대적 상황을 고려하여 관대한 마음으로 그의 행정법 이론을 적극적으로 이해한다고 하더라도 그의 이론체계가 가지고 있는 원천적이고 태생적인 한계가 있기 때문에 당시는 물론 오늘날 그리고 미래에도 마이어의 행정법학 방법론에 가해지는 숙명적인 비판을 피해갈 수 없다. 무엇보다 먼저 우리나라는 물론 전 지구적으로 많은 국가에

1) 오토 마이어의 인생역정에 대한 상세한 기술은 박정훈, 오토 마이어의 삶과 학문, 행정법연구 제18호, 행정법이론실무학회, 201면 이하.

서 "정부보다 똑똑한 시민"을 목도하는 상황에서 정부와 행정의 우월성, 더 나아가 우수성을 강조하는 마이어의 근본적 세계관은 더 이상 통용되기 어렵다. 이러한 시대적 변화는 마이어의 이론체계의 많은 부분의 무용성과 근본적인 수정의 필요성을 노정시키고 있다. 다만, 마이어에 대한 비판과 질타는 그것 자체가 결코 자기목적이 될 수 없으며 보다 생산적이고 창조적인 대안을 제시하는 것을 전제로 하는 것으로서, 그러한 한도 내에서 대안 이론으로서의 정당성과 설득력을 가질 수 있을 것이다. 그렇기 때문에 마이어에 대한 비판이나 새로운 대안의 제시는 단순히 시대적 한계상황을 기술하는데 그쳐서는 아니 된다. 그보다는 마이어 이론을 대체하거나 또는 상당 부분 보완할 수 있을 정도의 일종의 새로운 사조 내지 근본적인 대안으로서 적어도 마이어의 끈질긴 생명만큼, 혹은 그 이상으로 질기고 강건한 내용과 체계를 요구하고 있다.

Ⅱ. 마이어의 역사적 저작 독일행정법의 체계와 내용

두 권의 책으로 구성된 오토마이어의 독일행정법은 스트라스부르그 법과대학의 선배교수였던 형법학자 칼 빈딩[2)]의 적극적인 권유에 의하여 이루어진 것으로서 한 마디로 행정법의 마스터피스라고 말할 수 있다. 마이어의 저작은 1924년 제3판으로 이어지면서 독일의 자유주의적 법치국가의 행정법 이론체계를 완성한 것으로 평가받고 있기 때문이다. 또한 그의 독일행정법을 마스터피스라고 부르는 이유는 당시 고권적 행정활동의 모든 영역을 포괄하여 일반적으로 적용될 수 있는 행정법제도를 완성시켜서 완벽한 도그마를 제시하였기 때문이다. 마이어 스스로가 말하기를 행정법학이 전통적인 민사법이나 형사법 분야와 같이 독자적인 법영역을 구축하

2) 오토 마이어는 독일행정법 첫 페이지에서 독일행정법의 기초를 세운 사람으로 빈딩을 언급하고 있는 것으로 보아 빈딩은 마이어와 상당한 친분이 있는 동료로 추정할 수 있다. 빈딩에 대해서는 Dagmar Westphalen, Karl Binding(1842-1920). Materialien zur Biographie eines Strafrechtsgelehrten, 1989.

기 위해서는 보편타당한 개념과 제도로서 무장한 독자적인 체계를 가지고 있어야만 가능하다는 점을 강조하였다.[3] 그러므로 행정법학의 독자적인 영역의 구축을 위해서 결정적으로 중요한 것은 사법질서로부터 공법질서를 엄격하게 분리함으로서 공법 특유의 요소를 현출시키고 그에 상응하는 체계적인 개념을 발견하는 것이다. 이는 결국 공법질서에 특유한 행정법 제도를 완성하는 것이다.[4]

물론 오토 마이어의 독일행정법은 오늘날과는 달리 수익적 행정작용이나 국민에 대한 생존배려와 같은 급부행정은 관심의 대상이 아니었으며, 전적으로 고권적인 침해행정활동에 국한된 행정법제도였다는 점에서 국가와 사회의 2원론을 바탕으로 하는 전형적인 자유주의시대의 행정법이다.[5] 전체적으로 오토 마이어의 독일행정법은 총론과 각론으로 구성되고 자유주의적 법치주의 행정법 질서를 완성시킨 대작이라는 점에서 오늘날 우리가 가지고 있는 강학상 행정법의 내용과 체계와 크게 다르지 않다. 오토 마이어의 행정법 역시 그 시대의 헌법관을 중심으로 하고 있는데, 마이어가 생각했던 헌법은 특정한 성격과 의미를 가진 헌법이라기보다는 행정권이 입법권에 종속되며 삼권분립이 이루어지는 일반적인 의미의 헌법을 말한다. 오토 마이어 시대의 행정법은 젊은 법이었으며, 행정법학 역시 새로운 분야의 학문이었다. 자유주의적 법치국가에서 국가의 행정활동은 의회가 제정한 법률에 기속되었으며, 여기에서 법치국가란 잘 규율된 행정법의 국가를 의미한다.[6]

앞서 언급한 바와 같이 자유주의적 법치국가에서 입법은 행정에 비하

---

3) Otto Mayer, Zur Lehre von öffentlichrechtlichen Verträgen, AöR, Bd 3(1888), 3면.
4) M. Stolleis, Geschichte des öffentlichen Rechts in Deutschland, 제2권, 1992, 405면.
5) M. Stolleis, Entwicklungsstufen der Verwaltungsrechtswissenschaft, in: Hoffmann-Riem/Schmitt-Aßmann/Voßkuhle, Grundlagen des Verwaltungsrechts, 제1권, 제2판, 2012, 88면.
6) 오토 마이어가 언급한 "잘 규율된 행정법"은 행정을 대상으로 하는 객관적 법질서라는 의미를 부각하는 것이지만 동시에 개인의 입장에서 행정을 바라볼 때 질서정연하다는 느낌을 받는 행정법 질서를 말하는 것으로 보고 있다. 독일행정법 제1권, 1961년도 제3판, 58면, 각주 8.

여 우월적 지위를 가지고 있다. 오늘날 우리가 일반적으로 말하는 법률의 우위원칙에 따라서 마이어는 행정이 법에 기속되며, 법률에 기속된 행정은 다시 입법자가 만든 법률에 의하여 그러한 기속이 완화되거나 해제될 수 있는 것으로 이해하였다. 마이어의 법률유보이론에 따라서 행정이 개인의 기본권, 특히 자유권적 기본권에 대한 제한이나 침해를 하기 위해서는 그에 상응하는 법률적 수권이 필요하다고 보았다. 그러나 이와 같이 개인의 자유를 제한하고 침해하는 영역 이외의 다른 행정활동은 행정권에 일임되어 있으며, 법률의 기속을 받지 않고 자유롭게 활동할 수 있다. 결국 행정이 법률에 기속되는가 아니면 나름대로의 활동영역을 가질 수 있는가의 문제 역시 모두 입법권자의 결정에 따르게 되는 것이다.[7)]

오토 마이어는 이른바 특별권력관계를 옹호하는 대표적인 학자로 알려져 있다.[8)] 그의 특별권력관계론에 의하면 일반권력관계와 달리 국가의 특정한 행정목적을 실현하기 위하여 국가와 특별한 법적 관계를 맺는 공무원이나 군인과 같은 신분을 가지는 사람들의 경우에는 법률유보원칙이 적용되지 않는다고 보았다.[9)] 특별권력관계론은 무엇보다 국민의 기본권을 실효적으로 보장하는 실질적 법치국가 원리가 일반화되면서 공격의 대상이 되었고 독일에서는 연방헌법재판소의 결정에 의하여 결국 종말을 고했다.[10)]

---

7) 이러한 마이어의 견해는 그가 주장하는 이른바 법률의 우위(Vorrang des Gesetzes)원칙으로부터 유래한다. 마이어가 말하는 법률의 우위는 오늘날 우리가 흔히 생각하는 의회주권이나 의회민주주의적 관점에서 보는 것과는 확연히 다르다. 마이어는 법률은 일종의 국가의지로서 가장 강력한 법적 형식으로 이해하였다. 그리고 국가의지의 표현으로서 법률은 무엇이 정당하고 그른지를 스스로 결정하며, 법률의 형태로 발현된 국가의지는 다른 국가적 의지보다 우월하다는 것이다. 여기에서는 의회민주주의나 국민주권 같은 법률의 정당화 근거는 찾을 수 없으며, 국가의지를 강조하는 국가주의적 관점에서 법률의 우위를 주장하는 마이어의 반민주주의적 세계관을 엿볼 수 있다. 독일행정법 제1권, 68면. 이와 같은 국가우월주의는 후술하는 바와 같이 필자가 마이어를 비판하는 주된 논거 중의 하나이다.

8) 이에 대한 상세한 논의는 W. Loschelder, Vom besonderen Gewaltverhältnis zur öffentlichrechtlichen Sonderbindung, 1982, 7면 이하, 특히 각주 182-184.

9) 마이어는 라반트 역시 특별권력관계를 성공적인 개념으로 평가했다고 소개하면서, 공무원과 그 임용권자와의 법적 관계를 규명하는데 기여했다고 평가하고 있다. 독일행정법 제1권, 102면 각주 21.

10) BVerfGE 33, 1, 10ff.

오토 마이어는 행정법을 "행정과 관련되고 그에 속하는 법"이라고 개념을 정의하였는데, 이와 같이 "행정과 관련되고 그에 속하는 법"은 공법의 체계로 분류되고 행정권을 행사하는 국가와 그 대상이 되는 臣民 간의 관계를 규율하는 법을 포괄한다. 오토 마이어가 이와 같이 같은 공법관계이기는 하지만 헌법과는 달리 행정법의 개념과 범위를 "행정과 관련되고 그에 속하는 법"이라고 정의한 것은 프랑스식의 헌법(droit konstitutionel)과 행정법(droit administrativ)을 구분하는 것과 유사한 방식이라고 할 수 있다.[11] 오토 마이어는 행정법의 法源과 관련하여 법원론의 정점에는 법률이 위치하고 있으며, 그 아래 하위규범으로서 법규명령과 자치법규가 존재한다. 이와 같이 광의의 법규(Rechtssätze)와는 달리 행정규칙 내지 행정명령은 일반 신민과의 관계에 있어서 구속력을 가지는 것이 아니라 행정청 내부 또는 행정권에 인접한 특별한 사람들에게만 적용된다.[12]

오토 마이어의 독일행정법은 독일법의 전통에 바탕을 둔 법학방법론(juristische Methodenlehre)을 충실하게 따르고 있다.[13] 다시 말하자면 마이어는 법적인 개념과 제도를 외부의 정치환경이나 사실관계와는 절연시켜서 독자적인 체계로 성립시키는 독일의 법학방법론을 수용하여 행정법 영역 역시 정치적인 상황이나 헌법현실과는 유리된 행정법의 독특한 개념요소들을 중심으로 행정법체계를 완성한 것이다.[14] 물론 오토 마이어는 이와 같이

---

11) 다만, 오토 마이어는 당시 학자와 실무가들은 행정법에 대한 이해가 부족하였기 때문에 헌법과 행정법을 구분하는 것이 자의적이고 무계획적이었으며 행정법을 일종의 잡동사니 정도로만 여겼다고 보고 있다. 그러나 동시에 마이어는 과거 독일의 경찰학과 관방학을 계승한 국가학에 의하여 독일법에 특유한 강력한 체계화가 구축되면서 행정법의 독자화라는 작업이 만족스럽게 이루어진 것으로 평가하고 있다. 독일행정법 제1권, 18면.

12) 마이어는 형식적인 측면에서도 행정규칙은 법령과는 달리 공포절차를 거칠 필요가 없으며, 특히 특별권력관계 내에 있는 사람들에게 사실상 주지되는 것으로 족하다고 하여 대체로 효력이나 형식에 있어서 오늘날 행정규칙론과 유사하다고 할 수 있다. 독일행정법 제1권, 84면, 85면.

13) 이에 대한 상세한 논의는 A. Hueber, in: Handwörterbuch der Rechtsgeschichte, 1984; 同人, Otto Mayer, Die juristische Methode im Verwaltungsrecht, 1982.

14) 오토 마이어는 모든 사물에는 우연하고 찰나적인 현상을 초월하는 일종의 근본이념 내지 근본개념이 존재한다고 믿었는데, 이런 점에서는 헤겔의 절대정신과 비교할 수 있는 것이다. 따라서 이러한 근본적이고 절대적인 이념 내지 개념을 제외한 우연하고 상황의존

법학, 특히 행정법학을 현실과 유리시킴으로 인하여 현실감각을 결여한 순수한 개념법학자라는 비판을 당시에도 받아야 했다. 이에 대해서는 후술한다. 이와 같이 행정법의 근본개념과 이념, 이를 바탕으로 하는 법제도는 다양한 행정영역의 수많은 규범 뒤에 숨어 있는 공통분모로서 이를 체계화하고 관련성을 부여하는 것이 바로 행정법학의 과제라는 점을 마이어는 인식하고 있었다. 이에 따라서 오토 마이어는 행정법적인 제도와 개념을 '공공' 내지 '공법적'이라는 관용어를 사용하여 끊임없이 특징지으려고 시도하였다. 마이어는 행정법관계와 제도는 민법 등 사법질서와는 전혀 다른 법적 토대 위에서 성립하는 것으로 이해하였다. 행정법관계에서는 공권력을 행사하는 주체가 중심적 지위에 있으며, 공권력의 주체와 상대방 사이에는 수직적이며 불대등한 관계를 특징으로 한다. 오토 마이어는 행정법과 민법 간에는 공통적인 법제도가 존재할 수 없다는 입장을 고수하여 행정법 영역의 독자성과 존립의 정당성을 강조한 것이다.[15]

오토 마이어의 독일행정법을 통하여 행정법의 독자성과 존립의 정당성을 발견하고 민법 등 사법질서와의 분명한 구별을 지향하는 대표적인 개념이나 제도는 바로 행정행위라고 할 수 있다. 물론 오토 마이어 이전에도 다수의 학자들이 행정행위의 개념적 징표에 대하여 부분적으로 언급하기는 하였지만[16][17] 마이어는 이러한 행정행위의 부분적인 징표들을 하나의

적인 사실관계로서의 정치현상, 역사적 사실 같은 것들은 그때 그때의 상황논리에 따라서 입법자가 적절하게 포착하는 것으로 족한 것이며, 행정법을 포함한 학문연구자의 역할은 이러한 우연한 상황논리를 捨象하고 어떠한 근본적이고 특징적인 것을 발견하여 이를 개념화 하는 것이라고 마이어는 믿었다. M. Stolleis, Geschichte des öffentlichen Rechts in Deutschland, 제2권, 1992, 88면.

15) 따라서 마이어는 행정법관계에 대한 민법의 유추적용을 부인하였고, 민법과 행정법에 공통적인 법제도가 있다고 주장하는 사람들은 그 대부분이 민법상의 제도를 의미하는 것이며 이러한 방식으로 신학문 영역인 행정법에 민법제도를 '密搬入'(hinüberschmuggeln) 하려는 사람들이라고 표현하는 등 다소 과격한 반응까지 보이고 있다. 독일행정법 제1권, 117면, 118면.

16) 문헌상으로 "Verwaltungsact"라는 용어는 최초로 F. Schmitthenner의 저서 (Grundlinien des allgemeinen oder idealen Staatsrechts, Gießen 1845, 499면)에서 유래하는 것으로 보고 있는데, 그는 행정행위의 예로서 도로의 건설, 문화센터의 건립 등을 들었다.

17) E. Loening은 행정행위를 "법규범의 형식이 아닌 기존의 법규에 따라서 구체적인 법률관

집합적인 개념으로 체계화한 최초의 행정법학자라는 점을 주목하지 않을 수 없다. 그는 행정행위를 "행정청이 개별적인 사안에서 신민에게 무엇이 법인가를 결정하는 고권적 요구"라고 그 개념을 정의함으로써[18] 오늘날 독일은 물론 일본과 우리나라에서 이론과 실무상 일반적으로 통용되는 행정행위 내지 행정처분의 개념적 징표를 확정한 것이다. 물론 행정행위의 개념은 오토 마이어가 전적으로 창조한 것은 아니며, 민법의 법률행위와 더불어 프랑스 행정법의 행정행위(actes administratifs)를 부분적으로 차용한 것이다.[19] 오늘날까지도 행정행위는 우리나라에서도 행정작용의 대표적인 법적 행위형식이며, 행정행위의 효력론, 하자론 등을 통하여 행정활동의 투명성과 예측가능성을 부여하고 행정행위가 위법한 경우 이에 대한 항고소송을 제기함으로써 상대방의 권익구제에 편의를 제공하는 역사적이고도 현실 타당한 기능을 수행한 오토 마이어의 응집된 학문적 자산이라고 할 수 있다.

오토 마이어의 독일행정법에서 체계화된 또 하나의 제도는 행정행위의 하자론과 효력론이며, 이는 우리나라에서도 여전히 행정법 총론 영역에서 중요한 비중을 차지하고 있다. 마이어는 행정행위가 중대하고도 명백한 흠

계를 규율하는 국가의 의사표시"라고 정의하여 사실상 오토 마이어의 행정행위 개념에 매우 근접하였다. Lehrbuch des Deutschen Verwaltungsrechts, Leipzig, 1884, 226면.

18) Der Verwaltungsakt ist ein der Verwaltung zugehöriger obrigkeitlicher Ausspruch, der dem Untertanen im Einzelfall bestimmt, was für ihn rechtens sein soll. 독일행정법 제1권, 93면.

19) 오토 마이어는 독일식의 행정행위와 프랑스의 행정행위가 사실상 동일한 의미를 가지고 있음을 강조하였다. 오히려 프랑스 행정법이 독일에 알려지기 이전에 행정의 모든 활동을 포괄하는 용어로서 행정행위의 개념이 誤用되었다고 마이어는 지적한다. 예를 들어 도로에 돌을 포장하는 행위, 학생의 징계를 포함한 수업 등 오늘날 단순한 사실행위 조차 당시 독일에서는 프랑스의 행정행위 개념을 오해한 결과 이를 모두 행정행위로 불렀다는 것이다. 오토 마이어는 G. Meyer, Anschütz, Jellinek 등은 어처구니없게도 행정행위가 독일에서 성립한 고유개념으로서 위에서 언급한 단순 사실행위까지 포함한다는 주장을 하고 있다며 비판하였다. 결론적으로 오토 마이어는 행정행위가 이미 진부하고 새롭지도 않으며 또한 독일에 특유한 개념이 아님에도 불구하고 그 진정한 의미도 제대로 모르면서 외국의 용어를 그대로 사용한데서 근본적인 오류가 있다고 지적하였다. 독일행정법 제1권, 62면, 각주 15.

을 가지고 있는 경우에는 행정행위에 인정되는 어떠한 효력도 가질 수 없지만[20] 이러한 정도에 이르지 않는 경미한 흠이 있는 경우에 행정행위는 일단 효력을 발생한다. 그러므로 이러한 경미한 흠을 가지는 행정행위는 일단 행정행위로서 일정한 효력을 발생시키기 때문에 일정한 기간 내에 위법한 행정행위에 대한 제소가 이루어지지 않는 경우에는 행정행위에는 법원의 판결과 유사한 확정력(Rechtskraft)이 발생한다.[21] 다만, 오토 마이어는 행정행위의 확정력은 법원판결의 확정력과는 달리 법원이 소송과정을 통해서 또는 행정청이 직권으로 이를 폐지할 가능성이 있는 것으로 보고 있다.

오토 마이어의 독일행정법에서 주목할 내용 중의 하나는 주관적 공권의 개념이다. 마이어는 주관적 공권을 "개인 또는 신민이 자신의 이익을 실현하기 위하여 국가를 상대로 하여 관철할 수 있는 힘"으로 그 개념을 정의하였다. 그러나 마이어가 말하는 개인 또는 신민의 권리라는 것은 오늘날 일반적으로 통용되는 개인의 행정법상 권리, 헌법상의 기본권 등과는 상당한 질적 차이가 있음을 간과할 수 없다. 다시 말하자면, 마이어는 역설적이게도 개인의 주관적 공권을 공권력 개념에서 도출하고 있음을 유의하여야 한다. 여기에서 공권력이란 국가공동체의 이름으로 현출된 우월한 힘을 의미한다. 그리고 이러한 공권력의 행사는 국가법인설에 따라서 원칙적

---

20) 오토마이어는 행정행위가 중대한 하자로 인하여 무효가 되는 경우로서 행정청의 행위가 아니거나, 행정청의 행위라고 하더라도 관할권을 위반하는 사례를 들고 있는데, 흥미로운 것은 위와 같은 경우에 행정행위가 무효가 되는 이유는 국가의지가 표현되지 않았기 때문이라는 것이다. 여기에서도 그는 역시 국가의지를 언급하고 있으며 이로 인하여 행정행위가 무효인 경우를 제외한 경미한 흠을 가지고 있다면 그 적법요건이 스스로 치유될 수 있다는 것이다. 오토 마이어는 이를 자기확인(Selbstbezeugung)으로 부르고 있는데, 무효인 정도에 이르지 않는 경미한 하자는 일단 이러한 국가의지의 자기확인으로 인하여 효력을 가지고, 상급 행정청이 이를 부인하지 않은 한 그 효력을 유지한다는 점에서 우리가 흔히 이야기하는 이른바 공정력의 근거가 되었다. 독일행정법 제1권, 95면, 96면.

21) 오토마이어는 확정력을 형식적 확정력과 실질적 확정력으로 구분하고, 전자의 경우는 제소기간의 경과로, 후자는 상대방을 그 내용에 따라 구속하는 효력으로 이해함으로써 오늘날 이른바 불가쟁력과 불가변력 내지 구속력의 개념을 제시하고 있다. 독일행정법 제1권, 161면, 162면.

으로 인격을 가지는 국가만이 그 주체가 될 수 있다. 다만, 현실적으로 이러한 공권력과 그에 따르는 의지력은 자연인에 의하여 행사되는 것이 일반적인데, 군주는 그 전체를, 신민들은 그 일부를 행사한다. 오토 마이어는 당시 독일이 이러한 공권력과 의지력을 행사하기 위한 매우 정교한 법질서를 가지고 있다고 지적하면서 이를 국가가 직접 행사하는 경우뿐만 아니라 개인 내지 신민이 자신의 이익을 위하여 공권력을 분배 받아 이를 행사하는 경우 주관적 권리를 가지는 것으로 보았다. 그럼에도 불구하고 마이어는 개인의 주관적 권리라는 개념보다는 국가에 의하여 부여된 혜택 내지 이익이 보다 정확한 표현이라는 점을 강조하고 있다. 그 이유는 개인적 공권의 경우에는 국가공권력에 특유한 국가의 의지력이 결여되고 있으며 헌법학자들이 개인의 자유권적 기본권을 권리라는 개념으로 포장하고 있으나 국가공권력에 의하여 담보된 의지력이 없다면 이를 실현할 대상이 존재하지 않기 때문에 권리로서의 성격이 결여된다고 보았다.[22)]

반면에 오토 마이어는 공무원의 직무상 의무위반으로 인한 국가배상제도에 대해서는 나름대로의 진보적인 입장을 보여주고 있다. 오토 마이어는 당시 국가가 공권력의 주체로서 공무원을 통하여 일정한 행정적 과제를 실현하는 과정에서 위법행위로 타인에게 손해를 발생시키는 경우에는 국가가 국고영역에 사인과 동등한 지위에서 일정한 행위를 하는 것과는 질적으로 다른 것이기 때문에 국가의 배상책임을 인정하지 않는 것이 당시의 현실임을 인정하고 있다. 그렇기 때문에 당시 민법도 공무원의 직무상 불법행위로 인한 손해에 대하여 공무원이 개인적인 배상책임을 질 뿐 국가가 직접적으로 손해배상의 주체가 되지 않도록 규정하고 있다는 점을 지적하고 있다. 그러나 마이어는 이러한 법적 상태가 공무원으로 하여금 신속하고 책임성 있는 직무집행을 방해한다는 것을 간과할 수 없기 때문

22) 오토 마이어는 이와 관련된 라반트와 플라이너의 견해를 각주에 인용하면서 공권력 행사의 대상이 없는 것을 권리라고 부를 수 없으며, 개인적 공권은 일종의 반사된 이익(Rechtsreflex)으로서 외부로부터 들어온 빛으로 인하여 마치 권리처럼 비추어질 뿐이며, 이는 진정한 권리가 아니라는 점을 재차 강조하고 있다. 독일행정법 제1권, 108면 각주 9.

에 이른바 직무책임 위반이라는 개념을 상정하고 있다.[23] 즉 마이어는 공무원의 불법행위는 개인적이고 인간적인 과실이 介在된 측면이 있기는 하지만 이는 공무를 수행하는 과정에서 발생한 일종의 직무책임을 위반한 것이기 때문에 국가가 이를 공무원의 개인적인 책임으로 귀속시키는 것이 정당하지 않다고 보았다. 따라서 이 경우에는 공무원이 피해자에 대하여 개인적인 손해배상책임을 부담하는 것은 부당하다는 것이다. 이러한 마이어의 견해는 이른바 대위책임론을 통하여 오늘날 국가배상책임을 인정하는 이론적 기초를 제공한 것으로 볼 수 있다.

오토 마이어는 독일행정법 제1권의 각론 부분을 경찰법으로 시작하고 있다. 마이어는 경찰법 분야에서도 다양한 연구를 진행하였으나 특히 눈에 띄는 것은 경찰하명의 위반에 대한 강제집행을 체계화하여 행정강제 제도, 행정행위의 강제집행력에 대한 이론적 기반을 구축하였다는 점이다.[24] 즉 민사관계의 경우에 법원의 확정판결이 있어야만 강제집행이 가능한 것에 비하여 행정행위에는 집행력이라는 효력을 부여하여 행정객체의 의무위반에 대하여 직접적인 물리력을 행사할 수 있도록 행정청에게 일종의 특권을 부여한 것이다. 이는 오토 마이어의 국가 공권력에 대한 무한신뢰와 거의 종교적 신념에 가까울 정도의 맹종에서 비롯된 것이기는 하지만 오늘날 대집행과 직접강제 등에 대한 최초의 체계화된 법리적 틀이 마련된 것이라고 볼 수 있다.

개별 행정법 분야에서 오토 마이어의 주목할 만한 공적이 있다면 최초로 공과금을 체계적으로 분류하고 각각 부과의 정당성의 근거를 제시하였

---

23) 오토 마이어는 사인이나 국고행위의 경우에 국가가 타인의 권리를 침해할 권한의 존재가 불명한 경우 이를 하지 않는 것이 원칙이나 공권력을 행사하여 직무를 집행하는 공무원은 신속하게 직무를 수행하여야 하기 때문에 이른바 "의심스러운 경우에는 회피"(in dubio abstine)라는 원칙이 적용되지 않는 것으로 보고 있다. 따라서 직무책임 위반에 대해서 공무원의 개인적인 배상책임을 부담시키는 것은 정당하지 못하다는 것이다. 독일행정법 제1권, 188면.

24) 오토 마이어는 이와 같이 경찰강제는 국가공권력으로부터 자연적으로 유래하는 것으로 보았고, 다만, 그 형식과 강제성의 정도가 법치국가의 법질서에 의하여 결정될 뿐이라는 입장이다. 독일행정법 제1권, 271면.

다는 점이다. 다시 말하자면 오토 마이어는 국가가 개인에게 강제로 부과하는 행정법상 공과금을 조세(Steuer), 사용료 및 수수료(Gebühr), 그리고 분담금(Beitrag)으로 분류하였고, 그 개념과 부과의 근거를 확립하였다. 마이어에 따르면 조세는 "국가가 재정분야에서 공권력 형태인 재정권력을 행사하는 것으로서 국가수입의 증대를 위한 목적으로 일반적인 부과기준에 따라서 신민에게 부과하는 금전부담"으로 그 개념을 정의하였다.[25] 따라서 조세는 후술하는 사용료 및 수수료나 분담금과는 달리 국가가 신민에게 제공하는 재화 및 용역 또는 경제적 이익을 상쇄하기 위하여 부과하는 광의의 수익자부담금과는 다르며 아무런 반대급부 없이(gegenleistungslos) "단지 국가수입의 증대를 위한 목적으로" 부과하는 금전부담이다. 마이어는 구체적으로 납세자의 담세능력이나 경제적 과실을 부과기준으로 제시하지는 않고 단지 "일반적인 부과기준에 따라서"라는 언급에 그치고 있으나 앞서 언급한 바와 같이 일반적인 기준이 오늘날 납세자의 담세능력을 의미하는 것으로 보인다. 조세와는 달리 마이어는 사용료 및 수수료를 "납부의무자가 영조물이나 공공시설을 특별한 방법으로 사용하는 것에 대한 반대급부"로서 정의하고, 이에 비하여 분담금은 납부의무자가 공공조합의 활동이나 존속에 특별한 방식으로 참여하여 활동하기 위하여 납부하는 금전부담으로 보았다. 마이어는 분담금의 존재를 확인하였으나 오늘날의 입장에서 보면 그 개념요소와 관련하여 정교한 견해를 제시하지 못했다는 아쉬움이 있지만[26] 그의 공과금 삼분법은 여전히 통설적인 지위를 점하면

25) 오토 마이어의 공과금 분류방식과 그 개념은 1919년 Enno Becker가 당시 조세법통칙(Reichsabgabenordnung)을 기초하는데 결정적인 영향을 미쳤다. Stolleis, (각주 8), 406면, 각주 140. 마이어는 제국조세법통칙 제1조에 Becker가 조세의 개념을 정의한 것을 보고(Steuern sind einmalige oder laufende Geldleistungen, die nicht eine Geldleistung für eine besondere Leistung darstellen und von einem öffentlich-rechtlichen Gemeinwesen zur Erzielung von Einkünften allen auferlegt worden (마이어는 worden이라고 표기하였으나 werden을 오기한 것으로 보인다), bei denen der Tatbestand zutrifft, an den das Gesetz die Leistungspflicht anknüpft), 조세의 개념이 사용료와 수수료뿐만 아니라 벌금이나 대집행비용 등을 배제하였으며, 담세능력이라는 일반적인 부과기준을 적용하고 있어서 매우 훌륭하다며 호의적으로 평가하고 있다. 독일행정법 제1권, 316면, 각주 2.

26) 예를 들어 우리나라 지방자치법 제155조는 분담금에 대하여 다음과 같이 정의하고 있는데

서 이후에 사회보험료와 특별부담금이 추가된 오늘날 공과금 5분법으로 발전하는 이론적 기초를 제공하였다.27)

오토 마이어의 독일행정법 제2권 제3장에서는 공물법에 대한 기술이 이어지고 있다. 오토 마이어는 여기에서 공물, 공기업, 영조물과 관련하여 그 개념과 체계에 대하여 언급하고 있다.28) 도로나 하천 등 인공과 자연을 포함하는 공물은 그 법적 성질을 공적 재산으로 파악하고 있다.29) 오토 마이어는 공적 재산으로서의 공물은 공법적 성격을 가지기 때문에 이를 신민들이 사용하는 경우에도 역시 국가의 공권력 행사라는 관점에서 세부적인 사항들을 규율하고 무엇보다도 공물관리자로서의 공권력과 이용자 간의 수직적이고 불대등한 관계를 특징으로 하는 것으로 이해하였다. 따라서 공물은 사실상의 이용관계에 공여되는 것뿐만 아니라 특별한 목적을 위한 공용지정이라는 행정행위를 통하여 공물로서의 특별한 법적 지위를 취득한다. 마이어는 우리가 오늘날 일반적으로 받아들이는 공물의 자유사용과 행정행위를 통한 특별사용으로 구분하고 있다.

사실 오토 마이어의 공물론은 우리의 공물법과 크게 다르지 않다. 다만, 마이어는 원칙적으로 행정행위를 근거로 하는 허가나 특허 등 특별사용을 공물사용 관계의 원형으로 제시하면서도 그 법적 성질을 공적 재산으로 이해함으로써 공물을 재산법적 관점에서 규율하는 결과를 가져왔다. 다시 말하자면 공물은 그 이용관계가 중심이 되어야 함에도 불구하고 정

"지방자치단체는 그 재산 또는 공공시설의 설치로 주민의 일부가 특히 이익을 받으면 이익을 받는 자로부터 그 이익의 범위에서 분담금을 징수할 수 있다", 마이어의 분담금 개념은 오늘날의 그것과 거의 일치한다.

27) 이에 대한 상세한 논의는 Paul Kirchhof, in : Handbuch des Staatsrechts (Hrsg. Isensee/Kirchhof), 제4권, 87면 이하.

28) 오토 마이어는 영조물이 광의의 공기업에 속하는 것으로 보면서도 전자의 경우에는 장기간 특별한 공익목적을 위하여 설립하여 운영하는 반면에 공기업은 단기간에 설정된 목표를 달성하면 그것으로 종료된다고 양자의 개념을 구별하고 있다. 독일행정법 제2권, 268면, 269면.

29) 오토 마이어의 공적 재산(öffentliches Eigentum)론은 프랑스의 이른바 domaine public (public domain) 개념을 차용한 것으로서 오토 마이어의 공적 재산론에 대해서는 많은 논의가 있었으나 후술하는 바와 같이 하나의 도그마로서는 자리 잡지 못했다.

작 이용관계를 규율하는 일반법은 존재하지 않고 도로법이나 하천법 등 개별법규와 학설, 판례에 맡겨진 상태이며, 공물은 국가와 자치단체의 재산으로서 재산법적인 규율을 받게 되는 단초를 제공한 것으로 볼 수 있다.[30] 이 외에도 오토 마이어는 독일행정법 제2권에서 공무원법, 행정조직법, 행정청 내부의 감독관계 등에 대하여 기술하고 있는데, 이러한 개별행정법의 편제는 우리나라의 행정법교과서의 기술체계에도 여전히 강한 영향을 미치고 있다.

Ⅲ. 오토 마이어의 독일행정법 출현 전후의 논쟁

1. 마이어의 추종자들

국가를 절대시하는 관념철학을 기반으로 하면서도 독일식의 자유주의적 법치국가시대를 풍미한 행정법이론과 제도는 F. F. Mayer와 오토 마이어를 통하여 완성되었으며, 19세기 후반부터 제1차 세계대전까지 독일의 학계를 석권하였다. 대표적인 오토 마이어의 추종자들은 스위스의 프리츠 플라이너(Fritz Fleiner)을 비롯하여 발터 옐리네크(Walter Jellinek), 우리에게 공권론으로 잘 알려진 오트마르 뷜러(Ottmar Bühler) 등을 들 수 있다. 플라이너는 그 동안 두 명의 마이어와 이후에 그들을 추종하는 학자들이 행정법이라는 젊은 학문영역을 완성시킨 소감을 다음과 같이 피력하였다. "과거에는 역사, 정치, 경제 등 모든 영역에 뒤 섞인 混合學의 상태에 있었으나 민법학이 강고한 법학방법론을 바탕으로 독립한 학문체계를 구축한 것처럼 독일행정법학도 이제 드디어 민법학과 동일한 정도의 법학방법론으로 무장하여 공행정관계를 판단하기 위한 법원칙들을 확립하고 독립한 법영역으로 성장하였노라".[31] 플라이너는 1911년 독일행정법제도(Institutionen des

30) 오토 마이어의 공물론은 현재 우리나라의 법상태에도 영향을 미치면서 공물의 이용관계를 규율하는 일반법은 없으며, 공적 재산으로서 국유재산법이나 공유재산 및 물품관리법과 같은 공적 재산법 중심의 법상태를 규율하는 결과를 낳았다.

31) Fritz Fleiner, Über die Umbildung zivilrechtlicher Institute durch das öffentliche Recht, Tübingen 1906, 8면.

Deutschen Verwaltungsrechts)을 출간하여 향후 5, 60년간 독일과 스위스 행정법학을 풍미하였다. 그는 오토 마이어의 대표적인 동지 및 추종자로서 국가와 개인 간의 법률관계를 규율하는 기본적인 법개념에 집중하고 원칙적으로 침해적 행정활동은 법에 기속되지만 급부행정을 포함하는 나머지 영역에서는 행정이 재량권을 행사할 수 있는 것으로 보았다. 당시에는 물론 완성된 단계는 아니었지만 독립적인 법원에 의한 행정재판을 받아들이는 분위기가 조성되었다. 또한 행정행위가 행정상 법률관계에서 중심적인 개념이었지만 그 외에도 다양한 행정활동의 법적 형식의 존재가능성에 대한 모색이 이루어지기 시작하였다.

2. 마이어의 비판자들

세상일이 모두 그러하듯이 오토 마이어가 독일행정법을 출간한 이후에 자연스럽게 추종자와 더불어 비판자들이 속출하였다. 그런데 주목할 사실은 오토 마이어를 비판하는 사람들은 주로 그의 법학방법론을 공격의 대상으로 삼았을 뿐 정작 그 내용과 체계에 대해서는 거의 언급하지 않았다는 점이다. 물론 방법론에 대한 비판은 내용을 포함하는 것이 사실이지만 이러한 “제한적인 비판”은 역설적으로 오토 마이어의 독일행정법이 그만큼 완벽한 체계와 내용으로 구성되었다는 사실을 반증하는 것이기도 하다. 오토 마이어는 주로 행정학자와 헌법학자들의 주된 비판의 대상이 되었는데,[32] 그 논거는 행정법의 개념과 제도를 그것이 추구하는 가치와 목적으로부터 완전하게 분리하여 오로지 법적인 개념으로 환원하는 것은 법을 둘러싸고 있는 외부환경과의 유기적인 연관성을 파악할 수 없다는 것이다. 다시 말하자면, 오토 마이어는 법제도와 개념에 필요 이상의 비중을 부여한 나머지 그 제도가 존립하는 사회적, 역사적 근거가 무엇인지에 대한 근본적인 문제를 간과한다는 것이다. 즉 행정법의 대상인 행정은 “법 이상의

32) 대표적으로 Erich Kaufmann, Verwaltung, Verwaltungsrecht, in : Karl v. Stengel (Begr.) /Max Fleischmann(Hrsg.), Wörterbuch des Deutschen Staats- und Verwaltungs rechts, 제2판, 제3권, 1914, 717면 이하.

현상"이며 정치적인 규범으로서 일정한 가치를 지향하는 "일하는 헌법"으로서 법 자체에 매몰된 행정법은 행정의 정치적 의사 형성기능을 방해할 수밖에 없다는 비판이다.

오토 마이어의 비판자들은 그의 법학방법론이 바로 이러한 행정의 능동적 기능과 형성의 자유를 위축시키고 행정법을 감시하는 사법부에게 과도한 권한과 의무를 지우는 것이라고 비판하였다. 이들은 행정법의 대상인 행정이 한편으로는 권위적으로 일정한 상황을 창조하는 속성을 가진 국가활동이기 때문에 이를 엄격한 법적 통제의 대상에 두는 것이 결코 바람직하지 못하다는 점을 강조하였다. 또한 행정활동은 권위적인 창조활동이기도 하지만 전혀 다른 측면에서는 고권적인 명령체계를 지양하고 상대방인 국민을 참여시켜 보다 개방적인 형태로 민주적인 의사결정을 가능하게 하는 측면이 있기 때문에 마이어의 순수법학적인 방법론은 이와 같은 행정의 동태적인 과정을 무시하고 있다는 것이다. 드물게는 오토 마이어의 독일행정법의 내용을 비판하는 학자들도 있었는데, 그들은 오토 마이어의 저작이 주로 총론 부분을 중심으로 하는 일방적인 공법적 개념과 제도만을 제시할 뿐 정작 행정실무에서 중요한 의미를 가지는 자치단체의 급부행정활동, 공사법이 혼재하는 경제법, 기술법 등의 영역에는 제대로 대응할 수 없는 한계를 가지고 있다고 지적하였다.33)

Ⅳ. 오토 마이어가 행정법 이론체계에 미친 영향

앞서 살펴본 바와 같이 오토 마이어에게 영향을 준 先學 연구자들도 많이 있었지만 마이어만큼 독일의 행정법제도와 중요한 개념들을 체계적으로 집대성한 사람은 없었을 것이다. 20세기 전반기에 저명한 행정법학자였던 에른스트 포르스트호프(Ernst Forsthoff)는 1951년 오토 마이어와 그의 독일행정법을 가리켜 독일 현대행정법 방법론의 고전이며 창시자라

33) Stolleis, (각주 14), 90면.

고 부르고 있다.[34] 또한 콘스탄쯔 대학의 마우러(Hartmut Maurer) 교수는 오토 마이어의 독일행정법이 명확한 개념과 내적 체계의 치밀성으로 인하여 행정법학 이론과 실무에 지속적인 영향을 미치고 있다고 평가하고 있다.[35] 사실 오토 마이어의 행정법이론과 중요 개념들은 살아 있는 존재로서 현재의 독일행정법은 물론 유사한 체계를 가지고 있는 우리나라의 경우에도 여전히 상당한 영향력을 미치고 있다.

특히 독일의 경우에는 마이어의 행정법이론이 행정법 판례 형성은 물론 행정법 분야에서 일종의 일반법으로서 최소한의 법전화 작업을 이룩한 연방행정절차법에 지대한 영향을 주었다는 사실을 강조하지 않을 수 없다. 그 무엇보다도 중요한 것은 오토 마이어의 행정행위 개념이다. 오토 마이어의 행정행위는 그 개념과 효력, 하자론과 행정소송에 이르기까지 그의 행정법 이론체계와 행정의 법적 행위형식론의 핵심 중의 핵심으로서 독일행정법이 지향하는 행정법 체계의 명확성과 예측가능성을 보장하는 기제로서 기능한다. 그리고 1976년 제정된 독일연방행정절차법은 제35조 이하에서 오토 마이어의 행정행위 개념을 다소 수정하기는 하였지만 그 원형을 그대로 받아들였다. 또한 제34조 행정행위의 존속력과 관련된 규정에서 행정행위의 효력과 하자론에 대한 오토 마이어의 중요한 개념과 제도를 거의 그대로 수용하고 있다. 그리고 마이어의 행정행위와 그 효력, 하자론과 그에 따르는 항고소송 제도를 중심으로 하는 행정구제시스템은 우리나라 행정법 제도에도 고스란히 계수되었다.

앞서 언급한 바와 같이 마이어는 행정상 손해배상 제도를 오늘날 국가배상 제도로 발전시키는데도 큰 기여를 하였다. 즉 공무원의 직무상 불법행위로 인한 손해배상과 관련하여 직무의무 위반이라는 개념을 도입하여 공무원의 직무상 불법행위를 공무원 개인의 배상책임으로부터 공무원의

---

34) E. Forsthoff, Lehrbuch des Verwaltungsrechts, 제1권, 제10판, 1973, 51면; 같은 취지로 W. Meyer-Hesemann, Die paradigmatische Bedeutung Otto Mayers für die Entwicklung der deutschen Verwaltungsrechtswissenschaft, in : Rechtstheorie 13 (1982), 496면 - 502면.

35) Hartmut Maurer, Allgemeines Verwaltungsrecht, 18. Aufl., 19면.

소신 있는 직무집행을 보장하고 피해자를 보호하기 위하여 국가의 대위책임으로 전환하는 법리는 오늘날 자기책임설의 등장에도 불구하고 여전히 유효하다. 오토 마이어가 제시한 영조물 법리나 공무수탁사인 역시 판례가 이를 여전히 수용하고 있다. 독일최고재판소는 영조물의 개념과 관련하여 이를 공행정의 특별한 조직형태로서 공행정의 주체가 특별한 행정목적을 지속적으로 수행하기 위하여 설치한 인적·물적 수단으로 정의하였다.[36)]

물론 오토 마이어가 제안한 개념이 오늘날 수용되지 못한 부분도 존재한다. 대표적인 것으로 공적 재산(Das öffentliche Eigentum)을 들 수 있다.[37)] 이에 대해서는 전술하였는데, 오토 마이어는 공적 재산을 공물과 사실상 같은 개념으로 사용하였다. 공물은 일반 국민들과의 이용관계에 초점을 둔 공적 재산이기 때문에 전적으로 공법관계에 의하여 규율하는 반면 공적 재산은 국가나 자치단체가 마치 사인과 같이 재산적인 가치로서 소유하는 측면이 강하게 나타나기 때문에 공권력적 특성이 크게 부각되지 못한 결과라고 할 수 있다. 다만, 행정재산에 대한 이용청구가 있는 경우 원칙적으로 그에 대한 사용은 사법상 계약이 아니라 허가(사실상 특허)라는 행정행위를 통하여 이루어진다는 점에서 공적 재산의 공법적 성격이라고 할 수 있다. 따라서 독일연방행정법원은 오토 마이어가 공적 재산을 사법의 적용을 배제하고 전적으로 공권력 행사의 영역으로서 행정법 이론체계에 편입시키려는 시도를 함에 따라서 그 동안 학설과 판례에서 그에 대한 갑론을박이 있었으나 여기에 대한 통일적인 견해를 찾기 어렵고 결국 어떠한 물건 내지 재산의 이용관계를 공권력의 배타적 행사 대상으로 할 것인가 혹은 사법상의 법률관계로 볼 것인가의 문제는 입법형성권에 속한다는 입장을 밝히고 있다.[38)]

---

36) 이는 앞서 언급한 오토 마이어의 영조물 개념을 거의 수정 없이 받아들인 것이다. BGH, Urt. v. 20. 7. 2011 - IV ZR 76/09, Rn. 32.
37) Stolleis, (각주 14), 413면.
38) BVerwGE 27, 131, 136.

V. 우리는 마이어를 어떻게 받아들일 것인가?

1. 문제의 상황

상술한 바와 같이 오토 마이어의 독일행정법은 독일적인 행정법 정신과 철학이 응축된 그 자체로서 오늘날 독일은 물론 일본을 통하여 대륙행정법 체계를 계수한 우리나라의 경우에도 거의 절대적인 영향력을 행사하고 있다. 물론 독일에서는 지난 1990년대부터 오토 마이어의 법학방법론과 그의 행정법이론에 대한 근본적인 변화의 필요성이 제기되었고, 이러한 이른바 신행정법학(Neue Verwaltungsrechtswissenschaft) 내지 신사조행정법학이 그 대안으로서 제시되어 행정법학 방법론에 대한 논쟁은 지금까지 계속되고 있다. 독일의 신사조행정법학의 내용과 방향성에 대해서는 별도로 논의할 기회가 있으므로 이하에서는 독일과 더불어 특히 우리나라 행정법의 상황에 비추어 몇 가지 주제를 중심으로 오토 마이어의 이론과 개념들이 오늘날 아무런 수정 없이 계속해서 수용이 가능한 것인지, 아니면 그의 이론과 방법론에 대한 보다 근본적인 성찰이 필요한 것인지 검토하기로 한다. 다만, 앞서 언급한 바와 같이 마이어의 행정법 이론체계는 그가 생존했던 시대적 한계를 초월해서 여전히 이 시점에도 보편타당성을 가지는 것도 있지만 부득이하게 시대적 한계를 가지는 측면도 있기 때문에 후자에 대해서는 오늘날의 입장에서 무차별적인 비판을 가하는 것은 정당하지 못하다. 따라서 본 연구에서는 주로 오토 마이어가 제시한 방법론이나 이론이 가지고 있는 태생적인 오류를 중심으로 살펴보고 오늘날 그에 대한 대안이 무엇인지 모색하기로 한다.

2. 처분에서 계약으로

이미 언급한 바와 같이 행정행위론은 오토 마이어 행정법이론 체계의 중핵을 이루는 개념이다. 행정행위의 개념, 효력, 하자론이 가지는 명확성에도 불구하고 행정행위는 원천적으로 상대방을 단순하게 공권력 행사의 대상으로 이해하고 공권력 주체의 우월성을 전제로 상대방과 불대등한 수직적 법률관계를 지향한다는 점에서 오늘날 국민주권과 민주주의원리와 같은 헌법원리에 부합하지 못한다. 특히 오토 마이어가 행정행위의 개념적 징표로 제시한 '고권적 처분, '신민' 등이 그것이다. 물론 행정행위는 그 이후에 상대방의 신청이나 협력을 요하는 처분이 등장하여 행정청의 우월적 지위가 다소 완화되는 경향도 있지만 기본적으로 행정청의 일방적인 공권력 행사는 행정행위의 본질적 개념요소로 여전히 남아 있다.

그러나 국가의 공권력과 행정권은 국민이 선거를 통하여 국가에 위임한 것에 불과하므로 권력의 수임자가 위임자보다 우월하다는 논리는 성립할 수 없다. 권력을 위임한 국민은 언제든지 필요하다면 수임자로부터 이를 회수하거나 그 내용을 변경할 수 있다. 주권자인 국민이 위임한 권력을 수임하는 공권력이 이념적으로 하나의 유기체인 법인으로서 국가가 행사하는 시원적인 권력이라는 믿는 것은 과거 마이어 시대에 통용되었지만 오늘날 일반적으로 받아들여지는 민주주의적 국가론은 아니다. 물론 오토 마이어의 행정법이론은 입헌군주제 시대의 산물이므로 오늘날의 국민주권주의 원칙에 입각하여 이를 비판하는 것이 오히려 시대착오적이라는 역비판이 가능하다. 그러나 이미 오토 마이어 시대에도 國庫이론이 존재하였고 국고는 비록 국가의 활동이지만 일반 사인과 동등하게 사법적 법률관계를 맺을 수 있는 영역이었으며, 당시 이러한 국고를 "국가의 매를 대신 맞는 아이"(Der Fiskus als der Prügelknabe des Staates)[39]로 표현할 정도로 일반화된 개념으로 존재하였다. 결국 오토 마이어는 국가가 공권력을 일방적으로 행사하는 공법영역만을 분리하여 이를 행정법관계로 이론화한 것은 당시의 상황에서도 지나치게 기교적이고 작위적이라는 비판을 면하기 어렵다. 오토 마이어는 국가가 우월한 의사력을 가지는 영역만을 신봉하고 신민과 대등하게 거래하는 영역에 행정법이 관여하는 것을 의도적으로 배제한 결과라고 볼 수밖에 없다.[40] 그렇다면 당연히 국고영역에서 행위형식은 계약이 지배했을 것이고 국가가 언제나 신민과의 관계에서 공권력만을 고집

---

39) Hartmut Maurer, (각주 34), 49면.

40) 오토 마이어의 공법상 계약론에 대한 상세한 논의는 김효연, 오토·마이어의 공법상 계약이론에 관한 연구, 행정법연구 제35호, 행정법이론실무학회, 118면 이하.

할 수 없었던 것이 당시의 상황이었다면 당연히 계약이라는 형식도 인정하는 것이 자연스러운 결과였을 것이다. 그러나 오토 마이어는 행정법 영역에서 계약의 존재를 애써 외면하려 하였다. 물론 오토 마이어가 행정법 전반에서 계약의 존재를 부인한 것은 아니므로 그러한 기술을 일반화 하는 것은 전적으로 부당하며 아마도 마이어 자신도 그러한 평가에 대하여 동의할 수 없을 것이다.[41]

오토 마이어가 계약에 대하여 언급한 것은 독일행정법 제2권 공무원 임용관계에 대한 부분이다. 그는 공무원 임용관계의 법적 성질에 대하여 시대적 변천이 이루어졌다는 점을 우선적으로 지적하였다. 공사법 구별이 없었던 시절에 공무원 임용관계는 사법상 계약으로 보는 것이 지배적인 견해였으나 경찰국가가 도래하면서 국가가 필요한 사람을 임의로 공직에 임용하는 사례가 있었으나 이는 합리적 방안이 되지 못하였고 임용된 공무원도 그 능력이 제각각이었다. 그래서 다시 공무원 임용계약을 사법상 계약으로 환원하였지만 머지않아서 국가와 신민간의 공법관계가 일반화함에 따라서 국가가 대상자인 신민에게 공무원으로서의 지위를 부여하는 명령과 강제가 사법상 계약을 다시 대신하게 된다. 그러나 이와 같은 명령과 강제방식은 당시 입헌군주제 시대에 나름대로의 형식적 헌법국가를 지향하는 상황에서 이를 위한 법적 근거가 없다는 결정적인 문제가 제기되었다. 따라서 다시 이전의 공무원 임용계약의 법적 형식을 추구하였는데, 이제 그러한 공무원 임용계약을 사법상 계약이 아닌 공법상 계약 내지 양자가 혼합된 混性계약으로 보게 된 것이다.

오토 마이어는 공무원 임용관계가 종국적으로 공법관계로 정착되었다고 평가하면서, 다만, 공법상 계약이라는 것도 계약으로서의 성격을 가지는 것이기 때문에 계약당사자의 의사표시의 대등성을 전제로 한다. 이러한 관점에서 오토 마이어는 공무원 임용관계는 행정청의 우위와 상대방의 열

---

41) Stolleis의 견해에 의하면 오토 마이어 역시 계약의 존재를 인식하고 있었으며, 당시 계약을 옹호하는 사람이 다수였다는 사실을 고려한다면 마이어도 계약에 대한 강한 반대론자는 아니었을 것으로 추정하고 있다. (각주 14), 413면.

등을 전제로 하는 행정행위로서의 성격을 가지는 것으로 보고 있다. 행정청이 신민을 공무원으로 임용하는 행위만이 오로지 법적 효력을 가지는 것이며 상대방의 동의는 그러한 행정청의 행위의 적법요건에 불과하다. 상대방의 동의는 그의 자유를 제한하는 것을 스스로 인정하는 것으로서 법률유보원칙에 따라 일종의 자유제한에 대한 법적 근거를 제공하며, 그 이상의 의미를 가지지 않는다. 그러므로 공무원 임용관계는 행정행위로서 행정행위에 고유한 원칙이 적용되며, 행정청의 재량도 인정된다.[42] 결과적으로 오토 마이어의 견해에 의하면 공무원 임용관계는 오늘날 상대방의 동의에 의한 행정행위로 이해할 수 있다. 이러한 오토 마이어의 입장이 근본적으로 오류가 있다고는 볼 수 없다. 다만, 당시에도 이미 역사적 변천과정을 거쳐서 공무원 임용관계의 영역에서 사법상 계약을 포함하는 계약의 형태가 존재하였다는 점이다. 공무원 임용관계를 마이어처럼 상대방의 동의를 전제로 하는 행정행위로 볼 수도 있지만 상대방과의 대등한 의사표시에 따라서 계약의 형태로 처리하는 것은 오늘날이나 마이어의 시대에서나 보편적인 현상이다.

필자의 판단으로는 계약이라는 형식은 인간이 언어를 사용하고 다른 사람과 의사소통을 하면서부터 발생한 인간생활의 가장 보편적이고 자연스러운 법형식이다. 어떻게 보면 계약은 인간본성과 인간이 가지고 있는 자유의사의 원초적인 발현형태라고 볼 수 있다. 공무원 임용관계는 차치하고라도 우월하고 도덕적인 국가를 거의 신앙처럼 숭배한 오토 마이어는 의도적으로 신민이 국가공권력과 동등한 입장에 서는 것을 달가워하지 않았고 이러한 정신적 메커니즘이 작동한 오토 마이어에게는 이미 그 시대는 물론 훨씬 이전부터 존재한 계약이라는 형식을 행정법 영역에서 의도적으로 배제한 것이다. 오토 마이어에 대한 이러한 비판은 그가 살아갔던 시대를 넘어서서 그가 독일행정법을 통하여 제시한 방법론 자체가 인간의 본성과 특징을 애써 외면하는 오류가 있다는 점을 지적하는 것이다. 마치

42) 독일행정법 제2권, 148면, 149면.

새가 좌우의 두 날개로 균형을 유지하며 날 듯이 국가든 개인이든 공법과 사법체계의 두 법 영역을 오가며 합리적이고 실천적인 이성의 법칙에 따라서 법률생활을 영위하는 것이 자연의 법칙에 부합하기 때문이다. 따라서 오늘날 행정법 영역에서 계약은 가능한 수단을 넘어서서 필요한 형식으로 등장하였으며 실무상으로도 흔히 사용된다. 후술하는 바와 같이 오토 마이어가 활동하던 시절에도 이미 급부행정, 사회보장 행정활동이 존재하였고 이러한 분야에서 신민과의 협력이 불가피한 경우가 있었을 것이 자명한데 이러한 영역에서 계약의 가능성에 대해 침묵한 것은 지극히 의도적인 것으로밖에 보이지 않는다. 다시 한 번 강조하는 것이지만 계약은 시대와 국가를 초월하여 공법영역을 포함하여 인간생활에 가장 자연스럽고 친근한 법적 형식이라는 점에서 마이어의 방법론은 근본적인 결함을 가지고 있다.

3. 법학방법론이 가지고 있는 본질적인 문제

수차례 언급한 바와 같이 오토 마이어의 법학방법론은 당시 민법과 판덱텐법의 영향을 받아 명확한 개념과 제도를 행정법 영역에 도입하여 도그마화 하였다는 찬사를 받고 있다. 또한 행정법 분야의 법학방법론은 행정법원리를 체계적으로 구축하여 이론적인 측면은 물론 행정의 실제나 권리구제에 이르기까지 적절한 법적 한계설정과 통제를 통하여 명확하고 안정적인 국가의 행정활동을 보장하였다. 물론 오토 마이어의 전통적인 법학방법론은 독일연방헌법재판소 소장을 역임한 바 있는 Andreas Voßkuhle 같은 이른바 신사조행정법학파의 추종자들에 의하여 비판과 수정을 요구받고 있다.[43] 그러나 본 연구에서는 1980년대 신자유주의를 중심으로 하여 사회와 기술의 변화에 따라서 이른바 개념과 형식 중심의 법학방법론으로부터 문제해결 중심의 행위론으로 전이되는 독일의 신사조행정법이론에 따라 마이어를 비판하는 것을 지양하고 법학방법론 자체가 가지고 있는 태생적인 문제에 주목하고자 한다.

---

43) Voßkuhle, in : Hoffmann-Riem/Schmitt-Aßmann/Voßkuhle, Grundlagen des Verwaltungsrechts, 제1권, 제2판, 1면 이하.

법학방법론은 주로 법개념과 제도, 형식에 치우친 결과 예를 들어 영업허가라는 행정행위가 발령 또는 거부되었다면 그 영업허가 또는 그 거부행위라는 결과의 내용과 효력에만 치중한다. 영업허가를 신청한 상대방이 갑이라면 갑에게는 허가 또는 거부라는 결과가 중요할 수 있다. 만약, 유사한 사건에서 다른 신청인에게는 영업허가가 발령되었는데, 갑이 신청한 영업허가가 거부되었다면 이러한 거부행위는 행정행위 내지 행정처분으로서 이른바 평등의 원칙에 위반하는 위법한 것으로서 중대하고 명백한 흠이 아니라면 단순 위법사유로 취소할 수 있는 행정행위이기 때문에 갑은 그 취소를 구하는 항고소송을 관할 법원에 제기한다. 법학방법론을 행정법 영역에 적용하면 행정행위의 효력, 하자 그리고 그에 따르는 권리구제라는 흐름이 무리 없이 이루어진다. 그런데 이상하게도 이전과는 달리 최근에 이러한 영업허가의 신청에 대한 거부행위가 잦아지고 있어서 영업허가가 거부되는 속사정을 상세히 들여다보는 경우 다음과 같은 사실에도 주목하게 된다.

사실은 최근 수년 간 이어진 자치단체의 만성적인 재원부족으로 허가를 전담하는 공무원이 없고 이 사람 저 사람이 일을 처리하다 보니 일처리가 지연되기 일쑤이고 또 담당 공무원의 전문성이 부족하여 법적인 검토를 제대로 할 수 없는 상태에서 불성실하게 불허가가 남발되고 있다. 결과적으로 이에 대한 소송에서 피고가 패소하는 비율이 급격하게 증가하고 있다. 또 다른 이유를 살펴보니 공무원이 단독으로 허가 여부를 결정하는 것이 아니라 자치단체에 이를 관장하는 위원회가 있는데, 최근 그 위원회에 대중음식점 영업허가에 적대적인 시민단체에서 온 위원의 숫자가 증가되었다. 따라서 허가를 받기가 과거보다 힘들어졌다고 가정하자. 여기에 더하여 난립하고 있는 자영업 구조조정의 필요성이 사회적으로 제기되고 특히 고기를 구워 파는 대중음식점에 대한 영업허가의 경우 최근 문제가 되고 있는 미세먼지 증가로 인하여 정부의 정책이 자영업 장려보다는 대기환경 보호를 보다 중요한 정책과제로 추진하고 있다. 결과는 대중음식점 영업허가에 대한 거부사례가 증가하는 추세로 이어지고 있다.

위에서 든 예를 자세히 살펴보면 오토 마이어의 법학방법론은 영업허가가 발령되었는지 혹은 거부되었는지 또한 그러한 허가 내지 거부행위가 관련 법규에 비추어 흠결이 있는 것인지, 흠 있는 처분이라면 그 효과는 무효인지 혹은 취소에 해당하는지, 그렇다면 쟁송방식을 어떻게 결정하여야 하는지 등 행정행위의 결과에 주로 치중한다. 도대체 영업허가를 둘러싼 행정상황이나 국가의 정책변화, 위원회 구성의 정당성을 포함한 거버넌스의 적정성에 대한 고려, 상대방에게 영업허가가 거부되는 경우 그의 의견을 청취할 기회는 있었는지 등은 관심의 대상이 아니다. 그렇다면 이와 같은 법학방법론만으로 우리 사회에서 일어나는 영업허가 제도를 제대로 이해하고 문제가 있을 경우 이를 적확한 방식으로 포착하고 이를 제도적으로 해결하는 것이 가능하겠는지 문제가 제기된다. 영업허가를 중심으로 하는 제도개선에 필요한 환경과 요인을 捨象한 채 허가 또는 거부라는 법적인 결과 자체만을 행정법학의 대상으로 하는 경우 장기적인 관점에서 영업허가 제도에 대한 국민의 불만은 증폭되고 국민이 행정과 정부에 대해 가지는 신뢰는 상당 부분 훼손된다. 행정이 처한 외부적인 정치적, 사회적 환경을 무시하고, 국민주권주의와 민주주의원리를 현장에서 실현하고자 하는 방법론을 망각한 채 법제도에만 매몰된 방법론이 장기적인 관점에서 지속가능성을 갖기는 어렵다. 바로 이러한 관점에서 오토 마이어의 법학방법론은 그것이 가지고 있는 장점에도 불구하고 태생적 한계를 가지고 있으며, 그것 하나만 가지고는 사회의 복잡한 문제를 제대로 이해하고 해결할 수 없다.

4. 적법절차에 대한 간과

오토 마이어는 행정결정의 결과로서 행정행위의 적법성, 효력과 그 행정행위가 관할권 규정을 준수하였는지 만에 관심을 가졌었을 뿐 당해 행정행위가 일정한 절차를 준수하거나 상대방인 신민에게 불이익한 효과를 가지는 경우 상대방의 의견을 청취하는 등의 적법절차는 관심의 대상이 아니었다. 앞서 공무원 임용관계에서도 보았듯이 오토 마이어는 행정행위의 상대방인 임용대상자의 동의가 임용의 적법요건에 해당한다고 밝히고 있다. 마이어는 특정인을 공직자로 임용하는 것은 공직취임에 대한 일종의 하명으로서 공권력에 의한 행정처분이 내려지는 것이기 때문에 상대방의 자유를 제한하는 것으로서 상대방의 동의는 법률유보원칙에 따라 일종의 법적 근거를 대신한다고 보았다. 이와 같이 오토 마이어가 매우 제한적이기는 하지만 동의라는 절차에 주목한 것으로 보인다. 그러나 공무원 임용행위에 비하여 신민에 대한 권리제한의 정도가 강한 경찰하명 등 다른 전형적인 침해적 행정행위의 경우에 오토 마이어는 상대방으로부터 의견을 청취하거나 그 이유나 근거를 제시하는 것에는 관심이 없었다. 물론 이러한 오토 마이어의 기본적 스탠스는 당시 입헌군주주주의 시절 개인을 단순히 공권력의 행사 대상 정도인 신민으로 인식한 시대적 한계에서 비롯된 것이기 때문에 오늘날 현대적인 적법절차원칙에 따라 마이어를 비판하는 것은 정당하지 못하다는 역비판도 가능하다. 그러나 앞서 언급한 바와 같이 오토 마이어는 공무원 임용행위에서 분명히 동의라는 절차를 인식하고 있었지만 그러한 절차적 요건을 매우 제한적으로만 적용하는 것으로 그치고 보다 상대방의 권리침해가 심대한 침해적 행정행위 전반에 대해서는 전혀 어떠한 절차적 요건도 요구하지 않았다는 것은 그가 행정절차가 가지는 의미를 간과 내지 경시하였다는 평가를 받을 수밖에 없을 것이다.

5. 법률유보의 한계

독일의 일부학자들은 오토 마이어가 지나치게 침해행정영역에서 법률유보원칙과 법률우위원칙에 치중하여 그의 행정법 도그마를 형성하였다고 비판하였다. 앞서 언급한 바와 같이 오토 마이어는 교수나 연구자로서 뿐만 아니라 그의 생애를 통하여 다수의 공직을 경험하면서 이미 그 시대에 급부행정을 중심으로 하는 생존배려, 사회보장행정에 대해 상당한 식견을 가지고 있었다는 것이 주된 비판의 논거이다.[44] 따라서 오토마 이어의 비

44) Hueber, Otto Mayer, Die juristische Methode im Verwaltungsrecht, 1982, 103면.

판자들은 그가 이러한 상황에 있으면서도 의도적으로 급부행정작용에 대해 일정한 행정법 이론과 제도를 마련하는 것을 회피하였다고 보고 있다. 그러나 이러한 비판은 크게 설득력을 가지기는 어려울 것으로 판단된다. 그 이유는 오토 마이어가 연구자와 실무가로서 활동하던 시기에 분명히 급부행정작용에 대한 맹아가 싹트는 상태였고 점차로 국가의 행정활동이 국민에 대한 서비스로서의 성격을 가지려고 모색하는 시기였기는 하지만 마이어 시대는 자유주의 국가관이 지배하고 아직은 입헌군주제 하에서 공권력이 득세하였기 때문에 사회국가원리에 입각하여 법률유보의 범위를 확장하고 급부행정활동에 타당한 개념과 제도를 확립하는 것은 무리였을 것으로 보인다. 그의 독일행정법 제3판이 1923년 출간된 시기는 최초로 사회적 기본권을 도입한 바이마르공화국 헌법이 출범한 지 4년에 불과한 시기였으며, 그 다음 해인 1924년 오토 마이어가 사망한 것으로 보아 시기적으로 급부행정활동에 대한 법률유보 등 전향적인 행정법 이론을 제시하는 것이 현실적으로 어려웠을 것이기 때문이다.

Ⅵ. 맺는 말

오토 마이어의 법학방법론과 그의 독일행정법에서 제시된 행정법이론과 도그마에 대한 신랄한 비판에도 불구하고 그의 행정법 이론체계와 제도는 독일과 우리나라의 행정법연구와 실무에 여전히 지대한 영향을 미치고 있다. 그리고 그의 행정법 이론이 가지고 있는 본질적인 문제점에도 불구하고 오토 마이어는 결코 전면적인 극복의 대상은 아니다. 독일의 학자들은 초기부터 오토 마이어에게 지속적으로 반기를 들고 있었으며, 특히 지난 30여 년 간 지속된 신사조행정법이 마이어의 행정법의 패러다임 자체를 전환할 정도의 파괴력을 가진 이론적 흐름인가에 대해서는 보다 신중하고 심층적인 연구가 이루어져야 할 것으로 보인다. 그러나 필자의 시각으로는 오토 마이어 행정법의 중추적 개념인 행정행위론에 대해서는 커다란 수술과 대안의 제시가 필요할 것으로 보인다. 그 이유는 이미 언급한 바와 같이 행정행위론이 가지는 태생적 한계와 함께 오토 마이어의 독일 행정법으로부터 100년이 넘은 시간이 흐른 현재 헌법질서와 사회적, 정치적, 경제적 상황이 근본적으로 변화하여 국가와 개인 간에는 수직적 법률관계를 청산하고 보다 대등하고 협력적인 관계가 형성되어 가고 있기 때문이다. 첨단기술이 고도로 발달하고 실시간 정부정책에 대한 국민들의 반응이 전해지는 이 시대에 어느 초등학교의 고학년 교실에 들어가 학생들에게 "정부는 우월하고 국민은 열등하다"고 이야기 하고 그들이 이러한 시대착오적인 주장에 대하여 과연 어떻게 반응할 것인가를 생각해 볼 때 우리 행정법 이론과 실무가 그토록 신성한 공권력과 도덕적 국가를 신앙으로 받들던 오토 마이어를 아직도 대안 없이 흠숭할 수 있겠는가? 따라서 무엇보다도 행정의 행위형식에서 행정행위론의 비중을 줄이고 행정계약이나 민관협력 협상 등 이른바 軟性規範(soft law)과 같은 형식을 행정행위와 병렬적으로 행정법 이론체계에 위치시키는 노력이 필요할 것으로 보인다. 본 연구는 이러한 방향으로의 새로운 행정법이론과 체계를 지향하기 위한 초기의 작업이라고 할 수 있다. 오토 마이어를 정확하게 이해하고 그가 남긴 유산 중에서 우리 시대에도 여전히 의미를 가질 수 있을 것을 계승하고 새로운 시대에 부합하는 새로운 행정법 이론과 체계를 구축하는 것은 연구자들과 실무가들에게 주어진 숙명적인 과제이다. 오토 마이어는 분명히 위대한 인물이고 그의 행정법 도그마는 여전히 존속하지만 우리가 제시하는 보다 설득력 있는 행정법 이론과 제도를 통하여 오토 마이어의 위대함을 넘어서고 국민의 행정에 대한 만족도를 제고하는 행정법 제도를 구축하는 것이 우리에게 주어진 시대적 과제라고 할 수 있다.

제3장

오토 마이어 선생님께 보내는 편지

1. 존경하는 마이어 선생님

2019년 봄 한국행정법학회에서 한국과 독일의 비교행정법학에 관한 주제로 한 마디 하라고 부탁하시니 누구보다도 마이어 선생님이 떠오릅니다. 사실상 독일은 물론 지금까지도 여전히 일본과 한국의 행정법 이론과 소송실무에 선생만큼 지대한 영향을 미치고 있는 선학이 과연 있을까요? 선생께서는 세기적인 역작 독일행정법(Deutsches Verwaltungsrecht)두 권을 1895년과 1896년 각각 출간하고 1923년 제3판으로 완성하였습니다. 물론 선생 이전에도 많은 先學들과 저술들이 있기는 했지만, 선생의 이 저서는 가히 행정법의 마스터피스이며, 자유주의적 법치국가의 행정법이론과 실무를 아우르는 고금의 명작으로 평가받고 있습니다. 선생의 문체에서 나오는 강렬한 힘과 자신감, 내용적인 명쾌함에 압도당하지 않을 독자가 있을까요. 선생께서는 이 저서를 통하여 행정법의 영원한 아이콘으로 기억될 것입니다. 사실은 저도 선생의 책을 복사하여 소중하게 가지고 있습니다.

선생의 독일행정법을 마스터피스라고 부르는 이유는 당시 고권적 행정활동의 모든 영역을 포괄하여 일반적으로 적용될 수 있는 행정법제도를 완성해 완벽한 도그마를 제시하였기 때문일 것입니다. 선생은 이를 통하여 私法체계로부터 공법체계를 분리하고 공권력과 행정행위론을 중심으로 당시 新生期에 있었던 행정법 체계를 태동시키는데 결정적인 역할을 하셨습니다. 아직도 우리 행정법 교과서 맨 처음에 나오는 법치행정의 원칙, 법률의 우위와 법률의 유보, 행정행위의 효력과 하자론 등을 통하여 체계화된 자유주의적 법치주의 등 모든 탁견이 선생의 머릿속에서 나왔다는 사실을 우리 모두 잘 알기에 선생이 後學들에게 남기신 학문적 유산에 대한 경의를 표하지 않을 수 없군요.

선생은 오늘날 우리가 일반적으로 말하는 법률의 우위 원칙에 따라서 행정이 법에 기속되며, 이처럼 법률에 기속된 행정은 다시 입법자가 제정한 법에 의하여 그러한 기속이 완화되거나 해제될 수 있는 것으로 이해하였으니 법치행정의 원리에 대한 강한 확신이 아닐 수 없습니다. 선생의 법률유보이론에 따라서 행정이 개인의 기본권, 특히 자유권적 기본권에 대한 제한이나 침해를 가하기 위해서는 그에 상응하는 법률적 수권이 필요하다고 보았죠. 반면에 개인의 자유를 제한하고 침해하는 영역 이외의 다른 행정 활동은 행정권에 일임되어 있으며, 법률의 기속을 받지 않고 자유롭게 활동할 수 있다는 것은 오늘날 행정재량과 법치주의가 긴장 관계에 있으나 이 역시 법치행정의 틀 속에서 움직여야 한다는 것을 잘 보여주셨습니다. 왜냐하면 행정이 법률에 기속되는가 아니면 나름의 활동영역을 가질 수 있는가의 문제 역시 모두 입법권자의 결정에 따르게 되는 것이기 때문이니까요.

선생이 프랑스어와 프랑스 행정법에 대해 조예가 깊다고 하는 사실은 이미 잘 알려져 있고 독일행정법을 세상이 내놓으시기 7년 전에 이미 프랑스행정법이론(Theorie des französischen Verwaltungsrechts)을 저술하셨다는 점은 오늘 우리가 토론하고 있는 비교행정법이라는 방법론의 중요성을 잘 알고 계셨던 선각이라는 생각을 지울 수 없습니다. 행정법을 연구하고 또 실무에서 이를 적용하는 공직자나 법원의 구성원들이 오늘도 선생의 행정법 이론체계에 탄복하는 것은 비교법뿐만 아니라 독일법학의 전통적인 법학방법론(juritische Methodenlehre)을 행정법 분야에 완벽하게 적용하고 착근할 수 있도록 이론적 뒷받침을 했다는 사실 때문일 것입니다.

선생의 독일행정법은 독일법의 전통에 바탕을 둔 법학방법론을 행정법 영역에 수용하여 법적인 개념과 제도를 외부의 정치적 환경이나 사실관계와는 절연시키고 독자적인 체계로 성립시키기 위해서 행정법 영역 역시 정치적인 상황이나 헌법현실과는 유리된 행정법의 독특한 개념요소들을 중심으로 행정법체계를 완성한 것입니다. 물론 이와 같은 법학방법론은 당시에도 편협하고 작위적인 설정으로 비판을 받았고 공법질서와 그 외부환경을 이루고 있는 현실과 단절시킨 상태에서 일정한 개념도구만을 가지고 법체계를 설명하려고 했다는 점에서 학제 간 연구와 융·복합적인 방법론이 법학 분야에서도 일반화된 오늘날의 시각에서는 문제해결 능력을 의심받을 수 있겠죠.

그러나 오늘날도 법학방법론과 개념법학이 가지고 있는 명확성, 간결성, 권리구제의 용이성 등은 결코 과소평가할 수 없을 겁니다. 선생의 법학방법론이 행정법 이론체계에서 실현되는 도구개념이 그 유명한 행정행위론임은 이미 주지의 사실입니다. 선생의 행정행위론은 행정법의 독자성과 존립의 정당성을 발견하고 민법 등 사법질서와의 분명한 구별을 지향하는 대표적인 개념 내지 제도로서 기능하였습니다. 물론 선생 이전에도 다수의 학자가 행정행위의 개념적 징표들을 부분적으로 언급하기는 하였지만, 선생은 이러한 행정행위의 부분적인 징표들을 하나의 집합적인 개념으로 체계화한 최초의 행정법학자라는 점을 주목하지 않을 수 없습니다. 오늘날까지도 행정행위는 우리나라에서도 행정작용의 대표적인 법적 행위형식이며, 행정행위의 효력론, 하자론 등을 통하여 행정활동의 투명성과 예측가능성을 부여하고 행정행위가 위법한 경우 이에 대한 항고소송을 제기함으로써 상대방의 권익구제에 편의를 제공하는 기능을 수행한 선생의 응집된 학문적 자산이라고 할 수 있지요. 행정행위론 이외에도 선생의 주관적 공권론, 국가배상제도, 경찰법, 재무행정법, 공물론 등은 오늘날까지도 우리가 거의 그대로 사용하는 행정법이론과 실무에 반영되고 있습니다. 지면과 시간 관계로 인하여 독일, 일본, 한국 등에서 선생의 학문적 업적을 기리는 추종자들의 찬사를 제대로 소개하지 못함을 양해하시기 바랍니다.

1923년 선생의 독일행정법 제3판의 서문에 나오는 유명한 이야기 "헌법은 사라지나 행정법은 존속한다"가 한국 행정법학도들의 인구에 회자하지만 저는 그보다 아래쪽에 있는 선생의 이야기가 항상 기억에 남아 있습니다. "독자들이 우리 독일행정법은 이미 하나의 학문 분야로 정착이 되었다는 느낌을 가지려고 한다면, 이제 그 것에 대해서 기꺼이 기뻐해도 될 것이다"("Möchte der Leser den Eindruck gewinnen, daß unser deutsches Verwaltungsrecht doch schon eine Wissenschaft geworden ist, an der man Freude haben kann". Heidelberg, den 29. August 1923. Otto Mayer). "우리 독일 행정법"이라. 선생께서는 분명 독일 민족주의자이지만 이런 자신감은 어디서 나오는 건가요. 프랑스행정법에 대한 의존관계는 종언을 고하고 독일행정법의 독립을 선언한다는 표현인가요? 결국 이 말은 독일행정법이 이론적으로 완성된 것을 독자와 더불어 자축하자는 의미이겠죠. 이제 선생이 서거한 지(1924년 8월 8일) 곧 100년이 다가옵니다. 그 동안 선생을 비판한 수많은 學敵에도 불구하고(사실은 저도 그 중의 한 사람입니다만^^;;) 선생의 행정법은 여전히 존속하고 선생은 천상에서 기뻐하고 계시겠죠.

아무튼 마이어 선생님. 존경합니다!

2. 마이어 선생님. 환절기에 무탈하십니까?

마이어 선생님. 그런데 세월을 이기는 장사가 없다고 하지 않습니까. 선생이 작고하신 이후 100년. 얼마나 엄청난 시간입니까. 독일에서는 선생이 말년에 경험하셨던 취약하기 그지없는 바이마르공화국이 나치의 손에 들어가서 1933년부터 1945년까지 13년 간 제3제국이라는 암흑기도 있었습니다. 그러나 이후 1948년 건국한 독일연방공화국의 이른바 "본 민주주의"(Bonner Demokratie) 시대를 거쳐 1990년 10월 독일은 통일을 맞이하게 됩니다. 이 시기에도 선생의 행정법이론체계는 이른바 사회적 법치주의라는 기본법의 원칙에 따라서 사회국가원리에 의한 구조적 변화를 경험하지만 대체로 행정행위론을 중심으로 하는 기본적인 틀은 그대로 유지되었습니다. 다시 말하자면, 본 민주주의, 독일의 기본법 체제와 독일의 통일은 선생의 행정법 이론체계에 근본적인 변화를 가져온 것은 아닙니다. 그렇게 본다면 "헌법은 사라지나, 행정법은 존속한다"는 선생의 말씀은 불변의 진리성을 담고 있음을 인정하지 않을 수 없습니다.

그런데 오히려 독일의 헌법과 행정법의 체계를 뒤흔든 사건은 독일이 회원국으로 있는 유럽연합의 확장과 유럽법의 발전, 유럽재판소 등의 영향력 확대 등과 같은 유럽화 현상이라고 할 수 있습니다. 일단, 행정법 체계의 변화를 이야기하기 이전에 유럽법이 독일의 전통적인 행정조직법에 어떠한 충격을 주고 있는지 잠시 이야기해 보기로 하죠. 앞서 말씀드린 바와 같이 선생의 행정법이론의 출발점은 법률의 우위와 법률의 유보와 같은 법치행정원리입니다. 행정에 대한 입법자의 지배, 다시 말하자면 뭐랄까, 의회주권론까지는 가지 않더라도 행정조직을 포함하는 모든 활동은 의회 민주주의 원칙에 따라 입법자의 절대적 우월성을 인정하는 것이죠. 그런데 최근 유럽법은 행정조직, 특히 독일연방은행이나 유럽중앙은행과 같은 금융조직, 개인정보보호 옴부즈만, 연방통신위원회와 같은 조직들의 정치적 중립성, 업무수행의 전문성과 독립성을 보장하기 위하여 가능한 정도로 입법자가 이들 행정조직의 업무에 간여하지 않도록 지침을 내리고 있으며, 독일을 비롯한 회원국들은 이를 국내법으로 입법화하고 있습니다.

이는 유럽이나 독일만의 일도 아니며, 한국에서도 마찬가지 현상이 나타나고 있는 일종의 글로벌한 변화입니다. 그런데 한술 더 떠서 독립규제위원회 혹은 독립행정위원회와 같은 행정조직에 민간부문의 전문가와 관련 영역의 소비자와 같은 민간위원들이 대거 참여하여 법적 구속력을 가지는 공적인, 행정적인 결정을 내린다는 사실을 간과할 수 없습니다. 이른바 거버넌스라는 이름으로 "선출되지 않는 권력"이 공권력을 행사하는, 전통적인 의회민주주의 원리, 민주적 정당성 이론에서 보면 참으로 수용하기 어려운 현상들이지요. 여기에 대해서는 한국의 상황을 설명할 때 다시 말씀드리기로 하고요.

2016년 대만에서 독일연방행정재판소의 Kluas Rennert 소장이 발제한 논문(Neue Entwicklungen im deutschen Verwaltungsverfahrens-und-prozeßrecht, Taipei, 1. April 2016)을 보면 최근 유럽재판소가 판결을 통하여 개인정보보호 옴부즈만의 독립성과 전문성을 최대한 보장하기 위하여 회원국의 의회나 정부의 지시와 감독권을 최소화하도록 요구하였다는 사실을 개탄하였습니다. Rennert 소장은 유럽재판소의 판결 이후에 독일 연방의회가 의회민주주의 원리를 방기하고 소리소문 없이 숨죽여서 유럽재판소의 요구를 입법에 반영하였다고 비판하면서 "앞으로 어떻게 될지 두고 볼 일이다"(Man wird sehen, was als nächst kommt.)라고 이야기하고 있네요. "두고 보자는 사람치고 무서운 사람은 없다"고 하지만 아마도 2016년 당시 Rennert

소장은 선출된 권력이 입법을 통하여 제대로 견제하지 못하는 행정이라면 선생의 법치행정 원리가 무너진다는 걱정을 크게 하면서 이러한 탈법치주의가 얼마나 오래 갈지 지켜보겠다는 우려를 표명한 것이 아닌가 싶습니다.

사실 Rennert 소장의 발제문은 크롬으로 인터넷을 뒤지다가 찾아낸 문건인데, 선생님 시대에는 참으로 상상도 못 하던 일입니다. 아! 참, 행정의 디지털화 현상과 행정법 이론체계의 변화에 대한 문제는 오늘 학회에서 다른 분이 발제한다고 합니다. 한 번 두고 볼 일입니다.

독일법의 유럽화 현상은 사실 여러 분야에서 일어나고 있지만, 환경법과 행정계획법에서 가장 두드러지고 있습니다. 사실 환경행정의 목표인 환경보호와 국민의 환경권을 실효성 있게 보장하기 위해서는 환경보호를 위한 행정처분이 적법인가 위법인가하는 一刀兩斷식의 법학방법론 방식은 일정한 한계를 가질 수밖에 없습니다. 그리고 이제 환경법은 환경에 대한 규제나 감독을 위한 행정처분 등을 중심으로 하는 환경경찰법과는 상당한 거리가 있습니다. 이전에는 환경을 침해하는 사업자 등에 대해 영업정지, 취소, 과징금 부과와 같은 법적 행위형식을 중심으로 하는 전통적인 질서행정(rechtsaktsbezogene Ordnungsverwaltung)으로부터 행정에 대한 행위자의 순응과 협조적 행태를 이끌어 냄으로써 행정의 효율성을 제고하는 행위중심의 유도행정(verhaltensbezogene Lenkungsverwaltung)으로 행정의 중심이 이동하고 있는 것이 주지의 사실입니다.

앞서 말씀드린 바와 같이 행정처분의 적법, 위법 여부가 중요한 것이 아니라 어떻게 하면 합리적인 의사결정을 통하여 행정목적을 보다 효율적으로 달성할 수 있는가 하는 것이 중요하게 된 것이지요. 따라서 환경보호의 법적 수단 역시 행정처분은 물론, 부담금 등 경제적 유인수단이나 배출권 거래와 같은 시장기제를 활용한 수단들이 다양하게 활용되고 있는 상황입니다. 결국 행정법체계가 보다 자율적, 시장 친화적이며, 명령과 강제라는 수단보다는 성과를 중시하게 됨에 따라서 공권력 행사를 지양하고 상대방과의 협력을 중시하는 협치를 위한 거버넌스, 민관협력, 조율과 제어(Verhaltenssteuerung), 보장국가와 같은 선생이 이해하시기 어려운 용어와 개념들이 등장하였습니다.

1990년대 이르러 독일에서는 조심스럽게 "신행정법" 내지 "신사조행정법"(Neue Verwaltungsrechtswissenschaft)라는 행정법학 방법론에 대한 새로운 물결이 선생의 전통적인 행정법학에 도전하게 되었습니다. 이러한 행정법학에 대한 새로운 흐름을 주도한 대표적인 학자들은 Wolfgang Hoffmann-Riem, Eberhard Schmitt-Aßmann, Gunnar Folke Schuppert 같은 사람들인데, 이들은 활발한 저술 및 학술활동을 통하여 행정법학의 방법론과 기능에 대하여 새로운 시각을 제시하였습니다. 물론 이러한 신사조 행정법학에 대해서는 선생님의 추종자와 후예들이 거센 비판을 가했지요. 도대체 이들이 법학자인지 아니면 행정학자 혹은 정치학자인지, 아니면 이도 저도 아닌 어설픈 잡종을 교배하는 사회학자들인지 불분명하다는 것입니다. 선생님의 추종자들의 입장에서 보면 행정행위론이 얼마나 명확하고 깔끔합니까. 어렵게 행정법학에 법학방법론을 접목하여 행정법학의 명확한 실체와 독자성을 유지하고 실무적으로도 150년 동안 잘 운영해 온 제도가 유럽법이라는 일시적인 유행에 그 자리를 내주어야 한다는 말인가요? 아무튼 독일에서는 1996년 드레스덴과 2007년 프라이부르크에서 신구 학파의 격돌이 있었는데, 아직도 대치 전선을 구축하고 있습니다.

저는 한국 사람으로서 한국행정법에 지대한 영향을 미친 선생의 위력이 1990년도 들어서 다소 약해지는 것 아닌가 하는 인상을 받았습니다. 그 이유는 1994년 한국이 국가경쟁력을 강화하고 지역경제를 활성화하기 위하여 "사회간접시설 확충을 위한 민간자본 유치 촉진법(민자유치법)"을 제정하여 처음으로 민간부문의 사업시행자를 행정과 동일한 협치행정의 파트너로 인정하기 시작하면서 "행정과 臣民 간의 협약 불가"라는 선생님의 불패신화가 흔들렸기 때문입니다. 물론 당시 민자유치법은 미국과 유럽에서 광범위하게 유행하였던 작은 정부와 신자유주의 사조를 반영한 것이기는 하지만 아무튼 행정청과 사업자가 같은 테이블에 앉아서 사회기반시설의 설치와 운영에 대하여 협상하고 그 결과를 실시협약으로 제도화하는 최초의 한국적 실험이었습니다. 물론 그 이후 민자유치법은 민간투자법으로 명칭도 바뀌고 재벌에 대한 특혜의혹부터 시작하여 이른바 최소운영수입 보장규정 등을 통하여 세금 먹는 하마라는 힐난도 있었지만, 한국식의 신사조행정법 실험은 아직도 계속되고 있습니다.

제가 20년 전에 독일에서 연구년을 보내면서 독일과 한국의 새로운 행정법의 사조를 상호 비교하고 일본의 동료교수와 함께 "가부장적 국가로부터 동반자적 법치국가에로 – 21세기 초반 동북아시아의 법치주의 발전 –" (Vom paternalistischen zum partnerschaftlichen Rechtsstaat. Der Wandel der Rechtsstaatlichkeit des Ostasiens an der Schwelle des 21. Jahrhunderts. Nomos Verlag)을 출간한 것은 저로서는 상당한 경험이었습니다. 그런데 슬프게도 이 책의 공저자인 일본 와세다 대학의 니시하라(Hirosh Nishihara) 교수는 2018년 초 불의의 교통사고로 유명을 달리했고, 이 책이 출간되도록 동양의 두 외국인 교수를 독려하신 본인의 박사지도교수, 튀빙엔 대학 유럽법 연구의 대가 오퍼만 교수님(Prof. Thomas Oppermann)도 2019년 초 작고하셨습니다. 독일인, 일본인, 한국인이 아니라 세계인으로서 학문적으로나 인격적으로 교류한 두 분의 명복을 빕니다. 이것도 어찌 보면 마이어 선생님, 당신의 학문적 유산의 연장 선장에 있는 인간적인 유대가 아닐까요.

3. 마이어 선생님. 한국에서 다시 뵐 수 있을까요?

선생님. 한국의 학자들도 독일의 신사조행정법학에 대해서 지대한 관심을 가지고 있으며, 보장국가론, 민관협력, 공법상 계약, 유럽법의 변화에 따르는 독일의 행정절차법과 행정소송법의 움직임 등에 대해 관련된 저술작업을 많이 내어놓고 있습니다. 다만, 제가 보기에 아쉬운 점은 한국학계가 독일의 사조변화를 소개하는 것과 동시에 오늘의 주제인 비교행정법적 관점에서 한국에서는 실제적으로 이와 관련하여 어떠한 변화가 진행되고 있는지에 대해서는 별 관심이 없다는 사실입니다. 학문의 목적이 누가 외국문헌을 더 많이 소개하고 최신 이론이 어떤 것인가 다루는 것이 아니라 비교법적인 지식이 우리의 현실을 반영하는데 적실성이 있는가 따져보는 것이죠.

그래서 저는 지난 10년 간 한국의 水法을 집중적으로 연구하였습니다. 왜 행정법학자가 수법연구를 했냐구요? 물과 관련된 수많은 정책과제에서 행정법학의 역할이 중요하기 때문이죠. 사실 저는 처음에 하천법 제50조에서 규정하는 하천수 사용허가의 전제조건이 되는 물收支分析이 무엇인지 전혀 몰랐습니다. 그리고 하천유지유량, 하천관리유량, 관리수위, 양수제약수위 등 생소한 개념과 용어를 이해하기 위해서 셀 수 없는 세미나와 회의에 참석해서 공대 교수와 실무가의 설명을 들었습니다. 홍수통제소도 여러 번 방문했습니다. 사실 통합물관리가 무엇인지, 유역관리가 왜 중요한 것인지도 이해하는데 많은 시간이 필요했습니다. 그리고 아직도 상당수의 기술적 개념과 세부기준들에 대해서는 공부가 필요하고 저에게는 너무도 어렵습니다.

외손자 볼 나이에(실제로 지금도 열심히 육아에 참여하고 있습니다!) 새로운 공부를 하는 것이 참으로 힘들지만, 여기에는 행정법학자, 공법학자들의 참여가 절실합니다. 어디 물 관련 분야뿐이겠습니까? 국가의 모든 정책 분야에 행정법, 헌법을 연구하는 연구자들이 경제학, 공학, 자원 및 에너지학 교수, 학자, 관련 실무자들과 협업이 요구됩니다. 역설적으로 행정법학자들은 자기들끼리 모이는 시간을 줄여야만 국가행정에 기여하는 실사구시적인 행정법학의 발전을 기대할 수 있습니다. "어라! 저 사람 요즈음 왜 이렇게 안 보이지?" 이런 말을 들을지라도 공법학자들 눈에 띄지 말고 다른 분야의 연구자들과 교류하고 융합적인 관점에서 해법을 찾아보는 노력이 필요한 시대가 되었습니다. 다른 사람들은 법학자의 혜안을 갈구하니까요.

마이어 선생님. 제 말이 길어졌습니다. 한국의 경우 물과 관련된 수 많은 법률들이 있지만, 수자원과 물관리에 대한 원칙을 제공하는 최상위의 법적 기반이 구축되지 않아서 통합적이고 효율적인 물관리가 이루어지지 않았습니다. 그래서 많은 관련 학자들이 물관리기본법의 제정을 염원하였고, 20여 년 간의 진통을 거쳐 드디어 2018년 6월 물관리기본법이 제정되고 시행되었습니다. 물관리기본법의 제정을 위해 이론적, 법리적 기반을 제공하고 이를 법안으로 제안하여 의원입법의 형태로 국회를 통과하는 일에 수년 간 제 신명을 바쳤습니다.

물관리기본법의 핵심은 한국에서 4대강 사업이라는 명분 아래 권력의 최정점에 있는 대통령이 이른바 국정철학이라는 가면을 쓰고 자신의 정치적 의지에 따라서 자손만대가 누려야 할 하천과 수자원을 망가뜨리지 않도록 다양한 이해관계인이 물과 관련된 주요 정책을 협치의 원칙에 따라서 결정할 수 있는 거버넌스를 구축하는 것입니다. 어느 시대의 권력자 대통령 한 사람이 좌지우지하는 것이 아니라 기성세대와 미래세대, 더 나아가 자손만대가 세대 간 정의와 형평성을 실현할 수 있도록 지속가능하게 하천과 수자원을 관리하는 협치의 거버넌스 말입니다. 물관리기본법의 핵심은 이를 위하여 국가물관리위원회와 각 하천의 유역별로 유역물관리위원회를 설치하여 하천과 수자원을 포함하여 물과 관련된 모든 주요 정책과제를 심의하고 결정하는 민간중심의 거버넌스를 구축하는 것입니다.

민간중심이라는 것은 물관리위원회의 위원 중 최소한 과반수가 민간인들에 의하여 구성되는 것을 의미합니다. 물관리기본법은 국가물관리위원회와 유역물관리위원회의 위원 구성과 관련하여 공무원이 아닌 위원이 전체위원의 과반수가 되어야 한다고 규정하고 있습니다. 그런데 중요한 것은 행정심판법도 행정심판위원회를 공무원 아닌 민간위원 중심으로 운영하도록 규정하고 있어서 "민간중심 위원회가 뭐 새로운 것인가"라고 반문할 수 있지만, 물관리위원회는 대통령 소속의 독립행정위원회로서 업무수행에 있어서 강한 독립성과 정치적 중립성을 유지합니다. 제가 요즈음 물관리기본법 전도사 비슷하게 되어 여러 차례 관련 기관에서 발제도 했으니 언제라도 한국행정법학회가 요청하시면 이에 대해 상세한 설명을 드리겠습니다.

민간부문의 위원이 물관리위원회의 과반수를 차지하고 물관리기본계획 및 관련 계획의 수립, 물분쟁의 조정과 같은 행정권능을 수행하는 경우

"선출되지 않는 권력이 공권력을 행사한다"는 점에서 국민의 직접선거에 의하여 선출된 국회나 지방의회와 달리 의회민주주의원리, 대의제원리에 반하는 이른바 민주적 정당성에 대한 문제가 제기될 수 있습니다. 이는 앞서 말씀드린 대로 독일연방행정재판소 Klaus Rennert 소장이 제기한 바로 그 문제입니다. 그런데 이미 독일에서도 이와 유사한 논쟁이 계속되었으나 연방헌법재판소는 분권화된 자율적 조직에 대해서 입법자가 일정한 가이드라인을 제공하고 공익의 실현을 위한 충분한 통제장치를 가지고 있다면 민간부문이 주도하는 공적 의사결정에 위헌적인 요소는 불식될 수 있다고 판시한 바 있습니다(BVerfGE 107, 59). 연방헌법재판소는 동시에 이러한 자율적 조직체가 수행하는 업무와 관련하여 특정한 분파적 이익을 추구하지 않고 전반적으로 공익을 실현하기 위한 제도적 장치를 가지고 있어야 함을 강조하였죠.

연방헌법재판소는 이러한 자율적 조직체의 업무와 관련하여 입법자가 세세하고 구체적인 제한을 가하는 것을 지양하고, 민주주의원리를 보다 기능적으로 이해하여 입법자가 이러한 자율적 조직체가 구속력을 가지는 공적인 의사결정을 할 수 있도록 광범위하게 수권하는 것도 가능하다고 판시하였습니다. 연방헌법재판소는 독일기본법 제20조 제2항 제1문에 규정된 민주주의원리는 이와 같은 자율적인 조직체가 행사하는 공적이고 행정적인 조치들에 대하여 선출된 권력인 의회와 민주적 정당성에 기반을 둔 국가행정조직의 전반적인 영향력 내에서 통제될 수 있는 것이면 헌법적으로 문제가 되지 않는다는 입장입니다.

선출된 권력의 전반적인 영향력이라는 것은 이와 같은 자율적 조직의 업무와 권한이 의회가 제정한 법률에 의하여 명확한 내용을 가지고 있으며 선출된 권력과 그가 위임한 행정부와 같은 민주적 정당성을 가지는 국가기관이 적절한 감독권을 행사하는 것을 의미합니다. 우리의 경우 대통령, 기획재정부, 환경부 등이 민간부문이 주도하는 물관리위원회에 법률상 인사권과 예산권을 가지고 있다면 공익 실현을 위한 충분한 통제장치를 가지고 있다고 볼 수 있습니다. 오히려 문제는 환경부가 물관리위원회의 업무에 지나치게 관여하고 통제하려는 것이 실제에서는 더 문제가 될 정도이니까요.

이러한 의미에서 민간조직과 민주적 정당성의 갈등과 긴장 관계는 법리적으로 해소할 수 있는 것으로 보아야 합니다. 저도 독일연방헌법재판소와 전적으로 같은 의견입니다. 한국에서도 탈원전 공론화 과정에서 민주적 정당성과 관련하여 문제가 제기되었습니다. 문제는 탈원전 공론화 위원회는 아무런 법적 근거가 없었다는 점입니다. 민주적 정당성에 정면으로 반하는 것이죠. 그래서 물관리위원회는 다릅니다. 국회가 제정한 물관리기본법에 따라서 입법적 의사와 가이드라인이 반영된 기관이니까요. Rennert 소장님. 이제 의구심이 해소되셨나요?

마이어 선생님. 그런데 저는 최근 한국의 낙동강의 물 문제를 해결하기 위하여 공식적 거버넌스로서 낙동강유역물관리위원회와 더불어 비공식적인 거버넌스로서 (가칭)유역정책협의회가 출범할 예정인데, 공식과 비공식 거버넌스의 관계에 대하여 연구 중입니다. 한국의 낙동강 유역은 구미와 대구 간 취수원 분쟁, 남강댐을 취수원으로 활용하려는 부산권과 남강댐 인근 경남지역 간의 갈등, 상류의 제련소로 인한 수질 오염 문제 등 수십 년 간 물과 관련된 난제들이 난마같이 얽혀 있어서 여전히 해결의 기미를 보이고 있지 않습니다. 협의회는 낙동강 유역의 물 문제에 대하여 지역의 주민대표, 공무원, 시민단체, 사업자 등이 참여하는 광범위한 지역협의체로서 낙동강 유역의 물과 관련한 의제를 발굴하고 구성원 간에 상호 소통하며 문제해결을 위한 공감대를 형성하는 기능을 수행합니다.

낙동강 유역과 같이 수질문제가 심각하고 취수원의 이전 등에 대한 주민과 지역적 이해관계가 첨예하게 대립하고 있는 지역의 경우 사실상 유역관리위원회의 위원들이 과연 소신과 전문성을 가지고 일정한 사항을 심의하고 의결할 수 있을지 의문이 제기될 수 있습니다. 자칫, 이러한 문제에 대한 해법이 제시되지 않는 경우 유역물관리위원회는 의결 무능력상태에 빠질 가능성도 배제할 수 없다는 것이지요. 따라서 물관리기본법에 의한 유역물관리위원회라는 공식적인 거버넌스가 효율적으로 작동될 수 있도록 사전에 의제를 조율하고 유역물관리위원회와 상시적으로 소통할 수 있는 비공식적인 거버넌스를 운영하는 것이 매우 중요합니다.

마이어 선생님. 솔직히 말씀드리자면 거버넌스에 대한 독일의 Schuppert나 Hoffmann-Riem 같은 학자들의 글을 보면 워낙 추상적인 담론이다 보니 실제로 이사람들이 도대체 무슨 소리를 하는 것인가 하는 의문이 종종 듭니다. 독일의 구체적인 예를 들어주었다면 얼마나 좋을까요. 저는 한국에서 물관리위원회라는 실재하는 거버넌스를 가지고 이 문제에 대한 해법을 찾고자 합니다. 그리고 독일에서 논의하는 공식적 거버넌스 이외에 비공식적 거버넌스의 필요성과 양자 간의 상호관계가 무엇인지 연구하고자 합니다. 한국은 물론 전 세계적으로 초유의 학문적 실험이지요. 독일 학자들도 한국에 주목하면 무엇인가 구체적 논의를 통한 거버넌스 담론에 한 걸음 더 다가갈 수 있을 것으로 생각합니다.

자. 이제 서서히 제 이야기를 마무리하고자 합니다. 최근 독일에서는 선생님의 전통적인 법학방법론과 신사조행정법학의 공존 내지 기능적 협력에 대한 논의가 이루어지고 있는 것으로 알고 있습니다. 어느 방법론이 다른 방법론을 극복하거나 배제하는 것이 아니라 두 방법론 모두 실제적인 문제해결을 위해서 공존과 협력의 가능성이 열려 있다는 뜻이겠죠. 예를 들어 볼까요. 물관리위원회로 돌아가서 사실 독일의 신사조행정법학은 거버넌스와 의사결정의 구조 등 조직과 절차형성에 중점을 두고 있습니다. 한국의 물관리위원회 역시 위원회의 구성과 의사결정 구조, 절차, 조직 내부 및 외부와의 소통과 정보 공유 등이 협치를 실현하는 데 적합한가 하는 것이 중요하지요. 여기까지는 신사조행정법학의 방법론과 역할이 크다고 할 수 있습니다. 그런데 물관리위원회는 행정위원회입니다. 때에 따라서는 일정한 처분을 하겠죠. 그 처분은 뭔가요? 바로 선생이 말씀하시는 행정행위, 행정처분 바로 그것이죠. 일단 처분이 행하여지면 이에 불복하는 상대

방은 행정소송제도를 활용할 겁니다. 법원에서는 당연히 소송요건과 더불어 본안심리 과정에서 처분이 적법한지 위법한지 따져 보겠죠. 설마 법원이 당해 처분이 보다 바람직한 거버넌스를 구성하지 않아서 상대방에게 불이익을 주었다는 이유로 당해 처분을 위법한 것으로 보고 취소하겠습니까? 다시 말하자면, 일단 구성된 거버넌스가 내리는 결정부터 법원의 심리와 판결에 이르는 과정에는 당연히 선생의 행정행위론과 하자론에 따른다는 것입니다. 행정활동의 전반부는 신사조행정법학, 후반부는 전통적인 법학방법론이 지배하는 것입니다. 선생께서는 생전에 행정활동이 이루어지는 전반부에 대해서는 별로 신경 쓰시지 않으신 건 솔직히 사실 아닙니까? 그러나 선생의 행정법 이론과 실무체계는 여전히 후반부에서 강한 위력과 현실적 타당성을 가지고 있습니다. 그래서 한국에서도 앞으로도 오랫동안 우리는 선생님을 계속해서 뵐 수 있을 것으로 기대합니다.

마이어 선생님. 건승하세요!

4. 마이어 선생님. 행정법의 미래는 어떤 모습일까요?

선생님. 한국의 헌법재판제도는 2018년 30주년을 맞이했습니다. 큰 행사도 많이 있었지요. 그런데 2018년 6월경으로 기억합니다만, 헌법재판소 관계자분이 제게 9월 초 헌법재판소가 주최하는 30주년 국제학술대회에 발제를 맡아줄 수 있는가라고 문의하면서 주제는 헌법재판의 미래에 관한 것이라고 하더군요. 아니 당장 내일 무슨 일이 벌어질지 모르는 이 험한 세상에서 내가 무슨 점장이도 아니고 한국 헌법재판의 30년, 50년의 미래를 예측한다는 게 가당키나 한 것인가? 처음에는 망설였습니다. 그런데 한국로스쿨은 변호사협회에서 5년을 주기로 평가를 시행하는데, 교원분야 연구업적에서 5년 간 8편 이상의 논문실적이 있어야 합니다. 이거 안 하면 학교와 동료 교수들에게 민폐를 끼치게 되지요. 그래서 헌재에 전화를 걸어 하겠다고 그랬습니다. 어차피 써야 할 논문이니까.

"헌법재판 30년 - 헌법재판 미래와 어떻게 대화할 것인가? -" 이라는 주제로 헌법재판소가 미래에 당면할 과제가 과연 무엇일까 생각하였습니다. 선생님. 독일도 비슷한 문제를 안고 있지만, AI, 생명공학 등 기술혁신으로 야기될 수 있는 다양한 헌법적, 법률적 문제, 국가부채와 사회보험의 지속가능성, 기후변화와 환경문제 등이 떠올랐습니다. 우리의 경우 한반도 통일과 관련하여 미래에 헌법재판소가 관련 입법에 대한 우리 사회의 方向舵와 均衡錘의 역할을 잘하기 위해서 어떤 심사기준을 가져야 할 가에 대한 논제를 제시해 보았죠. 그러다 보니 자연스럽게 미래세대의 보호 문제를 고민하게 되었고, 요즈음은 바로 미래세대 보호를 위한 기후정책, 헌법정책, 입법정책의 주제에 몰입하고 있습니다.

미래세대의 보호는 초저출산과 초고령화를 특징으로 하는 한국사회에서는 공동체의 존망에 관한 문제입니다. 독일은 2015년 중동지역에서 대규모로 발생한 난민들을 수용하면서 사회적 갈등이 극에 달하였지만 결국 120만의 난민은 아이러니하게도 인구감소로 인한 인력문제를 다소 완화한 측면이 있습니다. 아무튼 한국과 독일 모두 식량, 자원, 에너지 전환, 기후변화, 환경오염, 국가부채와 사회보험 등 국가재정의 불안정성으로 발생하는 미래의 위협으로부터 미래세대를 보호하는 일에 입법과 행정이 총력을 기울여야 할 것으로 보입니다. 그에 따라 행정법과 행정법학이 수행할 역할이 막중할 겁니다. 헌법적으로는 미래세대의 개념과 더불어 주권자의 범주에 이들을 포함할 수 있는지, 현재의 의회민주주의 제도가 미래세대를 대표하기에 원초적인 흠결을 가지고 있다면 개헌을 포함하여 기존의 민주주의원리를 어떻게 미래세대 친화적으로 변화시킬 것인가 등의 문제에 관한 연구는 이제 시작입니다. 그리고 흔히 이야기하는 세대 간 정의, 또는 형평성(intergenerational justice, fairness)과 같이 기성세대와 미래세대를 대립적 구도에서 이해하는 것을 지양하고 이들을 일종의 세대 간 공동체(intergenerational community)라는 개념으로 통합하여 세대 간 連帶를 실현하는 것도 중요한 헌법적 논의의 대상입니다.

미래세대의 보호를 위한 행정법의 역할은 제도를 구축하는 것입니다.

미래세대기본법을 제정하고 행정위원회 형태로 미래세대위원회를 설치할 것인지, 존재감이 미미한 위원회제도보다는 미래세대보호 옴부즈만의 설치와 운영을 위한 법률을 제정하고 미래세대에 부담이 될 수 있는 각종 입법과정, 행정절차, 환경영향평가, 에너지 전환 등에 옴부즈만을 참여시키고 협의 내지 동의권을 부여할 것인지 등의 문제가 행정법에 부여된 주요한 과제입니다. 또한 미래세대 보호를 위한 비례대표의 선출, 국회 상설위원회의 설치 등을 위한 공직선거법과 국회법의 개정도 필요합니다.

선생님. "행정법과 행정법연구자에게는 寧日이 없다"라는 명제는 한국과 독일에 모두 적용될 수밖에 없나 봅니다. 물론 미래 행정법의 모습은 오늘날과는 상당히 달라지겠죠. 아마도 우리가 지금 예상하지 못한 방향으로 달려갈지도 모르겠습니다. 그렇기는 하지만 행정이 법적으로 일정한 형식을 가지고 있어야만 국민에게 예측가능하고 그것에 오류가 있다면 국민이 법원에 적절한 시정을 구하는 구제절차는 아마도 쉽게 변하지 못할 것 같습니다. 그러니 마이어 선생님의 존함은 먼 장래에도 계속해서 사람들의 뇌리에 남아 있을 것으로 보입니다. 세기를 넘고 또 넘어서 독일과 한국의 후학들과 계속 대화하실 수 있다니 대단하십니다.

마이어 선생님. 부디 옥체를 잘 보전하소서.

2019년 봄 한국의 행정법 書生 김성수

제4장

독일의 新思潮행정법학 사반세기

평가와 전망

Ⅰ. 문제의 제기

한 세기 이상 난공불락으로 여겨졌던 독일의 법학방법론과 오토 마이어의 행정법학 이론은 1990년대 초부터 동요하기 시작하였다. 법학방법론 자체는 물론 오토 마이어의 행정법 이론체계는 출범 당시부터 수많은 비판의 대상이 되었으나 독일과 유럽사회의 변화에도 불구하고 여전히 그 건재함을 유지하여 온 것이 사실이다. 그러나 1980년대부터 전 세계적으로 일기 시작한 작은 정부, 민영화, 민관협력, 규제완화 등 이른바 레이거노믹스와 대처리즘을 바탕으로 하는 新公共管理 이론이 국가와 정부의 기능과 역할에 대한 개혁을 주도하면서 국가행정을 대상으로 하는 행정법과 행정법학의 기능과 방법론에 대한 근본적인 성찰을 요구하게 된 것이다. 독일에서 1990년대 초부터 이러한 행정법학에 대한 새로운 흐름을 주도한 대표적인 학자들은 Wolfgang Hoffmann-Riem, Eberhard Schmitt-Aßmann, Gunnar Folke Schuppert 같은 사람들인데, 이들은 활발한 저술 및 학술활동을 통하여 행정법학의 방법론과 기능에 대하여 새로운 시각을 제시하였다.1)

그 결과 독일의 국법학자대회(Tagung der Deutschen Staatsrechtslehrer)는 1996년 드레스덴에서 학회를 개최하고 이와 관련된 주제를 행정법 분야의 발제와 토론의 대상으로 선정하였다. 당시 드레스덴 국법학자대회 행정법학 분야의 주제는 "사회의 자율규제와 국가의 操律"에 대한 것이었는데(Verwaltung und Verwaltungsrecht zwischen gesellschaftlicher Selbstregulierung und staatlicher Steuerung), 후술하는 바와 같이 토론시간에 전통적 방법론을 고수하는 학자들이 신사조행정법에 대하여 거센 비판을 가하기도 하였다.2) 그로부터 약

---

1) 이들의 연구는 이후 행정법의 기초라는 세 권의 책으로 발간되었으며, 이는 신사조행정법 연구의 대표적인 총서라고 할 수 있다. Wolfgang Hoffmann-Riem/Eberhard Schmitt-Aßmann/Andreas Voßkuhle, 제1권 (Methoden·Maßstäbe·Aufgaben·Organisation), 제2권(Informationsordnung·Verwaltungsverfahren·Handlungsformen),제3권 (Personal·Finanzen·Kontrolle·Sanktionen·Staatliche Einstandspflichten).

2) 토론시간에 제일 먼저 포문을 연 Ossenbühl은 국법학자대회가 이미 26년 전인 1970년에 행정적 과제를 사인이 처리하는 주제로 학회를 개최하였다고 회상하면서 이에 비하면 이번 학회의 주제인 "사회의 자율규제와 국가의 조율"이 새로운 개념이기는 하지만 그 내용

10년이 경과한 시점에 독일국법학자대회는 2007년 다시 한 번 신사조행정법과 관련된 주제를 선정하고 프라이부르그에서 학회를 개최하였다. 이때에는 보다 직접적으로 전통적인 법학방법론과 신사조행정법의 방법론을 비교 검토하고 상호간의 상생과 융합의 가능성에 대하여 심도 있는 발제와 토론이 이어졌다. 당시의 토론시간에도 역시 전통적인 방법론을 고수하는 학자들이 여전히 신사조행정법에 대하여 강한 회의와 의구심을 표출하였다.[3] 그리고 다시 15년 이상이 지나 이제 21세기도 중반을 향하여 가는 현재 시점에서 신사조행정법학에 대한 진지한 평가가 이루어져야 한다는 당위성이 존재하는 것으로 볼 수 있다. 하지만, 지난 두 번의 기회를 통하여 격렬한 토론을 계속한 독일 공법학자들은 이 문제에 대하여 아직은 정중동이다. 그러나 항상 전통을 고수하려는 측과 새로운 문제를 제기하려는 사람들의 긴장관계는 독일사회와 유럽을 포함하는 전 세계적인 변화에 따라서 언제든지 극적으로 다시 표출되어 무대에 등장할 수 있다. 특히 현재 독일에서 신사조행정법을 대표하는 학자가 이미 50대 중반에 연방헌법재판

이 불명확하다는 의견을 제시하였다. 중요한 것은 우선 사실관계를 명확히 하는 것인데, 이것이 법률가의 오랜 전통임을 강조하면서 국법학자대회가 다루는 사회의 자율규제라는 주제가 사실관계를 규명함에 있어서 매우 이질적인 대상과 내용들을 포함하고 있어서 하나의 개념으로 포섭되기 어렵다고 비판하고 있다. 이어서 그는 이와 같은 사회의 자율규제라는 개념이 등장한 배경에는 국가 재정부담의 경감, 작은 국가, 규제완화 등과 같은 현상들이 있는데, 예를 들어 행정청의 허가를 대신하여 사인이나 공공단체가 발행한 자율규제 증서를 요구하는 것이 무슨 이득을 가져올 것인지 의문이 든다고 지적하였다. VVDStRL 56, 283면, 284면.

3) Isensee는 도대체 "조율학 또는 制御學"(Steuerungswissenschaft)이라는 것에 어떤 새로운 것이 있는가"라는 아주 단순한 질문을 던진다고 하면서, 조율학을 중심으로 하는 신사조행정법학이 오토 마이어 행정법의 훌륭한 도그마에 대한 改築 수준을 의미하는 것인지, 아니면 전혀 다른 신축건물을 짓는 것인지, 기존의 이론을 보다 공고히 하는 과정에서 단순히 내부적인 분화 내지 가지를 형성하는 것인지, 아니면 전혀 다른 차원의 방법론적 변화를 의미하는 것인지 의문이 든다고 지적하고 있다. Isensee는 발제자 Appel이 기존의 법학방법론은 오직 적법성과 위법성의 2분법만을 알고 있다고 했는데, 기존의 행정법학도 합법성과 합목적성을 달리 취급하였기 때문에 결코 위법과 적법만을 가리는 경직된 방법론이 아님을 강조하고 있다. 또한 그는 독일에서도 과거 이미 관방학 내지 광의의 경찰학에서 이른바 "좋은 행정"이라는 개념이 있었기 때문에 독일 공법학자가 굳이 미국식의 "좋은 거버넌스"라는 개념을 수입할 필요가 있는지 의문이라고 비판하고 있다. VVDStRL 67, 338면, 339면.

소 소장을 역임하고 사실상 새로운 흐름을 주도하고 있는 Andreas Voßkuhle 라는 사실은 이러한 움직임이 더욱 탄력을 받을 수 있음을 쉽게 짐작할 수 있다.[4)]

본 연구는 우리나라의 행정법과 행정법학에 많은 영향을 미쳐온 독일에서 지난 사반세기 동안 이루어진 행정법과 행정법학에 관한 새로운 흐름을 찾아 이를 평가하고 향후의 방향에 대하여 전망하고자 한다. 이러한 연구는 그 자체만으로도 충분히 흥미를 불러일으키기에 충분하다. 다만, 중요한 것은 독일행정법학의 기본적인 방법론과 이론에 대한 학자들의 연구와 토론이 과연 우리나라의 행정법과 행정법학에 어떠한 함의를 줄 수 있을까 하는 문제일 것이다. 필자는 1990년도 중반에 한국에서 민간자본의 유치를 통한 사회기반시설의 확충과 관련하여 이른바 민자유치법이 제정되는 과정에서 관련법의 구조와 내용, 실현구조를 보고 입법정책론, 행정법학과 다른 사회과학 분야와의 학제론적 연구가 우리나라 행정법학의 연구방법론과 기능 확장에 큰 변화를 가져올 것이라는 느낌을 받았다. 그 이후에는 행정절차법, 정보공개법을 통하여 참여와 협력을 통한 행정법질서가 궁극적으로는 우리나라 법치주의의 구조를 바꿀 수 있다는 희망을 가지고 한국적인 협력적 법치국가(Kooperativer Rechtsstaat)의 모델을 제시

4) 물론 Voßkuhle는 그의 천재성에도 불구하고 아직까지는 앞서 언급한 Ossenbühl이나 Isensee와 같이 자타가 공인하는 대가들과 같은 반열에 놓을 수는 없다. 아무튼 그는 2007년 국법학자대회 토론에서 이른바 신사조행정법학이 세 가지의 주요한 관심사를 가지고 있다고 언급하였다. 그는 이러한 행정법학의 새로운 경향을 “신행정법”(Neue Verwaltungsrechtswissenschaft)으로 통칭할 수는 있으나 다른 용어로 표현하는 것도 가능하기 때문에 명칭이 중요한 것은 아니지만, 첫째, 신행정법이 방법론과 관련된 문제를 일상적인 학문적 작업에서 늘 새롭게 반추하고, 특정한 방법론이 합리성을 결여하고 있는지 뒤돌아본다는 점이다. 그는 오늘날 많은 학자들이 법학방법론 이외에 행정법학 분야에서 다른 방법론을 사용하면서도 그 의미를 잘 깨닫지 못한다고 이야기 한다. 둘째, 예를 들어 환경법과 같이 새로운 문제가 제기되고 이를 해결하기 위한 새로운 수단이 등장하는 분야에 대한 관심을 신행정법이 게을리하지 않는다는 것이다. 문제 해결형 신행정법학은 바로 이러한 현안 문제를 종국적으로 입법론을 통하여 해결하게 되는데, 司法지향형 법학방법론은 이러한 문제해결에 거의 기여하지 못했다. 마지막으로 신행정법학은 법해석론에 치우치지 않고 비교법, 법사실관계의 연구, 법이론 등의 방법론을 융합하여 문제해결을 위한 새로운 도그마를 찾고 있다는 것이다. VVDStRL 67, 344면.

하였다.[5] 최근에는 행정처분 등 행정활동의 결과보다는 그 과정과 행정조직, 특히 의사결정 구조 자체로서 거버넌스 문제에 관심을 가지고 있다. 이런 이유 때문에 양국의 행정법과 행정법학이 앞으로 상호간의 대화와 토론을 통하여 어떠한 방향으로 발전할 것인가에 대하여 행정법학자로서, 또 이 문제를 한국사회에 던진 당사자로서 나름대로의 조그만 책임감을 가지게 된 것이다. 중요한 것은 단순히 우리나라와 독일을 비교하는 것으로 그치는 것이 아니라 오히려 우리나라의 행정법과 행정법 이론이 독일이나 다른 나라에 미칠 수 있는 영향이나 효과도 고려하는 것이 필요하다. 그만큼 우리의 행정법과 행정법학도 성장하고 숙성되는 과정을 거쳤다고 생각하기 때문이다. 따라서 본 연구는 여러 차례의 논문과 기고를 통하여 연작형태로 진행될 것이며, 최종적으로는 우리나라의 신사조행정법의 표준적 연구서를 희망하고 있다.

Ⅱ. 신사조행정법의 등장 배경

1. 기존의 법학방법론의 한계

1) 법학방법론의 발전과 장점

행정법학은 물론 법학 일반의 연구방법론과 思潮는 정체한 것이 아니며 시대의 변화와 발전에 따라서 끈임 없이 새로운 국면을 맞이한다. 행정법학이 학문연구에서 특정한 분야로 정착한다는 것은 이와 같은 변화를 적극적으로 수용하여 방법론과 연구대상을 새롭게 포착하는 것과 동시에 전통적으로 고수하여 온 자신의 정체성을 상실하지 않도록 배려함으로써 다소 이율배반적인 명제를 적절하게 조화시키는 슬기와 지혜를 발휘하는 것이다. 잘 알려진 바와 같이 독일에서 19세기 중반부터 생성되기 시작한

5) Kim, Sung-Soo/Nishihara, Hiroshi, Vom paternalistischen zum partnerschaftlichen Rechtsstaat. Entwicklungen im öffentlichen Recht Koreas und Japans an der Schwelle zum 21. Jahrhundert, Nomos Verlag, 2000.

행정법의 방법론으로서 이른바 고전이라고 부를 수 있는 것이 법학방법론(juristische Methodenlehre)이다. 물론 오늘날까지도 법학방법론이 완벽하게 완성되었다고 보기는 다소 어려움은 있지만 역사적으로 상당 부분 구체화되고 완성도가 높은 연구방식이라는 점을 부인할 수는 없을 것이다. 법학방법론은 행정행위 등과 같이 정형화된 법적 행위형식을 중요시 한다.[6] 이와 같은 법적 행위형식에 특정한 개념을 설정하고 법적 행위형식의 적법 여부에 따라서 일정한 법적 효과를 인정하기 때문에 자연스럽게 사후 행정부 행위의 적법성 여부를 심사하는 사법부와 유사한 시각을 가지고 다는 점에서 사법부를 대화의 파트너로서 상대하며, 그의 사법적 통제를 중요한 연구대상으로 인식한다.[7] 행정법학에서 법학방법론을 완성시킨 오토 마이어는 실정법의 규정이나 체계와는 무관하게 매우 추상적인 개념적 요소로 구성된 행정행위라는 법적 행위형식을 상정함에 따라서 당시 행정법학의 방법론과 도그마는 매우 추상적인 차원의 체계화를 지향하였다. 이와 같은 오토 마이어의 법학방법론은 독일행정법학사에 큰 획을 긋는 업적을 이룬 것으로 오늘날도 평가 받고 있다. 무엇보다도 행정행위라는 확인가능하고 윤곽이 뚜렷한 법적 형식을 상정하고 여기에 인정되는 독특한 효력을 부여하며, 이를 대상으로 하는 권리구제방식을 마련함으로서 행정법학이 하나의 학문분야로서 정체성을 가질 수 있는 토대를 구축하였다는 점에서 그 가치와 존재의의를 인정할 수 있을 것이다. 이를 통하여 행정법학의 명료성, 투명성, 예측가능성, 법적 관계의 안정성을 마련한 점은 어느 다른 나라에서도 찾아보기 어려운 법학방법론과 독일행정법학이 이룬 성과라고 할 수 있다.[8]

---

6) C. Bumke, in : Schmitt-Aßmann/Hoffmann-Riem(Hrsg.), Methoden der Verwaltungsrechtswissenschaft, 2004, 73면(107면, 127면).

7) C. Bumke, in : Hoffmann-Riem/Schmitt-Aßmann/Voßkuhle(Hrsg.), Grundlagen des Verwaltungsrechts, 제3권, § 36, Rn. 7ff.

8) Voßkuhle는 독일의 법학방법론과 그에 근거한 행정법학 이론이 다음과 같은 장점을 가지고 있다고 설명한다. 법적 행위형식에 바탕을 두고 이루어진 체계형성, 법적 도그마를 통하여 가능해진 선택과 통합기능은 행정법의 내외 영역을 막론하고 이러한 체계와 도그마의 안정적 지향점을 매개하고(안정화 및 매개기능), 개별적인 사례에서 법적용의 부담을

2) 법학방법론의 방법론적 한계

그러나 고전적이고 전통적인 법학방법론과 그에 의거한 행정법학은 위와 같이 반박하기 어려울 정도의 장점을 가지고 있으나 방법론적으로 학문이 가지고 있어야 하는 문제의식과 시야를 협소화함으로써 개방성을 포기하는 결정적인 문제를 태생적으로 가지고 있다.[9] 이는 앞서 언급한 바와 같이 오늘날은 물론 법학방법론이 태동하던 시기에 이미 지적된 문제라고 할 수 있다.[10] 기본적으로 법학방법론은 모든 법학의 연구 분야에서 법적용과 법해석에 과도한 비중을 둔 나머지 입법론이나 법사회학적인 방법론은 전적으로 관심의 대상 밖에 두었다. 이와 같은 이유 때문에 고전적인 법학방법론은 행정법학의 기능을 법적 행위형식론과 법적용 및 법해석을 위한 보조적 기능에 국한하는 편협함을 벗어나지 못한다.[11]

이와 같은 협소한 방법론과 시각으로 인하여 고전적인 법학방법론은 인접한 다른 사회과학 분야와의 학제적 연구라는 학문의 개방성을 포기할 수밖에 없었으며, 국가행위에 대한 법규범적인 판단기준 이외의 당위론적 차원에서 고려해야 할 모든 다른 기준이나 준거는 무시됨으로써 처음부터 입법론적인 방법론은 설 자리가 없었다. 특히 1948년 독일기본법 하에서 이루어진 헌법적인 변화와 관련하여 고전적인 법학방법론은 이를 수용할 준비가 되어있지 못하였으며, 다양성과 多極性을 특징으로 하는 현대의 다원주의 국가에서 입법자가 가지는 입법형성권에 대하여 어떠한 입법적 기

경감하며(경감기능), 법적 행위형식에 대한 통제를 가능하게 하고(통제기능), 가치관의 충돌과 법발전의 후진화를 방지하며(비판기능), 새로운 법발전을 논리정연하게 수행한다(수용기능). in : Hoffmann-Riem/Schmitt-Aßmann/Voßkuhle(Hrsg.), Grundlagen des Verwaltungsrechts, 제1권, § 1, Rn. 7.

9) 공법학과 공법학 방법론의 개방성에 대해서는 Hoffmann-Riem(Hrsg.), Offene Rechtswissenschaft, 2010.

10) 대표적인 문헌으로 Erich Kaufmann, Verwaltung, Verwaltungsrecht, in : Karl v. Stengel/Max Fleischmann(Hrsg.), Wörterbuch des Deutschen Staats- und Verwaltungsrechts, 제2판, 제3권, 1914, 717면 이하.

11) Hoffmann-Riem, in : Hoffmann-Riem/Schmitt-Aßmann/Schuppert, Reform des allgemeinen Verwaltungsrechts, 1993, 115면 이하(121면 이하); M. Schulte, Schlichtes Verwaltungshandeln, 1995, 192면 이하.

준이나 평가의 척도를 제공할 수 없었다.[12] 물론 법학방법론은 이른바 목적론적 해석(teleologische Auslegung)을 통하여 사실관계와 행정적 과제와의 관련성을 부각시키려 하였지만 목적론적 해석론이 가지는 개념적 모호성과 당해 규범에 대한 해석론이 가지는 한계를 극복하지 못함으로써 입법론과의 단절현상을 극복하는데 실패하였다.

3) 상황론적 한계

법학방법론과 그에 토대를 둔 행정법학은 위에서 언급한 방법론상의 한계와 더불어 사회와 기술의 발전이라는 상황적 변화를 더 이상 포착하지 못함으로써 그 한계를 드러내게 되었다. 독일은 물론 어떤 나라를 막론하고 20세기 중반 이후부터 사회의 다양성과 구성의 복잡성으로 인하여 행정상 법률관계에서 단순히 명령하고 강제하는 법학방법론과 질서법상의 수단은 그 집행에서 효율성을 담보하기 어려운 상황에 처하게 된다. 여기에서 말하는 질서법상의 수단이란 각종의 인·허가, 인·허가의 정지 및 취소를 포함하는 제재적 처분, 행정강제, 행정벌을 포함하는 수단을 말한다. 예를 들어 환경피해로부터 국민을 보호하는 수단에 대해서 언급해 보자. 환경보호를 위한 수단으로는 환경을 침해하는 사업자들에게 대하여 명령과 강제를 중심으로 하는 질서법상의 수단만으로는 소기의 목적을 달성하기 어렵다. 그 이유는 오늘날 환경문제가 복잡한 양상으로 전개되어 이를 효과적으로 보호하기 위해서는 행정법이 이에 대한 사실관계를 파악하는 과정에서 그 분야에서 이루어지는 기술적 발전 등 환경법 관계에 대한 지식과 정보를 창출하고 활용할 수 있어야 하며, 이를 위해서는 관계되는 기관은 물론 민간부문의 전문가와도 소통의 채널을 유지하여야 한다.

따라서 환경을 침해하는 사업자에 대하여 단순히 명령하거나 강제하는 행정행위 등의 수단만으로는 집행의 효과가 매우 제한적이다. 환경법 분야에서 전통적인 법학방법론에 토대를 둔 질서법상의 행정행위 등 제재적 처분이 이른바 집행의 결여(Vollzugsdefizit) 현상을 나타내는 것이다. 그러

12) M. Eifert, VVDStRL 67, 291면.

므로 환경보호라는 행정목적을 효과적으로 달성하기 위해서는 행정법의 기능이 상대방에 대하여 명령하고 강제하는데 그치지 않고 그들의 행태를 환경보호에 적합한 방향으로 유도하거나 경우에 따라서는 그들의 자발적 협력을 요구하기 위하여 부담금이나 협력적 수단으로 기능을 확장할 필요가 있는 것이다.[13] 더 나아가 환경보호라는 국가적 과제를 보다 효과적으로 달성하기 위해서 시장메커니즘을 활용한 배출권 거래제 등도 등장하여 다양한 방식의 환경보호수단들이 환경행정법의 외연을 계속하여 확장하고 있다.

이와 같이 전통적인 법학방법론은 환경보호와 관련된 정보와 지식의 흐름을 적절하게 활용하거나 그 효과를 극대화하기 위하여 다수의 이해관계인과 소통하고 협력하는 현대적인 행정법의 기능을 발휘하기 어렵다. 전통적인 법학방법론이 오늘날 이와 같이 환경법 분야에서 다양하게 등장하는 수단들을 법률의 유보나 법률의 우위 등 행정의 법률적합성원칙이라는 심사기준을 적용하여 평가하는 경우 이를 적법 혹은 위법으로 단순하게 양분하는 결과에 이를 것이다. 법학방법론은 행정법에 규정된 특정한 수단이 적법성 요건을 갖춘 것인가 아니면 이를 결여한 것으로서 위법한 것인가 하는 이분법에만 오로지 관심을 가지고 있기 때문에 주로 어떠한 행위나 행정법상의 수단이 법률상 흠을 가지고 있는가의 관점에서 평가하는 경향이 농후하다. 이러한 면에서 Voßkuhle는 전통적인 법학방법론이 주로 특정 행위나 수단의 흠을 평가하여 적법 또는 위법이라는 이분법의 틀 속에 갇혀있다는 점을 지적하면서 이를 병리학 지향적 방법론(pathologieorientierte Betrachtungsweise)라고 비판하고 있다.[14] 그는 기술과 지식, 정보의 흐름이 지배하는 현대 국가에서 행정법과 행정법학은 법적 행위형식과 그 형식의 적법 여부를 가리는 방법론으로부터 문제해결 중심의 새로운 방법론으로

13) 이른바 협력행정, 협력국가라는 개념은 1970년대 후반에 처음 등장하였다. Ernst-Hasso Ritter, Der koperative Staat. Bemerkungen zum Verhältnis von Staat und Wirtschaft, AöR, 제104권(1979), 389면 이하.

14) (각주 8), Rn. 10.

선회하게 되었다고 평가하고 있다.[15)]

물론 Voßkuhle의 견해에 대해서는 헌법상 민주주의원리와 그에 기초한 행정의 책임성, 예측가능성과 명확성을 내용으로 하는 법치주의원리에 따라서 재반론의 가능성은 늘 존재한다. 그럼에도 불구하고 기존의 전통적인 법학방법론과 행정법이론은 오늘날의 복잡하고 多岐한 현대국가에서 발생하는 문제를 적절하게 포착하고 이를 해결하기 위하여 필요한 인적, 물적 인프라를 서로 연결하며 공동체와 국민에게 필요한 최적의 결과를 도출하는 데에는 근본적인 한계를 드러낸 것이 분명하다. 이와 같은 상황하에서 자연스럽게 행정법과 행정법학의 기능을 새롭게 정립하고 이른바 조율학으로서의 행정법학이라는 방법론이 등장한 배경이 된 것이다.

2. 조율수단으로서의 행정법, 조율학으로서의 행정법학

1) 조율 - 어떤 의미인가?

독일의 사회과학 분야에서 조율학이라는 개념이 등장한 것은 1970년대 정치학에서 이를 논의하면서 부터이다. 당시 정치학에서는 과거 선거나 정당 등 민주주의와 관련된 정치제도의 구조에 대한 연구가 중심이었으나 조율학은 이러한 정치제도와 외부환경관의 관계를 집중적인 연구의 대상으로 인식하기 시작하였다.[16)] 그렇다면 조율이라는 의미는 무엇인가? 국어사전에서 조율이라는 단어를 찾아보면 “기계나 설비 또는 화학 반응 따위가 목적에 알맞은 작용을 하도록 조절함”이라는 의미로 사용하고 있다. 신사조 행정법에서 조율은 “특정 시스템에 대한 목적지향적인 영향력 행

15) Voßkuhle는 기존의 법학방법론에서 익숙한 개념이나 행위형식, 원칙 등은 행정행위, 행정계약, 법규명령, 사실행위, 법률의 유보, 법률의 우위, 재량, 불확정개념, 주관적 공권, 비례의 원칙, 신뢰보호원칙 같은 것들인데, 이제는 이러한 개념이나 원칙과 더불어 행정법학에서 실행가능성, 혁신, 효과성원칙, 정보, 소통과 같은 학제적인 융합개념, 경제적 평가방식, 행정절차, 민영화, 규제수단간 선택과 같은 새로운 개념과 원칙이 등장하였다고 평가하고 있다. (각주 8, Rn. 11).

16) Ernst-Hasso Ritter, Integratives Management und Strategieentwicklung in der staatlichen Verwaltung, DÖV 2003, 93면 이하; Hermann Hill, Renaissance einer rationalen Politikgestaltung, FS Klaus König, 217면 이하.

사"라고 그 의미를 정의할 수 있다.[17] 독일사람들이 관념론에 익숙해서 그런지 조율 역시 추상적인 개념이다. 이를 풀어서 쓰면 특정 시스템이나 제도를 작동시키고 일정한 결과를 도출하기 위하여 다양한 행위주체에게 지속적인 영향력을 행사하는 것, 그것이 조율이며, 이러한 조율의 수단이 바로 행정법이고, 그러한 현상을 연구하고 일정한 도그마를 만들어 내는 것이 행정법학이라는 말이 된다.

독일학자들은 1970년대 이후 특히 1980년대를 거치면서 신자유주의가 시대정신으로 유행하던 시기에 도대체 어떤 사회적 사건들이 벌어졌길래 기존의 법학방법론으로부터 조율학으로 선회하게 되었는지 구체적인 사례를 열거하지 않고 지극히 추상적인 차원에서만 이 문제를 다루고 있기 때문에 영미식의 Case Law에 익숙한 사람들에게는 답답하기 그지없는 서술방식이다. 그렇다면 필자 나름대로의 예를 들어 조율학으로서의 행정법이 무슨 의미인지 살펴보고자 한다. 오늘날 복잡한 양상으로 전개되는 글로벌 금융위기와 재정위기에 대처하는 방식이 대표적일 것이다. 특정 국가의 금융위기는 이미 글로벌화된 금융시장의 네트워크를 타고 바로 인접 국가는 물론 멀리 있는 나라에게도 직접적인 영향을 미친다. 미국의 위기와 그리스의 위기가 바로 한국의 위기가 되는 셈이다. 그렇다면 법을 적용하는 정책당국은 이러한 위기를 벗어나기 위하여 어떠한 법적 수단을 사용할 것인가? 예를 들어 극심한 금융위기로 인한 혼란을 방지하기 위하여 정책당국이 적기 시정조치를 취하거나 이른바 뱅크런 등을 방지하기 위하여 금융사업자에게 영업정지 등 명령하고 강제하는 수단도 필요할 것이다. 그러나 보다 중요한 것은 금융위기와 관련하여 세계의 금융시장은 물론 우리나라의 상황을 점검하고 관계되는 기관은 물론 민간부문의 금융기관이나 사업자들과의 소통과 협력을 강화하며 위기 극복을 위한 계획과 구

---

17) Schuppert, Verwaltungsrechtswissenschaft als Steuerungswissenschaft, in : Hoffmann-Riem/Schmitt-Aßmann/Schuppert, Reform des Allgemeinen Verwaltungsrechts, 65면 이하. 그는 조향의 핵심으로서 다음과 같은 여섯 개의 개념이 중요하다고 밝히고 있다. 조향의 주체, 조향의 대상 내지 객체, 조향의 목적, 조향의 필요성, 조향의 가능성, 조향을 위한 능력, 69면.

체적인 실행방법을 찾는 것이 필요하다. 바로 행정법은 이러한 소통구조와 네트워크를 구축하고 행정법을 적용하는 주체가 관련되는 다양한 행위자들에 대하여 위기극복을 위한 행태를 지속적으로 유도하고 조정하는 기능을 수행하는 것이다. 이는 명령하고 강제하는 단선적인 조치가 아니라 통합하고 조정하고 조율하는 다층적이고 복잡한 의사결정구조 안에서 위기극복을 위한 최선의 결정을 이끌어내는 것으로서 행정법이 이러한 조율의 수단으로 기능하는 것을 의미하며, 기존의 법체계가 문제해결에 한계를 가지는 경우 당연히 이를 위한 입법론을 제시하고 실제로 관련 법규를 개정하는 것을 행정법의 기능으로 인식하는 것이다.

한 나라의 경제정책 역시 다수의 이해관계자들이 있다. 노동개혁을 하는 과정에서 정부는 물론 재계를 포함하는 산업계, 근로자, 노동조합, 시민단체 등이 초미의 관심을 갖고 있다. 그런데 이런 문제를 명령하고 강제하는 행정행위로 해결하기에는 사안이 너무도 복잡하다. 이제 행정법은 이러한 현안 문제를 해결하기 위하여 어떨 때에는 협력도 하고 어떤 경우에는 비공식적인 협상도 하고, 필요한 경우에는 협상의 결과를 협약이라는 형식으로 당사자들에게 나름의 구속력을 가지게도 하면서 노동문제의 원만한 해결을 위한 최종적인 입법안을 도출하는데 기여한다. 이제 행정법은 행위형식 중심의 정체된 법이 아니라 입법론을 항상 염두에 두는 다이내믹한 문제해결형 법체계로 그 기능이 변화된 것이다.

우리 사회에서 극한 논쟁의 대상이 되었던 4대강 사업이나 새만금 사업을 예로 들어보자. 법학방법론은 이러한 사업의 과정에서 순차적으로 이루어지는 기본계획이나 시행계획이 과연 행정행위로서 처분이라면 항고소송의 대상이 되는가? 하천점용허가나 공유수면매립면허는 적법한가? 본안에서 관련되는 이익의 정당한 형량이 있었는가? 따라서 법원은 원고의 청구를 기각 또는 인용하는가? 등의 문제에만 관심이 있었다. 적어도 행정법적으로 말이다. 그리고는 나머지 정책적인 문제는 법학의 대상이 아니기 때문에 우리는 여기까지라고 말하면서 법학의 한계와 무력감에 스스로 왜

소해지지 않았던가? 사실 항고소송과 법원의 판결은 이러한 국책사업의 전체 과정을 살펴보면 빙산의 일각이다. 보다 근본적으로 중요한 환경문제는 국책사업과 관련하여 이러한 처분이 이루어지는 절차나 거버넌스가 어떻게 구성되어 있는가와 관련이 있다. 대통령제 국가에서 대통령을 정점으로 국무총리와 행정각부가 상하구조를 이루고 있다면 이른바 국정철학을 내세우며 대통령의 결심 하나로 일사분란하게 국책사업이 이루어지는 상황에서 물 문제나 국토의 균형발전과 같은 국가의 장기적 과제가 과연 정치적 중립성과 독립성을 담보할 수 있겠는가? 그렇다면 이런 문제는 관련 법령이 부처를 초월하는 독립적인 의사결정 기구를 설치하고 그 거버넌스 역시 정치적 중립성과 독립성을 유지할 수 있도록 다양한 Stakeholder 들이 참여하도록 구성하여 최적의 결론을 도출하는 것이 행정법이 지향하는 과제가 되어야 하는 것이다.

2) 조율학으로서 행정법의 방법론

앞서 언급한 바와 같이 조율학으로 행정법은 무엇보다 현안이 되는 국가적 과제를 적절하게 처리하는데 중점을 둔다. 신사조행정법을 문제해결형 행정법이라고 부르는 이유가 바로 여기에 있다. 따라서 조율이라는 의미를 "무엇인가 결과를 도출하도록 하는 것"(etwas zur Folge haben soll)이라는 의미로 사용하기도 한다.[18] 즉 특정한 과제를 처리하여 최적의 결과를 얻기 위해서 행정법은 실정법의 해석과 적용에만 매달리지 않고 규범적인 관점을 입법과 행정을 통하여 적극적으로 실현한다. 이 과정에서 행정법은 관련 되는 이해관계인들의 행태를 목적지향적으로 유도하는데 중점을 두기 때문에 객관적인 법질서 전체가 조율의 대상이 되며, 개인 차원의 주관적 공권의 구제는 사법부의 활동에 국한된다.[19] 조율학에서 행정법은 국가적 과제를 형성적으로 실현하는 수단이기 때문에 행정법의 상대방은 주로 입법과 행정이다. 이러한 점에서 주로 행정의 법형식과 그 하자

---

18) Bumke, in : Schmitt-Aßmann/Hoffmann-Riem (Hrgs.), Methoden der Verwaltungsrechtswissenschaft, 73면 이하(105면 이하).
19) Hoffmann-Riem(각주 18), 9면 이하(26면 이하).

에 따르는 권리구제를 위하여 법원이 주도적 역할을 수행하는 법학방법론과는 확연하게 구별된다.[20]

물론 독일의 경우 행정법학을 조율학이라는 방법론으로 이해하기 시작한 것은 1980년대 본격적으로 이루어지기 시작한 민영화, 규제완화 등과 무관하지 않다. 이와 같이 민영화와 규제완화는 행정법이 전통적으로 사용한 명령과 강제방식을 가지고는 해결하기 어려운 과제였기 때문에 민간부문을 포함하는 관련 당사자들 간의 네트워크를 구축하고 이들과의 협력과 소통을 통하여 민영화 목적달성을 위한 행태를 유도함으로써 최적의 결론을 도출하는 것이 불가피하였기 때문이다. 이와 같이 행정법이 처한 환경이 근본적으로 변화하였기 때문에 이제 행정법이 실정법을 적용하기 위한 해석학이라는 情態的인 방법론을 탈피하고 보다 확장된 기능을 인정하는 動態的이고 적극적인 조율학이라는 방법론으로 옮겨가게 된 것이다.[21] 따라서 조율학으로서의 행정법학은 과거 전통적인 행정조직, 공무원, 재무행정 등을 하나로 통합하여 각론의 총론화를 지향하며, 경제학, 사회학은 물론 앞서 언급한 바와 같이 행정적 과제와 관련한 실무적 경험을 동원하여 특정 현안 과제를 합리적이며 효과적으로 실현하는데 그 역량을 집결시킨다.[22] 이를 통하여 행정법의 방법론은 행정법학의 외연을 확장함과 동시에 역사적으로 발전한 법적용 중심의 해석학을 넘어서서 또 하나의 고유한 문제 해결형 방법론을 지향하는 것이다.

---

20) 앞서 조율학으로서의 행정법과 행정법학에 대한 우리나라의 예를 들어 본 바와 같이 문제해결형 행정법학 방법론은 관련되는 인접 사회과학 분야의 지식과 연구성과는 물론 실무에서의 경험도 모두 포섭하여 융합적 사고를 지향한다. 또한 조율학으로 행정법은 행정행위와 같은 법적 형식을 포함하여 행정절차, 행정조직에 대해서 각각 별도로 논의하는 것이 아니라 이를 모두 망라하여 특정 현안 과제를 해결하기 위한 대상으로 포섭한다.

21) Schuppert(각주 17), 96면 이하.

22) Schuppert(각주 17), 65면 이하.

Ⅲ. 조직과 절차를 통한 법형성

1. 행정내부의 조율을 위한 행정조직법, 외부행위자들의 조율을 위한 행정조직법

종래 전통적인 행정조직법은 행정행위 등 행정작용을 실행하기 위하여 국가나 자치단체의 과제의 성격과 대상에 따라 부처별로 권한을 분장시키는 의미로서 주로 행정작용법의 보조적 기능정도로만 인식하였다. 하지만 행정조직법은 특히 독일연방헌법재판소가 헌법소송 과정에서 방송법상 방송국과 대학에서의 행정조직이 방송이나 학문의 자유 등과 관련하여 이들 공법인의 기본권 주체성과 방송과 학문의 자유를 실현하기 위한 중요한 분야로 인식하기 시작하면서 새롭게 주목받기 시작하였다. 이러한 현상을 보고 학자들은 독일연방헌법재판소가 조직맹(組織盲)에서 벗어났다는 비유를 하고 있다.[23] 특히 조율학은 신사조행정법학의 방법론에서 특정한 과제를 실현하기 위한 행위주체들을 상호 네트워크로 연결하고 의사를 교환하여 최적의 의사결정을 도출하기 위한 인적, 물적 인프라를 배치하는 구심점이라는 점에서 상당한 주목을 받을 수밖에 없다. 다시 말하자면 법은 조직을 구성하는 수단으로서의 의미를 가지는 것에 그치지 않고 조직에 속한 구성원들의 행태에 지속적인 영향을 미치는 기능을 부여받고 있는 것이다. 즉 행정조직법은 행정작용을 위한 수단이나 근거로서만 의미를 가지는 것이 아니라 행정의 인적, 물적 수단을 결합하는 단위로서 행정작용의 내용과 방향을 결정하는 핵심적인 기능을 가진다는 의미이다.

G. F. Schuppert는 "행정조직은 중요한 의미를 가지는가"라는 다른 학자의 질문에 대하여 그 답은 너무도 당연하다고 말하고 있는데, 조직의 존재 여부와 존재한다면 과연 그 조직을 어떻게 구성할 것인가 하는 문제는 결국 오늘날 공동체가 당면한 과제를 적절하게 해결할 수 있는 기초를 제공한다고 보고 있다. 한편, Schuppert는 Schmitt-Aßmann의 말을 인

---

23) Schuppert(각주 8), §16, Rn. 5 이하.

용하면서 행정은 조율의 기능과 관련하여 이중의 지위를 가진다고 이야기한다. 일단 행정은 일반행정법과 개별 분야의 작용법을 통하여 외부의 행위주체들을 유도하고 활성화시키는 조율의 주체로서의 기능이다. 또한 행정은 다음과 같은 의미에서 조율의 대상, 즉 객체로서 기능한다. 첫째, 입법자는 행정조직법을 통하여 행정이 활동할 수 있는 범위와 관할권을 설정함으로써 규범적인 의미에서 행정을 조율한다. 둘째, 입법자는 공무원법과 인사정책을 통하여 행정조직의 인적 구성을 조향한다. 셋째, 입법자는 행정조직법을 통하여 행정조직의 구성과 절차에 영향을 미친다. 마지막으로 입법자는 예산법(우리의 경우 예산안)과 재정통제를 통하여 행정조직의 재원과 재정활동을 조율한다.[24]

이와 같이 행정이 행정조직법상 조율의 주체와 객체로서의 기능을 구분하는 것은 타당한 것으로 보인다. 다만, Schuppert는 행정조직법상 조율을 언급하는 이유는 입법자가 위와 같은 인적, 물적 수단을 통하여 일정한 행정작용을 하도록 행정을 조율하는 것, 즉 주로 행정을 조율의 객체 내지 대상으로서 이해하는 것이라고 설명한다. 물론 Schuppert의 말처럼 행정조직법상 조율을 "주로" 조율의 객체로서의 의미로 이해한다는 것은 행정이 동시에 조율의 주체로 기능한다는 것을 배제하는 것은 아니다. 오히려 Schuppert의 견해와는 달리 행정조직법상 조율의 의미는 행정이 조율의 주체로서 기능하는 것이 더 중요할 수도 있다는 견해가 더욱 타당성을 가질 수 있다. 그 이유는 조율학으로서의 행정법방법론이 그 본래의 목적을 이루기 위해서는 행정조직이 일단 입법자에게 의하여 그 윤곽이 결정되면 인적, 물적 기반을 바탕으로 현안 과제 실현을 위한 의사교환과 소통의 채널을 통하여 각 행위주체의 행태에 영향력을 행사함으로써 국민들이 합리적인 것으로 수용할 수 있는 의사결정과 공동체에 최적의 결과를 이끌어 내는 것이 궁극적으로 중요하기 때문이다. 따라서 행정이 주체가 되어 외부 행위자들에 대한 조율을 위한 행정조직법도 중요하다는 의미이

24) Schuppert(각주 8), §16, Rn. 8.

다. 이와 같이 문제해결형 행정법에서는 행정이 주체가 되어 관련 행정기관은 물론 민간부문의 행위주체들과 협력하고 소통하는 것이 본질적인 기능이기 때문에 입법자가 행정을 객체로서 이해하고 조율하는 것만으로는 행정조직법의 의미가 반감된다.

2. 행정조직법의 구성원리

필자도 늘 생각하는 대목이기도 하지만 독일의 학자들 역시 오늘날 행정조직법이 당면한 최대의 과제는 국가의 관련 행정청, 행정기관과 더불어 민간부문의 행위주체, 전문가, 이해관계자들을 공식 또는 비공식적으로 여하히 행정조직에 편입할 것인가 하는 문제라고 지적하고 있다. 특히 민간부문의 행위주체들을 행정조직에 편입하고 참여시키는 경우에는 행정만이 조직의 주체가 되는 경우와는 달리 민간부문이 참여하는 것을 고려하는 다른 조직원리가 적용될 필요가 있다.[25] 특히 민간부문이 참여하는 행정조직법을 고려하는 경우 유의해야 하는 것은 이들 민간부문이 사회 전체에게 차지하는 경제력이나 영향력이 막강하기 때문에 이들의 이해관계에 포획당하지 않고 공익을 우선적으로 실현하는 방향으로 그 조직원리를 찾아야 한다는 점이다. 물론 이러한 점을 유의하면서 민간부문의 창발성과 의사를 충분하게 경청하고 이들과 소통하며 행정조직법이 과거 상명하달식의 위계조직을 벗어나서 행정이 조정자로서 현안 과제를 적절하게 처리한다는 궁극적 목적을 실현하도록 행정조직에 참여하는 모든 주체들의 행위에 대하여 끊임없이 영향력을 행사하도록 구성되어야 한다.

물론 이러한 행정조직법의 구성원리를 현실 세계에서 실현한다는 것은 지난한 일이고 일단 행정조직을 이와 같은 목적을 의식하며 정교하게 구성한다고 하더라도 제대로 작동할지는 또 다른 문제이기도 하다. 또한 민

25) 헌법학자들은 행정조직에 선출되지 않은 민간부분을 참여시키는 경우 당연히 민주주의 원리와 행정의 책임성원칙에 반하는 것이라고 일반적으로 비판할 수 있다. 그러나 민주주의원리와 민주적 정당성의 문제를 의회민주주주의, 대의제의 연장선상에서 좁게 이해하는 것은 문제라고 할 수 있다. 오늘날 민주적 정당성의 문제는 보다 개방적으로 이해할 필요가 있다. 이에 대해서는 후술한다.

간부문의 이해관계인 중 과연 어떤 사람이나 단체를 행정조직에 참여시킬 것인가 하는 대표성의 문제도 해결하기 쉬운 것은 아니다. 다만, 행정조직에 민간부문을 참여시키는 것은 오늘날 행정과 행정법이 부담하는 무한한 정치적, 법적인 책임에 비하여 가용할 수 있는 인적, 물적 인프라가 턱없이 부족하고 과거에 비하여 그 영향력도 감소한 상황을 고려한 것이다. 이에 따라서 민간부문이 가지고 있는 정보, 지식, 자본 등을 국가의 과제실현에 활용하는 것은 이미 여러 국가에서 중요한 국정운영의 방식이 된 것을 부인할 수 없다. 앞서 우리나라의 중요한 국책사업이나 경제, 노동정책을 예로 들었듯이 이는 과거와 같이 행정이 이해당사자들을 명령하고 강제하는 방식으로는 도저히 해결할 수 없으며, 이들의 협력과 참여가 문제해결의 핵심이라고 할 수 있기 때문이다. 그리고 이들과의 협력과 협상을 통하여 도출된 결론을 일종의 협약형식으로 당사자에게 구속력을 부여하는 과정을 거칠 수 있도록 그 내용과 절차를 고려한 행정조직법이 마련되어야 한다.

이러한 행정조직이 일상화되면서 행정과 행정법이 민간부문과 협력 내지 협상하는 것이 관행으로 굳어지고 법제도로 정착되어 오늘날 법치국가의 구조가 이른바 협력적 법치주의(Kooperativer Rechtsstaat)로 변화할 것을 필자 역시 조심스럽게 예고한 바 있다.[26)][27)] 다만, 앞서 언급한 바와 같이 민간부문이 오늘날 행정조직에 참여하고 행정과 파트너로서(partnerschaftlicher Rechtsstaat) 국정과제를 공동으로 실현하는 것은 이상적이기는 하지만 그러한 그 대표성과 책임성을 담보하는 것은 상당히 어려운 문제라고 할 수 있다. 우리나라에서도 특정 대기업의 명칭을 사용한 "SS공화국"라는 말이 회자될 정도로 민간부문의 영향력과 자본력이 공공부문을 압도하는 상황에서 자칫 행정이 공정성과 형평성을 상실하고 이들에게 지나치게 의존하는 경우에는 협력적 법치주의가 아닌 일종의 특정 법인주의(Korporatismus)로 변모할 가능성도 있다.[28)] 그러므로 앞서 언급한 바와 같이 행정조직법을

26) Kim, Sung-Soo/Nishihara, Hiroshi(각주 5번).
27) 독일의 경우 1970년대 후반 이른바 협력국가라는 개념이 처음 등장하였다는 것을 설명하였다. Ernst-Hasso Ritter(각주 13).
28) Schuppert는 이를 "위계조직이라는 늑대를 피하려다가 법인주의라는 호랑이를 만나는

통하여 민간부문의 노하우와 자본, 지식 등을 활용하기 위해서는 이들의 행태를 공익과 공적 과제 실현을 위한 방향으로 유도하는 것이 행정의 최종 과제이자 책임인 것이다.

이 문제는 어떻게 보면 개별 행정조직의 문제라기보다는 행정을 총체적으로 관장하는 정부, 더 나아가 정권의 정당성과 이에 대한 국민의 신뢰, 국가를 운영하는 근본철학이나 방식과 같은 보다 상층부의 근본 문제와 결부되어 있다. 다만, 이러한 문제와 관련하여 헌법적인 관점에서 학문적으로 설명이 필요한 부분은 민간부문의 국정참여와 공동운영에 대한 민주적 정당성과 국정의 책임성을 어떻게 담보할 수 있겠는가 하는 것이다. 앞서 언급한 바와 같이 민주적 정당성, 민주주의원리를 의회민주주의의 틀 안에 가두지 않고 보다 유연하게 수용하는 경우 이 문제는 이론적으로 설명이 가능하다. 이에 대해서는 본 연구 중 이 주제를 다루는 부분에서 다시 언급하기로 한다. 보다 어려운 문제는 국가가 민간부문과 국정운영을 공동으로 하는 경우 행정의 최종적인 책임성에 대한 것이다. 이 문제를 독일에서는 이른바 보장국가론(Gewährleistunsstaat)으로 설명하고 있다. 보장국가론의 내용과 함의에 대해서는 다양한 견해가 제시되었지만 일종의 공통분모로서 논의되는 것은 바로 민간부문의 행위주체들이 추구하는 목표나 이익이 공익의 실현이라는 궁극의 지향점을 향하도록 행정이 최종적인 책임을 진다는 것이다.

즉 행정과 행정법이 행정조직을 통하여 행정, 민간부문의 자율성과 자율규제, 민관이 합동하는 제3섹터 등 모든 행위주체들이 가지는 잠재력을 열어 놓고 마치 지천들이 합류하여 본류를 이루듯이 역량을 집결하여 공익을 실현하도록 조정하는 역할이다. 그러므로 국가의 보장책임은 민간부문을 포함하는 조율책임으로서 민간부문의 성과를 극대화하면서도 국가적 과제의 실현이라는 최종 목표에 이르도록 행정조직을 설계하고 실천하는 것이다. 이로서 민주주의원리에 바탕을 둔 국가의 최종적인 책임성을 담보

격"이라고 빗대어 말하고 있다. (각주 8), §16, Rn. 18.

한다는 것이다.[29)]

3. 조율을 위한 절차법

행정법에서 자연적 정의와 적법절차를 강조하고 수정헌법에 적법절차 조항이 명시된 미국 등 보통법 질서가 지배하는 국가와는 달리 독일의 경우에 행정절차는 1976년 연방행정절차법이 제정되기 이전에는 큰 주목을 받지 못했다.[30)] 그리고 그 이후에도 행정절차는 실체적 결정을 이끌어 내기 위한 보조적 기능에 머물고, 이에 따라 행정절차에 위반한 행정처분의 효력과 관련하여 그것이 독자적인 위법사유인지, 위법하다면 취소인지 무효인지 등 주로 행정절차에 대한 사법적 통제에 집중되었다. 행정절차에 대한 독일의 이러한 태도는 행정처분의 하자론과 사법적 통제에 중점을 둔 고전적인 법학방법론의 연장선상에서 이해할 수 있는 것이고 행정절차 내지 적법절차가 현대 행정법질서에서 갖는 의미에 대한 진지한 통찰이 부재했다는 것을 의미하는 것이다. 독일국법학자대회는 2009년에서야 비로소 행정절차가 실체적 결정에 대하여 가지는 보조적 기능에서 벗어나 그 독자적 의미에 대하여 논의한 바 있다.[31)] 이는 독일의 자각이라기보다는 후술하는 독일행정법의 유럽화가 야기한 영향이라고 할 수 있다.

앞서 언급한 바와 같이 독일식의 법적 사고에 의하면 행정법은 주로

---

29) 물론 이러한 일들이 말처럼 쉬운 일이 아니며, 행정을 담당하는 정치체계 전반에 대한 국민의 신뢰와 정부의 정당성이 흔들림 없이 착근되는 것을 절대적인 전제조건으로 한다. 보장국가론을 말하는 독일 학자들이 이러한 근본적인 문제를 거론하지 않기 때문에(그들에게 이것은 정치적 정당성의 문제로 이미 해결된 것이다), 우리나라의 현실에 비추어 환경이 다른 두 나라를 평면적으로 비교하는 것은 현실성이 없는 이야기로 비추어질 수도 있다. 다만, 우리나라의 경우에도 분명하게 적용될 수 있는 사실은 오늘날 국가가 모든 공적인 문제에 적극적으로 개입해서 단독으로 처리할 수 있는 시대상황은 아니기 때문에 역량과 의지를 가지고 있는 다른 행위주체들을 포함하는 조직, 절차, 결정구조를 행정법을 통하여 규율할 수밖에 없다는 것이다. 그러므로 다시 한 번 협치와 거버넌스가 강조되는 것이다.

30) 이에 대한 상세한 논의는 Schmitt-Aßmann(각주 1), 제2권, § 27. 461면 이하.

31) Elke Gurlit/Michael Fehling, Eigenwert des Verfahrens im Verwaltungsrecht, VVDStRL 70, 227면 이하.

실체법의 해석과 적용에 중점을 두는 전통을 유지하여 왔다. 이에 따라서 절차법은 실체법에 비하여 그 비중이 상대적으로 약하게 취급되어 온 것이 독일의 법현실이다. 독일의 사법부 역시 행정사건에서 행정절차법은 실체행정법과의 관계에 있어서 일종의 보조적 기능(dienende Funktion)을 행하는 것을 명시적으로 언급하고 있다.[32] 다시 말하자면 행정절차법은 실체행정법의 실현방식 내지 수단의 하나로 보는 것이다. 그러므로 행정절차법이 적법하고 적정한 절차의 실현을 통하여 행정처분 등 행정청의 합리적이고 객관적인 결정을 담보하는 기능은 간과되어 왔다. 그리고 이와 같이 행정절차법의 보조적 기능은 연방행정절차법 등 실정법과 판례를 통하여 그대로 반영되었다. 예를 들어 행정행위에 절차상 흠이 있는 경우 그 흠이 중대하고 명백하여 무효에 해당하지 않는 한 치유될 수 있다. 행정청은 행정소송 제기와 심리과정에서 마지막 사실심 변론기일 전까지 하자를 치유하는 행위를 추완할 수 있다.[33] 또한 절차상 흠이 있다고 하더라도 그것이 실체적 결정이 영향을 주지 않는 경우에는 독립적인 위법사유를 구성하지 않는다.[34][35]

이에 비하여 유럽법에서는 행정절차법이 독자적으로 고유한 기능을 하는 것으로 보고 있다.[36] 유럽연합 차원에서 행정절차법은 두 가지 주요한 역할을 부여받고 있는데, 하나는 법실현과 집행의 수단으로서 행정에 기여하는 것이고, 다른 하나는 개인의 절차상 권리를 보호하는 것이다.[37] 물론

32) BVerwGE 64, 325(333ff.); 117, 93(104); 141, 171(173).
33) § 45 VwVfG; zur Bauleitplanung ; § 214 Abs. 4 Baugesetzbuch.
34) § 46 VwVfG; zur Bauleitplanung ; § 214 Abs. 1 Baugesetzbuch.
35) 이와 같은 예들은 독일의 행정법과 행정소송법이 본안에서 행정처분의 실체적 위법사유의 심리에 집중할 뿐 절차상의 흠 여부는 부차적인 문제에 불과함을 단적으로 보여주는 것이다. F. Schoch, Zur Europäisierung des Verwaltungsrechts, Juridica International 21, 2014, 110면.
36) W. Kahl, Grundrechtsschutz durch Verfahren in Deutschland und in der EU, Verwaltungsarchiv 2004, 8면 이하; M. Burgi, Verwaltungsverfahrensrecht zwischen europäischem Umsetzungsdruck und natinalem Gestaltungsunwillen, JZ 2010, 105면 이하; T. v. Danwitz, Europäisches Verwaltungsrecht, 2008, 530면.
37) 행정절차가 갖는 독립성과 독자성에 대해서는 EuGH, Urteil v. 21. 3. 2013, C-244/12, Salzburger Flughafen. - NVwZ 2013, 707면.

유럽법의 경우에도 절차상 흠을 치유하거나 경미한 절차상 흠을 독립한 위법사유로 인정하지 않는 경우도 있다.[38] 그러나 그 요건은 독일법에 비하면 훨씬 엄격하다. 유럽법에서는 절차상 흠의 치유는 행정절차가 완결된 이후에는 원칙적으로 허용되지 않는다.[39] 그 이유는 일단 행정절차가 종료되고 행정소송의 단계로 접어들면 행정소송에서의 원고와 제3자의 권리보호 등 무기대등원칙을 실현하기 위하여 더 이상 행정청에게 다른 선택의 기회가 부여될 수 없기 때문이다.[40][41] 이와 같이 행정절차에 독립적이고 고유한 기능을 부여할 것인지 혹은 단순히 실체적 결정을 위한 보조적 기능에 국한할 것인지의 차이는 개인의 절차상 권리보호에 대한 철학의 차이에서 비롯된다. 앞서 언급한 바와 같이 독일법의 경우 행정절차의 기능은 행정청의 실체적 결정을 이끌어 내기 위한 보조적 수단에 불과하기 때문에[42] 행정절차에 있어서 개인의 권리나 법적 지위를 보장하는 것은 주된 관심사가 아니다. 그러므로 행정절차는 행정청의 실체적 결정과 관련하여 주관적 권리로서의 보호기능을 가지지 못한다. 다시 말하자면 절차적 흠 때문에 행정청의 행정행위 등 특정한 실제적 결정의 위법성에 대하여 다투는 사람은 행정절차상의 흠이 실체적 흠에 영향을 주었으며, 이를 통하여 원고의 법적 지위에 변동을 초래하였다는 입증을 하는 경우에 한하여 법적인 보호가 가능하다.[43]

이에 비하여 유럽법에서는 행정절차에서 개인의 절차적 권리보호에 적극적이다. 즉 행정절차가 실체적 결정을 위한 소극적인 역할에 그치지 않

38) J. Schwarze, Die Rechtsprechung des EuGH zur Relevanz von Fehlern im Verwaltungsverfahren, in : D. Heckmann/R.P. Schenke/G. Sydow(Hrsg.), Verfassungsstaatlichkeit im Wandel, FS. Thomas Württenberger, 1203면 이하.

39) B. Bredemeier, Kommunikative Verfahrenshandlungen im deutschen und europäischen Verwaltungsrecht, Mohr Siebeck 2007, 414면 이하.

40) J. Kokott/C. Sobotta, Das BVerwG und das europäische Umweltrecht, NVwZ Beilage 2013/1, 51면.

41) 따라서 절차상 하자는 이를 효과적으로 치유할 수 있는 단계의 경우에만 허용될 수 있다. EuGH, Urteil v. 15.1. 2013, C-416/10, NuR 2013, 113면 Rn. 89ff.

42) 이는 연방헌법재판소의 결정에서도 마찬가지이다. 예를 들어 BVerfGE 105, 48(60).

43) BVerwGE 100, 238(251ff.).

고 행정결정의 적법성을 담보하는 보다 적극적인 기능을 수행한다. 따라서 이러한 사고는 행정절차 자체의 의미와 기능에 대하여 일정한 함의를 제공한다. 예를 들어 대규모 공공사업에 있어서 환경영향평가라는 특별절차는 실체적 결정과는 별도로 그 절차상 흠이 있는 경우에는 개인의 권리침해를 인정한다. 이러한 유럽법의 입장은 오히려 독일의 환경영향평가 절차의 경우에는 예외에 속한다. 유럽연합의 환경영향평가지침(UVP-Richtlinie)에 따르는 개인의 절차적 권리보장원칙은 독일을 포함한 회원국의 관련 법규에서 그대로 적용될 것을 요구하기 때문에 독일의 실정법이나 판례의 입장은 더 이상 적용되기 어려운 상황으로 가고 있다.

사실 이 시점에서 우리나라의 경우 지난 25년 가까이 판례나 실무에서 적법절차의 의미와 기능이 강조되고, 급기야 2012년 대법원전원합의체의 가산세 부실 납세고지 사건에서[44] 적법절차를 헌법상의 원리로 수용함으로써 판례를 통한 행정법 발전에 큰 의미를 부여하였다는 점을 생각한다면, 독일에서 적법절차에 대한 논의는 우리에 비교하여도 결코 선진적이지 못하다는 점을 지적하지 않을 수 없다. 또한 앞서 언급한 2009년 독일국법학자대회에서 행정절차를 다루기는 하였지만 조율학으로서 행정법에 있어서 적법절차의 의미에 대해서는 거의 논의하지 않았으며 유렵연합 차원에서 이루어진 특별절차와 복합민원 등 새로운 행정절차를 소개하는데 그치고 있다.

그렇다면 조율학으로서 행정법학에서 행정절차가 갖는 의미는 과연 무엇일까? 과거 행정절차 내지 적법절차가 가지는 기능으로서 행정의 민주적 정당성, 실체적으로 적법한 결정의 보장, 국민의 참여, 행정과정의 투명성과 예측가능성, 국민에 대한 설명의무의 이행 등 여러 가지가 제기되었다. 그러나 특히 조율학에서 말하는 조직과 절차의 결합이라는 관점에서 보면 국가의 현안 과제를 해결하기 위하여 다수의 이해관계자들과 행위주체들을 거미줄 같이 네트워크화 하는 과정에서 적법절차는 이들 간의 의

44) 대법원 2012.10.18 선고 2010두12347 전원합의체 판결.

사교환과 소통의 무대로서의 역할을 한다. 즉 조율학에서 행정절차는 의사교환과 소통의 채널이다. 이렇게 보면 행정절차법이 이른바 불이익처분에 대한 사전통지와 의견청취, 처분의 이유제시를 통하여 행정결정의 예측가능성과 상대방에 대한 권리보장을 중요시 하는 것과는 다른 차원의 임무와 기능이 조율학의 적법절차에 주어진다. 물론 행정절차는 불이익처분 이외에 행정입법절차, 행정예고절차, 계획확정절차 등을 통하여 행정의 민주성 보장을 위한 외연을 보다 확대하지만 조율학에서의 적법절차는 기존의 행정절차에 비하여 그 기능이 보다 확대된다. 다시 말하자면 불이익처분에 주로 집중된 절차적 정의나 계획확정절차에서 이루어지는 이해관계인의 참여, 관련 이익의 형량은 행정청이 주도하는 절차에서는 국민이 참여하는 정도에 그친다. 그러나 조율학에서 행정절차는 행정이 조정자로서의 역할을 여전히 수행하지만 민간부문은 그 조직의 공식적인 의사결정에 참여하는 수준을 넘어서서 共治(mit-regieren) 내지 協治(ko-regieren)의 파트너가 된다. 물론 이 경우 적법절차의 목적은 상대방의 권리구제나 행정결정의 민주성이 아니라 궁극적으로 협력과 소통을 통한 합리적이고 타당한 최적의 의사결정이며, 국민에게 수용성이 높은 결정을 통해서 국가의 과제를 합리적인 방식으로 집행하는 것이다. 물론 이 경우에도 역시 민간에 의한 포획의 문제, 민주적 정당성, 행정의 책임성 문제가 동일하게 제기된다. 역시 이 문제는 보장국가론과 민주주의원리의 유연한 해석에서 그 답을 찾아야 한다.

Ⅳ. 독일행정법의 글로벌화와 유럽화45)

독일의 전통적인 법학방법론과 행정법학이 동요하게 된 큰 이유 중의 하나는 글로벌화와 유럽통합의 가속화에 따라 국경을 초월하는 다른 나라의

45) 이른바 유럽화의 개념에 대해서는 T. Siegel, Europäisierung des öffentlichen Rechts. Mohr Siebeck 2012, Rn. 71ff.

법제도 및 유럽연합 차원의 엄청난 법규범과 제도가 독일에 범람하기 시작하였다는 점이다.[46] 일단 독일행정법의 유럽화와 관련하여 유럽화라는 개념은 쌍방향 간의 법제도 계수의 의미로 사용되고 있음을 유의하여야 한다.[47][48] 물론, 유럽연합과 회원국 간의 법의 유럽화는 모든 분야를 포괄하지만 그 중에서도 주목할 것은 상당한 부분이 행정법과 관련된다는 점이다. 그러므로 행정법 분야를 살펴보면 독일의 행정법 체계가 유럽연합 차원의 영향과 자극을 자신의 분야로 수용하는 한편, 다른 한편으로는 독일행정법의 발전을 유럽연합 차원의 법제도에 미래지향적으로 투영하는 것이 바로 유럽화의 핵심이라고 할 수 있다. 그러므로 조율학으로서 행정법학의 기능을 강조하는 신사조행정법은 유럽연합과 독일 그리고 두 법체계가 서로 교차하는 부분에서 독일행정법 개혁의 실마리를 찾고 있다. 독일행정법의 유럽화를 단순히 양 법체계가 동일한 내용과 성격을 가지는 균일화를 의미하는 것은 아니며, 때로는 유럽화에도 불구하고 양립의 가능성이 있는지의 문제까지 고민할 필요가 있다.[49] 이와 같이 독일행정법이 법학방법론으로부터 조율학적 방법론으로 선회하는 경향을 강조하는 학자들은 앞서 언급한 협의의 유럽화가 결정적인 영향을 준 것으로 평가하고

---

46) 이에 대해서는 Schmitt-Aßmann, Zur Europäisierung des allgemeinen Verwaltungsrechts in : P. Badura(Hrsg.), Wege und Verfahren des Verfassungslebens, FS. Peter Lerche, 1993, 513면.

47) Schmitt-Aßmann, Perspektiven der Europäisierung des Verwaltungsrechts, in : P. Axer(Hrsg.), Das Europäische Verwaltungsrecht in der Konsolidierungsphase, Die Verwaltung Beiheft 2010-10, 268면 이하.

48) 일단 협의의 유럽화라는 것은 유럽연합의 법체계와 법적 사고가 회원국의 법제도에 지속적으로 영향을 미치고 이를 변화시키며, 새롭게 형성해 나가는 과정을 의미한다. 이와 같은 협의의 유럽화 개념은 주로 유럽연합과 회원국의 법체계 간의 수직적인 관계를 의미하는 것인데, 이는 지나치게 일방적이고 좁은 의미로 유럽화 개념을 설명하는 것으로서 비판의 대상이 되었다. 오늘날 독일법의 유럽화는 보다 광의로서 쌍방향적인 것이고 회원국의 법제도나 사고가 거꾸로 유럽연합법의 형성에 영향을 주는 것을 포함하고 있다. R. Wahl, Europäisierung : Die Miteinander verbundenen Entwicklungen von Rechtsordungen als ganzen, in : H.-H. Trute(Hrsg.), Allgemeines Verwaltungsrecht - zur Tragfähigkeit eines Konzepts, Mohr Siebeck 2008, 869면 이하; 동인, Die Rechtsbildung in Europa als Entwicklungslabor, JZ 2012, 861면 이하.

49) 이에 대해서는 Ivo Appel, VVDStRL 67, 274면 이하.

있다. 다시 말하자면, 오늘날 유럽연합의 확장과 단일통화의 사용, 국경을 초월하는 환경문제, 인터넷 등의 영향으로 인하여 전통적인 독일의 법학방법론과 행정법에 상당한 충격을 주었으며, 이것이 제2차 세계대전 이후 독일에서 공법학 방법론을 새롭게 모색하는 계기를 제공한 것으로 보고 있다.[50)]

글로벌화와 유럽화에 따르는 독일 공법의 변화는 단순히 국제규범을 새롭게 해석하거나 자국의 관련 법제의 내용을 개정하는 것에 그치지 않고 방법론과 도그마 등 보다 근본적인 문제에 미치는 영향을 의미한다. 다시 말하자면 독일의 경우 이러한 변화 속에서 기존의 행정법체계에서는 찾아볼 수 없는 새로운 개념, 제도, 수단들이 자국의 법체계에 미치는 영향이나 결과를 통합하여 구체화하는 과제에 직면하게 된 것이다.[51)] 행정법의 글로벌화와 유럽화의 경향은 독일의 행정법학에게도 그 대상과 방법론에 있어서 새로운 과제를 던져주고 있다. 이러한 상황에서 실정법의 해석과 적용에 중심을 두고 위법한 행위형식에 대한 사법부의 통제에 집중하는 전통적인 독일의 법학방법론은 상황의 변화에 따르는 혁신의 요구에 부응할 수 없다. 특히 유럽연합이나 국제사회가 요구하여 독일에 적용되는 법규범의 양이 일단 엄청나고 상이한 규범들이 복합적인 양상으로 전개되는 것과 동시에 이들 국제규범들이 독일의 입법과정을 거치지 않고 직접적으로 적용되는 경우가 많이 있어서 전통적인 법학방법론은 이러한 흐름과 양상을 제대로 포착할 수 없다. 그러므로 행정법의 새로운 방법론은 이와 같이 변화의 법적 상황을 고려하여 행정과 행정법의 기능을 새롭게 정립하고 그에 적합한 조직, 수단, 절차, 거버넌스를 구축함과 동시에 그 결

---

50) Voßkuhle(각주 8), Rd. 13.

51) 이는 특히 환경법 분야에서 두드러지는데, 환경영향평가, 절차의 민영화, 환경인증제도, 환경심사제도 그리고 배출권 거래와 같은 시장 기제를 활용한 환경보호 수단들이다. 이들 새로운 제도와 수단들의 특징은 과거 행정법이 활용하던 인·허가와 그 정지, 취소, 행정강제와 행정벌 등의 행정청의 고권적 지위를 지양하고 일반 국민이나 사업자들과 협력을 통하여 문제해결을 시도하고 있다는 점이다. 독일을 포함하여 어느 국가를 막론하고 글로벌화에 따르는 이른바 법치라운드가 대두됨에 따라서 행정법의 개별분야에서 국제규범에 부합하도록 법제도를 정비해야 하는 것은 물론 경우에 따라서는 독일이 선제적으로 국제사회에 일정한 기준을 제시하는 경우도 있다.

과를 평가하며, 소통과 협력을 통하여 이해관계의 대립을 해소함으로써 현실적으로 실현가능한 최적의 결정을 도출하고 이를 집행하는데 중점을 두어야 한다. 이러한 방법론이 유용하고 실천적이라는 평가를 받는다면 이제 이를 독립한 도그마로 발전시키는 것이 신사조행정법의 과제이며, 여기에는 비교법론, 입법론 등이 보다 중요한 역할을 수행할 것으로 보인다.[52)]

V. 맺는 말

독일행정법이 100여 년 간을 연마해 온 법치주의의 보고이자 자부심의 상징인 법학방법론과 오토 마이어의 행정법이론이 동요하고 있다. 물론 이러한 변화는 법학방법론이 사멸의 길을 걷는 것은 결코 아니며 일종의 역사적 법 발전의 과정을 겪는 것이라는 견해가 우세한 것도 사실이다. 그러나 법학방법론이 가지고 있는 명확성과 예측가능성이라는 지고한 장점에도 불구하고 법학방법론 자체의 태생적인 한계와 더불어 지난 세월 이루어진 사회적, 기술적 발전, 글로벌화와 유럽화는 법학방법론의 수정과 변화를 요구하고 있다. 이른바 신사조행정법이라는 새로운 방법론과 도그마를 추구하는 학자들은 오늘날 행정법과 행정법학이 수행하는 기능과 관련하여 특정한 법적 형식의 적법 또는 위법만을 평가하고 사법부의 판단을 기다리는 수동적인 자세에서 벗어나서 사회형성적인 과제를 처리하고 최적의 결과를 실현할 수 있도록 지향하는 행정법체계를 제시하고 있다.

물론 전통적인 법학방법론에서 보면 신사조행정법학은 행정법학을 사실의 학문으로 변질시키고 이를 경제학이나 사회학에 용해시켜 그 정체성을 스스로 부인하는 愚學으로 보는 시각도 분명히 존재한다. 그러나 愚學이 移山하는 괴력을 보여줄 수도 있지 않을까? 본 연구에서 많은 예를 들어 제시하였듯이 오늘날 현대국가가 당면한 정책 환경, 민복을 위하여 수행해야 하는 국정과제는 매우 복잡하고 다층적인 법적 대응을 요구한다.

---

52) Voßkuhle(각주 8), Rd. 14.

이는 단순히 법적 행위형식에 그치지 않고 조직, 절차, 작용, 거버넌스 등 총체적이고 다변적인 행정법적 대응을 요구하는 사안이다. 법적 형식과 사법부의 역할에 의존하던 기존의 전통적인 행정법학으로는 이러한 현대 국가의 복잡한 상황에 대처할 수 없다. 독일은 섬이 아니다. 오늘날 글로벌화된 세상에서 혹시 독일이 비록 외부와 지리적으로 고립된 섬이라고 가정하더라도 국제환경의 변화와 유럽 전체에서 이루어지는 법체계의 변화로부터 결코 자유로울 수 없다. 극단적으로 말하자면 이제 독일을 비롯하여 어떤 나라도 자신의 마음대로 할 수 있는 일이 하나도 없는 것이다. 이를 참고 견디지 못하는 나라는 영국처럼 exit를 찾을 수밖에 없다.

신사조 행정법이 행정법의 기능을 조율학이라고 정의한 것에 대해서는 여전히 논란의 여지는 있다. 일단 조율이라는 개념 자체가 모호하다는 비판을 피해나가기 어렵다. 공공부분을 관할하는 행정청은 물론 관련 행정기관을 포함하여 민간부문의 행위주체들을 조율하기 위한 조직, 거버넌스를 구축하고 적정한 절차적 규율과 소통을 통하여 이들 행위주체들에게 바람직한 방향으로 지속적인 영향력을 행사하여 최적의 결과를 도출하는 것이 과연 무엇이며 현실 세계에서 가능한 것인가 하는 근본적인 회의가 있는 것도 사실이다.

마침 이 글을 쓸 무렵 필자는 2016년 6월 말 유럽에 있었고, 유로 2016 축구선수권대회가 한창 진행되고 있었다. 축구감독의 역할이 무엇인지 행정법과 비교해 보기로 하자. 과거 축구감독은 최전방에 발군의 공격수를 발굴하여 실제 게임에서 팀의 모든 역량을 그에게 집중하고 득점하도록 팀을 운영하였다. 그 팀의 컬러는 그 최전방공격수의 이름과 동일시되었다. 그 공격수의 이름이 바로 행정행위며 오토 마이어 감독(이하 오감독이라 한다)은 그만을 통제하면 팀 운영이 잘 되었고 또 그렇게 믿었다. 그런데 현대 축구의 환경이 변화하여 경기에 참여하는 팀들의 전술이 다양해지면서 최전방공격수에 집중하는 팀 전술은 더 이상 먹혀들지 않았다. 최근에 우승한 팀의 감독은 특출한 선수는 없지만 11명의 선수들의 장점과 단점을 파악하여 이들을 서로 연결하고 조율하는 팀 전술을 통해서 조직의 역량을 극대화하는 새로운 전술을 선보이고 우승한 것이다. 그러나 축구팬들에게 그 팀에서 기억에 남는 선수는 별로 없다. 모호한 팀이 우승한 것이데, 감독이름이 바로 조율(이하 조감독이라 한다)이다. 향후 세계 축구의 발전과정에서 오감독과 조감독이 보여준 전술이 어떠한 방향으로 갈 것인가 기대가 크다. 상호간의 장점을 융합한 새로운 전술이 등장할지는 두고 보아야 할 일이다. 독일국법학자대회가 1996년과 2007년에 이어 언제 다시 이 주제를 두고 토론을 전개할지 현대 축구의 전술발전 방향과 더불어 과연 어느 팀이 세계 및 유럽, 남미선수권, K리그에서 우승할지만큼이나 궁금하다.

제5장

독일 신사조행정법학의 실천 분야와 보장국가론

Ⅰ. 문제의 제기

1990년대 초부터 독일에서 시작된 이른바 신사조행정법(Neue Verwaltungsrechtswissenschaft)은 독일의 전통적인 법학방법론과 이에 토대를 둔 오토 마이어 방식의 행정법학과 이론체계에 충격을 가하기 시작하였다. 그로부터 사반세기가 지나면서 독일의 공법학계는 1996년과 2007년에 각각 이 문제를 국법학자대회의 주제로 선정하고 이른바 신·구파 간의 격렬한 논쟁이 벌어졌다. 그런데 이러한 학문적 논쟁은 지면 상에서 일어나는 설전에 그치는 것이 아니라 독일 사회가 이와 관련된 각종의 새로운 제도와 법규범을 생산하면서 보다 실천적인 측면에서 가열된 측면이 있음을 부인할 수 없다. 물론 그러한 사회적 배경에는 독일이 제2차 세계대전 이후 건국과 헌법질서를 통하여 강고한 의회민주주의체제와 사회적 시장경제라는 정치 및 경제질서를 가지고 있었음에도 불구하고 1980년대를 거치면서 레이거노믹스와 대처리즘, 신자유주의와 같은 세계적 흐름 속에서 국가와 행정에 대한 지속적인 개혁을 수행하지 않을 수 없었던 사실과 무관하지 않다.

즉 공법분야에서 독일이 법학방법론에 대하여 가지고 있는 자존심과 긍지에도 불구하고 글로벌화와 유럽연합의 발전에 따르는 영향을 피해가기는 어려웠기 때문에 보다 복잡한 형태로 전개되는 사회적 변화에 따르는 행정법의 기능조정과 행정법학의 방법론에 대한 근본적인 성찰이 신사조행정법이라는 학문적 흐름을 자연스럽게 만들어 낸 것이다. 그런데 신사조행정법이 독일에서 새로운 행정법 방법론을 제시하는 것을 전후하여 실제적으로 과거에는 보기 어려운 형태의 공적 과제가 출현하고 이를 실현하는 과정에서 새로운 방법론과 도그마를 찾기 시작했다는 점은 매우 흥미롭다. 다시 말하자면, 행정법의 기능이 과거 법적 형식과 하자론에 얽매여 보다 적극적으로 사회형성적 기능을 하지 못하고 행정처분 등 결과를 중시하였지만, 정작 중요한 것은 이러한 행정처분 등 결정을 내리는 행정조직의 구성이나 인적, 물적 인프라 등에 대해서는 관심을 두지 않았다. 독일과 유럽에서 유행처럼 번지고 있던 민영화 및 규제완화, 민관협력 등의 쟁책 변화와 관련 사업을 수행하기 위해서는 그와 같은 결정을 내리는 행정조직과 의사결정 구조가 어떻게 형성되어 있으며, 이것이 과연 민간부문과의 협업을 효과적으로 가능하게 할 수 있는가에 대해서 전통적인 행정법과 법학방법론은 무지하였다.1)

따라서 당시 이러한 법과 사회현실을 인식한 신사조 행정법은 그 기능을 다수의 이해관계인 내지 행위주체들을 네트워킹하고 그들과 소통과 협력을 통하여 행정청과 행정법이 최대한 공익을 실현하기 위한 과정에서 행위주체들에게 영향력을 행사함으로써 최적의 결론을 도출하고 이를 집행하는 것에 있는 것으로 보았다. 신사조행정법학은 다양한 행위주체들을 제어하고 조정하여 결과를 이끌어낸다는 의미에서 이른바 調律學的 단초 내지 방법론(steuerungswissenschaftlicher Ansatz)을 제시한 것이다.2) 또한 조율수단으로서 행정법은 경제학이나 사회학 등 인접사회과학 분야의 연구성과와 방법론은 물론 국가정책의 수행과정에서 취득한 실무적 경험을 모두 총합하여 새로운 행정법 도그마를 형성하고자 하였다. 그러므로 규제

1) 2007년 독일국법학자대회에서 행정법 분야 주제 중 하나인 "전통적인 도그마적 이해와 조율학적 요구 사이의 행정법"(Das Verwaltungsrecht zwischen klassischem dogmatischen Verständnis und steuerungswissenschaftlichem Anspruch)의 주제발표가 끝난 후 신사조 행정법을 대표하는 학자인 Schmittt-Aßmann은 전통적인 행정법에 대하여 다음과 같이 비판하였다. "전통적인 행정법 도그마가 오늘날의 행정적 상황을 설명할 수 있는 특징들을 제대로 포착하고 있는지 의문이다. 학문에서 도그마가 그릇되거나 이미 낡아버린 선택의 기준들을 그 대상으로 하는 경우에는 대상을 바라보거나 법이 수행하는 기능에 대하여 시각을 왜곡하는 결과를 가져온다. 전통적인 행정법이론은 행정이 단일체이며, 법의 구성요건을 포섭하고 해석하면서 이를 집행하고, 그 결과를 전적으로 사법통제의 대상으로 하는 전제를 받아들임으로써 행정법이 포착하는 대상을 극도로 축소시켰다. 전통적 행정법이 학문의 대상을 축소시킴으로써 오늘날 독일이 당면한 유럽화와 국제화에 따라서 새로이 조성된 행정법의 조건들을 적절하게 이해하지 못했다". VVDStRL 67, 340면.

2) 여기에서 조율이라는 의미는 "특정 시스템에 대한 목적지향적인 영향력 행사"를 의미한다. Schuppert, Verwaltungsrechtswissenschaft als Steuerungswissenschaft, in : Hoffmann-Riem/Schmitt-Aßmann/Schppert, Reform des Allgemeinen Verwaltungsrechts, 65면 이하. 또한 조율은 이러한 영향력의 행사 자체가 목적이 아니라 이를 통하여 "무엇인가 결과를 도출하도록 하는 것이다. Bumke, in : Schmitt-Aßmann/ Hoffmann-Riem (Hrgs.), Methoden der Verwaltungsrechtswissenschaft, 73면 이하(105면 이하).

완화, 민영화, 민관협력 등과 관련된 국가적 사업의 과정은 신사조 행정법에게 일종의 그 이론을 실험할 수 있는 현장을 제공한 것이다.

따라서 본 연구에서는 신사조행정법이 이와 같은 실천분야에서 어떠한 이론적 기초를 제공하였는지, 혹은 이론의 적용과정에서 의도한 효과를 이루었는지 등을 검토하기로 한다. 그런데 민영화, 민관협력 등 민간부문이 국가행정 결정과정에서 차지하는 비중이 커지면서 자연히 공공부문의 역할은 퇴조하고 이른바 輕量國家(schlanker Staat)라는 개념이 성립하였다.[3] 물론 경량국가화를 통하여 국가의 기능이 왜소해짐으로써, 민주주의원리를 통하여 성립한 국가권력이 거대한 민간부문의 세력에 포획당하는 경우에는 민주주의는 물론 이를 바탕으로 하는 책임행정을 실현할 수 없다. 신사조행정법은 종국적으로 국가의 기능론과 관련하여 이러한 현상에 대하여 일정한 해답을 내 놓아야 하는 것이다. 따라서 독일에서는 이와 같은 현상에 대처하는 의미에서 이른바 보장국가론(Gewährleistungsstaat)이 등장하였다.[4] 보장국가론의 핵심은 민간부문이 국가와 협력과 소통을 통하여 공적 과제를 실현하는데 보다 깊숙하게 관여함으로써 발생할 수 있는 부작용, 예를 들어 공적 과제를 자신들의 이해관계의 측면에서만 바라보거나 민간부문이 주도하는 과정에서 발생할 수 있는 사회적 격차의 발생, 빈곤의 심화 등의 문제에 대해 국가와 행정이 최종적인 보장책임을 지는 것이다.[5]

---

3) 이에 대해서는 Abschlussbericht des Sachständigenrats “Schlanker Staat”, 1997, 15면 이하, 56면 이하, 74면 이하.

4) 대표적으로 G. F. Schuppert, Vom produzierenden zum gewährleitenden Staat, in : Klaus König/Arthur Benz(Hrsg.), Privatisierung und staatliche Regulierung, 1997, 539면 이하; 동인, Der moderne Staat als Gewärleistungsstaat, FS. Helmut Wollmann, 2001, 399면 이하; 동인, Der Gewährleistungsstaat – ein Leitbild auf dem Prüfstand, 2004 ; Klaudio Franzius, Der Gewährleistungsstaat – ein neues Leitbild für den sich wandelenden Staat?, Der Staat, 제42권(2003), 493면.

5) 다시 말하자면, 민영화 등으로 인하여 차질을 빚을 수 있는 일반 국민에 대한 행정의 보편적 서비스를 보장하기 위하여 국가는 적정한 가격정책을 실시하고 소외계층에 대한 서비스의 접근권을 기본권 실현 차원에서 보장하는 것이다. 또한 민간부문의 주도권이 공공부분을 포획하여 공익과 국가 본연의 목적 실현을 방해하지 않도록 국가와 행정이 이들의 행태를 제어하고 통제하는 최후의 보장책임(Die letzte Gewährleistungsverantwortung)을 진다.

앞서 언급한 바와 같이 흥미로운 것은 독일에서 신사조행정법의 추종자들이 많아지는 것은 사실이지만, 그에 못지않게 비판자들 또한 여전히 강한 목소리를 내고 있어서 앞으로 전통적인 법학방법론과 관련하여 어떠한 흐름이 이어질 것인가 하는 것을 계속하여 주목할 필요가 있다는 점이다. 2007년 독일국법학자대회에서 이 주제에 대한 발제자들은 기본적으로 신사조행정법의 방법론과 도그마를 옹호하는 스탠스를 취하기는 하였지만 그럼에도 불구하고 법학방법론이 가지는 강점과 현실적 타당성을 인정하여 두 방법론 사이의 조화와 융합을 조심스럽게 제안하고 있다.[6] 그로부터 또 15, 6년이 지난 현 시점에서 아직은 신·구파의 입장이 격렬하게 부딪히지는 않고 있지만 이러한 일종의 변증법적 과정이 진행 중인 것으로 보인다. 그리고 중요한 것은 독일의 신사조행정법이 한국행정법의 발전과정에서 가질 수 있는 함의일 것이다. 사실 이 문제는 상당한 시간과 지면을 요하는 문제로서 심층적인 연구가 필요하다. 따라서 신사조행정법이 한국행정법이 주는 함의는 향후 이 주제를 대상으로 하는 다른 연작과정에서 보다 심도 있게 다룰 예정이다.

Ⅱ. 신사조행정법학의 실천 분야

1. 조율학에서 Goverance로

1) 2007년 국법학자대회

2007년 독일국법학자대회에서 Ivo Appel과 Martin Eifert 두 사람의 발제가 끝나고 전체 토론시간에 G. F. Schuppert는 다음과 같은 질문을 던지는데, 이것이 신사조행정법의 조율학적 관점이 거버넌스로 전환되는 과정을 잘 보여주고 있다.[7] Schuppert는 Appel의 발제에 전적으로 동의한다고 하면서(사실 이 두 사람 모두 신파의 적극적인 지지자들이다), 그가 제출한

---

6) Ivo Appel, VVDStRL 67, 255면 이하; Martin Eifert, VVDStRL 67, 314면 이하.
7) VVDStRL 67, 336면, 337면.

발제문 요약 12번, 즉 조율과 거버넌스에 대하여 질문을 시작하였다.[8] Schuppert는 이른바 신사조행정법이 조율학과 결혼을 했지만 신랑(조율학)이 결코 새신랑이 아니었기 때문에 결혼이 잘못된 것으로 드러났다고 비유하면서, Appel의 발제와 같이 조율학은 거버넌스에 추월당했다는 점에서 동감을 표시하였다.

과거에는 조율학이라고 불렀으나 오늘날은 모두 거버넌스라고 하니 이러한 관점의 변화가 옳다는 것을 간단히 증명할 수 있다. 그런데 Schuppert 자신이 보건대 용어의 변화는 일반적으로 내용상으로도 강조점이 달라지는 것으로 볼 여지가 있다는 것이다. Schuppert가 질문하기 전에 C. Starck는[9] 먼저 조율학과 관련하여 비유적으로 배와 선장에 대해 언급하였는데, 이에 비하여 거버넌스는 규율의 구조체(Regelungsstruktur)이며, 행정법은 이러한 구조체에 참여하는 다양한 행위주체를 규율하는 것이다. 이러한 규율의 구조체는 이른바 조율과 제어의 기능을 위하여 구성되었으며, 오늘날 공공부문과 민간부문의 행위자들을 조정하고 결집시키는 것이 현대행정법이 당면한 현안과제라는 인식이 옳다면 이와 같은 조율과 제어, 결집은 바로 거버넌스의 문제라고 할 수 있다. 따라서 학자들은 조율로부터 거버넌스라는 용어의 변경을 수용하고 행정법의 영역에 이 개념을 어떻게 정착시킬 것인지 고민해야 한다는 것이다.

물론 이와 같은 Schuppert의 제안이 신사조행정법을 추종하는 학자들은 물론 조율학으로서의 행정법이라는 개념에 대해서조차 거부감을 가지

8) Appel이 제출한 발제문 요약 12번의 내용은 이러하다. “조율학적 방법론은 그 다양한 형태에도 불구하고 보다 의미 있고 국제적으로 연관성을 가지는 거버넌스라는 개념에 추월당했기 때문에 거버넌스에 대한 성과를 논하는 것이 향후에 보다 이 주제가 발전할 수 있는 여지를 제공한다. 조율학적 방법론은 거버넌스에 대한 논의에 있어서 그 개념의 구체성을 제고하고 보다 명확한 모습을 제공할 의무를 진다는 점에서 여전히 일정한 역할을 할 수 있을 것으로 보인다” VVDStRL 67, 280면.

9) 사실 그가 선장과 배를 언급한 것은 독일행정법이론이 향후에도 강고하게 무장하여 계속 大海를 운항해야 한다는 취지로 이야기한 것인데 실상은 Appel이 하도 빨리 발제를 하는 바람에 마치 날아가는 배에 탄 것 같이 정신이 없었다는 취지로 살짝 비꼬는 말로 해석할 여지가 크다. 이는 사실 구파인 Starck가 Appel의 발제내용을 비판하기 위한 제스추어였던 것이다. VVDStRL 67, 334면.

고 있는 다른 학자들에게 어떻게 받아들여졌을지는 미지수이다. 다만, Schuppert와 Starck가 선장과 배를 빗대어 적절히 지적한 바와 같이 종래 조율을 이야기하는 경우 대부분 조율자와 피조율자의 양자관계가 중심이 되었다면, 이제 신사조행정법이 지향하는 모든 관련 행위주체에 대한 영향력 행사를 행정법의 중심적 기능으로 이해한다면 이는 이미 다자간의 문제로 전환된 것을 의미한다. 이에 따라서 최근 신사조행정법을 신봉하는 학자들은 실제로 조율이라는 용어보다는 다자간 협치의 의미로 거버넌스라는 용어를 사용하는 경향이 있으나, 양자를 사실상 같은 것으로 이해하는 등 유사한 의견에도 상당한 편차가 존재한다.[10)]

2) 신사조행정법에서의 거버넌스 논의

거버넌스라는 용어는 원래 경제학과 경영학에서 회사의 지배구조를 의미하는 용어였으나 최근에는 정치학과 행정학 등에서 일반화 되었다. 유럽연합 차원에서는 집행위원회가 이른바 '유럽정부'라는 백서를 통하여 거버넌스를 유럽연합 차원에서 기관의 권한을 행사하는 규정, 절차, 행위의 종류와 방식을 의미하였는데, 이러한 권한행사의 방식 등이 특히 개방성, 참여, 책임성, 효율성, 일관성 등의 관점에서 이루어지는 것을 말한다.[11)] 즉 거버넌스는 오늘날 특히 다층적인 구조를 가지는 조직에서 권한이 행사되는 방식과 원리를 의미하는 것인데, 이는 일정한 결정을 위하여 공공부문과 민간부문의 다양한 행위주체들을 다층적으로 네트워크를 구축하는 것을 전제로 한다. 신사조행정법에서 거버넌스라는 의사결정의 구조는 공공부문의 행정이 민간부문의 행위자들과 협력적 관계를 형성하고 이들 민간부문, 더 나아가서는 민관합동 형태의 행위주체를 모두 네트워크로 연결하여 국가의 현안과제와 공익을 실현하는 것이 강조된다.

신사조행정법이 추구하는 거버넌스를 통하여 국가의 기능 내지 국가론

---

10) Peter Huber, Einleitung, in : Hoffmann-Riem(Hrsg.), Die Governance-Perspektive in der rechtswissenschaftlichen Innovationsforschung, 2011, 5면.
11) Europäische Kommission, Europäisches Regieren - Ein Weißbuch, Kom(2001), 428 endg. v. 25.7. 2001, 10면, 각주 1.

에도 변화가 초래되는데, 기존의 국가가 자신의 과제를 전적으로 실현하는 책임구조로부터 이를 민간부문이나 민관합동 형태의 행위주체와 분담한다. 이미 언급한 바와 같이 이와 같은 과정을 통하여 민간부문의 실현책임과 국가의 보장책임이 병존하며, 국가는 자신의 보장책임과 민간의 실행책임에 대한 법적, 제도적 틀을 제공하고 그에 대한 구조와 방향, 절차보장 등을 결정한다. 이 과정에서 국가의 공적 과제가 최적으로 실현되는 동시에 공익으로부터의 이탈을 방지한다. 이와 같이 보장국가에 특유한 공적 행위의 환경과 그에게 주어진 수단들이 존재한다고 가정할 때, 행정법학은 개별적인 규범, 행위형식, 이를 담당하는 행위주체를 중심으로 하는 연구의 방법론을 고수하기 어렵다. 다시 말하자면, 보다 광범위하고 복잡한 환경에서 업무를 처리하는 행정은 그 의사결정을 이른바 거버넌스로 대표되는 규율의 구조체를 통하여 결정하고 집행한다. 바로 Schuppert가 지적한 규율구조체인 것이다. 규율의 구조체라는 개념은 특정한 국가의 현안을 해결하기 위하여 필요한 모든 실체적, 형식적 법규범의 프로그램의 집합체를 의미하는 것으로서 이와 같은 규범의 집합체에는 일단 이 문제 해결에 참여하는 공공부문과 민간부문의 행위자들을 협력과 소통의 원칙에 따라서 네트워크화 하고 이러한 구조체는 동원 가능한 지식, 조직과 재원, 행위자들에 대한 소극적 또는 적극적인 유인장치들을 모두 포함한다.[12)13)]

물론 여기까지 이렇게 자세하게 설명하여도 여전히 법적인 의미에서 거버넌스가 과연 무엇인지 명쾌하게 개념적으로 이해하기란 쉬운 일이 아니다. 앞서 언급한 바와 같이 Appel과 Schuppert도 향후 거버넌스의 과제가 보다 그 명확한 윤곽과 개념을 설정하는 것이라고 지적하였음에도 불구하고 이와 같은 의구심은 왠만해서는 해소되지 않는다. 실제로 신사조행정법학 방법론을 주도하고 있는 A. Voßkuhle 마저도 거버넌스라는 용어

12) Hoffmann-Riem(각주 10), 18면.
13) 이와 같이 다자간, 다면적인 규율구조체가 바로 Schuppert가 지적하는 거버넌스인 것이며, 행정조직법에 대한 연구는 과거의 관료제 일변도에서 벗어나서 바로 이러한 의사결정구조를 형성하고 평가하는 등 그 시각과 중점에 대한 변화가 불가피하다.

를 과연 사용해야 하는지 회의적인 견해를 제시하고 있다. 그는 이른바 global 거버넌스라는 용어를 사회학이나 정치학에서 국경을 넘어서는 국제적인 환경을 설명하기 위하여 사용하는 것은 별론으로 하더라도 독일과 같은 나라에서 다층적인 통치제도와 국가적 성격의 미래를 규정하는 용어로서 거버넌스를 사용하는 것을 지양하여야 한다고 보고 있다. Voßkuhle는 거버넌스라는 개념이 그 불명확한 의미내용과 더불어 매우 자의적으로 사용되었기 행정법의 영역에 본격적으로 수용되지 못한 것으로 평가하고 있다.[14)]

2. 민관협력

1) PPP의 등장 배경과 국가기능의 재편론

독일에서 민관협력을 총칭하는 Public Private Partnership(PPP; 민관협력) 또는 Öffentlich-Private-Partnerschaft(ÖPP)는 주로 1980년대 이후에 국가와 자치단체가 각종 인프라시설의 설치하고 운영하는데 소요되는 정부의 재정적 애로를 타개하기 위한 수단으로서 민간부문의 자본을 유치하여 일정 부분 민간부문에게 운영권을 인정하는 방식으로 도입되었다. 따라서 당시 PPP는 주로 정부의 재원조달방식으로서 이른바 민간의 재정투자(Private Finance Initiave; PFI)를 의미하는 것으로 이해되었다. 물론

14) 또한 앞서 언급한 규율복합체라는 개념 역시 국가영역과 사회영역에서 의사결정에 참여하는 다양한 행위주체들의 상호작용과 업무분장을 분석적으로 이해하는 것이기는 하지만 이 역시 거버넌스와 마찬가지로 불명확하다는 것이다. 따라서 그는 이와 같은 이유 때문에 조율이라는 용어로부터 거버넌스니 규율구조체니 하는 방향으로 전반적인 시각을 변화시키는 것은 결코 생산적이지 못하다고 지적하고 있다. Voßkuhle는 이 대목에서는 전혀 신사조행정법을 신봉하는 학자라는 생각이 들이 않을 정도로 법의 기능론은 그 핵심에 명확한 권한 배분과 그에 따르는 규범적 적용이 있다고 하면서, 법학의 방법론(전통적인 법학방법론을 의미하는 것은 아니다)의 중심에는 개별 주체의 구체적인 법적 행위의 권한과 의무관계가 있다는 의견을 제시하고 있다. 물론 이와 같은 법학의 방법론은 행정의 행위환경에 대한 구조분석을 배제하는 것은 결코 아니지만, 그럼에도 불구하고 새로운 법적 개념이 아직 발견되지 않는 한 법학의 특정한 방법론은 기존의 법적인 기본구조와 연결할 수 있는 범주에 머물러야 한다는 것이다. in : Hoffmann-Riem/Schmitt-Aßmann/Voßkuhle(Hrsg.), Grundlagen des Verwaltungsrechts, 제1권, § 1, Rn. 70.

독일에서는 이와 같은 형태의 PPP 또는 PFI는 민관합동법인을 설립하여 민간부문과 공공부분이 상호 협력하는 형태로서 이미 백여 년 전에 이른바 공사혼합법인(Das gemischtwirtschaftliche Unternehmen)이 존재하였다.[15) 물론 이러한 민관협력의 형태를 PPP라는 명칭으로 부르지 않았을 뿐이라는 견해도 있다. 다만, 독일의 경우 민관협력은 1990년대에 이르러 신자유주의 경제학과 맞물리면서 일종의 정치적 구호로 변신하는 과정을 밟는다. 그리고 민관협력은 정치적 차원으로 격상되면서 행정개혁, 국가현대화 등의 쟁책기조와 결합하는 현상으로 나타나기도 하였다. 즉 여기에서의 민관협력의 정치적, 정책적 의미는 국가와 공공부문의 퇴조, 그리고 시장기능의 극대화라는 레이거노믹스와 대처리즘의 영향을 받게 된 것을 말한다. 따라서 그 때부터 민관협력은 주로 신자유주의의 실천수단의 하나로 인식되면서 신자유주의를 비판하는 사람들의 표적이 되기도 하였다.

그런데 21세기에 이르러 민관협력은 보다 다양한 형태로 그 양적·질적 성장을 경험하면서 국가행정과 국가적 과제의 혁신방식으로까지 이어지는 상황이었으나 2008년 미국의 금융위기와 그리스 사태가 벌어지고 다시 국가의 감독과 통제가 강화되면서 앞으로의 기능변화에 대한 고민이 시작되었다. 그리고 이와 같이 금융과 재정에 대한 국가와 국제사회의 감시와 통제가 강화되면서 신자유주의의 기조마저 흔들리는 상황에서 그 嫡子에 해당하는 민관협력이 과연 계속될 수 있을 것인가에 대한 회의적인 견해도 제시되었다. 그러나 신사조행정법의 입장에서는 민관협력이 국가의 현안과제를 실현하기 위한 협력적 거버넌스의 구축과 관련하여 늘 관

15) Thomas Hart/Carolin Welzel/Wolfgang Gerstlberger/Delef Sack, Public Private Partnership im E-Government. Formen, Instrumente und Entwicklungsschritte öffentlich-privater Kooperationen, in : Bertelsmann-Stiftung(Hrsg.), Public Private Partnership und E-Government, 2003, 13면 이하: Werner Heinz, Wesentliche Merkmale von Partnerschaftsansäzten bei der Stadtenentwicklung und Stadterneuerung, in : ders., Public Private Partnership – ein neuer Weg zur Stadtentwicklung? 1993, 483면 이하(503면 이하); Karl-U. Rudolph, Erfahrungen mit Betreiber- und Kooperationsmodellen im Abwasserbereich, in : Fettig/Späth (Hrsg.), Privatisierung kommunaler Aufgaben, 1997, 175면 이하(181면 이하).

심의 대상이 되어 왔으며, 이를 통하여 이른바 보장국가론과의 연결고리를 찾고 있기 때문에 이 개념을 쉽사리 포기하기는 어렵다.[16] 독일에서 민관협력에 대한 연구는 주로 경제학이나 행정학에서 이루어지고 있으며, 법학 분야에서는 그 구체적인 수단이나 법적 형식에 중점을 둘 뿐 이를 통하여 행정법의 새로운 역할이나 국가기능론의 재편에 대한 거시적인 담론을 찾아보기는 드물다. 이하에서는 주로 신사조행정법의 입장에서 민관협력이라는 새로운 국가적 과제의 해결방식이 행정법의 기능과 국가론에 미치는 보다 광의의 논의에 집중하고자 한다.

2) 국가기능의 변화와 행정개혁의 관점에서 본 민관협력

민관협력의 구체적인 형태와 법적 형식은 지극히 다양하지만 신사조행정법에서는 일반적이며 총체적인 개념으로서 특정한 국가적 과제를 실현함에 있어서 민간부분에게 그 전부 또는 일부를 처리하도록 책임을 부여하고 공공부분이 최종적인 보장책임을 지는 것을 의미한다. 민관협력은 공공부문과 민간부문이 자신의 정체성을 유지하면서도 이러한 정체성이 양자의 동일성을 의미하는 것을 지양하면서 상호 보완적인 기능을 수행하는 패러다임이라고 할 수 있다. 민간부문은 공적 과제를 처리하는 과정에서 자신의 이해관계를 최대한 실현하지만 공공부분은 이러한 민간부문의 전략이 궁극적으로는 공익을 향하여 이루어질 수 있도록 제어하고 조율한다. 민관협력에서 이와 같이 공공부문과 민간부문 간의 책임을 적절하게 분배하는 것이 중심적인 과제라면 이는 동시에 위험의 분배를 의미하는 것으로서 전형적으로 보장국가가 지향하는 책임분배의 형식과 일치한다. 보장국가가 담당하는 책임은 보다 장기적인 관점에서 마련되는 전략이 필요하다. 여기에서 말하는 장기적인 전략이란 국가가 어떠한 수준에서, 어떠한 수단을 동원하여, 어떤 구도 하에서 민간부문과 공공부문의 행위주체

---

16) 더욱이 이러한 금융과 재정위기도 불구하고 미국의 오바마대통령은 이른바 'creating incentives for Public Private Partnership'을 실현하기 위한 정부 내의 '개방정부 이니셔티브'(Open Government Initiave)를 선언하였고, 메르켈 독일수상도 2009년 5월 연방정부 차원에서 계속하여 민관협력을 추진하겠다고 밝힌 바 있다.

들을 지속적으로 결합하고 소통하여 효율적이고 최적의 의사결정을 도출할 수 있도록 행정법을 설계하고 이를 집행할 것인지 하는 문제이다. 그러므로 보장국가는 이러한 장기적인 책임구조 위에서만 지속가능성이 있다. 오늘날 많은 사람들이 민관협력이라는 수단을 단지 국가나 자치단체의 재정적 애로를 타개하는 수단으로만 인식하는 경향이 있는데,[17] 이는 장기적인 지속가능성을 그 성패의 요건으로 하는 제도의 속성을 제대로 이해하지 못하는 것이다.[18][19]

(1) 지속가능성 목표 실현을 위한 수단으로서 민관협력

2002년 남아프리카공화국의 요하네스버그에서 지속가능한 발전을 주제로 개최된 세계정상회담에서 이미 민관협력이라는 수단이 지속가능한 발전에 기여할 수 있을까 하는 문제가 제기되었으나[20] 그 동안 독일에서는 여기에 관심을 가지지 않았으며 고작해야 정부조달행정 분야에서만 논의되었을 정도이다.[21] 물론 지속가능한 발전이라는 개념은 법적인 구속력이 결여된 일종의 프로그램적 선언이지만 이를 제도화는 과정에서 바로 민관협력의 중요성이 부각되는 것이다. 한 국가에서 공적 과제를 실현하는

---

17) 이에 대해서는 Jens Rauschenbach/Ines Gottschling, Wirtschaftlichkeitsuntersuchung, in : Bundesministerium für Verkehr, Bau und Stadtentwicklung/Deutscher Sparkassen- und Giroverband(Hrsg.), PPP-Handbuch, 2008, 249면 이하; Alexander Viethen, Der Wirtschaftlichkeitsnachweis als entscheidungssteuerende Komponente bei PPP-Projekten : Strukturelle und rechtliche Anforderungen und Konzequenzen, 2008; Jan Ziekow/Alexander Windoffer, Public Private Partnership - Struktur und Erfolgebedingungen von Kooperationsarenen, 2008, 89면 이하.

18) J. Ziekow, Wandel der Staatlichkeit und wieder zurück? PPP im Kontext der deutschen Diskussion um die Rolle des Staates, in : Wandel der Staatlichkeit und wieder zurück?, ders.,(Hrsg.), 2011, 57면.

19) 특히 민관협력 사업의 경우에 사업의 경제성 평가 역시 상당한 기간이 경과한 후에나 가능하다. Jens Rauschbach/Ines Gottschling(각주 17), 249면(277면).

20) Luc Hens/Bhaskar Nath, The World Summit on Sustainable Development : the Johannesburg Conference, 2005, 349면.

21) Anderea Wilhaus, Corporate Social Responsibility-Aspect bei Public Private-Projekten, 2008; Dietlinde Quack/Ina Rüdenauer/Dieter Seyfried/Stefanie Lay, Public Private Partnership für Nachhaltigkeit? Anwendung auf Sanierung und Betrieb öffentlicher Bauten, 2007.

데 책임을 부담하는 주체들, 예를 들어 의회, 정부와 행정청 등은 유권자를 의식하거나 자신들이 사용할 수 있는 예산을 확보하는데 모든 노력을 경주하기 때문에 환경과 경제의 적절한 조합을 통한 지속가능한 목표를 실현하는 데 있어서 적합한 주체들이 아니다. 이에 비하여 민관협력은 민간부문과 공공부문이 협력하여 최적의 결과를 이끌어내는 의사결정체로서 오히려 국가가 독점하고 공공부문만의 영향력 하에 있는 구조보다 지속가능한 발전의 목표를 실현하는데 적합하다. 그 이유는 지속가능한 목표를 실현하기 위하여 민간부문의 자발적 노력과 이를 위한 일정한 인센티브의 제공 등이 필요하기 때문이다. 이에 비하여 기존의 행정과 행정법이 규율하고자 했던 의회와 정부 등 정치적 의사결정의 주체들에게는 정치과정을 통하여 지속가능한 목표를 실현함에 있어서 민간이 부담하거나 소요되는 비용, 효율성에 대해서는 무관심하다.[22)]

이에 비하여 민관협력이라는 수단을 사용하여 행정조직과 활동을 개혁하는 경우에는 준비과정에서 많은 시간이 소요되기는 하지만 일단 민관이 합동으로 일정한 결정을 내리면 이를 정치적으로 용이하게 집행할 수 있다. 바로 이러한 점에서 민관협력이 행정과 행정법을 개혁하는데 장기적으로 지속가능성을 담보할 수 있다는 장점을 가지게 된다. 민관협력이 이와 같이 유연하고 장기적인 관점에서 문제해결 능력을 가지는 이유는 민간부문과 공공부문이 동등한 파트너로서 협력하는 과정을 통하여 상당한 학습효과를 가질 수 있기 때문이다. 다만, 앞서 언급한 바와 같이 민관협력이 공공복리 내지 공익을 실현함에 있어서는 다음과 같은 장단점을 가질 수 있다. 일단 문제점으로는 다음과 같은 것을 지적할 수 있다. 민관협력이 장

---

22) 이와 같은 정치적 해결방식을 장기적으로 유지하는 경우에는 단기적으로 의회 또는 정부가 서로를 견제하고 타방의 결정을 수용하지 않는 등 수 많은 방해기제들이 작동할 수 있다. 예를 들어 장기적인 관점에서 기존의 의사결정방식이나 구조를 개혁하려는 주체는 다른 주체에 의하여 제지당하거나 선거에서 실패할 경우 소기의 목적을 이룰 수 없다. 다시 말하자면 행정조직을 개편하여 조직의 효율성을 제고하려는 경우에 이에 상응하는 조치들이 필요하게 되는데, 일반적인 정치나 행정적 과정에서 이러한 조치들이 정파적 이해관계에 의하여 거의 모든 단계에서 상당한 저항을 받게 된다.

기화되는 경우 공공부문은 원래의 목적인 공익 내지 공공복리를 실현하기 위해서 더 이상 자신이 기존에 가지고 있던 권한과 관할권을 주장하기 어렵다. 민관협력을 통하여 실현하는 공적 과제에 가해지는 공법적 기속이 있었음에도 불구하고 장기적으로는 업무의 성과가 중요한 판단기준으로 작용하면서 공익적 관점이 효과를 발휘하기 어려운 경우가 대부분이다. 공적 과제를 실현하기 위하여 공공무문과 민간부문의 법적인 권리와 의무관계가 성립하는데, 이들 대부분의 상세한 내용이 양자 간의 계약을 통하여 규율된다. 그러므로 계약을 통하여 권리의무관계를 규율하는데 집중하는 나머지 장기적인 관점에서 공익이나 공공복리를 실현한다는 것은 상대적으로 등한시 된다.[23)]

민관협력계약에 적용되는 법규범 역시 대부분 민법을 비롯한 민사특별법 등 사법규정이기 때문에 역시 공법적 관점에서 민간부문을 통제하고 기속하는 것이 사실상 어려워진다. 나라마다 차이는 있지만 민관협력을 규율하는 실시협약 등 계약은 짧게는 10년부터 길게는 25년, 그 이상의 기간 동안 적용되기 때문에 분야별 특성에도 불구하고 대부분의 경우 공공부분은 적절한 통제수단을 사용하기 극히 어렵다. 이와 같이 민관협력을 규율하는 계약과 여기에 적용되는 사법질서는 민관협력 사업을 대상으로 하는 특별한 법질서를 형성하고 공법의 적용과 침투를 방해한다. 반면에 민관협력이 행정과 행정법의 개혁수단으로 활용할 수 있는 장점으로는 우선 계약과 이에 적용되는 법규범의 복합체가 일종의 특별규정으로서 정치적 이해관계와 상황논리에 따라서 자의적으로 이루어지는 공공부문의 정치적 의도를 차단하고 장기적인 관점에서 민관협력 사업의 지속가능성을 보장함으로써 행정과 행정법의 의사결정 구조를 개혁하는데 안정적으로 기여할 수 있다. 이는 결과적으로 신사조행정법이 추구하는 안정적이고 장기적인 관점에서 행정과 행정법의 새로운 기능을 정착시키는데 도움을 준다.

---

23) J. Ziekow(각주 17), 58면.

(2) 민관협력과 행정, 행정법의 발전

이미 언급한 바와 같이 민관협력은 공적 과제를 처리하는 새로운 수단이기 때문에 흔히 공공부문의 개혁 내지 현대화라는 관점과 결부시켜 논의한다.[24] 이러한 개혁과제는 다차원적인 성격을 가지고 있다. 우선 첫째, 행정조직법적 측면에서의 고려인데, 행정적 의사결정에 민간부문이 동등한 지위로 참여한다는 것은 국가의 문제해결을 위한 행태적 관점에서 중요한 의미를 가진다. 그 이유는 국가는 종래의 인적, 물적 인프라와 조직, 표준적인 절차를 가지고 업무를 수행하지만, 민간부문은 항상 생산지향적 관점에서 민관협력의 대상사업을 일종의 결과물 내지 제품으로 보고 자본을 투자하기 때문이다.[25] 둘째, 민관협력은 시장과 정부의 경계를 통합하는 일종의 혁신 내지 현대화 전략으로 이해된다. 일종의 제3의 변종 제어장치로서 시장과 정부 영역의 중간지대에서 자신의 잠재력을 드러내는데, 이러한 혁신과 발전을 위한 잠재력은 공공부문와 민간부분 간의 계약을 근거로 하여 공공부분이 업무추진을 위한 효율성 제고를 통하여 종국적으로 공공복리 내지 공익을 보다 효과적으로 증진한다. 또한 이와 같은 제3의 변종구조로서 민관협력을 체계적으로 발전시키는 것은 새로운 문제해결의 방법을 제시한다. 앞서 여러 차례 언급한 바와 같이 민관협력은 제3의 중간지대에서 민간부문과 공공부문의 행위주체를 네트워크로 상호 연결하는 행정조직법과 절차법을 체계적으로 제도화시킨다.[26] 기존에 국가가 행정법을 통하여 단독으로 처리하던 업무를 민간부문과 공동으로 실현함으로써 자신의 문제점을 자각하고 여전히 자신이 관할권을 행사하는 다른 과제에 대해서 혁신의 요구에도 부응할 수 있는 학습효과를 발생시킨

24) Ali Sedjari, Public-private partnerships as a tool for modernizing public administration, International Review of Administrative Sciences 70(2004), 291면 이하.

25) Konrad Schily, Vom entmündigten zum bemündigten Bürger, in Späth/Michels/Schily(Hrsg.), Das PPP-Prinzip, 1988, 35면(46면).

26) Sibylle Roggencamp, Public Private Partnership - Entstehung und Funktionsweise kooperativer Arrangement zwischen öffentlichem Sektor und Privatwirtschaft, 1999, 32면 이하.

다.[27] 셋째, 민관협력을 통하여 다양한 문제해결의 방식을 탐지하는 과정에서 최적의 방안을 도출할 수 있으며, 이를 통하여 결과적으로 행정이 기존의 방식으로는 해결할 수 없었던 문제를 처리할 수 있는 방법도 발견할 수 있다.

3. 보장국가론

1) 개념

신사조행정법론에서 거버넌스와 민관협력이 주요한 실천분야로 등장하면서 그렇다면 이들이 지향하는 국가의 모습과 실체는 과연 무엇일까 하는 의문이 자연스럽게 제시된다. 결국 신사조행정법이 지향하는 국가론이 무엇인지 논의가 필요하게 된 것이다. 독일에서는 비교적 최근에 국가론을 논의하면서 이른바 국가의 典範(Leitbild)이 무엇인가에 관심을 기울이는 경향을 보이고 있다. 여기에서 전범이라는 의미는 국가론이 지향하는 일종의 모범적이고 이상적인 형태를 의미한다. 1990년대 중반 독일에서는 국가개혁과 현대화의 전범으로서 헬무트 콜 총리는 이른바 경량국가(schalnker Staat)라는 모델을 제시하면서 기존 정부의 업무처리 방식에 대한 비판과 더불어 민영화, 규제완화, 사회의 자율규제 등을 추진하였다. 다만, 당시에도 이러한 경량국가가 단순하게 국가가 다이어트를 시도하는 것으로 오해되어서는 곤란하다는 비판도 제시되었으며, 경량국가의 핵심은 국가기능의 재조정에 따르는 행정과 법제도의 개혁이라는 점을 강조하였다.[28] 21세기 초반으로 접어드는 시기에 집권한 게르하르트 슈뢰더 총리는 이른바 활성화 국가(aktivierender Staat)라는 또 다른 국가전범을 제시하면서 이는

---

27) 경우에 따라서 민간부문이 단독으로 보다 효율적인 업무수행이 가능하다는 확신이 서게 되는 경우에는 이 단계에서 특정한 공적 과제의 탈국가화(Entstaatlichung)가 일어나면서 이른바 과제의 민영화(Aufgabenprivatisierung)를 의미하는 실질적 민영화(materielle Privatisierung)가 가능할 수도 있다.

28) Jan Ziekow, Die Funktion des Allgemeinen Verwaltungsrechts bei der Modernisierung und Internalisierung des Staates, in : Pitschas/Kisa(Hrsg.), Internalisierung von Staat und Verfassung im Spiegel des deutschen und japanischen Staats- und Verwaltungsrechts, 2002, 187면(195면 이하).

행정 내부적인 개혁에 머무르지 아니하고 국가와 사회가 협력체계를 구축함과 동시에 공동으로 현안 과제를 능동적으로 처리하기 위한 필요한 유인 및 진흥책을 마련할 것을 제안하였다.[29] 국가가 사용가능한 모든 인적, 물적 자원을 동원하는 과정에서 이를 주도하고, 지원하며, 조정하는 작업을 통하여 국가와 민간부문의 책임을 적절하게 분배함으로써 국가개혁과 현대화에 시너지효과를 창출하는 것이 활성화 국가의 목표이다. 그러므로 반드시 국가만이 스스로 처리해야 하는 과제가 아니라는 판단이 드는 경우 이를 과감하게 민간부문과 공동으로 혹은 완전히 민간부문에게 이양하고 국가는 이러한 과제가 적절하게 수행되는 것을 보장한다.

이와 같이 경량국가와 활성화국가라는 개념과 그것이 지향하는 목표는 오늘날 우리가 논의하는 보장국가에서 국가와 사회부분의 적절한 역할분담으로 귀결된다. 다만, 보장국가라는 개념 뒤에는 위 두 전범이 제시하는 것 보다 훨씬 더 복잡하고 다층적인 구조가 존재하고 있는데, 예를 들면 보장국가는 단순하게 국가적 성격의 후퇴나 공공부문의 경량화와 같은 것에 그치는 것이 아니라 사회적 법치국가, 특히 사회국가원리와도 관련성을 찾을 수 있다는 점을 고려하여야 한다.[30] 다시 말하자면, 보장국가라는 개념에는 다양한 형태의 전범적 국가론과의 연결 및 수용의 고리를 찾을 수 있는 능력이 잠재되어 있으며, 그러한 의미에서 위에서 언급한 경량국가나 활성국가론에 비하여 더 많은 토론의 여지를 제공한다. 즉 보장국가 개념을 정치이데올로기적으로 논의하는 경우 민간부문이 국가와 공적 과제를 실현함에 있어서 일정한 책임을 분배받고 자신의 역할을 제고하고 공고히 한다는 점에서는 신자유주의와 일맥상통하는 점이 있으나,[31] 다른 한편으

29) Moderner Staat – Moderne Verwaltung. Das Programm der Bundesregierung, 1999, 7면 이하.

30) Günther Schmid, Gewährleistungstaat und Arbeitsmarkt : Neue Formen von Governance in der Arbeitsmarktpolitik, in : Schuppert(Hrsg.), Der Gewährleistungsstaat – Ein Leitbild auf dem Prüfstand, 2005, 145면(165면).

31) Isabella Proeller/Kuno Schedler, Verwaltung im Gewährleistungsstaat, in : Blanke/von Bandemer/ Nullmeier/Wewer(Hrsg.), Handbuch zur Verwaltungsreform, 제3판 2005, 94면(97면).

로 이와 같은 민간부분의 주도적 역할에도 불구하고 국가가 최후적 보장책임을 다하기 위하여 각종 제도와 법의 기능을 강화한다는 점에서는 사회국가원리가 그 바탕이 되고 있다고 말할 수 있을 것이다.

다만, 보장국가 개념이 오늘날 일반적으로 수용되고 그 내포와 외연에 대하여 생산적인 토론이 이루어져야 이유는 최근 독일의 상황과 관련하여 정부, 행정, 이를 규율하는 행정법의 개혁과 현대화에 대한 욕구와 필요성이 분출되었었기 때문이다. 이러한 개혁과 현대화에 대한 요구는 주로 협력적 국가, 협력적 행정,[32] 이른바 신행정관리[33] 및 거버넌스 논의에 따르는 정치와 행정 간의 책임분배에 대한 것이었다. 그렇다면 보장국가 개념에서 중요하게 다루어져야 하는 문제는 그것이 지향하는 목표와 관점이라고 할 수 있다. 보장국가의 관점은 공공복리 내지 공익을 형성하고 구체화하는 데 있어서 국가의 독점을 인정하지 않는 것이다.[34] 물론 이와 같은 보장국가의 기본적 관점은 국가의 공공복리 독점이라는 시각에서 협력적인 공공복리 실현으로 변화되었음을 의미하는 것이다. 그리고 이와 같은 기본적인 관점 내지 시각의 변화는 거의 모든 독일의 공법 문헌에서 수용되고 있는 현실이다. 공익 내지 공공복리는 국가는 물론 국가와 협력하는 관계에 있는 민간부문 내지 제3의 중간형태의 행위자들이 공동으로 실현하는 과정을 밟아나간다는 것이 바로 보장국가의 기본적인 시각과 관점인 것이다. 또한 보장국가의 개념과 관련하여 유의할 점은 이른바 실체적인

32) 협력적 국가와 더불어 협력적 행정을 다른 대표적인 문헌으로는 Peter Arnold, Kooperatives Handeln der nichthoheitlichen Verwaltung, in : Dose/Voigt(Hrsg.), Kooperatives Recht, 1995, 211면 이하; Arthur Benz, Kooperative Verwaltung, 1994; Otto Depenheuer, Der Gedanke der Kooperation von Staat und Gesellschaft, in : Huber (Hrsg.), Das Kooperationsprinzip im Umweltrecht, 1999, 17면 이하.

33) 독일에서 신행정관리에 대한 논의는 Isabella Proeller/Kuno Schedler(각주 31), 94면(97면); J. Ziekow, Inwieweit veranlasst das Neue Steuerungsmodell zu Änderung des Verwaltungsverfahrens und des Verwaltungsverfahrensgesetzes?, in : Hoffmann-Riem/Schmitt-Aßmann(Hrsg.), Verwaltungsverfahren und Verwaltungsverfahrensgesetz, 2002, 349면(366면 이하).

34) Schuppert, Staatstypen, Leitbilder und politische Kultur : Das Beispiel des Gewährleistungsstaates, in : Heidbrink/Hirsch(Hrsg.), Staat ohne Verantwortung?, 2007, 467면(476면).

의미의 공공복리 개념을 정의하고 실현한다는 관점에서 벗어나서 공공복리는 개방적이고 다의적인 개념이기 때문에 오히려 절차와 조직을 통하여 구체화가 이루어진다는 기본적인 시각을 가지고 있다는 것이다. 이러한 보장국가의 개념은 이것이 지향하는 책임의 분배 및 그 단계에 대한 논의를 통하여 보다 분명해진다.

2) 책임의 분배

보장국가는 보장책임을 지는 국가를 말한다.[35] 일단 보장책임이 무엇인지 알아보자. 최근 공법학에서는 국가적 과제라는 용어를 대신하여 국가의 책임이라는 개념을 사용하는 것이 일종의 트렌드로 되어 있다.[36] 이에 따라서 국가의 보장책임은 위에서 언급한 바와 같이 새로운 국가론의 핵심개념이 되었다. 일반적으로 국가의 보장책임은 국가가 스스로 공적 과제를 처리하는 책임과 민간부문의 행위자들이 이러한 공적 과제를 처리함에 있어서 일정한 틀을 유지하는 책임을 제외한 나머지의 책임을 의미하는 것으로 보고 있다. 일종의 공제설에 입장에 있는 것이며, 앞서 언급한 바와 같이 신자유주의와 사회국가원리에 이르기까지 보장국가의 스펙트럼과 외연에 대해서는 여전히 불명확성이 존재한다. 이러한 책임분배의 내포와 외연에 대한 불명확성에도 불구하고 중요한 것은 보장국가가 민간부문 및 민관협력체 등과 공적 과제를 수행하는 데에 책임을 분배한다는 확신을 가지고 있으며, 책임의 분배를 통하여 이들의 행태를 조율함으로써 최적의 공공복리를 실현한다고 보는 것이다.[37]

따라서 보장국가는 민간부문의 다양한 행위주체들, 예를 들어 자신들의 이익을 주로 추구하는 이익단체, 복지단체, 공익감시단체, 그린피스와

---

35) H.-H. Trute, Verantwortungsteilung als Schlüsselbegriff eines sich veränderenden Verhäitnisses von öffentlichem und privatem Sektor, in : Schuppert(Hrsg.), Jenseits von Privatisierung und schlankem Staat, 1999, 13면 이하.

36) Klaudio Franzius(각주 4), Der Gewährleistungsstaat - ein neues Leitbild für den sich wandelenden Staat?, Der Staat, 제42권(2003), 504면.

37) Rainer Pitschas, Verwaltungsverantwortung und Verwaltungsverfahren, 1990, 237면 이하.

국제사면기구, 또 그 밖에 명예직 시민과 같은 제3섹터의 NGO들을 모두 포함한다.[38] 이와 같이 국가, 민간부문, 제3섹터나 민관협력과 같은 변종의 제3의 행위자들과 공적 과제를 실현하는 과정에서 실체가 모호한 공공복리와 공익의 구체화를 기대하는 것이 보장국가가 지향하는 책임의 분배, 이를 위한 과정과 조직을 통한 공익실현의 방식이다.[39]

3) 책임의 단계

보장국가는 일단 민간부문의 다른 행위주체들과 국가적 과제를 실현함에 있어서 책임을 분장하는 것을 핵심으로 하는데, 그렇다면 구체적으로 이러한 책임의 분담을 어떻게 할 것인가 하는 문제가 제기된다. 이른바 책임을 분장하는 방법 내지 단계론을 의미하는 것인데, 이에 대한 시나리오는 E. Schmitt-Aßmann에서 시작하여[40] G. F. Schuppert에 의하여 완성되었다.[41] 국가가 다양한 행위주체들과 역할을 분장하기 위해서 사용하는 방법을 흔히 책임의 단계(Verantwortungsstufung)이라고 부른다. 여기에는 민영화 논리에서 확립한 과제의 실현과 과제에 대한 책임의 개념을 구별할 필요가 있다. 국가의 공적 과제를 실제로 담당하여 이를 실행에 옮기는 것을 과제의 실현이라고 부른다면, 한편 이와 같이 사실적 의미의 과제의 실현에 대하여 일정한 주체가 최후의 책임을 지는 것을 과제의 책임이라고 말한다. 따라서 책임의 단계를 이해하기 위해서는 과제의 실현과 과제의 책임을 동일한 주체가 관장하는 것이 아니라 서로 분리된다는 사실

---

38) Schuppert(각주 4), Der Gewährleistungsstaat - ein Leitbild auf dem Prüfstand, 2004, 24면.

39) 이는 특히 P. Häberle식의 공익개념과 유사한데, 그는 공익이나 공공복리가 국가에 의하여 선험적으로 개념이 정의되거나 실현되는 것이 아니라 관련된 복수의 사적 이익을 절차를 통하여 관철시키는 과정을 통하여 귀납적으로 그 실체를 발견할 수 있다는 견해를 제시하였다. Öffentliches Interesse als juristisches Problem. Eine Analyse von Gesetzgebung und Rechtsprechung, 1970.

40) Schmitt-Aßmann, Verwaltungsverantwortung und Verwaltungsgerichtsbarkeit, VVDStRL 34, 221면; Hoffmann-Riem/Schmitt-Aßmann/Schppert, Reform des Allgemeinen Verwaltungsrechts(각주 2), 11면 이하.

41) Schuppert(각주 4), Der Gewährleistungsstaat - ein Leitbild auf dem Prüfstand, 2004, 25면 이하.

을 인식하여야 한다.

이른바 과제의 실현책임(Erfüllungsverantwortung) 영역에서는 국가가 그 주체가 되는 경우에 국가가 자신의 조직과 수단을 통하여 스스로 이를 실행하는 것을 말한다. 따라서 이 경우에 국가는 과제를 실현하고 동시에 과제에 대한 책임도 부담한다. 이에 비하여 보장책임은 국가 자신이 스스로 과제를 실현하는 책임으로부터 벗어나서 민간부문과 협력하여 이를 처리하거나 국가가 총체적인 입장에서 규율권만을 행사하고 세부적인 과제의 실현은 민간부문이 담당한다. 국가는 보장책임의 영역에서 과제를 스스로 실현하지 않으며, 민간부문과 실현책임을 분담하거나 민간부문에 이를 이양하면서 이들을 규율하는 조치들을 통하여 민간부문이 적절하게 과제를 실현하는 것을 보장한다. 보장책임을 한 마디로 말한다면 독일 학자들이 흔히 사용하는 "국가에 의하여 규율된 자율규제"(regulierte Selbstregulierung)로 표현할 수 있으며,[42] 앞서 언급한 바와 같이 이러한 영역에서 국가의 보장책임은 광대한 스펙트럼을 가지고 있다.

그 다음 책임의 단계로서 민간부문과의 협력 또는 민간부문이 전적으로 공적 과제를 실현하는 과정에서 소기의 목적을 이루지 못하는 경우 국가의 보장책임은 이른바 포괄적 책임(Auffangverantwortung)으로 전환된다.[43] 포괄적 책임이란 위에서 언급한 과제책임, 보장책임의 2단계를 넘어서는 3단계의 국가책임으로서 이는 국가에게 사후적으로 과제의 실행을 담보할 수 있는 수단을 강구하도록 요구하는 것을 말한다. 이와 같은 포괄적 책임은 국가로 하여금 스스로 과제를 처리하는 실현책임으로 회기하는 것을 포함할 수 있기 때문에 보장책임의 단계를 생략하고 바로 1단계의 책임으로 복귀할 수도 있다.[44] 물론 이른바 3단계의 책임구조는 서로 명확

---

42) Hoffmann-Riem, Öffentliches Recht und Privatrecht als wechselseitige Auffang ordnungen – Systematisierung und Entwicklungsperspektiven, in : Hoffmann-Riem/Schmitt-Aßmann(Hrsg.), Auffangordnungen, 261면(301면 이하).

43) Schuppert, Die öffentliche Verwaltung im Kooperationsspektrum staatlicher und privater Aufgabenerfüllung : Zum Denken in Verantwortungsstufen, Verw. 31(1998), 415면 이하.

44) 책임이론을 주장하는 학자들은 보장국가가 공적 과제를 실현하는 책임을 다양한 주체들

하게 구별되고 실제로 문제 없이 적용되는 이론이라고 보기 어렵다. 실제로 이러한 3단계의 책임구조는 漸移지대가 많이 있어서 그 경계가 유동적이며, 상호간에 중복이 되는 경우도 충분히 상정할 수 있다.[45)]

이와 같은 관점에서 보면 보장국가가 단순히 국가적 부담을 더는 의미에서 다이어트를 하는 것이 아니며, 경량국가라는 전범이 반드시 옳은 시각은 아니다. 앞서 언급한 바와 같이 국가가 보장책임을 다 한다는 것은 경우에 따라서 스스로 공적 과제를 처리하는 단계로 회귀할 수도 있으며, 보장책임을 그물망처럼 촘촘하게 구성하다 보면 오히려 국가의 기능이 확대됨으로써 과부하가 걸릴 수도 있다.[46)] 앞서 언급한 바와 같이 보장국가의 스칼라가 광대역이어서 사회국가원리를 배제하는 것이 아니라는 점도 이러한 이해를 뒷받침한다. 그러므로 보장국가는 돈이 덜 드는 저렴한 국가라는 생각은 잘못된 것이며,[47)] 이는 비용 측면에서 경제적인 비교를 통한 국가모델을 찾는 시도가 아니라는 점을 분명하게 할 필요가 있다. 보장국가의 참의미는 책임을 분배하고 다양한 행위주체들과 협력, 소통하며, 그들과의 거버넌스와 조직을 통하여 최적의 결정을 도출하는 국가이성이며, 신사조행정법이 추구하는 투명성, 효율성, 합의를 통한 결정, 정책수용성의 극대화라는 목표가 비용절감이라는 단순한 경제적, 재정적 의도를 압도한다.

에게 분배하는 경우 책임의 단계론이 영화에서 일종의 시나리오로서의 역할을 하는 것으로 설명하고 있다. 즉 국가는 책임단계론을 통하여 국가는 물론 민간부문의 행위주체들에게 그들이 국가적 과제를 실현하는 현장에서 각각 수행해야 하는 역할을 분배한다. 이러한 의미에서 국가는 영화의 시나리오를 실행에 옮기는 감독으로서 다음과 같은 질문에 답하여야 한다. 첫째, 어떠한 과제를 실행의 대상으로 할 것이며, 책임을 분장하는 대상인 당해 과제는 어떠한 특징을 가지는가? 둘째, 과제의 실현을 위하여 참여하는 행위자는 누구이며, 그들은 다른 행위주체와 어떻게 상호 반응하는가? 셋째, 다수의 행위주체들에게 어떠한 역할을 분배할 것인가? 마지막으로 책임의 분배를 위해서는 어떠한 수단들이 필요한가? J. Ziekow(각주 18), 54면.

45) J. Ziekow, Verankerung verwaltungsrechtlicher Kooperationsverhältnisse(Public Private Partnership) im Verwaltungsverfahrensgesetz, 2001, 180면 이하.

46) 실제로 이 문제를 다룬 문헌도 있다. Thomas Ellwein/Joachim Jens Hesse, Der überforderte Staat, 1994; Roman Herzog, Der überforderte Staat, 1992.

47) J. Ziekow(각주 18), 55면.

Ⅲ. 법학방법론과 새로운 방법론의 조화와 융합

1. 조화와 융합의 가능성

이제까지 논의한 바와 같이 신사조행정법이 지향하는 방법론과 도그마, 그 실천분야를 통하여 그 실체와 정체성이 무엇인지 대체적으로 파악할 수 있었다. 그렇지만 여전히 신사조행정법이 구체적으로 어떠한 것인지는 불분명하고 불확실한 점이 너무도 많은 것이 사실이다. 전통적인 법학방법론과 오토 마이어의 행정법이론이 설계한 행정행위 등 행위형식, 그 법적 효과, 흠과 그에 따르는 위법성, 취소와 무효이론, 위법한 행정행위에 대한 항고소송 등은 그 실체가 구체적이고 법적으로 명쾌하다. 반면에 모범생 같은 법학방법론은 고시에 합격하여 법조인으로서 외길을 걸어가면서 행정과 행정법을 둘러싼 외부환경에는 관심이 없으며, 다른 사회과학 분야와의 협업을 통하여 보다 정확하고 적실한 의사결정을 하는데 익숙하지 못하다. 이에 비하여 신사조행정법은 미국에서 유학하고 돌아온 신세대 학자에 비유할 수 있을까? 법학을 공부하기는 하였지만 정치학이나 경제학적인 방법론에 익숙하고 법적인 문제해결에 이들의 지식을 십분 발휘한다. 성격도 좋아서 법학분야의 인사들은 물론 우리 사회의 각종 집단과 단체와의 교류도 활발하여서 법적인 주제에 대하여 이들로부터 청취한 지식을 법적 문제의 해결을 위한 영감의 원천으로 사용한다. 그리고 결코 혼자서 사유하고 자신의 생각으로만 의사결정을 하는 것이 아니라 자신이 구축한 인적 네트워크에 문제를 상정하고 다른 사람들과의 토론과 의사소통을 통하여 집단지성과 이성으로 문제를 해결한다. 그러나 법학에 정통한 다른 사람들이 그의 말을 들으면 여전히 뜬 구름을 잡는 느낌을 지울 수 없다.

이와 같이 서로 장점과 단점을 가지고 있는 전통적인 법학방법론과 신사조 행정법 간에 상호간의 장점을 서로 조화시키고 융합할 수 있는 방법이 있을까? 독일에서 지난 사반세기 동안 행정법에 대한 이른바 신·구파들은 치열한 논쟁 속에서 상대방이 주장하는 바에 대해서 서로 단호하게 비판하는 입장을 취하면서도 상대방의 주장에 일리가 있는 부분이 분명히 있으며, 확전을 자제하고 서로에게 도움이 되는 방법을 찾고자 하는 노력도 있었다. 2007년 독일국법학자대회에서도 신사조행정법을 대변하는 두 발제자들 역시 이러한 신·구파 간에 서로 조화와 융합의 방안이 있음을 인정하고 대안을 제시하기 위하여 노력한 흔적을 발견할 수 있다.

2. 법학방법론과 신사조행정법의 교차와 상호 보완

신사조행정법학의 추종자들은 전통적인 법학방법론과 조율학으로서 행정법의 기능에 중점을 두는 신사조행정법의 각각 다른 측면을 강조하고 있으나 상호 배타적인 입장을 보이는 것은 아니고 많은 부분에서 서로 기능적 보완이 가능하다는 평가를 내리고 있다. 그러므로 이러한 상호 보완관계를 통하여 서로가 상생할 수 있는 가능성이 있다는 것이다. 예를 들어 전통적인 행정법 역시 비례의 원칙, 불확정 개념이나 재량문제에 있어서의 미래예측 등 순수하게 법적인 관점 만에 의지해 온 것은 아니다. 법규를 해석함에 있어서 그 목적을 고려한 이른바 목적론적 해석(teleologische Auslegungsweise der Gesetze)은 전통적인 행정법학에서도 일상적으로 이루어져 왔던 것이다. 이와 같이 전통적인 법학방법론이 사실관계를 고려한 법해석을 하는 것은 일정 부분 신사조행정법의 방법론과 유사한 측면이 있다. 따라서 전통적인 행정법의 도그마는 복잡한 사실관계를 규명하고 그에 따르는 법해석을 함에 있어서 조율학의 방법론을 수용하는 것이 매우 유용한 방식이 될 것이다.

예를 들어 행정조직법과 판단여지, 재량의 영역에서 행정청이 일정한 처분을 내리는 경우 거버넌스와 절차를 적절하게 활용하여 당해 처분의 합리성과 적법성을 담보할 수 있다. 특히 전통적인 행정법이 처리하려는 공적 과제의 성격과 효과를 염두에 둔 이른바 문제 해결형 의사결정을 하려는 경우에 조율학의 입장이 많은 도움을 줄 수 있다. 여러 차례 언급한 바와 같이 전통적인 법학방법론과 오토 마이어의 행정법이론은 특정한 행위의 법적 형식론과 그의 적법성 여부에만 중점을 둔 경직된 방법론을 고수하고 있다. 따라서 다양한 입법정책적 관점이나 행정행태론 등의 변수는 반영되기 어려웠으며 결과적으로 이것이 도그마와 행위론의 효용성을 서서히 마모시켰다. 전통적인 법학방법론이 행정처분에 의사교환과 소통의 과정을 중시하며, 또 이를 위한 거버넌스에 좀 더 신경을 쓰고 행정처분을 함에 있어서 과제중심적 사고를 결부시키는 경우에는 보다 다양한 행위유형을 발견할 수 있을 것이다.[48)]

반면에 신사조행정법은 전통적인 행정법으로부터 역시 상당 부분 학습과 실천적 경험이 되는 부분을 적극적으로 수용하여야 한다. 경찰법, 환경법뿐만 아니라 모든 행정법 분야에서는 근거 규범의 요건규정에서 불확정개념을 사용하고 효과부분에서 재량을 인정하는 경우가 많이 있다. 이와 같은 상황에서 조율학과 신사조행정법은 자신이 보유한 월등한 지식과 정보 및 유연성 있는 행위수단을 통하여 자신만의 고유한 영역을 구축할 수 있다. 그러나 중요한 것은 역시 이러한 행정의 독자적이고 고유한 영역을 법치국가원리를 통하여 적절하게 통제하는 것이 필요하다는 점이다. 예를 들어 전통적인 경찰법의 영역에서 이른바 자기통제라는 개념이 대두하고 있는데, 예를 들어 특정 차량이 유해화학물질 등을 운반하는 경우 위해발생의 의심이나 발생가능성에 대한 행정의 선제적 통제의무를 법적으로 부과하는 방식이다. 행정이 스스로 위해발생을 방지하기 위한 일종의 자기프로그램을 개발하는 것이다. 이는 경찰법규가 행정청에게 구체적으로 일정한 자기통제의무를 부과하는 법적 형식으로서 매우 명확한 법률관계를 구축하는 것이지만 행정청이 최대한 위해발생의 방지를 위하여 보유한 지식과 정보를 활용하기 위한 조직과 절차를 정비하고, 필요한 경우 관련 민간전문가를 활용하는 거버넌스를 구축하여야 한다는 점에서 조율학적 관점이 전통적 행정법 방법론과 결합할 수 있는 분야인 것이다. 다만, 이와 같이 행정의 자기통제 방식은 개별적인 지시나 명령을 지양하고 일반, 추상적인 수준에서 입법적 근거를 제공하는 것으로 머문다. 전통적인 방식은 입법과 법적용의 임무를 주로 하는 행정 간의 권력을 분할하고 법적용상

48) Martin Eifert, VVDStRL 67, 317면.

의 평등을 보장한다. 그런데 이와 같은 행정의 자기통제 방식은 입법과 행정의 권력분립의 구도를 행정 내부로 이전함으로써 행정스스로의 자기 견제와 행정 내외부의 지식을 십분 활용하려는 목적을 가지고 있다. 앞서 언급한 바와 같이 이것은 전통적인 법학방법론을 통하여 행정에게 자기통제라는 구체적인 행위의무를 부과하고 권한을 제한할 목적으로 도입된 것이기는 하지만 행정의 지식활용형 기법이라는 점에서 조율학이 관심을 가지고 활용하여야 하는 분야라고 할 수 있다.49)

결론적으로 말한다면 조율학이 행정법의 풍부한 방법론을 제공한 것은 사실이고 오늘날 행정법과 행정법학이 현대사회가 제기하는 복잡하고 다차원적인 문제들을 해결하는데 유용한 것은 부인할 수 없다. 또한 전통적인 법학방법론과 오토 마이어식의 행정법학은 그 방법론과 시야를 순수하게 법적 결과에만 치우진 나머지 오늘날 복잡하게 전개되는 현대국가의 지난한 과제들을 적절하게 포착하고 최적의 해결책을 찾아내는 것에 분명한 한계를 보일 수밖에 없다. 그럼에도 불구하고 신사조행정법이 아무리 행정법의 기능과 행정법이론에 대한 외연을 확장하고 논의를 확대했다고 하더라도 전통적인 법학방법론을 무시하고 당장 대안으로 부상하는 것은 용이하지 않다. 특히 행정적 결정이 국민에게 외부로 전달되어 이것이 집행되고, 경우에 따라서 이에 대한 국민의 불만이 있는 경우 불복하는 절차와 방식에 대해서는 구체적인 법적 형식을 사용하는 것이 불가피하기 때문이다.

앞서 독일에서 경찰법상 논의되는 행정의 지식활용형 자기통제의 방식과 같이 전통적인 법학방법론과 조율학적 관점이 서로의 장점을 공유하고 융합할 수 있는 방법을 찾는 것과는 별도로 신사조행정법은 기존에 법학방법론이 구축한 법적 형식론과 권리구제절차를 백안시하고는 국민들에게 자신만의 정체성만을 주장하기 어렵다. 따라서 신사조행정법이 행정처분 등 일정한 행위가 내려지기 이전에 그에 대한 거버넌스와 절차, 조직 등을

49) Martin Eifert, VVDStRL 67, 319면.

정치하게 조합하고 민간부문의 참여를 포함하는 의사결정구조를 정교하게 설계함으로써 공동체의 입장에서 최적의 결론을 도출하자는 시도라는 점에서 행정법의 기능과 국가의 역할과 관련하여 지대한 학문적인 공헌을 한 것이 사실이다. 그럼에도 불구하고 일단 행정적 결정이 내려진 이후에는 국민에 대한 행정의 예측가능성과 투명성이라는 법치주의의 요청에 따라서 행정행위의 효력이나 흠에 따르는 적법성 여부와 더불어 집행단계와 권리구제가 중요한 문제로 등장하는 것이므로 이 단계에서는 전통적인 법학방법론이 여전히 중요한 의미를 가진다. 사실 신사조행정법에서는 행정처분이 내려진 이후의 단계에서 그의 효력이나 흠에 따르는 권리구제, 강제집행단계, 행정쟁송 등에서는 설득력이 있는 대안을 제시하지 못하고 있다. 특히 신사조행법은 전통적 행정법과 법학방법론이 사법부 중심형 행정법이론이라고 비판하면서도 정작 자신들은 사법개혁의 필요성이라는 추상적인 논의를 제시하는 것 외에는 행정법에서 사법부의 역할에 대해서는 설득력 있는 의견을 내놓지 못하고 있다. 결국 전통적 법학방법론과 신사조행정법은 서로를 배척하거나 일도양단식 선택의 문제가 아니라 행정법의 상부구조와 하부구조를 형성하면서 행정법의 발전과정에서 지속적으로 상호 보완하는 관계에 있다고 보아야 할 것이다.

Ⅳ. 결론

고전적인 법학방법론이 가지고 있는 경직된 사고와 법적 형식 위주의 도그마를 가지고는 오늘날 복잡하게 전개되는 국가적 과제를 적절하고 효과적으로 포착할 수 없다는 문제의식을 바탕으로 이른바 사회적 조율의 수단으로서 행정과 행정법의 기능을 새롭게 정립하고자 하는 신사조행정법학이 앞으로 독일에서 어떻게 수용되고 발전할 것인지는 좀 더 두고 볼 일이다. 또한 신사조행정법의 실천분야로서 그 동안 많은 연구가 이루어진 민관협력 내지 민영화를 구체적으로 실현하는 절차와 조직에 대한 연구 역시 기존의 행정법방법론을 넘어서는 상당한 파급력을 가질 것으로 보인다. 특히 국가가 민간부문의 행위자들을 국정의 파트너로 인정하고 명령하고 강제하는 수단이 아닌 협력과 소통을 통하여 국정과제를 처리하는 방식은 행정법의 영역을 넘어서는 헌법학 내지 국가론의 문제를 제기한다.

신사조행정법이 지향하는 국가의 전범으로서 이른바 보장국가론은 그 이론적 기반이 단순히 국가의 업무를 줄이거나 비용을 절감하는 "저렴한 국가"라는 잘못된 인식에서 벗어나야 한다. 보장국가의 기능적 스칼라는 매우 넓으며, 국민의 기본권 보호의무를 강조하는 경우 최후적으로 국가가 이를 효과적으로 보장하기 위해서는 사회국가원리까지도 연결고리를 찾을 수 있다. 보장국가는 공적 과제의 실현을 민간부문과 협력하여 최적의 결과를 찾자는 방식에 초점을 둔 것이지 단순한 경제적 관점에서 國庫와 비용을 절감하자는 목적에 중점을 둔 것이 아니다. 이와 같이 신사조행정법이 독일행정법의 역사에서 기존의 법학방법론에 대한 대안으로서 상당한 파문을 일으킨 것은 사실이지만, 법학방법론을 대체하거나 극복한 것으로 보는 것은 성급한 결론이다. 신사조행정법이 가지고 있는 설득력 있는 실천적 이성에도 불구하고 여전히 국민과의 행정법관계에서 법적 명확성과 예측가능성을 담보하고 있는 기존의 법학방법론을 넘어서기란 쉬운 일이 아니다. 일단 행정행위 등 일정한 결정이 이루어진 이후에 국민과 행정과의 관계는 이와 같은 명확한 법률관계를 요구하고 여전히 이것이 행정법과 이론의 실제에서 중심적인 역할을 수행하고 있기 때문이다. 따라서 양자 간의 조화와 융합을 시도하는 것은 제3의 방법론으로서 매우 유용한 결과를 도출할 것으로 보인다.

오토 마이어는 1924년 세상을 떠나기 1년 전인 1923년 8월에 독일행정법 제3판을 출간하였다. 바로 여기에서 그가 남긴 유명한 말이 인구에 회자된다. "헌법은 사라지나 행정법은 존속한다". 그런데 그 말 아래 진실로 오토 마이어가 세상에 남기고자 했던 이야기는 잘 알려져 있지 않다. 그는 다음과 같이 말한다. "독자들이 우리 독일행정법이 이미 하나의 학문

분야로 정착이 되었다는 느낌을 가지려고 한다면, 이제 기꺼이 기뻐해도 된다"[50] 독일행정법이 이론적으로 완성된 것을 독자와 더불어 자축하자는 것이다. 그로부터 이제 곧 100년이 다가온다. 그 사이에 그가 단순히 통치의 객체로 보았던 신민들은 이제 기본권의 주체인 국민으로서 격상된 헌법상, 행정법상 지위를 누리게 되었으며, 신사조행정법학은 고전적인 법학 방법론의 수정을 요구하고 있다. 하지만, 오토 마이어의 행정법 방법론은 오늘날도 여전히 존속하고 그는 천상에서 자신의 이론이 건재함을 기뻐하고 있을지 모른다.

---

50) "Möchte der Leser den Eindruck gewinnen, daß unser deutsches Verwaltungsrecht doch schon eine Wissenschaft geworden ist, an der man Freude haben kann". Heidelberg, den 29. August 1923. Otto Mayer.

제6장

행정조직법상 거버넌스와 민주적 정당성, 행정의 책임성

국가물관리위원회를 중심으로

Ⅰ. 문제의 제기

행정조직법(Verwaltungsorganisationsrecht)은 국회가 제정한 정부조직법 등에 의하여 설치되는 중앙행정기관의 권한과 직무범위를 규정하고 행정청 내부의 업무를 분장하며 관료제를 중심으로 하는 수직적인 조직원리에 따라서 공직자들이 국민의 권리와 의무에 직접적인 영향을 미치는 공적 과제를 집행하는 법적인 근거로 이해하는 것이 일반적이다. 그리고 이와 같은 의사결정 방식이 국민의 직접적인 선거에 의하여 선출된 대통령을 수반으로 하는 정부와 국회의 의사에 부합하는 것으로서 대의제를 핵심적인 제도적 기반으로 하는 의회민주주의 원리, 내지 행정활동의 민주적 정당성과 책임성을 실현하는 수단으로 보았다.

그러나 지난 수십 년 간 우리나라뿐만 아니라 세계 여러 국가에서 공통적으로 이루어진 사회적, 정치적, 경제적 여건의 변화에 따라서 행정청과 공무원이 독점하는 수직적인 행정조직과 의사결정구조는 더 이상 국민에게 "좋은 행정"을 담보할 수 없게 되었다. 다시 말하자면 전 지구적으로 금융 및 무역, 환경 등의 분야에서 발생하는 빠르고 다양한 변화로 인하여 여기에 적절하게 대응하지 못하는 관료제의 경직성이 드러나게 되었다. 또한 공공부문이 가지지 못하는 풍부한 지식이나 정보, 재원, 인적자원을 활용한 민간부문이 등장하면서 이들이 국가행정에 미치는 영향이 증대되었다. 민간부문의 역량이 성장하고 증대되었다는 것은 행정에 대한 개인이나 기업의 영향력이 일방적으로 강화되었다는 것을 의미하는 것이라기보다는 행정과 공공부문이 민간부문과 사인의 역량을 공행정에 활용하여 공익과 민복을 증진하는 "좋은 행정"을 실현할 필요성을 가지게 되었다는 것을 의미한다.

"좋은 행정"을[1] 위해서는 행정조직법의 원리도 전통적인 상명하달 식의

---

1) 여기에서 좋은 행정(good governance)의 의미는 전통적인 행정의 법률적합성원칙에 따르는 합법적인 행정을 넘어서서 효율성, 책임성, 투명성, 공정성, 반응성(responsive), 포용성, 참여성 등을 보장하는 행정활동을 가리키는 의미로 사용한다. Europäische

일방적인 의사결정을 위한 수단으로서의 기능을 지양하고 공동체의 다양한 이해관계인들(stakeholder)의 관계를 조정하고 공동체에게 최적의 좋은 행정을 실현하기 위하여 이들과 협력하는 보다 수평적인 조직원리를 모색하는 것이 일반화되고 있다. 독일의 경우 과거의 관료제를 중심으로 하는 행정조직원리와 전통적인 법학방법론에 터 잡은 행정행위론에 대한 비판적 대안으로서 제시된 이른바 調律學으로서의 행정법(Verwaltungsrecht als Steuerungswissenschaft) 또는 조율학적 방법론(steuerungswissenschaftlicher Ansatz)은[2] 행정청을 포함하는 공공부문이 민간부문에 대하여 일방적으로 우월적인 공권력을 행사하는 것을 지양하고 있다.[3] 조율학적 방법론은 공동체 내에서 이루어지는 중요한 결정을 민간부문의 사적 행위주체와 협력하거나 행정법규를 통하여 이들에게 일정한 방향으로 영향력을 행사하여 바람직한 결과를 얻도록 유도한다. 협력과 자율규제라는 기제를 적극적으로 활용하여 합리적이고 공정한 결과를 얻는데 행정법의 기능을 활용하는 것이다. 국가와 행정은 조율과정을 통하여 이루어진 이같은 결정이 일정한 한계를 넘거나 그릇된 방향으로 가지 않고 본래의 공익적 목적을 실현할 수 있도록 최후적인 보장책임을 지며, 이러한 조율과 협력을 실천하는 것을 행정법의 기능으로 이해하고 있다. 물론 조율학적 방법론에서는 정부와 공공부문이 민간부문 행위자들의 행태를 制御하고 조정함으로써 협력적인 의사결정체계를 지향하지만 여전히 행정이 다수의 민간부문의 행위자들을 조율할 수 있도록 일정한 틀을 형성하고 유지하는 것을 중심으로 한다는 의미에서 조율의 주체

Kommission, Europäisches Regieren - Ein Weißbuch, Kom(2001), 428 endg. v. 25.7. 2001, S. 10, FN 1.

2) 이에 대한 상세한 논의는 Gunnar Folke Schuppert, Verwaltungsrechtswissenschaft als Steuerungswissenschaft, in : Hoffmann-Riem/Schmitt-Aßmann/Schppert, Reform des Allgemeinen Verwaltungsrechts, S. 65ff.

3) 여기에서 조율이라는 의미는 "특정 시스템에 대한 목적지향적인 영향력 행사"를 의미한다. Gunnar Folke Schuppert, (FN 2) S. 65ff. 또한 조율은 이러한 영향력의 행사 자체가 목적이 아니라 이를 통하여 "무엇인가 결과를 도출하도록 하는 것이다. Cristian Bumke, Die Entwicklung der Verwaltungsrechtswissenschaftlichen Methodik in der Bundesrepublik Deutschland, in : Schmitt-Aßmann/ Hoffmann-Riem (Hrgs.), Methoden der Verwaltungsrechtswissenschaft, S. 73ff.(105ff.).

는 행정청 내지 정부이며, 민간부문의 관계인들은 조율행위의 대상이 된다.

따라서 조율학적 방법론은 위원회 제도를 통한 거버넌스 등 일상적이고 제도화된 협력적 의사결정과는 다소 거리가 있다. 거버넌스의 개념은 이러한 제한적인 의미와 기능을 가진 조율학적 행정법론을 넘어서서 다수의 이해관계인들과 보다 제도적이고 다층적인 의사결정구조를 구축하여 협력적 의사결정을 일상화한다는 의미에서 등장한 것이다. 거버넌스의 경우 정부와 공공부문은 단순히 사적 부문의 행위자들의 행태를 바람직한 방향으로 조율하는 것이 아니라 이들과 더불어 일상적인 행정결정을 내리기 위하여 상호 의사교환을 위한 다층적인 의사교환의 통로를 확보하는 것에 중점을 둔다.4) 조율의 경우 공공부분이 민간부문의 행위자들의 등 뒤에서 그들의 행태를 유도하고 조정하는 형태를 가지고 있다면 거버넌스는 행정과 민간부문이 서로 마주 보는 상태에서 서로 소통하고 협력적인 의사결정을 일상화한다는 점에서 구조적인 차이를 보이고 있다.5) 또한 거버넌스는 다수의 이해관계자들을 원탁으로 초대하고 행정과 민간부문, 국가와 지자체, 국가와 민간부문을 매개하는 공기업이나 시민단체를 포함, 종횡으로 네트워크를 구축하여 국민 다수의 권리와 의무, 일상적인 생활에 지대한 영향을 미치는 행정적인 최종 결정이 민주적 정당성과 국가정책에 대한 국민의 수용도를 제고할 수 있도록 한다. 이러한 의미에서 거버넌스는 다면적인 관계이며, 때로는 수평적으로 혹은 경우에 따라서 수직적인 협력체계를 지향한다.6)

---

4) G. F. Schuppert, Vom produzierenden zum gewährleitenden Staat, in : Klaus König/ Arthur Benz (Hrsg.), Privatisierung und staatliche Regulierung, 1997, S. 533; ders., Der moderne Staat als Gewärleistungsstaat, FS. Helmut Wollmann, 2001, S. 399ff.; ders., Der Gewährleistungsstaat - ein Leitbild auf dem Prüfstand, 2004.

5) 실제로 조율이라는 용어보다는 다자간 협치의 의미로 거버넌스라는 용어를 사용하는 경향이 있으나, 양자를 사실상 같은 것으로 이해하는 등 의견의 일치를 보이는 것은 아니다. Peter Huber, Einleitung, in : Hoffmann-Riem(Hrsg.), Die Governance-Perspektive in der rechtswissenschaftlichen Innovationsforschung, 2011, S. 5.

6) 이와 같이 다자간, 다면적인 규율구조체가 바로 Schuppert가 지적하는 거버넌스인 것이며, 행정조직법에서는 바로 이러한 의사결정구조가 마련되어야 하는 것이다.

본 연구는 우선 전통적인 행정조직법의 원리와 내용을 검토하고 이러한 조직법상의 원리가 사회적, 정치적, 경제적 여건의 변화에 따라서 작동하지 않는 구체적인 사례를 제시하고, 그 대안으로 논의되는 거버넌스의 내용과 구체적인 예에 대하여 논급한다. 본 연구에서는 기존의 수직적이고 위계적인 행정조직법에 따라서 국가의 의사결정이 이루어진 결과 정부의 실패가 발생하고 극심한 갈등을 초래한 이른바 4대강 사업의 문제점을 지적하고 장기적으로 지속가능하고 바람직한 국가 물관리의 거버넌스가 어떠한 내용과 원칙에 따라서 구성되어야 하는가에 대하여 검토하기로 한다. 오늘날 행정조직법의 원리가 수직적인 관료제와 위계질서를 극복하고 국가의 지속가능하고 합리적인 의사결정구조를 지향하기 위해서는 민간부문과의 협력적 거버넌스를 형성하는 것이 무엇보다 중요하다. 다만, 국가적 의사결정에 민간부문이 적극적으로 참여하여 협력하고 공적인 의사결정과정을 주도하는 경우 국민의 직선에 의하여 선출된 대통령과 국회만이 국민에게 광범위한 영향을 미치는 공적 의사결정을 할 수 있는 주체로서의 자격을 가진다는 의미에서 의회민주주의 원리와 민주적 정당성원칙(demokratische Legitimation)에 반할 수 있는 문제가 발생한다. 국가적 의사결정에 민간부문의 역량이 강하게 투영되는 경우 민주적 정당성의 문제와 더불어 행정의 책임성원칙 또한 훼손될 수 있는 위험성이 존재한다.

행정의 민주적 정당성과 책임성의 문제는 흔히 보장국가론에서 논의되는 이른바 "규제된 자율규제"(staatlich global gesteuerte gesellschaftliche Selbstregulierung)의 개념과 더불어 앞서 언급한 거버넌스와의 조화점을 모색하는 것도 필요하다.[7] 개념적으로는 보장국가가 최종적인 보장책임을 진다는 점에서 전체적인 규제의 틀을 유지하지만,[8] 민간부문의 역량이 강화되

---

7) 이에 대한 논의는 Wolfgang Hoffmann-Riem, öffentliches Recht und Privatrecht als wechselseitige Auffangordnungen - Systematisierung und Entwicklungsperspektiven, in : Hoffmann-Riem/Schmitt-Aßmann(Hrsg.), Auffangordnungen, S. 261(301 ff.).

8) 보장국가와 보장책임과의 관계에 대해서는 H.-H. Trute, Verantwortungsteilung als Schlüsselbegriff eines sich veränderenden Verhältnisses von öffentlichem und privatem Sektor, in : Schuppert(Hrsg.), Jenseits von Privatisierung und

고 주도적인 의사결정을 기능을 갖는 상황에서 국가의 최종적인 규율책임의 실효성이 과연 담보될 수 있는지도 중요한 연구의 대상이다. 결국 이 문제는 대의제, 의회민주주의로 대표되는 민주적 정당성과 국민의 직접적인 참여와 협력을 요구하는 국민의 기본권 실현과 조화를 모색하는 문제라고도 할 수 있다. 여기에서 간과할 수 없는 사실은 국가 내지 행정과 협력하는 민간부문이 과연 어느 정도의 대표성을 가질 수 있는지, 진정한 협치를 위한 거버넌스에서 사회적 약자의 소외 문제를 어떻게 극복할 수 있는지의 문제도 심각하게 고려하여야 한다.

Ⅱ. 전통적인 행정조직법의 원리

1. 수직적인 계층질서로서의 행정조직

일반적으로 행정조직법이란 행정권한을 행사하는 주체의 조직, 즉 행정기관의 설치, 구성, 권한 및 행정기관 상호간의 관계를 법적으로 설정한 것을 말한다.9) 물론 행정조직법에 대한 이와 같은 추상적인 차원의 개념 정의에도 불구하고 행정조직에는 국가행정조직, 지방행정조직, 공공기관 등 다양한 형태가 존재하고 각자 조직의 구성 및 운영원리가 상이하기 때문에 이를 모두 포괄하는 행정조직법의 일의적인 정의는 어렵다고 볼 수 있다. 행정조직법의 개념을 새롭게 정의하려는 시도에 따르면 행정조직법은 국가의사를 형성·집행·판단하는 모든 행정주체의 설치, 폐지, 구성, 권한 및 상호관계는 물론, 그 주체들이 인격적으로 존립·활동하게 하는 본질적인 구성요소인 사람, 즉 행정주체의 인적 요소에 대한 권리, 의무, 책임 및 상호관계까지를 포함하는 법체계를 의미한다.10)

그런데 이와 같은 행정조직법의 구성원리로서 전통적으로 논의되어 온 것이 바로 수직적인 계층조직이라고 할 수 있다. 흔히 행정조직은 피라미

schlankem Staat, 1999, S. 13 ff.

9) 김명식, 행정조직법, 법우사, 2014, 3면.

10) 김명식, 상게서(각주 9), 7면.

드와 비교되어 하부구조물이 계층적으로 그 다음 계층조직을 지지하며 순차적으로 좁고 작은 구조물을 지향하면서 정점에 이르게 된다. 절대주의시대 국가에서 행정조직법의 피라미드 구조는 국가를 거대한 기계로 보고 이를 정점에서 일사분란하게 조종하여 위로부터의 국가의사가 하부구조로 전달되어 실현되는 것으로 이해하였다.[11] 즉 행정조직은 전체를 구성하는 부분조직을 중심으로 이를 운영하는 인원과 에너지를 통하여 작동하는 거대한 기계와 같은 것이며, 인적 구성요소로서 충성스럽고 성실한 직업공무원이 존재하는 것으로 인식하였다. 직업공무원은 행정조직의 정점에 있는 행정부 수반이 결정한 의사를 실행하여 마치 수레바퀴를 돌리듯 일사분란하게 국가를 운영한다. 그런데 이와 같이 거대한 기계설비에 비교할 수 있을 정도로 체계적인 계층제 행정조직이 정점에 위치한 행정부 수반의 의사를 하부체계에 전달하여 일방적으로 국가업무를 수행하는 과정에서 주권자의 의사를 간과할 수 있다는 점에서 민주주의원칙에 역행한다는 비판의 대상이 되기도 한다.

그럼에도 불구하고 일단 관료제를 중심으로 하는 행정의 수직적 계층구조가 가지는 긍정적 기능을 간과할 수 없다. 막스 베버는 수직적인 행정조직의 구조는 관료제가 그 핵심으로서 근대적인 행정조직의 본질적인 요소라는 점을 강조하고 있다. 관료제와 수직적인 행정조직법은 그것이 행정조직법정주의와 행정의 법률적합성원칙과 같은 법치국가의 근본원리와 연계되는 경우 국가권력이나 행정활동의 자의적 행사를 방지하고 국가권력의 행사가 합리적이며 예측 가능한 방식으로 이루어지도록 보장하는 긍정적인 기능을 갖는다는 것이다. 베버는 계층구조를 가지고 정점에서 중앙집권적으로 통제되는 관료제가 국가권력의 행사를 합리화하는 기능이 크기 때문에 현대국가에서 가장 영향력 있는 정치 및 사회적 제도라는 점을 강조하고 있다.[12] 그러한 이유 때문에 수직적 관료제가 가지는 소통과 합의의 부재라는 내재적인 한계에도 불구하고 오늘날까지도 여전히 행정조직

11) Horst Dreier, Hierachische Verwaltung im demokratischen Staat. Genese, aktuelle Bedeutung und funktionelle Grenzen eines Bauprinzips der Exekutive, 1991, S. 70.
12) Max Weber, Wirtschaft und Gesellschaft. Herrschaft, MWG Bd I/22-4, 2005, S. 185.

법의 대표적인 조직원리로 존재하고 있는 것이다. 일반적으로 관료제는 수직적인 조직으로서 상하의 엄격한 위계질서를 그 특징으로 하지만 계층조직을 형성하고 있는 각 조직단위를 통한 기능적 분화가 이루어진다. 다시 말하자면, 위계적인 관료제조직이라고 하더라도 모든 결정을 정점에 있는 행위주체가 독점적으로 행하는 것이 아니라 행정활동의 대상이 되는 상대방에 대한 거시적인 지도 및 통제기능에 국한한다. 오늘날 행정관리론을 중심으로 하는 행정의 현대화 과제는 위계적 관료제가 분권화된 업무단위의 자율성과 책임성을 실현하면서도 동시에 이를 제어하는 최상의 중추조직이며 조정자로서의 역할을 적정하게 수행할 수 있도록 한다는 의미에서 두 마리 토끼를 동시에 잡는데 초점을 맞추고 있다. 따라서 행정조직법의 이론적 측면은 물론 실증적인 관점에서도 이와 같이 위계적인 관료제가 행정조직법의 원형으로서 가지는 장점을 결코 간과할 수 없다.[13)]

2. 위계적 관료제의 한계

관료제의 기능적 한계론과 이를 대체하는 거버넌스에 대한 논의는 주로 1980년대 행정학을 중심으로 전개되었다.[14)] 당시 작은 정부와 신행정관리론의 등장은 행정과 이를 중심으로 하는 정부부문에 시장원리를 통한 개혁의 물꼬를 제공하였다. 다시 말하자면 국가와 행정이 공동체의 발전을 주도하는 시대에 만들어진 수직적인 관료제와 행정조직으로는 새로운 시대의 복잡하고 다층적인 과제를 수행하기에 적절하지 않다는 현실적인 한계를 경험하면서 공동체 내의 다양한 이해관계를 가지는 주체들을 서로 네트워크킹화 하여 이들 간의 소통과 협치를 상시화 하는 새로운 행정조직의 모델을 추구하는 과정에서 거버넌스에 대한 관심이 자연적으로 부상

13) Arthur Benz, Governance in verbundenen Arenen - Politikwissenschaftliche Analyse von Koordinierung und Stuerung in komplexen Regelsystemen. Beitrag zum Theorieworkshop "Neue Governance-Formen in der Forschung - disziplinäre Theorienansätze, Schnittstellen und Integrationsmöglichkeiten" im Forschungsinstitut für öffentliche Verwaltung, Speyer, 1./2. Juni 2004.

14) 이에 대한 상세한 논의는 거버넌스, 안네 메테 키에르 지음, 이유진 옮김, 도서출판 오름, 2007, 33면 이하.

한 것이다.[15] 전통적인 공법질서는 행정조직법과 관련하여 수직적이고 위계적인 관료제에 너무나도 익숙하여 왔기 때문에, 이러한 공법질서와 행정조직법에 순응하였던 조직의 행위자들은 현대국가가 당면한 과제수행방식에 대하여 스스로를 변화시키려는 노력을 상당한 정도로 주저하는 경향이 있다.

그러나 국가공동체 내에서 민간부문의 역량이 성장하고 이들과의 협력과 소통을 통하여 공적 과제를 실현하여야 하는 여건의 변화에 대응하려는 과정을 통하여 행정조직의 인적, 물적 요소의 재구성과 배치에 점차적으로 관심을 보이기 시작하였다. 이와 같은 공동체가 처한 여건의 변화로부터 국가는 이제 자신의 독점적인 영역이자 과제로 인식하였던 공공복리 내지 공익의 실현방식의 변화를 모색하고 그에 따르는 행정조직법의 원리를 재발견하고자 한 것이다. 국가의 공적 과제와 업무는 관료제의 우위를 바탕으로 하는 수직적이며 고권적인 처리방식에서 벗어나서 상대방과의 협력과 수평적 관계를 지향하게 된 것이다. 이것은 전통적으로 관료제가 가지는 장점에도 불구하고 사회적, 정치적, 문화적 환경의 변화에 따라서 국가 역시 관료제라는 수직적인 위계질서를 바탕으로 하는 의사결정에 한계를 경험하게 되었다는 것을 의미한다.[16] 이런 의미에서 오늘날의 관료제는 “나쁜 제도”라기 보다는 “낡은 제도”라는 점이 분명해진 것이다. 그리고 특히 관료제를 중심으로 하는 전통적인 행정조직법이 행정부의 수반으로서 대통령을 중심으로 하는 통치구조와 결합되는 경우 대통령의 의지와 정책기조를 상명 하달하는 기능으로 변질되는 것을 피하기 어렵다. 정부의 통치방식이 권위적인 문화와 속성을 강하게 가지는 경우에는 관료제

---

15) Fritz W. Scharpf, Positive und negative Kordination in Verhandlungssystemen, in : Adrienne Hértier, Policy-Analyse, PSV Sonderheft 24, 1993, S. 57 ff.; ders., Interaktionsformen. Akteurszentrierter Institutinalismus in der Politikforschung, 2000, S. 323 ff.

16) Wolfgang Hoffmann-Riem, Governance im Gewährleistungsstaat. Vom Nutzen der Governance-Perspektive für die Rechtswissenschaft, in : Schuppert (Hrsg.), Governance-Forschung - Vergewisserung über Stand und Entwicklungslinien, 2005, S. 205.

와 전통적인 수직적 행정조직법의 체계는 소통과 참여를 통한 협치에 적합한 모델이라고 할 수 없다. 이 경우에는 관료제와 수직적 행정조직법 체계가 가지는 권력행사의 합리성과 예측가능성이라는 장점보다는 대통령의 개인적 성향이나 정치적 선호도를 형식적이고 기계적으로 전달하는 기제로서 전락하는 문제점을 노정할 가능성이 크다.

Ⅲ. 4대강 사업과 국가의 물관리 거버넌스

우리 세대뿐만 아니라 미래세대를 위한 균형 있는 물관리와 효율적인 물사용, 기후변화에 따르는 물 부족과 홍수 등 자연재해, 수질과 수량의 통합, 통일을 고려한 남북 간의 통합적 하천관리 등 이른바 지속가능하고 통합적인 물관리(sustainable & integrated water ressources management)라는 개념이 등장하는 것은 국가의 하천과 수자원의 관리 역시 장기적인 관점에서 다양한 이해관계인들과의 소통과 협력을 통하여 최적의 해법을 도출하여야 한다는 당위성에서 그 근거를 찾을 수 있다.[17] 이러한 장기적이고 지속가능한 국가의 물관리라는 측면에서 볼 때 이명박 정부의 4대강 사업에 대한 논란은 여전히 진행 중이고 특히 사업을 위한 거버넌스의 측면에서 상당한 반성적인 고려가 필요하다. 주지하는 바와 같이 4대강 사업은 이명박 대통령이 정권적 차원에서 수행한 대규모 국가프로젝트이고 통치자의 의지와 철학이 강하게 반영되었다. 4대강 사업은 대통령의 의지와 국정철학에 따라서 국무총리가 헌법 제86조 제2항의 규정에 근거하여 대통령을 보좌하고 대통령의 명을 받아 행정각부를 통할하는 대통령제 하에서 전형적인 수직적인 관료제 중심의 행정조직체계를 통하여 당해 업무를 집행하였다. 그리고 실무적으로 집행의 핵심적인 조직으로서 국토교통부 소속의 4대강 살리기 추진본부가 주도적인 역할을 수행하였다.

물론 4대강 사업에 대한 긍정적인 평가가 일부 있는 것도 사실이지만

17) 통합 물관리에 대한 개념은 김성수, 기후변화 적응을 위한 통합 물관리 법적 거버넌스 구축 방안, 물 거버넌스, 도서출판 피어나, 2014, 175면 이하.

이 사업으로 인하여 회복하기 어려운 하천생태계의 파괴와 녹조의 발생 등 환경적인 측면에서 거의 재앙에 가까운 부정적인 결과를 야기하였다. 그런데 4대강 사업의 부정적인 결과와 관련하여 과연 그 원인이 무엇인가에 대해서는 여러 가지 측면에서 평가가 가능하겠지만 결국 이 문제는 장기적이고 지속가능한 물관리원칙에 역행하는 대표적인 "거버넌스의 실패"라고 볼 수 있다. 물은 전기나 가스 등 다른 자원에 비하여 지역적으로 존재하는 특징을 가지기 때문에 하천에 대한 性狀을 변경시키는 행위는 당연히 하천을 중심으로 하는 유역이나 권역에 거주하는 주민이나 관련 자치단체가 첨예한 이해관계를 갖는다. 하천에 대한 이른바 권역별 내지 유역별 관리가[18] 중요한 의미를 갖는 것이 바로 이러한 이유 때문이다.[19] 또한 하천이나 물관리는 그 경제적인 이용이나 산업적 측면뿐만 아니라 일종의 공공재로서 국가는 물론 물을 사용하는 소비자로서 국민이 가지고 있는 의견이나 선호도 내지 가치관도 반영되어야 한다. 다시 말하자면 하천과 수자원, 물관리라는 공적 과제에는 대통령과 총리를 포함하는 행정각부, 그 중에서도 물관 직접적인 관계가 있는 환경부, 국토교통부, 농림축산식품부, 산업자원통상부 등 부처만의 권한뿐만 아니라 일반 국민, 지역주민, 유역의 지방자치단체, 전문가와 시민단체 등이 다양한 이해관계를 갖고 있기 때문에 이를 조절하기 위해서는 협치의 과정을 통하여 이들이 적절하게 참여하고 소통할 수 있는 채널이 마련되어야 한다.[20] 바로 이러한 협치와 소통을 통한 하천과 물관리가 세대를 넘어서는 지속가능성을 보장하기 때문이다.[21] 이러한 측면에서 보면 4대강 사업은 물관리의 협치와 지속가

18) 유역(river basin)은 소유역(watershed)을 포함하며, 유역은 넓은 강수계를 의미하고, 소유역은 그 보다 작은 집수구역(catchment)을 의미한다. 송재석, 우리나라 제도적 물 레짐의 개혁적 진화 : 수리권과 수자원 정책의 변화, 한국지방자치학회보, 제22권 제2호, 2010, 24면.

19) 최봉석, 참여 거버넌스 관점에서의 물 관리 법제에 관한 연구, 상게서 (각주 17), 258면; 권형준, 기후변화에 대응한 물 관리 제도 개선방안, 저널 물 정책·경제, 2010, 82, 87-88면.

20) 관리주체 통합(이른바 물관리 부처 일원화)보다는 조직체계 간의 유기적 관련성을 강조하는 통합 물 관리에 대해서는 김성수/강일신, 수법의 체계구상 -독자적 법역으로서 수법학의 성립가능성에 대한 시론적 고찰-, 환경법연구 제37권 제1호, 2015, 145면.

21) 안형기, 물관리정책의 진화과정과 4대강정비사업, 한국정책과학회보 제13권 제4호,

능성원칙에 반하는 대표적인 사례라고 할 수 있다. 4대강 사업과 관련되는 대표적인 대법원판결들은 오늘날 행정법학의 방법론이 4대강 사업과 관련된 기본계획이나 실시계획에 대한 승인처분을 중심으로 이를 다투는 항고소송이 주류를 이루고 있는데, 이와 같은 처분 중심주의로 4대강 문제를 분석하는 연구가 중심이 되는 경우 보다 중요하고 근본적인 행정조직법이나 거버넌스의 문제를 간과하는 결과에 이르게 된다.

Ⅳ. 물관리를 위한 합리적 거버넌스

1. 국가 및 유역 단위의 물관리를 위한 거버넌스

물 관련 학자들과 학술단체는 지속적으로 물관리를 위한 민주적 거버넌스의 필요성에 대하여 의견을 제시해 왔다.[22] 물관리 거버넌스의 요체는 수평적으로 물과 관련하여 직·간접적인 이해관계를 가지는 행정청, 주민, 시민단체, 전문가들의 협치구조를 형성하고 이들이 물과 관련된 주요정책에 대하여 소통과 협력을 통하여 일정한 의사를 결정할 수 있도록 하는 것이다. 그런데 물은 주로 하천과 유역을 중심으로 부존하고 관리하는 국가의 자원이기 때문에 국가 전체의 물관리는 개별 하천이 흐르고 있는 유역 내지 권역 단위의 물관리를 위한 거버넌스와의 유기적 관련성을 고려하여야 한다. 이와 같은 중앙정부와 유역 내지 권역의 유기적이고 통합적인 물관리를 수직적 거버넌스로 표현하여 앞서 언급한 수평적 거버넌스와 개념적으로 비교할 수 있다.[23] 그런데 물을 대상으로 하는 이와 같은 관리주체

2009, 148면.

22) 소병천, 물관리기본법의 제정 필요성과 그 방향 및 내용, 환경법연구 제25권 제2호, 2003; 김현준, 지속가능한 물관리를 위한 법제도 정비에 관한 소고, 토지공법연구 제54집, 2011; 서왕진, 21세기 새로운 물관리 체계로서의 거버넌스, 국토연구 통권 259호, 2003.

23) 여기서 말하는 '수직적'이라는 개념은 앞서 논의한 관료제와 같은 전형적인 계층 구조적 상하 위계관계를 의미하는 것이 아니라 헌법상 국가의 주요자원으로서 수자원과 물관리에 대한 권한과 의무를 행사하는 국가와 하천이 부존하는 유역 내지 관련 지방정부 간의 유기적인 협조체제를 말한다.

에 대한 논의는 점차적으로 수평적, 수직적 거버넌스를 위한 발전과정을 거치고 있다. 후술하는 바와 같이 15대 국회부터 물관리를 위한 조직체로서 기존의 환경부나 국토교통부와 같이 일정한 권한과 책임을 부여받은 정부조직법상 부처 이외에 이들을 통합·조정하는 국가물관리위원회의 설치를 목적으로 하는 물관리기본법이 국회에 발의되었다. 초기에는 이와 같은 국가물관리위원회의 조직은 주로 정부를 중심으로 하는 위원의 구성이 주류를 이루었다면 19대 국회부터 국회에 제출된 물관리기본법안은 국가 및 권역 내지 유역별 물관리위원회의 구성에 있어서 민간부문의 지역주민, 물소비자, 국민의 이해를 대변하기 위하여 상당한 활동경력이 있는 시민사회의 대표자나 전문가 등이 과반을 점유하게 되었다는 사실이다.[24]

2. 물관리기본법의 국가물관리위원회와 유역물관리위원회 거버넌스

물관리기본법이 제정되기 이전에 국회에 발의되었던 초기의 법안들은 대체로 국가물관리위원회 제도를 선호하면서도 그 구성에 있어서는 정부가 주도적인 역할을 수행하는 것을 예정하고 있다. 그러나 19대 국회부터는 대부분의 물관리기본법안이 국가물관리위원회와 더불어 권역 내지 유역별물관리위원회를 규정하고 각각의 구성에 있어서도 민간부문의 위원이 과반수를 점하도록 거버넌스를 설계한 것이 특징적이다. 이는 앞서 언급한 바와 같이 물과 관련하여 다양한 이해관계를 가지는 주체들의 협력과 소통을 통하여 보다 장기적이고 지속가능한 관점에서 물에 대한 정책을 결정·집행하겠다는 입법자의 의지를 반영한 결과라고 할 수 있다. 20대 국회에 제출된 대부분의 물관리기본법안 역시 국가위원회와 더불어 권역위원회 내지 유역위원회를 규정한 것은 하천 및 물에 대한 유역과 현장 중심의 문제를 발견하고 국가위원회와의 유기적인 협력을 통하여 국가 전체적인 관점에서 물 문제의 해결방안을 찾겠다는 의지를 천명한 것이다. 물론 중앙과 유역 간의 구도는 형식적으로는 수직적인 관계인 것처럼 보일지

---

24) 기존의 물관리기본법안에서 규정된 거버넌스에 대한 상세한 소개는 김성수/윤익준, 전게논문(각주 24), 9면 이하; 김성수, 전게서(각주 17), 181면 이하.

모르지만 유역 내지 권역중심으로 물과 관련된 문제를 우선적으로 발견하고 해법을 모색하며 중앙에서는 필요한 행정적, 재정적 지원을 하는 상향식 모델이라는 점에서 오히려 양자 간의 관계는 협력적인 것으로 보는 것이 보다 그 실질을 정확하게 이해하는 것이다. 이와 같이 19대 국회와 20대 국회에 제출된 물관리기본법안의 기본철학 내지 입법취지가 2018년 제정된 현행 물관리기본법에서 물론 충분하게 실현되었다고는 보기 어렵지만, 현행 지방자치법에서는 중앙정부 내지 중앙행정기관의 장이 자치단체를 주로 수직적인 측면에서 통제하고 규제하는 측면이 적지 않다는 점을 고려할 때 물과 관련한 국가위원회와 유역위원회, 관련 중앙행정기관, 지방자치단체의 유기적인 협치의 가능성은 앞으로 우리나라에서 중앙정부와 지방정부 간의 새로운 협력관계를 모색함에 있어서 보다 발전된 모델을 제시할 수 있을 것으로 보인다.

물관리기본법상 국가위원회의 경우 기획재정부장관·행정안전부장관·농림축산식품부장관·산업통상자원부장관·환경부장관·국토교통부장관·해양수산부장관·국무조정실장, 각 유역물관리위원회 위원장 및 그 밖에 대통령령으로 정하는 공무원, 대통령령으로 정하는 공공기관의 장, 대학이나 공인된 연구기관에서 물관리 분야의 부교수 이상 또는 이에 상당하는 직에 10년 이상 재직한 사람, 물 관련 단체나 기관에서 10년 이상 종사한 사람, 법관, 검사 또는 변호사로 10년 이상 재직한 사람, 그 밖에 사회적 신망이 높고 물관리 분야에 학식과 경험이 풍부한 사람으로 구성하고, 국가물관리위원회의 위원장은 국무총리와 대학이나 공인된 연구기관에서 물관리 분야의 부교수 이상 또는 이에 상당하는 직에 10년 이상 재직한 사람 또는 물 관련 단체나 기관에서 10년 이상 종사한 사람으로서 해당하는 위원 중에서 대통령이 임명하여 총리와 공동위원장이 된다(제21조 제2항). 중요한 것은 국가물관리위원의 구성에 있어서 공무원이 아닌 위원이 전체위원의 과반수가 되어야 한다는 점이다(제3항). 유역위원회 역시 국가위원회와 본질적인 차이를 보이는 것은 아니다. 유역위원회는 해당 유역 관계 시·도지사와 물관리 업무의 경험이 있는 대통령령으로 정하는 공무원, 대통령령으로 정하는 공공기관의 장이 추천하는 임직원 각 1명, 해당 유역 관계 시·도지사가 추천하여 국가물관리위원회 위원장이 공동으로 위촉하는 사람으로서 대학이나 공인된 연구기관에서 물관리 분야의 부교수 이상 또는 이에 상당하는 직에 10년 이상 재직한 사람, 물 관련 단체나 기관에서 10년 이상 종사한 사람, 법관, 검사 또는 변호사로 10년 이상 재직한 사람, 그 밖에 해당 유역의 주민으로서 사회적 신망이 높고 물관리 분야에 경험이 풍부한 사람으로 구성한다. 유역위원회 위원장은 환경부장관과 대학이나 공인된 연구기관에서 물관리 분야의 부교수 이상 또는 이에 상당하는 직에 10년 이상 재직한 사람 또는 물 관련 단체나 기관에서 10년 이상 종사한 사람 중에서 국가물관리위원회 위원장의 공동 추천으로 대통령이 임명하는 사람으로 한다(제23조 제2항). 유역위원회의 위원 구성에 있어서도 공무원이 아닌 위원이 전체위원의 과반수가 되어야 한다(제3항). 물론 현행 물관리기본법상의 국가위원회와 유역위원회 모두 전체 위원 중 과반수가 민간부문으로 구성하도록 하고 있지만 여전히 관련 부처의 장관이나 공무원, 시·도지사 등이 상당한 비중을 차지하고 위원장 역시 국가위원회의 경우 국무총리와 민간 전문가가 공동위원장이며, 유역위원회의 경우에는 민간 전문가 중에서 환경부장관과 국가물관리위원회 위원장의 공동 추천으로 대통령이 임명하게 된다. 결국 물관리기본법의 근본 취지는 물관리와 관련한 이해관계인 중에서 민간 중심으로 위원회를 구성하고 물관리 정책과 계획 수립 업무를 수행하라는 취지임에도 불구하고 실제로는 여전히 국가 또는 지자체 등 공공부문의 영향력으로부터 벗어나기 어렵다는 현실적인 한계를 가지고 있다.

본래 물관리기본법이 지향해야 하는 취지와 목적은 물과 관련된 다양한 이해관계인을 참여시켜 소통과 협력을 통하여 문제를 해결하는 거버넌스를 구축하는 것이다. 이러한 형태의 거버넌스를 요구하는 이유는 4대강 사업과 같이 물과 관련된 주요 정책을 수행함에 있어서 대통령의 의지를 절대시하고 총리와 관련 부처가 획일적이며 일방적으로 집행하는 것을 원천적으로 차단하기 위함이다. 물론 협치적 거버넌스를 통한 국가적 의사결정과 집행방식이 신속하며 효율적인 정책집행을 방해한다는 견해도 제시될 수 있다. 그러나 물관리기본법안이 천명하고 있는 기본원칙들은 건강하고 쾌적한 물에 대한 국민들의 접근권, 기후변화에 따르는 통합관리, 균형배분, 이해당사자의 참여, 유역별 관리, 수질 및 수생태계의 지속가능성, 물의 건전한 순환과 같은 것들이다. 물론 위 원칙들은 물에 대한 통합관리와 수요관리 등을 통한 절약 등 물에 대한 효율적 관리를 지향하지만 이는 물에 대한 신속하고 기계적인 의사결정을 통한 국가의 일방통행식 토건행정을 의미하는 것이 결코 아니다. 오늘날 물 문제는 기후변화에 따라서 그 불확실성과 불안정성이 증대되고 있기 때문에 정부와 공공부문이 열린 자세로 민간부문이 가지고 있는 정보와 지식, 노하우 및 이견과 반대의견 등을 적극적으로 수용·해소하여 이른바 대통령의 국정철학과 정책독점으로 인한 폐해를 방지하고 관련 당사자의 편익을 극대화하도록 최적의 방안을 도출하는 거버넌스를 구축하는 것이 그 해법이라고 할 수 있다. 이런 측면에서 보면 현행 물관리기본법상 국가위원회와 유역위원회의 거버넌스는 상당한 정도로 미흡한 점이 있으며, 향후 기후변화, 수자원, 물환경 및 수생태계, 재해 예방 등 다양한 차원에서 물관리 행정의 추이를 보아가면서 물협치를 실현하는 방향으로 개선하는 것이 필요하다.

V. 민주적 정당성, 행정의 책임성

1. 민주적 정당성과 규제된 자율규제

민주적 정당성이라는 용어는 '민주주의'와 '정당성'이라는 두 가지 단어가 결합된 개념이다. 여기에서 민주주의는 주권자인 국민이 주체적으로 국가의 중요 정책에 대하여 결정권을 행사한다는 의미로서 국가적 의사결정의 주체와 주권자로서의 국민이 일치한다는 의미이다. 이에 따라서 민주적 정당성이라는 의미는 주권자로서의 국민이 주체적으로 국가의 주요 정책이나 사안에 대하여 결정한 경우에 한하여만 그것이 정당한 것으로 받아들어질 수 있다는 것이기 때문에 국민의 의사가 반영되지 않고 독재자 개인이나 소수의 지배자 등 비정상적인 독과점 형태로 이루어진 공적 의사결정은 민주주주의 원리에 반하고 정당성을 가지지도 못한다. 다만, 헌법 제1조 제2항으로부터 유래하는 국민주권주의와 우리 헌법 도처에서 산재하는 민주주의원리에도 불구하고 국민이 직접 국가의 기관으로서 주체적인 의사를 결정하는 것은 현실적으로 어려운 일이다. 따라서 오늘날 현대국가에서는 주권자인 국민이 대통령이나 국회 등 통치권능을 행사하는 대의기관을 선거를 통하여 선출하고 국민의 선거에 의하여 선출된 의회권력, 내지 행정권력이 국민을 대위하여 통치하는 의회민주주의, 대의제와 같은 간접민주주의 형태가 보편적이다. 오늘날 민주적 정당성이라는 의미는 국민의 선거에 의하여 선출된 권력이 국가의 주요 정책이나 사안을 주체적으로 결정하는 것을 의미한다는 점에서 선거와 대의제는 민주적 정당성을 확보하는 핵심제도라고 할 수 있다.

이와 같은 헌법상 민주적 정당성의 원칙에서 볼 때 물관리기본법안에서 제시된 국가위원회와 유역위원회의 거버넌스가 다양한 이해관계인의 참여와 협력을 통하여 최적의 의사결정을 이끌어 낸다고 하더라도 국민의 선거를 통하여 선출된 권력이 임명한 공공부문의 공무원 위원이 민간부문의 위원들과 같이 과반수만을 점하게 되고, 더욱이 공동위원장을 민간무문의 위원들 중에서 보임함에 따라서 문제가 제기될 수 있다. 더욱이 국가위원회나 유역위원회는 단순한 자문이나 심의를 위한 기관이 아니라 중요한 사안에 대하여 심의·의결하는 권한을 가지고 있기 때문에 민주적 정당성의 문제는 보다 첨예한 측면을 가질 수 있다. 또한 국가위원회나 유역위원회에 참여하는 민간위원들이 사회 전체로 볼 때 대표성을 가지는 것도 아니며 그에 따라서 일정한 책임을 지는 것도 아니라는 점에서도 더욱 그러하다. 그럼에도 불구하고 오늘날 공공부문과 민간부문의 협력을 통하여 보다 협치에 근접한 합리적이고 공정한 의사결정을 하기 위해서는 국가와 민간이 수행하는 역할과 책임을 적절하게 분담하는 것이 필요하다.[25] 오

25) Schuppert, a.a.O., (FN 4), Der Gewährleistungsstaat - ein Leitbild auf dem Prüfstand, 2004, S. 24.

늘날 많은 공적 과제들은 그 구조가 복잡하고 다양한 이해관계가 대립되는 경우가 많이 있어서 정부 등 공공부문이 공동체에 중요한 영향을 미치는 의사결정을 독점하는 것은 가능하지도 않으며 또한 바람직스러운 것도 아니다.

앞서 언급한 바와 같이 하천과 물을 관리한다는 것 역시 국가와 공공부문이 의사결정을 주도하는 경우 정부의 실패를 야기할 수 있으며, 4대강 사업과 같은 부정적인 결과에 이르게 될 가능성이 크다. 따라서 일단 정부와 공공부문은 의사결정의 독점적 지위를 지양하고 민간부문의 참여를 적극적으로 독려하는 상태에서 그들과 협력적 관계를 모색한다. 그리고 물관리와 같이 공동체에 다양한 이해관계를 가지는 주체들이 혼재하는 경우 일단 그 업무에 대하여 민간부문의 자율적인 결정이나 규제활동을 지켜보면서 공공부문은 그로 인한 부정적 결과의 예방과 차단에 주력한다. 이른바 신사조행정법이 말하는 사회적 자율규제의 기능이 작동할 수 있도록 그들의 활동이 이루어지는 영역을 존중하는 것이다.26)

그러나 이와 같은 민간부문의 자율결정 내지 규제의 기제들은 국가의 총체적이고 거시적인 규제로부터 완전히 일탈하거나 자유로운 것은 결코 아니라는 점을 간과할 수 없다. 국가물관리위원회는 그 업무 수행에 있어서 법률상 독립성과 정치적 중립성을 보장받고 있으나, 엄연히 대통령에 소속한 행정기관으로서 대통령의 통제를 받으며, 인사나 예산·재정 문제에 있어서도 인사혁신처, 기획재정부와 같은 국가기관으로부터 활동상의 제약을 받는다. 이와 같이 민간부문이 참여하는 국가물관리위원회도 대통령제 국가에서 헌법과 정부조직법에 따라서 최종적으로는 정부와 공공부문이 일정한 운영방식과 형태를 결정하기 때문에 이른바 “국가에 의하여 규제된 사회의 자율규제”라는 틀을 벗어나지 못하는 것이다. 결국 국가는 이러한 제도적인 장치를 통하여 민주적 정당성의 원칙이 훼손되지 않도록

---

26) Andreas Voßkuhle, Neue Verwaltungsrechtswissenschaft, in : Hoffmann-Riem/Schmitt-Aßmann/Voßkuhle (Hrsg.), Grundlagen des Verwaltungsrechts, 2. Aufl. Bd. Ⅰ, S. 53.

보장하며, 관련되는 헌법과 법률규정은 혹여 민간부문의 자율결정과 규제가 선거에 의하여 선출된 권력의 의사에 반하는 행위를 하지 못하도록 통제하는 기능을 수행한다. 그러나 이와 같은 국가적 규제와 통제는 과거와는 달리 직접적·구체적·개별적 방식을 지양하고 무엇이 공동체의 민복과 공동선을 실현하는데 효과적인가를 고민하면서 보다 스마트한 방향으로 이루어진다. 바로 협치를 위한 거버넌스는 이러한 스마트한 규제방식을 지향하는 행정조직법상의 원리라고 할 수 있다.

2. 행정의 책임성

1) 고전적인 행정의 책임성 실현구조

행정학 분야에서 행정의 책임성에 대한 논의는 다양하게 이루어지고 있으나 일반적으로 행정이 국가와 사회의 다른 기관이나 구성원에게 자신의 행위의 내용과 정당성을 설명하고 일정한 기준에 의한 평가를 받을 의무를 말한다.[27] 고전적으로 보면 행정의 책임성을 실현하는 주체는 실제로 행정권을 행사하는 공무원이라고 할 수 있다. 헌법과 법률에 의하여 일정한 권한을 행사하는 공무원들은 앞서 언급한 관료제에 의하여 계층적 구조를 형성하는데, 이러한 관료제는 권한이 여러 부처나 사람에게 분산되어 책임의 소재가 산재하는 것보다는 특정 부처의 장이나 조직의 수뇌부가 권한을 집중적으로 행사하는 경우에 한하여 그 책임과 권한의 소재가 명확해질 수 있다는 장점을 가진다. 결국 수직적인 관료제를 통하여 행정권한의 행사에 대한 신뢰를 제고하고 권한을 가진 자에 대하여 구체적으로 책임을 추궁할 수 있다. 물론 행정의 책임성은 이를 추궁하는 주체에 따라서 조직의 장을 비롯한 행정내부의 책임도 문제될 수 있으나 주로 행정에게 일정한 권한을 부여한 의회에 대한 책임, 즉 행정의 민주적 책임성이 그 토대를 이룬다고 할 수 있다.

---

27) 엄석진, 행정의 책임성 : 행정이론간 충돌과 책임, 한국행정학보 제43권 제3호, 2009, 21면.

또한 행정의 책임은 그 내용에 따라서 국회에 대한 정치적 책임, 성과에 대한 정책적 책임, 재정이나 예산의 집행에 대한 회계적 책임 등 다양한 방식으로 발현될 수 있으나 행정의 민주적 책임을 담보하는 것은 무엇보다도 법적인 책임이라고 할 수 있다. 즉 행정권은 헌법 제66조 제4항에 따라서 대통령을 수반으로 하는 정부에 속하며, 국무총리와 국무위원은 임면권자인 대통령과 국회에 대하여 정치적·행정적 책임을 진다. 결국 헌법상 민주주의원리에 따라서 행정권은 주권자인 국민이 대통령과 국회에 부여한 민주적 정당성 원리에 기속되어, 대통령과 국회에 행정의 권한행사를 설명하고 자신의 행위에 대한 정당성을 확인받아야 하는 것이다.[28] 또한 권력분립의 원칙에 따라서 법원과 헌법재판소는 행정의 권한행사가 헌법과 법률에서 정한 한계를 넘어서는 경우 이를 통제함으로서 행정의 법적 책임성 원칙을 보장한다. 이상과 같이 행정의 법적 책임성은 관료제를 중심으로 하는 공무원조직이 헌법상 민주주의원리와 권력분립의 구조 하에서 국회와 대통령, 법원 및 헌법재판소에 의한 통제를 받음으로써 실현된다.

그러나 이와 같은 고전적인 행정의 책임성에 대한 법적인 실현구조는 민영화, 규제완화, 민관협력을 통한 거버넌스 시대에 다소 도식적이고 단순하다는 비판을 면하기 어렵다. 다시 말하자면 민주주의원리와 권력분립이라는 헌법의 기본원칙을 고수하고 행정에 대한 법적 통제만이 행정의 책임성을 실현하는 기제인가에 대해서는 반성적 고려가 필요하다. 그 이유는 오늘날의 행정은 성과를 강조하고 사회의 다양한 수요에 부응하여 이른바 맞춤형 문제 해결방식을 지향하기 때문에 그에 대한 책임성의 평가기준이나 내용 역시 달라질 필요가 있기 때문이다. 무엇보다도 행정이 주권자인 국민에게 보다 좋은 서비스를 제공하여야 한다는 수요자 중심의 행정과 성과주의 목표가 결합되는 경우 행정의 책임성은 국회와 대통령에 대한 법적인 책임이라는 단순한 구조로부터의 변화가 불가피해 보인다.

---

28) Wolfgang Hoffmann-Riem, Eigenständigkeit der Verwaltung, in : Hoffmann-Riem/ Schmitt-Aßmann/ Voßkuhle, (Hrsg.), Grundlagen des Verwaltungsrechts Bd. Ⅰ, S. 712.

2) 거버넌스 시대의 행정책임

기존의 관료제를 중심으로 하는 민주적 행정책임이 조직의 장이나 국회, 대통령에 대한 법적 책임만을 다하는 것으로 이해하고 이를 제도적으로 실현한 결과 새로운 시대적 변화에 적응하는데 한계를 노정하면서 그 제도적 경직성에 대한 문제가 지적되었다. 법적으로는 완전해 보이는 관료제와 행정의 법적 책임성은 정작 행정의 수요자인 국민 앞에서는 초라한 성적표를 받을 수 있기 때문이다. 이제 새로운 시대의 공직자는 계속적으로 공공 목적을 달성하기 위한 대안의 합리적 평가자이어야 하며, … 기획가이어야 하며, … 심판이 아닌 경기자(player)이며, … 공공 의지를 실현하기 위한 전문가들이어야 한다. … 그들은 다양한 시민을 위하여 국민주권을 체득하고 완전히 표현할 수 있도록 하는 사람들이어야 하는 것이다.[29] 이와 같이 변화된 공직문화 속에서 이제 행정의 책임도 단순한 법적인 책임을 넘어서서 성과를 지향하고 국민들의 행정만족도를 제고하며, 공공선택이론에 따라서 공공부문이 독점하던 행정활동이 비효율적이고 성과를 내지 못하는 경우 과감하게 이를 민간에 이양하거나 민간부문과의 협력을 위한 새로운 책임의 구조를 모색하여야 하는 것이다.

이와 같이 오늘날 행정의 책임은 고전적인 대의제와 민주적 정당성을 근간으로 하는 법적인 의미의 책임을 실현하면서도 성과주의를 지향하는 과정에서 자연스럽게 분출하는 “좋은 행정, 필요하고 다양한 서비스”라는 다소 이율배반적인 요청을 여하히 조화시키겠는가의 기로에 서 있다고도 말할 수 있다. 이와 같은 의미에서 거버넌스 시대의 행정책임은 고전적인 행정책임을 대체하는 것이 아니라 이를 보완하는 관계에 있다. 따라서 거버넌스 시대에서 행정의 책임은 고전적인 민주적 책임성의 근간을 유지하면서도 국민에게 특정한 공적 서비스를 제공하기 위하여 공공부문과 민간부문의 행위주체들 간의 소통과 협력을 유도하고 촉진하며 이를 통하여

29) Frederickson, New Public Administration. Alabama: University of Alabama Press. 1980, P. 114-115. 엄석진, 전게논문(각주 39), 29면 재인용.

행정의 최종 소비자인 국민의 만족도를 높이는데 그 목표를 둔다.

주권자인 국민을 지향하는 이와 같은 행정의 정치환경적 책임을 행정의 정치적 책임이라고 표현할 수도 있겠지만, 정치적인 책임이라는 개념을 사용하는 경우 이는 자칫 고전적인 행정의 의회에 대한 정치적 책임과 혼동될 여지가 있으므로 거버넌스 시대 행정의 이와 같은 책임을 국민에 대한 책임이라고 표현할 수 있을 것이다. 행정청과 담당 공무원은 국민에게 특정한 행정적 서비스의 제공과 관련하여 최적의 결과를 도출하는데 행정적 책임의 목표를 설정하고 이를 위하여 민간부문에 대하여 열린 대화와 수용적 자세를 견지함으로써 행정과 공공부문에서는 창출하기 어려운 아이디어나 노하우, 자본 등을 유치하기 위하여 노력한다. 이러한 과정에서 행정은 헌법과 법률을 통하여 부여받은 권한만을 고집하지 않고 자신이 발굴하기 어려운 사항에 대하여 최대한 민간부문으로부터 학습하는 자세와 포용적인 태도를 유지한다.

이와 같이 거버넌스 시대 행정적 책임 내지 공적 과제수행의 책임은 공공부문과 민간부문에게 이를 적절하게 분배하는 것을 의미하는데, 그럼에도 불구하고 행정은 민간부문이 자신들의 사적 이익이나 매우 제한된 영역의 부분적 이익에 매몰되지 않고 공동체, 그리고 궁극적으로는 행정의 수혜자인 국민의 민복을 실현할 수 있도록 이들을 바람직한 방향으로 이끌고 가면서 소비자 중심, 주권자 중심의 새로운 책임의 기제를 구축한다. 결국 거버넌스에서 행정의 책임은 기존의 민주적, 법적 책임의 근간을 확고하게 유지하는 것을 그 전제로 하기 때문에 민간부문의 포획으로부터 스스로를 지키는 책임과 민간부문이 자신의 협소한 이익에 매몰되는 것을 방지하고 공동선을 지향하도록 유도하는 책임을 실현한다는 의미에서 일종의 최후적 보장책임(Die letzte Gewährleistungsverantwortung)을 지고 있는 것으로 이해할 수 있다.[30] 그리고 이와 같은 보장책임은 기존의 법적인

---

30) Mattias Schmitt-Preuß, Die Verwaltung und das Verwaltungsrecht zwischen staatlicher Steuerung und gesellschaftlicher Selbstregulierung, VVDStRL 56 (1996), S. 160 ff. (181 ff.).

책임과 더불어 거버넌스 시대가 보다 유연하고 광범위한 행정의 책임을 요구하고 있다는 점에서 한 차원 높은 질적인 변화를 경험한 결과라고 할 수 있다.

3) 국가물관리위원회의 책임성에 대한 평가

앞서 언급한 바와 같이 국가물관리위원회의 위원장을 총리와 함께 공무원이 아닌 민간전문가로 공동으로 보임하고 있으며, 위원회의 구성에 있어서도 민간부문의 위원이 과반수를 점하고 있다는 점에서 대통령 소속 행정위원회의 구성이 민주적 정당성 원칙에 반하고 행정의 책임성을 훼손할 수 있다는 지적이 제기될 수 있다. 그런데 국가물관리위원회의 거버넌스를 이와 같이 구성한 것은 무엇보다도 통합물관리를 통한 행정의 효율성을 제고하겠다는 취지이지만 궁극적으로는 기후변화에 대한 대응, 수량에 대한 안정적 확보, 수질개선, 재해로부터의 안전을 확보하여 국민의 생존권과 물기본권을 실현하기 위한 것이다. 이와 같은 목표를 실현하기 위해서 기존의 관료제를 중심으로 하는 행정조직이 많은 문제점을 가지고 있기 때문에 국가물관리위원회는 바로 이를 시정하고 보완하려는 제도적 장치로 제안된 것이다. 물관리기본법상 국가물관리위원회는 대통령 소속으로서 대통령이 민간위원장을 임명하며, 국가물관리위원회 위원의 구성에 있어서도 대통령에 대하여 직접적인 책임을 지는 관련 부처의 장이 과반수를 차지하고, 나머지 민간부문의 과반수 위원도 대통령이 위촉하기 때문에 전체적으로 국가물관리위원회가 대통령에 대한 행정적 책임을 지고 있다는데 의문의 여지가 없다.

또한 국가물관리위원회는 대통령에 소속된 정부위원회이기 때문에 민간위원장 또는 위원은 헌법 제62조의 '정부위원'으로서의 지위를 가진다. 이에 따라서 국가물관리위원회 위원은 국회의 요구가 있는 경우에는 국회나 그 위원회에 출석하여 국정처리상황을 보고하거나 의견을 진술하고 질문에 응답하여야 하며(제1항), 국회나 그 위원회의 요구가 있는 때에는 출석·답변하여야 한다(제2항). 이와 같이 국가물관리위원회와 그 위원장, 위원은 국민의 대표기관인 국회에 대하여 민주적 정당성 원리에 바탕을 둔 정치적, 법적 책임을 진다. 그리고 국가물관리위원회의 소관 업무를 수행하는 과정에서 위원회나 위원들의 행위가 법령에 위반하여 상대방에게 위법한 처분 기타 직무를 집행하는 경우 사법부는 행정소송 내지 국가배상 절차를 통하여 위법한 행위를 시정하거나 그에 따르는 손해배상의 판결을 함으로써 권력분립원칙에 따라 위원회에 대하여 법적인 통제를 할 수 있다. 이와 같이 국가물관리위원회는 조직법상으로 국회, 대통령, 사법부에 대하여 정치적·법적인 책임을 부담하는 것으로서 전통적인 관료제를 중심으로 하는 행정조직법의 일부를 구성하고 있다.

다만, 앞서 언급한 바와 같이 국가물관리위원회의 공동위원장, 위원 과반수를 민간부문에서 위촉하는 것은 국토에 부존하는 희소한 수자원에 대한 효율적이고 지속가능한 관리와 기후변화에 따르는 수량, 수질, 재해 등으로부터 국민의 물에 대한 접근권을 보다 강화하기 위한 거버넌스를 구축하기 위한 것이다. 이러한 조직법상의 취지는 일단 기존의 물관리제도가 전적으로 국가나 지방자치단체, 한국수자원공사와 같은 공급자를 중심으로 이루어졌으며, 특히 대통령 중심제 국가에서 관료제를 중심으로 하는 행정조직이 일종의 정부실패를 야기하였다는 반성적 고려의 결과인 것이다. 따라서 향후의 수자원과 물에 대한 관리는 물이 부존하는 유역 내지 권역의 주민, 자치단체, 물을 일상적으로 사용하는 소비자, 물에 대한 전문적 지식과 경험을 가진 전문가와 단체 등이 보다 현장 중심적으로 물의 부존상태와 수질, 안전과 관련된 업무를 주도적으로 발굴하고 처리하자는 것을 목표로 한다. 이와 같은 목표설정에 따라서 물관리 업무는 정부 등 공공부문이 열린 자세를 견지하여 민간부문의 의견과 구체적 제안을 적극적으로 수용함으로써 민간의 혁신적인 아이디어를 물관리 업무에 반영하는데 중점이 두어진다. 그 이유는 경직된 관료제 하에서는 현장에서 물관리에 문제가 발생하는 경우 이에 효과적으로 대처하는데 상당한 어려움을 노정하기 때문이다.

따라서 물관리기본법의 본래적 취지에 따르면 유역과 국가 간의 유기적인 협조관계를 통하여 현장 중심의 물관리를 가능하게 하고 물과 근접한 소비자와 자치단체, 이해관계인의 적실성 있는 제안을 바로 정책으로 집행할 수 있다는 장점을 극대화하는 것이다. 비록 현행 물관리기본법상 유역위원회는 국가위원회의 지역적 조직으로서의 법적 지위를 가지고 있는데 불과하지만 향후 법률을 개정해서 유역위원회를 법인화하는 방식 등을 통하여 국가위원회와 유역위원회가 상호 대등한 관계를 가짐으로써 4대강 사업에서 보여주듯이 대통령 자신의 의사와 국정철학이 중심이 되는 하향식 관리체계와는 전혀 다른 Bottom-Up 방식의 협치를 지향하는 거버넌스를 구축하여야 한다. 다만, 민간부문의 혁신적이고 현장 중심적인 제안과 아이디어를 적극적으로 수용하는 것은 경우에 따라서 의사결정의 극단적인 분권화로 인한 정책집행의 혼선을 초래하고 물관리 업무가 사적 이익에 포획될 가능성도 있다. 이러한 문제는 특히 유역위원회에서 더욱 극적으로 표출될 가능성이 있다. 그러나 이 경우에도 여전히 공무원이 위원의 과반수를 차지하며, 국가위원회의 경우 대통령이 위원장, 위원들에 대하여 인사권을 행사하고 관련 부처의 장은 국가물관리 정책이 특정 개인이나 집단의 이익에 매몰되지 않고 공공선을 실현할 수 있도록 민간부문의 제안이나 아이디어를 바람직한 방향으로 조율하고 제어하는 역할을 수행할 수 있다. 이러한 의미에서 정부와 공공부문의 역할은 배의 노를 스스로 젓는 것이 아니고 조타의 기능을 통하여(steuern statt rudern!) 국가의 물관리정책이 공익과 민복을 실현할 수 있도록 최후의 보장책임을 지는 것으로 이해할 수 있다. 이와 같이 물관리 거버넌스의 핵심은 물관리에 대한 책임과 역할을 공공과 민간이 분담하고 상호간의 협치를 통하여 업무성과의 극대화를 지향하는 데 있다.

Ⅵ. 맺는 말

행정법학의 연구에서 전통적으로 행정조직법은 실체적인 행정작용이 이루어지기 위한 기관의 권한과 의무를 규정하는 보조적 역할을 하는 것으로 이해하였다.[31] 이는 종래 행정절차법 역시 실체적 행정법의 보조적 수단으로서 큰 주목을 받지 못한 것과 동일한 맥락이라고 할 수 있다. 행정이라는 국가활동을 기업의 생산활동과 비교할 수 있다면 최종적인 생산실적이나 품질에 중점을 둘 뿐 제품을 만들어내는 생산공정이나 생산설비에는 상대적으로 관심이 적었다고 할 수 있다. Max Weber는 관료제의 대표적인 찬양론자다. 관료제를 중심으로 하는 일사불란한 행정조직은 행정이 일정한 결과물을 생산하기 위하여 마치 톱니바퀴와 같이 질서정연하게 반복하는 과정과 분업을 통하여 국가에 필요한 업무를 효과적으로 수행하는 것으로 이해하였다. 따라서 관료제와 행정조직법은 그 어떤 독자적인 의미나 존재철학과는 유리되어 철저하게 가치중립적인 기계처럼 "위에서 시키는 일을 충실하게 따름으로써" 국가의 행정활동을 지원하는 것으로 그 기능을 다하는 것으로 본 것이다. 그러나 이러한 행정조직법에 대한 이해는 이미 그 시대에도 본질을 외면한 측면이 있다. 그 이유는 행정조직은 공무원이라는 인적 구성요소와 더불어 일정한 자원을 배분 받아 소비하는 국가의 단위라는 점에서 물적 요소와 밀접하게 결합함으로써 공동체에 대하여 상당한 파급효과를 가지고 있었기 때문에 이를 단순히 국가를 위하여 존재하는 기계로서 행정조직의 유기체적 성격을 간과한 것은 문제가 있다.

그런데 공동체 내에서 국가와 공공부문이 차지하는 비중이 점차적으로 감소하고 민간부문의 영향력이 상대적으로 증가하면서 행정조직은 이와 같은 변화에 어떠한 형태로든 대응하지 않을 수 없으며 민간부문의 창의

31) 행정실체법에 대한 행정조직법의 이와 같은 보조적 내지 수단적 성격에 대해서는 Matthias Jestaedt, Grundbegriffe des Verwaltungsorganisationsrechts, in : Hoffmann-Riem/Schmitt-Aßmann/Voßkuhle, (Hrsg.), Grundlagen des Verwaltungsrechts Bd. Ⅰ, S. 957.

적이고 혁신적인 아이디어를 끌어들여 한 차원 높은 공익과 민복을 실현하기 위해서는 "숨 쉬는 유기체로서의 행정조직"으로 변모하지 않을 수 없다. 바로 이러한 이유 때문에 오늘날 이른바 거버넌스를 중심으로 하는 행정조직법이 주목을 받고 있는 것이다. 19대 국회부터 20대 국회에 이르기까지 의원입법의 형태로 국회에 제출된 물관리기본법안의 대부분은 협치 실현을 위한 행정조직법의 구체적인 형태로서 국가위원회와 유역위원회를 규정하고 있다. 이는 물관리를 위한 이른바 부처의 일원화를 추진하는 경우 물에 대한 공룡부처가 탄생하고 이명박 정부의 4대강 사업과 같은 거버넌스의 실패를 되풀이할 수 있다는 우려를 반영하여 위원회제도를 선호한 결과로도 풀이할 수 있다. 국가위원회와 유역위원회는 물소비자, 유역에 거주하는 주민과 관련 지방자치단체, 민간전문가와 시민단체와 같은 물에 대한 근거리 행정과 현장 중심의 문제해결을 위하여 이들의 주도적인 활동을 보장하고 있다. 그리고 향후 법률을 개정하여 국가와 유역 간의 유기적인 협력체제를 통하여 아마도 우리나라 초유의 상향식 협치구조라고 할 수 있는 혁신적인 실험모델을 구축할 필요가 있다. 이러한 법안들이 실제로 입법화 되는 경우 물 문제에 대한 우리에게 특유한 거버넌스 시스템이 국제적인 또 하나의 물관리의 전범이 될 수 있을 것으로 기대된다. 중요한 것은 공공부문의 역할이다. 공공부문은 기존의 상명하달의 물관리 방식이라는 관행에서 벗어나 민간주도의 물관리 거버넌스가 정착되어 공공선과 민복을 실현할 수 있도록 포용하고 수용할 때와 조율이 필요한 시점을 절묘하게 선택하여야 한다. 정부가 "기다릴 때와 나아갈 때"를 적절하게 인식하는 것은 시민과 민간부문의 존재와 역할을 인정하고 그들과 협치 혹은 동반통치라는 21세기의 새로운 통치철학을 체득하는 과정이기 때문이다.

제7장

정보행정법

Ⅰ. 지식정보화 사회와 정보행정법의 과제

로마가 전성기를 누리던 Pax Romana 시절 "모든 길은 로마로 통 한다"는 말은 로마가 권력과 부의 중심이라는 것을 상징적으로 은유하고 있다. 당시 게르만이나 팔레스타인의 갈릴리 지역 등은 분명 로마의 변방에 불과했다. 그렇지만 21세 중반을 살아가는 우리들은 "정보와 지식의 길은 모든 이들에게 통한다"는 말을 실감한다. 이제 중심과 변방의 구별은 없으며 인터넷 등을 통하여 세계가 지식과 정보를 공유하는 네트워크로 연결되어 있다. 그래도 21세기에는 미국과 중국의 G2라는 중심국가가 엄연히 존재하며 미국의 대통령과 중국의 주석은 막강한 권력과 영향력을 가지고 있지 않는가? 그렇지만 이러한 현실은 절반의 진실만을 말해줄 뿐이다. 미국은 대통령보다는 Google, Amazon, Apple, Facebook이 지배하는 나라이며, 중국에서는 알리바바와 Huawei 같은 IT 기업들이 무서운 속도로 성장하고 있다. 정보와 지식이 지배하는 세계에서는 정보가 바로 권력이며 지식이 부의 원천이다. 지식정보화 사회의 이러한 변화는 국가행정의 조직 및 행태, 의사결정의 구조와 과정 및 이를 규범적으로 규율하는 행정법체계에 혁명적인 변화를 예고하고 있다.

물론 19세기 자유주의적 법치국가나 20세기의 사회적 법치국가에서도 정보와 지식이 행정과 행정법 질서에 적지 않은 비중을 차지하고 있었다. 행정청이 건축허가를 발부함에 있어서도 허가가 법령에 적합하도록 신청된 것인지를 심사하기 위해서는 도시계획, 환경, 지적 등 관련 정보와 건축물이 가지는 안전성이나 이웃 주민에게 미치는 교통, 일조, 상하수도, 도로 등 도시기반시설의 다양한 분야에서 그 적합성을 판단하기 위한 전문적 지식을 필요로 했다. 국민기초생활보장법 및 각종 사회복지 행정을 수행하는 행정청은 수급권자 및 부양권자의 소득, 가족관계 등과 같은 개인정보를 수집하고 분석하는 것이 선행되어야 하며, 중복급여는 없는지, 급여의 사각지대는 존재하지 않는 것인지, 사회복지 급여를 통해서 수급권자와 부양가족의 복지수준이 실제적으로 향상되고 있는지, 일상적인 사회복지행정의 수행과정에서 제도와 법령을 정비하고 개선할 과제는 무엇인지 등 전문적인 행정가와 공직자가 되기 위해서는 끊임 없이 필요한 지식을 습득하고 고도화하는 것이 필수적이다.

하지만 지난 200년 간 행정과 행정법 영역에서는 지식과 정보가 그 비중 면에서 독립한 학문분야로 발전하지 못하였다. 그러나 정보와 지식의 양과 질이 과거와는 비교할 수 없도록 팽창한 사회에서 정보지식행정법(이하 정보행정법이라 약칭한다) 분야는 개별 실체법의 보조적 기능을 벗어나 오히려 다른 분야의 발전과 체계의 변화를 유도하는 선도적 지위를 점하고 있다.[1] 앞서 언급한 바와 같이 고급 지식과 정보는 국가와 행정부만이 보유하고 이를 처리·이용하는 것이 아니라 민간부문의 기업이나 심지어는 특별한 분야의 전문적 지식을 가진 개인이 보유한 지식과 정보가 국가행정과 사회적 편익의 증진에 기여하는 바가 크기 때문에 행정이 국민에게 명령하거나 강제하는 처분 중심의 전통적인 권력행정은 정보행정법 영역에서 당연히 한계를 드러낸다. 정보행정법체계에서는 위계질서를 중심으로 하는 행정조직법은 자연히 와해되고 지식과 정보를 가지고 있는 관련 행정청은 물론 정부와 국회, 법원 등을 연결하고 민간부문의 협력을 받아 고급정보를 상호 교환, 처리, 사용하는 네트워크를 중심으로 하는 거버넌스로 대체되어 간다. 정보행정법 영역에서 행정청은 과거의 처분과 공권력 행사를 대신하여 정보의 흐름과 사용을 네트워킹 하고 이를 통하여 각 행위주체의 의사결정을 조율(Steering, Steuerung)하는데 중점을 둔다.

정보행정법의 발전에 따르는 행정조직과 거버넌스의 변화는 자연스럽게 행정청의 의사결정 방식에서도 절차의 중요성을 강조한다.[2] 행정절차는 불이익 처분을 위하여 상대방에 대한 사전통지와 의견을 청취하는 적법절차의 기능과 함께 지식과 정보로 충만한 공공과 민간의 전문가들이

1) Thomas Vesting, Die Bedeutung von Information und Kommunikation für die verwaltungsrechtliche Systembildung, Grundlagen des Verwaltungsrechts Ⅱ, § 20 Rn. 5.

2) Eberhard Schmitt-Aßmann, Der Verfahrensgedanke im deutschen und europäischen Verwaltungsrecht, Grundlagen des Verwaltungsrechts Ⅱ, § 27, Rn. 1ff.

네트워킹을 통하여 집단적 이성의 발견, 새로운 지식의 창출을 통하여 합리적이며 공익과 민복실현에 최적의 의사를 결정하는데 기여한다.[3] 절차는 지식과 정보를 새롭게 평가하고 교환하는 기능을 하는 것이다. 그렇다면 정보행정법 분야는 특히 전문가들의 지식활용과 최적의 의사결정을 위한 거버넌스, 민관협력, 조율, 고양된 절차적 기능을 모두 포함한다는 점에서 신사조 행정법이 실현되는 최적의 장이라고 볼 수 있다.

한편, 정보행정법 분야에서 가장 중요하고 많은 비중을 가지는 주제는 정보공익의 실현과 함께 시민의 권리를 효과적으로 보호하는 것이다. 특히 행정은 정보를 수집하고 처리하는 과정에서 수많은 분야에서 국민 개개인의 개인정보를 축적하게 되는데, 이러한 개인정보를 수집, 관리, 처리, 사용하는 각 과정에서 개인의 사생활의 비밀과 자유가 침해되지 않도록 고도의 주의의무를 부담한다. 흔히 개인정보보호법제는 정보행정법의 핵심적인 분야라고 할 수 있는데, 여기에서는 정보의 수집과 관리 및 사용에 대한 국가의 관할권과 정보에 대한 국민의 개인정보자기결정권 보호가 대립적인 구도로 등장한다. 다시 말하자면, 개인이 정보에 대한 자기결정권이라는 헌법상 기본권의 주체로서 국가의 개인정보 침해에 대한 보호와 권리구제를 요청하는 고전적인 자유주의적 법치주의가 정보행정법의 체계의 한 축을 형성한다. 그런데 앞서 언급한 바와 같이 오늘날 정부와 행정이 관할하는 정보는 단순히 행정정보에 그치지 않고 공기업 등 공공기관과 같은 이른바 간접행정조직 및 순수한 민간부문이 가지고 있는 고급정보와 네트워킹을 통하여 끊임 없이 교환의 대상이 되고 있기 때문에 개인정보는 정부는 물론 광의의 공공부문과 민간부문을 대상으로 그 보호의 필요성이 제기된다.

정부와 행정은 개인정보의 보호와 함께 최근 문제가 제기되고 있는 이른바 가짜뉴스와 민간부문의 포털사업자 등에 대한 적절한 규제를 통하여 정보와 지식의 왜곡을 방지하고 건전한 정보화 사회의 발전과 정상화를

3) Hans-Heinrich Trute, Wissen – Einleitende Bemerkungen, DV, Beiheft 9, 2010, S. 11ff.

위한 공익적 과제를 수행한다. 다만, 민간부문에서 정보와 지식을 생산하고 이를 널리 보급하는 개인과 사업자에 대한 규제는 자칫 표현의 자유를 과도하게 제한할 수 있다는 위험성을 고려하여 국가가 이들 정보와 지식의 제공주체에 대한 직접적인 규제를 지양하고 사업자단체와 시민사회의 자율규제를 우선적으로 존중하는 이른바 규제된 자율규제(regulated self-regulation)의 형식을 고려할 필요가 있다.[4]

흔히 정보행정법의 대상과 방법론을 개인정보 보호와 정보 및 지식에 대한 규제에 한정시키려는 견해도 있지만 오늘날 정보행정법은 여기에 그치지 않고 정부와 개인이 보유하고 있는 정보의 공공성을 확대하기 위한 공개제도 및 정부와 행정청 내부에서 이루어지는 정보의 흐름을 보다 투명하게 규율하는 법제에 대해서도 상당한 관심을 기울이고 있다. 정보공개제도는 다른 국가에 비하여 한국의 법제와 관련 판례가 상대적으로 견고하게 발전해온 분야라고 할 수 있다.[5] 특히 한국의 정보공개제도는 국민의 알권리 실현이라는 주관적 권리보호의 차원을 넘어서서 정부가 보유하고 있는 행정정보를 공익적 관점에서 공개하도록 하여 정보의 투명성과 이를 통한 의사결정 과정의 공정성 등을 검증하도록 하는 기회를 보장하고 있다. 사실상 정보공개를 위한 행정소송은 이해관계인의 알권리 실현이라는 취지보다는 오히려 공개와 참여를 보장하는 민중소송와 단체소송의 의미를 가지고 있다는 점에서 한국의 정보공개제도는 비교법적으로 보아도 상당한 주목의 대상이라고 할 수 있다.[6]

---

4) 헌법재판소는 방송광고 사전심의에 대한 위헌결정을 포함하여(헌재 2008.6.26. 2005헌마506), 의료광고 과잉규제에 대한 위헌결정(헌재 2005.10.27. 2003헌가3), 건강기능식품 광고에 대한 합헌결정(헌재 2010.7.29. 2006헌바75), 의료광고 사전심의에 대한 위헌결정(헌재 2015.12.23. 2015헌바75), 건강기능식품 사전심의에 대한 위헌결정(헌재 2019.5.30. 2019헌가4), 의료기기광고 사전심의에 대한 위헌결정(헌재 2020.8.28. 2017헌가35 등)을 통하여 의료광고 분야에서 사전심의제도를 위헌으로 보고 사업자단체 등에 의한 자율광고 규제를 우선하는 이른바 규제된 자율규제방식의 전환을 예고하였다. 이에 대한 상세한 논의는 김용민, 의료광고 규제제도 개선에 관한 공법적 연구, 연세대학교 대학원 박사학위 청구논문, 2020.

5) 김승태, 비교법적 측면에서 한국의 정보공개법 평가, 홍익법학 10권 3호, 2009. 10. 353-388면(377면 이하).

6) 김성수, 일반행정법 제9판, 469면 각주 22.

Ⅱ. 정보행정법의 발전과 신사조행정법

1. 행정청의 정보부족, 불확실성과 민간부문의 협력

정부와 행정청이 업무의 처리를 위하여 필요한 정보와 지식이 부족하다는 말을 하면 행정 현실을 잘 모르는 어설픈 견해로 치부할 가능성도 있다. 실제로 정부는 정보와 지식, 자료, 아카이브, 통계 등 엄청난 양의 정보를 가지고 있으며, 이를 활용한다는 점에서 정보부족과 불확실성을 거론하는 것이 언뜻 이해되지 않기 때문이다. 하지만 구체적인 사안, 특히 고도의 전문성과 고도화된 지식이 요구되는 분야로 들어가면 꼭 그렇지만은 않다는 사실에 직면한다. 예를 들어 과학기술, 정보통신, 의료, 외교통상 등 일일이 셀 수 없는 분야에서 정부와 행정은 자신이 보유한 지식과 정보만으로 문제를 해결할 능력이 부족하며, 스스로 문제를 해결하겠다고 의사를 결정하여 이를 집행하는 경우 돌이킬 수 없는 실수를 범하거나 국민과 끊임 없는 갈등을 경험하게 된다. 예를 들어 미국이나 유럽연합과 자유무역협정을 체결한다고 가정해 보자. 물론 정부는 FTA 체결의 주체이지만 무역협정의 대상이 되는 모든 분야에 대하여 속속들이 정보를 가지고 있지 못하며 이는 관련 업계와의 정보교환이 필수적이다. 또한 정부가 업계나 이해당사자들로부터 자칫 자신들에게 유리한 정보만을 제공받을 경우 객관성과 신빙성이 떨어질 수 있기 때문에 전문가 등이 관련 정보를 제3자의 입장에서 엄정하게 평가하는 작업도 필요하다. 이 경우 정부가 보유한 정보와 지식은 기존의 상태를 넘어서는 질적으로 고양된 고도화 작업을 통하여 새로운 지식과 정보의 창출과정으로 이행된다.

혹시 한국정부가 자유무역협정의 내용을 위반하여 외국인 투자자가 자신의 권리가 침해되었다고 주장하면서 투자자 국가소송(Investor State Dispute Settlement)을 제기하는 경우에 우리 정부는 자신의 정보와 지식만으로 이 문제를 해결하기 어려운 곤혹스러움에 처할 수 있다. 법무부의 탈 검찰화가 지속적으로 이루어지고 있지만 국제소송이나 국제중재 분야에 전문성을 가진 인력은 충분하지 않기 때문에 외부의 전문가나 법무법인에 그 해결을 의존하는 경향이 있다. 이 경우 법무부는 중재판정을 위한 업무에서 스스로 가지고 있는 정보와 지식의 제약으로 인하여 정부, 법무법인, 전문가의 전문적 지식을 상호 네트워킹 하고 조율하는 역할을 주로 수행하며, 중재판정 과정에서 정부가 가지고 있는 기본입장을 전달하고 확인하는 일에 치중한다. 결국 오늘날 정부와 행정이 가지고 있는 엄청난 양의 정보와 지식에도 불구하고 전문적이고 특별한 개별 사안을 스스로 결정하기에는 상당한 위험과 불확실성이 존재하는 구조적 한계를 가지고 있다.

일부 학자들은 오늘날 지식정보화 사회에서 행정은 지식과 정보에 대한 불확실성이 상존하기 때문에 이를 불가피한 것으로 받아들일 필요가 있으며, 사전에 입법을 통하여 이러한 불확실성을 완벽하게 제거하기 어렵다는 점을 인식하고 입법이나 규범에 대한 의존을 지양하고 불확실성에 대응하기 위한 나름대로의 매뉴얼을 마련할 필요가 있다는 점을 지적하고 있다.[7] 바꾸어 말하자면 행정이 직면한 지식과 정보에 대한 불확실성을 최소화하기 위하여 전문성을 가진 민간부문과의 정보교류와 공유, 해당 분야 전문가들의 지식을 활용하기 위한 제도 등을 구축할 필요가 있다는 지적이다. 이러한 고급 지식과 정보는 정부와 행정이 기존의 법령에 따라서 민간부문에 일방적으로 요구하는 방식으로는 그 획득과 활용에 현저한 장애가 있으며, 민간부문의 영업비밀 등 예민한 정보에 대한 철저한 보호를 통하여 그에 대한 신뢰를 강화할 필요가 있다. 국가적으로 필요한 정보를 제공하는 경우에 정부는 물론 업계와 사업자에게도 서로 win-win이 될 수 있다는 확신을 주는 경우에 한하여 정보와 지식의 제공에 대한 민간부문의 협력을 제도화 할 수 있다.

2. 새로운 지식과 정보의 생산과정으로서의 행정절차

정부와 행정이 고도화된 지식정보화 사회에서 의사결정에 필요한 정보와 지식을 획득하는 방식은 매우 다양하다. 그리고 앞서 언급한 바와 같이

7) Thomas Vesting, (각주 1), Rn. 7.

고도로 전문화된 영역에서 행정이 필요로 하는 지식과 정보는 일회적인 것이 아니라 지속적으로 이를 제도화하는 것이 요구된다. 우선 이러한 지식과 정보획득을 위한 제도화 문제와 관련하여 우선적으로 고려할 수 있는 것이 행정절차 개념의 확대와 이를 위한 행정절차법의 개혁을 들 수 있다. 전통적으로 행정절차는 행정청이 불이익한 처분 등 행정작용을 하는 경우 사전적으로 그 상대방 등에게 이를 통지하고 의견을 구하는 적법절차 또는 절차적 정의의 실현기제로 이해하는 것이 일반적이다. 절차형성 및 보장을 통한 기본권 보장이라는 인식은 영미의 보통법상의 오랜 전통이며, 영미권 국가는 물론 오늘날 대부분 국가들의 헌법에서 적법절차원칙을 받아들였다.

그러나 지식정보화 사회에서 행정절차는 적법절차와 절차적 정의실현을 통한 기본권 보장이라는 전통적인 역할 이외에 상시적으로 그리고 제도적으로 행정이 필요한 새로운 지식과 정보의 창출과 평가, 의사결정의 기초라는 새로운 기능을 가지고 있다. 예를 들어 원자력안전위원회가 원자력발전 사업자에게 가동중단명령을 내리는 행정처분을 대상으로 이야기를 시작해 보자.[8] 원자력안전위원회가 원자력안전법 제24조 제1항에 따라서[9] 발전용원자로운영자에 대한 허가의 취소 또는 영구적인 운영의 정지

---

8) 최근 논란이 되고 있는 월성 1호기 영구정지 결정과는 달리 위에서 든 예는 사업자 측이 원하지 않는 불이익 처분으로서 가동중단명령을 가정한다. 실제로는 월성 1호기는 2012년 설계 수명을 마치면서 2015년 원자력안전위원회로부터 10년 계속운전 승인을 받아 2022년까지 가동될 예정이었다. 그러나 한국수력원자력 이사회는 고장, 설비 결함 등으로 가동률이 떨어지면서 경제성이 낮다고 판단, 2018년 6월 월성 1호기를 자진하여 조기폐쇄하기로 결정하고 2019년 2월 원안위에 영구정지를 위한 운영변경 허가를 신청했다. 이에 원안위는 2019년 12월 24일 열린 112회 전체회의에서 월성 1호기 영구정지 내용이 포함된 「월성 1호기 운영변경허가안」을 심의·의결했다. 원안위의 결정으로 2017년 6월 영구정지가 결정된 고리 1호기에 이어 월성 1호기가 국내에서 두 번째로 영구정지가 결정된 노후 원전이 됐다.

9) 제24조(운영허가의 취소 등) ① 위원회는 발전용원자로운영자가 다음 각 호의 어느 하나에 해당하면 그 허가를 취소하거나, 1년 이내의 기간을 정하여 그 운영의 정지를 명할 수 있다. 다만, 제1호 또는 제4호에 해당하는 때에는 그 허가를 취소하여야 한다.

1. 거짓이나 그 밖의 부정한 방법으로 허가를 받은 때
2. 정당한 사유 없이 대통령령으로 정하는 기간 안에 그 허가받은 운영을 개시하지 아

를 명하는 처분을 하는 경우 동법 제101조 제1호에 따라서 청문을 실시하면 행정절차법 제28조 이하의 청문규정이 적용된다. 그런데 원자력안전위원회가 특정 발전기의 경제성을 이유로 발전용원자로 운영자에 대한 허가취소 내지 영구중단처분을 하면서 청문을 하는 것은 발전기의 취소·중단처분의 부당성에 대해서 단순하게 사업자의 의견을 청취하고 신중한 결정을 내리는데 그치는 것일까?

예를 들어 사업자 측이 청문절차에서 외국의 전문가를 초청하여 해외의 사례를 청취할 기회를 갖게 되고 원자력안전위원들과 상호 토론을 통하여 원자력 발전에 대한 새로운 지식이나 경험을 공유하는 기회로 활용할 가능성은 없을까? 사업자와 대척점에 있는 시민단체는 원자력안전위원회가 직권으로 또는 특정 시민단체의 신청에 따라 당사자 등으로 행정절차에 참여하게 된 경우 발전기의 경제성을 비롯하여 노후발전기의 위험성에 대하여 전혀 다른 각도와 입장에서 의견을 제시할 수도 있으며, 이 또한 원자력안전위원회나 사업자의 입장에서는 기존에 미처 생각하지 못했던 측면에서 새로운 문제를 제기할 수도 있다. 그리고 이 청문절차에는 다른 분야의 전문가, 참고인, 감정인이 저마다의 입장과 지식을 가지고 원자력안전위원회의 결정에 앞서 다양한 해법을 제시할 수 있다. 이렇게 본다면 사업자에 대한 청문은 원자력안전위원회가 원자력발전기에 대한 가동

니하거나 1년 이상 계속하여 그 운영을 중단한 때

3. 제20조 제1항 후단에 따라 허가받아야 할 사항을 허가받지 아니하고 변경한 때
4. 제20조 제3항에 따라 준용되는 제14조 제1호·제2호 및 제4호 중 어느 하나에 해당하게 된 때. 다만, 법인의 임원이 그 사유에 해당하게 된 경우 3개월 이내에 그 임원을 바꾼 때에는 그러하지 아니하다.
5. 제21조의 허가기준에 미달하게 된 때
6. 제22조 제2항·제23조 제2항·제27조·제92조 제2항 또는 제98조 제1항 및 제3항에 따른 명령을 위반한 때
7. 제29조에 따라 준용되는 제15조 제1항을 위반한 때
8. 제26조·제70조·제89조 제5항·제94조·제96조 또는 제106조 제1항을 위반한 때
9. 제99조의 허가조건을 위반한 때

② 제1항에 따라 그 운영의 정지를 명하여야 할 경우에는 제17조 제2항부터 제4항까지의 규정을 준용한다.

중지라는 최종 불이익 결정을 내리기 이전에 그의 견해를 청취하는 양자 간의 고전적인 행정절차라기보다는 일종의 공론의 장을 열어주고 토론과 소통을 통하여 새로운 지식과 정보를 공유하는 기회로 행정절차의 기능을 확대하는 계기가 될 수 있다. 특히 원자력안전위원회는 위원들의 전문성에도 불구하고 원자력정책 수행을 위한 새로운 지식과 정보를 생산하고 공유하는 기회로서 행정절차와 청문을 활용할 수 있을 것이다.

정보행정법과 행정절차 간의 관계를 보다 공고화하기 위해서는 현행 행정절차법상 행정절차의 개념을 확대하고 사전통지와 의견청취를 중심으로 하는 불이익 처분 위주의 행정절차를 다수 이해관계인의 의견교환과 토론을 통하여 새로운 정보와 지식을 발견하고 이를 토대로 보다 합리적이고 객관적인 행정적 의사결정이 가능하도록 혁신할 필요가 있다. 실제로 미국의 경우 rule-making을 위한 행정절차는 행정청, 사업자, 전문가, 이해관계인이 광범위하게 참여하여 행정처분의 근거가 되는 행정입법을 제정 또는 개정하는 과정에서 자신들이 보유한 지식과 정보를 공유하고 합리적이고 객관적인 행정입법이 가능하도록 하는데 무게중심을 두고 있다.[10] 독일의 경우에도 연방행정절차법상 계획확정절차의 경우 물론 행정청이 주도하지만 특히 지역 주민, 비정부단체와 전문가를 비롯한 다수의 이해관계인이 특히 환경법 영역에서 문제가 될 수 있는 도로와 공항 등 사회기반시설의 건설이나 확장 등을 위한 행정절차에 참여하여 일반 국민, 전문가, 시민사회에서 문제를 제기하고 그 해법을 찾기 위한 정보와 지식을 상호 교환하는 장으로 활용하고 있다.[11]

---

10) 김용민, 미국행정법상 행정입법절차와 사전통지, 의견청취 - Azar v. Allina Health Service, 587 U.S. 1804 2019 판결에 대한 분석을 중심으로 -, 의료법학 제21권 제1호, 187-220면(213, 214면).

11) 독일식의 계획확정절차를 행정절차법에 도입하자는 견해로는 홍준형, 강현호, 정남철, 행정절차법상 계획확정절차 도입의 필요성, 토지보상법연구 제14집, 2014, 139-192면(160면 이하; 169면 이하). 계획확정절차 국내법 입법화에 비판적인 견해로는 황해봉, 독일의 계획확정절차와 수용가능성, 토지공법연구 제68집, 2015, 29-48면(36면 이하, 42면).

3. 정보 및 지식의 활용을 위한 행정조직, 거버넌스

정보행정은 새로운 정보와 지식을 접하고 이를 처리 내지 사용하여 일정한 행정작용이 이루어지는 주체로서 행정조직을 중심으로 논의가 이루어진다는 특징이 있다. 즉 정보행정법은 정보와 지식을 다루는 행정 또는 행정청의 조직에서 이를 활용하여 행정적 결정이 이루어지기 때문에 정보와 행정의 법적 결합이 이루어지는 조직의 의미가 강조된다. 물론 이러한 과정에서 행정청의 결정은 과거와는 달리 수직적으로 구조화된 관료제 행정조직이 행정법규에 대한 만고불변의 관행적인 해석을 통해서 이루어지는 것이 아니라 이러한 법규를 둘러싼 환경의 변화를 적극적으로 수용하는 과정을 거친다. 다시 말하자면 행정청은 과거로부터 자신에게 익숙한 행정법규를 대상으로 하여 그 내용에 위반하지만 않으면 행정의 법률적합성원칙을 준수하는 것으로서 어떠한 문제도 발생하지 않는다는 전래적인 환경이 근본적으로 변화하였음을 인식하여야 한다. 그 이유는 이른바 행정의 자기구속의 법리 내지 평등원칙에 따라서 동일한 조건 하에 발생한 후속사안의 처리는 특별한 정당화 사유가 없는 한 행정은 그 관행으로부터 이탈할 수 없으며 동일한 결정을 내려야 한다는 원칙을 고수하기에는 행정법규의 내용과 관련한 새로운 지식과 정보가 시시각각으로 변화하는 환경을 고려할 수밖에 없기 때문이다. 그리고 이러한 지식과 정보를 처리하는 주체가 바로 행정조직인 것이다.[12)]

결국 오늘날 정부와 행정은 법치행정, 행정의 법률적합성원칙이나 행정의 자기구속의 법리와 같은 靜態的 환경으로부터 실시간 법령과 정보의 긴밀한 결합이라는 動態的인 의사결정을 요구받게 되었으며, 이제 이러한 자유주의적, 사회적 법치주의원리와 신뢰보호 등 법적 안정의 근간을 이루

12) Eberhard Schmitt-Aßmann, Das allgemeine Verwaltungsrecht als Ordnungsidee, 2. Aufl., 2004, 5. Kap. Rn. 14; Hans-Heinrich Trute, Die Funktionen der Organisasion und ihre Abbildung im Recht, in : Eberhard Schmitt-Aßmann/ Wolfgang Hoffmann-Riem (Hrsg.), Verwaltungsorganisationsrecht als Steuerungsresource, 1997, S. 249ff.

는 원칙들은 행정조직 내부에서 지식과 정보가 과거와는 비교할 수 없을 정도의 비중을 가지고 있다는 점을 고려한다면 그 의미와 내용이 새롭게 조명되는 것이 불가피할 것으로 보인다. 정보행정법이 기존의 법치주의 질서의 변화를 요구하는 분야는 경찰행정법이나 조세행정법 분야와 같은 전통적인 영역은 물론 환경법, 과학기술법, 정보통신법 등 비교적 최근에 등장하고 적어도 행정의 입장에서 정보와 지식의 결핍으로 인한 불확실성이 지배하는 분야를 들 수 있다. 지식과 정보가 야기한 혁명적인 행정환경 변화 속에서 행정청은 일반적인 법규와 과거 개별 사안에서 체득한 경험과 지식을 바탕으로 유사한 후속 사안에서 일관되고 명확하게 의사결정을 하는 것이 최선의 행정이 될 수 없다는 것을 인식해야만 한다.

앞서 언급한 바와 같이 지식과 정보는 행정청 내부는 물론 특정 사안에 대하여 고도의 전문성을 가지고 있는 민간부문의 player들과 일정한 네트워크를 구축하고 상시적인 의견교환 과정을 통하여 행정청이 보유한 지식과 정보가 여전히 타당한 것인지 아니면 상당한 정도로 보완 내지 새로운 것으로 대체가 필요한 것인지 그 타당성을 검토하여야 한다.[13] 이미 지적한 바와 같이 행정은 절차적 정의를 주로 강조하는 기존의 행정절차와는 달리 새로운 지식과 정보의 획득을 통한 합리적이고 수용성이 높은 의사결정을 위하여 참여와 협력의 기제로서 행정절차를 확대 개편하는 것이 요구되는데, 정보행정법은 이러한 변화를 적절하게 포착하고 제도화를 추진하는 과제를 안게 되었다. 그런데 행정절차의 확대개편을 통하여 특정 사안에 대한 행정청의 결정을 합리화 하는 것도 중요하지만 정보행정법은 이러한 고도화된 합리적 행정조직의 대안으로서 민관협력의 거버넌스를 제안하고 있다. 그 이유는 행정절차를 확대하고 이를 지식과 정보의 발견 통로로서 활용한다고 하더라도 여전히 행정청이 행정절차를 주도하며, 최종적인 결정 역시 행정의 몫이기 때문에 행정절차에 참여하는 이해관계인이나 전문가의 역량을 제고하고 행정청이 최종적인 결정을 내리는 추상적

13) Andreas Voßkuhle, Schlüsselbegriffe der Verwaltungsrechtsreform. Eine kritische Bestandsaufnahme, VerwArch, Bd. 93 (2002), S. 184ff., 203f.

인 책임을 지는 것만으로는 지식과 정보를 활용한 합리적 결정을 기대하기는 어렵기 때문이다. 따라서 민관협력을 위한 의사결정 거버넌스라는 조직원리와 방식은 rule-making이나 처분절차에서 단순한 이해관계인의 의견청취를 넘어서는 확장된 행정절차에서 토론과 협의를 통하여 행정과 민간이 필요로 하는 정보와 지식을 현출하고 모든 참여자들에게 행정적 결정을 내리는데 요구되는 합리적인 행태를 조율(steering)하는 것에 초점을 맞춘다.[14)]

다만, 이러한 이론적 근거에도 불구하고 한국처럼 여전히 대통령이나 청와대 또는 대통령실이 민관협력에 따라 정교하게 구축된 거버넌스의 운영을 백안시하고 정치적인 논리로 문제를 해결하는 오랜 악습과 관행이 계속되는 경우에는 객관적인 지식이나 정보를 바탕으로 합리적인 의사결정을 지향하는 정보행정법은 존립의 근거를 가질 수 없다. 전통적으로 행정은 개인에 비하여 엄청난 지식과 정보를 바탕으로 공익을 대변하고 실현하는 중심적 지위에 있었던 것은 주지의 사실이다. 그러나 민간부문이 주도하는 지식정보화 사회에서 이제는 행정이 자신의 정보와 지식의 역량 부족과 그로 인한 의사결정의 불확실성을 인정하고 민간부문과의 네트워크를 통하여 유일한 공익의 대변자라는 지위에서 한 발 뒤로 물러서서 다소 중립적인 입장을 취할 필요도 있다.

물론 정보행정법이 기존의 전통적인 행정법학과 단절한 것은 결코 아니며, 예를 들어 우리에게 이미 익숙한 전자적 행정행위나 서명, 전자문서, 전자우편주소(이메일), 전자공청회 등은 기존의 행정법학의 도그마에 전자적 기술을 접목한 것이다. 하지만 오늘날 정보행정법은 단순히 전자적 기

---

14) Thomas Vesting, (각주 1), Rn. 52. 결국 행정조직은 과거 위계질서로 구축된 관료조직이 예산을 바탕으로 법률에 따라 배분된 권한을 적법하게 행사하여 공익을 실현하는 것이 헌법과 법률에 따르는 공행정의 역할에 충실한 것이라는 고정관념에서 벗어날 필요가 있다. 오늘날 행정조직은 국민의 삶과 복지향상이라는 목표를 설정하고 이를 실현하기 위한 인적, 물적 요소를 결합하는 과정에서 지식과 정보의 흐름의 중심에 있는 단위라고 할 수 있다. 결국 행정조직은 컨베이어벨트와 같은 기계적인 조립을 통한 생산의 주체가 아니라 지식과 정보가 흐르는 중심에서 가용한 인적, 물적 요소를 결합하여 민복의 극대화를 위한 유기적인 활동의 단위이며 행정혁신의 주체가 된다.

술을 응용함으로써 행정처분과 같은 개별적 결정에 법률적합성원칙을 적용하여 그 위법과 적법을 가리는데 그치지 않고 절차와 조직, 거버넌스를 적극적으로 활용하여 결정에 참여하는 모든 player들의 행태를 보다 합리적이고 공정한 방향으로 조율하는데 주안점을 두고 있다.[15] 따라서 행정적 결정이 적법한가 하는 것도 중요한 행정법의 평가대상이며, 법치행정의 궁극의 목표이기도 하지만 보다 중요한 것은 그러한 결정에 대해 국민들이 이를 합리적이라고 평가하고 거부감 없이 수용함으로서 행정의 효율성은 물론 행정에 대한 국민의 신뢰를 제고할 수 있는가의 문제를 보다 심도 있게 고민한다. 법적으로 완벽하고 문제가 없는 결정이라고 하더라도 국민들이 고개를 갸우뚱 할 정도로 권위적이거나 합리적 근거가 결여된 것이라면 이는 행정의 의사를 국민에게 강요하는 것에 다름 아니며, 국민들은 이를 따르지 않을 경우 제재나 처벌이 두려워서 앞에서는 수긍하는 모양새를 취할 것이지만 그러한 행정결정이 실현되는 과정에서 의도하는 효과를 거두기는 어려울 것이다.

그런데 이와 같이 국민의 입장에서 합리적이고 수용성이 큰 결정을 내리는데 행정은 물론 민간부문을 포함하는 모든 이해관계인들이 가지고 있는 지식과 정보를 활용하는 것이 결정적으로 중요한 전제가 된다는 것은 더 이상 설명의 여지가 없는 것이다. 그렇기 때문에 정보행정법은 행정청이 일정한 결정을 내리는 일종의 보조적 수단으로서 상대적으로 비중이 작고 독자적인 학문적 정체성이 부족하다는 지적에는 동의할 수 없다. 그리고 오늘날 세계화가 가속적으로 진행되고 외환시장과 자본시장은 물론 경제 전반에서 대외의존도와 상호 의존성이 강화되고 있는 상황에서 행정 역시 이러한 세계화, 블록화의 추세를 감안하여 국제적으로 환경, 무역 등의 분야에서 다른 국가 및 국제적인 행정기구와 필요한 지식과 정보의 협

15) Wilfried Kluth, Die Strukturierung von Wissensgenerierung durch das Verwaltungs-organisationsrecht, in : Peter Collin/Indra Spieker gen. Döhmann (Hrsg.), Generierung und Transfer staatlichen Wissens im System des Verwaltungsrechts - ein Problemaufriss, 2008, S. 73ff.

조체제를 구축할 필요가 있다. 그리고 국내 기업이나 개인들은 물론 국내에 투자한 외국인, 외국자본 등을 대상으로 규제나 과세 등을 행하는 경우 이 분야의 정보와 지식, 제도와 관행이 어떻게 변화하고 움직이고 있는가에 대하여 역시 외국 및 국제 행정기구와 필요한 정보와 지식을 교환하는 업무도 중요한 행정적 과제로 부상하고 있다.

마지막으로 정보행정법 분야에서 사법부의 역할, 특히 사법심사의 기준과 한계에 대한 언급이 필요할 것으로 보인다. 사법부는 행정청이 일정한 결정이나 처분의 근거로 사용한 지식과 정보가 사실관계에 부합하거나 법적인 근거 및 법령의 내용에 위반하는 문제를 심사하게 되는데, 이러한 행정적 결정이나 처분이 고도의 전문적인 지식과 정보에 기반하고 있는 경우 사실상 심사의 한계에 봉착한다. 이 경우 주로 사법부는 대륙법계 국가의 경우 재량이론으로, 영미국가의 법원은 이른바 행정청 존중(Agency Deference)이라는 사법심사방식을 동원하여 행정적 결정의 적법 여부를 심사한다.[16) 그런데 많은 경우에 이와 같은 심사기준이 행정청의 결정을 가능한 한 존중한다는 의미에서 권력분립상 사법부의 고유권한을 스스로 포기하는 것이라는 비난도 제기된다. 따라서 정보행정법 분야에서 사법부는 그 심사기준으로서 적법절차와 확장된 의미에서 행정절차, 의견수렴과 토론의 충실성 여부, 반대와 소수의견의 존중 여부, 거버넌스의 법정 요건의 충족 여부 등 주로 절차적인 심사기준이나 조직법상의 흠결 등을 주된 심사기준으로 적용하는 경우 보다 유의미한 사법심사가 가능하다는 점을 심도 있게 고려할 필요가 있다.[17)]

16) 조선영, 미국행정법과 사법심사에서의 행정청 존중 -미국연방대법원의 Kisor v. Wilkie 판결을 중심으로-, 美國憲法硏究 第31卷 第2號 2020.8, 249 - 284면.

17) Hoffmann-Riem, Eigenständigkeit der Verwaltung, Grundlagen des Verwaltungsrechts Ⅰ, § 10, Rn. 73ff.

Ⅲ. 개인정보의 보호와 정보규제행정

1. 개인정보 보호의 헌법적 근거

정보행정법의 내용과 체계에서 가장 큰 비중을 차지하는 영역이 행정청이나 정부에서 수집하고 처리하는 개인정보에 대한 보호 법제라고 할 수 있다. 개인과 관련된 건강, 성적이나 근무상태에 대한 평가, 인간관계, 이동경로 등 이른바 민감정보를[18] 포함한 정보(information)의 영역에 속하는 것은 물론, 성별, 국적 등 객관적인 자료(data)와 단순 통계(statistic)에 이르기까지 정도의 차이는 있으나 모두 개인의 사생활의 비밀과 자유, 인간으로서의 존엄과 인격권 등 인간으로서 누려야 하는 핵심적인 기본권과 직접적인 관련이 있는 것이기 때문에 그 보호의 필요성이 강하게 제기된다. 이러한 이유 때문에 개인정보의 보호 문제는 오늘날 국제사회에서 국민으로서 누리는 기본권을 넘어서서 보편적인 인권이라는 시각이 일반화 되면서 UN 등 국제사회는 물론 유럽연합과 같은 지역공동체에서 일반적인 법제도로 정착되었다.[19] 우리나라의 경우에도 현행 개인정보보호법은 개인정보를 처리하는 주체와 관련하여 공공부문은 물론 민간부문의 개인정보 처리에 대해서도 통합적으로 규율하고 있다. 현행 개인정보보호법에 대한 평가에 대해서는 후술한다. 개인정보 보호의 헌법적 근거와 논의의 출발점은 정보주체가 자신과 관련된 정보의 처리 및 사용에 대하여 스스로 결정할 수 있는 결정권, 즉 정보에 대한 자기결정권을 가지고 있다는 것으로부터 출발한다. 정보자기결정권이라는 용어와 개념은 독일연방헌법재판소의 이른바 인구조사결정에 그 연원을 두고 있으며,[20] 우리나라 헌법재판소 역시 유사한 개념을 사용하고 있다. 두 나라 헌법재판소의 입장

18) 유럽연합 정보보호 처리명령(EU-DSGVO; GDPR) 제9조 제1항에 따르면 민감정보에는 인종, 정치적 견해, 종교적 신념, 노조가입, 유전정보, 생체정보 등 특정인의 식별이 가능한 정보, 건강정보, 성생활 및 성적 지향에 대한 정보 등이 포함된다.

19) Pierre Trudel, Privacy Protection on Internet : Risk Management and Networked Normavity, in : Serge Gutwith(Edit.), Reinventing Data Protection? 2009, 317ff.

20) BVerfGE 65, 1 - 71.

을 비교하면 개인정보에 대한 자기결정권의 보호영역이나 그 한계 등에 대하여 유의미한 결과를 도출할 수 있을 것으로 보인다.

2. 독일연방헌법재판소의 결정과 헌법이론적 천착

1) 보호영역과 한계

독일연방헌법재판소는 정보자기결정권이라는 기본권에 대하여 개인적 자료(persönliche Daten)의 공개와 사용에 대하여 정보주체가 스스로 결정할 수 있는 권리로 이해하고 있다.[21] 다시 말하자면, 연방헌재는 이와 같이 추상적이고 광범위한 보호영역을 가지는 정보에 대한 자기결정권을 개인의 의사결정을 침해받지 않기 위한 방어적 권리, 즉 전통적인 자유권적 기본권으로 이해하고 있다. 연방헌재는 개인적 자료에 대한 자기결정권과 관련된 일련의 결정을 통해서 개인과 관련된 단순 자료는 정보로서의 가치를 가지는 것으로 평가되는 경우에 한하여 기본권적 지위를 획득하며, 결국 자료와 정보의 구별에 있어서는 상호관련성과 성숙성이라는 관점이 중요하다.[22] 다만, 어떠한 요건이 충족되는 경우에 단순한 자료가 헌법상 기본권으로 보호받을 정도의 정보로서 질적인 변화가 가능한가에 대해서 연방헌재가 분명한 입장을 밝힌 것은 아니다.

그런데 앞서 언급한 바와 같이 연방헌재는 정보에 대한 자기결정권을 철저하게 정보주체인 개인을 중심으로 하는 개인의 방어권으로 이해하고 있다는 점이 특징적이며, 또한 일종의 한계이기도 하다. 그렇기 때문에 연방헌재나 우리나라 헌법재판소 역시 정보에 대한 자기결정권이라는 기본권의 헌법적 근거로서 인격권과 사생활의 비밀과 자유라는 고립된 개인의 기본권으로 이해하는 것과 일맥상통한다. 다만, 연방헌재는 정보에 대한 자기결정권이 개인의 국가적인 방어권이라는 구도를 유지하면서도 동시에 국가는 개인정보 보호를 위한 조직, 절차, 기술적인 장치와 개인이 국가가

21) BVerfGE 65, 1 (41); 78, 77 (84); 115, 166 (188).
22) Marion Alberts, Informationelle Selbstbestimmung, 2005, S.158f, 270ff.

처리하는 자신의 정보를 쉽게 인지할 수 있도록 자료제공요구 등 기본권 보호의무 차원에서 이들 사항을 입법적으로 규율할 것을 요구하고 있다.[23)]

연방헌재는 국가가 개인정보를 생성, 저장, 변경, 사용, 제공하는 각 단계별로 개인의 주권적 권리를 침해하는 상황이 발생하기 때문에 입법자는 매 단계별로 정보보호를 위한 입법적 조치를 취할 의무가 있으며,[24)] 이러한 다양한 단계에 있어서 국가가 사용함에 따라서 개인정보의 침해를 가능하게 하는 기술적 장치나 수단에 제한을 받지 않는다.[25)] 특히 문제가 되는 것은 국가가 개인정보를 침해할 수 있는 단계가 위와 같이 명백하게 구분되는 것이 아니라 행정청 상호간, 혹은 민간부문의 조직과 연계하여 일종의 정보네트워크를 형성하는 경우에 이를 과연 개인의 주권적 권리에 대한 침해로 볼 수 있는가 모호하기 때문에 입법자는 국가가 어떠한 단계 내지 특징적인 행위를 통하여 개인의 정보에 대한 자기결정권을 실질적으로 침해할 수 있는 것인지 면밀하게 검토하고 그에 따르는 적절한 보호입법을 강구해야 한다.[26)] 결국 정보행정법에서 개인의 정보자기결정권에 대한 침해의 개념이나 유형은 전통적인 자유권적 기본권에서의 기본권 침해와는 상이하며, 보호가 필요한 각 단계별로, 국가의 특정한 행위별로 실질적인 보호의 필요성이 결정되는 것으로 볼 수 있다.

이렇게 볼 때 국가가 개인정보의 자기결정권을 침해하였는가의 여부를 심사하는 사법부의 기준 역시 단순한 과잉금지원칙을 적용하는 것으로 그치는 것이 아니라 입법자가 각 단계별로 개인정보 침해를 정당화하는 입법목적을 행정청이 충족하였는가 하는 일종의 침해목적에 대한 지향적 심사가 이루어질 필요가 있다.[27)] 따라서 행정청 또는 국가가 익명의 개인정보를 향후에 사용할 불특정한 목적으로 미리 개인정보를 수집하여 관리하는 것은 개인정보에 대한 침해를 정당화 할 수 있는 특정한 공공목적을 충

---

23) BVerfGE 65, 1 (46, 70).
24) BVerfGE 65, 1 (52, 61); 78, 77 (84).
25) BVerfGE 78, 77 (84).
26) BVerfGE 100, 313 (366f.).
27) BVerfGE 84, 239 (280f.); 113, 29 (51f.); 115, 166 (191).

족하지 못하는 것으로서 위헌으로 볼 여지가 크다.[28] 또한 당초 개인정보를 수집하는 목적이 변경되는 경우 당연히 입법자는 이러한 목적 변경을 위한 법적 근거를 마련하여야 할 뿐만 아니라 변경된 목적 역시 당초의 수집목적과 기본적인 동일성이 인정되어야 하고 그 내용이 명확하여야 하며, 이러한 목적 변경을 정당화하는 정당한 공익이 개인의 정보자기결정권보다 우위에 있어야 한다는 것이 연방헌재의 입장이다.[29] 연방헌재는 개인정보에 대한 자기결정권이라는 용어를 인구조사결정에서 처음 공식화하였지만 그 이전에 다른 법원의 판결과 학설상 이미 그러한 개념이 제시된 바 있다.[30] 그러나 연방헌재는 정보에 대한 자기결정권을 헌법상 개인의 사생활의 비밀과 자유, 인격권에 위치하는 것으로 도그마화 하였다는 점에서 그 의의를 인정할 수 있다.[31] 또한 후술하는 바와 같이 연방헌재가 인구조사결정을 내린 시기에는 예상하기 어려운 일이기는 하였지만 시대의 변화, 특히 컴퓨터 기술과 인터넷의 발달과 보급에 따라서 정보에 대한 자기결정권을 인격권과 프라이버시의 보호 등 개인의 고립적인 기본권에 한정하지 않고 통신의 자유나 표현의 자유와 같은 이른바 의사교환적인 행위기본권으로 확장하는 노력을 경주하였다는 점은 주목할 만하다.[32]

2) 연방헌재결정의 변화

인구조사결정 이후 독일연방헌재는 기존의 입장을 근본적으로 바꾸지는 않았지만 정보자기결정권의 헌법적 근거를 인격권과 인간존엄 이외에 기본법 제10조, 제13조의 통신의 자유와 주거의 자유와 같은 다른 자유권으로 확장하는 변화를 보여주고 있다.[33] 연방헌재는 자세한 논거를 제시하지는 않았지만 정부가 보유한 개인의 자료화된 통신내역이나 주거에 대

28) BVerfGE 115, 320 (350); 118, 168 (203f.).
29) BVerfGE 100, 313 (360); 109, 279 (375f.); 100, 33 (69).
30) Ernst Benda, Das Recht auf informationelle Selbstbestimmung und die Rechtsprechung des Bundesverfassungsgerichts zum Datenschutz, DuD 1984, S. 86ff.
31) BVerfGE 35, 202 (220); 54, 148 (155f.); 63, 131 (142).
32) Christoph Mallmann, Datenschutz in Verwaltungs-Informationssystemen, 1976, S. 47ff.
33) BVerfGE 100, 313 (358); 109, 279 (325f.), 110, 33 (53); 125, 200 (310).

한 감시로부터 확보한 자료의 처리에 대해 헌법상 통신의 자유와 주거의 자유를 근거로 하여 정부의 해당 정보처리를 위법으로 보고 정보주체가 이를 거부할 수 있는 자유를 가지고 있다고 보았다. 이는 앞서 언급한 바와 같이 오늘날 정보에 대한 개인의 자기결정권은 사회로부터 고립된 순수한 개인의 사생활 영역만을 보호하는 것이 아니다. 오히려 개인이 타인과의 커뮤니케이션을 자유롭게 할 수 있기 위해서는 국가가 개인의 통신정보를 정보주체의 동의를 받지 않고 임의로 처리할 수 없도록 입법적 조치를 할 필요가 있으며, 통신을 통한 정보의 보호 없이는 타인과 소통하는 자유가 심각하게 위축될 수 있다는 것을 고려한 판단으로 보인다. 또한 국가가 특정인의 주거를 감시하는 경우 역시 타인과의 사회적 교류나 가족생활에서의 安穩性을 보장받을 수 없기 때문에 주거의 자유 역시 국가가 수집하거나 처리하는 정보를 위법한 것으로 거부할 수 있는 기본권으로서 정보에 대한 자기결정권의 헌법적 근거가 될 수 있다.[34]

결국 연방헌재는 정보에 대한 자기결정권 역시 개인의 매우 사적인 영역에 대한 보호를 넘어서서 보다 사회적 콘텍스트에서 정보보호의 문제를 바라볼 필요가 있다는 시각의 변화와 전환을 시도한 것으로 볼 수 있다. 연방헌재는 자료와 정보의 구별에 대해서 명확한 기준을 제시하지 못했다는 비판을 의식하여 양자의 구별보다는 정보자기결정권에 대한 침해와 불가피한 침해로 인한 공익과의 비교형량이 보다 중요한 것이라는 점을 강조하면서, 단순한 자료보다는 이보다 고도화된 개인의 정보가 자기결정권의 핵심이라고 밝히고 있다.[35] 이는 결국 개인이 자신의 정보에 대한 자기결정권이 절대적인 것이 아니며, 보호의 필요성과 국가가 수행하는 공적 과제의 공공성과 비교형량하여 보호의 방식과 정도를 결정한다는 의미이다.[36] 연방헌재는 이른바 현상수배 사건에서 헌법상 정보주체의 자기결정

---

34) BVerfGE 100, 313 (359); 107, 299 (313).

35) Marion Alberts, Umgang mit personenbezogenen Informationen und Daten, Grundlagen des Verwaltungsrechts Ⅱ, § 22. Rn. 65.

36) BVerfGE 67, 100 (142f.); 76, 363 (388); 77, 1 (46f.); 84, 192 (195); 96, 171 (181f.); 118, 168 (196f.).

이 자신과 관련된 모든 자료에 대한 보호를 의미하는가에 대하여 의문을 제기하였다. 그러므로 특정인에 대한 현상수배를 위한 정보의 수집과 처리는 혐의의 정황과 범죄의 위험성에 초점을 맞추고 국가적 감시의 가시권에 들어올 정도의 구체성을 갖출 정도로 고도화된 경우에 한하여 특정인이 자기결정권을 행사할 수 있는 것으로 보는 것이다.[37]

연방헌재는 국가와 행정청이 특정인의 개인정보를 어떤 의도를 가지고 체계적으로 파악, 수집, 처리하지 않고 이러한 정보처리 등으로 인하여 특정인이 자기결정권을 행사할 수 없을 정도의 상태에 이르지 않는 한 모두에게 개방되고 공적으로 접근가능한 출처로부터 획득한 정보를 처리하는 행위는 개인의 자기결정권을 침해하지 않는다고 보고 있다.[38] 최근 연방헌재는 일련의 결정을 통하여 정보에 대한 자기결정권이 순수한 개인의 사적 영역과 사회적 활동의 자유를 광범위하게 보장하고 있다고 보면서도 정보의 자기결정권의 보호단계는 개인의 사적 영역을 침해할 정도의 구체성이 있는 때부터 시작하는 것으로 이해하고 있다.[39] 이와 같이 개인의 정보자기결정권과 공익 실현을 위한 국가의 정보처리권한에 대한 엄정하고 객관적인 형량과 평가를 위해서 연방헌재는 정보자기결정권의 보호범위에 국가가 보유한 정보에 대한 개인의 접근권, 즉 정보제공 요구권을 포함시키고 있다.[40] 이는 전통적으로 정보에 대한 자기결정권이 국가에 대한 방어권이라는 자유권적 성격과 함께 보다 적극적으로 국가에 자신과 관련된 정보와 그에 대한 접근과 제공을 요구하는 권리로서의 성격을 아울러 가지게 된다. 물론 후자의 정보에 대한 제공요구 내지 접근권의 구체적인 방식과 내용과 관련하여 국가의 기본권 보호의무라는 차원에서 입법자의 역할이 중요하다.[41] 현재 독일에서는 이와 같은 연방헌재의 역할을 통하여 정보에 대한 자기결정권이 자유권적 기본권, 사회권적 기본권에 모두 토대

37) BVerfGE 115, 320 (342f).
38) BVerfGE 120, 274 (344f.).
39) BVerfGE 118, 168 (184f.); 120, 274 (312); 120, 351 (360); 120, 378 (387f.).
40) BVerfGE 100, 313 (361); 109, 279 (363f.).
41) BVerfGE 120, 351 (362f.).

를 두고 헌법상 독자적인 기본권으로 정착하였다는 평가를 받고 있다. 이는 사생활의 비밀과 자유, 인격권 등은 매우 일반적이고 추상적인 내용을 포함하고 있기 때문에 특히 개인정보에 대해서 독자적 성격을 가지는 정보자기결정권이라는 기본권이 보다 효과적으로 또한 우선적으로 적용될 수 있기 때문이다. 연방헌재는 개인정보를 다른 사인이 침해하는 경우 헌법적 보호의 필요성을 전통적인 기본권의 제3자효를 들고는 있지만,[42] 실제로 이를 적용한 사례는 그리 많지 않다. 연방헌재는 오히려 인격권을 사법관계에 직접 적용하는 것이 일반적인데, 그렇지만 이에 대해서는 개인의 정보에 대한 자기결정권을 다른 사인의 정보사용에 대하여 직접 적용한다는 점에서 헌법이론적으로 문제가 될 수 있다는 지적도 있다.[43]

3) 이른바 정보(IT)기본권

테러리스트를 감시하는 정보기관이 감시대상자의 인터넷 접속에 대한 정보를 취득하여 비밀스럽게 이를 처리하는 경우 연방헌재는 인터넷 시대에서 정보에 대한 자기결정권을 보다 효과적으로 보호하기 위하여 그 내용에 이른바 "정보통신시스템에 대한 신뢰와 완전성을 보장받을 권리"(Das Recht auf Gewährleistung der Vertraulichkeit und Integrität informationstechnischer Systeme)를 포함시키고 있다.[44] 연방헌재는 정보통신시스템에 대한 자기결정권이 기본법상 인격권과 프라이버시라는 자유권적 기본권에 근거를 두고 있는 것으로 보고 있다. 동시에 연방헌재는 정보에 대한 자기결정권이 인터넷 등 정보통신기술의 발달에 따라서 정보주체의 입장에서 보아 새로운 위협적 상황에 처한 것으로 보고 앞서 언급한 바와 같이 인격권과 프라이버시 이외에도 주거의 자유와 통신의 비밀을 근거로 제시하면서 기존과 같이 개인정보처리의 각 단계별로 나누어 법적 근거를 요구하는 것만으로는 권리보호의 흠결상태가 발생하기 때문에 새로운 접근이 필요하다는 점을 강조하고 있다. 특정인에 대한 정보가 인터넷이나 기타 고도화된 정보통신

42) BVerfGE 84, 192 (194f.).
43) Marion Alberts, (각주 35), Rn. 67.
44) BVerfGE 120, 274 (302f.).

시스템과 결합하는 경우 기존과는 달리 광범위하게 정보주체의 자기결정권을 위협하는 상황에서 국가가 특정인의 생활관계를 속속들이 파악할 수 있다는 점을 고려하여 PC, 스마트폰, 인터넷과 같은 기술시스템에 대한 정보주체의 신뢰와 진실성이 보장되지 않고서는 정보에 대한 자기결정권이 형해화 될 위험성이 상존하는 것이 현실이다. 정보통신시스템에 대한 자기결정권을 효과적으로 보호하기 위해서 입법자는 국가나 제3자가 정보통신시스템에 접근할 수 있는 요건을 보다 명확하고 엄격하게 규율하여야 하며, 그에 따르는 절차적 규제 또한 철저하고 세밀하게 규정하여야 한다.[45]

다만, 연방헌재의 이와 같은 결정은 이후에 다소 내용과 법리상 혼선을 빚고 있다는 비판에 직면해 있다. 그 이유는 국가가 직접 운영하는 정보통신시스템이 특정인의 프로필이나 전방위적인 감시와 관련된 개인의 정보를 처리하는 경우에는 정보통신시스템의 신뢰와 완전성에 대한 자기결정권을 침해하였다고 인정한 반면에, 이른바 트로이의 목마처럼 은밀하고 지속적으로 특정인의 온라인 접속정보를 검색하는 행위는 일반적으로 고정적인 장치로 수집한 정보를 대상으로 하는 것이 아니기 때문에 자기결정권에 의한 보호를 받지 못한다고 결정 한 것이다.[46] 또한 연방헌재는 정보통신시스템을 통하여 사후에 사용된 정보에 대한 자기결정권 침해 문제는 언급하지 않았으며, 정보통신시스템이 구체적으로 무엇을 의미하는지, 또한 신뢰성과 진실성 역시 추상적인 개념에 불과하다는 문제 제기 등에 대해서 연방헌재가 미완의 법리를 제시하였다는 비판을 받고 있다.[47] 그러나 앞서 언급한 바와 같이 연방헌재가 정보통신시스템의 신뢰와 완전성에 대한 자기결정권을 언급한 이유는 이에 대한 보호가 지극히 사적인 영역에 머무르는 것이 아니라 자기결정권이 가지고 있는 타인과의 통신과 교류 등 정보통신 기술의 비약적인 발전에 따라서 다자간에 그리고 동시

45) BVerfGE 120, 274 (314f.).
46) 이에 대한 평가는 Marion Alberts, (각주 35), Rn. 68b.
47) Wolfgang Hoffmann-Riem, Der grundrechtliche Schutz der Vertraulichkeit und integrität eigengenutzter informationstechnischer Systeme, JZ 2008, S. 1009 (1010ff.).

다발적으로 생성되는 개인정보 보호의 문제를 사회적인 영역으로 확대하였다는 점에서 그 의의를 찾을 수 있다.

물론 핀란드를 비롯한 북유럽과 한국에서 논의하는 정보기본권은 정보화 사회에서 개인 간의 정보격차를 해소하기 위한 국가의 기본권 보호의무의 성격으로 정보통신시스템에 대한 모든 국민의 차별 없는 접근권을 생존권 내지 사회적 기본권으로 보고 이를 보장하는데 초점을 맞추고 있다는 점에서 독일의 상황과는 다소 상이하다.[48] 이는 독일연방헌재가 정보에 대한 개인의 자기결정권을 전통적으로 자유권적 기본권으로서 국가에 대한 방어권으로 이해해 온 연혁적인 차이에서 기인하는 것으로 이해할 수 있으며, 연방헌재 역시 정보에 대한 자기결정권을 보호하기 위하여 그 조직과 내용, 절차 등에 대한 입법조치를 입법자에게 주문하고 있다는 점을 고려한다면 정보기본권에 대한 개념상의 차이에도 불구하고 현실적으로는 국가의 보호수준에 따라서 양자의 차이는 상대화될 수 있을 것으로 보인다.

3. 개인정보법제의 연혁과 구조

1) 통합개인정보보호법

개인정보에 대한 자기결정권이라는 헌법상 기본권을 보호하기 위한 내용, 절차, 조직, 한계 등을 구체화하는 입법은 세계적으로 보아 1970년대부터 시작되었다. 특히 개인정보보호법제의 필요성은 컴퓨터와 인터넷 등 정보통신기술의 발달에 따라서 공공부문은 물론 민간부문에 의한 개인정보 침해행위를 대상으로 각국의 사정에 따라 다양하게 제기되었다. 일반적으로 개인정보보호법제는 공공부문과 민간부문을 아우르고 일종의 제3섹터 내지 공사혼합형 공기업이나 공공기관을 모두 적용대상으로 하는데, 그 이유는 이들 3주체가 단독으로 혹은 상호간 개인정보의 교환이나 네트워킹을 통하여 개인의 정보자기결정권을 침해할 수 있기 때문이다.[49] 물론

48) 이에 대해서는 헌법개정 주요 의제, 국회 헌법개정특별위원회·지방자치단체 공동 전국순회 국민대토론회, 2017. 8, 45-47면.

49) Martin Burgi, Rechtsregime, Grundlagen des Verwaltungsrechts Ⅰ, § 18, Rn. 1ff., 34ff.

헌법질서에 따라서 개인의 기본권을 침해할 수 있는 지위에 있으면서 동시에 기본권 보호의무라는 이중적 지위에 있는 국가와 이러한 의무를 부담하지 않는 민간부문은 개인정보보호 법제를 형성함에 있어서도 상당한 차이를 가지고 있는 것을 부인할 수 없다. 그러나 앞서 언급한 바와 같이 개인정보의 수집이나 처리와 관련하여 공공부문과 민간부문의 교환과 협력이 빈번해지고 네트워킹이 일반화하면서 양자를 구분하여 규율하는 것은 오히려 개인정보 보호의 실효성을 약화시킬 우려가 있다는 점에서 양자를 통합한 개인정보보호법의 필요성이 제기되었고, 우리나라 역시 통합 개인정보보호법을 제정하게 되었다.

2) 행정청의 개인정보 처리와 정보보호

다만, 행정청 내지 국가가 처리하는 개인정보의 보호와 관련하여 민간부문에서는 제기되지 않는 특별한 몇 가지 법적 문제가 있다. 다시 말하자면, 국가의 행정조직이 광범위하기 때문에 헌법이나 정부조직법 등 법령상 일정한 관할권을 가지고 있는 행정각부 내지 그에 소속한 행정청은 그 업무가 개인이나 기업에 대한 규제나 감독을 위한 것인지 혹은 복지나 지원 등을 집행하는 것인지에 따라서 각각 개인정보에 대한 보호의 필요성과 정도가 달라진다. 그러므로 다양한 행정청의 업무가 개인정보를 취급하는 경우 통합정보보호법에서 어떠한 통합적인 가이드라인을 제시하고 그 외에는 각 행정청의 업무를 존중하여 이들이 처리하는 개인정보를 근거법률에 따라서 별도로 규율하도록 할 것인가 하는 문제가 제기될 수 있다. 결국 원칙은 행정청이나 행정조직이 각 단계별로 개인정보의 수집, 관리, 제공, 사용 등이 추구하는 원래의 목적에 부합하는가, 혹은 이러한 목적을 일탈하는가에 따라서 그 위법성이나 별도의 법적 근거의 필요성 여부가 결정된다.[50)]

개인정보의 보호 문제는 행정절차와도 밀접한 관련성이 있다. 행정절차법상 절차에 참여하는 이해관계인은 주무 행정청이나 청문주재자 등에게 문서열람 등 일정한 정보를 요구하는 법률상 권리를 가지고 있는데, 이

50) Marion Alberts, (각주 35), Rn. 93.

와 같은 문서나 정보에는 개인정보가 다수 포함되어 있다. 물론 행정절차법상 문서와 정보의 처리는 행정청의 불이익 처분 등 관련 되는 행정업무의 수행을 위한 절차에서 개인의 정보보호를 위한 사용 및 공개 등에 대한 제한을 목적으로 하는 반면, 통합개인정보보호법은 전적으로 개인정보에 대한 침해 방지와 자기결정권의 보호를 목적으로 한다는 점에서 양자는 구별된다. 따라서 양자가 서로 다른 목적으로 개인정보를 처리하는 경우 일반적으로 통합개인정보보호법은 행정절차법상 개인정보의 처리에 대하여 일반법적인 성격을 가지고 개인정보의 보호수준의 minimum requirement 또는 guideline을 제시한다. 따라서 행정절차법에 의한 개인정보 처리는 통합개인정보보호법이 규정하는 최소한의 기준과 절차를 준수하여야 하며, 이러한 최소한의 기준과 절차는 행정절차법상 행정청의 직권주의와 문서처리에 관하여 통합개인정보보호법에 규정된 정보처리 목적상의 제한과 한계를 준수하도록 기속한다. 행정절차와 함께 개인정보 보호의 문제는 행정청이 관리하는 정보를 공개하는 경우에도 발생할 수 있다. 행정청이 수집하여 관리하는 정보에는 개인의 사생활의 비밀과 자유 등과 관련되는 정보가 포함되어 있기 때문에 특정인이 행정청에게 정보공개를 청구하거나 행정청이 스스로 정보를 공개하는 경우에 개인정보의 보호를 위하여 사전에 당해인에게 이를 통보하고 정보주체의 동의를 구하는 과정에서 정보주체가 이를 원하지 않는 경우 공개에 대한 이의제기, 금지를 구할 수 있는 권리를 법적으로 보장하는 것이다.

3) 유럽연합의 개인정보지침

(1) 정보보호지침의 내용과 원칙

유럽연합은 회원국 국민들에 대한 개인정보 보호의 문제를 일종의 유럽연합의 기본권 문제로 인식하고 있으며, 이는 유럽연합 법체계의 최상위에 있는 이른바 1차 법제(Primärrecht)로서 유럽연합인권헌장(Charta der Grundrechte der Europäischen Union; GRCh) 제8조 제1항과[51] 유럽연합기능

51) Jede Person hat das Recht auf Schutz der sie betreffenden personenbezogenen

조약(Vertrag über die Arbeitsweise der Europäischen Union; AEUV) 제16조 제1항에서[52] 개인정보 보호를 회원국 국민의 권리로 보장하고 있다. 유럽연합의 개인정보 법제는 위 일차적 법제를 바탕으로 유럽연합이 이른바 2차 법제로서 각 회원국으로 하여금 자국입법의 의무를 부과하는 정보보호지침(Datenschutzrichtlinie; EU-DSRL)이 핵심적인 역할을 하고 있었다.[53] 유럽연합 정보보호지침 제7조는 이 지침이 개인정보의 처리와 관련하여 광범위한 영역에서 포괄적인 개인정보의 보호를 규정하고 있으며, 제8조는 이른바 개인의 민감정보에 대한 보다 엄격한 보호와 함께 정보주체가 동의하거나 중대한 공익상 요청이 있는 경우 관할 행정청이 개인정보를 사용할 수 있는 가능성을 열어두고 있다. 유럽연합 정보보호지침의 기본정신은 관할 행정기관이 개인의 정보를 처리하는 적법성 요건을 실효적으로 규정하는 것인데, 유럽연합 정보보호지침은 제13조에서 이러한 정보보호의 법적 요건을 각 회원국이 다소 완화할 수 있는 가능성을 동시에 열어두고 있다.

정보보호지침 제6조에 따라서 관할 행정청이 개인정보를 처리하는 경우 사전에 처리의 목적에 부합하여야 하며, 지침이 규정하는 요건에 부합하고 처리목적은 명확하여야 한다. 행정기관이 처리하는 정보는 최초의 수집목적과 객관적 관련성이 없는 다른 목적으로 사용할 수 없다는 점에서 이른바 정보수집 목적의 일관성과 목적 간의 밀접한 관련성을 요구하고 있다. 정보보호지침에서 주목할 만한 내용 중의 하나는 제10조 이하에 규정된 정보주체가 자신과 관련된 개인정보에 대한 정보제공요구권을 행사하는 것이다. 개인정보에 대한 정보주체의 정보제공요구권이란 정보주체가 행정청이 자신과 관련된 개인정보를 어떠한 목적으로 어떠한 맥락 하

Daten.

52) Jede Person hat das Recht auf Schutz der sie betreffenden personenbezogenen Daten.

53) 후술하는 바와 같이 유럽연합 정보보호지침은 2016년 유럽연합 개인정보처리명령(EU-Datenschutz-Grundverordnung, EU-DSGVO; General Data Protection Regulation, GDPR)으로 대체되었다.

에 수집하며, 정보를 수집한 원천, 타인에 대한 제공, 정보를 처리하는 책임을 가진 공무원이 누구이며, 개인정보에 대한 침해가 있는 경우 누구에게 법적인 문제를 제기할 수 있는가에 대하여 상세하게 알고 있어야 하는 것을 말한다. 정부에 대한 정보제공요구권에는 정보주체가 지득한 자신의 정보에 대한 수정 요구, 정보원천에 대한 폐쇄 요구, 삭제 및 사후처리에 대한 통지를 받을 권리 등을 포함한다.

정보보호지침은 제28조에서 개인정보를 보호하기 위한 통제기구의 기능과 독립성에 대해서 규정하고 있는데, 통제기구는 직권탐지주의, 개인정보 침해에 대한 예방적 조치를 포함하는 기능과 함께 자신의 개인정보 업무를 완전하게 독립적으로 수행한다. 유럽재판소는 위 조항에서 규정한 "완전한 독립성"은 통제의 대상이 되는 관련 행정청으로부터는 물론 어떠한 직간접적인 외부로부터의 영향력이나 명령으로부터 통제기관의 개인정보 보호 및 공익적 관점에서 개인정보와의 형량을 통하여 개인정보의 사용을 허가하는 업무가 방해받지 않는 것을 의미하는 것으로 보고 있다. 심지어 국가기관이 개인정보 보호를 위한 통제기구의 업무의 적법성을 감시하기 위하여 일반적인 감독권을 행사하는 것조차도 통제기구의 완전한 독립성을 침해하는 것으로 보며, 국가가 통제기구에 대하여 정치적인 영향력을 행사하려는 단순한 위험이 존재하는 것만으로도 완전한 독립성을 침해하는 것이다.[54] 심지어 유럽재판소는 통제기구가 공법인과 같은 제3섹터에 대하여 개인정보 처리에 대한 적법성을 통제하는 경우 국가가 헌법상 선출된 권력이라는 점을 들어 이를 문제 삼는 것도 통제기구의 독립성을 침해하는 것으로 인정하였다. 유럽재판소는 개인정보 통제기구의 이와 같은 완전한 독립성으로 인하여 국가가 통제기구의 조직, 제도상의 요건을 설계하고 그에 대한 합법성과 합목적성을 감독하려는 경우 전통적인 민주적 정당성의 원리를 제한적으로만 적용하고 통상 다른 국가행정기관에 대한 감독권 행사와는 차별화 할 것을 주문하였다.[55]

---

54) EuGH, Rs. C-518/07. Slg. 2010. I-01 885, Rn. 17ff.
55) EuGH, Rs. C-518/07. Slg. 2010. I-01 885, Rn. 31ff.

(2) 유럽연합 정보보호 처리명령(EU-DSGVO; GDPR)과 개인정보 사용을 위한 공익적 사유

유럽연합은 2016년 앞서 언급한 개인정보 보호지침을 발전적으로 해체하고 각기 상이한 개인정보 보호법 체계를 가지고 있는 회원국을 아우르는 통일된 개인정보 처리명령(EU-Datenschutz-Grundverordnung, EU-DSGVO; General Data Protection Regulation, GDPR)을 제정하였으며, 2018년 5월 25일부터 이를 시행하였다. DSGVO는 기존의 EU 개인정보보호 지침보다 개인정보 처리자에 대한 보다 강력한 제재를 규정하고 있다. 그러나 DSGVO는 개인정보의 강력한 보호를 위한 원칙과 감독기구를 규정하는 것과 동시에 제1조 제1항에서 개인정보의 보호와 함께 개인정보의 자유로운 이동을 보장한다는 목적을 동시에 천명하고 있다.[56] 또한 동조 제3항에서는 개인정보의 처리과정에서 유럽연합 차원의 자연인 개인정보 보호를 내세워 개인정보의 자유로운 이동을 금지하거나 제한할 수 없다는 원칙을 선언하고 있다. "개인정보 보호를 근거로 그 자유로운 이동을 금지하거나 제한할 수 없다"는 DSGVO의 내용은 자칫 이 명령이 개인보호보다는 유럽연합 내에서 정보의 자유로운 이동을 보장하는 것으로서 개인정보 보호를 위한 법제인가를 의심할 여지도 있다. 물론 개인정보의 이동은 당연히 개인정보 보호를 통한 개인의 사생활의 비밀과 자유, 인격권 보장보다 큰 비중을 가지는 공익적인 사유가 있는 경우에만 이를 정당화할 수 있다. 이와 관련하여 중요한 의미를 가지는 조항이 제89조 제1항이며,[57] 이에 따라서

---

56) Diese Verordnung enthält Vorschriften zum Schutz natürlicher Personen bei der Verarbeitung personenbezogener Daten und zum freien Verkehr solcher Daten.

57) Die Verarbeitung zu im öffentlichen Interesse liegenden Archivzwecken, zu wissenschaftlichen oder historischen Forschungszwecken oder zu statistischen Zwecken unterliegt geeigneten Garantien für die Rechte und Freiheiten der betroffenen Person gemäß dieser Verordnung. Mit diesen Garantien wird sichergestellt, dass technische und organisatorische Maßnahmen bestehen, mit denen insbesondere die Achtung des Grundsatzes der Datenminimierung gewährleistet wird. Zu diesen Maßnahmen kann die Pseudonymisierung gehören, sofern es möglich ist, diese Zwecke auf diese Weise zu erfüllen. In allen Fällen, in denen diese Zwecke durch die Weiterverarbeitung, bei der die

공익적 기록보존 목적, 과학적 또는 역사적 연구목적, 또는 통계적 목적을 위해 개인정보 처리가 필요한 경우가 이에 해당된다.[58]

이에 따르면 기록보관, 학문, 역사연구, 통계 등을 위하여 개인정보를 처리하는 경우에는 정보보호 처리명령에 따라 개인의 권리와 자유를 보호하기 위한 적절한 조치를 강구할 수 있다. 개인정보 보호는 특히 개인정보 최소처리원칙에 따라서 적절한 기술과 조직상의 조치를 포함한다. 이러한 조치에는 개인정보의 보호목적을 수행하기 위한 정보의 익명화가 포함될 수 있다. 개인정보에 대한 일련의 처리과정에서 정보주체 등을 포함한 관련자들을 더 이상 식별하지 못하는 경우에는 개인정보 익명화 조치의 목적이 달성된 것으로 본다. 개인정보가 학문적, 역사적 연구 또는 통계를 목적으로 처리되는 경우 유럽연합과 각 회원국은 제1항의 보호조치를 조건으로 정보보호 처리명령 제15조, 제16조, 제18조 등에 의한 정보주체의 동의권 등 권리보호에 대한 예외를 인정할 수 있으며, 특히 이러한 개인정보의 보호에 대한 예외적 조치는 위 조항에 따르는 정보주체의 권리가 학문적 연구 등의 공익목적의 실현을 불가능하게 하거나 이와 같은 공익목적 실현을 위하여 필요한 경우에 허용될 수 있다(제2항). 학문연구 등의 공익목적을 위하여 개인정보를 처리하는 경우 제1항에서 규정한 보호조치가 이루어지는 것을 조건으로 정보보호 처리명령 제15조, 제16조, 제18조, 제19조, 제20조, 제21조가 규정한 정보주체의 권리와 관련하여 유럽연합과 각 회원국은 이러한 권리들이 공익목적의 실현을 불가능하게 하거나 현저히 침해하는 경우 그리고 이러한 목적 실현을 위하여 필요한 경우에는 예외적 조치를 허용할 수 있다(제3항). 그리고 제2항과 제3항에 따르는 개인정보 처리가 제1항에서 규정한 공익목적 이외의 다른 목적으로 사용되는 경우에는 자동적으로 그러한 목적으로 재차 제한된다(제4항).

Identifizierung von betroffenen Personen nicht oder nicht mehr möglich ist, erfüllt werden können, werden diese Zwecke auf diese Weise erfüllt.

58) 김용민, 보건의료 빅데이터 활성화 방안에 관한 연구 - 핀란드의 사례를 중심으로-, 원광대학교 법학연구소『의생명과학과 법』제22권(2019.12), 5-38면, (16면).

결국 개인정보 처리명령 제1조가 규정하는 바와 같이 이 명령의 목적이 단순히 개인정보의 보호에만 있는 것이 아니라 학문 및 역사연구, 통계목적 등 정당한 공익목적이 존재하는 경우 유럽연합 역내에서 자유로운 이동을 통해서 학문연구 등의 진작을 도모할 수 있는 것이기 때문에 유럽연합과 각 회원국이 개인정보보호법제에 일정한 예외를 설정할 수 있도록 하는 것이다.

Ⅳ. 한국의 개인정보보호법제

1. 개인정보자기결정권에 대한 헌법재판소의 결정

헌법재판소는 개인정보에 대한 자기결정권의 헌법적 근거로서 헌법 제10조의 인간존엄, 인격권, 제17조의 사생활의 비밀과 자유 등을 들고 있지만, 기존의 결정례를 통하여 다음과 같이 헌법상 독자적인 기본권으로 판단하고 있다. "인간의 존엄과 가치, 행복추구권을 규정한 헌법 제10조 제1문에서 도출되는 일반적 인격권 및 헌법 제17조의 사생활의 비밀과 자유에 의하여 보장되는 개인정보자기결정권은 자신에 관한 정보가 언제 누구에게 어느 범위까지 알려지고 또 이용되도록 할 것인지를 그 정보주체가 스스로 결정할 수 있는 권리이다. 즉 정보주체가 개인정보의 공개와 이용에 관하여 스스로 결정할 권리를 말한다. 개인정보자기결정권의 보호대상이 되는 개인정보는 개인의 신체, 신념, 사회적 지위, 신분 등과 같이 개인의 인격주체성을 특징짓는 사항으로서, 그 개인의 동일성을 식별할 수 있게 하는 일체의 정보라고 할 수 있다. 또한, 그러한 개인정보를 대상으로 한 조사·수집·보관·처리·이용 등의 행위는 모두 원칙적으로 개인정보자기결정권에 대한 제한에 해당한다. 인간의 존엄권, 행복추구권, 인격권 및 사생활의 비밀과 자유는 개인정보자기결정권의 헌법적 근거로 거론되는 것들로서, 특별한 사정이 없는 이상 개인정보자기결정권에 대한 침해 여부를 판단함으로써 위 기본권들의 침해 여부에 대한 판단이 함께 이루어지

므로 그 침해 여부를 별도로 다루지 않는다".[59)]

헌법재판소는 휴대전화 통신계약 체결을 원하는 자가 성명, 생년월일, 주소(여기까지는 온라인·대면 가입 공통), 대면 가입의 경우에는 주민등록번호와 신분증 발급일자, 온라인 가입의 경우에는 공인인증정보나 신용카드정보로서, 개인의 동일성을 식별할 수 있게 하는 정보를 이동통신 사업자에게 제공하고, 가입자가 이러한 정보 제공에 동의하지 않으면 이동통신사는 휴대전화 통신계약 체결을 거부할 수 있도록 규정한 전기통신사업법 제32조의4 제2항 등 위헌확인 사건에서도 이 사건 조항으로 인하여 침해되는 기본권으로 헌법상 통신의 자유와 더불어 역시 독자적인 기본권으로서 개인정보에 대한 자기결정권을 들고 있다. 따라서 헌재는 개인정보자기결정권에 대한 침해 여부를 가리면서 이 사건에서도 별도로 사생활의 비밀과 자유, 인격권, 인간의 존엄 등에 대해서는 별도로 판단하지 않았다.[60)] 그렇지만 헌재는 SNS 등 고도화된 정보통신기술과 서비스가 일반화된 오늘날에도 개인정보자기결정권이라는 새로운 기본권의 헌법적 근거로서 사람들 간의 교류를 통한 사회적 의미보다는 여전히 헌법 제17조와 제10조와 같이 "고립되고 고독한 인간의 권리"에 토대를 두고 있는 것으로 이해하고 있다. 최근 독일연방헌법재판소가 개인정보자기결정권의 근거를 주거의 자유와 통신의 비밀과 같은 사회적 교류와 커뮤니케이션의 의미를 강조하는 기본권으로 확대하고 개인정보자기결정권의 내용으로 "정보통신기술에 대한 신뢰와 진실성에 대한 권리"를 강조하고 있는 것과 비교하면 정보기본권에 대한 보호수준과 방식이 차이를 보이고 있는 것으로 볼 수 있다.

헌법재판소는 후술하는 바와 같이 우리나라 개인정보보호법도 유럽연합이나 다른 나라의 법제와 유사하게 정당한 공익목적을 달성하기 위하여 개인정보에 대한 자기결정권을 제한할 수 있도록 규정하고 있다는 사실을 강조하고 있다. 결국 개인정보자기결정권은 당연히 절대적 보호의 대상이 되는 기본권이 아니라 통상 다른 기본권처럼 보호의 필요성과 제한에 대

---

59) 헌재 2014.8.28. 2011헌마28등 참조; 헌재 2020.5.27. 2017헌마1326.
60) 헌재 2019.9.26. 2017헌마1209.

한 정당한 공익적 요구라는 양자의 형량에 의하여 자기결정권에 대한 위헌적인 침해 여부를 가리게 된다. 헌법재판소는 이 사건에서 개인정보자기결정권, 통신의 자유가 제한되는 불이익과 비교했을 때, 명의도용피해를 막고, 차명휴대전화의 생성을 억제하여 보이스피싱 등 범죄의 범행도구로 악용될 가능성을 방지함으로써 잠재적 범죄 피해 방지 및 통신망 질서 유지라는 더욱 중대한 공익의 달성 효과가 인정된다고 보았다. 따라서 심판대상조항은 청구인들의 개인정보자기결정권 및 통신의 자유를 침해하지 않는다고 결정하였다. 물론 헌법재판소는 이와는 달리 다른 사건에서는 개인정보자기결정권에 대한 침해를 인정한 경우도 많다.[61]

2. 개인정보보호법, 정보통신망 이용촉진 및 정보보호 등에 관한 법률(정보통신망법)에 대한 평가

한국의 현행 개인정보보호법과 정보통신망법은 유럽연합의 DSGVO 등 개인정보 보호에 대한 global standards에 비추어 보아 그 내용과 체계에 있어서 상당한 수준에 근접한 것으로 볼 수 있다. 개인정보보호법은 개인정보 수집 및 수집목적의 제한, 정보주체의 동의, 이용의 제한(제15조), 최소수집의 원칙(제16조), 제3자에 대한 제공의 제한(제17조), 개인정보의 목적 외 이용·제공 제한(제18조), 민감정보의 처리 금지 및 예외(제23조), 고유식별정보, 주민등록번호 처리의 금지 및 예외(제24조, 제24조의2), 영상정보처리기기의 설치·운영의 금지 및 예외(제25조), 정보주체의 개인정보 열람, 정정 및 삭제, 처리정지요구권(제35조, 제36조, 제37조) 등 개인정보의 보호와 관련된 체계와 내용상 유럽연합의 DSGVO의 개인정보 보호수준에 근접한 것으로 볼 수 있다. 개인정보보호법이 개인정보 보호에 관한 일반법적 성격을 가지는 것이라면 정보통신망법은 정보통신망의 이용을 촉진하고 정보통신서비스를 이용하는 자를 보호하는 이중의 목적과 함께 특히 정보통신망이라는 네트워크 사용과정에서 보다 쉽게 노출될 수 있는 개인

61) 헌재 2012.8.23. 2010헌마47; 헌재 2016.3.31. 2015헌마688; 헌재 2016.6.30. 2015헌마924 등.

정보 보호에 초점을 맞춘 특별법이라고 할 수 있다. 이를 위해서 정보통신서비스 제공자는 해당 서비스를 제공하기 위하여 이용자의 이동통신단말장치 내에 저장되어 있는 정보 및 이동통신단말장치에 설치된 기능에 대하여 접근할 수 있는 권한에 대한 정보주체의 동의권 보장(제22조의2), 주민등록번호의 사용금지와 예외(제23조의2) 등을 규정하고 있다.

정보통신망법에서 특히 주목할 부분은 제45조의 정보통신망의 안정성 확보에 관한 규정이다. 이에 따르면 정보통신서비스 제공자 등 사업자는 정보통신서비스의 제공에 사용되는 정보통신망의 안정성 및 정보의 신뢰성을 확보하기 위한 보호조치를 하여야 하며, 과학기술정보통신부장관은 보호조치의 구체적 내용을 정한 정보보호조치에 관한 지침을 정하여 고시하고 정보통신서비스 제공자 등 사업자에게 이를 지키도록 권고할 수 있다. 정보통신부장관 보호조치에는 1. 정당한 권한이 없는 자가 정보통신망에 접근·침입하는 것을 방지하거나 대응하기 위한 정보보호시스템의 설치·운영 등 기술적·물리적 보호조치, 2. 정보의 불법 유출·위조·변조·삭제 등을 방지하기 위한 기술적 보호조치, 3. 정보통신망의 지속적인 이용이 가능한 상태를 확보하기 위한 기술적·물리적 보호조치, 4. 정보통신망의 안정 및 정보보호를 위한 인력·조직·경비의 확보 및 관련 계획수립 등 관리적 보호조치 등이 포함된다. 정보통신망을 이용하는 이용자를 위하여 정부와 정보통신서비스 제공자 등에게 다양한 보호조치의무를 부과한 것은 앞서 언급한 바와 같이 독일연방헌법재판소가 개인정보자기결정권의 내용으로 언급한 정보통신시스템에 대한 신뢰와 완전성을 보장받을 권리"(Das Recht auf Gewährleistung der Vertraulichkeit und Integrität informationstechnischer Systeme)와 유사한 내용이라고 할 수 있다. 정보통신시스템에 대한 권리는 전통적인 개인정보자기결정권이 가지고 있는 자유권적 기본권으로서 도청 등 정보통신시스템의 신뢰와 진실성에 대한 방해배제를 요구하는 방어권인 동시에 정보통신시스템 이용자의 권리를 보장하는 내용에 대한 입법의무를 부과함으로써 국가의 기본권 보호의무를 구체화 한 것이다. 물론 이 조항은 국가와 사업자에게 일정한 보호조치 의무를 부과하는 조항이지만 이는 동시에 정보통신망 이용자의 사익을 보호하는 규범목적을 가지고 있기 때문에 이용자는 이 조항을 근거로 국가와 다른 사인이 정보통신시스템에 대한 신뢰와 완전성을 침해하는 행위에 대한 방해배제 등 행정법과 민법상 권리를 행사할 수 있는 것으로 보아야 한다.

3. 통계작성, 과학적 연구, 공익적 기록보존 등을 위한 가명정보

2020년 개정된 개인정보보호법은 제3절 제28조의2 이하에서 가명정보의 처리에 관한 특례 조항을 신설하였다. 이에 따르면 개인정보처리자는 통계작성, 과학적 연구, 공익적 기록보존 등을 위하여 정보주체의 동의 없이 가명정보를 처리할 수 있다(제28조의2 제1항). 이에 따라서 개인정보처리자는 정보주체 이외로부터 수집한 개인정보를 처리하는 때에는 정보주체의 요구가 있으면 즉시 관련 사항을 정보주체에게 알려야 하는 의무가 있으며(제20조), 개인정보처리자가 보유기간의 경과, 개인정보의 처리 목적 달성 등 그 개인정보가 불필요하게 되었을 때에는 지체 없이 관련 개인정보를 파기할 의무(제21조), 개인정보처리자가 개인정보가 유출되었음을 알게 되었을 때 이를 지체 없이 해당 정보주체에게 알릴 의무(제34조 제1항), 정보주체의 개인정보 열람, 정정 및 삭제, 처리정지요구권(제35조, 제36조, 제37조), 정보통신서비스 제공자가 이용자의 개인정보를 이용하려고 수집하는 경우에 일정한 사항을 이용자에게 알리고 동의를 받을 의무(제39조의3), 정보통신서비스 제공자와 이용자의 개인정보를 제공받은 자가 개인정보의 분실·도난·유출 사실을 안 때에 이용자에게 알릴 의무(제39조의4) 등의 규정은 가명정보 처리에는 적용되지 않는다.

이는 앞서 언급한 바와 같이 유럽연합의 DSGVO의 내용과 유사한 것으로서 과학적 연구 등을 위하여 가명정보, 특히 보건통계 등 이른바 big data의 활용을 가능하게 함으로써 보건의료산업의 발전을 도모하겠다는 취지로 보인다. 그러나 개정된 개인정보보호법은 가명정보의 사용을 원칙적으로 허용하면서도 그 부작용을 최소화하기 위하여 통계작성, 과학적 연구, 공익적 기록보존 등을 위한 서로 다른 개인정보처리자 간의 가명정보의 결합은 개인정보보호위원회 또는 관계 중앙행정기관의 장이 지정하는 전문기관이 수행하도록 하고(제28조의3 제1항), 결합을 수행한 기관 외부로 결합된 정보를 반출하려는 개인정보처리자는 가명정보로 처리한 뒤 전문기관의 장의 승인을 받아야 한다고 규정하고 있다(제2항). 개인정보처리자는 가명정보를 처리하는 경우에는 원래의 상태로 복원하기 위한 추가 정보를 별도로 분리하여 보관·관리하는 등 해당 정보가 분실·도난·유출·위조·변조 또는 훼손되지 않도록 대통령령으로 정하는 바에 따라 안전성 확보에 필요한 기술적·관리적 및 물리적 조치를 하여야 하며(제28조의4 제1항), 개인정보처리자가 가명정보를 처리하고자 하는 경우에는 가명정보의 처리 목적, 제3자 제공 시 제공받는 자 등 가명정보의 처리 내용을 관리하기 위하여 대통령령으로 정하는 사항에 대한 관련 기록을 작성하여 보관하여야 한다(제2항). 누구든지 특정 개인을 알아보기 위한 목적으로 가명정보를 처리해서는 아니 되며(제28조의5 제1항), 개인정보처리자는 가명정보를 처리하는 과정에서 특정 개인을 알아볼 수 있는 정보가 생성된 경우에는 즉시 해당 정보의 처리를 중지하고, 지체 없이 회수·파기하여야 한다(제2항).

그럼에도 불구하고 가명정보 활용과 관련하여 논란이 되고 있는 의학적 연구목적의 개인정보에 대해 비판적인 견해가 제시된다. 즉 개인정보보호법은 가명정보 활용의 목적만 추상적으로 규정하고 있기 때문에 건강정보의 경우 더 많은 것들이 법적으로 명확해져야 한다는 것이다. 이에 따르면 건강정보 활용의 목적뿐 아니라 활용의 주체, 활용의 방식, 이러한 것들을 검토하고 논의하는 거버넌스 체계, 법 적용이 적법하게 정상적으로 이루어지고 있는지를 일상적으로 감시·감독하는 행정력에 대한 인프라 구축 등이 구체화되어야 하기 때문에 이런 점들을 충분히 고려하여 (가칭) '건강정보 보호에 관한 법률'을 제정하여 보건의료분야에서 개인정보자기결정권을 실효적으로 보호하여야 한다는 의견을 제시하고 있다.[62]

62) 이상윤, 개인정보보호법 개정과 건강정보 특별법 제정의 필요성, 의료와 사회 (10), 2020.1, 52면-67면(65면).

4. 개인정보보호위원회와 개인정보보호관(Ombusman)

개인정보보호법에 의하여 정보주체의 권리침해에 대한 조사 및 이에 따른 처분에 관한 사항 및 개인정보의 처리와 관련한 고충처리·권리구제 및 개인정보에 관한 분쟁의 조정 등 정보주체의 개인정보 보호에 관한 사무를 독립적으로 수행하기 위하여 국무총리 소속으로 개인정보보호위원회가 설치되었다. 정보주체의 개인정보를 보호하고 자기결정권을 실효적으로 보장하기 위해서는 정부와 민간부문의 개인정보 처리에 대하여 강력한 통제권한을 행사할 수 있는 기구가 필요하다. 일반적으로 개인정보를 대량으로 처리하는 기관들이 정부 또는 대기업이고 이들의 개인정보처리 사항을 전문적으로 평가하고 견제할 수 있는 감독기구는 그 독립성과 전문성, 정치적 중립성이 조직의 구성과 운영의 원리로서 요구된다. 현행 개인정보보호법상의 개인정보보호위원회가 개인정보 보호와 정보주체의 자기결정권 보장을 위한 조직 및 운영원리를 갖추고 있는가에 대해서는 면밀한 검토가 필요하다. 특히 다량의 개인정보를 보유하고 이를 활용하기를 원하는 국가 및 기업체는 활용가능성과 기준을 확립하고자 하는 반면, 개인은 자신의 정보에 대한 보호와 활용에 관한 결정권 그리고 프라이버시권 등을 보장받길 원한다. 따라서 개인정보보호법의 해석과 이를 적용하고 분쟁을 조정하기 위해서는 반드시 컨트롤 타워가 필요하다. 더욱이 최근 개인정보의 활용과 보호에 관한 첨예한 이해관계가 대립되고 있는 상황에서 개인정보에 관한 조직체계 강화 및 효율화는 필수적이다.[63)]

그러나 현행 개인정보보호위원회는 이와 같은 요청에 부합하기에는 다소 문제가 있으며, 향후 개인정보보호위원회를 대통령 소속의 중앙행정기관으로 설정하는 등 법적 지위를 강화하고, 특히 정부로부터의 간섭과 영향력 행사를 받지 않고 업무를 독립적으로 수행하기 위해서는 방송통신위원회와 같이 정부조직법상 국무총리의 지휘감독을 받지 않도록 개인정보

63) 김진영, 최근 개인정보보호법 개정 동향과 보호조직 개선과제 연구, 과학기술법연구 제25집 제3호, 2019, 43면-81면(55면).

보호법을 개정할 필요가 있다. 개인정보보호위원회의 구성 역시 대통령, 국무총리 등 정부의 영향력을 최소화 하고 개인정보 주체인 개인과 전문가 등 시민사회를 대표하는 위원이 다수를 점할 수 있도록 민간 중심의 거버넌스를 구축할 필요가 있다.

그럼에도 불구하고 국민들이 체감하기 어려울 정도로 개인정보보호위원회의 존재감이 미미하다면 그 대안으로 개인정보보호 호민관(Data Ombusman) 제도를 도입할 필요도 있다. 개인정보보호 호민관을 대통령 소속으로 하고 우리 국민 중에서 개인정보 보호에 특히 많은 경험과 지식, 의지를 가진 민간인 중에서 대통령이 호민관으로 임명하고 그가 3-5명 정도의 부보호 호민관들과 함께 모든 책임을 지고 개인정보의 보호와 그 이용에 대한 전권을 행사하도록 하는 것이다. 국민들 입장에서 보면 존재감을 느끼지 못하는 위원회 제도보다는 홍길녀, 홍길동 등 개인정보 보호와 관련하여 상징적인 특정 인물을 개인정보보호 호민관을 떠 올릴 수 있도록 그의 권한을 강화하고, 개인정보가 침해되었을 때 정보보호 호민관에게 즉시 권리구제나 분쟁조정을 청구할 수 있도록 하는 것이다. 물론 부보호 호민관들에게도 법제도나 정책개선, 분쟁조정, 해외협력, 기술개발 등 전문영역을 분담하고 이를 실무적으로 지원할 수 있는 사무처 등 행정지원 기구를 설치하여 개인정보 보호 문제를 보다 강력하게 추진할 수 있다.[64)]

5. 개인정보 보호기구의 직무상 독립성

유럽연합 DSGVO는 제51조 제1항에서 모든 회원국은 DSGVO의 적용여부를 감독하는 권한을 가지는 단수 혹은 복수의 감독기구를 설립하여 정보주체의 기본권과 자유를 보호하고 개인정보의 자유로운 유통을 원활하게 하여야 한다고 규정하고 있다. 역시 이러한 감독기구의 조직원리는 DSGVO에 따라서 직무의 완전한 독립성이다(제52조 제1항). 그러므로 감독기구의 구성원은 DSGVO에 따라서 자신의 업무를 수행하고 권한을 행사

64) 호민관 제도의 장점에 대해서는 김성수, 미래세대 보호를 위한 법제 설계, 경희법학 제54권 제4호, 2019. 12, 333-359면 (343면 이하).

함에 있어서 외부의 어떠한 직·간접적인 영향력으로부터 독립적이어야 하며, 외부의 지시를 구하거나 외부의 지시를 받아서도 안 된다(제2항). 감독기구의 구성원은 자신의 직무와 배치되는 어떠한 행위도 금지되며, 임기동안 자신의 직무와 배치되는 유상 또는 무상의 사적인 행위를 할 수 없다(제3항). DSGVO는 이러한 감독기구가 인적, 물적 수단을 통하여 직무의 독립성을 가지기 위하여 회원국은 이에 필요한 인원, 장비, 재원, 공간 등 기반시설을 갖추고 감독기구가 자신의 직무권한 행사, 행정응원 및 협조, 유럽연합 정보보호위원회와 협력 등의 업무를 원활히 수행하도록 하여야 한다(제4항). 그리고 감독기구는 스스로 직원을 선발하고 활용할 수 있는 권한을 가지도록 하며, 이러한 직원들이 감독기구 구성원의 전속적인 지시를 받도록 규정하고 있다(제5항). 감독기구는 그 독립성을 해치지 않는 범위 안에서 예산통제를 받지만, 회원국은 감독기구가 국가예산의 일부로서 독자적인 예산을 운용하도록 보장하여야 한다(제6항).

이상에서 살펴본 바와 같이 DSGVO는 개인정보보호 감독기구의 독립성에 대해서 상당한 비중을 부여하고 있으며, 구성원들이 외부로부터 일체의 간섭을 받거나 지시를 요구하지 못하도록 하고 직무와 배치되는 일체의 유상, 무상의 개인 사업을 경영하지 못하도록 하고 있다. 또한 인사, 예산, 시설, 공간 등 감독기구가 독립적으로 직무를 수행하는데 소요되는 일체의 인적, 물적 요소를 회원국이 보장할 책임을 부담함으로써 특히 정부와 대기업의 영향력을 원천적으로 차단하고 오로지 개인정보 보호와 유통이라는 본연의 업무에 전념할 수 있는 제도적 장치와 원칙을 상세하게 규정하고 있다.

앞서 언급한 바와 같이 우리나라의 개인정보보호법은 대체로 그 내용과 개인정보 보호의 수준에서 DSGVO에 근접하고 감독기구의 직무도 개인정보보호위원회의 그것과 대체로 유사한 것으로 평가할 수 있지만 상대적으로 취약한 부분이 개인정보보호위원회의 직무상 독립성 보장에 관한 것이다. 이는 사실상 정보주체가 개인정보자기결정권을 실효적으로 보장받고 실현하기 위한 필요조건에 해당하는 것인데, 이에 대한 상당한 입법적 보완이 요구된다. 감독기구의 독립성은 위원회 제도뿐만 아니라 앞서 언급한 바와 같이 정보보호 호민관을 도입하는 경우에도 동일하게 적용되는 조직원리라는 점을 고려하여야 한다. 유럽연합은 유럽연합 기구로서 자체적으로 개인정보보호위원회(Der Europäische Datenschutzausschuss)를 독립한 법인격을 가진 기구로서 설치하여(제68조 제1항), 회원국의 감독기구의 직무수행과는 관계없이 독자적으로 유럽연합 전체의 개인정보 보호정책 등에 의견을 제시하고 분쟁조정 등의 직무를 수행하는데, 이 유럽연합 개인정보보호위원회 역시 그 직무상의 독립성을 그 조직과 운영원리로 천명하고 있다(제69조 제1항).

V. 정보공개법

1. 정보행정법과 개인의 공공성, 공공적 지위

국가와 개인 간의 정보행정법관계에서 핵심적인 영역은 앞서 언급한 개인정보에 대한 자기결정권 보장을 통한 개인정보 보호문제 라고 할 수 있다. 정보자기결정권의 본질은 국가에 대한 방어권으로서 전통적인 자유권적 기본권의 성격과 동시에 이를 실효적으로 보장하고 행사하기 위한 조직, 절차, 내용 등에 대한 입법자의 기본권 보호의무를 주문할 수 있는 적극적 성격을 아울러 가지고 있다는 점도 언급하였다. 그러나 정보자기결정권에 대한 국가의 보호의무에 대응하여 정보주체가 일정한 청구권적 권리를 행사할 수 있다고 하더라도 이는 자신과 관련된 개인정보를 효과적으로 수호한다는 방어적 성격에 중점이 있음을 부인하기 어렵다. 그런데 국가와 개인 간의 정보관계를 규율하는 행정법체계는 개인정보와 자기결정권의 보호라는 소극적 측면에 그치지 않고 개인이 보다 적극적으로 타인과 소통하고 의사를 교환할 수 있도록 필요한 타인의 정보에 대한 접근권을 보장할 필요가 있다. 앞서 언급한 바와 같이 오늘날 개인은 고립된 개체가 아니라 특정 국가는 물론 글로벌한 장에서 타인과 소통하는 존재이며, 정보자기결정권 보호는 물론 소비, 연구, 투자, 종교 활동, 국제적 연대 등에 필요한 정보를 제공받기 원한다.

특히 정치적 의사형성이나 표현의 자유를 실현하기 위하여 개인은 스스로를 공개된 장에서 자신을 드러내고 적극적으로 타인과 함께 일정한 정보를 공유하기 위하여 타인이 가지고 있는 정보에 대한 접근을 가능하게 하는 법제도를 원한다. 국가와 행정이 개인에게 투명하고 공개적이어야 한다는 논의는 이미 일반적인 주제이지만 이와 더불어 개인의 공공성(Öffentlichkeit der einzelnen) 내지 공공적 지위(Öffentlichkeitsstatus des Bürgers)라는 개념이 제기되는 것은 새롭고 흥미로운 시도라고 할 수 있다.[65] 유럽연합 인권규약 제8조 내지 제11조에 규정된 개인의 정보자기결정권은 고전적인 의미뿐만 아니라 국가 및 공적 지위를 가지는 사인에 대한 정보의 접근권, 공개청구라는 권리를 포함하는 것으로 이해하고 있다. 즉 오늘날 개인의 자유는 공공적 측면을 가지게 되었고, 이러한 자유의 공공성이 지식정보화 사회에서 개인에게 동시에 공공적 지위를 부여하게 되었음을 의미한다.[66] 이른바 타인과의 소통의 자유, 자신을 드러낼 수 있는 자유 등을 실현하기 위하여 나를 포함한 공동체의 구성원 모두가 일정 부분 공공적 지위를 가지기 때문에 다른 사람들에게 나의 정보에 대한 접근을 허용하여야 한다는 것이다.[67] 물론 모든 개인이 무제한적으로 공공적 지위를 가지거나 공개의 대상이 되는 것은 아니며, 이러한 사인에게 다른 사인이 직접 정보의 공개를 청구할 수도 있다. 따라서 여기에서 공공성을 가지고 공공적 지위를 가지는 사인은 특히 대기업, 공공기관, 학교, 의료기관과 같이 다른 사람에 비하여 많은 정보를 가지고 있으며 다른 개인의 권리행사나 법적 지위를 보장하기 위하여 공익적 관점에서 공개의 대상이 되는 사인을 의미한다.[68] 그리고 사인이 가지고 있는 정보에 대한 접근을 요구할 수 있는

65) Susanne Baer, Der Bürger im Verwaltungsrecht, 2006, S. 83ff.

66) Thomas Vesting, (각주 1), Rn. 36ff.

67) Christoph Gusy, Die Informationsbeziehungen zwischen Staat und Bürger, Grundlagen des Verwaltungsrechts II, § 23, Rn. 15.

68) 우리나라 공공기관의 정보공개에 관한 법률 제2조 제3호 다목과 라목은 각각 정보공개의 대상이 되는 공공기관을 공공기관의 운영에 관한 법률 제2조에 따른 공공기관과 그

원천은 물론 이러한 사인의 정보를 가지고 있는 국가와 행정기관으로서 기업과 공공기관이 생산하는 특별한 재화나 서비스에 대한 위험성 등을 일반인들에게 경고하기 위하여 그와 관련된 정보를 요구하는 방식으로 공개가 이루어진다. 물론 정보공개법 등에서 행정기관을 통한 간접적인 방식으로 개인정보를 공개하는 경우 공개를 통한 공공적 이익과 공개 대상이 되는 사인의 사생활의 비밀과 자유, 영업비밀 등 개인정보 보호와의 구체적인 형량과 공개에 대한 사전통지 및 공개거부 등 이의제기에 대한 권리를 보장하는 조항들을 포함하는 세심한 입법적 배려가 필요하다.

그러나 개인의 정보에 대한 접근권과 공개청구의 핵심은 국가와 행정청이 행정적 과제를 집행하기 위하여 생성한 원래적 의미의 공공적 정보가 그 대상이다. 국가 스스로 공적 과제를 실현하는 과정에서 일정한 정보를 생성, 관리, 사용하며, 개인은 공동체의 의사형성에 참여하고 자신의 법적 지위와 권리를 보전하기 위하여 국가와 행정이 보유한 공공적 정보에 대한 접근과 청구가 보장되어야 한다. 국가와 행정이 보유한 공공적 정보를 개인에게 원칙적으로 제공하고 공개할 의무는 법치국가원리가 지향하는 행정의 투명성 보장과 더불어 개인이 공동체의 의사형성과 정책결정에 적극적으로 참여하는 것을 목적으로 한다는 점에서 참여민주주의의 전제가 되는 것으로 볼 수 있다.[69] 국가가 관리하는 공공적 정보에 대한 접근권을 법치국가원리에 그 근거를 두는 경우 정보주체는 행정절차상 혹은

밖에 대통령령으로 정하는 기관을 포함시키고 있다. 그런데 공공기관의 운영에 관한 법률 제2조에 따른 공공기관에는 이른바 시장형공기업으로서 예를 들어 한국수력원자력과 같은 주식회사도 포함된다. 또한 그 밖에 대통령령으로 정하는 기관을 시행령이 규정하고 있는데, 이에 따르면 아래와 같이 사립초중고와 대학, 민간법인 형태의 사회복지시설 등이 포함된다. 1. 유아교육법, 초·중등교육법, 고등교육법에 따른 각급 학교 또는 그 밖의 다른 법률에 따라 설치된 학교, 5. 사회복지사업법 제42조 제1항에 따라 국가나 지방자치단체로부터 보조금을 받는 사회복지법인과 사회복지사업을 하는 비영리법인. 그 외에 보조금 관리에 관한 법률 제9조 또는 지방재정법 제17조 제1항 각 호 외의 부분 단서에 따라 국가나 지방자치단체로부터 연간 5천만 원 이상의 보조금을 받는 기관 또는 단체. 이는 결국 개인이나 민법상의 법인도 사립학교와 같이 공공성이 있거나 국가 또는 자치단체의 재정적 지원을 받는 민간법인 역시 공공성을 인정한 것이다.

69) 정보공개와 민주주의, 법치주의원리와의 관계에 대해서는 Matthias Rossi, Informationszugangsfreiheit und Verfassungsrecht, 2004.

특정한 행정법상의 권리행사를 위하여 행정청에 투명하게 정보의 공개를 요구하는 수단으로 이해한다. 반면에 민주주의원리에 따라서 정보주체는 행정청의 보유, 관리하는 정보에 대한 공개를 통하여 행정에 대한 민주적 통제 내지 행정적 결정의 민주적 정당성을 추궁하는 수단으로 활용하게 되며, 이 경우에는 행정절차 혹은 특정한 행정법상 공권을 실현하는 것과는 무관하다. 물론 행정청에 대한 정보공개청구권의 근거를 이루는 법치주의원리와 민주주의원리는 서로 다른 이념적 배경을 가지고 있으나 행정의 실제에서는 양자가 상당 부분 중첩되는 경우도 있다.

2. 행정절차법과 정보공개법

한국의 경우 공공기관에 대한 정보공개청구의 헌법적 근거로서 헌법 제21조에 근거를 둔 알권리를 들고 있다. 이는 이미 정보공개법이 제정되기 이전에 헌법재판소와 대법원이 확립한 판례에 기초하고 있다. 따라서 한국에서 행정에 대한 개인의 정보접근권 내지 공개청구권은 주로 국가에 대한 개인의 알권리를 실현하는 수단으로 이해하는 것이 일반적이다. 이는 앞서 언급한 바와 같이 유럽연합이나 독일의 경우 정보공개제도가 헌법상 알 권리라는 기본권보다는 행정절차와 개별 법률상 개인의 행정법상 권리를 실현하기 위해서는 행정의 투명성과 공공성이 전제되어야 한다는 법치주의원리와 행정에 대한 정보주체 및 국민의 통제 및 민주적 정당성의 확보라는 측면이 강조되는 것과 다소 차이가 있다. 또한 우리나라와는 달리 유럽연합의 정보공개제도는 국민의 알권리보다는 타인과의 의사교환 또는 사회적 네트워크 안에서 정보주체의 자기결정권이라는 기본권의 실효적 보장이라는 수단으로 이해하는 경향이 있다.

정보주체가 행정절차에서 행정청이 보유한 정보의 공개를 청구하는 것은 청문 등 의견청취절차와 문서열람을 통하여 당사자의 방어권 등 절차적 권리를 보장하기 위하여 필요한 것으로서 우리나라의 행정절차법은[70)]

70) 행정절차법 제22조, 제37조 등.

물론 다른 나라의 경우에도[71] 행정절차상의 권리로서 행정절차에서의 정보공개청구를 인정하고 있다. 정보공개제도에 대해서는 우리나라의 경우 '공공기관의 정보공개에 관한 법률'이 있으며, 전 세계적으로 우리나라의 정보공개제도는 법률상 상당한 수준에 이른 것으로 평가할 수 있다. 앞서 언급한 정보공개제도가 가지는 알권리나 개인정보자기결정권 등 주관적 기본권 외에도 법치국가원리에 의한 행정의 투명성과 민주주의원리에 입각한 국민의 행정참여와 통제의 목적이 적절하게 조화를 이루고[72] 특히 후자의 객관적인 헌법질서의 실현을 위하여 누구나 공공기관에 정보의 공개를 청구할 수 있도록 정보공개 청구권자에 제한을 두지 않고[73] 행정심판이나 행정소송 등에서 심판청구인적격이나 원고적격을 확대하여 사실상 민중쟁송제도로 운영하고 있다.[74] 정보공개를 통하여 행정의 투명성과 행정에 대한 국민의 민주적 통제를 실현하겠다는 정보공개법의 목적은 유럽연합의 정보공개제도가 법치주의원리와 민주주의원리와 같이 헌법의 객관적 가치질서를 실현한다는 취지와 일맥상통한다. 따라서 모든 국민들에게

---

71) 예를 들어 독일연방행정절차법 제28조(청문), 제29조(문서열람),이유제시(제39조).

72) 제1조(목적) 이 법은 공공기관이 보유·관리하는 정보에 대한 국민의 공개 청구 및 공공기관의 공개 의무에 관하여 필요한 사항을 정함으로써 국민의 알권리를 보장하고 국정(國政)에 대한 국민의 참여와 국정 운영의 투명성을 확보함을 목적으로 한다.

73) 제5조(정보공개 청구권자) ① 모든 국민은 정보의 공개를 청구할 권리를 가진다.

74) 공공기관의 정보공개에 관한 법률은 국민의 알권리를 보장하고 국정에 대한 국민의 참여와 국정 운영의 투명성을 확보함을 목적으로 하고(제1조), 공공기관이 보유·관리하는 정보는 국민의 알권리 보장 등을 위하여 적극적으로 공개하여야 한다는 정보공개의 원칙을 선언하고 있으며(제3조), 모든 국민은 정보의 공개를 청구할 권리를 가진다고 하면서(제5조 제1항) 비공개대상정보에 해당하지 않는 한 공공기관이 보유·관리하는 정보는 공개대상이 된다고 규정하고 있을 뿐(제9조 제1항) 정보공개 청구권자가 공개를 청구하는 정보와 어떤 관련성을 가질 것을 요구하거나 정보공개청구의 목적에 특별한 제한을 두고 있지 아니하므로 정보공개 청구권자의 권리구제 가능성 등은 정보의 공개 여부 결정에 아무런 영향을 미치지 못한다(대법원 2017.9.7. 선고 2017두44558 판결). 공공기관의정보공개에관한법률 제6조 제1항은 "모든 국민은 정보의 공개를 청구할 권리를 가진다."고 규정하고 있는데, 여기에서 말하는 국민에는 자연인은 물론 법인, 권리능력 없는 사단·재단도 포함되고, 법인, 권리능력 없는 사단·재단 등의 경우에는 설립목적을 불문하며, 한편 정보공개청구권은 법률상 보호되는 구체적인 권리이므로 청구인이 공공기관에 대하여 정보공개를 청구하였다가 거부처분을 받은 것 자체가 법률상 이익의 침해에 해당한다(대법원 2003.12.12. 선고 2003두8050 판결).

정보의 공개를 청구할 권리를 인정하고 특히 공익적 목적의 정보공개청구 소송에서 법원이 원고적격의 문제를 엄격하게 심사하지 않고 사실상 민중 소송제도로 운영하는 것도 정보공개제도가 개인의 정보자기결정권, 알권리라는 헌법상 주관적 기본권 실현 외에도 행정의 투명성과 행정에 대한 민주적 통제라는 객관적 소송의 취지를 충분히 고려하겠다는 것으로 이해할 수 있다.

Ⅵ. 맺는 말

지식정보화 사회가 행정법 체계의 변화에 미치는 영향은 정부와 행정이 지식과 정보를 행정법의 영역에서 활용하는 방식과 비중에 달려 있다고 볼 것이다. 특히 인터넷과 정보통신기술의 비약적인 발전은 물론 21세기 최대의 산업적 혁명을 가지고 올 인공지능과 빅데이터의 활용은 행정이 처리하는 정보와 지식이 국민과의 행정법적 관계에서 어떻게 자리매김할 것인가에 대해서는 누구도 예측하기 어려운 변화가 예상된다. 중요한 것은 정부와 행정은 물론 개인과 기업이 가지고 있는 정보와 지식에 대한 독과점은 종언을 고하고 원칙적으로 누구에게나 접근이 허용되는 네트워크로 연결되어 간다는 점은 분명해 보인다. 그렇기 때문에 정보행정법 영역에서 여전히 그리고 어떻게 보면 영원한 주제로서 개인의 사적 정보에 대한 보호 문제는 중요한 과제로 남아 있을 것으로 보인다. 다만·양적, 질적으로 팽창한 지식과 정보의 처리와 관련하여 기술의 비약적인 발전과 그에 따르는 복잡한 단계별로 정보주체에게 정보자기결정권을 효과적으로 행사하기 위한 방법을 어떻게 법적으로 세부적인 절차와 내용을 규정할 것인지는 계속 숙제로 남는다. 정보주체가 자신이 스스로 통제할 수 있는 영역이 제한되어 있다는 현실을 고려하여 자신의 개인정보가 어떠한 단계와 방식으로 실질적인 침해의 가능성이 있는지 미리 인지하고 그에 대응하여 적절하게 주체적으로 자기결정권을 행사하기 위해서는 개인정보를 처리하는 정부와 기업 등에게 정보주체를 대상으로 가능한 한 침해가 예상되는 초기에 어떠한 방식과 절차에 따라서 개인정보 제공의무를 부과하도록 할 것인가가 중요한 과제로 등장한다.

그리고 개인정보를 통제하는 감독기구의 전문성과 독립성을 보장할 수 있도록 위원회는 물론 정보보호 호민관 중 보다 실효적 제도가 무엇인지 고민할 필요가 있다. 감독기구의 전문성과 독립성을 보장하는 문제는 신사조행정법이 제시하는 민간중심의 거버넌스의 중요성이 다시 한 번 강조되는 영역이다. 공공부문과 공직자들이 주도하는 감독기구는 업무수행의 독립성은 물론 정보와 지식이 질적으로 변화하는 시대에 전문성을 가질 수 없기 때문이다. 따라서 정부와 행정은 감독기구의 거버넌스가 조직의 독립성과 전문성을 최대로 발휘할 수 있도록 입법적인 틀을 제공하고 예산과 인사에 대한 거시적인 관여만을 통하여 최소한의 민주적 정당성만을 확보하고 감독기구의 운영은 자율적으로 이루어지도록 보장할 필요가 있다. 감독기구의 의사결정에 있어서 거버넌스와 함께 행정절차의 구조적인 변화도 신사조행정법의 관심사라고 할 수 있다. 그 이유는 감독기구가 개인정보 보호와 관련하여 복잡하고 난해한 인공지능, 블록체인 등 기술발전에 따르는 통제권을 행사하기 위해서는 행정절차에 다수의 이해관계인이 참여하는 공론의 장을 열어서 기업이나 정부가 가지고 있는 정보와 지식의 내용을 평가하고 상호 토론과 경험을 공유하여 누구라도 납득할 수 있는 합리적인 방안을 도출해야 하기 때문이다.

정보행정법의 또 다른 영역인 정보공개제도 역시 동일한 원칙에 따라서 이루어지는 것이 바람직할 것으로 보인다. 현행 정보공개제도를 보면 정보공개법령에 따라서 공공기관은 물론 초중고, 대학 등 상당한 정도로 민간부문의 주체들이 정보공개의 대상이다. 이는 현대 사회에서 정부와 행정, 공공기관을 비롯하여 일정 부분 민간부문도 그 공공성으로 인한 공적 지위를 가지고 있다는 반증이기도 하다. 하지만 정보공개제도의 합리성과 적정성을 제고하기 위해서는 각 기관별로 정보공개위원회를 구성하여 공개 여부를 결정하는 방식을 앞으로 발전적으로 해체하고 기관별 정보공개위원회를 모두 통합한 통합정보공개위원회를 출범시키는 방향으로 전환할 필요가 있다. 이는 기관별 공개에 따르는 과도한 조직보호의 경향을 지양하고 공정하고 투명하며 객관적으로 정보에 대한 공개를 기대할 수 있기 때문이다. 물론 이 경우에도 정보공개기구의 독립성과 전문성을 제고하기 위한 민간중심의 거버넌스와 이해관계인이 참여하는 확장된 행정절차를 통한 합리적인 공개결정에 대해서는 개인정보보호 감독기구의 구성 및 운영원리가 그대로 적용된다.

제8장

민관협력

민간투자법의
협력적 요소에 대한 평가

Ⅰ. 민관협력의 개념과 의의 - 협의, 광의, 최광의

영미에서 유래한 민관협력(Public-Private-Partnership, 3P 혹은 P3)이라는 용어는 오늘날 우리에게도 이제 친숙한 개념으로 정착되어 가고 있다.[1] 그러나 실제로 민관협력에 대한 개념은 실정법적으로 존재하는 것이 아니라 실무상으로 사용되는 것이기 때문에 민과 관이 협력관계를 형성한다는 것 이외에 구체적으로 그 개념을 정의하는 것은 결코 용이하지 않다. 민관협력은 "누구나 알고 있는 것 같지만 정작 아무도 정확하게 모른다"라는 이야기처럼 용어와 개념상의 파라독스를 극적으로 보여주는 예라고 할 수 있는 것이다.[2] 辭典적인 정의에 따르면 민관협력은 민간부문과 공공부문의 양 당사자 혹은 다수 당사자들이 장기적인 관점에서 상호 협력을 위한 체계를 의미한다. 역사적으로 많은 나라의 정부들은 다양한 형태의 민관협력사업을 집행하여 왔으며, 지난 수십 년 간 이와 같이 전 지구적으로 이루어진 민관협력의 다양한 사례들이 그 개념을 일의적으로 정의하는데 어려움을 가중시켰다. 이와 같은 이유 때문에 학문적으로 민관협력이 구체적으로 무엇을 의미하는가에 대해서도 합의가 쉽게 이루어지지 못하고 있다. 따라서 민관협력의 개념을 정의하는 것보다는 그 개념적 징표를 나열하거나 구체적인 사업의 형태를 언급하는 것에 그치고 있는 것이 보다 일반적이다. 이러한 의미에서 민관협력은 "定義할 수 없고, 다만, 그 특징을 描寫할 수 있을 뿐이다"(nicht definieren, sondern bloß beschreiben).

정부의 재정운영 및 활동전략의 의미에서 민관협력의 가장 대표적인 형태는 영국에서 발전하기 시작한 민간투자제도(Private Finance Initiative)

1) 3P의 유래와 발전과정에 대해서는 Sung Soo Kim, Public Private Partnership als neue Form der Erfüllung staatlicher Aufgaben? Unter besonderer Berücksichtigung des Gesetzes über private Finanzierungsinitiativen. Die Einbeziehung Privater in die Erfüllung öffentlicher Aufgaben, Schriftenreihe der Hochschule Speyer Bd. 193, 37면 이하.

2) Tettinger, Public Private Partnership, Möglichkeiten und Grenzen - ein Sachstandsbericht, NWVBl. 2005, 1면.

이며, 우리나라도 대체로 민관협력을 민간투자의 개념으로 인식하고 있다. 독일의 경우 2003년 건설교통부(Ministerium fur Verkehr-, Bau- und Wohnungs-wesen)의 위임을 받은 자문위원회가 공공건설 분야에 대한 보고서를 제출하면서 민관협력에 대한 개념적 정의를 다음과 같이 내리고 있다. "민관협력은 민간부문와 공공부문이 장기적인 관점에서 경제 분야를 중심으로 공적 과제를 수행하기 위하여 필요한 자원(예를 들어 노하우, 운영수단, 인적, 물적 자원 등)을 서로 갹출하여 이를 조직화하고, 이러한 과제수행 과정에서 발생할 수 있는 위험을 관리하고 분배하는 협력 기제를 의미한다".[3] 1년 후 유럽연합 집행위원회가 발간하는 녹서(Grünbuch)에서는 민관협력 또는 관민협력(öffentlich-private Partnerschaft)에 대하여 다음과 같이 그 개념을 정의하고 있다. "민관협력이란 일반적으로 공공부문과 민간기업이 특정한 인프라시설의 재원조달, 설치, 개·보수, 운영 또는 용역의 공급을 위하여 협력하는 형태를 말한다".[4]

이상에서 살펴본 바와 같이 범세계적으로 실용화된 민관협력에 대하여 공통적으로 적용될 수 있는 개념이 존재하는 것은 아니지만 전반적으로 공공부문과 민간부문이 장기적인 관점에서 특정 공익사업을 시행하기 위하여 협약을 통하여 양측이 동원가능한 재원, 인적 자원, 노하우를 투입하고 사업의 리스크를 분담하는 제도라고 말할 수 있다. 물론 민관협력의 개념을 이와 같이 정의하는 경우에는 민관협력과 민간투자를 동일시하는 것으로 이해할 수 있다. 특히 유럽연합 집행위원회가 2004년 녹서에서 밝힌 민관협력이 이에 해당한다. 이와 같이 민관협력을 민간투자와 동일한 개념으로 보는 것을 협의의 민관협력이라고 할 수 있을 것이다. 본 연구에서는 주로 협의의 민관협력으로서 민간투자의 협력적 요소에 대하여 논하기로 한다.

---

3) Baumeister, Public Private Partnership als neue Form der Erfüllung staatlicher Aufgaben?, 전게서(각주 1), 63면, 각주 8, 9.

4) Kommission der Europäischen Gemeinschaften, Grünbuch zu öffentlich-privaten Partnerschaften und den gemeinschaftlichen Rechtsvorschriften für öffentliche Aufträge und Konzessionen, KOM(2004) endg., Brüssel 30. 4. 2004.

그러나 민관협력은 공공부문이 특정한 기반시설을 설치하고 운영하기 위하여 필요한 자본을 민간부문으로부터 조달하는 것 이상의 의미를 가지고 있다. 다시 말하자면, 민관협력은 공공부문이 공적 과제를 수행하는 전반적인 행태와 관련된 것으로서 기존의 비효율성을 극복하기 위하여 민간부문의 참여를 개방하고 그들과 상시적인 소통과 협력을 통하여 보다 민주적이고 효율적으로 문제를 해결하는 방식 또는 조직원리를 의미하기도 한다. 공공부문과 민간부문 간의 다층적인 협치구조로서의 민관협력이 이에 해당한다. 앞서 언급한 협의의 민관협력이 경제적·재정적 측면을 강조하는 것이라면 협치구조로서의 민관협력은 보다 정치적인 의미로서 협력적 거버넌스를 의미하는 것으로 이해할 수 있다. 이를 광의의 민관협력으로 부르기로 한다.

최광의의 민관협력은 협력을 제도화하거나 조직하는 것과는 무관하게 공공부문이 공적 과제를 수행하는 과정에서 민간부문을 활용하거나 협력하는 모든 형태의 업무처리 방식을 의미한다. 다시 말하자면, 민간투자와 거버넌스와 같이 비교적 최근에 논의되는 민간부문과 공공부문 간의 협력과는 달리 공무수탁사인(Der Beliehene)이나 공적 과제의 민간위탁, 기능적 민영화, 행정의 단순보조자(Verwaltungshelfer) 등의 형태와 같이 기존의 행정작용의 법적 형식으로서 민간부문을 행정활동에 연루시키는 일체의 방식을 지칭한다. 이와 같이 협력의 개념적 요소가 결여되기는 하였지만 국가의 공적, 행정적 과제에 민간부문의 개입을 허용하여 이들이 주도적으로 이와 같은 업무와 과제를 수행하는 경우까지도 민관협력으로 보는 경우를 앞서 언급한 최광의의 민관협력으로 볼 수 있을 것이다.

Ⅱ. 민간투자제도

1. 의의와 개념

앞서 언급한 바와 같이 민관협력은 많은 나라에서 민간투자(PFI)로 이해하는 경향이 있다. 민간투자란 일반적으로 도로나 철도 등 사회기반시설에 대한 민간부문이 다양한 형태로 자본을 투자하고 투자비를 회수하기 위하여 그에 상응하는 권리를 부여받는 것을 말한다. 민간투자사업은 공공부문과 민간부문이 상호 협력하는 형태로서 국민에게 필요한 공공서비스를 제공하는 것을 기본적인 이념으로 하고, 이를 위해 공공부문이 민간의 자본을 유치하여 국가·사회적으로 필요한 기반시설의 건설 및 운영을 도모함으로써 민간의 창의와 효율을 공공부문에 도입하는 동시에 정부의 재정 부족으로 인한 사회기반시설의 공급 한계를 해소하여 국민의 삶의 질의 향상에 기여하고자 하는 제도라고 할 수 있다.[5] 이와 같이 실무상으로 민간투자의 개념을 설명하는 것이 일반적이지만 우리나라에서 민간투자와 관련된 기본법이라고 할 수 있는 '사회기반시설에 대한 민간투자법'(이하 민간투자법이라 한다)은 '민간투자사업'에 대해서는 용어의 정의를 내리고 있으나(제2조 제5호) 정작 민간투자 자체의 개념을 법적으로 정의하고 있지 아니하다. 다만, 앞서 언급한 내용을 중심으로 민간투자에 대한 법적인 개념요소를 분설하면 다음과 같다.[6] 첫째, 국가, 지방자치단체 또는 공공단체와 같은 공권력을 행사하는 주체가 민간자본을 유치하는 주체가 된다, 둘째, 민간부문의 사업시행자가 공공시설을 건설·운영하고 이를 통하여 공공부문은 궁극적으로 국민의 생존을 배려한다, 셋째, 공공시설의 건설과 운영과정에서 전적으로 국가재정에 의존하지 않고 부족인 재원의 전부 또는 일부를 사인이 소유한 자금을 통하여 조달한다, 넷째, 자본을 투자한 사인에게 협약을 통하여 일정한 범위 안에서 공공시설의 운영 및 수익을 허용함으로써 그들에게 반대급부를 보장한다.[7]

5) 홍성필/윤성철, 민간투자사업 분쟁관계법, 3면.
6) 김성수, 일반행정법 제9판, 449면 이하.
7) 민관협력의 개념을 보다 상세하게 분설하면 다음과 같다. 1. 특정 공익사업과 관련하여 민간부문과 공공부문이 다양한 형태로 장기적인 협력체제를 구축한다. 2. 특정 공익사업의 수행에 필요한 비용의 일부를 민간부문이 부담한다. 이 경우 민간부문에는 컨소시엄 형태로 다수의 사업시행자가 복잡한 형태로 참여한다. 3. 민간부문의 사업시행자는 사업의 구상, 시공, 운영, 재원투입 등 다양한 형태와 단계에 관여하며, 각 단계별로 중요한 역할을 수행한다. 이에 비하여 공공부문은 공공의 이익을 실현하기 위하여 공익사업의 목

그런데 이와 같은 민간투자제도를 협의의 의미로 민관협력의 가장 전형적인 형태로서 보는 이유는 민간부문과 공공부문이 공통적인 목표로 설정된 특정 프로젝트를 수행하기 위하여 체결된 실시협약에 따라서 책임과 위험을 공유하는 방식으로 장기적인 관점에서 협력하는 제도이기 때문이다. 이 경우에 민간부문은 기능적 민영화 내지 행정의 단순보조자와는 달리 민간투자사업을 수행하는 과정에서 실질적인 권한과 책임을 공공부문과 공유한다. 결국 협의의 민관협력으로서 민간투자는 공공부문과 민간부문이 공통의 목표와 이를 달성하기 위한 권한과 책임의 소재를 특히 협약 등을 통하여 설정함으로써 시너지효과를 창출하고 사업시행과정에서 발생할 수 있는 위험을 분산시키는 제도라고 할 수 있다.

2. 실시협약

1) 의의와 법적 근거

민간투자사업에서 실시협약에 주목하는 이유는 실시협약이 특정 민간투자사업의 실행을 위하여 민간부문과 공공부문이 협력하는 제도적 기반을 형성하기 때문이다. 민간투자법은 제2조 제6호에서 “실시협약이란 이 법에 따라 주무관청과 민간투자사업을 시행하려는 자 간에 사업시행의 조건 등에 관하여 체결하는 계약을 말한다”고 그 개념을 정의하고, 민간투자사업으로 조성 또는 설치된 토지 및 사회기반시설은 실시협약에서 정하는 바에 따라 관리·운영되어야 한다(제24조). 민간투자법 제7조 제1항에 따라서 정부가 민간투자사업의 기본적인 정책방향을 정하기 위하여 수립하는

표를 설정하고 민간부문의 사업시행자가 제공하는 시설과 서비스의 질에 대한 보장, 가격정책 및 사업의 전체적인 시행과 목표달성에 주력한다. 4. 공익사업의 위험은 배분된다. 다시 말하자면 과거 전적으로 공익사업의 리스크를 부담하던 공공부문으로부터 일부 위험을 민간부문에 배분한다. 그럼에도 불구하고 민관협력에 있어서 리스크를 전적으로 민간이 부담한다는 시각은 지양되어야 한다. 따라서 공익사업의 리스크는 개별 사안에 따라서 이에 참여하는 당사자들의 판단능력, 통제권, 영향력 등의 요소를 고려하여 협약에서 명확하게 규율하는 것이 중요하다. 김성수, 민간투자사업의 투명성과 지속가능성 보장을 위한 민간투자법의 쟁점, 토지공법연구 제66집, 5면.

민간투자기본계획에 따르면 주무관청은 실시협약에 다음과 같은 사항이 포함되도록 하여야 한다(제83조). 1. 사업시행자의 지정, 시설의 사용 및 운영·관리기간의 결정, 협약당사자의 권리·의무관계, 사업시행자 지정취소 및 법령위반에 대한 처분 등 민간투자사업 관련 기본 사항, 2. 법인의 설립, 실시계획 신청, 사업이행보증 및 위험 관련 사항, 안전 및 환경관리 등 사업의 실시절차에 관한 사항, 3. 공사착수시기, 공사기간, 공사감리 및 공사지연에 따른 지체상금의 부과 등 필요조치 사항, 4. 총사업비, 사용료 결정·변경, 목표수익률(세전사업수익률 이외에 세후사업수익률, 주주기대수익률을 병기하여야 한다), 기타 운영수입·비용 관련 사항, 5. 투자위험분담, 인·허가 대행 등 재정지원의 기준 및 절차에 관한 사항 등을 포함하는 주무관청 또는 관계 지방자치단체의 지원사항, 6. 시설유지·보수·관리 및 운영 관련 사항, 7. 위험유형의 분류기준 및 분담원칙에 관한 사항, 8. 협약의 중도해지 요건과 절차, 중도해지에 따른 해지지급금의 지급기준 및 지급절차에 관한 사항, 9. 매수청구권 실행요건 및 방법에 관한 사항, 10. 그 밖에 협약 종료 및 분쟁처리절차에 관한 사항.

2) 협력적 요소에 대한 평가

이와 같은 실시협약의 주요 내용을 보면 특정 시설의 건설과 운영을 중심으로 하는 갑과 을의 통상적인 건설도급계약과 크게 차이가 없는 것으로 보인다. 그러나 실시협약이 민간투자사업의 주무관청과 사업시행자 간의 권리와 의무관계를 정하는 것을 넘어서서 민간투자가 민관협력의 중요한 형태로서 논의되는 이유는 실시협약에 담긴 협력적 요소가 중요한 의미를 가지기 때문이다. 한국개발연구원 공공투자관리센터에서 발행한 도로사업 분야 수익형 민자사업(BTO) 표준실시협약안(이하 협약안이라 한다)[8]에 따르면 협약안 전문에서 "주무관청과 사업시행자 및 출자예정자들은 본 사업의 공공성을 깊이 인식하고 상호 신뢰의 바탕 위에서 성공적으

8) 수익형 민자사업 (BTO) 표준실시협약 -도로사업-, 공공투자관리센터 한국개발연구원, 2010. 3.

로 사업이 추진될 수 있도록 최선을 다할 것을 다짐하면서 본 사업의 시행에 관하여 다음과 같이 합의한다"고 선언하고 있다. 이러한 단순한 선언이 법적 구속력을 가지는 것은 아니지만 주무관청, 민간부분의 사업시행자, 기타 출자예정자들이 특정 도로사업이라는 공공사업을 시행하기 위한 공통의 목표를 설정하고 노력한다는 의미를 가지고 있다.

실시협약의 협력적 요소가 강하게 드러나는 부분은 시설의 유지·관리 및 운영에 관한 사항이다. 협약안에 따라서 사업시행자는 사업시설의 기능이 유지되도록 선량한 관리자로서의 주의의무를 다하여 유지·관리하여야 한다(제43조 제1항). 또한 사업시행자는 사업시설의 시설물을 시설물의 안전관리에 관한 특별법에 의거 관리하여야 하고, 동법에 규정한 사항을 제외하고는 한국도로공사의 고속도로 유지·관리에 적용되고 있는 규정(교통부속시설을 포함, 한국도로 공사 유지·관리규정, 유지·보수작업 매뉴얼 등)에 준하여 유지·관리하여야 하며, 주무관청은 그 수준에 미달한다고 판단되는 경우 이의 시정을 명할 수 있으며 그에 따른 비용은 사업시행자가 부담한다. 또한, 주무관청이 필요하다고 인정하여 정밀안전진단 또는 긴급유지·보수를 요청하는 경우 사업시행자는 정밀안전진단 또는 긴급유지보수를 실시하고 그 결과를 주무관청 에 보고하여야 하며 이에 따른 소요비용은 사업시행자가 부담한다(제2항). 이를 형식적으로만 보면 주무관청이 사업시행자에 대하여 일방적으로 일정한 행위를 명하거나 요구하는 것이지만 실제로는 주무관청과 사업시행자는 시설의 운영이나 유지·관리와 관련하여 상시적으로 의견을 교환하고 소통하여 문제를 해결하는 방식을 정하고 있는 것이다.

또한 도로의 운영상황, 교통량, 수입 등 시설의 운영과정에서도 주무관청과 사업시행자가 상시적으로 협력하는 채널을 유지한다. 협약안에 의하면 예를 들어 사업시행자는 매년 2월 28일까지 주무관청에게 협약의 대상이 되는 도로에 대한 전년도 교통량 현황 및 통행수입에 관한 자료를 제출하여야 하며(제44조 제1항), 주무관청은 교통량 현황 및 사용료 수입의 확인을 위하여 필요한 경우 협약당사자 간의 합의로 선정한 전문기관에 의뢰하여 이를 조사, 확인할 수 있으며, 사업시행자는 이러한 조사에 협력하여야 한다(제2항). 교통량이나 통행수입 등 운영실적에 대해서도 해당 문구는 "자료를 제출하여야 하며", "조사에 협력하여야 한다" 등으로 표현하고 있어서 주무관청이 사업시행자에게 일방적으로 일정한 행위를 요구하는 듯 보이지만, 실제로는 도로의 운영실적은 사용료 수준의 적정성과 주무관청의 지원 등을 결정하기 위한 중요한 사항이기 때문에 양자 간의 협의 하에 전문기관을 선정하고 이를 공동으로 확인하기 위한 자료를 공유하기 위한 것이다. 이러한 의사교환과 협력의 과정을 통하여 시설의 운영실적에 대한 객관적 자료를 축적하고 보다 효율적으로 시설을 운영·관리하기 위한 방안을 도출할 수 있다. 실시협약의 내용 중에서 주무관청과 사업시행자는 물론 시설을 이용하는 소비자 간에 가장 예민한 문제는 역시 사용료에 대한 부분이다.

협약안에 따르면 시설의 운영 중에 불가항력 사유, 주무관청의 귀책사유, 기타 실시협약에서 인정하는 사유로 인하여 추가비용이나 손실이 발생하고, 이에 대한 주무관청의 부담분 일부를 사용료를 조정하여 해소하기로 협약당사자가 합의한 경우에는 사용료를 추가적으로 조정할 수 있다. 이 경우에 협약당사자가 사용료의 적절한 조정에의 합의에 이르지 못하면, 협약당사자의 합의에 따라 정한 전문기관에 사용료 수준조정의 타당성 평가를 의뢰할 수 있으며, 이 경우에는 그 의뢰결과에 따라야 한다(제50조 제4항). 이러한 내용 역시 사용료의 적정한 수준에 대하여 사업시행자와 주무관청이 상시적으로 협의하여 결정하는 과정이 반영하기 위한 것이며, 당사자의 합의에 따라서 중립적인 제3의 기관에 의한 타당성 평가와 그 결과에 대한 승복을 규정한 것이다. 특히 우리나라의 경우 민간투자시설의 사용료에 대해서는 소비자들이 예민하게 반응하고, 더 나아가 운영수입에 대한 국고지원 등은 일반 국민들의 관심사항이기도 하기 때문에 사용료의 결정이나 조정에 대하여 도로이용자 등 이해관계인이 참여하는 거버넌스를 구

축하는 것이 필요하다.[9)]

민간투자 기반시설을 운영하는 과정에서 발생할 수 있는 협력으로 인한 陰의 효과, 즉 손실이나 위험이 현실화되는 경우, 주무관청과 사업시행자 간에 이를 적절하게 분담시키는 것도 매우 중요한 사항이다. 협약안은 각각 사업시행자와 주무관청의 귀책사유에 의한 위험부담에 대하여 규정하고, 협약당사자 그 어느 쪽으로 귀속시킬 수 없는 불가항력적 사유로 인한 위험의 분배에 대한 처리기준도 마련하고 있다. 즉 협약당사자는 불가항력 사유가 발생한 경우 가능한 한 조속한 시기에 불가항력 사유의 발생 및 그로 인한 청구내용을 적시하여 다른 협약당사자에게 서면으로 불가항력 사유의 발생으로 인한 청구를 하고, 불가항력 사유로 인한 청구를 받은 협약당사자는 청구를 받은 날로부터 30일 이내에 서면으로 이의를 신청할 수 있다. 이 경우 협약당사자는 이의신청서가 타방 당사자에게 도착한 날로부터 일정 기간 이내에 불가항력 사유의 발생으로 인한 청구의 내용에 대하여 합의하여야 하며, 이 기간 내에 합의가 성립되지 않는 경우에는 대한상사중재원의 중재절차에 따라 해결한다(제63조 제2항). 이와 같이 협약안은 공통의 목표실현을 위한 노력, 민간투자 기반시설의 운영, 사용료 조정, 위험의 분담에 이르기까지 주무관청과 사업시행자 간의 소통과 협의를 통하여 문제해결을 시도하고 있다는 점에서 민관협력의 시너지효과를 지향하는 중추적 역할을 하고 있다는 평가가 가능하다.

이와 같은 긍정적인 평가에도 불구하고 협약안은 여전이 주무관청과 사업시행자 각각의 권리와 의무관계를 규율하는 것을 중심으로 할 뿐 양자 간의 소통이나 협력에는 여전히 소극적이다. 협약안은 민간투자법에 따라서 주무관청이 갑의 입장에서 행하는 행정처분을 대상으로 일정한 사항을 규율하고 있다. 대표적으로 사업시행자가 제출한 실시계획을 승인하는 것을 들 수 있는데, 주무관청은 실시계획 승인신청이 있는 경우 주무관청

9) 거버넌스의 의미로서의 민관협력에 대해서는 Ziekow, Neue Entwicklungstendenzen im Verhältnis zwischen öffentlicher Verwaltung und Privaten bei der Erfüllung öffentlicher Aufgaben, 전게서(각주 1), 23면.

과 사업시행자 간에 합의한 결과가 반영되었는지의 여부를 확인한 후 특별한 사정이 있는 경우를 제외하고는 제1항에 따른 실시계획 승인 신청일로부터 일정 기간 이내에 민간투자법 및 동법 시행령에 따라 실시계획의 승인 여부를 사업시행자에게 서면 통지한다(제18조 제2항). 또한 사업시행자의 실시계획승인 신청내용을 검토한 결과 주무관청과 사업시행자 간에 합의한 결과가 반영되지 않았다고 주무관청이 판단할 경우 그 신청내용의 수정을 요구할 수 있으며, 사업시행자는 자신의 책임과 비용으로 수정하여 수정 요구를 받은 날로부터 일정한 기간 내에 실시계획 승인을 신청하여야 한다(제3항). 더 나아가 주무관청은 민간투자법 및 관련 법령 등에서 정한 바에 따라 부실시공 방지, 공사의 원활한 시행 또는 사업의 정상적인 운영을 위하여 사업시행자의 자유로운 경영활동을 저해하지 않는 범위 안에서 사업과 관련된 사업시행자의 업무를 감독하고 감독상 필요한 명령을 할 수 있다(제31조 제1항).

이러한 내용에 비추어 볼 때 협약안이 협약당사자를 여전히 대등한 관계로 규율한다고 보기 어려운 측면이 있으며 주무관청의 승인, 명령 등 행정처분의 비중도 적지 않아서 갑을관계를 수직적으로 규율하는 부분도 많이 있다. 이 외에도 아쉬운 것은 시설의 운영을 위하여 주무관청과 사업시행자 간에 협의체나 운영위원회를 설치하는 등 상시적인 소통의 채널도 보이지 않는다는 점이다. 특히 사업시행자가 시설을 이용하는 국민에게 부과하는 사용료를 결정·변경하거나 시설사용에 대한 소비자의 반응, 만족도에 대한 소비자들의 의견청취 등에 대한 주무관청과 사업시행자의 공동조사 등을 규정하는 조항이 없는 것도 향후 보완해야 할 사항들이다. 시설을 사용하는 일반국민이 민간투자사업과 관련된 사용료나 서비스의 질에 대한 기본적인 신뢰를 갖지 못하는 경우에는 그 사업의 지속가능성을 보장하기 어렵기 때문이다.

3. 사업자 선정과 협상대상자

1) 현행법상의 선정절차

민간투자사업이 민간부문과 공공부문의 협력과 시너지효과를 바탕으로 공공시설을 건설하고 운영하기 위해서는 사업자 선정을 위한 프로세스 역시 민간부문의 협력을 극대화해야 한다. 민간투자사업의 사업자 선정방식과 과정은 최대한 사업의 적임자를 발굴하고 사업의 효과성을 제고하기 위해서 주무관청이 일방적으로 주도하는 것을 지양하면서 민간부문으로부터 자본적 요소뿐만 아니라 사업에 필요한 노하우나 지식 등을 획득하고 자발적 협력을 이끌어 낼 수 있는 방향으로 이루어져야 한다. 현행 민간투자법상 민간투자사업은 정부가 고시하는 사업과 민간이 제안하는 사업으로 구분된다. 정부가 고시하는 민간투자사업의 경우 민간투자사업을 시행하고자 하는 자는 주무관청이 수립한 민간투자시설사업 기본계획에 따라 대통령령이 정하는 바에 의하여 사업계획을 작성하여 이를 주무관청에 제출하여야 하고(민간투자법 제13조 제1항), 주무관청은 제출된 사업계획을 대통령령이 정하는 바에 따라 검토·평가한 후 사업계획을 제출한 자 중 협상대상자를 지정하여야 하며(제2항), 주무관청은 지정된 협상대상자와 총사업비 및 사용기간 등 사업시행의 조건 등이 포함된 실시협약을 체결함으로써 사업시행자를 지정한다(제3항). 민간이 제안하는 민간투자사업의 경우에는 제안자가 대통령령으로 정하는 바에 따라 제안서를 작성하여 주무관청에 제출하여야 하고(제9조 제2항), 주무관청이 제안된 사업을 민간투자사업으로 추진하기로 결정하면, 이를 제안자에게 통지하며, 제안자 외의 제3자에 의한 제안이 가능하도록 제안내용의 개요를 공고하여야 한다(제3항). 주무관청은 최초 제안자의 제안서 및 제3자의 제안서에 대하여 대통령령으로 정하는 바에 따라 검토·평가한 후 제안서를 제출한 자 중 협상대상자를 지정하여야 하는데, 이 경우 최초 제안자에 대하여는 대통령령으로 정하는 바에 따라 우대할 수 있다(제4항).

우선협상대상자와의 협상이 이루어지면 그 결과 실시협약을 체결하고,

이에 따라 사업시행자가 지정된다. 민간투자사업의 시행에 있어 협상대상자의 지정이라 함은 "민간투자사업의 주무관청이 사업계획서 또는 제안서의 평가 및 검토 결과에 따라 우선순위를 정하여 실시협약을 맺을 복수의 대상자를 선정하는 행위"라고 정의할 수 있다.[10] 그 중 우선순위를 받은 사업자를 우선협상대상자로, 제2순위를 받은 사업자를 차순위협상대상자라 하는데, 우선협상대상자로 지정된 자와 사실상 실시협약을 체결하게 되는 것이 실무상 관행이다.[11] 민간투자법은 민간투자사업의 관리·운영을 수행할 사업시행자를 지정하기 이전에 협상대상자 지정이라는 사전적 결정을 하도록 하고 있다. 이러한 협상대상자를 지정하도록 한 취지는 주무관청과 협상대상자가 사업시행조건에 대하여 충분한 검토와 협의를 함으로써 민간의 창의와 주무관청의 사회간접자본시설 확충 의지가 적절하게 반영될 수 있도록 함에 있다.[12] 다만, 현행 민간투자법상의 우선협상자 및 차순위협상대상자의 지정과 협상절차는 공공부문이 가지고 있지 못한 사업의 노하우와 민간부문의 혁신적인 아이디어를 적극적으로 활용하기에는 한계가 있어서 최근 이 문제를 해결하기 위하여 유럽연합이 최초로 실용화한 이른바 경쟁적 협의(competative dialog, wettbewerblicher Dialog)를 우리도 새로 도입하였다.[13]

2) 경쟁적 협의제도의 도입과 함의

민간투자사업의 경우 공공부문에서는 조달하기 어려운 재원문제를 포함하여 보다 창의적이고 혁신적인 아이디어나 노하우 등을 민간부문으로부터 적극적으로 수용하여 효율성을 제고하고 민관협력의 새로운 사업자

10) 선지원, 『사회기반시설에 대한 민간투자법』에 관한 연구-협상대상장 지정과 실시협약의 법적 성질을 중심으로-, 한양대학교 대학원 석사학위논문, 2008. 8. 90면.

11) 김성수, 민간투자사업의 성격과 사업자 선정의 법적 과제, 공법연구 제36집 제4호, 한국공법학회, 476면.

12) 강현호, 민간투자법제에 따른 우선협상대상자 지정의 법적 제문제, 토지공법연구 제34집, 127면.

13) 유럽연합의 경쟁적 협상에 대한 상세한 논의는 김대인, EU의 경쟁적 협의제도에 대한 연구, 공법학연구 제18권 제1호, 233-263면.

선정방식을 구축하려는 노력이 각국에서 진행되고 있다. 우리나라의 경우에도 통상적인 민간투자사업과는 달리 주무관청의 입장에서 사업시행자에게 사업에 대한 최적 조건이나 성과요구 수준을 명확하게 제시하기 어려운 경우 또는 민간부문의 창의적이고 혁신적인 아이디어를 통하여 보다 적절한 대안을 모색할 수 있는 사업 등 공공부분의 역할이나 기능상의 한계로 인한 새로운 사업자 선정방식이 필요한 경우가 빈번하게 발생하고 있다. 이와 같은 유형의 사업들은 통상적인 민간투자사업과는 달리 사업자체의 구조적 복잡성이나 고도의 전문성 또는 예측의 난이성 등으로 인하여 민관간의 심도 있는 협의와 세부사항에 대한 소통을 통하여 주무관청이 민간부문의 사업신청자들로부터 보다 현실적이고 혁신적인 아이디어를 구하고, 동시에 민간부문의 사업신청자의 경우 해당 프로젝트에 대하여 주무관청과 보다 정확하고 세부적인 입장을 상호 교환할 수 있다.

공공조달법의 영역에서는 사업의 투명성과 참가자들에 대한 차별금지 등의 원칙이 일종의 global standards로 정착되면서, 이와 같이 복잡하고 리스크가 큰 공공조달사업이나 민간투자사업을 위하여 2004년 유럽연합은 이른바 경쟁적 협의절차를 도입하였다.[14] 경쟁적 협의는 특히 사업구조가 복잡한 민간투자사업 등 공공조달행정의 내용과 조건에 대하여 공공부문과 민간부문의 협의신청자들 간의 독특한 협상절차를 통하여 사업자 선정을 위한 보다 좋은 대안을 찾기 위한 것이다. 경쟁적 협의절차를 단순하게 말하면 복수의 사업 참여신청자들이 최대한 경쟁적으로 좋은 조건을 제시하도록 주무관청이 그들과 동시에 협의를 진행하는 것이다. 유럽연합은 2004년과 2014년 공공조달지침을 제정 내지 개정하면서 경쟁적 협의절차를 도입 내지 개선하였는데, 경쟁적 협의절차가 특히 민간투자사업의 사업자 선정에 있어서 투명성과 공정성을 제고할 것으로 기대하고 있다. 일반적으로 그 구조와 내용이 복잡한 민간투자사업은 대부분 협상방식으

14) 김성수, 공공조달행정법상 경쟁 보장적 대화와 협상과의 관계, 공법학연구 제9권 제2호, 287면 이하. 김대인. 전제 논문(각주 13), 235면 이하. 김대인 교수의 서술에 따르면 이른바 "복잡한 계약"이 경쟁적 협상절차 도입에 직접적 계기가 되었다.

로 사업자를 선정하는 것이 유럽연합 회원국들에서 오랜 동안 계속된 관행이었다고 할 수 있다. 물론 기존의 협상방식도 사업이 대규모이고 구조가 복잡하여 사업의 성과에 대한 예측가능성이 현저히 떨어지는 경우에는 여전히 그 적용가능성이 존재한다. 그러나 사업자 선정에 있어서 주무관청에게 광범위한 재량을 부여하는 협상방식은 민간투자사업이 법적, 재정적 측면에서 복잡한 구조를 가지고 있다는 이유만으로는 쉽게 그 정당성을 인정하기 어렵다. 그 이유는 조달행정법의 원칙인 투명성과 공정성, 차별금지 등을 위반할 가능성이 있기 때문이다. 바로 이와 같은 공공조달의 원칙을 지키면서도 구조와 내용이 복잡한 공공조달행정에 적용되는 사업자 선정방식이 경쟁적 협의절차인 것이다.

10여 년의 역사를 통하여 유럽연합에서 정착하는 과정을 보이고 있는 경쟁적 협의절차가 국내에서도 2015년 도입되었다. 2016년 개정된 민간투자사업 기본계획은 제5장에서 경쟁적 협의절차(제147조), 사업평가단의 구성 및 운영(제148조), 시설사업기본계획의 수립·고시 및 참가자격사전심사(제149조), 제1·2단계 경쟁적 협의(제150조), 사업계획 평가 및 협상대상자의 지정(제151조), 실시협약 체결을 위한 협상(제152조) 등에 대한 내용을 규정하고 있다. 또한 2016년 제정된 세부요령에서는 기본계획에서 규정한 경쟁적 협의에 대한 상세한 내용을 두고 있다.[15)]

---

15) 우선 제1장 서론에서는 경쟁적 협의제도의 개요, 용어의 정의, 경쟁적 협의절차의 단계별 주요 내용, 경쟁적 협의 절차의 성패 및 운영방안에 대하여 규정하고 있다. 둘째, 제2장 경쟁적 협의 준비에서는 사업계획평가단의 구성, 시설사업기본의 작성과 고시, 협의참여 신청자의 제출서류, PQ심사, 개략사업계획서 검토 및 평가 등 경쟁적 협의의 단계에 앞서 수행되는 사항에 대하여 규정하고 있다. 셋째, 제3장의 경쟁적 협의 단계에서는 제1단계의 협의, 협의참여자의 제출서류, 사업계획 평가단의 예비사업계획서 검토 및 평가, 제2단계 협의 등 제1단계 협의부터 경쟁적 협의의 종료 및 중간합의서 작성까지의 경쟁적 협의절차에 대하여 다루고 있다. 넷째, 최종사업계획 평가에서는 사업제안자의 지정 및 최종사업계획서 제출서류, 평가관리 및 평가기준, 제1·2단계의 평가, 마지막으로 제5장에서는 실시협약 체결을 위한 협상에 관하여 협상대상자의 지정 및 평가단 구성, 협상기간, 절차 및 운영방향, 실시협약 등 경쟁적 협의 이후 사업계획서 평가에서 체결까지의 민간투자사업의 일련의 절차에 대하여 규정하고 있다.

3) 경쟁적 협의 제도개선방안

우선 문제가 되는 것은 현행 민간투자사업기본계획 제5장에 규정된 경쟁적 협의절차와 세부요령은 기획재정부장관이 제정한 이른바 법령보충적 행정규칙으로서의 성격을 가지기 때문에, 사업자들의 경쟁의 자유나 직업선택의 자유와 관련하여 중요하고 본질적인 사항은 민간투자법에 직접 규정하는 것이 필요하며, 나머지 기술적인 문제들은 시행령이나 기획재정부장관의 부령인 시행규칙으로 위임하는 방안을 적극적으로 검토할 필요가 있다.

(1) 경쟁적 협의절차의 공정성 확보방안

경쟁적 협의는 주무관청의 입장에서 볼 때 대상 사업의 복잡성과 예측불가능성으로 인하여 불가피하게 민간부문의 창의적이고 혁신적인 아이디어를 구하기 위하여 최적 조건을 제시할 수 있는 복수의 사업 참여신청자들과 동시에 협의를 진행하는 것이기 때문에 어느 다른 입찰방식보다도 참여 신청자들 간의 동등처우, 즉 차별금지의 원칙이 관철되고 주무관청 내지 그의 위임을 받은 전문기관 등 절차주재자가 협의절차를 공정하게 관리하는 것이 중요하다. 이와 관련하여 경쟁적 협의절차의 상세를 규정한 세부요령은 제4장에서 경쟁적 협의절차의 성패 및 운영방안을 규율하고 있다.

A. 제안내용의 비밀보호 방안

경쟁적 협의절차에서 주무관청은 참여자들이 보다 적극적으로 창의적이며 혁신적인 아이디어를 제공하도록 유인하고 독려하는 역할을 수행하기 때문에 협의 과정에서 참여자가 제시한 아이디어가 무단으로 공개되거나 다른 참여자에게 전달되지 않도록 보호하는 것이 중요하다. 협의참여자들은 비밀보호를 위한 제도적 장치와 기제가 효과적으로 작동한다는 신뢰를 가지는 경우에 한하여 보다 적극적으로 자신의 아이디어를 제시할 수 있기 때문이다. 이와 관련하여 세부요령 4.5.3.은 주무관청이 협의참여자가 자신의 아이디어와 지식재산권을 주무관청이 사용할 수 있다는 승낙서를 징구하도록 하고, 협의참여자의 법적인 지식재산권 및 아이디어를 최대한 보호해야 하며, 해당 협의참여자의 양해 없이 제3자에게 이를 누설하지 않아야 한다고 규정하고 있다. 그런데 문제는 주무관청의 절차주재자 혹은 그의 위임을 받은 전문기관의 절차주재자가 이와 같은 의무에 위반하는 경우 이에 대한 처벌규정이나 제재수단이 존재하지 않는다는 점이다. 이는 공무상 취득한 비밀의 보호에 해당하는 것으로서 법적인 보호가 절대적으로 필요한 부분이기 때문에 그 내용을 세부요령이 아닌 민간투자법에서 직접 규정하는 것이 필요하다. 공무상 취득한 비밀을 누설하는 경우 이에 대한 처벌 역시 법률에 규정되는 경우에 한하여 헌법상 죄형법정주의원칙에도 부합하기 때문이다.

B. 투명성, 전문성 확보방안

경쟁적 협의절차의 공정성과 투명성을 담보하는데 결정적인 역할을 수행하는 주체는 물론 주무관청이지만 주무관청과 협의참여자 간의 협의과정을 제3자적인 입장에서 관리하고 감독하는 감시인의 존재를 주목할 필요가 있다. 감시인은 협의과정에서 주무관청의 공정성을 담보하기 위해 임명하는 자로서, 경쟁적 협의과정에서 협의를 감시하고 투명성을 보장하는 역할을 한다. 세부요령 4.3.5.에 의하여 주무관청과 협의참여자 간의 협의 중 협의내용이 불공정하거나 불합리할 경우 양 당사자는 협의중지를 요청할 수 있으며, 감시인은 이에 대해 판단 후 협의중지를 명령하고, 협의중지 요청사유가 해소되면 협의계속을 명령할 수 있다. 그런데 이와 같이 협의당사자의 상대방에 대한 이의제기권은 통상적으로 法定事由이며, 더욱이 감시인의 협의계속명령권은 협의당사자의 일반적 행동자유권, 협의의 자유와 권리를 제한하는 사항으로서 이 역시 법적인 근거가 필요하다. 그런데 세부요령은 이와 같이 경쟁적 협의절차의 공정성과 투명성을 담보하는 중요한 역할을 수행하는 감시인의 자격에 대하여는 규정하고 있지 아니하다. 이 문제는 결국 감시인의 전문성과도 관련이 있는 것인데, 이 역시 법적인 규율사항으로서 감시인은 법률가, 협상에 대한 전문가, 관련 분야의 연구자 등 일정한 자격요건을 갖추는 것이 필요하다. 앞으로 이 부분에 대한 입법적인 보완이 필요하다.

또한 세부요령은 주무관청과 경쟁적 협의에 참여하는 자들 간에 어떠한 내용의 대화가 교환되고 있는지 상호 견제하고 감시하는 장치가 요구된다는 점을 고려하여 4.4.에서 정보의 공개를 규정하고 있다. 4.4.1.에 따라서 경쟁적 협의의 투명성과 공정성을 위해 협의참여자에게 실시하는 모든 대화내용은 회의록을 통하여 협의참여자들에게 공표하는 것을 원칙으로 한다. 다만, 주무관청은 협의참여자의 권리 등 경쟁과정에서 정당한 이익을 해할 우려가 있어서 비밀로 해야 할 지식재산권, 아이디어 또는 정보 등은 공표내용에서 제외하며, 외부로 유출되지 않도록 보안을 유지하여야 한다(4.4.2.). 그런데 주무관청이나 그 위임을 받은 전문기관이 이와 같은 의무에 위반하는 경우 역시 이를 처벌하거나 제재하는 규정은 없다. 이러한 보안유지의무 위반행위는 앞서 언급한 지적재산권이나 아이디어 누설금지(4.5.3.)가 주로 고의범을 그 대상으로 하는데 비하여 그 위법성의 정도가 약한 것이라고 볼 수 있는데, 이러한 점을 고려하여 행정형벌보다는 과태료 부과대상 등으로 규정할 수 있을 것이다.

(2) 경쟁적 협의절차와 보상

A. 사용승낙서 징구의 법적 성격

세부요령 4.5.1.에 따라서 경쟁적 협의의 목적을 달성하기 위해 사업시행자가 실시계획 및 실시설계 시에 경쟁적 협의에 의해 최종 결정된 사업시행자 이외의 협의참여자의 지식재산권 또는 아이디어를 사용할 수 있어야 하므로 주무관청은 지식재산권 및 아이디어를 제안한 협의참여자로부터 사용을 승낙하는 협의참여자의 승낙서(지적재산권을 포함한 아이디어 제공 및 사용승낙서)를 징구할 필요가 있다. 경쟁적 협의의 본래의 목적이 주무관청의 입장에서는 인적, 물적 수단의 한계 등으로 인하여 구조가 복잡한 민간투자사업을 스스로 수행하는데 한계를 가지고 있는 상황에서, 이 문제에 보다 경쟁력과 강점을 가지고 있는 민간부문의 복수의 사업참여 신청자들과 동시에 협의를 진행함으로써 최대한 그들의 아이디어와 혁신적인 방안을 얻고자 하는 것이므로 협의과정에서 이를 적극적으로 활용하는 것이 중요하다. 따라서 민간부문 사업참여 신청자들의 지식재산권과 아이디어를 활용할 수 있다는 근거를 마련하는 것이 필요하다. 특히 최종적으로 사업사행자로 결정된 자뿐만 아니라 사업자 선정에서 탈락한 협의참자들의 혁신적이고 창조적인 아이디어, 기타 지식재산권을 활용하는 것이 필요한 경우 그들의 승낙을 구하는 과정이 전제되어야 한다.

그런데 여기에서 사용승낙서 징구의 법적 성격이 양 당사자의 자유로운 의사표시의 합치에 의한 단순한 채권계약인지 혹은 사실상 우월적 지위에 있는 주무관청이 강제적으로 참여신청자의 재산권을 사용하는 것인지 문제될 수 있다. 물론 주무관청은 사업자선정에서 탈락한 협의참여자와 미리 사용승낙을 징구하고 그에 대하여 일정한 대가를 지불하는 유상계약을 체결할 수 있다. 그러나 문제는 사업자 선정에서 탈락한 참여신청자의 경우 자신의 혁신적 아이디어나 지식재산권이 경쟁적 지위에 있는 다른 협의참여자들이나 주무관청에 의하여 사용되는 것을 원하지 않을 가능성이 크다. 바꾸어 말한다면 경쟁적 협의과정을 통하여 최종적으로 자신이 사업시행자로 선정되지 않을 것이었다면 처음부터 경쟁적 협의에 참여하지 않거나 주무관청이 자신의 아이디어나 지식재산권을 사용하는 것을 원하지 않았으리라는 추정이 충분히 가능한 것이다. 따라서 사용승낙서의 징구는 전적으로 주무관청의 입장에서 설계된 제도이며, 협의참여자들은 경쟁적 협의의 기회를 확보하기 위하여 어쩔 수 없이 자신의 아이디어와 지식재산권 사용을 승낙할 가능성이 크다.

그러므로 형식적인 측면만을 고려하여 사용승낙서의 징구와 그에 대한 대가를 지불하는 것이 민법상 계약으로서의 법적 성격을 가진다고 보는 것은 경쟁적 협의에 임하는 주무관청과 참여신청자의 수직적이고 대등하지 못한 이른바 갑을관계의 현실적인 조건을 간과하는 견해라고 할 수 있다. 그렇다면 주무관청이 사업자 선정에서 최종적으로 탈락한 협의참여자들의 지식재산권과 아이디어를 사용승낙서의 징구를 통하여 사용하는 행위는 “徵求”라는 용어에서 알 수 있듯이 마치 체납된 조세를 “徵收”하는 행위와 같이 강제성이 수반되는 행위이다. 주무관청이 협의참여자들의 승낙서를 강제적으로 징구하는 것은 헌법 제23조 제3항에 따라 주무관청이 공공필요에 의하여 재산권 주체의 재산권에 대한 공용침해를 하는 것으로서 “공용사용”에 해당하는 공권력의 행사이며, 그에 대해서는 법률이 정하는 바에 따라서 정당한 보상을 지급해야 한다. 결국 보상 문제도 법률적인 근거가 요구되는 것이므로 주무관청이 협의참여자들의 아이디어와 지식재산권을 사용함에 따르는 보상 규정이 세부요령에 규정되는 것은 법체계에 부합하지 않으며, 이는 헌법 제23조 제3항에 따라 반드시 법률로서 직접 규정하여야 한다. 또한 주무관청의 의도가 처음부터 협의참여자들의 재산권을 의식적으로 사용하여 이를 침해하는 것이므로, 이러한 내용이 법률에 규정되는 경우 헌법 제23조 제1항 제2문의 재산권의 내용과 한계, 제2항의 사회적 기속성과 관련한 입법권자의 입법형성권과는 구별되는 전형적인 재산권에 대한 침해와 정당한 보상의 문제라는 점에서 제3항이 적용된다.

B. 보상절차 및 보상주체 등

국가가 개인의 재산권을 강제적으로 사용하여 재산상 특별한 희생이 발생하는 경우 그에 대한 정당한 금전적 보상이 필요하게 되는데, 보상의 주체는 당연히 주무관청이며, 보상의 기준은 “공익사업을 위한 토지 등의 취득 및 보상에 관한 법률”(이하 공익사업법이라 한다)에 따른다. 그런데 주무관청에 의한 공용사용의 대상이 되는 것은 주로 지식재산권이나 아이디어와 같은 무체재산권이므로 제76조의 권리의 보상에 대한 조항을 준용하는 것을 고려할 수 있다. 이에 따르면 광업권·어업권 및 물(용수시설을 포함한다) 등의 사용에 관한 권리에 대하여는 투자비용, 예상 수익 및 거래가격 등을 고려하여 평가한 적정가격으로 보상하여야 하며(제1항), 제1항에 따른 보상액의 구체적인 산정 및 평가방법은 국토교통부령으로 정한다(제2항). 물론 이러한 강제적인 권리의 사용에 대해서도 공익사업법상 주무관청과 협의참여자 간의 협의를 통하여 임의사용을 위한 민법상 채권계약이 우선적으로 고려되어야 하며, 양자 간의 협의가 성립되지 않는 경우 종국적으로 관할 토지수용위원회의 재결절차에 의한다. 예를 들어 자연환경보전법은 타인의 토지에의 출입 등 사용행위에 대하여 보상절차를 규정하고 있는데, 이는 협의참여자의 재산권 사용행위와 그에 대한 보상에 대해서 일정한 시사를 할 수 있을 것으로 보인다.[16)]

Ⅲ. 위험분담에 대한 협력구조

1. 최소운영수입보장 제도

이상에서 살펴 본 바와 같이 우리나라의 대표적인 민관협력 형태인 민간투자 제도는 실시협약과 사업자 지정을 위한 협상제도를 보완하고 개선하는 등의 노력을 통하여 그 제도적 기반을 구축해 가고 있는 발전의 과정이라고 평가할 수 있다. 다만, 민간부문과 공공부문의 협력을 제고하고 협치를 실현하는 수단으로서 민간투자가 가지는 제도적 장점에도 불구하고

---

16) 제52조(토지등의 수용·사용) ① 국가 또는 지방자치단체는 제38조의 규정에 의한 자연환경보전·이용시설의 설치를 위하여 필요하다고 인정되는 때에는 자연환경보전·이용시설에 필요한 토지등을 수용 또는 사용할 수 있다. ② 제1항의 규정에 의한 수용 또는 사용에 관하여는 이 법에 특별한 규정이 있는 경우를 제외하고는 공익사업을 위한 토지 등의 취득 및 보상에 관한 법률을 준용한다. ③ 제2항의 규정에 의하여 공익사업을 위한 토지등의 취득 및 보상에 관한 법률을 준용하는 경우에는 제38조의 규정에 의한 자연환경보전·이용시설의 설치에 관한 계획의 결정·고시가 있는 때에 공익사업을 위한 토지 등의 취득 및 보상에 관한 법률 제20조 및 제22조의 규정에 의한 사업인정 및 사업인정고시가 있는 것으로 본다.
제53조(손실보상) ① 제15조 제5항의 규정에 의하여 이미 실시하고 있는 개발사업·영농행위 등을 할 수 없음에 따라 초래되는 재산상의 손실 또는 제33조 제1항의 규정에 의하여 재산상의 손실을 입은 사람은 대통령령이 정하는 바에 의하여 환경부장관 또는 지방자치단체의 장에게 보상을 청구할 수 있다. ② 환경부장관 또는 지방자치단체의 장은 제1항의 규정에 의하여 청구를 받은 때에는 3월 이내에 청구인과 협의하여 보상할 금액 등을 결정하고 이를 청구인에게 통지하여야 한다. ③ 제2항의 규정에 의한 협의가 성립되지 아니한 때에는 환경부장관, 지방자치단체의 장 또는 청구인은 대통령령이 정하는 바에 의하여 관할 토지수용위원회에 재결을 신청할 수 있다.

우리나라는 물론이고 이 제도가 시행되는 모든 국가에서 민간투자 사업의 성패는 그 정당성과 타당성에 대한 국민의 신뢰에 좌우된다고 하여도 결코 과언이 아니다. 특히 우리나라의 경우에는 민간투자가 소비자의 후생을 증대시키기 보다는 재벌이나 외국의 투기자본에게 특혜를 제공한다는 인식이 광범위하게 존재하는 것이 사실이다. 이와 같이 민간투자제도 전반에 대한 국민 일반의 비판적 시각은 특히 과거 주무관청이 실시협약을 통하여 사업시행자에게 수익성 감소를 보전하는 이른바 최소운영수입보장(minimum revenue guarantee; 이하 MRG로 약칭하기로 한다)에 집중되었던 것이 사실이다.

MRG는 민간투자사업의 운영과정에서 사업시행자에게 손실이 발생하는 경우 주무관청이 이를 국가의 일반예산에서 보전해주는 제도로서 민간투자법에 1999년 도입되었다. MRG는 민간투자사업에서 대규모 손실이 발생하는 경우 국가와 자치단체에게 과도한 재정부담을 야기할 수 있다는 이유 때문에 시민단체 등으로부터 격렬한 비판의 대상이 되어오다가 민간제안사업의 경우 2007년, 정부고시사업의 경우에는 2009년 각각 사실상 폐지되었다. 여기에서 사실상 MRG가 폐지되었다는 것은 2009년 이후에 시행된 민간투자사업의 경우에는 이 제도가 적용되지 않았다는 의미이며, 아직 민간투자법 제53조와[17] 동법 시행령 제37조 제1항 제4호에[18] 그 법적 근거가 여전히 남아 있다. 다만, 앞서 언급한 바와 같이 MRG에 대한 사회적 비판이 거세지는 상황에서 정부는 민간투자사업자의 손실을 직접적으로 보전하는 이 제도를 지양하고 사업시행자와 주무관청이 일정한 비

17) 국가 또는 지방자치단체는 귀속시설사업을 원활하게 시행하기 위하여 필요하면 대통령령으로 정하는 경우에 한정하여 사업시행자에게 보조금을 지급하거나 장기대부를 할 수 있다.

18) 국가나 지방자치단체는 법 제53조에 따라 다음 각 호의 어느 하나에 해당하는 경우에는 심의위원회의 심의를 거쳐 시설의 건설 또는 운영기간 중 예산의 범위에서 사업시행자에게 보조금을 지급하거나 장기대부를 할 수 있다. 다만, 지방자치단체의 예산으로 보조금을 지급하거나 장기대부를 하는 경우 또는 국가의 보조금이 300억 원 미만인 지방자치단체의 사업인 경우에는 심의위원회의 심의를 거치지 아니한다. 4. 실제 운영수입(해당 시설의 수요량에 사용료를 곱한 금액을 말한다)이 실시협약에서 정한 추정 운영수입에 훨씬 못 미쳐 해당 시설의 운영이 어려운 경우

율로 비용을 분담하는 이른바 위험분담형과 손익공유형으로 선회하기에 이르렀다.

2. 수익형 민간투자사업의 투자위험 분담 - 위험분담형과 손익공유형

2015년 민간투자사업 기본계획에 도입된 수익형 민간투자사업의 위험분담형(BTO-rs: Build Transfer Operate-risk sharing)과 손익공유형(BTO-a: adjusted)은 주무관청이 적정한 사용료의 유지, 재정부담 완화 등 공익적 효과가 예상되는 경우 사업시행자의 투자위험을 일부 분담하여 수익형 민자사업을 추진하는 방식이다.[19] 위험분담형의 경우 주무관청은 민간사업비의 일부에 대하여 투자위험을 부담하고, 주무관청이 투자위험을 분담하는 부분에 대한 수익률, 운영수입의 귀속 및 운영비용 위험분담 비율 등을 실시협약에서 정한다. 이를 보다 자세하게 보면 사업시행자가 부담하는 투자비 중 일부를 주무관청이 건설보조금의 형태로 직접 제공하고 총 투자비에서 건설보조금을 제외한 부분을 둘로 나누어 일정 비율의 투자위험을 정부가 부담하고, 나머지 부분에 대한 투자위험을 사업시행자가 부담하는 방식이다.[20] 민간투자사업은 장기간에 걸쳐 사업이 이루어지고 수익의 발생 여부나 규모를 사전에 정확하게 예측하는 것이 어렵기 때문에 일정 부분 민간부문의 사업시행자에게 투자에 대한 인센티브를 제공하는 것이 불가피하다. 다만, 그러한 인센티브의 형태는 앞서 언급한 MRG와 같은 직접적인 수익보전, 금융 및 세제지원, 附帶사업 등 다양한데, 위험분담형은 사업시행자가 부담하기에는 민간투자사업의 위험성이 지극히 큰 경우에 위

19) 위험분담형과 손익공유형 역시 앞서 언급한 민간투자법 제53조와 동법 시행령 제37조 제1항 제2호와 제5호에 근거를 두고 있는 것으로 볼 수 있다. 제2호와 제5호의 내용은 각각 다음과 같다. 2. 사용료를 적정 수준으로 유지하기 위하여 불가피한 경우. 5. 민간투자사업에 포함된 시설사업 중 그 자체만으로는 민간투자사업으로서의 수익성이 적으나 전체 사업과 함께 시행되면 공사기간이나 경비가 크게 줄어드는 등 사업의 효율성을 높일 수 있는 시설사업에 대하여 사전에 보조금의 지급 또는 장기대부가 이루어지지 아니하면 그 민간투자사업을 원활하게 시행하기가 어렵다고 판단되는 경우.

20) 이상훈/박경애, 민간투자사업의 MRG(최소운영수입보장)와 새로운 유형(투자위험분담형)의 분석 및 비교, 선진상사법률연구 제75호, 72면.

험수요에 대한 부분의 일부를 정부가 인수함으로써 민간사업자의 위험을 줄이기 위한 방식이다.

손익공유형은 주무관청이 매년도 실제 운영수입에서 변동운영비용을 차감한 금액(이를 이른바 공헌이익이라 한다)이 실시협약상 주무관청의 매년도 투자위험 분담기준금에 미달하는 경우 그 부족분을 재정지원하도록 하여 투자위험을 분담하는 방식이다. 반면에 주무관청은 사업시행자의 매년도 공헌이익이 매년도 환수기준금을 초과하는 경우에는 그 초과금액 중 일부를 환수함으로서 미달 시 손실을 보전하는 것과 달리 이익을 공유한다는 의미에서 손익공유형이라는 명칭이 사용된다. 손익공유형은 사업의 특성을 고려하여 수요위험이 낮을 것으로 예상되는 사업, 사용료를 인하할 필요성이 있는 사업, 재정부담을 크게 줄일 수 있는 사업 등에 적용된다. 손익공유형의 경우 주무관청이 부담하는 부분은 선순위차입원리금 상당액, 고정운영비, 투자원금의 이자비용이고 사업시행자는 투자원금을 부담한다.[21] 실제로 민간투자사업 시설을 이용하는 수요가 저조하여 운영수입에서 주무관청이 부담하는 선순위차입원리금, 고정운영비, 이자비용에 미달하는 경우 결과적으로 정부가 이를 부담한다. 반면에 수요가 많이 발생하여 운영수입이 주무관청이 부담하는 비용을 초과하는 경우에는 정부가 이를 환수하여 시설사용료 등을 인하할 수 있는 여력이 발생하는 것이다.

3. 평가

MRG의 사실상 폐지와 수익형 민간투자사업에 위험분담형과 손익공유형 제도를 새로 도입한 것은 다시 한 번 우리 사회에 그 타당성 여부에 대한 심각한 의견대립을 야기하였다. 시민단체인 경실련은 혈세낭비와 재정부담으로 사회적 합의를 통해 폐지한 MRG를 손익공유형, 위험분담형이란 이름으로 재도입했다고 주장하면서, 새로운 MRG 도입으로 재정지원을 하지 않아도 되는 비용을 지불하게 되고, 그만큼 민간업체들은 부당한 이

21) 이상훈/박경애, 상게논문 (각주 20), 78면.

익을 얻고 반대로 시민들에게 엄청난 세금 손실이 발생하게 된다는 이유로 도입 당시 주무장관인 최경환 전 부총리를 업무상 배임·직무 유기죄 등으로 2015년 11월 19일 검찰에 고발하였다.[22] 중요한 것은 민간투자사업의 경우에 사업의 리스크로 인하여 발생할 수 있는 부담을 어떠한 방식과 기준으로 사업자시행자와 주무관청에 적절하게 분산하는가 하는 문제이며, 이는 실시협약에서도 중요한 내용을 구성하고 있다. 특히 민간투자사업으로 건설·운영하는 기반시설에 대한 정확한 수요를 예측하는 것은 사실상 불가능에 가까운 것이기 때문에 사업을 적절하게 수행하기 위한 수단을 마련하는 것만큼 비중을 가지는 것이 위험의 분산이다. 이렇게 본다면 새로 도입된 위험분담형과 손익공유형이 과연 위험극복을 위한 협력적 요소를 충실하게 반영하고 있는가 하는 문제일 것이다.

일단, 민간투자사업은 민간이 스스로의 자발적 의사에 따라서 사업의 이익창출이 가능하다고 결정하여 이에 뛰어든 만큼 당연히 그로 인한 리스크나 손실 역시 부담하는 것이 정의와 형평성에 부합하는 것이라는 견해가 제시될 수 있다. 민간투자사업은 사업시행자에게 고수익과 고위험이 병존하는 동전의 양면과 같은 것이라는 입장에서 보면 민간투자사업에 있어서 정부의 리스크 분담이나 일정한 인센티브의 제공은 논리상 설 자리가 없다. 그러나 민간투자사업과 같이 이른바 자본의 懷妊期가 길고 그로 인한 사업의 리스크가 큰 경우에는 민간부문이 전적으로 자발적인 의사에 따라서 그 수행 여부를 결정하기 어렵다. 따라서 민간부문이 사업을 결정하는 것은 공공부문이 일정한 리스크를 분담한다는 제도적 장치가 있다는 것을 전제로 하기 때문에 가능한 것이며 민간투자를 통하여 기반시설을

22) 경실련은 고발장에서 "최 부총리는 지난 4월 손익공유형·위험분담형 도입을 주 내용으로 하는 민간투자사업 기본계획을 공고했는데, 이는 막대한 세금 낭비로 폐지된 최소운영수입보장제도(MRG)를 이름만 바꿔 재도입한 것"이라고 주장했다. 경실련 관계자는 "위험분담형·손익공유형 민자사업이 활성화할 경우 또다시 막대한 국민세금이 낭비되고, 민간사업자들은 특혜를 통해 부당한 이득을 취하게 된다"며, "그럼에도 불구하고 경제정책을 총괄하는 최 부총리가 MRG 재도입을 결정한 것은 정책 책임자로써 피해와 부담을 시민들에게 전가하는 행위"라고 말했다. 세계일보, 2015.11.19.

건설하고 운영하는 과정에서 발생하는 위험에 대한 협력적 기제를 마련하는 것은 민간투자의 본질적인 요소라고 할 수 있다. 따라서 위험요소에 대한 합리적인 분담장치가 부재하다면 민간투자사업 자체의 전제가 성립하기 어렵다.

과거 MRG는 주무관청이 사업의 운영과정에서 발생하는 손실을 전적으로 보전하는 제도이기 때문에 사업시행자가 사전에 수요를 과도하게 예측하거나 기반시설을 방만한 운영하는 등 도덕적 해이를 쉽게 야기할 수 있는 측면이 있다. MRG가 사업시행자의 수입보전에 초점을 두고 있는데 비하여 새로 도입된 위험분담형과 손익공유형은 시설을 운영하는 주무관청과 사업시행자가 일정한 투자위험을 분담하는 형태이기 때문에 기본적으로 비용에 초점을 둔 것으로 평가할 수 있다. 다만, 중요한 것은 실제로 새로운 제도가 운영되는 과정에서 과거 MRG에 비교할 때 주무관청의 실질적인 부담과 투입되는 국가재정의 규모가 감소한 것인지, 주무관청이 회수할 수 있는 이익이 과연 발생하여 사용료를 인하할 여력이 발생한 것인지 등의 여부에 대하여 일반 국민이 접근가능한 정보가 정확하게 공개될 필요가 있다. 만약, 이러한 정보공개를 통하여 개별사업을 물론 민간 투자사업 전반의 타당성이 문제시 되는 경우 새로 도입된 제도 역시 국민의 신뢰를 얻기 어렵다고 볼 수 있기 때문이다. 이에 덧붙여서 새로 도입된 위험분담형과 손익공유형은 민간투자사업기본계획와 별표에 그 상세한 내용이 규정되고 있으나, 제도 설계의 내용이 지나치게 복잡하고 까다롭기 때문에 일반인의 접근성이 현저하게 떨어지는 문제점이 있다. 따라서 수식 등을 단순화 하고, 일반 국민의 상식적 검증이 가능하도록 필요한 제도적 개선이 있어야 할 것이다. 흔히 이야기 하는 "악마는 디테일 속에 숨어 있다"는 오해가 새로운 제도의 불신을 자초하는 일이 없도록 배려하는 것이 필요하다는 것이다.

Ⅳ. 맺는 말

국민생활에 필요한 모든 공적 과제를 행정청과 행정부가 스스로 처리한다는 것은 사실상 가능한 것도 아니며 또한 결코 바람직한 것도 아니다. 전통적인 행정법질서는 이미 오래 전부터 행정업무와 공적 과제를 실현함에 있어서 필요한 경우 사인에게 이를 위임하거나 기술적인 도움을 받는 것을 제도화시킨 바 있다. 이른바 공무수탁사인, 공적 과제의 민간위탁 등이 그것이다. 그러나 오늘날 공공부문의 개혁수단으로 등장한 민영화나 민간투자와 같은 보다 적극적인 민간참여제도는 공적 과제의 실현에 있어서 사인의 역할에 대한 질적인 변화를 요구하고 있다. 이러한 새로운 현상은 공적 과제를 공공부문과 민간부문에게 단순히 기능적으로 배분하고 각자의 역할을 충실하게 실행하는데 그치지 아니하고 양자 간의 상시적인 소통과 협력을 민관협력이라는 형태로 제도화하여 공익과 민복을 실현하는 시너지 효과를 발생시키는데 그 목적을 두고 있다.

우리나라에서 민관협력은 협의로서 민간투자로 이해하는 경향이 있는데, 특히 민간투자사업을 시행하는 사업시행자와 주무관청 간에 체결되는 실시협약은 이를 제도화하는 중요한 수단이다. 현재 민간투자법에 의하여 시행 중인 실시협약의 현황을 보면 공통의 목표설정, 시설의 운영, 사용료 조정, 위험의 분담 등에 관하여 협력적 요소가 실현되고 있다는 점을 긍정적으로 평가할 수 있다. 그럼에도 불구하고 실시협약은 주무관청과 사업시행자 각각의 권리와 의무를 규율하는데 중점을 두고 있을 뿐 정작 상시적인 소통과 협력을 위한 협의체나 거버넌스의 구축 등 민관협력의 본질적인 구성요소에 대한 배려는 미흡한 수준이다. 또한 사업자 선정을 위하여 새로 도입한 경쟁적 협의절차 역시 민간부분으로부터 혁신적인 아이디어나 노하우를 적극적으로 현출하는데 보다 협력적인 역할을 할 수 있을 것으로 기대하지만 제도의 공정성과 투명성을 보장하기 위한 법적 근거가 미비하는 등 상당한 보완이 필요하다. 민간투자사업 과정에서 사업의 리스크를 완화하기 위한 제도로서 사업시행자의 수익성을 직접적으로 보전하는 MRG를 폐지하고 주무관청과 사업시행자가 투자위험을 분담하기 위하여 새로 도입한 위험분담형, 손익공유형 제도는 사업시행자의 모럴해저드를 방지하고 재정부담을 완화할 수 있는 장점을 일부 인정할 수 있다. 그러나 이 역시 제도 자체가 난해하여 자칫 잘못 운영되는 경우에는 여전히 재벌과 투기자본에 대한 특혜시비에서 벗어나기 어렵다.

한국의 민간투자제도가 민관협력의 중요한 방식임에는 분명하지만 공권력 행사와 처분을 중심으로 하는 행정법의 전통적인 행위형식으로부터 새로운 패러다임의 전환을 가져올 것인가에 대해서는 아직 답하기 어렵다. 민간투자가 민간으로부터 단순히 자본을 조달하고 그 대가를 지불한다는 狹軌에서 벗어나서 이제는 공공부문이 더 이상 통제하기 어려운 영역에서 급속도로 성장한 민간의 혁신적인 아이디어와 정보력, 경영능력을 국가발전에 적극적으로 투입할 수 있어야 한다. 민간투자의 협력적 구조와 정교한 거버넌스가 제도화되는 경우에 한하여 이를 바탕으로 하는 민관협력은 "통제에서 협력"을 지향하며 행정법 패러다임의 변화를 가능하게 할 것이다.

제9장

헌법은 존속하고, 행정법은 변화한다

Ⅰ. 문제의 제기

1987년 6월 항쟁 이후에 개정된 헌법에 의하여 헌법재판제도가 도입된 것은 반드시 법률가에게만 의미를 부여할 수 있는 것이 아니라 일반 시민의 권리보호와 한국의 정치와 사회를 변화시키는 획기적인 전기를 마련한 것으로 평가할 수 있을 것이다. 아마도 헌법재판소와 헌법재판제도의 출범은 법제사를 연구하는 학자에게는 물론 일반 사가(史家)들에게도 우리나라의 법치주의의 발전과정에서 시대사를 구분하는 의미와 비중을 지닌 일대 사건으로 기록될 것이 분명해 보인다. 특히 한국의 헌법재판제도는 우리 사회에서 법치주의와 인권의 신장과 보편적인 법문화 발전이라는 측면 이외에도 헌법과 행정법을 포함하는 공법질서의 변화와 이를 연구와 분석의 대상으로 공법학의 내용과 외연을 확장·심화시키는데 결정적인 기여를 하였다는 점에 이의를 제기할 사람은 거의 없다.[1)]

헌법재판제도가 개별 실정법이 헌법과 헌법원리에 부합하는지 감시하고 통제하여 헌법질서를 수호하고 국민의 기본권을 보호한다는 기능을 한다는 단순한 사실로부터 항상 개별법규는 헌법과 헌법원리에 맞도록 제정되고 운영되어야 한다는 '헌법적 긴장관계'가 성립한다. 헌법재판소가 헌법재판제도를 운영하는 과정에서 개별법규를 위헌으로 결정하는 경우에는 이러한 헌법적 긴장관계는 행정과 사법을 넘어서서 입법부로 확장된다. 위헌결정의 기속력에 의하여 원칙적으로 입법부도 헌법에 합치하는 방식으로 법률을 제정 또는 개정해야 한다는 헌법적 의무를 부담하기 때문이다. 이와 같이 헌법재판제도를 통하여 생성된 합헌적 입법의무과 법적용의 문제는 전통적인 법치주의 또는 법치행정에 질적인 변화를 수반한다.

전통적으로 법치주의 또는 법치행정은 '행정의 법률적합성원칙'에 따라서 행정은 국회가 제정한 법률 또는 그 위임에 의하여 제정된 하위법규에 적법하도록 이루어지는 것을 의미하였다. 그러나 헌법재판제도의 도입

1) 이에 대한 상세한 논의는 홍준형, 헌법재판과 행정법, 헌법논총 제19집 - 창립 20주년 기념특집호 헌법재판소, 2008.12, 131면 이하.

이후에 한국의 법치주의는 행정이 법률과 그 하위법규는 물론 동시에 헌법과 헌법원리를 지향하고 행정법규와 헌법질서 간에 늘 합헌성이 유지되어야 한다는 긴장관계가 조성되었다는 점에서 '헌법의 구체화법으로서의 행정법'을 현실화시키는 계기가 마련되었다. 특히 헌법재판소의 구체적인 결정례에서 나타난 헌법원리와 헌법이론, 심사기준이 행정법관계에 직접적으로 해석·적용되는 法源으로서 '행정의 헌법적합성원칙'이 착근된 것이다. 다시 말하자면, 헌법재판의 일상적인 결과로서 축적된 결정례들이 행정법관계에 직접 적용됨으로써 이제 '행정법의 법원으로서의 헌법재판'이라는 공법질서의 새로운 장이 열리게 된 것이다. 본 연구에서는 이와 같이 한국의 헌법재판제도가 행정법 질서에 직접적인 영향을 미치게 된 몇 가지 논쟁적 주제를 분석함으로써 헌법질서와 행정법체계가 보다 긴밀하게 교차하면서 상호간의 발전을 촉진하였다는 점을 서술하고자 한다.

그런데 지난 사반세기 동안 한국의 행정법체계가 다양해지고 그 외연이 확장됨으로써 역으로 헌법재판제도를 통하여 새로운 헌법적 해석과 평가를 요구하게 되었다는 점도 간과할 수 없다. 후술하는 바와 같이 행정소송절차에서 헌법상 적법절차원리가 강조되면서 상대방에게 불이익 처분을 하는 경우에 법령상에 특별한 규정이 없는 경우에도 헌법상 적법절차원칙 위반을 인정하는 대법원판결 등이 그것이다.[2] 그렇다면 헌법재판소는 재판과정을 통하여 헌법상 적법절차원리가 신뢰보호원칙이나 과잉금지원칙과 같이 법치국가원리의 일반적인 원칙으로서 개별 법률이나 공권력 행사의 위헌심사기준이 될 수 있는지 그 답을 내 놓아야 한다.[3] 이렇게 볼 때 한국의 행정법질서는 다른 한편으로는 행정의 헌법적법성원칙이라는 수동적 자세에 그치지 않고 헌법질서를 선도하고 새로운 과제를 부여하는 보다 적극적인

2) 대법원 2012.10.18. 선고 2010두12347 전원합의체 판결.

3) 후술하는 바와 같이 대법원이 적법절차원리를 행정법의 일반원칙으로 인정하는 취지의 판결을 제시한 상황에서 헌법재판소가 일찍부터 적법절차원리를 행정권의 영역에까지 확대하였음에도 불구하고, 정작 그 구체적인 내용이나 심사기준에 대해서는 아직까지도 명확한 법리를 발전시키고 있지 못하다. 이에 대해서는 임지봉, 적법절차조항의 우리 헌법에의 도입과 그 운용, 헌법학연구 제11권 제3호, 2005, 294면.

역할을 수행하면서 양자 간의 긴밀성을 높이고 있다.

헌법과 행정법과의 관계와 관련하여 가히 제1세대라고 할 수 있는 Otto Mayer의 "헌법은 사라지나 행정법은 존속한다"(Verfassungsrecht vergeht, Verwaltungsrecht besteht)는[4] 명제를 넘어서서 행정의 헌법적합성이 강조되는 "헌법구체화법으로서의 행정법"(Verwaltungsrecht als konkretisiertes Verfassungs recht)[5] 이라는 제2세대를 지나고 이제 한국에서의 헌법과 행정법은 "헌법은 존속하고, 행정법은 변화한다"(Verfassungsrecht besteht, Verwaltungsrecht wandelt sich)는 제3세대의 명제 形成期에 돌입한 것이다.

Ⅱ. 법률유보원칙과 실질적 법치주의

1. 의회유보, 본질사항유보, 포괄위임금지

일반적으로 행정법상 법률유보원칙은 일정한 범위의 행정작용에 대해서는 법률적 근거가 필요하며, 법률적 근거가 결여된 경우에는 법률유보원칙에 위반하는 것으로서 위법한 것으로 평가하였다. 물론 법률적 근거를 요하는 행정작용의 범위 내지 대상에 대해서는 역사적으로 침해유보설에서 급부유보설에 이르기까지 변화의 과정을 겪어 왔지만 헌법재판제도의 시행 이후에는 독일의 영향을 받아 본질사항유보설(Wesentlichkeitstheorie) 내지 중요사항유보설 또는 의회유보설이 일반화되었다. 결과적으로 이러한 법률유보의 새로운 양상들은 헌법 제75조의 포괄위임금지원칙과 결부되어 법률유보원칙과 위임입법의 한계론이 같은 맥락에서 이해될 수 있다는 명제를 제시하였다.

다시 말하자면 입법자가 행정작용이 행하여지기 위한 법률적 근거를 마련하였다고 하더라도 이러한 이른바 '横的 법률유보'만으로는 행정이 법률유보원칙을 준수하였다고 평가할 수 없다.[6] 이는 전통적인 법률유보가

---

4) Otto Mayer, 1924년 독일행정법(Deutsches Verwaltungsrecht) 제3판, 서문.

5) Fritz Werner, DVBl. 1959, 527면.

6) 횡적 법률유보 내지 기본권 관련유보의 개념에 대해서는 김성수, 일반행정법 제9판, 홍문사,

일단 법적 근거가 있다는 사실로부터 행정작용의 적법성을 판단하는 것과는 다른 양상이다. 헌법재판소는 행정작용이 횡적으로 법적인 근거만을 가지고 있다는 사실만으로는 아직 법률유보원칙을 충족하는 것은 아니며, 당해 행정영역에서 국민의 기본권 실현을 위한 중요하고 본질적인 사항은 반드시 국회가 법률로서 직접 규정하는 경우에 한하여 의회유보와 법률유보원칙이 준수되었다는 점을 강조하고 있다.[7)]

국회가 개개인 국민의 기본권 실현이나 공동체 전체에 중요한 영향을 미치는 사항에 대해서는 직접 법률로서 규율할 의무를 진다는 점에서 의회유보원칙이 성립하는 경우에 국회는 국민의 기본권이나 공동체에 중요한 의미를 가지지 않는 경미하고 기술적인 사항에 대해서만 하위규범에 이를 위임할 수 있을 뿐이다. 다시 말하자면 의회유보 내지 본질사항유보원칙에 따라서 중요한 사항은 법률로서, 경미하고 기술적인 사항은 위임입

2021, 43면.

7) 이와 관련하여 헌재는 법률유보원칙을 다음과 같이 이해하고 있다. "헌법은 법치주의를 그 기본원리의 하나로 하고 있고, 법치주의는 법률유보원칙, 즉 행정작용에는 국회가 제정한 형식적 법률의 근거가 요청된다는 원칙을 그 핵심적 내용으로 하고 있다. 나아가 오늘날의 법률유보원칙은 단순히 행정작용이 법률에 근거를 두기만 하면 충분한 것이 아니라, 국가공동체와 그 구성원에게 기본적이고도 중요한 의미를 갖는 영역, 특히 국민의 기본권 실현에 관련된 영역에 있어서는 행정에 맡길 것이 아니라 국민의 대표자인 입법자 스스로 그 본질적 사항에 대하여 결정하여야 한다는 요구, 즉 의회유보 원칙까지 내포하는 것으로 이해되고 있다. 이 때 입법자가 형식적 법률로 스스로 규율하여야 하는 사항이 어떤 것인가는 일률적으로 획정할 수 없고 구체적인 사례에서 관련된 이익 내지 가치의 중요성, 규제 내지 침해의 정도와 방법 등을 고려하여 개별적으로 결정할 수 있을 뿐이나 적어도 헌법상 보장된 국민의 자유나 권리를 제한한 때에는 그 제한의 본질적인 사항에 관한 한 입법자가 법률로써 스스로 규율하여야 할 것이다(헌재 1999.5.27. 98헌바70 ; 헌재 2009.2.26. 2008헌마370). 한편, 국회의 입법절차는 국민의 대표로 구성된 다원적 인적 구성의 합의체에서 공개적 토론을 통하여 국민의 다양한 견해와 이익을 인식하고 교량하여 공동체의 중요한 의사결정을 하는 과정이며, 일반 국민과 야당의 비판을 허용하고 그들의 참여 가능성을 개방하고 있다는 점에서 전문관료들만에 의하여 이루어지는 행정입법절차와는 달리 공익의 발견과 상충하는 이익 간의 정당한 조정에 보다 적합한 민주적 과정이다. 이러한 견지에서, 규율대상이 기본권적 중요성을 가질수록 그리고 그에 관한 공개적 토론의 필요성 내지 상충하는 이익 간 조정의 필요성이 클수록, 그것이 국회의 법률에 의해 직접 규율될 필요성 및 그 규율밀도의 요구 정도는 그만큼 더 증대되는 것으로 보아야 한다(헌재 2004.3.25. 2001헌마882).

법을 통하여 규율됨으로써 의회유보원칙은 국회와 행정부 간에 횡적, 종적으로 입법권능을 배분하는 기준 내지 원리로서 작용한다. 그런데 헌법 제75조는 법률이 대통령령에 일정한 사항을 위임하는 경우 "구체적으로 범위를 정하여"라는 문구를 통하여 이른바 포괄위임금지를 규정하고 있다. 포괄위임의 금지는 흔히 위임입법의 한계를 의미하는 것으로 이해하고 있는데, 헌법재판소는 지난 25년 간의 결정을 통하여 포괄위임금지와 의회유보원칙이 사실상 같은 의미라는 점을 부각시켰다.

대표적으로 헌법재판소는 헌법 제59조에 규정된 조세법률주의로부터 과세요건법정주의 원칙을 도출하였는데, 과세요건법정주의는 납세의무자, 세목, 세율 등 납세자의 재산권 실현과 관련하여 본질적이고 중요한 의미를 갖는 과세요건은 대통령령 등 하위규범에 위임할 수 없으며 국회가 반드시 스스로 규정하여야 한다는 의미에서 헌법 제75조의 포괄위임금지와 그 맥락을 같이하게 된 것이다.[8] 헌법재판소는 헌법 제38조와 제59조가 선언하고 있는 조세법률주의의 내용으로서 과세요건법정주의와 과세요건명확주의를 핵심내용으로 들면서, 이는 과세요건을 법률로 명확하게 규정함으로써 국민의 재산권을 보장함과 동시에 국민의 경제생활에 법적 안정성과 예측가능성을 보장함에 있다는 점을 강조하고 있다.[9]

따라서 헌법재판소는 과세요건법정주의 내지 포괄위임금지원칙은 납세의무를 성립시키는 납세의무자, 과세물건, 과세표준, 과세기간, 세율 등의 과세요건과 조세의 부과·징수절차 등 납세의무의 중요한 사항 내지 본질적인 내용에 관련된 것은[10] 모두 국민의 대표기관인 국회가 제정한 법률로써 이를 규정하여야 한다는 원칙으로 이해하고 있다.[11] 다만, 헌재는

8) 김성수, 조세법과 헌법재판, 헌법논총 제19집 - 창립 20주년 기념 특집호 헌법재판소 2008.12, 783면.
9) 헌재 1992.12.24. 90헌바21; 2012.5.31. 2009헌바123 등
10) 이러한 측면에서 볼 때 과세요건법정주의 원칙은 본질사항유보 내지 중요사항유보와 같은 일반적인 법률유보이론이 조세법영역에 적용된 결과로서 자연스럽게 성립하는 원칙이라고 볼 수있다. 김성수, 세법 - 조세법과 공법원리, 법문사, 2003, 111면.
11) 헌재 2012.2.23. 2010헌바85.

과세요건법정주의 내지 포괄위임금지원칙을 지나치게 철저히 시행한다면 복잡 다양하고도 끊임없이 변천하는 경제상황에 대처하여 적확하게 과세대상을 포착하고 적정하게 과세표준을 산출하기 어려워 담세력에 응한 공평과세의 목적을 달성할 수 없기 때문에, 납세의무의 중요한 사항 내지 본질적인 내용에 관련된 것이라 하더라도 그 중 경제현실의 변화나 전문적 기술의 발달 등에 적응하여야 하는 세부적인 사항에 관하여는 국회제정의 형식적 법률보다 더 탄력성이 있는 행정입법으로 규율할 필요가 있다는 점을 인정하고 있다.[12]

2. 실질적 법치주의

행정은 법률에 근거를 두어야 하고 그에 기속된다는 법치주의원리 내지 행정의 법률적합성원칙은 종래 그 내용으로서 법률의 우위와 법률의 유보가 포함되는 것으로 이해하였으며, 이중 법률유보는 형식적 의미의 법률에 근거를 두기만 하면 충분한 것으로 보는 것이 일반적이었다. 그러나 국민의 기본권 실현과 공동체의 갈등적 요소를 조정하기 위하여 의회가 법률을 통하여 개입하는 범위와 밀도가 증가하면서 행정작용이 단지 횡적으로 법률에 형식적인 근거만을 두고 이를 포괄적으로 행정에 일임하는 입법방식은 오늘날 행정에 대한 적절한 통제와 이를 통한 국민의 권리보호를 그 사명으로 하는 실질적 법치주의원리에는 부합하지 못한다. 헌법재판소가 수많은 결정을 통하여 의회유보와 본질사항유보, 과세요건법정주의와 포괄위임금지원칙을 유기적으로 연결시키면서 입법자로 하여금 보다 정치하고 세밀한 입법적 배려의무를 지도록 한 것은 법치주의가 단지 입법형식으로 흐르지 않고 국민의 기본권 보장과 국가공권력에 대한 적절하고 효과적인 통제를 통하여 실질적인 의미의 법치주의를 실현하기 위함이다.[13]

오늘날 법률유보원칙은 헌법재판과정을 통하여 정부의 행정활동은 단순히 횡적으로 일정한 법률적 근거만을 두고 행해져서는 아니 되며, 입법

12) 헌재 1995.11.30. 94헌바40 등.
13) 김성수, 전게 논문(각주 8), 795면.

자가 주도적 지위를 가지고 국민의 권리보호와 권력의 통제에 필요하고 충분한 규율의 밀도를 유지하여야 한다는 의미를 갖게 됨으로써, 이제 법률유보는 횡적 근거와 종적 밀도의 요구에 의하여 국민의 권리보호를 위한 이중의 보호막을 가지게 된 것이다. 결국 입법자인 의회가 입법주권을 유지하지 못하여 형식적 지위에 머물고 실질적인 입법권능을 포괄위임을 통하여 정부나 대통령에게 내어주게 되는 경우에는 행정의 법률적합성원칙은 본래의 의의와 기능을 유지할 수 없다. 헌법재판소가 많은 결정례를 통하여 실질적 법치주의, 실질적 조세법률주의를 강조하는 것도 이러한 맥락에서 이해할 수 있는 것이다.[14] 결국 실질적 법치주의는 이중의 보호막을 가지는 법률유보원칙과 더불어 과잉금지원칙이 지향하는 국가공권력 행사의 순화과정, 적법절차원리와 신뢰보호원칙 등을 통하여 국가 행정작용에 대한 예측가능성과 투명성을 보장함으로써 실질적이고 효과적으로 국민의 권리와 법적 지위를 보장하는 목적을 수행하게 되는 것이다.

Ⅲ. 헌법재판과 행정소송

한국사회에서 헌법재판제도가 태동한 이후에 헌재와 대법원 간의 갈등적 상황이 초래 된 것에는 여러 가지 원인이 있지만, 과거 법원이 행정소송의 대상에 대해 지나치게 보수적인 입장을 견지한 결과 헌법재판소가 헌법소원제도를 적절하게 활용한 측면을 간과 할 수 없다. 즉 헌법소원의 대상이 되는 "공권력의 행사 또는 불행사"는 항고소송의 대상인 처분("구체적 사실에 관한 법집행으로서의 공권력의 행사 또는 거부")과 사실상 중복되는 부분이 있기 때문에 법원이 항고소송의 대상을 지나치게 협의로 이해하여

14) 헌법재판소의 견해에 의하면 오늘날의 법치주의는 실질적 법치주의를 의미하므로 헌법상의 조세법률주의도 과세요건이 형식적 의미의 법률로 명확히 정해질 것을 요구할 뿐 아니라, 조세법의 목적이나 내용이 기본권 보장의 헌법이념과 이를 뒷받침하는 헌법상의 제원칙에 합치되어야 한다는 의미에서 실질적 조세법률주의를 지향한다는 견해를 제시하고 있다. 헌재 2006.6.29. 2004헌바76 등; 헌재 1997.6.26. 93헌바49 등; 헌재 1992.2.25. 90헌가69·91헌가5·90 헌바3(병합).

권리구제의 길이 봉쇄되는 경우에는 상대방이 "공권력의 행사 또는 불행사"로 인하여 헌법상 보장된 특정 기본권을 침해당하였다는 것을 이유로 헌법소원제도를 활용할 기회는 헌법재판제도의 시작과 함께 이미 예고된 것이나 마찬가지라고 할 수 있다.

다만, 지난 25년 간의 역사를 통하여 헌법재판소와 대법원은 이 문제에 있어서 단순한 대립적 갈등관계를 넘어서서 '건전한 긴장과 경쟁관계'를 구축하여 국민의 권리구제의 폭을 넓혀왔다는 긍정적인 평가를 받을 부분이 있다. 다시 말하자면, 헌법재판제도는 헌법소원이라는 제도를 통하여 일정한 방향을 제시하고 주도하는 역할을 수행하면서 행정소송의 외연이 법원의 판례를 통하여 확장되는 결과를 초래하였다는 점을 주목할 수 있다. 헌법재판소가 헌법소원의 대상인 '공권력의 행사 또는 거부'를 광의로 이해하여 행정소송에서 처분성 개념이 자연스럽게 확대되도록 견인한 예로는 대표적으로 교수재임용거부처분과 처분적 행정입법에 대한 헌법소원 등을 들 수 있다.

1. 교수재임용거부처분 – 사실행위의 처분성

1) 권리구제의 절벽

행정청이 우월적 지위에서 행한 처분에 가까운 행위임에도 불구하고 그 행위의 상대방이 그 위법 또는 부당함을 다투려는 경우에 법원이 항고소송의 적법성을 전혀 인정하지 않고 좌절시킨 대표적인 예는 바로 국공립학교 교원의 재임용에서 탈락한 사람들이 제기한 소송사건이다. 한국사회에서 국공립학교의 교원이 재임용에서 탈락한다는 것은 교육계에서의 퇴출인 동시에 사형선고이며, 법에 대한 호소는 불가능한 영역으로 여겨졌다. 실제로 대법원은 과거에 교육공무원법상 임용기간이 만료된 대학교원에 대한 임용권자의 재임용 제외결정 및 통지가 행정소송의 대상인 행정처분인지 여부와 관련하여 아래와 같이 이를 부정적으로 보는 판례를 상당 기간 유지하였다.

"대학에 근무하는 조교수는 4년 이내의 기간을 정하여 임용하도록 규정하고 있을 뿐, 위 법률의 어디에도 임용권자에게 임용기간이 만료된 자를 재임용할 의무를 지우거나 재임용절차 및 요건 등에 관하여 아무런 근거규정을 둔 바 없으므로, 기간을 정하여 임용된 대학교원은 그 임용기간의 만료로 대학교원으로서의 신분관계는 당연히 종료되는 것이고, 그 임용기간의 만료에 따른 재임용의 기대권을 가진다고 할 수 없으며, 이와 같이 기간을 정하여 임용된 대학교원이 그 기간이 만료된 때에 만약 재임용계약을 체결하지 못하면 재임용 거부결정 등 특별한 절차를 거치지 않아도 당연퇴직되는 것이므로 임용권자가 인사위원회의 심의결정에 따라 교원을 재임용하지 않기로 하는 결정을 하고서 이를 통지하였다고 하더라도 이는 교원에 대하여 임기만료로 당연퇴직됨을 확인하고 알려주는 데 지나지 아니하고, 이로 인하여 어떠한 법률효과가 발생하는 것은 아니므로 이를 행정소송의 대상이 되는 행정처분이라고 할 수 없다."[15]

다시 말하자면 대법원은 국공립학교의 교원에 대한 재임용거부행위가 국가공무원법상 결격사유에 해당하는 공무원에게 당연퇴직임을 알려주는 인사발령과 유사한 것으로 이해하고 있다. 과거 대법원은 이와 같은 당연퇴직 인사발령에 대해서도 "국가공무원법 제69조에 의하면 공무원이 제33조 각 호의 1에 해당할 때에는 당연히 퇴직한다고 규정하고 있으므로, 국가공무원법상 당연퇴직은 결격사유가 있을 때 법률상 당연히 퇴직하는 것이지 공무원관계를 소멸시키기 위한 별도의 행정처분을 요하는 것이 아니며, 당연퇴직의 인사발령은 법률상 당연히 발생하는 퇴직사유를 공적으로 확인하여 알려주는 이른바 관념의 통지에 불과하고 공무원의 신분을 상실시키는 새로운 형성적 행위가 아니므로 행정소송의 대상이 되는 독립한 행정처분이라고 할 수 없다"[16]는 입장을 고수하고 있었다.

---

15) 대법원 1997.6.27. 선고 96누4305 판결.
16) 대법원 1995.11.14. 선고 95누2036 판결.

2) 구 사립학교법 제53조의2 제3항 위헌소원 사건[17)]

헌법재판소는 이 사건에서 국공립학교 교원의 법적 지위가 준용되는 사립학교 교원에 대한 재임용거부사건에서 위 사립학교법 조항에 대하여 헌법불합치결정을 하였다. 헌법재판소는 이 사건에서 이 사건 법률조항이 임용기간이 만료되는 교원을 별다른 하자가 없는 한 다시 임용하여야 하는지의 여부 및 재임용대상으로부터 배제하는 기준이나 요건 및 그 사유의 사전통지 절차에 관하여 아무런 지침을 포함하고 있지 않을 뿐만 아니라, 부당한 재임용 거부의 구제에 관한 절차에 대해서도 아무런 규정을 두고 있지 않기 때문에 객관적인 기준의 재임용 거부사유와 재임용에서 탈락하게 되는 교원이 자신의 입장을 진술할 수 있는 기회를 부여하지 않는다는 점에서 적법절차원리에 반하는 것으로 보고 있다. 더 나아가 헌법재판소는 재임용거부를 사전에 통지하는 규정 등이 없으며, 나아가 재임용이 거부되었을 경우 사후에 그에 대해 다툴 수 있는 제도적 장치를 전혀 마련하지 않고 있는 것은, 현대사회에서 대학교육이 갖는 중요한 기능과 그 교육을 담당하고 있는 대학교원의 신분의 부당한 박탈에 대한 최소한의 보호요청에 비추어 볼 때 헌법 제31조 제6항에서 정하고 있는 교원지위법정주의에 위반된다는 점을 강조하고 있다. 결국 헌재는 이 사건조항이 헌법상 불이익한 처분에 대하여 상대방에게 사전통지나 의견청취 등의 기회를 보장하지 않아 헌법상 적법절차원리에 반하며, 대학교원의 지위에 대한 기본적인 사항을 법률로서 규정하지 않아 헌법 제31조 제6항에 위반된다는 점을 지적하였다. 한편, 헌법재판소는 2003년 같은 해 12월에 유사한 법적 구조를 가지고 있는 '교원지위 향상을 위한 특별법' 제9조 제1항 등 위헌소원 사건[18)]에서도 역시 동일한 법리로서 위 조항에 대하여 헌법불합치결정을 내렸다.[19)]

17) 헌재 2003.2.27. 2000헌바26.
18) 헌재 2003.12.18. 2002헌바14 등.
19) 헌재는 이 사건에서 이 사건 심판조항이 적법절차원리와 교원지위법정주의 원칙에 반한다고 결정하였다.

3) 법원을 통한 권리구제의 길이 열리다

앞에서 언급한 두 번의 헌법재판소결정은 기간제로 임용된 대학의 조교수가 재임용에서 탈락하는 경우 사실상 사법적 권리구제의 방법은 존재하지 않는다는 법원의 기존 판결이 전혀 다른 방향으로 선회하도록 유도하는 결정적인 계기를 마련한 것으로 평가할 수 있다. 결국 법원은 대학교원 자신의 권리보장은 물론 그가 대학교육에서 차지하는 비중과 대학교육의 전문성 보장이라는 헌법적 요청을 고려할 때 기존의 판례를 유지하는 경우 변화된 법적 환경에 적절하게 대응하지 못한다는 비판을 받을 수밖에 없는 상황에 직면하게 된 것이다. 다시 말해서 기간제로 임용된 교원의 임용기간이 종료한 경우 대학 측에서 "이제 더 이상 당신하고는 계약관계가 존재하지 않는다"는 사실을 통보하여 교원으로서의 지위를 상실하는 중대한 신분상의 불이익이 가해지는 경우에도 司法的 구제수단이 법률적으로 불가하다는 논리는 설 자리를 잃게 된 것이다.

결국 대법원은 2004년 4월 22일 전원합의체 판결[20)]을 통하여 교수재임용거부처분을 항고소송의 대상이 되는 처분이라는 판결을 함으로써 기존의 입장을 바꾸게 된다. 대법원은 기간제로 임용되어 임용기간이 만료된 국·공립대학의 조교수는 교원으로서의 능력과 자질에 관하여 합리적인 기준에 의한 공정한 심사를 받아 위 기준에 부합되면 특별한 사정이 없는 한 재임용되리라는 기대를 가지고 재임용 여부에 관하여 합리적인 기준에 의한 공정한 심사를 요구할 법규상 또는 조리상 신청권을 가진다고 할 것이니, 임용권자가 임용기간이 만료된 조교수에 대하여 재임용을 거부하는 취지로 한 임용기간만료의 통지는 위와 같은 대학교원의 법률관계에 영향을 주는 것으로서 행정소송의 대상이 되는 처분에 해당하기 때문에 이와 달리, 기간을 정하여 임용된 대학교원이 그 임용기간의 만료에 따른 재임용의 기대권을 가진다고 할 수 없고, 임용권자가 인사위원회의 심의결정에 따라 교원을 재임용하지 않기로 하는 결정을 하고 이를 통지하였다고 하

20) 대법원 2004.4.22. 선고 2000두7735 전원합의체 판결.

더라도 이를 행정소송의 대상이 되는 행정처분이라고 할 수 없다고 판시한 대법원 1997.6.27. 선고 96누4305 판결은 이와 저촉되는 범위 내에서 변경한다는 견해를 제시하였다. 이로써 한국사회에서 재임용에서 탈락한 교원은 어떠한 경우에도 사법적 구제가 불가하다는 권리구제의 절벽은 사라지고 대학 측의 자의적인 재임용 거부행위에 대해 사법부가 개입하여 그 위법 여부를 가리고 억울한 피해자를 구제할 수 있게 된 길이 열리게 되었다.

4) 평가

물론 이 사건 이전에도 헌법재판소의 결정 취지에 따라서 대법원이 판례를 변경한 사례는 있었다. 문제가 된 사안은 지목변경신청에 대한 거부처분이 있는 경우 이것을 항고소송의 대상이 되는 처분으로 볼 것인가 하는 문제였다. 대법원은 종래 지목변경신청에 대한 반려행위를 처분으로 인정하지 않았는데,[21] 헌법재판소는 지목변경신청에 대한 피청구인의 반려행위는 지적관리업무를 담당하고 있는 행정청의 지위에서 청구인의 등록사항 정정신청을 확정적으로 거부하는 의사를 밝힌 것으로서 공권력의 행사인 거부처분이라 할 것이므로 헌법재판소법 제68조 제1항 소정의 "공권력의 행사"에 해당하는 것으로 보았다.

대법원 역시 "지목은 토지에 대한 공법상의 규제, 개발부담금의 부과대상, 지방세의 과세대상, 공시지가의 산정, 손실보상가액의 산정 등 토지행정의 기초로서 공법상의 법률관계에 영향을 미치고, 토지소유자는 지목을 토대로 토지의 사용·수익·처분에 일정한 제한을 받게 되는 점 등을 고려하면, 지목은 토지소유권을 제대로 행사하기 위한 전제요건으로서 토지소유자의 실체적 권리관계에 밀접하게 관련되어 있으므로 지적공부 소관청의 지목변경신청 반려행위는 국민의 권리관계에 영향을 미치는 것으로서 항고소송의 대상이 되는 행정처분에 해당한다"고 판례를 변경한 것이다.[22]

21) 대법원 1985.12.5. 선고 94누4295 판결.
22) 대법원 2004.4.22. 선고 2003두9015 전원합의체 판결.

앞서 언급한 교수재임용거부처분 사건에서는 일단 이 문제가 사립학교 교원에 대한 재임용거부 사건이기 때문에 행정절차법이 적용될 여지는 없다. 다만, 그러한 경우에도 교원에 대한 재임용을 거부한다는 것은 헌재도 밝히고 있는 바와 같이 명백한 불이익 처분이며, 비록 이 사안에서는 행정절차법상의 사전통지나 의견청취가 이루어지는 것은 아니지만 그 기본원칙이나 취지가 배제될 하등의 이유가 없다는 점이다. 다시 말하자면 이와 같이 교원으로서의 지위와 신분의 상실이 이루어지는 경우 단순한 불이익 처분과는 달리 예를 들어 미국수정헌법이 규정하는 바에 따르면 일종의 '자유의 박탈'(deprivation of liberty)에 해당하는 것으로서 당연히 상대방에게는 적법절차에 따르는 기회가 법률적으로 보장되어야 하는 것이다.[23)]

후술하는 바와 같이 지난 20여 년 간 법원의 판례가 유난히도 적법절차원칙을 강조하여 절차에 위반한 행정작용을 위법으로 인정하게 된 것도 결국 우리 헌법질서에서 적법절차원리가 정착되는 과정으로 이해할 수 있다. 또한 이 사건에서는 대학교육과 관련하여 그 인적 요소를 이루는 교원의 지위 보장에 대해서는 헌법 제31조 제6항에 규정하는 바와 같이 일정한 수준의 입법적 조치가 반드시 이루어져야 한다는 점을 지적할 수 있다. 이는 비록 사립학교의 경우에도 공통적으로 적용되는 문제로서 사학의 자율성이라는 명제 하에 매몰되거나 간과될 수 없는 것으로서 일종의 최소한의 보호장치로서의 적법절차 원칙이 적용되어야 하는 영역이다. 따라서 향후에 사립학교 및 교육관련 법령에서는 이러한 최소한의 보호수준이 유지될 필요가 있다는 의미에서 헌법재판소 결정은 사립학교 교원의 지위와 관련하여 일종의 법원(法源)으로서 기능하며, 헌재는 그 준수 여부를 지속적으로 감시해야 한다.

---

23) 미국 연방대법원은 1972년 Perry v. Sindermann 사건(408 U.S. 593)에서 당시 계약제로 임용되어 사립대학에서 근무한 Sindermann 교수가 교수협의회 의장으로 당선되어 수업부실 등이 발생하였다는 것을 이유로 대학 측이 계약연장을 거부한 사건에서, 적법절차가 요구하는 청문 등 정식절차 대신한 약식절차를 통하여 계약을 거부한 것은 단순한 자유의 박탈이 아니라 수정헌법 제14조의 생명, 자유, 재산을 통합적 권리를 침해한 것으로서 적법절차 위반을 인정하였다. Kristin E. Hickman/Richard J. Pierce, Jr., Federal Administrative Law, Foundation Press, 2010, 256면.

2. 처분적 행정입법

1) 규범에 대한 우회적 · 부수적, 구체적 통제

헌법 제107조 제2항에 따라서 명령 또는 규칙이 헌법이나 법률에 위반되는 여부가 재판의 전제가 된 경우에는 대법원을 비롯한 각급 법원이 이를 심사하여 위헌·위법으로 판단하면 재판과정에서 이를 무효로 하고 그에 따라 이루어진 처분 등을 취소하여 원고의 청구를 인용하게 된다. 따라서 전통적으로 법원은 법률의 하위규범인 대통령령, 총리령, 부령, 대법원규칙, 국회규칙, 헌재규칙, 선관위규칙, 자치단체의 조례와 규칙에 대해서는 직접적으로 그 위헌, 위법 여부를 심사하는 것이 아니라 위 헌법규정에 따라서 이러한 규범들이 재판의 전제가 되는 경우에 한하여 처분 등 소송물을 우회하여 재판과정에서 부수적으로 이를 통제하여 왔던 것이다.[24) 따라서 헌법 제107조 제2항의 규범통제는 구체적, 부수적 규범통제방식을 의미하는 것이다.[25)

그런데 때로는 법률의 하위규범이 별도의 집행행위를 매개로 하지 않고 직접적으로 상대방이나 제3자의 권리와 의무에 변동을 초래하는 이른바 처분적 법규명령으로서의 성격을 가지는 경우가 있다. 이에 대해 상대방인 원고가 별도의 소송을 제기하지 않고 직접적으로 당해 규범에 대한 취소 또는 무효확인을 구하는 항고소송을 제기하는 경우 전통적으로 규범에 대한 부수적 통제에 익숙하였던 법원은 소의 적법성을 인정하는데 적극적이지 않았다. 이러한 규범 자체에 대한 항고소송의 '사실상 불가(不可)의 관행'은 법원에서 상당히 오랜 동안 지속되다가 헌법재판소가 출범하면서 변화를 겪게 된다.[26)

---

24) 대법원도 헌법 제107조 제2항에 의한 규범통제의 경우 다음과 같이 원고가 규범 자체에 대한 심사를 위한 신청을 할 수 없는 것으로 보고 있다(대법원 1994.4.26. 자 93부32 결정).

25) 홍준형, 항고소송의 대상 확대 - 행정소송법 개정시안에 대한 입법론적 고찰 -, 공법연구 제33집 제5호, 한국공법학회, 2005.6, 488면.

26) 이에 대한 논의는 최계영, 헌법소원에 의한 행정작용의 통제, 공법연구 제37집 제2호, 한국공법학회, 2008.12, 211면.

세간에서는 법령에 대한 헌법소원이 허용되면서 헌법 제107조 제2항에 의한 법원의 법령해석권과 충돌한다는 시각이 지배적이었으나, 후술하는 바와 같이 이 문제는 한국의 공법질서 속에서 규범통제와는 전혀 다른 권리구제의 새로운 track이 제시된 결과이며, 법원이 점차로 처분적 행정입법에 대한 항고소송을 인정하는 판례를 내놓으면서 항고소송의 외연이 확대되는 상황을 맞이하고 있다. 따라서 이 문제는 변형결정의 기속력과 함께 '헌재와 대법원 간의 갈등'이라는 시각을 지양하고 헌재가 법률을 포함하여 하위규범에 대한 기본권 침해 여부를 가리면서 제시한 심사기준이나 헌법원리가 여하히 행정법질서에 法源으로 작용하였는지에 대한 보다 전향적이고 발전적인 관점에서 이해하는 것이 중요하다.

2) 처분적 행정입법, 고시 등에 대한 헌법소원

헌재가 처분적 행정입법에 대한 헌법소원을 인정한 사건은 지난 1990년 헌재 출범 초기의 대법원규칙인 법무사법 시행규칙에 대한 헌법소원사건이다.[27] 그런데 이 사건에서 헌재는 법령에 대한 헌법소원이라는 제도가 법원이 심사권을 행사하는 구체적 규범통제와는 전혀 다른 제도로서 양자 간의 무관련성을 강조하였으나, 결과적으로는 헌재가 헌법 소원제도를 통하여 하위규범에 대해서 실질적으로 헌법에도 규정되지 않은 추상적 규범통제를 행하고 있다는 지적을 받기도 하였다.[28] 그러나 앞서 언급한 바와 같이 법령에 대한 헌법소원제도는 헌법재판소가 출범하면서 우리나라 공법사에서는 일찍이 경험하지 못했던 새로운 공법상의 권리구제방식이었으며, 동시에 헌재와 대법원 간의 긍정적인 경쟁과 긴장관계를 통하여 결과적으로 국민의 권리구제의 폭을 넓혔다는 점에서 긍정적으로 평가받아야 할 부분이 존재한다.

헌재는 대통령령, 총리령, 부령, 자치단체의 조례와 규칙과 같이 헌법에 명시적으로 열거된 하위규범은 물론 고시와 같이 형식은 행정규칙에

27) 헌재 1990.10.15. 89헌마178.
28) 김중권, 김중권의 행정법, 법문사, 2013, 331면.

불과하지만 법률의 위임에 의하여 이를 보충하거나 구체화하는 경우 이를 공권력의 행사로 보고 그에 대한 헌법소원을 인정함으로써 헌법소원의 외연과 대상을 계속적으로 확대하였다.[29] 물론 헌재가 법률에 위임을 받은 것이기는 하지만 헌법이 정식으로 인정하지 않은 고시라는 형식에 대하여 법규성을 인정하는 견해를 제시한 점에 대해서는 비판의 여지가 없는 것은 아니지만 결과적으로 헌법소원이라는 제도를 통하여 법규명령에 대하여 특정 기본권 침해를 이유로 하여 그 위헌성을 심사할 수 있는 기준을 다양화 했다는 점에서는 긍정적인 평가를 받을 수 있다. 이에 대해서는 후술한다.

3) 고시의 처분성

헌재가 헌법이 열거한 법규명령의 형식은 물론 고시 등에 대해서도 공권력 행사성을 인정하고 헌법소원의 대상을 확대하는 경향에 대해 법원은 법규명령이 처분성을 가지는 경우 이를 적극적으로 항고소송의 대상에 포함시키는 판례를 제시하기 시작하였다. 대법원은 같은 헌법 제107조 제2항에 규정된 내용이기는 하지만 명령·규칙과 처분에 대해 각각 규범통제와 항고소송의 2원론을 유지하던 태도를 지양하고 처분적 성격을 가지는 명령·규칙의 경우 이에 대해 취소 또는 무효확인을 구하는 항고소송을 인정하고 있다. 예를 들어 대법원은 특정 제약회사의 특정 약제에 대하여 국민건강보험가입자 또는 국민건강보험공단이 지급하여야 하거나 요양기관이 상환 받을 수 있는 약제비용의 구체적 한도액을 특정하여 설정하고 있는 보건복지부장관의 고시인 약제급여·비급여목록 및 급여상한금액표에 대해서, 이 고시는 다른 집행행위의 매개 없이 그 자체로서 국민건강보험

29) 예를 들어 헌법재판소는 게임제공업소의 경품취급기준고시 위헌확인 사건에서 "이 사건 고시는 게임제공업을 영위하는 자가 게임이용자에게 제공할 수 있는 경품의 종류와 지급방법 등에 관한 기준을 정하고 있는데, 이는 특정인에 대한 개별적·구체적인 처분의 성격을 지닌 것이라기보다는 게임제공업소의 경품제공 일반에 관한 일반적·추상적인 규정의 성격을 지닌 것이라 봄이 상당하고, 나아가 이 사건 고시는 이 사건 모법조항의 위임에 의하여 제정된 것으로서 국민의 기본권을 제한하는 내용을 담고 있어 상위법령과 결합하여 대외적 구속력을 갖는 법규명령으로 기능하고 있는 것이라 볼 수 있으므로 헌법소원의 대상이 된다"고 판시하고 있다. 헌재 2008.11.27. 2005헌마161 등.

가입자, 국민건강보험공단, 요양기관 등의 법률관계를 직접 규율하는 성격을 가진다고 할 것이므로, 항고소송의 대상이 되는 행정처분에 해당한다고 판시하였다.[30]

또한 서울행정법원은 특정 국가의 특정물품을 대상으로 부과되는 덤핑방지관세를 규정한 당시 재정경제부장관의 부령인 '인도네시아·중국산 정보용지 및 백상지에 대한 덤핑방지관세 부과에 관한 규칙'의 처분성과 관련하여 "덤핑방지관세는 덤핑으로 인하여 국내산업에 실질적인 피해가 있다고 인정되는 경우에 그 물품과 공급자 또는 공급국을 지정하여 당해 물품에 대하여 부과되는 것이기 때문에 그 물품의 우리나라에 대한 수출에 직접적인 영향을 미친다는 점 등을 종합하여 보면, 이 사건 규칙은 항고소송의 대상이 되는 행정처분에 해당한다고 봄이 상당하다"고 판시하고 있다.[31]

특히 서울행정법원은 이 사건에서 "원고들로서는 이 사건 규칙에 대하여 항고소송을 제기함으로써 위 규칙이 유효함을 전제로 하여 향후 조사대상물품을 수입하는 수입자들에게 부과될 관세부과처분과 관련된 모든 분쟁을 일거에 해결할 수 있을 것이므로, 이 사건 소는 분쟁해결을 위한 직접적이고 유효·적절한 수단이라고 할 것이다"라는 이유를 덧붙이고 있음을 주목할 필요가 있다. 다시 말하자면 서울행정법원은 이른바 처분적 성격의 법규명령의 경우에는 구체적, 부수적 규범통제가 가지는 한계 내지 불편(위법한 명령에 대한 당해 사건에서의 적용배제와 후속하는 절차의 복잡성)을 감수하기보다는 이를 항고소송의 대상으로 하고 이른바 취소판결의 형성력과 대세효를 인정하여 일거에 유사한 사건을 보다 효율적으로 해결할 수 있음을 강조하고 있다. 결국 법원이 처분적 법규명령에 대한 항고소송을 인정하는 판결을 계속하게 됨에 따라서 하위규범에 대한 헌법소원은 보충성원칙이 흠결되는 경우가 많아지게 되어 그 적법성을 인정하고 본안에 대하여 판단할 여지는 상대적으로 협소하게 되었다.

---

30) 대법원 2006.9.22. 선고 2005두2506 판결.
31) 서울행법 2005.9.1. 선고 2004구합5911 판결.

4) 평가

그렇다면 하위규범에 대한 헌법재판소의 심사가 행정법의 영역에 구체적으로 어떠한 영향을 미친 것일까? 종래 법원이 구체적, 부수적 규범통제를 통하여 하위규범을 심사하는 경우 심사기준은 주로 위임의 근거 여부와 위임의 범위를 준수하였는가 하는 문제에 집중되었다. 다시 말하자면 하위법규에 대한 법원의 심사기준은 주로 법률유보원칙과 법률우위원칙이라고 할 수 있다. 대법원은 소득세법이 양도소득세의 부과와 관련하여 토지등급이 없는 토지에 대한 유사토지의 등급을 적용하여 계산한 과세시가표준액을 적용하도록 하위규범에 위임하지 않았음에도 불구하고 소득세법 시행규칙이 이를 규정한 경우 다음과 같이 위임의 근거를 결여한 것으로서 위법으로 판단하였다.

“토지의 과세시가표준액에 관하여 지방세법 제111조, 같은 법 시행령 제80조 제1항 제1호는 매년 1회 조례로 정하는 날 현재 제80조의2의 규정에 의하여 결정된 토지등급가액으로 하되 등급이 없는 토지 또는 그 정황이 현저하게 달라진 토지는 새로이 설정 또는 수정된 토지등급가격으로 하도록 규정하고 있을 뿐이고, 현재 토지등급이 없는 토지에 대하여 지목, 품위 및 정황이 유사한 다른 토지의 등급을 준용하여 과세시가표준액을 정할 수 있도록 한 규정을 찾아볼 수 없으므로 구 소득세법 시행규칙 제82조 제2항(1990.9.1. 재무부령 제1832호로 삭제)이 규정하는 토지등급이 없는 토지에 대한 유사토지의 등급을 적용하여 계산한 과세시가표준액은 지방세법상의 과세시가표준액이라고 할 수 없음이 명백한바, 소득세법 제60조 및 구 소득세법 시행령(1989.8.1. 대통령령 제12767호로 개정되기 전의 것) 제115조 제1항 제1호는 지방세법상의 과세시가표준액을 기준으로 하여 기준시가를 결정하도록 규정하였을 뿐이고, 토지등급이 설정되어 있지 않은 토지에 대하여 유사토지의 등급을 적용하여 기준시가를 결정하는 방법은 전혀 규정하지 않았을 뿐 아니라 하위법규인 시행규칙에 위임한 바도 없으므로, 결국 구 소득세법 시행규칙 제82조 제2항은 소득세법이나 그로부터 위임받은 소득세법 시행령에 아무런 위임근거도 없이 과세요건에 관한 사항을 규정한 것이어서 조세법률주의의 원칙에 위반되어 무효이다."[32]

결국 대법원은 이 사건에서 양도소득세를 부과할 수 있는 법률적 근거가 흠결된 것으로서 이는 법률유보원칙과 세법상 조세법률주의 위반으로 판단한 것이다. 또한 대법원은 하위규범이 법률의 위임의 근거는 가지고 있으나 그 위임의 범위를 벗어나는 경우에는 결과적으로 하위규범이 법률에 위반하여 위법으로 인정하고 있다. 예를 들어 대법원은 화물자동차 운수사업법과 동법 시행령의 규정 형식과 내용 등에 의하면 화물자동차법 제19조 제1항 제11호에 규정된 "중대한 교통사고 또는 빈번한 교통사고로 많은 사상자를 발생하게 한 경우"는 빈번한 교통사고뿐 아니라 중대한 교통사고에도 '많은 사상자'의 발생을 요건으로 하고 있다고 판시하면서, 여기에 규정된 '많은'은 문언상 복수(복수), 즉 적어도 2인 이상을 의미하므로 1인은 포함되지 않는다고 해석하는 것이 타당함에도 불구하고 화물자동차법 시행령 제6조 제1항 [별표 1] 제12호 (가)목은 '1건의 교통사고로 인하여 2인 이하가 중상을 입은 때'를 위반차량 운행정지처분의 대상으로 규정함으로써 결과적으로 1인의 중상자가 발생한 경우도 구 화물자동차법상 제재 대상으로 삼고 있는 것이 모법인 화물자동차법 제19조 제1항 및 제2항의 위임범위를 벗어난 것으로서 무효로 보고 있다.[33] 이 사건에서 대법원은 시행령이 법률에 위임의 근거는 두고 있지만 법률보다 엄격한 요건을 규정함으로써 결국 법률의 위임범위를 일탈하여 법률우위원칙을 침해한 것으로 판단한 것이다.

물론 대법원도 이미 지난 1994년 당시 보존음료수의 국내판매를 금지하는 보건사회부장관의 고시의 적법성 여부에 대해 매우 이례적으로 헌법상 직업의 자유, 행복추구권, 과잉금지의 원칙 등 위헌심사기준을 적용하여 위 고시의 위헌성을 인정하기도 하였지만,[34] 법원이 하위규범에 대해 이러한

---

32) 대법원 1993.1.19. 선고 92누6983 전원합의체 판결.
33) 대법원 2012.12.20. 선고 2011두30878 전원합의체 판결.
34) 대법원 1994.3.8. 선고 92누1728 판결.

다양한 위헌심사기준을 적용한 예는 드물다. 그러나 헌법재판제도와 함께 법령소원이 일반화되면서 하위규범에 대한 심사기준은 법률유보와 법률우위원칙과 함께 헌법상 재산권, 평등권, 직업의 자유, 과잉금지의 원칙, 신뢰보호의 원칙 등 다양한 위헌심사기준이 추가되어 이제 하위규범을 제정하면서 수권자인 입법자나 수임자인 행정청 모두 그 적법성과 함께 합헌성 문제를 일상적으로 고민해야 하는 입장에 서게 된 것이다. 예를 들어 헌법재판소는 문화관광부장관이 제정한 게임제공업소의 경품취급기준고시를 헌법소원의 대상인 공권력의 행사로 보고, 본안심리 과정에서는 법률유보와 관련된 포괄위임금지원칙, 모법위임범위의 일탈 여부, 명확성원칙과 함께 죄형법정주의, 직업의 자유, 재산권, 평등권, 행복추구권의 침해 여부 등 다양한 심사기준을 적용하고 있다(헌재 2008.11.27. 2005헌마161등).[35]

Ⅳ. 행정법의 일반원칙

1. 행정법의 일반원칙, 법치국가의 일반원칙

독일의 판례이론에 따라서 성립하고 발전한 행정법의 일반원칙(allgemeine Grundsätze des Verwaltungsrechts)은 과잉금지의 원칙, 신뢰보호의 원칙, 행정의 자기구속의 법리 등으로서 일종의 불문의 법원칙이기는 하지만 행정법관계에 직접적으로 해석·적용되는 法源으로서 행정법의 집행과 재판과정에서 이러한 원칙에 위반하는 경우 당해 행정작용은 위법한 것으로 평가된다. 그런데 독일의 경우와 유사하게 우리나라에서도 행정법의 일반원칙은 단순히 행정법의 법원으로서의 기능뿐만 아니라 헌법재판소의 결정례를 통하여 헌법상 법치국가원리로부터 직접 도출되는 헌법적 위상을 가지게 되었음을 주목할 필요가 있다. 다시 말하자면 헌법재판소는 과잉금지의 원칙이나 신뢰보호의 원칙 등은 행정작용의 적법성을 심사하는 일반적인 기준인 동시에 법치국가가 스스로 공권력을 행사함에 있어서는 그 상

35) 헌재 2008.11.27. 2005헌마161 등.

대방인 국민의 권리보호를 의식하여 최대한 이를 자제하고 그 행사의 예측가능성과 투명성을 실현하는 것이 바로 법치국가의 '自然的 屬性'에 속하는 문제로 인식하였다는 점이다. 그리고 이러한 헌법재판소의 인식과 그에 따라 집적된 결정례는 행정소송과정에서 행정작용의 적법성과 합헌성을 판단하는 직접적인 법원으로 적용된다.

예를 들어 과잉금지원칙의 경우에도 헌법재판소는 이미 출범 초기에 이를 헌법상의 원칙으로 이해하고 그 개별 내용에 해당하는 경우에 한하여 국가의 입법작용에 비로소 정당성이 인정되고 그에 따라 국민의 수인의무가 생겨나는 것으로서, 이러한 요구는 오늘날 법치국가의 원리에서 당연히 추출되는 확고한 원칙으로서 부동의 지위를 점하고 있으며, 헌법 제37조 제2항에서도 이러한 취지의 규정을 두고 있는 것으로 이해하고 있다.[36] 다시 말하자면, 헌법상 과잉금지의 원칙은 헌법 제37조 제2항이나 기타 실정법규로서 경찰관무집행법 제1조 제2항(이 법에 규정된 경찰관의 직권은 그 직무수행에 필요한 최소한도 내에서 행사되어야 하며 이를 남용하여서는 아니 된다)이나 행정절차법 제48조 제1항(행정지도는 그 목적 달성에 필요한 최소한도에 그쳐야 하며, 행정지도의 상대방의 의사에 반하여 부당하게 강요하여서는 아니 된다) 등 실정법규에 규정되었기 때문에 그에 따라 일정한 헌법적, 법률적 내용과 효력을 갖는 것이 아니다. 행정기본법 제10조 역시 유사한 내용을 규정하고 있으나[37] 위 헌법과 개별 법률 조항과 같이 과잉금지원칙을 창설하는 규정이라기보다는 이를 확인하는 의미를 가진다.

이미 언급한 바와 같이 오늘날 법치국가는 공권력을 행사하는 과정에서 어떻게 하면 상대방인 국민의 권리침해를 최소화하고 공사이익을 조화롭게 조정하는 방향으로 일정한 행정목적을 실현할 것인가를 깊이 고민하는 국가이며, 이러한 국가적 성향 자체가 이른바 실질적 법치주의에 부합

---

36) 헌재 1990.9.3. 89헌가95.

37) 제10조(비례의 원칙) 행정작용은 다음 각 호의 원칙에 따라야 한다. 1. 행정목적을 달성하는 데 유효하고 적절할 것, 2. 행정목적을 달성하는 데 필요한 최소한도에 그칠 것, 3. 행정작용으로 인한 국민의 이익 침해가 그 행정작용이 의도하는 공익보다 크지 아니할 것.

하는 국가이성과 행동양식이다. 그러므로 헌법 제37조 제2항이나 기타 관련 실정법에 규정된 내용은 알서 언급한 바와 같이 과잉금지원칙에 대한 단순한 확인적 의미를 갖을 뿐 이러한 조항들이 없다고 하여 과잉금지원칙이 부인되는 것은 물론 아니다. 과거 법원의 판례는 과잉금지의 원칙이 적용되는 사안에서 수단의 적합성, 침해의 최소성, 법익의 균형성 등 개별적인 내용을 일일이 거론하지 않고 단순히 재량권의 일탈·남용 등의 용어로서 이를 대신하여 왔으나 헌법재판제도를 통하여 구체적인 내용이 상시적으로 언급됨으로써 이제 일반 행정재판에서도 과잉금지의 원칙, 평등의 원칙과 같은 행정법의 일반원칙을 행정처분 등의 위법성 심사기준으로 적용하고 있다.[38)]

2. 신뢰보호원칙의 경우

우리나라에서 행정법의 일반원칙으로서 신뢰보호의 원칙은 1980년대 초부터 법원의 판례를 통하여 인정되기 시작하였다. 특히 소급과세의 경우 신뢰보호의 원칙은 국세기본법 제18조 제2항과 제3항, 일반 행정처분의 경우에는 행정절차법 제4조에 그 실정법적 근거를 두고 적용되는 것으로 이해하였다. 행정기본법 역시 제12조에서 신뢰보호원칙의 구체적인 내용

38) 예를 들어 대법원은 하위규범인 '산업재해보상보험법 시행령'의 위법 여부를 가리기 위하여 단순하게 재량권의 일탈·남용이라는 용어를 사용하지 않고 평등의 원칙과 과잉금지의 원칙의 내용을 다음과 같이 적시하고 있다. "산업재해보상보험법 시행령 제53조 제4항은 업무상 재해 인지를 불문하고 이미 장해가 있는 부위에 업무상 재해로 정도가 더 심해진 경우 그 부분에 한하여 장해보상을 한다는 데 취지가 있는 점, 기존 장해와 업무상 재해로 인한 신규 장해의 정도 차이를 기준으로 한다는 점에서 기존 장해가 없는 사람과 기존 장해가 있는 사람은 장해유무에서 본질적으로 다르나 업무상 재해로 기존 장해가 있는 사람과 업무상 재해와 무관하게 기존 장해가 있는 사람 사이에는 본질적 차이가 있다고 할 수 없는 점, 사회보장급여의 하나인 산업재해보험급여 기준이나 내용 등을 구체적으로 확정하는 문제는 산업재해보험기금 상황, 국가의 재정부담능력, 전체적인 사회보장수준과 국민감정 등 사회정책적인 측면 및 보험기술적 측면과 같은 제도 자체의 특성 등 여러 가지 요소를 고려할 필요에서 입법자에게 광범위한 입법형성의 자유가 주어진 영역인 점 등에 비추어 보면, 이 사건 규정은 목적이 합리적이고 정당하며 방법도 적절하다. 따라서 이 사건 규정은 평등의 원칙이나 과잉금지의 원칙에 위배된다고 볼 수 없다"(대법원 2011.10.27. 선고 2011두15640 판결).

을 규정하고 있다.[39] 그런데 헌법재판제도가 정착·발전됨에 따라서 헌법재판소는 '헌법상 신뢰보호의 원칙', '법치국가원리로부터 도출되는 신뢰보호의 원칙' 등과 같은 표현을 사용함으로써 신뢰보호의 원칙이 법률의 하위규범이나 행정처분에 대한 위법성 심사기준으로서만이 아니라 헌법적 위상을 가지고 있음을 분명히 하였다. 그리고 법원의 판례도 신뢰보호원칙의 법적 근거를 헌법상 법치국가원리로부터 도출하는 입장을 보이게 되었다.

예를 들어 대법원은 변리사 제1차 시험을 절대평가제에서 상대평가제로 환원하는 내용의 변리사법 시행령 개정조항을 즉시 시행하도록 규정한 시행령 부칙 부분이 헌법에 위반되어 무효인지 여부와 관련하여 다음과 같이 신뢰보호원칙을 헌법상 법치국가원리로부터 도출하고, 그에 위반하는 변리사법 시행령을 위헌으로 판단하였다. "법령의 개정에 있어서 구 법령의 존속에 대한 당사자의 신뢰가 합리적이고도 정당하며, 법령의 개정으로 야기되는 당사자의 손해가 극심하여 새로운 법령으로 달성하고자 하는 공익적 목적이 그러한 신뢰의 파괴를 정당화할 수 없다면, 입법자는 경과규정을 두는 등 당사자의 신뢰를 보호할 적절한 조치를 하여야 하며, 이와 같은 적절한 조치 없이 새 법령을 그대로 시행하거나 적용하는 것은 허용될 수 없는바, 이는 헌법의 기본원리인 법치주의 원리에서 도출되는 신뢰보호의 원칙에 위배되기 때문이다. 이러한 신뢰보호 원칙의 위배 여부를 판단하기 위하여는 한편으로는 침해받은 이익의 보호가치, 침해의 중한 정도, 신뢰가 손상된 정도, 신뢰침해의 방법 등과 다른 한편으로는 새 법령을 통해 실현하고자 하는 공익적 목적을 종합적으로 비교·형량하여야 한다"[40]

---

39) 제12조(신뢰보호의 원칙) ① 행정청은 공익 또는 제3자의 이익을 현저히 해칠 우려가 있는 경우를 제외하고는 행정에 대한 국민의 정당하고 합리적인 신뢰를 보호하여야 한다. ② 행정청은 권한 행사의 기회가 있음에도 불구하고 장기간 권한을 행사하지 아니하여 국민이 그 권한이 행사되지 아니할 것으로 믿을 만한 정당한 사유가 있는 경우에는 그 권한을 행사해서는 아니 된다. 다만, 공익 또는 제3자의 이익을 현저히 해칠 우려가 있는 경우는 예외로 한다.

40) 대법원 2006.11.16. 선고 2003두12899 전원합의체 판결.

물론 이 판결에서는 특히 신뢰보호원칙에 대한 헌법적 효력을 인정하는 것과 관련하여 다수의견을 반박하는 반대의견이 제시되었다. 특히 반대의견의 보충의견을 제시한 당시 김용담 대법관은 기본적으로 이 사안은 법령개정의 효력에 관한 문제로서 다음과 같이 철저하게 법령해석에 국한할 것을 강조하고 있다. "헌법재판소가 위헌재판을 함에 있어 모든 법률문제를 헌법문제로 귀착시켜 한 없이 헌법재판권을 넓혀가서는 안 되는 것은 물론, 대법원으로서도 명령, 규칙의 위헌·위법심사를 함에 있어서 그 명령, 규칙의 위헌성이 문제되는 헌법재판인지, 위법성을 문제삼는 사법권의 행사인지를 명확히 구별하지 않으면 안 된다. 만연히 법단계설에 서서 모든 법률문제는 결국 헌법문제로 치환될 수 있다는 사고를 한다면 이는 적어도 우리 헌법과는 들어맞지 않으며, 결국 사법권의 독립을 부정하는 위험한 사고라고 할 수밖에 없다. 어떤 제도의 창설이나 유지·변경 또는 폐지 그 자체에 대한 기대 또는 신뢰가 헌법상의 기대 또는 신뢰로서 보호되려면, 그 제도의 창설이나 유지·변경 또는 폐지가 헌법으로부터 직접적으로 기대되고 신뢰되어야 하고, 헌법 이외의 법령에 의하여 비로소 마련된 제도라면 그 제도의 창설이나 유지·변경 또는 폐지에 대한 기대와 신뢰의 문제도 원칙적으로 그 법령상의 문제이다. 따라서 법률에 의하여 마련된 제도에 관하여 법률에 의하여 그 시행을 위임받은 명령·규칙·조례가 그 시행방법을 변경하는 것은 우선적으로 법률의 문제로 다루어야 하고 헌법의 문제로 다룰 것은 아니다. 개정 시행령 부칙의 효력 여부는 법령 등 공포에 관한 법률의 범위 내에서 다루어야 할 문제로서 헌법문제가 아니라 법률문제이다."

김 대법관은 사안에서 변리사법 시행령 개정의 효력에 대한 해석문제를 다수의견이 헌법의 문제로 치환하여 오인한 것으로 보았다. 김 대법관이 명시적으로 지적하지는 않았지만 아마도 그의 판단과 같이 다수의견이 법령해석의 문제를 헌법문제로 오해하여 치환한 근본적인 원인은 신뢰보호원칙이 헌법상 명시적인 근거를 가지고 있지 않다는 것으로 귀결된다.

다수의견이 신뢰보호원칙은 헌법의 기본원리인 법치주의원리로부터 당연히 도출되는 것이라고 언급한 부분은 적어도 실정법의 해석에 충실한 김대법관의 시각에서는 논리의 도약이고 철저하게 논증되지 못한 허구의 가설에 불과한 것으로 비추어졌을지 모른다. 그럼에도 불구하고 다수의견이 신뢰보호원칙을 헌법적 효력을 가지는 심사기준으로 제시한 것은 그 동안 헌법재판과정을 통하여 집적된 신뢰보호원칙이 과잉금지원칙과 함께 오늘날 실질적 법치국가에서 행정작용의 성격과 방향을 결정하는 본질적 구성요소가 되었다는 점을 방증하는 것이다. 따라서 헌법 제37조 제2항이 과잉금지의 원칙을 단순히 확인하는 의미를 가지는 것과 마찬가지로 행정기본법, 국세기본법, 행정절차법 등에 규정된 신뢰보호원칙 관련 조항들을 가지고 신뢰보호원칙이 법률상의 원칙으로서 단순히 법률적 효력만을 갖는데 불과하다고 판단하는 것은 적절하지 못하다. 그런 의미에서 사안에서 다수의견이 하위규범에 대한 규범통제의 위헌심사기준으로 신뢰보호원칙을 적용한 것은 전적으로 타당한 것으로 볼 수 있다.

3. 적법절차원리 - 행정법의 일반원칙인가?

1) 헌재의 결정례

우리 헌법은 미국헌법과는 달리 명시적으로 적법절차원리를 규정하지는 않았지만 헌법재판소는 집적된 결정례를 통하여 특히 형사사법절차와 관련된 사건에서 헌법 제12조 제1항과 제3항을 근거로 적법절차원리를 헌법상의 원칙으로 이해하고 있다. 즉 헌재는 우리 헌법 제12조 제1항 후문은 "누구든지 법률에 의하지 아니하고는 체포·구속·압수·수색 또는 심문을 받지 아니하며, 법률과 적법한 절차에 의하지 아니하고는 처벌·보안처분 또는 강제노역을 받지 아니한다"고 규정하여 적법절차원칙을 헌법원리의 하나로 일반적인 원리로서 수용하였다는 견해를 제시하고 있다. 헌재는 이러한 적법절차원칙은 법률이 정한 형식적 절차와 실체적 내용이 모두 합리성과 정당성을 갖춘 적정한 것이어야 한다는 실질적 의미를 지니고 있으며,[41] 형사소송절차와 관련하여서는 형사소송절차의 전반을 기본권 보장의 측면에서 규율하여야 한다는 기본원리를 천명하고 있는 것으로 이해하고 있다.[42]

또한 헌재는 헌법 제12조 제3항의 적법절차원칙은 기본권 제한 정도가 가장 심한 형사상 강제처분의 영역에서 기본권을 더욱 강하게 보장하려는 의지를 담아 중복 규정된 것이라고 해석하는 입장이지만,[43] 동시에 헌법상 적법절차원리가 형사절차에만 국한되는 것이 아니라 입법·행정 등 모든 국가의 공권력 작용에 적용되는 헌법상의 기본원리로서 명시된 것이라는 견해를 제시하였다.[44] 한편 헌재는 적법절차원칙에서 도출할 수 있는 가장 중요한 절차적 요청 중의 하나로, 당사자에 대한 적절한 고지와 의견 및 자료 제출의 기회를 부여할 것을 들고 있다.[45] 결국 헌재는 우리 헌법이 미국헌법과는 달리 적법절차원리를 구체적으로 명시하지는 않았지만 그 간의 결정례를 통하여 헌법 제12조 제1항과 제3항을 형사절차에만 적용되는 원리로 이해하지 않고 입법과 행정작용을 포함하는 국가의 전반적인 공권력 행사에 확대하여 적용하는 일종의 헌법판례법을 성립시킨 것으로 이해할 수 있다.[46] 또한 적법절차의 내용으로 특히 상대방에게 불이익한 공권력작용을 시행함에 있어서 사전통지와 의견청취의 기회를 부여하는 것이 중요하다는 점을 강조하고 있다.

---

41) 헌재는 적법절차원리의 내용으로서 절차적 적법절차와 실체적 적법절차를 들고 있으나 우리나라의 경우 헌법상 다양한 기본권을 보장하고 입법에 대한 헌법적 통제기준이 마련되어 있으므로 이른바 실체적 적법절차의 의미는 상대적으로 미약하다는 견해도 제시된다. 임종훈, 한국헌법상의 적법절차원리에 대한 비판적 고찰, 헌법학연구 제14권 제3호, 2008, 372면; 성기용, 미국헌법상 실체적 적법절차의 법리, 미국헌법연구 제18권 제1호, 2007, 182면; 윤명선, 적법절차의 법리, 경희법학 제26권 제1호, 1992, 80면.

42) 헌재 1996.12.26. 94헌바1.

43) 헌재 2012.6.27. 2011헌가36.

44) 헌재 1992.12.24. 92헌가8; 헌재 2011.10.25. 2009헌마691 등.

45) 헌재 2003.7.24. 2001헌가25.

46) 같은 취지로 허영, 한국헌법론, 전정 8판, 박영사, 366면; 김동희, 행정법 Ⅰ, 제19판, 박영사, 377면; 홍준형, 전게 논문(각주 1), 138면. 이에 대한 반론으로는 길준규, 적정절차(Due Process of Law), 우리 행정법에도 유효한가?, 한양법학, 제22권 제2집, 2011, 20-27면.

2) 대법원 2012.10.18. 선고 2010두12347 전원합의체 판결 – 가산세 부실 납세고지 사건

대법원은 이 사건에서 과세관청이 가산세를 부과하면서 법령에 명시적으로 납세고지 등에 대한 조항은 없지만 가산세의 산출근거 등이 적시되지 않은 경우에는 헌법상 적법 절차원리에 위반하여 위법한 가산세 부과처분으로 보고 있다. 대법원은 가산세라는 것이 일종의 행정상 제재로서 납세자의 권리를 제한하는 전형적인 침해적 행정작용이라는 점에 착안하여 비록 가산세를 부과함에 있어서 법령에 명시적인 규정은 없으나 일종의 사전통지에 해당하는 납세고지과정에서 단순히 가산세의 합계만을 기재하지 않고 그 산출근거를 명시하여 납세의무자가 납세고지서 자체로 각 과세처분의 내용을 알 수 있도록 처분의 이유를 제시하는 것이 당연한 원칙이라는 점을 강조하고 있다. 따라서 대법원은 조세행정 영역에서 헌법상 적법절차원리를 위반한 가산세 부과처분은 위법하다는 것을 인정한 것이다. 어떻게 보면 다소 파격적이기도 한 대법원판결에 대해서는 위에서 언급한 신뢰보호원칙과 마찬가지로 도대체 헌법의 어느 조항으로부터 헌법적 효력을 가지는 적법절차원리가 도출될 수 있는가 하는 의문이 제기될 수 있다. 이와 관련하여 헌재는 헌법상 적법절차원리의 근거로서 헌법 제12조 제1항과 제3항을 들고 있음을 지적하였다.

이에 비하여 대법원은 위 판결에서 헌법상 적법절차원리에 대한 헌법적 근거를 전혀 제시하지 않고 단순히 '헌법상 적법절차원리'가 내재되어 있는 것으로 의제하고 그에 따르는 논리를 전개하고 있다.[47] 더욱이 놀라운 것은 대법원 판결이 전원합의체 판결이었음에도 불구하고 어느 한 명

47) 대법원의 견해에 따르면 국세징수법과 개별 세법의 납세고지에 관한 규정들은 헌법상 적법절차의 원칙과 행정절차법의 기본원리를 과세처분의 영역에도 그대로 받아들여, 과세관청으로 하여금 자의를 배제한 신중하고도 합리적인 과세처분을 하게 함으로써 조세행정의 공정을 기함과 아울러 납세의무자에게 과세처분의 내용을 자세히 알려주어 이에 대한 불복 여부의 결정과 불복신청의 편의를 주려는 데 그 근본취지가 있으므로, 이 규정들은 강행규정이라는 점이 강조되고 있다(대법원 2012.10.18. 선고 2010두12347 전원합의체 판결).

의 대법관도 이 문제에 대하여 반대의견을 제시하지 않았다는 점이다. 그렇다면 다음과 같은 문제가 자연스럽게 제시될 수 있다. 국가가 상대방인 국민에게 특히 불이익한 공권력 작용을 시행하기 이전에 비록 그것이 행정절차법의 적용을 받지 않는 사안이라고 하더라도 사전에 그러한 공권력 작용의 존재와 내용에 대해서 구체적으로 인지할 수 있도록 알려주고 그 이유를 제시하며, 동시에 그러한 공권력 행사의 당부에 대해 자신의 입장을 개진할 수 있도록 기회를 부여하는 적법절차원리는 헌법상 법치국가원리로부터 유래하는 행정법의 일반원칙으로서의 위상을 가지는 것인가?

앞서 필자는 과잉금지원칙, 신뢰보호의 원칙, 평등의 원칙 내지 행정의 자기구속의 법리 등과 같은 행정법의 일반원칙도 헌법상 법치국가원리로부터 도출되거나 아니면 이미 그 이전에 오늘날 법치국가가 '실질적 법치국가'로서의 속성과 본질을 유지하기 위해서 당연히 포함하고 있어야 하는 구성요소라는 점을 강조하였다. 사실상 이러한 행정법의 일반원칙을 통하여 실질적 법치주의가 지향하는 목표는 다름 아니라 국민의 입장에서 행정활동이나 국가의 공권력 작용은 항상 예측가능하고 투명하여야 하며, 일정한 공익을 실현하기 위하여 불필요하게 공권력을 남용하여 국민의 권리를 과도하게 침해하지 말아야 하고 동시에 합리적인 최소한의 비용만이 지출됨으로써 납세자인 국민에게 필요 이상의 과도한 경제적 부담을 주는 것을 지양하겠다는 것이다.

과잉금지의 원칙과 신뢰보호의 원칙이 포함하는 키워드는 바로 합리성, 투명성, 예측가능성, 불필요하고 과도한 공권력 행사의 지양, 최소한의 비용, 효율성, 재산권 존중과 같은 것들이다. 이런 측면에서 본다면 적법절차원리 또한 같은 지향성을 가지는 것으로 볼 수 있다. 국가가 국민에게 불편과 부담을 주는 공권력 작용을 하기 이전에 이를 알려주고 그 이유를 설명하며, 국민이 자신의 입장을 방어할 수 있는 기회를 주어야 하는 것이 적법절차의 핵심적인 내용이라면 여기에서도 공권력 작용에 대한 예측가능성과 투명성, 합리성이 그 요체라고 할 수 있다.

국가가 공익상 필요에 따라서 국민에게 불편과 부담을 주는 경우에 왜 적법절차를 통하여 사전에 상세하게 설명하도록 요구하고 상대방인 국민의 의견을 듣도록 하는 것일까? 적법절차의 본질과 존재의의에 대해서는 행정의 적정성, 민주성 보장이라는 교과서적인 답변이 나올 수 있지만 다시 한 번 그 이유를 곰곰이 생각해 보자. 만약, 국민에게 불편과 부담을 주는 행정작용에 대해 적법절차를 생략하고 국가가 일을 치렀는데, 혹시 나중에 국민이 여기에 대해서 불복하는 경우를 상상해 보자. 아마도 국민은 국가의 잘못을 발견하기 위해서 생업을 중단 내지 축소하고 이런 저런 자료를 모으고 시간을 투자하는 것이 불가피할 것이다. 혹시 국민이 이러한 과정을 통해 국가에게 잘못이 없다고 스스로 판단하면 그나마 다행이지만 국가의 과실이 명백해져서 사법적 권리구제를 위해 소송을 제기한다면 그에 대해 다시 국민과 국가 모두에게 상당한 시간과 재정적 부담이 불가피해진다.

결국 적법절차의 지향점이 국가활동의 투명성, 예측가능성, 합리성, 최소한의 비용, 권한남용의 방지, 효율성, 재산권 보호라는 것이라면 대법원의 논리대로 오늘날 헌법상 내재된 원칙이고 이를 행정법의 일반원칙으로 인정하는데 異論이 있을 수 있을까? 바로 적법절차의 목표는 이러한 불필요하고 과도한 낭비적 요소를 줄이기 위해 국가가 국민에게 민폐가 되는 일을 하기 전에 친절하게 국민에게 설명해주고 그 의견을 듣기 위함이다. 결국 적법절차원리는 "국가가 공익실현을 위해 불가피하게 민폐를 끼치려면 주권자인 국민에게 친절하게 설명하고 그들의 동의를 구하라"는 것에 방점이 있으므로 궁극적으로는 헌법상 국민주권원리를 실현하는 수단이라고 볼 수 있는 것이다. 국민에게 아무런 설명도 없이 무뚝뚝 하게 국가의 목표만을 강조하고 이를 실현하려는 '불친절한 국가'는 국민주권원리와 적법절차를 무시하는 국가이다. 더욱이 생업에 바쁜 국민들이라는 점을 고려한다면 국민의 세금으로 살아가는 국가와 공무원은 월급을 받는 국민에게 그 정도의 서비스는 제공하는 것이 당연하지 않은가?[48]

---

48) 이쯤에서 대법원의 판결로 되돌아가 보자. 대법원은 법원의 판결문에서는 찾아보기 어려

대법원의 판시이유에 따르면 국가가 납세자인 국민에게 스스로 법전을 찾아서 무엇인가 알 수 있도록 만들었다면 이는 매우 불친절한 국가이며, 적어도 오늘날 실질적 법치주의 하에서는 그 존립의 정당성이 없다는 의미로 들린다. 결과적으로 적법절차원리를 헌법상 법치국가원리로부터 도출되는 행정법의 일반원칙으로 이해하는 대법원의 판결에 전적으로 동의하며, 이러한 결과는 지난 25년 간 헌재와 법원 간에 선의의 경쟁의 결과로 한국 법치주의가 얻은 소중한 자산이다. 이제 행정법 문헌에서도 행정법의 일반원칙으로 과잉금지의 원칙, 평등의 원칙, 신뢰보호의 원칙과 함께 적법절차원리를 추가하기 위해 교과서를 改稿해야 하는 시점이 도래한 것이다.

V. 맺는 말 - 남은 과제들

한국의 헌법재판제도가 지난 30여 년 동안 독자적 판례법리를 전개하고 때로는 긍정적인 의미에서 법원과의 갈등과 경쟁관계를 통하여 행정법질서와 법치주의원리의 발전에 초석을 다져왔다는 평가에 인색할 필요는 없을 것 같다. 본 연구는 헌법재판이 한국의 행정법질서에 미친 긍정적이고 발전적인 측면을 주로 언급하였지만 그 동안 헌법재판소가 행정법적 주제에 대해 지나치게 과거 지향적이었거나 비헌법적인 시각으로 접근해서 오히려 이러한 문제들에 대한 헌법적 평가를 어렵게 한 사안들도 있다.

우선 첫째, 거론할 수 있는 문제점으로는 고시와 같이 비록 추상적이

울 정도의 흥미롭고 쉬운 표현으로 적법절차원리를 다음과 같이 설명하고 있다. "여러 종류의 가산세를 함께 부과하면서, 납세고지서에 산출근거는 물론 종류조차도 따로 밝히지 않고 단지 가산세의 합계액만을 기재하고는, 납세의무자가 스스로 세법 규정을 잘 살펴보면 무슨 가산세가 부과된 것이고 산출근거가 어떻게 되는지를 알아낼 수 있다고 하는 것으로 그 기재의 흠결을 정당화할 수는 없다. 과세처분의 상대방인 납세의무자에게 알아서 법전을 찾아보라고 할 행정 편의적인 발상이 법치의 광장에서 용인되어서는 안 된다. 그러므로 가산세 부과처분이라고 하여 그 종류와 세액의 산출근거 등을 전혀 밝히지 않고 가산세의 합계액만을 기재한 경우에는 그 부과처분은 위법함을 면할 수 없다."

나마 법률의 위임을 받기는 하였지만 헌법이 정식으로 인정하지 않는 규범의 형식에 대해 대외적인 구속력을 인정하는 오류를 범하고 있다는 것을 들 수 있다. 물론 이 문제는 앞서 언급한 바와 같이 헌재가 헌법소원의 대상을 확대하는 과정에서 고시 등의 공권력 행사성을 인정한 결과이기는 하지만 헌법상 국회에 부여한 입법권이 원칙이고 불가피하게 행정부 등에 위임한 입법형식을 헌법이 예외적으로 나열한 것이라고 본다면 행정부에게 위임되지 않은 입법형식에 일정한 권한을 부여하여 발생할 수 있는 법치주의의 우회 내지 약화현상에 대한 보다 진지하고 근본적인 성찰이 필요하다. 최근에는 헌법이 인정하지 않는 하위법규의 형식에 대해서 위헌론을 제기하는 반대의견이[49] 늘어나고 있다는 점이 긍정적이기는 하지만 아직은 고시 등 변형적 법규명령 형식에 대하여 위헌결정이 이루어진 사건은 없다.

둘째, 헌법재판소는 행정규칙이 정한 바에 따라 일정한 행정관행에 이루어진 경우 행정의 자기구속의 법리와 신뢰보호의 원칙에 따라서 행정규칙이 법규로 전환된다는 논리를 답습하고 있는데,[50] 이 역시 대법원을 판례를 그대로 수용한 것으로서 행정규칙에 대해 법규성을 인정하는 경우 초래될 수 있는 부작용을 고려하지 않는 좋지 않은 선례들이다.[51] 위에서

---

49) 위헌론의 논거는 다음과 같다. "우리 헌법은 제40조에서 국회입법의 원칙을 천명하면서 예외적으로 법규명령으로 대통령령, 총리령과 부령, 대법원규칙, 헌법재판소규칙, 중앙선거관리위원회규칙을 한정적으로 열거하고 있는 한편 우리 헌법은 그것에 저촉되는 법률을 포함한 일체의 국가의사가 유효하게 존립될 수 없는 경성헌법이므로, 법률 또는 그 이하의 입법형식으로써 헌법상 원칙에 대한 예외를 인정하여 고시와 같은 행정규칙에 입법사항을 위임할 수는 없다. 우리 헌법을 이렇게 해석한다면 위임에 따른 행정규칙은 법률의 위임 없이도 제정될 수 있는 집행명령(헌법 제75조 후단)에 의하여 규정할 수 있는 사항 또는 법률의 의미를 구체화하는 내용만을 규정할 수 있다고 보아야 하는 것이고 새로운 입법사항을 규정하거나 국민의 새로운 권리·의무를 규정할 수는 없다. 법규적 사항을 헌법에서 한정적으로 열거한 위임입법의 형식을 따르지 아니하고 법률에서 임의로 위임입법의 형식을 창조한 것으로 헌법에 위반된다고 하지 않을 수 없다" 헌재 2004.10.28. 99헌바91.

50) 헌재 2011.10.25. 2009헌마588; 헌재 2005.5.26. 2004헌마49.

51) 일부 견해는 헌재의 이러한 결정례들이 행정법 학계의 논의를 헌법재판소가 과감하게 수용한 결과로서 긍정적으로 평가하기도 한다. 이계수, 헌법재판과 행정법이론, 공법연구

언급한 바와 같이 행정부가 법률의 위임을 받지 않거나 지극히 추상적인 위임의 근거만을 가지고 있는 경우에 이를 행정규칙이 보충하는 경우 법규성을 인정한다면 이는 행정부에게 법률을 의식하지 않고 자신의 의지에 따라 법률의 위임이 없이 행정규칙을 통하여 행정작용을 할 수 있다는 나쁜 signal을 주는 결과를 초래한다. 행정의 법률적합성 내지 헌법적합성원칙은 사라지고 행정의 규칙적합성, 규칙행정의 원리를 헌법재판소가 용인하게 되는 것을 의미한다.

셋째, 법원의 판례에서 아직도 확고하게 자리 잡고 있는 이른바 중대명백설에 대해서 헌법재판소가 전향적인 입장을 아직 정하고 있지 못하다는 점을 지적할 수 있다. 특히 헌재는 취소소송의 제소기간이 경과하여 상대방이 법원에 무효 등 확인소송을 제기한 경우 재판의 전제성 여부와 관련하여 대법원에 비하여 다소 유연한 입장을 보이고 있기는 하지만 여전히 대부분의 사건에서는 헌법재판소가 위헌으로 결정한 법률에 근거하여 이루어진 행정처분은 중대한 하자이기는 하지만 명백한 하자는 아니고 취소사유에 불과하므로 무효 등 확인소송은 재판의 전제성이 없음을 이유로 본안심리를 하지 않고 이를 각하한다. 물론 이러한 결정에 대해서는 헌재에서도 반대의견이[52] 없는 것은 아니지만 보다 근본적으로 중대명백설이

제37집 제2호, 한국공법학회, 2008.12, 180면.

52) 반대의견의 논지는 해당 법률조항에 대하여 위헌결정이 선고될 경우에 문제되는 처분은 위헌결정이 있는 날부터 장래에 향하여 무효로 된다고 할 것이기 때문에 처분의 무효 확인을 구하는 당해 사건에서 이 사건 법률조항들의 위헌 여부는 재판의 전제가 될 수 있다거나, 헌법재판소가 해당 법률조항들을 헌법에 위반되는 것으로 결정할 경우 당해 사건 법원이 문제되는 처분을 무효로 판단할 가능성을 완전히 배제할 수는 없기 때문에 이 사건 법전제성을 인정하여야 한다는 취지이다. 헌재 2007.10.4. 2005헌바71. 역시 헌재는 이른바 백두대간 보호지역내 발전소 설치 사건에서 4명의 재판관이 아래와 같은 반대의견을 제시하였다. 행정처분의 하자가 무효사유인지 취소사유인지를 가리는 것은 구체적인 사실관계를 토대로 그 처분의 근거가 되는 법률의 목적과 기능 등을 고려하여 이를 법적으로 평가하여 내리는 판단으로서, 이에 관한 법원의 판단 이전에 헌법재판소가 재판의 전제성을 판단하면서 행정처분의 무효 여부를 논리적·가정적으로 단정하여 판단할 수는 없다. 따라서 행정처분에 대한 무효확인소송이나 그 효력 유무를 선결문제로 하는 민사소송에서 행정처분의 근거 법률이 위헌이 될 경우, 그 행정처분이 무효가 될 가능성이 상존하므로, 그 처분에 대한 취소소송의 제소기간이 지났는지 여부와는 상관없이 당

라는 일종의 형식논리에서 벗어나 무효 등 확인소송에서 재판의 전제성을 인정하고 본안심리를 통하여 침해된 국민의 기본권을 구제하고 중요한 헌법적 해명이 필요한 경우 이에 대한 헌법재판소의 입장을 적극적으로 제시할 필요가 있다.

한국의 헌법재판제도는 지금까지 수많은 결정례를 남기면서 행정법의 법원으로서 확고한 지위를 점하였으며, 행정법 이론체계와의 교감과 소통을 통하여 한국 법치주의와 공법학의 수준을 고양하고 이를 다른 나라에 확산시키는 계기를 마련한 것으로 평가받고 있다. 앞으로 헌법재판소는 환경법, 公私混合型 행정법 영역, 국제행정법 등 새로운 분야에서 제기되는 문제에 대해서 보다 정교한 판례법리와 심사기준을 발굴하는 과제를 안게 되었다. 헌법재판제도를 통하여 헌법은 존속하고 행정법은 지속적으로 변화하면서 한국 법치주의가 그 뿌리를 깊이 내릴 수 있기를 기대한다.

해 사건 재판의 주문이 달라지거나 그 내용과 효력에 관한 법률적 의미가 달라질 여지가 없음이 명백하다고 볼 수는 없어 행정처분의 근거 법률의 위헌 여부는 재판의 전제가 된다고 보아야 한다. 헌재 2014.1.28. 2010헌바251.

제10장

인간존엄과 행정법

인간존엄 실현구조로서의 행정법질서 형성을 위한 시론

Ⅰ. 문제의 제기

인간의 존엄성을 보장하고 실현하는 것이 공동체가 추구하는 최고의 가치와 이념임에도 불구하고[1] 그 역사적, 초실정법적인 연원을 이해하고 헌법규범적 의미를 파악하는 것은 결코 용이한 일이 아니다. 더욱이 일종의 기술법적 성격을 강하게 내포한 행정법질서와 헌법상의 인간존엄성과의 관계설정이 어떻게 이루어질 수 있을 가의 문제에 대하여 아직 학문적으로 구체적인 연구가 이루어지고 있지 못하다. 그럼에도 불구하고 오늘날 특히 헌법재판제도를 통하여 헌법질서와 행정법과의 밀접한 관계가 일반화되고 있는 상황에서 다른 헌법규정과 전반적인 실정법체계를 기속하는 최고의 헌법원리로서 인간존엄성이 행정법질서의 형성에 미치는 영향을 간과하기는 어렵다. 어떻게 보면 아직 탐구되지는 않았지만 인간존엄이 가지는 함의는 부지불식간에 행정법질서의 형성과 발전에 이미 상당한 정도로 투영되어 있으며, 이러한 현상의 결과는 일정 부분 '행정법정신'이라고 부를 수 있는 행정법질서의 핵심적 요체를 구성하고 있을지 모른다.

인간존엄과 행정법이라는 주제를 다루는 데 있어서 무엇보다 중요한 것은 헌법상 인간존엄이 가지는 광의적 스펙트럼에도 불구하고 그것이 법규를 해석하고 집행하는 하위 법률이나 규범에 주는 핵심적이고 기본적인 내용을 파악하는 것이다. 그런데 이러한 작업은 서양에서 시민혁명이 발발

---

1) 헌법재판소는 우리 헌법질서가 인간으로서의 존엄과 가치, 자유로운 인격발현의 보장을 최고가치 중의 하나로 삼고 있다는 입장이다(헌재 2014.3.27. 2010헌가2 등). 헌법재판소가 여기에서 "최고가치 중의 하나"라고 언급한 이유는 우리 헌법은 인간으로서의 존엄과 가치 외에도 헌법전문과 제1조에서 헌법의 최고이념 내지 기본원리로서 국민주권주의와 자유민주주의임을 천명하고 있으며 이는 헌법조문을 비롯한 모든 법령해석의 근거 내지 기준이 되는 부동의 최고원리로 보고 있어서 "복수의 최고가치 내지 원리"가 헌법상 존재한다는 것을 인정하고 있기 때문이다. 그럼에도 불구하고 헌법 제10조 전단은 헌법개정의 한계이며, 기본권 제한입법의 한계라는 점에서 헌법의 최고가치라는 점에 이의를 제기할 수는 없을 것이다. 허영, 한국헌법론, 전정 제8판, 332면. 독일의 경우에도 인간존엄을 최고의 헌법적 가치(Höchstwert der Verfassung)로 보는 것이 일반적이다. Herdegen, GG Art. 1 Abs. 1, Maunz/Dürig, Grundgesetz-Kommentar 69. Ergänzungslieferung 2013, RN 4.

하고 권력분립과 의회민주주의가 정착되면서 인간존엄을 개인적 자유의 보장과 동일선상에서 파악하려고 했던 시민적 법치주의 입장을 이해하는 것에서부터 출발하여야 한다. 오늘날도 역시 행정법질서에는 인간존엄을 개인의 자유와 자율성, 자기결정권에 바탕을 둔 인격적 권리로 이해하는 전통이 강하게 온존하고 있다. 이에 따라서 개인의 자유를 제한하는 행정법규에 대한 심사기준으로는 흔히 비례의 원칙이 등장한다.

이에 비하여 사회적 법치국가에서의 인간존엄은 개인의 자유와 더불어 인간다운 생활을 할 권리를 보장함으로써 실현된다. 일용할 양식과 몸을 가릴 옷, 그리고 눕고 생활할 공간을 마련하기 위하여 행정법규는 개인적 자유와 함께 공동체 구성원으로서의 국민이 최소한의 품위유지를 할 수 있는 조건을 마련하여야 한다. 사회적 법치주의의 행정법질서는 모든 국민들에게 인간다운 생활을 보장하기 위하여 생존배려행정을 포함하는 급부활동의 요건과 절차, 내용에 대해서 규율하며 개인의 생명을 존중하고 쾌적한 자연 및 생활환경을 조성하기 위한 구체적인 방식과 보호의 기준을 규정한다. 그러므로 자연스럽게 사회적 법치국가에서 인간존엄을 실현하는 행정법규의 합헌성 심사에는 과소보호금지원칙이 적용되며, 우리나라 헌법재판소가 과소보호금지원칙 위반 여부를 심사하기 위하여 적용하는 명백성 통제가 심사기준으로서 과연 타당한가에 대해서는 심도 깊은 논의가 필요하다.

인간존엄 실현을 위한 자유주의-사회적 법치행정의 원칙과 제도와 함께 최근 새로운 양상으로 나타나는 것이 다원적이며 복잡한 현대 사회에서 개인이 자신의 운명에 중요한 의미를 가지는 공동체의 주요한 행정결정에서 소외되지 않고 주권자로서 개별적 혹은 집단적으로 참여하고 협력하는 자기결정권이 문제되고 있다. 바꾸어 말하면 오늘날 협치 혹은 협력적 법치주의라는 법치주의의 구조적 변화에 대응하여 행정법질서가 인간존엄의 문제를 보다 새로운 각도에서 이해할 필요가 있다는 것이다. 즉 협력적 법치주의 시대에 인간존엄은 국가가 의도하는 방향으로 일방적으로 개인이 끌려 다니거나 단순히 행정처분의 발령 상대방이라는 수동적인 지위에서 벗어나 국가의사결정 과정에 주도적이고 능동적으로 참여하고 이에 파트너로서 참여하는 과정에서 실현된다.[2)]

인간존엄에 내재하는 개인의 운명에 대한 자기결정권에는 성적 자기결정권이나[3)] 혼인과 관련된 상대방에 대한 선택권과[4)] 같은 개인적 차원의 권리가 포함되는 것은 물론 더 나아가 예를 들어 원전과 군사기지의 건설, 대규모 하천정비사업과 같은 국가의 중요한 행정결정 또는 정책 역시 개인의 운명에 상당한 정도로 영향을 미친다는 점이 고려되어야 한다. 공동체와 개인의 운명에 중대한 영향을 주는 국가의 의사결정은 의회민주주의 하에서 원칙적으로 대의기관인 국회를 통하여 간접적으로 이루어지기 때문에 개인의 참여와 협력은 선거권 행사만으로 그친다고 이해하는 것은 곤란하다. 헌법상 선거권의 보호범위 내지 그 내용으로서 국민 개개인에게 중대한 의미를 가지는 국회의 의결사항에 대해서 영향력을 행사할 수 있는 권리가 포함되는가의 문제는 최근 독일연방헌법재판소에 의하여 제기된바 있는데,[5)] 이를 긍정적으로 보면 21세기 인간존엄과 관련된 국민의 참여권 실현에는 의회민주주의와 직접민주주의 간에 절묘한 조화와 운영의 묘가 포함될 수 있을 것이다.

21세기 협력적 법치국가에서 인간이 존엄한 존재로서 처우 받고 행동하며 자신의 운명에 대한 자기결정권을 효과적으로 실현하기 위해서는 참여와 협력을 상시적이며 실효성 있게 보장하는 것이 무엇보다 중요하다. 이를 위한 전제요건으로서 행정을 포함한 공공기관이 보유한 정보에 대한 접근권을 보장하며, 문제가 된 중요한 국가의 행정결정에 대한 사전 통지,

2) 이러한 의미에서 인간존엄을 '자신에 대한 입법자'라고 표현하기도 한다. 한수웅, 헌법 제10조의 인간의 존엄성, 헌법학연구 제13권 제2호, 2007.6. 252면.

3) 헌법재판소는 여러 차례 결정을 통하여 성적 자기결정권이 사생활의 비밀과 자유, 행복추구권 및 인간으로서의 존엄과 가치에 근거를 두고 있는 것으로 이해하고 있다. 헌재 1990.9.10. 89헌마82; 2002.10.31. 99헌바40 등; 90헌가70.

4) 헌재 1990.9.10. 89헌마82; 1997.7.16. 95헌가6 등.

5) 대표적으로 BVerfGE 132, 195(239).

의견개진과 더불어 결정에 대한 근거와 이유를 명시하는 제도가 마련되어야 한다. 개인의 운명에 중대한 영향을 미치는 행정결정에 적법절차원칙이 인간존엄 실현을 위하여 행정법규의 심사기준으로 적용되는 것은 협력적 법치주의에서는 매우 자연스러운 결과이다. 마지막으로 최근 한국사회에서는 공동체와 개인의 생명과 안전에 지대한 영향을 미칠 수 있는 행정위원회의 결정이 정작 국민의 영향력과 목소리를 구조적으로 소외시키고 정책을 밀어붙이는 정부여당과 이익집단의 입장만을 대변하는 경우를 흔히 목격할 수 있다. 이 문제는 원자력안전위원회의 구성을 예로 들어 살펴보고 그 구조적 결함에 대한 시정방안을 협치시대와 인간존엄과 관련시켜 검토하기로 한다.[6] 결국 국가기능이 단순히 안전의 보장을 넘어서서 생활의 보장으로, 그리고 참여의 보장으로 확장됨에 따라, 기본권의 잠재적 침해자로서 국가, 기본권의 보장자로서 국가, 기본권 보장의 협력적 동반자로서 국가의 의미를 인간존엄과 결부시켜 새롭게 발견하고 이를 행정법질서로 실현하는 단초를 발견하는 것이 이 연구의 핵심적 과제이다.

Ⅱ. 자유주의적 법치국가의 행정법질서와 인간존엄

1. 이념적 기초

서구사회에서 인간존엄은 2천 년을 거슬러 올라가는 장구한 역사를 가지고 있다. 이러한 역사 속에서 형성된 인간존엄의 정신사적 유산은 두 가지로 볼 수 있는데, 하나는 이성적 재능을 바탕으로 하는 자기결정능력이며, 다른 하나는 기독교 신앙에 토대를 두고 있는 이해로서 인간을 신의 초상으로 바라보는 시각이다.[7] 여기에 더하여 스콜라 철학에 의하여 전개

6) 앞서 언급한 한수웅 교수의 논문도 인간존엄의 문제를 자유권 및 법치국가원리, 사회적 기본권 및 사회국가원리, 참정권 및 민주주의원리라는 구도 하에서 각각 그 의미와 내용을 서술하고 있으나, 그 역사적 맥락과 구체적인 행정법적 실현수단에 대한 언급은 없다. 전게논문 (각주 2), 249면.

7) 이에 대한 상세한 논의는 Josef Isensee 교수 논문선집, 언어와 헌법 그리고 국가, 이덕연·강태수 편역, 133면 이하(특히 191면 이하).

된 개인으로서의 인간개념과 개인의 윤리적 자율성을 존중하는 계몽주의 사상이 결합되어 스토아학파의 인간존엄에 이르게 된다. 특히 계몽주의사상은 모든 인간존재의 윤리적 자기결정을 존중하는 철학적 기초를 확립하여 인간존엄의 문제에 접근한다. 파스칼은 인간존엄의 기초로서 무엇보다 인간이 자기성찰의 능력이 있다는 점에 주목하고 있다. 푸펜도르프 역시 인간이 존엄하다는 의미를 인간이 가지고 있는 불멸의 영혼과 통찰력, 그리고 판단능력에서 찾고 있다. 그런데 푸펜도르프는 특이하게도 인간존엄과 평등권을 상호 연계시키고 있다는 점에서 일종의 '연대적 인간존엄'(solidarische Menschenwürde)이라는 개념을 제시하고 있다고 평가할 수 있다. 다시 말하자면 인간이 다른 인간을 존중하는 성품이 우리 속에 내재하고 있다는 의미에서 인간존엄은 상호적이라는 의미이다. 따라서 모든 인간은 자신과 동등한 다른 인간을 배려하고 존중하여야 하는 의무를 지게 된다.[8)]

오늘날 독일기본법을 비롯하여 우리 헌법상의 인간존엄의 의미와 해석에 결정적인 영향을 미친 것은 칸트의 도덕철학이다. 칸트는 인간의 존재를 목적론의 세계에서 볼 때 그 존재에 가치를 부여하는 인간존엄을 화폐나 가격으로 평가되어 다른 무엇인가와 교환할 수 있는 재화와 구별하였다. 칸트는 윤리적인 주체로서 자기결정을 할 수 있는 인간의 자유와 이성적 존재로서의 절대적이며 독자적인 가치를 부여받은 개인의 존재 자체를 인간존엄의 기초로서 이해하였다. 특히 자유를 바탕으로 하는 인간의 자율성은 인간존엄과 모든 이성적 성품의 바탕을 이룬다. 이성이라는 축복으로 존재하게 된 인간은 그 자체가 목적으로서 존재한다.[9)]

이러한 칸트의 인간존엄관은 인간의 존재 자체에 독자적인 의미를 부여하고 인구에 자주 회자되는 실천적 이성의 명제를 성립시킨다. 그러므로 칸트의 정언 중 하나인 "너를 하나의 인간으로 보고 행동하는 것과 마찬가지로 다른 사람 역시 너와 같은 인간으로 대우하라. 다른 사람을 어느 순

8) Herdegen, a.a.O., (FN 1), RN 11.
9) 이덕연·강태수 편역, 전게서, 212면.

간에나 그 자체의 목적으로 존재하는 것을 인정하고 수단으로 생각하지 말아라"라는 테제인 것이다.[10] 이는 위에서 언급한 푸펜도르프의 인간존엄사상과 같이 다른 사람들과의 평등 내지 연대성 원칙 하에 인간존엄을 상호간의 존중과 배려라는 공동체 윤리로서 확장하는 효과를 발생시킨다.

2. 실현수단

1) 법률유보와 침해유보설

계몽주의 시대를 거쳐서 권력분립이라는 거대한 자유주의 통치담론이 정착되었지만, 통치권과 행정권의 구분이 명확하지 않는 시대에서 여전히 행정권력은 시민적 자유에 대한 위협으로 인식되었다. 앞서 언급한 바와 같이 자유주의시대와 시민적 법치주의를 풍미한 인간존엄의 키워드는 자유, 자율성, 자기결정권, 이성적 존재로서의 인간 등으로 요약할 수 있다. 그렇다면 강력한 국가권력의 행사로부터 시민의 자유와 자율성을 보장하고 자신의 운명에 대하여 스스로 결정할 수 있는 권능을 유지하기 위해서는 행정권을 통제하는 원리가 필요하였다. 우선 국가의 강력한 행정권 행사로부터 개인이 자신을 스스로를 보호한다는 것은 기대하기 어려우며, 마치 헌법상 권력분립원칙과 같이 이를 제도화하는 것이 무엇보다 중요하였다.

당시는 물론 현재에도 국가공권력은 도처에서 다양한 형태로 행사되지만 가장 전형적인 것은 국가의 과세권과 형벌권 발동이다. 그러한 이유 때

10) 인간존재의 목적성 자체가 인간존엄의 근거라는 철학적이고 사변적인 논의와는 별도로 독일에서는 9·11. 미국의 테러사태를 교훈으로 개정된 항공안전법 제14조 제3항에 대한 헌법소원에서 연방헌법재판소는 이 조항이 테러의 표적이 된 탑승객을 테러방지의 수단으로 취급하며 생명과 존엄을 침해하는 것으로서 위헌으로 결정하였다. 항공안전법 제14조 제3항은 테러의 목적으로 사용되는 항공기가 타인의 생명을 위태롭게 하는 경우에는 연방군에게 이를 격추시킬 수 있는 권한을 부여하였다. 연방헌법재판소는 이 결정에서 전원일치로 위 조항이 기본법 제2조 제2항의 생명권과 제1조 제1항의 인간존엄을 침해하는 것으로서 위헌결정을 내린 것이다. 물론 이 결정에 대해서는 이후에 상당한 비판이 제기되고 논란이 계속되기는 하였지만 국가가 비행기에 탑승한 개인을 국가적 목적달성을 위한 단순한 대상 내지 객체로 취급하고 있다는 점에서 인간의 주체성은 상실되고 인간존엄에 정면으로 반한다는 것이다. BVerfGE 115, 118.

문에 자연스럽게 개인은 자신의 재산권과 신체의 자유를 보장받기 위하여 특히 시민계급이 자신을 대표하는 기관인 의회에게 과세권과 형벌권을 통제하는 제도를 요구하였으며, 그 결과로 성립한 것이 "대표 없이 과세 없다"는 조세법률주의와 "법률 없이 형벌 없다"는 죄형법정주의원칙이라고 할 수 있다. 조세법률주의와 죄형법정주의는 이후에 개인이 요구하는 자유와 재산의 범위와 내용이 확장되면서 행정권력이 침해적 성격을 갖는 경우에는 개인의 대표기관인 의회가 제정한 법률적 근거를 요구하는 일반적인 법률유보원칙(Gesetzesvorbehalt)으로 발전하였다. 특히 당시에는 이와 같이 개인의 자유와 권리를 제한하는 과세권이나 형벌권과 같은 침해적 행정권 발동에 대해서만 법적 근거를 요구하였다는 점에서 오늘날 침해유보(Eingriffsvorbehalt)로 설명하기도 한다.[11)]

물론 법률유보원칙은 행정부가 입법권을 행사하는 의회의 권한을 존중한다는 의미에서 직접적으로는 권력분립원칙에서 유래하는 것이지만 개인의 자유와 존엄의 실현을 국민의 대표기관인 의회에 의탁하였다는 점은 의회민주주의와 대의제에 대한 낙관론에서 기인하는 것이다. 이미 언급한 바와 같이 성숙한 시민사회는 구성원 모두가 타인의 자유와 존엄을 자신의 것처럼 존중하고 보호하는 連帶的 共同善에 기초하고 있기 때문에 시민의 대표기관인 의회 역시 동일한 윤리규범과 도덕률을 존중한다. 따라서 공동체의 구성원인 시민은 강대한 국가권력에 대항하여 스스로의 자유와 존엄을 지키는 것보다는 보다 집합적이고 대표적인 형태인 의회의 권능과 지위에 의존하는 것이 보다 효과적이다. "우리의 의지와 힘으로 당신을 지

---

11) 물론 법률유보원칙은 시대의 변천과 법치주의의 발전에 따라 그 범위와 내용에 상당한 변화가 있었다. 독일의 영향을 받아 우리나라의 경우에도 학설과 헌법재판소가 본질사항유보 내지 중요사항유보라는 법률유보이론을 실제 사건에서 일반화시키고 있다. 이에 대한 상세한 논의는 김성수, 헌법은 존속하고 행정법은 변화한다. 공법연구 제41집 제4호, 한국공법학회, 68면 이하. 이러한 법률유보의 범위와 규율의 밀도에 대한 학설과 판례의 변화에도 불구하고 침해유보설은 헌법 제37조 제2항에 따라서 법률유보의 최소한으로서의 의미는 여전히 가지고 있으며, 헌법재판소의 판례는 횡적인 법률적 근거로서의 침해유보와 종적인 규율의 밀도로서의 본질사항유보를 결합시키고 있다. (헌재 2009.2.26. 2008헌마370 등; 1999.5.27. 98헌바70 ; 2008.2.28. 2006헌바70 등 참조).

킬 것이다. 다만, 우리가 당신에게 요구하는 부분에 대해서는 동의하라"라는 것이 행정법도그마가 발전시킨 이른바 침해유보적 법률유보이론이며, 개인들은 법률로서 동의하는 부분 이외의 영역에서 자유와 존엄을 유지할 수 있었다.

2) 과잉금지의 원칙

(1) 개념과 유래

법학분야에서 과잉금지원칙의 내용을 본격적으로 체계화한 P. Lerche 교수에 따르면 오늘날 우리가 일반적으로 논의하는 비례의 원칙(Der Grundsatz der · Verhältnismäßigkeit)은 일정한 공적 목적을 달성하기 위하여 적합한 수단(angemessenes Mittel)을 사용하여야 한다는 원칙을 말한다. 이에 비하여 필요성원칙(Der Grundsatz der Erforderlichkeit)은 목적을 달성하기 위한 여러 적절한 수단 중에서 당사자의 권리침해를 최소한으로 유발하는 수단이 선택되어야 한다는 것을 의미한다.[12] 물론 비례성원칙의 경우 수단의 적합성만을 의미하는 것이 아니라 이러한 수단은 정당한 공익목적을 수행하기 위한 수단으로서의 의미를 가지기 때문에 정당한 목적제한성(Zweckbegrenzheit)를 전제로 하고 있다. 그에 따르면 비례성원칙과 필요성원칙은 일종의 상위개념인 과잉금지원칙(Übermaßverbot)으로 포괄할 수 있다.

비례의 원칙 내지 과잉금지의 원칙은 행정법 영역 중 개인의 재산과 신체에 대한 위해를 흔하게 야기할 수 있는 경찰법 분야에서 성립하고 발전한 것으로 볼 수 있다. 이른바 경찰비례의 원칙은 프로이센 고등행정법원(Das Preußische Oberverwaltungsgericht)의 판례를 통하여 정착되고 프로이센 경찰법을 비롯한 각주의 경찰법에 명문으로 수용되었다.[13] 이와 같

12) Peter Lerche, Übermaß und Verfassungsrecht. Zur Bindung des Gesetzsgebers an die Grundsätze der Verhältnismäßigkeit und der Erforderlichkeit, 2. Aufl., S. 19.

13) Peter Lerche, a.a.O., (FN 12), S. 24. 우리나라 경찰관직무집행법 제1조 제2항에서 규정하는 "이 법에 규정된 경찰관의 직권은 그 직무수행에 필요한 최소한도 내에서 행사되어야 하며 이를 남용하여서는 아니 된다"는 내용 역시 이러한 역사적으로 성립한 경찰비례의 원칙을 확인하는 규정으로 이해할 수 있다.

이 과잉금지의 원칙은 기본적으로 국가권력 행사의 제한원리로서 국민의 재산권이나 자유를 제한하기 위해서 국가는 목적과 수단 모두에 대하여 이를 정당화하는 사유를 상대방에게 반드시 제시해야 한다.

따라서 과잉금지의 원칙은 자유주의적, 시민적 법치주의 시대정신의 산물이며, 앞서 언급한 바와 같이 자유와 자율성을 중심원리로 하는 인간의 존엄을 실현하기 위한 도구개념으로서 궁극적인 의미를 가지는 것으로 볼 수 있다. 물론 이후에 과잉금지의 원칙은 침해적 행정작용을 주류를 이루는 경찰법분야에 국한되지 않고 급부행정 분야에서도 이른바 '과잉급부금지의 원칙'과 같은 형태로 발전하였으며, 오늘날 헌법재판소와 법원이 법률을 비롯한 하위규범의 위헌·위법성을 심사하는 기준으로까지 발전하였다는 점을 간과할 수 없다.[14] 이러한 의미에서 과잉금지의 원칙이 모든 공법분야에서 일반적으로 적용되는 위법성 심사기준으로 수용되는 것은 사실이지만 그 유래와 연원은 역시 자유주의시대의 정신적 유산임을 부인하기는 어렵다.

⑵ 인간존엄과의 관계

비례성원칙 내지 과잉금지의 원칙의 근거를 인간존엄성을 규정한 헌법규정에서 찾으려는 시도가 없었던 것은 아니다. 다만, 이와 관련하여서는 인간존엄 규정의 추상성과 과잉금지원칙의 구도가 목적과 수단 간의 비교를 불가피하게 전제하는 것이므로 배타적인 목적 그 자체로서의 인간존엄과 배치될 수 있다는 점에서 부정적인 견해가 우세하였다. 이와 관련하여 일부 견해는 인간존엄을 비례성원칙과 결부시키는 경우 국가가 공익목적을 실현하기 위하여 인간을 수단으로 취급하여 그 격을 떨어뜨리게 될 것이라고 경고하고 있다. 그에 의하면 과잉금지원칙은 인간을 비인격화 하는 정도에 따라서 국가적 목적을 위한 수단과 도구로 취급될 뿐이라고 보고 있다.[15]

---

14) 김성수, 일반행정법 - 행정법이론의 헌법적 원리 -, 홍문사, 제9판, 94면.

15) Ralf Poscher, Die Würde des Menschen ist unantastbar. JZ 2004, S. 756; Manfred Baldus, Menschenwürdegarantie und Absolutheitsthese, AöR Bd. 136, S. 529.

이에 대해서 P. Lerche는 실정법 질서에 반하는 모든 행위는 결과적으로 헌법상 인간의 존엄에 반하는 것이기 때문에 특정한 개별 사안에서 질적으로 비례성원칙과 필요성원칙에 반하는 행위는 동시에 헌법상 기본권으로서 인간존엄이 보호하는 영역을 침해할 수 있는 것으로 보고 있다.[16)]

물론 비례성원칙 내지 과잉금지의 원칙에는 항상 목적과 수단 간의 관계가 기본구도로 등장하는 것은 사실이다. 그럼에도 불구하고 비례성원칙을 적용함에 있어서는 국가의 특정한 공익목적을 달성하기 위하여 일정한 수단이 적법한 것인지, 그 공익목적은 정당한 것인지, 목적달성을 위하여 불가피하며 상대방의 권익침해를 최소화하는 수단인지, 법익의 균형성은 유지되는 것인지를 정당화하거나 형량하는 과정이지 여기에 인간존엄이 형량의 요소로서 고려되는 것은 결코 아니다. 오히려 민주적 법치국가에서 실현되는 공익목적의 최고 정점에는 인간존엄이 위치하고 있으며, 특정 수단이 인간존엄의 실현을 위하여 적절하지 않거나 과도한 경우에는 그 위헌·위법성을 판단하는 기준으로 작용한다. 다시 말하자면 비례의 원칙에서 인간존엄은 형량요소가 아닌 판단의 종국적인 기준이라는 의미이다. 이렇게 본다면 비례성원칙과 인간존엄의 연관성을 부인하는 견해는 인간존엄의 의미를 비례성원칙에서 목적과 수단의 관계를 형식적 구도에서 이해하려고 한다는 점에서 비판의 여지가 있으며, 비례성원칙이 궁극적으로 지향하는 목표가 인간존엄이라는 점을 간과하고 있는 것이다.

⑶ **수단(방법)의 적합성과 합리성**(Reasonableness)

앞서 언급한 바와 같이 일반적으로 수단 내지 방법의 적합성원칙은 특정한 공익목적의 달성을 위하여 적절하고 적합한 수단만이 비례성원칙에 부합한다는 의미로 이해되고 있다. 그러나 헌법재판 등 실제에 있어서 그 내용적 모호성으로 인하여 심사기준으로서 목적의 정당성과 함께 공권력 기능을 실효적으로 수행하지 못하고 있는 것이 사실이다. 다시 말하자면 재판실무상 법규범을 비롯한 국가 공권력 행사에 대하여 목적의 정당성과

16) Peter Lerche, a.a.O., (FN 12), S. 40.

방법의 적절성은 일단 전제된 것으로 보고 침해의 최소성과 법익의 균형성 여부에 심사의 비중이 실리는 것이 현실이다. 그런데 특정한 공익목적의 달성을 위하여 수단 내지 방법이 적절하다는 것은 구체적으로 무엇을 의미하는 것인가? 일단 방법이 목적 달성에 적절하다는 의미는 부적절한 수단을 배제하는 것이고, 부적절이라는 의미는 인간의 상식으로 이해할 때 일정한 목적의 실현을 위하여 누구나 쉽기 예측하기 어려운 기상천외한 방식을 동원할 수 없다는 뜻으로 볼 수 있다. 다시 말하자면 적절한 수단은 특정한 목적을 달성하기 위하여 이성과 상식을 가진 일반인이 쉽게 예측하고 판단할 수 있어야 한다는 의미에서 객관적 관련성 내지 합리성을 가지는 것을 말한다.[17]

일단 개인은 일정한 목적을 실현하기 위하여 자신의 이성적 판단으로 사고의 가시범위에 있는 방법을 국가가 동원할 것이라는 예측가능성이 보장되는 경우에 한하여 국가공권력 행사에 적절하게 대처할 수 있으며, 문제되는 사안에 대하여 능동적·자율적으로 자기결정권을 행사할 수 있다. 자신의 운명에 중요한 의미를 가지는 국가적 결정 내지 행정활동에 대하여 단순한 객체의 입장에서 벗어나 일정 부분 주체적 지위가 보장되기 위해서는 국가가 강구하는 공익실현의 방법 내지 수단은 상대방인 국민의 입장에서 볼 때 예측가능하고 투명하여야 한다. 물론 목적과 방법 간의 객관적 관련성 요구를 이른바 부당결부금지원칙(Koppelungsverbot)으로[18] 설

17) 그런데 헌법재판소는 아동·청소년 대상 성폭력 범죄를 저지른 사람에 대하여 신상정보를 공개하도록 한 구 '아동·청소년의 성보호에 관한 법률' 제38조에 대한 위헌소원사건(헌재 2013.10.24. 2011헌바106·107 병합)에서 위 조항에 대하여 합헌으로 결정하였으나 위헌론을 제기한 반대의견은 아동·청소년 대상 성폭력범죄에 대한 연구결과에 따르면 신상정보 공개제도가 범죄 억지 효과가 있다고 단정하기 어려우므로, 심판대상조항은 수단의 적합성을 갖추지 못하였다는 점을 지적하고 있다. 이러한 반대의견은 적합성원칙을 '효과성원칙'으로 이해하고 있는 것으로 평가할 수 있다.

18) 부당결부금지원칙은 법치국가원리로부터 도출되는 것으로서, 일정한 국가작용이 관련성 없는 반대급부 또는 수단과 연결되는 것을 방어하는 기제로 보는 견해가 있다. 행정법학에서는 목적적 관련성과 원인적 관련성의 두 요소를 응용하여 목적적 관련성과 수단적 관련성이라는 두 가지 하부원칙을 구체화할 수 있다는 것이다. 강일신, 헌법상 기본의무에 관한 연구, 연세대학교 대학원 박사학위논문, 2013.12, 172면.

명하는 경우도 있는데, 적합성원칙이나 부당결부금지원칙 모두 목적과 수단 간의 실질적이고 객관적인 관련성을 통하여 不可測的이고 불합리한 공권력 작용으로부터 개인을 보호하고자 하는 궁극적인 목표를 가지고 있다는 공통점이 있다.

영미권 국가의 경우 독일식의 적합성 내지 비례성원칙을 합리성원칙(Reasonableness)으로 이해하고 있는데, 행정목적을 위하여 적용되는 수단과 방법이 자의적(abitrary)이거나 불합리한(unreasonable) 경우 또는 부적절하거나(not appropriate) 불필요한 경우(unnecessary)를 총칭하여 합리성원칙에 포섭하고 이에 위반하는 공권력 행사를 위법한 것으로 보고 있다.[19] 우리나라 헌법재판소는 자동차운전전문학원을 졸업하고 운전면허를 받은 사람 중 교통사고를 일으킨 비율이 대통령령이 정하는 비율을 초과하는 때에 학원의 등록을 취소 또는 정지하는 것을 규정한 도로교통법에 대한 위헌제청사건에서 적합성의 원칙을 아래와 같이 합리성원칙으로 이해하고 있다.[20]

이 사건에서 헌법재판소는 자기책임의 원칙, 그로부터 유래하는 행복추구권, 최소침해의 원칙 등을 들어 위 법률조항이 위헌이라고 밝히고 있다. 그런데 주목할 것은 이 사건에서 헌법재판소는 수단의 부적절성을 강조하고 있다는 점인데, 수료생이 여하한 교통사고도 발생시키지 않을 것을 운전전문학원에게 요구하는 것은 "사리에 맞지 않는다"는 표현이 두드러진다. "사리에 맞지 않는다"는 것은 일정한 공익목적을 실현하기 위하여 일반인의 상식으로는 기대하기 어려운 방법을 사용하는 것으로서 불합리하다는 의미이다. 위 조항은 타인의 행위에 대하여 자신이 책임을 부담한다는 의미에서 일종의 연좌제를 연상시키는데, 헌법상 연좌제도를 금지시키는 근본적인 이유도 이 제도가 자기책임의 원칙에 반하고 불합리하기 때문이다. 또한 자신이 제어할 수 없는 타인의 행위임에도 불구하고 그 행위에 대하여 책임을 부담하는 경우에는 인간의 자유의지와 자율성이 근본

19) Peter Lerche, a.a.O., (FN 12), S. 41.
20) 헌재 2005.7.21. 2004헌가30.

적인 장애를 받게 되며, 인간존엄이 지향하는 개인적 자유와 자기결정권을 침해할 수 있다.[21)]

⑷ **침해의 불가피성**

인간존엄이라는 헌법상 최고 가치를 최대한 실현하고 보장하기 위해서는 이와 밀접한 관련이 있는 행복추구권, 사생활의 비밀과 자유와 같은 핵심적 기본권을 제한함에 있어서는 과잉금지의 원칙을 보다 엄격하게 적용할 필요가 있다. 일반적으로 과잉금지의 원칙의 구조를 살펴보면 특정 공익목적의 실현을 위하여 국가 공권력 행사 자체가 정당화되는가의 심사와 다음 단계로서 그것이 긍정된다면 공권력 행사의 정도와 균형성 유지가 검토의 대상이 된다. 다시 말하자면, 과잉금지원칙의 내용 중 목적의 정당성과 수단의 적합성 원칙은 국가가 특정인의 기본권을 제한하기 위한 사전 단계로서 국가적 개입이 과연 정당한지, 더 나아가 국가의 공권력 행사를 통하여 달성하려는 공익목적과 이를 위하여 적용하는 수단이 적절하고 합리적인가를 검토하는 것이다. 이렇게 보면 목적의 정당성과 수단의 적합성은 기본권 제한 자체의 필요성과 정당성이 존재하는가의 여부(ob)를 심사하는 기준이다.

그리고 이러한 기본권 제한의 정당성이 긍정되는 경우에 한하여 이제 비로소 기본권 제한을 최소화하기 위하여 침해의 최소성원칙이 적용되고, 기본권 침해가 최소한도로 이루어지는 것을 전제로 달성되는 공익과 형량이 이루어진다는 점에서 침해의 최소성과 법익의 균형성은 기본권 제한행위의 정도(inwieweit)를 심사하는 기준이다. 그러므로 인간의 존엄과 가치, 행복추구권, 사생활의 비밀과 자유, 사상과 양심의 자유, 종교의 자유, 학문과 예술의 자유와 같은 인간존엄을 중심으로 인간의 자유과 행위의 자

---

21) 헌재는 건설업과 관련 없는 죄로 임원이 형을 선고받은 경우까지도 법인이 건설업을 영위할 수 없도록 규정한 건설산업기본법 제83조 단서 제3호 본문 중 제13조 제1항 제4호 가운데 법인에 관한 부분은 부실시공을 방지하고자 하는 입법목적을 달성하기 위한 적합한 수단이 될 수 없으므로, 심판대상 조항은 수단의 적합성이 인정되지 않는 것으로서 위헌으로 결정하였는데(헌재 2014.4.24. 2013헌바25), 이 결정 역시 적합성원칙 위반을 자기책임원칙에 반하는 불합리한 수단으로 이해하고 있다.

율성을 보장하는 우리 헌법의 핵심적 가치를 구현하는 기본권을 제한하려는 경우에는 그 제한의 정당성이 인정된다고 하더라도 제한의 정도 문제로 전환되는 과정에서 당해 기본권 제한의 불가피성원칙(Das Prinzip der Unumgänglichkeit)이 한 단계 추가되어 과잉금지원칙에 대한 보다 엄격한 심사를 하는 것이 필요할 것으로 보인다.[22]

침해의 불가피성은 기본권 제한을 위한 목적이 정당하고 적절한 수단이라고 하더라도 특정 공익목적을 실현하기 위하여 당해 기본권 제한의 정당성과 필요성이 충분한 근거를 가지고 있는지, 당해 기본권 제한 이외의 다른 기본권을 제한함으로써 동일 또는 유사한 목적을 달성할 수 있는지, 당해 기본권을 제한하는 방식보다 다른 기술적 방법이 존재하는 것은 아닌지 등을 심사하는 것이다. 예를 들어 양심적 병역거부에 대하여 형벌보다는 대체복무제를 인정함으로써 양심이 자유와 병역의 의무를 통한 국방력 유지라는 공익을 조화시키는 사안과 관련하여 흔히 대체복무제도가 일반적으로 형벌보다는 양심의 자유를 보다 덜 침해하는 수단인가에 논의가 집중된다.[23] 그런데 여기에서 중요한 것은 종교적 양심에 의한 병역거

22) 김성수, 흡연권 규제의 법적 근거와 한계 - 서울특별시의 이른바 길거리 금연조례에 대한 평가를 겸하여 -, 공법학연구 제13권 제1호, 221면 이하.

23) 헌재도 같은 입장이었다. 헌재는 남북이 대치하고 있는 우리나라의 특유한 안보상황, 대체복무제 도입 시 발생할 병력자원의 손실 문제, 병역거부가 진정한 양심에 의한 것인지 여부에 대한 심사의 곤란성, 사회적 여론이 비판적인 상태에서 대체복무제를 도입하는 경우 사회통합을 저해하여 국가 전체의 역량에 심각한 손상을 가할 우려가 있는 점 등을 고려할 때 대체복무제를 허용하더라도 국가안보와 병역의무의 형평성이라는 중대한 공익의 달성에 아무런 지장이 없다는 판단을 쉽사리 내릴 수 없으므로, 양심적 병역거부자에 대하여 대체복무제를 도입하지 않은 채 형사처벌 규정만을 두고 있다고 하더라도 이 사건 법률조항이 최소침해의 원칙에 반하지 않는 것으로 보고 있다. 헌재 2011.8.30. 2008헌가22 등. 하지만 7년 후 헌재는 병역법이 대체복무제를 인정하고 있지 않으므로 침해의 최소성과 법익의 균형성 위반으로 당사자의 양심의 자유를 침해하고 있다고 결정하였다. "병역종류조항은, 병역부담의 형평을 기하고 병역자원을 효과적으로 확보하여 효율적으로 배분함으로써 국가안보를 실현하고자 하는 것이므로 정당한 입법목적을 달성하기 위한 적합한 수단이다. 병역종류조항이 규정하고 있는 병역들은 모두 군사훈련을 받는 것을 전제하고 있으므로, 양심적 병역거부자에게 그러한 병역을 부과할 경우 그들의 양심과 충돌을 일으키는데, 이에 대한 대안으로 대체복무제가 논의되어 왔다. 양심적 병역거부자의 수는 병역자원의 감소를 논할 정도가 아니고, 이들을 처벌한다고 하더라도

부자에 대하여 형벌을 가하는 것이 대체복무제에 비하여 종교와 양심의 자유를 더욱 침해하는 수단인가 그렇지 않는가를 가리는 것보다는 그러한 기본권에 대한 침해가 과연 불가피한 것이었는가를 우선적으로 검토하는 것이다. 침해의 불가피성이 부인된다면 기본권 제한행위 자체가 정당성을 상실하기 때문이다. 따라서 국가안보와 국방력의 유지라는 공익목적의 실현에 결정적인 장애가 발생하는 것이 아니라는 것을 전제로 대체복무라는 다른 수단이 존재함에도 불구하고 반드시 종교와 양심의 자유, 더 나아가 이들과 불가분의 관계에 있는 인간의 존엄과 가치를 침해하는 방식으로만 문제를 해결할 불가피성이 있는가 하는 것이 문제의 핵심인 것이다. 만약, 그렇지 않다면 침해의 불가피성 원칙을 침해하여 위헌이라는 결과가 된다.

교도소에 수감할 수 있을 뿐 병역자원으로 활용할 수는 없으므로, 대체복무제를 도입하더라도 우리나라의 국방력에 의미 있는 수준의 영향을 미친다고 보기는 어렵다. 국가가 관리하는 객관적이고 공정한 사전심사절차와 엄격한 사후관리절차를 갖추고, 현역복무와 대체복무 사이에 복무의 난이도나 기간과 관련하여 형평성을 확보해 현역복무를 회피할 요인을 제거한다면, 심사의 곤란성과 양심을 빙자한 병역기피자의 증가 문제를 해결할 수 있으므로, 대체복무제를 도입하면서도 병역의무의 형평을 유지하는 것은 충분히 가능하다. 따라서 대체복무제라는 대안이 있음에도 불구하고 군사훈련을 수반하는 병역의무만을 규정한 병역종류조항은, 침해의 최소성 원칙에 어긋난다. 병역종류조항이 추구하는 '국가안보' 및 '병역의무의 공평한 부담'이라는 공익은 대단히 중요하나, 앞서 보았듯이 병역종류조항에 대체복무제를 도입한다고 하더라도 위와 같은 공익은 충분히 달성할 수 있다고 판단된다. 반면, 병역종류조항이 대체복무제를 규정하지 아니함으로 인하여 양심적 병역거부자들은 최소 1년 6월 이상의 징역형과 그에 따른 막대한 유·무형의 불이익을 감수하여야 한다. 양심적 병역거부자들에게 공익 관련 업무에 종사하도록 한다면, 이들을 처벌하여 교도소에 수용하고 있는 것보다는 넓은 의미의 안보와 공익실현에 더 유익한 효과를 거둘 수 있을 것이다. 따라서 병역종류조항은 법익의 균형성 요건을 충족하지 못하였다. 그렇다면 양심적 병역거부자에 대한 대체복무제를 규정하지 아니한 병역종류조항은 과잉금지원칙에 위배하여 양심적 병역거부자의 양심의 자유를 침해한다" 헌재 2018.6.28. 2011헌바379 등.

Ⅲ. 사회적 법치주의 행정법질서와 인간존엄

1. 인간다운 생활의 조건으로서의 인간존엄

19세기의 자유주의적 법치주의 시대와는 달리 20세기에 들어와 인간의 존엄은 개인에게 자유와 자율성을 보장하는 것만으로 실현되는 것이 아니라 빈곤과 사회적 차별로부터 인간다운 생활을 할 수 있는 조건을 조성함으로서 실현되는 특징을 가지게 되었다. 대표적으로 독일 바이마르헌법 제 151조 제1항 제1문에서는 인간이 처한 경제적 현실에 비추어 경제생활의 질서는 모든 인간에게 인간다운 생활을 보장하는 목적을 실현하기 위하여 정의의 원칙에 부합하여야 한다는 원칙을 선언하고 있다.[24] 따라서 사회적 법치국가에서 인간존엄은 자유주의가 지향하는 인간의 자유와 자율성 보장과 함께 사회의 모든 구성원이 인간다운 생활을 하기 위하여 필요한 사회적 연대감 속에서 실현되는 구조를 가지게 된다.[25]

행정법의 영역에서 인간존엄 역시 모든 구성원들이 인간다운 생활을 할 수 있도록 법적 토대를 구축하는데 중점이 두어진다. 따라서 사회적 법치주의에서 행정법은 개인의 인간다운 생활을 보장하기 위한 법률로서 일종의 기본권 형성적 기능을 수행하며, 이를 위한 법률유보의 범위 확장과 기본권 실현을 위한 기능적 변화를 경험한다. 다만, 이 경우에도 행정법규가 인간다운 생활의 실현이라는 목적을 지향하는 것은 인간 생존의 물적, 경제적 기초를 제도적으로 제공함으로서 개인이 경제적 곤궁과 사회적 차별로부터 자유로운 상태에서 여전히 일정한 범위에서 자기결정에 바탕을 둔 자율적 행동을 보장하는 것에 그 핵심이 있다. 즉, 형성적 법률유보의 증대에 따른 행정의 기본권보장적 기능에 변화가 발생한 것이다.

---

24) Die Ordnung des Wirtschaftslebens muß den Grundsätzen der Gerechtigkeit mit dem Ziel der Gewährleistung eines menschenwürdigen Daseins für alle entsprechen.
25) 사회적 법치국가에서 인간존엄은 인간다운 생활의 최저수준을 설정하는 기준을 제공하는 것으로 본다. 이덕연·강태수 편역, 전게서, 218면, 309면.

2. 과소보호금지의 원칙

1) 이른바 명백성 통제기준(Evidenzkontrolle)

이와 같이 사회적 법치국가에서의 인간존엄은 국가의 적극적인 입법형성활동을 통하여 실현되는 구조를 가지고 있기 때문에 사회보장법, 환경법, 보건의료법 등의 분야에서 입법을 통하여 구체적인 보호기준이 결정된다. 다시 말하자면, 공동체 구성원으로서 개인은 인간다운 생활과 최소한도의 품위유지를 위해서 입법자가 보호기준을 적절한 수준에서 결정하여야 한다. 그런데 여기에서 말하는 '적절한 보호수준'이 무엇인지 문제될 수 있다. 우리나라 헌법재판소는 인간존엄 및 국가의 기본권 보호의무의 실현과 관련하여 이를 소홀이 다루는 입법부작위나 불완전한 입법은 입법자의 보호의무에 대한 명백한 위반이 있는 경우에만 과소보호금지원칙에 위반하여 위헌으로 인정하고 있다. 그러므로 우리 헌법재판소는 국가가 국민의 법익을 보호하기 위하여 전혀 아무런 조치를 취하지 않았든지 아니면 국가가 취한 조치가 당해 법익을 보호하기에 명백하게 전적으로 부적합하거나 불충분한 경우에 한하여 과소보호금지원칙 위반으로 위헌을 확인할 수 있을 뿐이다. 이러한 헌법재판소의 견해는 다수의 결정에서 반복적으로 제시되고 있는데, 인간존엄과 인간다운 생활을 보장하기 위한 국가와 입법자의 보호수준과 관련하여 대표적으로 국민기초생활보장법상의 최저생계비 위헌확인사건에서도 동일하게 나타난다.[26]

2) 실효성 통제(Effektivitätskontrolle)가 필요한 이유

그런데 위 사건에서 헌재가 제시한 인간다운 생활을 위한 최소한도의 조치가 구체적으로 어떤 내용과 수준이어야 하는가에 대해서는 공동체 구성원의 의식과 재정적 여건 등 복잡한 셈법에 의하여 결정될 수 있는 至難한 문제라고 할 수 있다. 그럼에도 불구하고 사회적 법치국가에서 인간다운 생활을 보장을 통하여 궁극적으로 인간존엄을 실현하기 위한 입법의

---

26) 헌재 2004.10.28. 2002헌마328.

수준과 관련하여 '최소한도의 조치', '명백하게 부적합하거나 불충분한 경우'로 입법재량을 무한히 확대하고 사법의 심사기준이 완화되는 것이 과연 타당한 것인가에 대해서는 의문의 여지가 있다. 바꾸어 말하면, "입법자가 일정한 시늉만 하면 일단 입법의무를 다한 것이다"라는 논리형식은 공허하다. 헌재의 결정으로 돌아가 보자. 헌재는 국가가 행하는 최저생활보장수준이 그 재량의 범위를 명백히 일탈하였는지 여부, 즉 인간다운 생활을 보장하기 위한 객관적 내용의 최소한을 보장하고 있는지 여부는 보장법에 의한 생계급여만을 가지고 판단하여서는 아니 되고, 그 외의 법령에 의거하여 국가가 최저생활보장을 위하여 지급하는 각종 급여나 각종 부담의 감면 등을 총괄한 수준으로 판단하여야 함을 언급하고 있다.[27]

그러나 현재 수준의 최저생계비가 헌재가 언급한 다양한 국가의 부가적 급여와 감면조치 등에 의하여 결코 과소보호원칙에 위반되지 않는다는 논리에도 불구하고 우리 사회에서는 현실적으로 이른바 송파구 세 모녀가 극단적 선택을 하는 사건 등 빈곤으로 인하여 많은 분들이 생을 마감하는 비극이 벌어지고 있다. 그렇다면 인간존엄을 실현하기 위한 입법 및 사법의 통제기준에 대한 변화가 불가피하다. 이와 관련하여 독일의 경우 연방헌법재판소가 과소보호금지원칙의 위반 여부를 심사하기 위하여 명백성 통제기준으로부터 실효성 내지 효과성 통제기준(Wirksamkeits- bzw. Effektivitätskontrolle)으로 이행하는 의미 있는 변화를 보여주고 있다.[28] 연방헌재는 이른바 제2차 낙태판결에서 입법자가 입법을 통하여 실현하고자 하는 기본권 보호의무는 적절하고 실효적인 보호를 위하여 충분한 정도이어야 하며, 신중한 사실조사와 객관적인 평가에 의하여야 한다는 점을 강조하였다.[29]

여기에서 언급한 실효적인 보호라는 의미는 입법자가 선택하는 보호기

27) 헌재 2004.10.28. 2002헌마328.

28) Silke Ruth Laskowski, Das Menschenrecht auf Wasser - Die rechtlichen Vorgaben zur Sicherung der Grundversorgung mit Wasser und Sanitärleistungen im Rahmen einer ökologisch-nachhaltigen Wasserwirtschaftsordnung, Mohr Siebeck, 2010, S. 425.

29) BVerfGE 88, 203.

준이 인간존엄과 인간다운 생활의 보장을 위하여 실질적이어야 하며, 효과적으로 그 목적을 달성할 수 있어야 한다는 것이다. 즉 입법자는 방만하고 자의적인 판단을 지양하고 사실관계를 엄밀하게 조사하며 충돌할 수 있는 법익 간의 형량을 통하여 오직 하나의 객관적이고 사후 검증한 미래예측적 결정을 내려야 한다. 물론 법원이 구체적 소송사건에서 과소보호금지원칙에 대한 위반을 어떠한 경우에 인정할 것인가는 일률적으로 이야기하기 어려운 측면이 있다. 다만, 법원은 입법자가 인간존엄의 실현과 관련하여 단순히 선언적인 내용만을 규정하거나 양적 또는 질적으로 현저하게 부족한 집행기준 등을 규정한 경우에는 명백성 통제에 머무르지 않고 그 위헌, 위법성을 적극적으로 확인하여야 한다.[30] 이는 결과적으로 입법자에 대한 효과적인 통제와 더불어 새로운 입법기준을 창출함에 있어서 일정한 피드백 기능을 수행할 것이기 때문이다.

물론 인간존엄을 포함하여 국가의 보호가 필요한 기본권을 실현하기 위하여 입법자가 헌법이 요구하는 효과적이고(wirksam) 충분한(ausreichend) 조치를 강구함에 있어서는 사실관계에 대한 예측, 평가 및 제도설계에 대한 형성권을 부여받고 있다. 이러한 입법자의 형성권의 범위는 문제되는 기본권 내지 법익의 분야 및 중요성에 의하여 결정된다. 법원, 특히 헌법재판소는 위에서 언급한 해당 기본권의 성격 및 중요성을 충분하게 고려하여 입법자가 미래예측적 평가를 행함에 있어서 가지는 형성권의 범위를

30) 위 결정에서 독일연방헌법재판소는 인간존엄을 실현하기 위한 국가적 조치는 대립되는 법익을 적절하게 고려하여 실효성 있는 보호가 이루어질 수 있도록 규범적인 측면은 물론 사실적으로도 충분한 것이어야 함을 강조하고 있다. 이를 위하여 인간존엄의 보호와 실현을 위한 국가의 실효적 조치는 사후규제는 물론 사전예방을 적절하게 혼합한 보호개념을 추구하여야 한다. 물론 이러한 성격을 가지는 국가적 조치를 규범적으로 설계하고 실현하는 것은 일차적으로 입법자의 과제이다. 입법자는 이와 같은 보호개념을 선택하고 구체화함에 있어서 헌법적으로 타당한 평가에 근거하여야 하는데, 이는 헌법상 과소보호금지원칙이 요구하는 수준에서 관련 기본권을 보장하는 것을 의미한다. 입법자의 결정은 법률규정의 효과와 사실관계에 대한 미래예측적 평가에 바탕을 두어야 한다는 점에서 이러한 평가는 신뢰할 수 있는 수준이어야 한다. 그리고 이러한 평가가 신뢰할 수 있는 수준에 이르렀고 과소보호금지원칙에 위반하였는지의 여부에 대하여 법원이 이를 심사할 수 있다. BVerfGE 88, 203 (254).

타당한 방식으로 행사하였는지 여부를 심사한다. 헌법재판소는 입법자가 자신의 기본권 보호의무를 이행함에 있어서 명백하게 부적절하고 불충분한 경우에 한하여 과소보호금지원칙을 위반한 것으로 판단해서는 아니 되며, 위에서 언급한 바와 같이 충분성과 효과성원칙을 반드시 고려하여야 한다.[31)]

Ⅳ. 협력적 법치주의 행정법질서와 인간존엄

1. 협치시대의 인간존엄과 자기결정권

21세기 법치주의의 새로운 구조변화를 개인과 국가의 협력과 국정에 대한 국민의 참여라고 특징지을 수 있다면 자유주의나 사회국가 시대와 비교하여 인간존엄의 내용과 실현방식에는 어떠한 차이를 인정할 수 있을까? 일단 자유주의 시대에 행정법의 과제는 국가권력의 행사로부터 개인의 자유와 존엄을 수호하는 것에 있었으며, 행정법은 권력에 대한 철저한 방어기제로 작용하였다. 이와 같이 개인의 자유와 권리를 수호하는 시민사회를 구성하는 부분과 행정권을 중심으로 하는 국가가 분리되어 2원적인 공동체가 존재하는 형태라고 할 수 있다. 이에 비하여 사회적 법치국가에서는 개인과 공동체가 대립하는 구조에서 벗어나 국가가 적극적으로 개인의 존엄과 인간다운 생활을 보장하기 위한 급부행정과 생존배려행정의 주체로서 후원자의 기능을 수행한다. 이러한 법치주의의 구조적 변화에도 불구하고 행정법질서의 궁극적 목표는 개인이 스스로 자유로운 상태에서 그리고 국가가 현실적으로 보장하는 삶의 토대를 바탕으로 자신의 운명에

31) 우리 헌재도 헌재 2008.7.31. 2006헌마711 사건에서, 재판관 김희옥, 재판관 김종대, 재판관 민형기, 재판관 목영준의 반대의견은 과소보호금지원칙을 심사기준으로 택하면서도 효과성통제에 근접하는 논증을 보이고 있다. 최근 우리 헌재의 과소보호원칙에 대한 변화와 그 평가에 대해서는 김성수, 존엄한 미래를 위한 기본권 - 독일연방헌법재판소 기후보호법(Klimaschutzgesetz) 결정(BVerfG, Beschluss des Ersten Senats vom 24. Marz 2021- 1 BvR 2656/18 -, Rn. 1-270)에 대한 평가와 한국법에의 함의 — 공법연구 제50집 제1호, 2021. 10. 24면 이하.

대한 결정권을 행사함으로써 인간존엄을 실현하는데 두어진다.

협력적 법치주의에서 행정법의 기능은 개인과 국가가 상호 협력하고 공개된 국정의 장에 개인이 능동적으로 참여하여 자신과 공동체의 운명에 중요한 의미를 가지는 결정에 일정한 영향력을 행사하는데 두어진다. 이와 같이 협치시대가 지향하는 행정법질서는 개인이 단순히 통치의 객체로 취급받거나 고작해야 스스로를 보호하는데서 벗어나서 국가와 대등한 협력자 내지 파트너로서 자신의 운명에 대한 주체로 등장한다. 협력적 법치주의에서 개인은 충분한 정보를 가지고 국가의 동반자로서 공동체의 중요한 의사결정과정에 참여하여 인간존엄과 자신의 존재의의를 확인한다. 따라서 오늘날 협치시대에 국가가 국민과 공동체에 모두 중요한 의미를 가지는 의사결정을 독점하고 국민을 배제시키거나 심지어 탄압하는 것은 21세기 인간존엄을 침해하는 행위이다.

물론 협치구조에서 개인의 참여와 협력은 기본적으로 의회민주주의나 대의제를 대체하는 것은 결코 아니다. 다만, 다소 무력감과 매너리즘에 빠진 현대 의회민주주의는 상당한 정도로 공동체와 국민 전체 또는 지역의 주민들의 운명과 장래에 중대한 영향을 미치는 결정을 정작 국민과 주민을 배제하고 행하거나 이와 같은 행위를 방조함으로서 스스로 그 한계를 드러내고 있는 것이 현실이다. 다시 말하자면, 기능부전에 빠져 있는 현대 의회민주주의에 우리의 운명과 생존을 모두 내 맡기는 것이 과연 온당한 일인지 협치시대의 인간존엄이 반문하고 있는 것이다. 이하에서는 협력적 법치주의에서 인간존엄을 실현하는 행정법의 중요한 수단으로서 적법절차와 정보공개의 의미에 대해 검토한다. 일종의 무력증과 피로감에 빠져 있는 의회민주주의 내지 현대의 대의제를 극복하고 개인이 공동체 결정에 대한 동반적 주체로서 참여하고 이를 통하여 협치시대 인간존엄을 실현할 수 있는 조건과 방식에 대해 논의하기로 한다.

2. 참여와 협력을 통한 자기결정권 실현

1) 의회민주주의의 한계

우리 사회에서 목도되고 있는 사회적 갈등현상 중에서 특히 주목할 것은 그 주요한 원인이 특정한 국가의사결정이 공동체 전체나 일부 지역 주민의 운명에 결정적인 영향을 주고 있음에도 불구하고 이들이 의사결정과정으로부터 사실상 배제되어 있다는 데서 찾아볼 수 있다. 예를 들어 원자력발전소의 운영이나 송배전 시설을 설치함에 있어서 직접 또는 간접적으로 영향을 받는 주민들이 국가의 의사결정과정에 적극적으로 참여하고 일정한 영향력을 미침으로서 협력자 내지 동반자로 인정받을 수 있을 때 비로소 자신의 운명에 대한 결정권을 가지고 인간존엄 실현의 주체가 될 수 있다. 그런데 오늘날 국민들이 이러한 의사결정과정에 참여하는 방식은 대의제와 의회민주주의를 통하여 실현된다. 하지만 국민의 대표기관인 의회는 정부와 여당의 정책공조와 협의를 통하여 오히려 대통령이나 정부의 입장을 대변하는 경우가 많으며, 국민의 의사와는 무관하게 국민과 공동체 전체에 중요한 영향을 미치는 결정을 일방적으로 내린다.

물론 이른바 자유위임의 원칙에 따라서 국회의원은 지역구민이나 특정집단의 이해관계를 대변하는 것이 아니라 국민 전체를 대표하는 헌법기관으로서 국가이익을 우선하여 양심에 따라 직무를 행한다. 그러나 이러한 원칙에도 불구하고 오늘날 정당국가화 경향이 강화됨에 따라서 국회의원의 정당기속이 일반화되고, 특히 국제관계나 국책사업의 중요한 이슈 등에 대하여 국회 내지 국회의원들이 국가이익이라는 미명 하에 일반 국민과 특정 지역주민의 의사와는 괴리된 결정을 내리는 경우가 많이 있다. 그렇다면 과연 오늘날의 의회민주주의가 공동체 구성원으로 하여금 자신의 운명에 대하여 스스로 결정권을 행사할 수 있도록 작동하는 기제인가에 대하여 근본적인 의문이 제기된다. 특히 정부가 추진하는 군사나 무역에 관한 국제관계의 주요한 정책에 대하여 국회가 거의 무비판적으로 정부의 입장을 수용하는 경우 21세기 협치주의에서 참여와 협력을 통한 인간존엄의 실현방식은 존재하기 어렵다.

특히 이 문제는 2009년 이후 유럽연합 차원에서 재정위기를 겪고 있는 그리스를 구제하는 조치에 대해 유럽중앙은행 등 유럽연합의 기관이 내린 결정을 회원국 의회가 거의 무제한적으로 받아들이거나 동의하는 과정에서 독일 등 지원국가의 국민들이 헌법재판소에 문제를 제기하면서 표면화된 바 있다. 전통적으로 의회민주주의에 대한 강한 신념을 가진 독일의 경우에도 연방의회가 유럽연합이라는 초국가적 조직단위에서 결정한 사항을 어떠한 제동장치도 없이 무제한적으로 수용하는 경우 국민들이 의회라는 국민대표기관을 통하여 자기결정권을 행사할 수 없다는 위기감이 현실화되고 있는 것이다.

2) 선거권, 자기결정권에 대한 독일연방헌재의 결정

(1) 사건의 경과

2010년 당시 심각한 재정위기를 겪고 있었던 그리스는 유럽연합의 유로존 국가들과 국제통화기금에 긴급 재정지원을 요청하였다. 이에 대하여 유로존 국가들은 상호간의 협의과정을 거쳐 개별적으로 그리스에 필요한 재정지원을 하였다. 독일의 경우 재정지원을 하기 위하여 연방의회가 2010년 5월 7일 그리스 재정위기를 안정화시키기 위한 지급보증을 내용으로 하는 법률을 제정하였다. 이렇게 시작된 그리스에 대한 재정지원은 그 이후에도 여러 단계를 거쳐 수 차례 이루어진 바 있는데, 독일의 경우 각 단계에서 독일의회와 정부가 결정한 재정지원에 대해 다수의 국민들이 연방헌법재판소에 제소하여 연방헌법재판소는 지난 수년 간 몇 차례의 결정을 통하여 독일연방의회와 연방정부의 재정지원행위를 합헌으로 결정하였다. 연방헌재는 2011년 최초로 위에서 언급한 법률에 대하여 제기된 헌법소원사건에서 2010년 법률에서 규정한 유럽재정안정융자금(Europäische Finanzstabilisierungsfazilität, EFSF) 및 2012년 가처분절차에서 유럽안정기구(European Stability Mechanism, EMS)의 합헌성을 인정하였다. 그 후 연방헌재는 2012년 2차례의 결정을 통하여 그리스에 재정지원활동을 주관하는 연방정부가 연방의회에 충분한 정보제공을 통하여 연방의회가 국민의 대표기관으로서 재정에 관한 권한을 확보하도록 하고, 유럽재정안정융자금에 대한 연방의회의 통제권, 그것도 관할 상임위원회가 아닌 본회의의 통제권을 강화할 것을 강조하였다.[32)]

그런데 바로 여기에 문제의 본질이 드러난다. 물론 조약이라는 국제협약을 통하여 독일의 주권 일부를 유럽연합에 양도함으로써 유럽중앙은행 등 유럽연합의 기관들이 내리는 결정에 대하여 독일연방의회가 동의권과 입법권을 행사하기는 하지만 상당수 독일 국민들의 의사와는 다른 방향으로 움직인다는 것이다. 어떻게 보면 이제 유럽중앙은행 등 유럽연합 기관들의 행위에 대하여 단순한 거수기 역할을 하는데 불과한 의회라면 과연 독일 국민이 주권자와 납세자로서 중요한 이해관계를 가지고 있는 국가의 중요한 재정행위에 대하여 스스로 자기결정권을 행사하는 것인가에 대한 근본적인 의문이 제기되는 것이다.

(2) **연방헌법재판소의 2011년 결정**[33)]

연방헌법재판소는 기본법 제38조 제1항에 규정된 선거권의 내용에는 국민의 대표기관인 의회가 가지는 재정과 예산행위에 대하여 유권자가 영향력을 행사하는 권리가 포함되어 있다는 다소 특이한 논리를 통하여 유권자의 자기결정권과 재정민주주의원리에 대하여 의미 있는 결정을 하였다. 기본법 제38조 제1항에 규정된 선거권이 기본권으로서 가지는 비중과 의미를 고려할 때 이는 국민의 자기결정권과 독일에서 행사되는 모든 국가공권력에 국민이 자유롭고 평등하게 참여하는 권리를 보장한다.[34)] 이러한 참여권의 내용으로는 기본법 제20조 제1항과 제2항의 규정하는 민주주의원리를 포함하고 있는데, 민주주의원리는 기본법 제79조 제3항에 따라

32) Martin Nettesheim, Eurokrise und Verfassungsrecht; Verfassungsrechtliche Rahmenbedingungen der Bewältigung der Euro-Krise, 부산대학교, 독일 튀빙엔대학교 공동학술대회 발표문, 2014.2.21., 15면(18면).

33) BVerfGE 132, 195.

34) BVerfGE 37, 271 (279); 73, 339 (375); 123, 267 (340).

독일기본법의 정체성을 구성하는 원리로서 헌법개정을 통해서도 바꿀 수 없는 절대적 가치이다.[35)]

독일기본법은 민주주의원리에 의하여 국민이 의회 등 국가기관에게 부여한 권한을 유럽연합이나 그 기관에게 송두리째 양도하는 것을 금지하며, 이에 따라서 독일의 헌법기관은 자신의 헌법상, 법률상 권한을 국제기구 등에 포괄적으로 위임할 수 없다. 바꾸어 말하자면 국제법상의 조약에 대한 동의를 위한 법률이나 국제조약을 집행하기 위한 국내 법률은 유럽통합을 위한 개별적 수권을 하는 것으로 그쳐야 하며, 유럽연합이나 유럽연합의 기관들이 독일 헌법기관이 행사하는 권한을 전적으로 대행하거나 독일기본법의 정체성을 훼손할 수 없다는 한계를 가진다.

다만, 포괄위임과 개별적 위임이 분명하지 않는 경우에 독일의회는 유럽연합의 통합을 위한 책임을 수행함에 있어서 효과적인 예방조치를 취하여야 한다. 그런데 이와 관련하여 헌법적으로 중요한 의미를 가지는 것은 독일기본법 제38조에 규정된 선거권이다. 현재 또는 미래의 독일연방의회가 자신의 책임 하에 재정과 예산에 관한 권한을 행사하지 못하고 이를 유럽연합 등 국제기구에 모두 양도하는 상태에 이르는 경우에는 헌법 제38조 제1항에 규정된 국민의 기본권인 선거권이 침해된다. 헌법국가에서 국민의 대표기관인 의회가 국가의 수입과 지출을 포함하는 모든 재정행위에 대하여 전적인 권한과 책임을 가지고 있다는 것은 의회민주주의의 핵심적인 가치이기 때문이다.[36)]

3) 의회민주주의의 한계와 국민 참여의 필요성

앞서 살펴본 바와 같이 역사적으로 의회민주주의는 국민의 대표기관인 의회가 재정과 예산에 대한 통제권을 행사한다는 재정민주주의로부터 발전하였다는 점을 확인할 수 있었다. 이 점은 독일연방헌법재판소의 결정에서 나타난 일관된 입장이기도 하다. 특히 헌법상 국민 개개인에게 보장된

35) BVerfGE 123, 267 (340); 129, 124 (177).
36) BVerfGE 123, 267 (359).

선거권의 보호영역에는 의회가 예산과 재정에 가지는 권한에 영향력을 행사할 수 있는 권리가 포함되어 있다는 견해는 경청할 가치가 크다.[37] 더욱이 연방헌법재판소는 선거권이 의회의 재정행위만을 대상으로 하는 것이 아니라 국민이 자유롭고 평등하게 독일에서 행사되는 국가공권력에 참여하여 자기결정권을 실현할 수 있는 광의의 기본권으로 이해하고 있다는 점을 주목할 필요가 있다.[38]

그렇다면 협력적 법치가 보편화된 오늘날에 국민이 자신의 운명에 중대한 영향을 미치는 의회나 정부의 공권력 행사에 실질적인 영향력을 미치고 이를 통하여 자기결정권과 인간존엄을 실현하기 위해서 요구되는 행정법의 역할과 기능은 어떠한 것인가? 무엇보다 핵심적인 행정법제는 국민들이 중요한 국가적 의사결정에 참여하고 협력할 수 있는 채널을 확보하는 것이다. 일단 국민들이 공동체와 국민의 일상생활에 중대한 영향을 미치는 결정에 실질적인 영향력을 행사하기 위한 전제조건으로 당해 결정의 내용을 알 수 있도록 접근할 수 있는 권리가 보장되는 것이 중요하다. 그 이후에 국회나 정부는 당해 결정에 대해서 직접적인 이해관계를 가지는 국민들에게 결정이 내려지기 이전에 구체적인 내용을 숙지할 수 있도록 알려주는 절차가 필요하며, 국민은 이에 대하여 자신의 의견을 개진할

37) 독일연방헌법재판소는 유럽중앙은행이 2012년 9월 6일에 내린 긴급재정지원(outright monetary transactions; OMT)에 대하여 독일연방정부와 연방의회가 적절한 조치를 취하지 않는 부작위를 이유로 제기된 헌법소원사건에서 2014년 1월 14일 결정을 유보하고, 이를 유럽재판소에 이른바 사전결정(Vorabentscheidung)을 내려주도록 회부하였다. 그런데 이 결정에서 반대의견을 제시한 Lübbe-Wolff 재판관은 다수의견이 독일연방정부나 연방의회의 단순부작위에 머무르는 경우 기본법 제38조로부터 헌법상 보장된 의회의 재정고권 등에 영향을 미칠 수 있는 권리가 침해되었다는 것을 인정하는 것은 기존의 결정기준을 일탈한 "혁신적 사고"라고 비판하고 있다. 이에 대한 상세한 논의와 비판적인 견해로는 강일신, 국가의사결정에 대한 헌법재판을 통한 민주적 통제가능성 - 독일연방헌법재판소의 'OMT 결정'에 대한 비판적 평석 -, 세계헌법연구 제20권 제1호, 2014.4. 187면 이하.

38) 민주주의원리와 인간의 존엄성과의 관계에 관하여 종래의 통설적인 입장은 대의민주주의 내지 의회민주주의원리를 바탕으로 자신의 참정권 행사를 통하여 국가의사결정에 참여하고 대의제기관의 결정에 스스로 구속되는 형태로 실현되는 것으로 보고 있다. 한수웅, 전게논문(각주 2), 253면.

수 있는 기회가 보장되어야 한다.

이렇게 볼 때 오늘날 참여와 협력을 통한 협치, 국민의 자기결정권과 인간존엄의 실현을 위해서는 정보공개와 적법절차를 보장하는 행정법제의 기능과 위상이 어느 때보다 중요한 의미를 가진다. 또한 원자력안전이나 국가연구개발사업에 관한 예산의 분배 등을 결정하는 행정위원회의 결정 역시 공동체의 안위나 자원배분에 상당한 영향을 미치는 경우가 많이 있는데, 이러한 행정위원회가 고착화된 관료사회의 이해관계에 매몰되지 않고 국민들의 생명과 안전 등 생활관계에 지대한 영향을 미치는 결정에 국민이 스스로 자기결정권과 영향력을 행사할 수 있도록 구성하고 운영하는 것이 긴요하다. 이하에서는 공공기관의 정보공개에 관한 법률과 행정절차법을 포함하는 적법절차의 의미에 대하여 논급하고 행정위원회 구성의 문제점을 원자력안전위원회의 예를 들어 살펴보기로 한다.

(1) 정보공개제도

1998년부터 시행된 '공공기관의 정보공개에 관한 법률'(이하 정보공개법)에 따라서 국민은 중요한 행정적 결정의 내용과 근거에 관련되는 정보에 대한 접근권을 갖게 되었다. 한국의 정보공개법은 전 세계적으로 12번째로 제정되어 그 동안 시행되면서 공익적 정보공개를 위한 원고적격의 확대, 불복절차의 정비, 수요자인 국민중심의 정보공개에 대한 법원의 판결 등으로 인하여 행정작용의 투명성과 국정에 대한 국민의 참여를 실현하는 제도적 수단으로 큰 의의를 가지고 있다. 그러나 정보공개법과 정보공개제도에 대한 이와 같은 긍정적인 평가에도 불구하고 정보공개를 통하여 국민이 공동체의 중요결정에 대한 자기결정권과 영향력을 행사하기 위해서는 상당한 정도로 개선의 여지가 있다.[39]

이와 같은 목적을 위하여 제도개선이 시급한 부분은 많이 있지만 우선 첫째, 법령에서 규정한 비공개대상정보의 세부적 지침을 마련하는 것이다.

---

39) 이에 대한 상세한 논의는 2013년 6월 17일 국민권익위원회 의결 공공기관 정보공개제도의 투명성·실효성 제고 방안 참조.

정보공개법 제9조 제3항에 따라서 공공기관은 해당 공공기관의 업무 성격을 고려하여 비공개 대상 정보의 범위에 관한 세부 기준을 수립하고 이를 공개하여야 하는데, 특히 문제가 되는 것은 각 공공기관이 내부적인 지침이나 규정 등을 통하여 정보공개법 제9조와 제1항 각 호에서 규정하는 비공개대상정보 보다 비공개되는 대상 정보의 범위를 확대하는 경우이다. 따라서 법제처의 법령해석, 법원의 판결, 행정심판 재결례, 공개 사례 등을 통해 공개대상정보임이 밝혀진 경우 비공개대상정보 규정에서 삭제하여 법령에 비해 광범위하게 규정된 비공개대상정보의 범위를 축소하여 담당 공무원의 자의적 해석에 의한 공개범위 왜곡 차단하는 것이 필요하다. 법령에 비하여 포괄적이고 추상적으로 규정된 공공기관이나 자치단체의 지침·조례를 세부적이고 구체적으로 규정하고 정보공개 담당자에게 과도하게 부과된 재량권 축소하여 정보공개법 제3조에 따라 공공기관이 보유·관리하는 정보는 국민의 알권리 보장 등을 위하여 이 법에서 정하는 바에 따라 적극적으로 공개하도록 하는 정보공개의 원칙이 효과적으로 실현되어야 한다.

둘째, 정보공개법 제7조 제1항에 따라서 공공기관은 국민생활에 매우 큰 영향을 미치는 정책에 관한 정보, 국가의 시책으로 시행하는 공사 등 대규모 예산이 투입되는 사업에 관한 정보, 예산집행의 내용과 사업평가 결과 등 행정감시를 위하여 필요한 정보 등에 대해서는 국민의 정보공개 청구가 없다고 하더라도 공개의 구체적 범위와 공개의 주기·시기 및 방법 등을 미리 정하여 공표하고, 이에 따라 정기적으로 공개하여야 한다. 그런데 이러한 정보의 사전공표제도는 국민들이 국가와 공동체에 중대한 영향을 미치거나 재정적으로 국민에게 부담을 줄 수 있는 대규모 프로젝트에 대해 미리 일고 이에 대하여 개인적 또는 집단적으로 이의를 제기하거나 보완을 요구하는 등의 행위가 가능하도록 하는 의미를 가지고 있다.[40]

40) 그런데 현행 사전공표제는 회계·재정, 감사결과 등 부패행위 감시를 위해 필요한 정보가 제대로 사전적으로 공개되지 않아 행정의 투명성 확보하기 어려운 경우가 많이 있다. 특히 사전공표제도가 원활하게 이루어지지 못하는 경우에는 그 다음 단계로서 국민이 정보공

따라서 중요한 정보에 대한 사전공표제도가 제도적 취지에 맞도록 운영되기 위해서는 공공기관의 회계·재정, 감사결과 등 국정운영의 투명성을 담보할 수 있는 정보를 사전공표 목록에 의무적으로 포함시키도록 공공기관은 내부지침을 정비하고 자치단체는 조례상 사전공표 대상 정보의 범위를 정보공개법령 취지에 맞게 확대하는 것이 필요하다. 또한 식품·위생, 의료, 교육 등 국민의 생명권과 교육권 등 일상생활과 관련이 크고 정보를 사전공표 목록에 의무적으로 포함시키도록 공공기관과 자치단체의 지침과 조례를 개정하여야 한다.

(2) **적법절차**

미국수정헌법 제5조와 제14조에서 적법절차를 규정한 것과는 달리 우리 헌법은 이에 대한 명시적인 조항을 두고 있지는 않다. 다만, 헌법재판소는 헌법 제12조 제1항과 제3항에 규정된 영장주의원칙 등이 형사절차에 국한되지 않고 널리 입법절차와 행정절차에 적용되는 적법절차원리로 이해하고 있다.[41] 대법원 또한 최근 일련의 판결을 통하여 적법절차원리가 헌법상의 원칙임을 확인하고 행정절차법의 적용을 받지는 않지만 상대방에게 불이익한 법적 효과를 야기하는 행정처분 등 공권력 행사에 대해 사전통지와 의견청취절차를 거치지 않는 경우 그 위법성을 인정하고 있다.[42] 행정절차법은 위에서 언급한 공공기관의 정보공개에 관한 법률과 같은 날 제정되고 시행되었는데, 이는 두 법제가 21세기 협력적 법치주의 국가에서 국민의 참여와 협력을 실현하는 중심축으로서의 의미를 가진다고 이해할 수 있는 부분이다.

일반적으로 행정절차법상 상대방에게 불이익처분을 하는 경우 이에 대

개청구를 하게 되는데, 정보공개 여부를 결정하기 위한 정보공개심의회의 절차를 거쳐 당해 공공기관이 공개거부결정을 내리면 다시 이에 대해 행정소송 등 불복절차를 거쳐야 하는 등 비용과 시간이 많이 소요되는 복잡한 절차를 거쳐야 한다.

41) 헌재 1992.12.24. 92헌가8; 2011.10.25. 2009헌마691 등.

42) 대법원 2012.10.18. 선고 2010두12347 전원합의체 판결 - 가산세 부실납세고지 사건. 이에 대한 상세한 평가는 김성수, 헌법은 존속하고, 행정법은 변화한다. 공법연구 제41집 제4호. 2013.6, 65면 이하(85면 이하).

한 사전통지와 더불어 상대방의 의견을 청취하는 것이 적법절차의 요체라고 할 수 있다. 그런데 오늘날 행정절차는 하천정비, 군사기지, 공항 등 대규모 건설사업의 결정을 대상으로 하는 경우 다수의 국민에게 중대한 영향을 미칠 수 있기 때문에 공청회 등을 통하여 국민들이 의견을 개진할 수 있는 기회가 보장되어야 한다. 현행 행정절차법은 기본적으로 불이익처분의 상대방을 개인으로 상정하고 있는데, 이와 같이 집단·대량적으로 이루어지는 행정처분에 대하여 이를 사전에 이해관계가 있는 국민에게 알리고 그 의견을 구하는 절차가 미흡한 것이 문제라고 할 수 있다. 이와 관련하여 1987년 입법예고 되었다가 이후에 폐기된 행정절차법안은 제50조 이하에서 계획확정절차에 대하여 규정하였다.

계획확정절차는 대규모 시설의 건설과 운영을 대상으로 하는 행정계획을 확정하는 절차인데, 이 경우 국가기관 상호간, 국민과 국가 간, 국민 상호간에 의견의 대립과 갈등이 있을 수 있기 때문에 이를 조절하는 장치가 필요한 것이다.[43] 계획확정절차의 핵심은 행정계획을 주관하는 행정청이 대규모 공공사업을 대상으로 하는 행정계획을 입안할 때 관계행정청과 관련 지방자치단체와의 협의를 거친 후에 이를 공고하고 이해관계 있는 국민들이 열람할 수 있는 기회를 보장하는 것이다.[44] 그 이후에 이해관계 있는 국민들은 행정계획안에 대한 의견제출, 청문, 공청회 등을 통하여 의견을 개진하고 여기에서 제시된 의견을 충분히 고려한 이후에 최종적으로 행정계획을 확정하는 것이다. 과거 우리나라에서는 방폐장, 4대강 사업이나 제주해군기지의 건설을 둘러싸고 극도의 사회적 갈등이 표출되었으나 결국 정부의 의지대로 사업이 강행되는 것은 관련되는 지역 주민이나 국민들이 충분하게 자신의 의견을 제시하고 자기결정권을 행사한 것이라고 보기 어렵다. 따라서 행정절차법에는 적어도 1987년의 행정절차법안에서 규정한 계획확정절차에 대응하는 내용이 반영될 수 있도록 개정하는 것이

43) 대법원 2013.11.14. 선고 2010추73 판결; 1998.4.24. 선고 97누1501 판결; 1997.6.24. 선고 96누1313 판결 등.

44) 홍준형·김성수·김유환, 행정절차법 제정연구, 법문사, 1996, 48면.

필요하다. 행정절차법을 2022년 1월 개정을 통하여 제40조의4에 행정계획에 대하여 다음과 같이 규정하였으나, 그 내용은 단순한 선언적 의미를 가지는데 그치고 있어서 규범적 효력에 대해서는 지극히 제한적인 의미만을 갖는다.[45]

⑶ **행정위원회 구성방식의 개선**

일본 후쿠시마원전 사고 이후 우리나라에서도 국민의 생명과 안전에 직접적인 위해를 야기할 수 있는 원전의 안전책임을 담보하기 위하여 원자력 진흥과 규제를 분리하고 규제기관으로서 원자력안전위원회를 설치하는 '원자력안전위원회의 설치 및 운영에 관한 법률'이 지난 2011년 10월 제정되었다. 그러나 당시 원자력안전위원회는 국민의 기대와는 달리 독립적인 규제위원회로서의 기능을 제대로 발휘하지 못하고 2013년 박근혜정부가 출범하고 정부조직법이 개정되면서 국무총리소속 하의 독립규제위원회로 그 위상이 격하되었다. 그런데 이러한 위상의 문제에도 불구하고 원전의 안전성과 같이 국민의 생명과 안전에 직접적인 영향을 줄 수 있는 결정에 정작 시민사회의 대표, 국민의 입장을 대변하는 위원이 참여할 수 있는 기회가 보장되고 있는가에 대해 의문이 제기되고 있다. 원자력 이용의 안전과 주요 정책에 대한 국민의 자기결정권과 영향력 행사를 통하여 국민의 생명과 안전에 직결된 협치와 21세기적 인간존엄이 실현되기에 그 거버넌스의 구성이 미흡하다는 지적이다.[46]

물론 원자력안전위원회의 설치 및 운영에 관한 법률은 제5조 제1항에

---

45) 제40조의4(행정계획) 행정청은 행정청이 수립하는 계획 중 국민의 권리·의무에 직접 영향을 미치는 계획을 수립하거나 변경·폐지할 때에는 관련된 여러 이익을 정당하게 형량하여야 한다.

46) 원자력안전위원회의 설치 및 운영에 관한 법률 제4조 제1항에 의하여 원자력안전위원회는 위원장을 포함하여 9명의 위원으로 구성하며, 위원장 및 위원 1명은 상임위원으로 구성한다. 그런데 위원장은 국무총리의 제청으로 대통령이 임명하고, 상임위원인 위원을 포함한 4명의 위원은 위원장이 제청하여 대통령이 임명 또는 위촉하며, 나머지 4명의 위원은 국회에서 추천하여 대통령이 임명 또는 위촉한다(제5조 제2항). 국회가 추천하는 위원의 경우에는 국회의 의석수에 따라 여야가 보통 2명을 각각 추천하고, 위원장을 포함한 5명의 위원의 경우에는 전적으로 대통령의 의지에 좌우된다.

서 원자력안전위원을 원자력안전에 관한 식견과 경험이 풍부한 사람 중에서 임명하거나 위촉하되, 원자력·환경·보건의료·과학기술·공공안전·법률·인문사회 등 원자력안전에 이바지할 수 있는 관련 분야 인사가 고루 포함되어야 한다고 규정하고 있으나 전문가나 관련 인사가 반드시 국민의 안전과 생명을 담보하지는 않는다. 그 이유는 원자력안전위원회의 9명의 위원 중 7명의 절대다수는 정부와 여당의 영향력 하에 놓이게 되며, 우리나라 원자력 정책은 구조적으로 정부가 추진하는 방향으로 시행될 수밖에 없는 법적 상태를 보이고 있기 때문이다. 따라서 정부와 여당이 원자력의 안전을 위하여 완전한 탈원전 정책기조를 추구하거나 이와는 반대로 잠정적인 에너지원으로 인정하는 경우에 원자력안전위원회라는 명칭과 법률상의 업무에도 불구하고 국민들은 위 법률에 따라 정작 자신들의 생명과 안전에 절대적인 영향을 미치는 원자력 정책에 대해 자기결정권을 행사할 수 없다. 이러한 문제는 앞서 독일의 예에서 본 바와 같이 대통령과 국회를 중심으로 하는 대의제 민주주의 내지 의회민주주의 시스템 하에서 국민의 자기결정권이 실현되기 어려운 대의제의 함정을 잘 보여주는 것이라고 할 수 있다. 겉으로는 법률과 형식논리로는 완벽해 보이는 제도가 정작 21세기 인간존엄과 자기결정권을 실현하지 못하고 있다는 현실적인 딜레마에 빠진 것이다.

물론 궁극적으로는 우리 헌법 제72조에서 규정하는 국민투표의 대상에 탈원전 등 주요한 원전정책을 '기타 국가안위에 관한 주요정책'에 포함시키는 해석론을 통하여 국민 스스로 이에 대한 자기결정권을 실현하는 것이 근본적인 방안이 될 수 있다. 그러나 헌법 제72조의 해석상 이를 포함시키기 어렵다는 견해도 충분히 근거가 있기 때문에 일상적인 원자력 정책에 대해서 국민투표가 그 대안이 되기는 어렵다. 국민의 안전과 생명을 담보할 수 있는 원자력안전위원회 위원을 여야 동수로 이루어지는 국회 선출위원회에서 위원 3분의 2 이상으로 선출하도록 하고, 일정 수 이상의 국민의 연서로서 특정 위원을 소환할 수 있도록 신청권을 부여하여 국회가 이를 최종적으로 승인함으로서 사후적인 국민의 직접적 견제장치를 마련하는 것이 필요하다. 이를 통하여 대통령이나 총리 등 정부의 영향력을 전적으로 배제하고 국회에서 여야가 사실상 전원일치로 동의하는 객관적이고 중립적인 전문가를 위원으로 선출할 수 있도록 함으로써 탈원전 또는 탄소중립으로 가는 과정에서 원전을 잠정적인 그린에너지원으로 인정할 것인가 등 원자력안전과 관련된 주요정책에 있어서 정부와 국회 간의 견제와 균형이 이루어지도록 하며, 위원회 내부의 자기견제장치가 작동하지 못하는 경우 국민소환 등 일정 부분 국민들의 직접적 참여를 보장하는 방식을 고려하여야 한다.

법률에 의하여 설치되는 모든 행정위원회는 아니라 하더라도 원자력안전위원회와 같이 국민의 생명과 안전에 직결되는 중요한 의사결정기관에 국민의 의사와 영향력을 직접적으로 관철시키는 것이 너무나도 중차대한 문제이기 때문이다. 특히 세월호 참사를 경험하면서 관료사회를 포함하는 정부와 의회민주주의의 중심으로서 국회가 국민보다는 당파적 이해관계에 매몰되어 가는 현실을 보면서 예외적이기는 하지만 사후적으로 국민의 직접적인 의사결정이 필요하다는 점을 절감하기 때문이다.

V. 맺는 말

행정법은 그 집행을 통하여 궁극적으로 공익과 더불어 관련되는 사인의 권리를 실현하는 것이지만, 오늘날 헌법국가에서는 헌법질서가 지향하는 원칙이나 목표를 법규집행의 준거로 적용한다. 행정법규가 지향하는 헌법적 준거에는 국민의 기본권과 더불어 법치국가와 사회국가원리에 따르는 세부적인 원칙들이 포함되지만, 그 핵심에는 인간의 존엄과 가치가 위치하고 있다. 그럼에도 불구하고 헌법 제10조에 규정된 인간존엄이 행정법질서에 대하여 가지는 함의와 그 실현방식에 대해서는 아직 학문적인 연구가 본격적으로 이루어진 바가 없다. 본 연구를 통해서 인간존엄은 지난 200여 년 간 법치주의 발전과 구조의 변화에 따라서 그 의미와 내용에 대한 미묘한 차이를 발견할 수 있었다.

자유주의시대의 인간존엄은 칸트의 도덕론에 영향을 받아 인간의 자유와 자율적인 의사를 실현을 그 본질로 이해하고 행정법은 이를 위하여 권력을 통제하고 남용을 방지하는데 초점이 주어졌다. 이러한 자유주의 시대의 구조적 특징으로 인하여 침해유보를 중심으로 하는 법률유보이론과 과잉금지원칙 등이 행정법질서를 지도하는 원리로 자리 잡을 수 있었다. 19세기와는 달리 20세기의 사회적 법치국가 시대에는 인간의 자유의지, 자율성, 자기결정권을 존중하는 인간존엄의 핵심적 가치를 유지하면서도 인간다운 생활, 생존을 위한 자기결정권을 강조하는 다소 다른 양상의 인간존엄의 개념이 출현하였다. 이에 따라서 사회적 법치국가 시대의 행정법규와 행정법질서는 행정권력을 통제함에 있어서 국가의 소극적 행위 내지 부작위가 인간존엄과 인간다운 생활을 위한 생존권을 실현하는데 부족함이 없는지의 문제에 대해서도 관심을 가지기 시작하였다. 물론 이 시기에도 행정권력의 과도한 행사와 남용을 감시하는 것이 여전히 행정법의 주요한 과제임에도 불구하고 과소보호금지원칙 등이 국민의 안전과 복지, 환경을 포함하는 전반적인 급부행정 실현을 위한 행정법규의 위법성을 심사하는 기준으로 등장하였다.

자신의 운명에 대하여 스스로 결정권을 행사하는 인간의 자유의지라는 핵심적 가치를 보전하면서 21세기 협력적 법치주의 시대의 행정법질서는 인간존엄 실현을 위하여 어떠한 실천전략을 가지고 있을까? 21세기 협치 또는 협력적 법치주의에서 인간존엄은 이전 시대와는 달리 개인의 차원을 넘어서서 국가의 중요한 정책이나 의사결정에 집단적인 의사표시를 통하여 자기결정권을 행사하는 측면이 강조된다. 예를 들어 원전을 비롯하여 군사시설, 대규모 사회기반시설의 건설 등 국민의 생명과 안전에 중대한 영향을 미치는 결정에 대해 참여와 협력을 통하여 국민이 집단적으로 자기결정권을 행사하는 경우에 한하여 협치시대의 인간존엄이 실현될 수 있다. 물론 이러한 의사결정은 의회민주주의제도 하에서 국민의 대표기관인 의회를 통하여 이루어지는 것이 원칙이지만 무기력하고 매너리즘에 함몰된 의회주의에 대한 대안으로서 국민투표 등 직접민주주의적인 제도의 도입 내지 활성화에 대한 관심도 증폭되고 있다.

다만, 일상적으로 이루어지는 공동체의 주요 의사결정에 대해 국민의 참여와 협력을 통하여 자기결정권과 인간존엄을 실현하는 행정법제로서 정보공개법과 행정절차법을 포함하는 적법절차의 의미가 더욱 강조된다. 시대를 초월하여 인간이 자신의 문제에 대하여 타인의 지배와 통제의 대상으로 머무르고 국가 공권력 행사의 단순한 객체에 불과한 경우에는 존엄한 존재라고 말할 수 없다. 결국 행정법과 행정법질서는 어느 경우에나 인간이 자신의 문제를 주체적으로 해결할 수 있는 통로와 방법이 무엇인지 고민하고 제도화하는데 관심을 가져야 한다. 이는 행정법질서의 실체법적인 측면에서는 물론 절차법과 쟁송법에 이르기까지 전(全) 방위적으로 이루어져야 한다. 국민의 집단적 의사결정을 광범위한 이익집단과 정당의 이해관계로 치환하고 주권자로서의 국민의 지위를 형해화하는 행정법질서는 자신의 문제를 능동적이고 주체적으로 해결하는 헌법적으로 존엄한 인간상에 부합하지 못하며 그 정당성과 합헌성을 인정할 수 없기 때문이다. 21세기가 시작된 후 20여 년 가까이 지난 오늘날 헌법의 최고가치인 인간존엄이 행정법에 부여하는 의미와 과제에 대한 진지한 성찰이 요구되는 시점이다.

제11장

헌법재판 30년

헌법재판 미래와
어떻게 대화할 것인가?

Ⅰ. 문제의 제기. 헌법재판 - 공동체의 방향타(方向舵), 균형추(均衡錘)

국가기관이나 사회제도를 사람에 비유하는 것이 적절할지 모르지만 한국의 헌법재판은 지난 30년 간 '작은 거인'(a little big man)으로서 자그마한 몸집에도 불구하고 엄청난 사회적 영향력을 행사하였다. 신생제도가 사회적으로 의미 깊은 사안들을 자신의 업무로 받아들여 공동체 구성원들의 의식 속에 깊은 각인을 남길 수 있었다는 사실은 한국 현대사에서 그리 흔한 일은 아니다. 이는 역설적으로 헌법재판이 이루어지지 못한 시절에 공동체의 헌법적인 해명이 필요한 관심사가 해결되지 못하고 계속하여 누적되거나 시민의 기본적 권리에 대한 의미와 이해의 부족이 헌법재판제도를 통하여 비로소 상당 부분 그 해법을 모색하는 계기가 마련되었다는 의미일 수도 있다. 이러한 이유 때문에 한편으로는 헌법재판에 과도한 부하가 걸리기도 하였지만, 다른 한편으로는 헌법재판소가 이러한 부담을 수용하고 공동체의 명운과 시민의 권리실현을 위한 정책결정자로서[1] 일정한 방향을 제시하는 권능과 책무를 적극적으로 수행하였다는 평가이기도 하다. 지난 30년 간 한국의 헌법재판제도는 누적된 한국사회의 폐해와 그릇된 관행의 청산, 표현의 자유와 재산권의 보호, 공동체의 명운과 정치적 지향성에 대한 결정을 통하여 "사법을 통한 사회의 변화"라는 한국사회의 새로운 경험의 지평을 열었다.[2] 물론 이러한 헌법재판의 역할과 책무에 대하여 긍정적인 평가만 존재하는 것은 아니며, 정치적인 관점을 고려한 나머지

---

1) 법원을 정책결정자로 볼 수 있는가에 대한 긍정적 평가는 Lawrence Baum, The Supreme Court, 8. Ed. 2004, 3면 이하. 우리나라에서 정책결정 주체로서의 헌법재판소의 역할에 대해서는 박종현, 헌법재판소의 전략적 헌법담론 -헌법재판소 2009.9.24. 2008헌가25 결정과 2009.10.29. 2009헌라8 결정에서의 헌법적 논증에 대한 비판-, 법과 사회 39권, 법과사회이론학회, 13면.

2) 헌법재판소가 실시한 설문조사에 따르면 헌재결정이 우리 사회를 변화시키는 얼마나 영향을 미쳤는지 묻는 질문에 응답자의 46.9%가 "매우 큰 영향을 미쳤다"고 답했고, 30.5% 는 "어느 정도 영향을 미쳤다"고 응답했다. 따라서 헌재결정이 우리 사회를 변화 시켰다는 답변이 77.4%에 달하는 것으로 보고 있다. 헌법재판소 결정과 대한민국의 변화. 1988-2017. 헌법재판소.

지나치게 전략적으로 행동하고,[3] 상당한 정도로 사회적 퇴행을 방치하거나 고무하였다는 비판을 받기도 한다.

본 연구의 주제가 헌법재판과 21세기의 도전과 대응이라는 점을 고려한다면 지난 30여 년 헌법재판의 역사를 회고하는 것에서부터 시작하는 것이 마땅하다. 역사는 단절을 모르며, 과거에 대한 성찰 그 자체가 미래를 내다보는 작업의 출발점이기 때문이다. 다만, 다른 연구자들이 과거 30년 헌법재판의 공과에 대해 다양한 관점에서 분석과 평가를 한 것으로 보이기 때문에 본 연구는 주로 헌법재판이 향후 수십 년 동안 당면할 과제와 처리의 방식에 대하여 언급하고자 한다. 불확실한 미래를 예측하는 것은 지난한 일임에 분명하지만 2018년에 시작된 남북한과 북미 간의 극적인 관계개선이 현재는 소강상태에 들어갔음에도 향후 한반도의 통일과 동북아질서의 개편이 본격화 하는 시점이 도래하면 정치권은 물론 헌법재판소에게도 많은 과제를 안겨줄 것으로 예상된다. 특히 북한지역의 대대적인 개발과 지원을 포함하는 남북한 간의 교류와 협력, 통일을 지향하는 과정에서 필요한 제도를 구축하는데 소요되는 재원 마련을 위하여 입법자가 수많은 입법활동을 할 것으로 보이는데, 이 경우 헌법재판소는 기본적으로 정부와 입법자의 정치적 판단과 입법형성권을 존중하면서도 동시에 의회민주주의 원리와 입법의 민주적 정당성의 원칙과 갈등을 빚을 수 있는 국민의 재산권 등 기본권의 수호를 위하여 어떠한 역할을 할 것인지 깊이 고민할 필요가 있다. 한반도의 안정과 통일을 위한 체제를 구축하고 동북아의 항구적인 평화와 공동번영이라는 21세기의 세계사적 과업을 성취하기 위하여 대통령과 정부, 국회의 역할과 권한이 무엇인지, 대의민주주의를 존중하고 이를 기본원칙으로 확립하는 과정에서도 동시에 헌법재판은 국민의 역할이 무엇인지, 그들의 권리와 의무는 어떻게 형성되고 존중되며, 그 한계는 어디까지인지 등 새로운 헌법적 도전에 대한 해법을 제시해야 할 것이다.

---

3) 박종현, 전게논문 (각주 1), 21면 이하.

한국사회가 당면한 미래의 도전 중 하나는 세계의 어느 나라보다도 빠르게 진행되고 있는 고령화, 고령사회, 그리고 초고령사회로의 진입이다. 여기에 더하여 연간 신생아수는 2022년 기준으로 27만 명을 겨우 넘기더니, 2022년 3월에는 월별 신생아수가 역대 최소인 3만 이하를 기록하였다.[4] 이러한 현상은 이른바 지자체 소멸이라는 악몽이 현실화하는 상황으로 이어지면서 학자들의 예측으로는 향후 30년 이내에 약 80여 개의 지방자치단체가 소멸할 것으로 보고 있다.[5] 물론 고령화와 저출산 문제는 우선적으로 입법과 정부가 적극적으로 대처해야 하는 과제인 것은 분명하다. 특히 고령인구들에 대한 배려와 이들의 사회적 역할을 진작하고 삶의 질을 개선하는 것은 근거리에서 이들을 마주하는 지방자치단체의 역할이다.[6] 고령사회를 하나의 운명적 현실로 받아들이면서 새로운 생활관계를 구축하고 지역사회와 연계하기 위한 자치단체들의 입법활동이 보다 활발해지고 광범위해질 것으로 예상된다.

문재인 정부에서 논의된 헌법개정론에서도 지자체들의 자치입법권과 자주재정권을 확대하고 주민자치를 강조하는 것도 한국사회의 이러한 미래의 모습과 무관해 보이지 않는다. 국가 전체적으로는 국회와 정부가 지자체의 이와 같은 노력을 최대한 지원하는 정책시스템을 개발하고 뒷받침하기 위한 입법적인 토대를 구축하여야 할 것이다. 고령화 문제와 더불어 저출산을 극복하는데도 지자체의 역할과 중앙정부와의 협력이 중요하지만 상대적으로 저출산과 보육정책은 중앙정부와 국회의 비중이 큰 사안이다. 물론 저출산 문제는 고용, 교육 및 보육비용, 분권화, 여성의 사회적 지위, 소득정책, 주거, 의료 등의 다양한 분야가 매우 복잡하게 얽혀있기 때문에 한국사회의 구조개혁이 없이는 쉽게 해결될 수 없다. 또한 저출산 문제는 그 경향을 완화할 수는 있겠지만 근본적인 해결이 어렵기 때문에,[7] 축소

4) 통계청 KOSIS (통계청, 인구동향조사) 지표. 2022.5.25.
5) 이상호, 한국의 지방소멸에 관한 7가지 분석, 지역고용동향브리프 2016년 봄호, 한국고용정보연구원, 2016.3.8.
6) 예를 들어 노인장기 요양보험제도의 운영에 있어서 우리나라의 실태와 자치단체의 제한된 역할에 대해서는 정재욱, 고령화 시대와 노인장기 요양보험제도, 2015, 165면, 208면.
7) 통일도 인구문제를 근본적으로 해결할 수 없다는 보고가 있다. 이에 따르면 통일로 인한

하는 인구를 전제로 한 고용과 산업구조의 고도화 및 다변화, 부분적인 이민정책을 통한 외국인들의 인구유입도 신중하게 검토할 필요가 있다.

저출산과 고령화 극복을 위한 한국사회 미래의 커다란 변혁과정에서 헌법재판은 과연 어떠한 역할과 책무를 수행할 것인가? 인구의 축소는 상수(常數)이며 이민정책이나 남북관계의 개선을 변수(變數)로 볼 때 고용과 산업의 고도화를 위해서 입법자와 헌법재판은 시장의 자율성과 혁신을 한층 존중할 필요가 있다. 작은 인구로 움직이는 역동적인 경제는 기업과 시장의 주도적인 혁신 없이는 가능하지 않기 때문이다. 물론 시장의 혁신과 역동성은 일부 기업에 대한 시장지배를 의미하는 것이 아니기 때문에 기업과 시장의 건전한 생태계를 유지하기 위한 상생과 동반성장, 공정한 경쟁 등은 헌법재판이 주목해야 할 부분이다. 이에 대비하여 정부는 앞서 언급한 저출산과 고령화를 극복하기 위한 정책과제를 끊임없이 정비하고 자치단체의 관련 업무를 재정적인 측면에서 적극적으로 지원하여야 할 것이다. 결국 고령화, 저출산 대책은 재정문제로 귀결된다. 헌법재판은 국가와 자치단체의 역할과 권능을 원칙적으로 존중하면서도 이들이 자신의 재정건전성을 해치지 않도록 공공부문의 재정활동의 한계에 대한 유의미한 심사기준을 마련하고 국민의 부담을 최소화하는 헌법적 통제기준을 확립하여야 할 것이다. 여기에는 전통적인 비례성원칙과 함께 재정의 건전성원칙, 효과성원칙이나 경제성원칙 등을 법적 원칙과 심사기준으로 적용하는 문제를 깊이 고민할 필요가 있다.

오늘날 한국인들은 생활 속에서 가장 시급하게 해결해야 할 문제로 기후변화와 에너지 전환, 미세먼지와 오염된 물을 들고 있다. 결국 미래에 헌법재판은 환경문제와 마주 앉아야 한다. 지난 30여 년 간 헌법재판소가 주로 국민의 정치적 권리와 표현의 자유의 실현을 위한 기준과 방식을 제시

남북한 인구통합은 남한의 고령화를 경감시키는 효과가 있으나, 북한지역의 출산율이 급락하고 기대여명이 남한수준으로 상승하는 경우 고령화 경감효과는 부분적으로 축소되어 장기적으로는 남한의 고령화 수준으로 수렴한다는 것이다. 최지영, 통일과 고령화, 한국은행보고서, BOK 경제연구 제 2017-24, 18면 이하.

하였다면, 상대적으로 그 동안 큰 비중을 가지지 못한 환경문제가 숙제로 등장할 가능성이 커진 것이다. 헌법재판소는 헌법상 환경권이 자유권과 생존권 등의 성격이 혼합된 종합적 권리로 보면서 환경보호를 위한 입법의 수준에 대하여 이른바 과소보호금지원칙을 적용하고 있지만 현재의 명백성 통제기준만을 가지고 향후 환경입법의 위헌 여부를 판단할 수 있을지는 의문이다.

앞서 언급한 바와 같이 미래에도 입법과 헌법재판 간의 숙명적인 긴장관계는 지속될 것이다. 그런데 여기에서 말하는 입법이란 다양한 분야를 대상으로 하지만 대부분은 행정법규로서 헌법재판이 행정청의 규제와 공권력 행사를 중심으로 하는 행정법질서와 헌법재판과의 관계를 대상으로 하여왔음을 의미한다. 행정처분과 공권력 행사와 같은 국가와 행정청의 의사적 우위를 바탕으로 하는 수직적인 행정법관계가 동요하고 국민들과의 협치와 협력이 이를 대체해 가는 것은 전 세계적인 현상이다. 수직적인 관료제보다는 공공부문과 민간부문 간의 적정한 거버넌스를 구축하고 양자 간의 협력과 소통을 통하여 공적인 의사를 결정하고 집행하는 행정법질서, 이른바 신행정법 내지 신사조(新思潮)행정법(new administrative law scholarship, neue Verwaltungsrechtswissenschaft)은 미래 헌법재판이 당면한 행정법 질서의 커다란 변혁이다. 민간부문과의 협력과 공동결정을 의미하는 새로운 사조의 행정법질서에서 개별입법의 심사기준으로서 과잉금지원칙이나 본질성이론, 포괄위임금지 등이 가지는 의미는 감소되고 협력의 원칙이나 거버넌스의 민주적 정당성 등의 문제들이 부상할 가능성이 있다. 앞서 언급한 다양한 미래의 문제 해결에 있어서 여전히 입법과 행정이 그 중심에 서 있으며 헌법재판의 역할은 제한적일 것이다. 그러나 입법과 행정의 문제해결에 헌법재판이 일정한 헌법적 기준과 방향을 제시할 수 있고 또 해야 한다는 점 역시 지난 30여 년의 역사와 다를 바 없다. 제한된 권한과 역할이지만 중요한 것은 헌법재판이 공동체의 방향타와 균형추로서의 그 위상에 대한 국민적 신뢰라고 할 수 있으며, 지금까지 그래왔듯이 미래에도 헌법재판의 정당성과 힘은 바로 헌법재판이 제시하는 한국사회의 미래에 대한 방향과 균형성을 국민이 얼마나 신뢰하고 수용할 것인가에 전적으로 달려 있다고 하여도 과언이 아닐 것이다.

Ⅱ. 남북화해, 통일과 헌법재판의 역할

1. 한반도 통일과정과 독일의 사례

남북과 북미 간의 대화국면이 이어지고 북한의 비핵화를 통한 이른바 정상국가화 과정이 순조롭게 진행되는 경우 한반도의 통일에 대한 문제가 우리에게 조심스럽게 제기될 것이다. 남북한의 통일과 같은 거대하고 복잡한 담론과 실천과정을 현재 상태에서 예측한다는 것은 사실상 불가능에 가까운 것이지만 우리보다 먼저 통일을 이룩한 독일의 사례와 특히 독일의 통일과정에서 연방헌법재판소가 제시한 방식과 법리는 우리의 통일문제를 해결함에 있어서 법리적인 측면과 더불어 실천적인 차원에서 커다란 함의를 가질 수 있다. 독일의 통일은 물론 남북한의 통일도 각 분야에서 상상하기 어려운 문제들을 내포하고 있으며, 통일을 위해서는 양 국가의 헌법개정은 물론 통일을 위한 양자 또는 이해당사국 간의 다자간 조약과 협정, 각 개별 분야를 망라하는 거대한 법적 규율의 복합체가 구축될 것이다. 다만, 본 연구에서는 이 모든 통일과정의 법적 규율을 위한 체계를 검토하기보다는 헌법재판소 내지 헌법재판이 통일과정에서 근본적인 질서의 형성을 위한 방향설정에서 어떠한 역할을 할 것인가에 집중하고자 한다. 특히 중요한 것은 분단 이후 각각 사유재산권과 시장경제질서를 구축하고 발전시킨 남한과 생산수단의 국유화와 사회주의 계획경제체제를 유지한 북한이라는 이질적인 두 체제가 하나의 국가로 통합하는 경우[8] 분단 이전의 사유재산을 어떻게 처리할 것인가 하는 문제이다. 한반도의 통일과정과 그리고 그 과정의 완성으로 남북한이 법적인 통일 상태를 이룩하는 경우

8) 통일과정에서 경제통합, 경제공동체 구상에 대한 논의는 이장희, 통일과정에서 경제통합에 대한 헌법적 검토, 헌법이론과 실무 2015-A-3, 헌법재판연구원, 16면 이하.

생산수단의 국유와 사회주의 소유권 제도를 핵심으로 하는 북한의 국유화된 토지 등을 사적 소유로 전환시키거나 원래의 소유권자에게 반환하는 지난한 과제가 현실화한다는 의미이다.[9]

물론 이른바 미회복 재산권의 처리 이전에 통일의 방식을 정하는 것이 보다 근본적인 문제로 제기될 것이 예상되는데, 독일의 경우와 같이 북한이 남한에 가입하는 형태의 이른바 흡수통일이 보다 현실적인 대안이라고 하는 것을 부인하기는 어렵다. 통일방식에 대한 결정은 원칙적으로 국민투표와 남북한의 헌법제정 권력자들에게 유보되어 있지만 북한의 남한에의 가입방식을 전제로 하는 경우 미회복 재산권에 대해서도 양국의 헌법제정 권력자들이 조약 내지 협정, 더 나아가 구체적인 입법형식을 통하여 구체적인 처리방식을 정하게 될 것이다. 그러나 우리의 경우에도 사유재산제도를 근간으로 하여 북한 지역의 미회복 재산권 또는 북한 주민이 남한 지역에 소유했던 토지에 대한 반환청구를 어렵지 않게 예상할 수 있으며,[10] 남북한의 (통일)조약이나 이를 구체화하는 법률에서 원칙적인 반환금지를 규정하는 경우 그 위헌성 문제에 대해 헌법재판이 응답하는 것은 통일과정에서 마주하게 될 가장 중요한 초기 단계의 통일에 대한 방향설정이 될 것이 분명해 보인다. 따라서 이 문제에 대하여 독일의 연방헌법재판소가 취한 방향과 입장을 살펴보는 것은 우리의 통일문제를 숙고하는데 의미 있는 시사를 할 수 있을 것으로 보인다.

2. 독일연방헌법재판소 1차 토지개혁 결정

1) 동서독 공동선언과 통일조약 제41조

독일은 1989년 11월 베를린장벽의 붕괴 이후에 비교적 질서 있는 통일과정이 진행되었기 때문에 이미 동서독 당국자들은 차분한 상태에서 통일

---

9) 이에 대한 논의는 김성수, 분단국가 통합의 법제적 과제 -행정관계법제-, 통일법제연구 17-19-3, 한국법제연구원, 27면 이하.

10) 김성욱, 통일 후 북한지역 부동산의 재산권 재편방안, 남북한 통합과정시 재산분야 및 개발 관련 법제개편의 방향, 한국법제연구원 워크숍 자료집, 2017.7.3면, 14면 등.

의 방식과 미회복 재산권 문제에 대해 일정한 합의를 이룰 수 있었다. 독일의 통일은 구동독이 구서독에 가입하는 흡수통일의 형식을 취했기 때문에 양 당국자들은 이를 전제로 하여 1990년 6월 15일 미회복 재산권 문제에 대한 공동선언을 발표하였다. 공동선언은 미회복 재산권의 처리원칙은 다양한 이해관계를 사회적 타당성 원칙에 따라 정하는 것으로서, 여기서 말하는 사회적 타당성 원칙이란 보다 구체적으로 법적 안정성과 명확성 그리고 재산권에 대한 권리를 적정 수준에서 보상하는 것을 의미한다. 양 당국자들은 이와 같은 사회적 타당성 원칙이 구현되어야만 장래 통일된 독일의 법적 평화가 가능하다는 점을 분명히 하였다. 양 당국 정부의 공동선언의 핵심적인 내용은 1945년에서 1949년 사이 구소련 점령당국과 구동독정부가 점령과 관련된 당시의 법적 근거에 따라서 수용하거나 박탈한 재산권은 반환하지 않는다는 원칙을 정한 것이다. 이는 이미 구소련 점령당국과 구동독정부가 결정한 기성화된 사실을 번복할 수 없다는 현실론에 바탕을 둔 것이며, 당시 서독정부 역시 이러한 현실론을 이른바 역사적인 발전단계로 인식하고 수용하였다. 다만, 사유재산제도를 근간으로 하는 시장경제체제를 가지고 있던 당시 서독정부는 통일 이후에 구성되는 새로운 의회가 정의의 원칙에 따라서 원래의 재산권 주체에게 일정한 손실보상을 할 수 있는 여지는 남길 수 있다는 의견을 공동선언에 제시하였다. 이와 같은 공동선언의 내용은 동서독의회가 1990년 8월 31일 체결한 통일조약 제41조에 그대로 반영되었다.[11] 이와 같이 2개월의 시차를 가진 공동선언과 통일조약은 구동독지역에서 과거에 이루어진 사유재산권에 대한 수용이나 박탈행위가 통일 이후에 국민경제 측면에서 필수적인 인프라 등 공공투자에 필요한 토지나 부동산에 해당하는 경우 후속 법률을 통하여 원

11) 통일조약 제 41조는 다음과 같은 내용을 규정하고 있다. 동서독 정부가 합의한 1990년 6월 15일의 미회복 재산권에 대한 공동선언(통일조약 제3 부속서)은 통일조약의 핵심이다(제1항). 미회복 재산권 문제를 규율하는 법률규정에 따라서 1945년부터 1949년까지 수용된 당해 토지나 부동산이 법률규정에 의하여 확정된 긴급한 투자목적, 특히 관공서의 설치에 필요하고 이러한 투자결정이 국민경제상 바람직하다고 판단되는 경우, 무엇보다 일자리 창출 내지 보장을 위하여 필요한 경우에는 재산권의 반환은 인정되지 않는다.

칙적으로 그에 대한 원소유자의 반환청구를 금하고, 동시에 이를 헌법상 재산권에 대한 수용행위로 보아 그에 대한 손실보상을 인정하는 방식을 취한 것이다.

2) 결정 내용

(1) **원상회복 금지는 위헌인가?**

연방헌법재판소는 1991년 결정을 통하여[12] 불법적인 수용으로 인하여 발생한 미회복 재산권 문제를 해결함에 있어서 원칙적으로 입법자에게 일정한 헌법상의 회복의무가 존재한다는 것을 인정하면서도, 특히 이 경우와 같이 외국정부에 의하여 이루어진 불법적 수용에 대해서 입법자는 원상회복의 시행 여부를 포함하여 구체적인 방법을 선택함에 있어서도 일반적으로 광범위한 입법재량권을 가지고 있다고 판시하고 있다. 그렇기 때문에 이러한 불법에 대한 입법자의 회복의무는 반드시 이 사건에서 문제가 된 피수용 재산권 자체를 반환할 의무를 의미하는 것은 아니다. 이와 같은 회복조치의 헌법적인 근거로는 물론 재산권 규정을 들 수 있지만 보다 근본적으로는 법치주의원칙과 사회국가원리에 절대적인 비중을 의지한다고 할 수 있다. 그리고 입법자의 회복조치가 헌법상 재산권을 근거로 한다고 하더라도 반드시 그 원형을 그대로 반환하는 이른바 존속보장의 형태가 되어야 하는 것을 의미하지 않는다. 물론 재산권에 대한 원상회복과 반환청구는 그것이 예외적으로 가능하며, 관련 이익과의 형량을 통하여 허용되는 경우에는 가능할 수 있다. 연방헌법재판소는 당시 동서독 양국과 미국, 영국, 프랑스, 러시아가 참여하는 이른바 2 플러스 4 협상과 통일조약의 체결과정에서 구소련과 구동독정부가 원상회복 금지를 협상의 전제조건으로 분명하게 요구하였으며, 서독정부는 이와 같은 조건을 무시하는 경우 어렵게 조성된 독일통일의 분위기를 유지하기 어렵다고 판단한 정치적 상황을 깊이 고려하고 있다. 즉 구소련은 자신이 제2차 세계대전의 전승국으로서 구 동독지역에서 시행한 각종의 조치들이 당시의 법적, 경제적, 사회문화

---

12) BVerfGE 84, 90 -Bodenreform Ⅰ.

적 조건 하에서 취할 수 있는 최선의 것들이었는데, 이러한 조치들이 사후에 변경되는 것을 결코 원하지 않았으며, 구동독 정부 역시 자신들이 과거에 시행한 사유재산권에 대한 수용조치들이 사후의 입법에 의하여 근본적으로 변경되는 경우 통일 이후에 있어서도 구동독지역에서 법적 평화를 결코 유지할 수 없다는 점을 분명히 하였다.

(2) **손실보상 조항은 완전보상을 의미하며, 평등권을 침해하는가?**

연방헌법재판소는 이 사건 헌법소원을 제기한 청구인의 주장 중 공동선언에서 단순하게 입법자의 보상의무만을 규정하고 구체적인 보상기준에 대하여 침묵한 것이 헌법상 요구되는 시가를 기준으로 하는 완전보상원칙에 반한다는 주장을 아래와 같이 배척하였다. 손실보상의 기준이 완전보상을 의미한다는 결론은 헌법상 도출될 수 없다. 입법자는 손실보상의 기준을 정함에 있어서 상당한 재량권을 가지고 있으며, 특히 통일과정에서 국가가 수행하는 다양한 과제에 소요되는 재정적 상황을 깊이 고려할 필요가 있다. 따라서 입법자는 기본법상의 공용침해와 손실보상의 경우와 비교하여 이 사안의 경우에도 평등권에 기속되기는 하지만 보상의 기준이나 액수는 이러한 제반 상황을 고려할 때 원상회복의 수준에 버금갈 것을 반드시 요구하지 않는다. 따라서 공동선언과 통일조약의 관련 조항은 헌법상 평등권을 침해하지 않는다. 연방헌법재판소는 일부 심판청구인은 우연히도 자신이 반환을 요구하는 재산권이 구동독정부 등 공공부문의 소유로서 여전히 반환 가능한 상태에 있다고 주장하지만 이는 타인과 비교하여 우연한 사정만으로 자신에게 우선적인 권리를 인정하라는 것이어서 역시 받아들일 수 없는 것으로 보고 있다.

3. 2차 토지개혁 결정

1) 평등권 침해 여부

1차 토지개혁결정 이후 5년이 지난 1996년 이 사건에서도[13] 1949년

13) BVerfGE 94, 12 -Bodenreform II.

이전에 구소련 점령당국과 구동독정부가 수용한 재산권과 1949년 이후에 수용한 재산권을 달리 취급하여 전자의 경우에는 원상회복을 금지하는 조항이 평등권을 침해한다는 청구인의 주장에 대해서 연방헌법재판소는 양자 간의 차별적인 취급은 헌법상 국가의 모든 기관이 통일을 추구하도록 규정하고 있으며, 실제로 통일이 임박한 상황에서 다른 어느 것과 비교할 수 없는 중대한 공익상의 요청이라는 점을 고려한다면 비록 1949년 이전의 수용조치가 불법적인 것이었다고 하더라도 차별에 합리적인 근거가 있다는 점을 강조하고 있다. 또한 연방헌법재판소는 독일통일이 없었더라면 역시 어떠한 재산상의 손실에 대한 보상도 불가능했었을 것이라는 점을 고려한다면 심판청구인이 평등권을 침해당했다는 주장을 받아들일 수 없다고 판시하고 있다. 특히 동서독 공동선언이나 2 플러스 4 회담에서 당시 서독정부는 외교상황의 전개에 따라서 독일의 통일과 관련하여 상당한 정책적 판단의 여지를 가지고 있었으며, 당시 상황을 고려할 때 서독정부가 이러한 판단을 그르쳐서 수용대상 재산권에 대한 반환불가 결정을 내렸다고 볼 만한 객관적인 근거를 찾을 수 없다는 것이다. 이러한 상태에서 연방헌법재판소는 당시 서독정부가 관련된 정책적 문제들을 제대로 인식하고 판단하였는지 심사하는 것은 바람직하지 아니하며, 서독정부의 정책판단을 대체할 수도 없다는 것을 지적하고 있다.

2) 재산권 침해 여부

연방헌법재판소는 원상회복을 금지하는 조항으로 인하여 제기된 재산권 침해 문제 역시 1차 토지개혁결정과 근본적으로 차이점이 없다는 견해를 제시하고 있다. 이 사건에서 심판청구인은 헤이그 육상전투규정에 따라서 점령당국은 타인의 재산권을 박탈할 수 없다는 규정을 들어 구소련 당국에 의한 수용조치가 국제법 위반으로서 자신의 재산권을 침해한다고 주장하였다. 그러나 연방헌법재판소는 당시 구소련 점령당국이 그와 같은 수용조치를 취하는 것이 위헌으로 판단되려면 수용조치가 전면적으로 무효이거나 수용대상인 재산권 소유자가 문제가 된 조항에 따라서 재산권에 대한 국제법상 개별적인 청구권을 가지는 경우에 한한다고 보았다. 그런데 1945년부터 1949년까지 당시의 국제법적인 상황을 살펴보면 구소련 점령당국이 자신이 당사자가 되는 국제법상 조약이나 국제관습법에 따라서 점령지의 재산권을 수용해서는 아니 된다는 법적 의무를 가진다고 볼 수 있는 근거가 없기 때문에 심판청구인은 원상회복에 대한 정당한 권원을 가지지 못한다. 또한 이 사건에서 문제가 되는 제2차 재산권변경법(das Zweite Vermögensrechtsänderungsgesetz)의 원상회복 금지규정은 나치 시대에 강제로 수용된 재산권에는 적용하지 않는다고 규정하고 있으므로 당연히 이에 해당하는 재산에 대해서는 재산권자가 반환청구를 할 수 있으나, 이에 해당하는 재산권이라고 하더라도 구소련 점령당국이 새로이 수용조치를 발동한 대상이라면 역시 반환청구의 대상이 될 수 없다. 따라서 청구인이 주장하는 재산권 침해는 이유가 없다. 심판청구인은 기본법 제14조에 의한 재산권 보장과 반환청구를 주장하면서 동시에 바이마르헌법 제153조를 근거로 원상회복을 요구하고 있다.[14] 바이마르헌법 제153조는 나치시대가 붕괴된 이후에도 헌법적 효력은 아니지만 단순 법률적인 효력을 가지는 조항으로 존속하였다는 것이 연방헌법재판소와 다수 헌법학자들의 견해인 것은 사실이다. 그럼에도 불구하고 이 사건에서 문제가 된 재산권에 대한 수용처분은 전적으로 구동독 지역에서 구소련 점령당국에 의하여 이루어진 것이기 때문에 그 책임 역시 구소련 점령당국이 전적으로 져야 할 문제이다. 그러나 구소련 점령당국은 바이마르헌법의 적용 대상이 아니므로 이

14) Art. 153 WRV: Das Eigentum wird von der Verfassung gewährleistet. Sein Inhalt und seine Schranken ergeben sich aus den Gesetzen. Eine Enteignung kann nur zum Wohle der Allgemeinheit und auf gesetzlicher Grundlage vorgenommen werden. Sie erfolgt gegen angemessene Entschädigung, soweit nicht ein Reichsgesetz etwas anderes bestimmt. Wegen der Höhe der Entschädigung ist im Streitfalle der Rechtsweg bei den ordentlichen Gerichten offen zu halten, soweit Reichsgesetze nichts anderes bestimmen. Enteignung durch das Reich gegenüber Ländern, Gemeinden und gemeinnützigen Verbänden kann nur gegen Entschädigung erfolgen. Eigentum verpflichtet. Sein Gebrauch soll zugleich Dienst sein für das Gemeine Beste. 사실상 이 조항은 현행 독일기본법 제14조와 거의 유사한 내용이다.

에 기속되지 않는다.

4. 소결

남북한이 본격적인 통일로 진입하는 과정을 통하여 법적으로 완전한 통합에 이르는 경우에는 상상하기 어려운 다양한 문제가 제기될 수 있으며, 이를 해결하기 위한 각종 법제도의 정비가 불가피하다. 독일의 예와 같이 헌법적 효력을 가지는 양국 간의 통일조약과 이를 구체화하기 위한 각종의 입법조치가 시행되는 과정이 한반도에도 유사하게 전개되는 경우 헌법재판소에 다양한 영역에서 헌법소송사건이 제기될 것을 충분하게 예상할 수 있다. 이 과정에서 한국의 헌법재판은 통일의 방향성과 원칙을 확립하는데 상당한 도전적 과제에 직면하면서도 이를 통하여 통일한국의 헌법질서 실현에 지대한 역할을 할 것으로 기대된다. 앞서 언급한 재산권 반환문제는 이러한 거대한 변화 속에서 진행되는 하나의 영역에 해당하지만 헌법재판이 담당하게 될 중요한 과제의 하나임에는 의문의 여지가 없다. 독일통일 과정에서 미회복 재산권에 대한 처리를 위하여 정부와 입법자의 역할이 두드러진 것은 사실이지만 연방헌법재판소가 제시한 법리는 유사한 문제가 발생할 가능성이 큰 우리의 경우에도 헌법재판이 금과옥조로 삼아야 할 부분이 있다. 통일이라는 미증유의 사건에서 정부와 입법자의 권한과 책무를 존중하는 것은 민주적 정당성 원칙에서 보면 당연한 결과라고 할 수 있다. 독일의 경우 물론 급격한 통일이 이루어지기는 하였지만 이미 구동독이 구서독에 가입하는 흡수통일 형식이라는 것이 두 나라 국민은 물론 의회의 기본적인 합의였기 때문에 약 1년이라는 짧은 시간 동안 이른바 질서 있는 통일을 위한 각종의 조약과 입법조치가 가능하였다.

독일의 통일과정과 미회복 재산권 문제에서 연방헌법재판소가 수행한 역할 중 간과되어서는 안 되는 것이 통일의 수혜자는 구 동서독 지역에 재산권을 가지고 있는 일부의 구 동서독 국민이 아니라 독일 국민 전체가 되어야 하며, 물론 보상방식을 통하여 헌법상 재산권을 가능한 정도로 존중하지만 그 존중의 방식과 수준은 국민의 대표기관인 의회가 결정하는 것이며, 국민은 정부와 의회의 선택이 공공선(公共善)과 전체 국민을 위한 것이었다면 이를 수용하여야 한다는 대원칙을 확립한 것이다. 우리의 경우 통일의 방식부터 시작하여 과연 어떠한 시간적인 여유를 가지고 통일과정이 완성되리라는 점을 쉽게 예측할 수 없기 때문에 정부가 국회의 입법과정을 우회하여 급격하게 통일과정을 주도할 가능성도 있다. 물론 통일과정에서 정부의 주도적 역할을 인정하더라도 헌법재판소는 입법과정을 우회하거나 잠탈하는 협정이나 합의를 민주적 정당성, 의회민주주의 원칙에 따라서 의연하게 그 합헌성 여부를 심사하여야 한다. 모든 것이 이른바 통치행위이고 정치적 결정이라는 소극적인 태도로 일관하는 것을 지양하여야 한다는 의미이다. 헌법재판이 사법적 자제와 소극적 태도로 일관하는 경우 자칫 통일 이후 통일 조급증으로 인한 부작용 때문에 통일한국의 사회적 분열과 정치적 갈등을 야기할 가능성이 있음을 간과하지 말아야 한다. 또한 헌법재판은 통일과정에서 국민 전체의 의사를 물을 필요가 있다고 판단하는 경우 헌법 제72조에 따라서 대통령의 위헌적인 부작위도 문제 삼을 수도 있어야 한다. 이는 국민투표 제도가 없는 독일의 경우와는 다른 점이며, 헌법재판소가 중요한 역사적 사건과 그 과정에서 표출된 한국인의 정치와 문화의식을 통일과정에 보다 직접적인 방식으로 투영하는 과업을 지게 된다는 의미이다.

Ⅲ. 저출산과 고령화. 재정의 지속가능성과 헌법재판

1. 복지재정의 지속가능성과 헌법재판이라는 균형추

21세기 한국사회의 저주라고 부를 만큼의 지난하고 해결의 기미가 보이지 않는 저출산, 고령화, 고용 없는 성장, 사회적 격차 등의 과제를 안고 있는 정부는 대체로 진보적인 성향을 가지는 경우 과세와 지출을 확대할 가능성이 크다. 이와는 대조적으로 보수적 성향의 정부는 기존의 정부재원을 통한 지원을 축소 또는 폐지하고 시장기능의 활성화를 통한 고용과 감세 등 공급 측면의 소득정책을 추구하는 경향을 띤다. 우선 정부주도의 재정정책이 전면에 나서는 경우 헌법재판은 과도한 과세의 근거가 되는 조세법규에 대해 재산권, 평등권, 과잉금지의 원칙 등 자유주의 법원칙에 따라서 엄격한 위헌심사를 하게 되는데, 이는 헌법재판소가 지난 30년 간 지속적으로 조세사건을 처리해 온 기본심사방식이라고 할 수 있다. 다만, 헌법재판소는 복지재정의 확대를 통한 저출산 지원이나 고령화 대책, 사회적 격차해소를 위한 재정정책을 시행하는 정부가 자칫 국가와 자치단체, 공공기관의 재정적 지속가능성을 위협할 수 있는 사안에 대하여 아직 본격적으로 심판할 기회를 가지지 않았다. 정부의 재정행위가 국가재정법 등의 실체적, 절차적 규정 등에 위반하는 경우에는 법원의 심판대상이 될 수 있겠으나 국가의 재정행위에 대한 헌법적 한계에 대해서는 당연히 헌법재판이 사법적 통제의 주체가 된다. 그리고 국가의 재정행위에 대한 헌법적 한계를 설정하고 이를 헌법재판의 유의미한 심사기준으로 확립하는 것은 정부의 재정행위가 국민의 복지향상이라는 미명 하에 국민과 후속세대에게 과도한 재정부담을 주는 것을 방지하기 위해 매우 중요한 의미를 갖는다.

문재인 정부 시절 개헌 논의과정에서 헌법상 재정조항에 재정의 민주성, 건전성, 경제성원칙을 도입하고 부담금, 사용료, 수수료에 대한 근거규정을 신설하는 방안이 제안되었다.[15] 국회헌법개정특별위원회 자문위원회 보고서(이하 국회보고서라 한다)는 국가재정의 원칙으로서 "국가는 재정의 민주성, 건전성, 경제성을 확보하여야 한다."는 내용을 제시하였다. 국회보고서는 재정의 민주성은 재정민주주의와 관련된 원칙으로서, 국가재정의 투명성, 정보공개, 국민참여 등을 포함하는 개념으로 이해하고 있다.[16] 그런데 재정민주주의는 국가의 재정활동을 국민에게 투명하게 공개하여 국민의 참여와 통제를 가능하게 한다는 점을 포함하고 있으나 보다 핵심적

---

15) 대통령개헌안은 예산법률주의원칙의 도입 이외에는 재정분야에 특별한 내용은 없으나 국회보고서는 현행 헌법 제54조부터 제59조까지와 경제·재정분과의 조문시안의 신설 조항인 재정의 원칙, 기금, 사용료·수수료·부담금, 결산 조항을 포괄하는 "재정의 장"을 신설할 것을 제안하였다. 147면.

16) 국회보고서, 148면.

인 것은 의회민주주의가 재정분야에 가지는 의미로서 국민의 대표기관인 국회가 예산의 심의, 의결, 일정한 국가재정활동에 대한 동의권, 결산에 대한 권한을 행사한다는 것이다. 이러한 의미에서 특히 중요한 것이 헌법 제58조이며, 향후 통일과정이나 동북아 경제공동체 형성과정에서 북한 또는 외국에 대규모 재정지원을 하는 경우 정부가 국회의 동의 없이 정부 차원에서 합의하는 경우 헌법재판소는 재정민주주의원칙 내지 헌법 제58조를 들어 그 위헌을 선언하여야 한다.

국가재정의 원칙과 관련하여 본 연구에서 보다 중요한 내용은 재정건전성원칙이다. 진보적 성향의 정부가 재정확대정책을 시행하여 재정적자가 누적되고 국가부채가 관리할 수 있는 수준을 넘어서는 것을 방지하기 위하여 국회보고서는 재정건전성원칙을 제안하였지만 이는 일종의 헌법상 불확정 개념에 해당한다. 따라서 국회보고서의 소수의견은 이를 보다 구체화 하여 “수지균형원칙에 근거한 재정건전성”으로 그 내용을 보완할 것을 제안하고 있다.[17] 물론, 국가가 경기를 진작시키기 위하여 적자예산을 편성할 필요도 있기 때문에 균형예산을 헌법적으로 선언하는 것이 바람직하지 못하다는 반론도 제기될 수 있다. 그럼에도 불구하고 국가가 포퓰리즘에 가까운 복지정책을 시행하고 그 결과 재정의 지속가능성을 근본적으로 위협하는 경우에 헌법재판소는 재정건전성원칙과 균형예산원칙을 통하여 국가의 재정행위를 통제해야 한다. 이러한 경우에는 재정건전성원칙과 더불어 경제성원칙도 동시에 적용될 가능성이 크다. 그리고 헌법재판소는 이러한 사건들에 대한 결정례들을 집적하여 재정민주성, 건전성, 경제성원칙에 대한 보다 구체적이고 세부적인 심사기준을 확립할 수 있을 것으로 기대된다. 이러한 의미에서 헌법재판소는 정부의 확장되고 강화된 재정활동을 제어하고 국민의 부담을 경감하는 균형자 혹은 균형추로서의 역할을 수행하여야 한다. 개헌이 언제 어떠한 방식과 내용으로 실제로 이루어질 수 있을지 혹은 이루어지는 경우 재정원칙의 명문화와 관련하여 구체적으

17) 국가는 재정의 민주성, 수지균형 원칙에 근거한 재정건전성, 경제성을 확보하여야 한다. 국회보고서 , 148면.

로 어떤 내용이 담길지는 예측하지 어렵지만 대체로 개헌 시 재정원칙이 도입된다면 국회보고서의 개헌안과 대동소이할 것으로 보인다.

앞서 언급한 바와 같이 국회보고서는 조세 이외에 부담금, 사용료, 수수료에 대한 헌법적 개념과 근거를 명시하는 안을 제안하고 있다. 헌법재판소는 1990년대 후반부터 지속적으로 조세와 부담금을 구분하고 부담금의 헌법적 부과 및 정당화 요건에 대하여 일련의 원칙을 확립하여 왔다. 특히 헌법재판소는 (특별)부담금이 국민의 일반적인 재정부담 형태인 조세를 넘어서서 국민에게 추가적인 재정부담을 줄 수 있기 때문에 엄격한 헌법적 정당화 요건이 존재하는 경우에 한하여 그 합헌성을 인정하였다.[18] 그런데 헌법에 부담금 이외에 행정의 역무제공에 대한 반대급부로서 수수료와 재화의 공급이나 공물의 사용에 대한 대가로서 사용료가 명시되는 경우 헌법재판은 조세, 부담금과 더불어 사용료, 수수료, 이른바 설권료(Verleihungsgebühr), 분담금(Beitrag), 사회보험료 등을 포함하는 공법상 부담금(öffentlich-rechtliches Abgabenrecht)법의 체계를 어떻게 구축할 것인지, 이들의 산정원칙으로서 사회적 연대성원칙, 응익성원칙, 비용부담원칙과 더불어 이른바 에너지와 자원의 소비절약을 위하여 유도성원칙(Lenkungsprinzip)을 포함시켜 누진요금이나 할증요금이 헌법적으로 정당화될 수 있는지 등의 문제에 대하여 본격적인 법리를 제시하여야 할 것이다.

2. 연금수급권의 제한과 부진정 소급입법, 헌법재판소의 결정

복지재정의 무리한 확대로 인하여 정권이 교체되고 시장원리와 자유주의를 강조하는 보수적 성향의 정부가 집권하는 경우에는 기존의 복지혜택을 축소 또는 제한하는 정책을 추구할 가능성이 크고 이는 결국 입법을 통하여 실현된다. 특히 이러한 성향을 가지는 정부는 국가의 재정적 애로를 타개하기 위하여 국민연금, 공무원연금, 사학연금 등 공적 연금제도를 통합 내지 개혁하려는 강한 의지를 가지게 되는데, 그 개혁의 요체는 연금보

---

18) 김성수, 일반행정법 -행정법이론의 헌법적 원리-, 제9판, 홍문사, 534면 이하.

험료를 더 내고 퇴직연금을 덜 받거나 연금수급권의 시기를 상향 조정하는 것 등이다. 또한 개혁의 대상은 처음 연금에 가입하는 자들을 그 대상으로 하는 경우뿐만 아니라 재직 중인 자, 이미 퇴직한 수급권자들을 대상으로 하여 앞으로 지급할 연금수급권을 축소하거나 제한하는 것도 가능한 개혁안이다. 이러한 입법은 이미 종료한 사실관계나 법률관계를 대상으로 하는 것이 아니라 정기적으로 지급시기가 새롭게 도래하는 연금채권채무관계를 규율하는 것이기 때문에 장래효를 가지고 다만, 수급권자의 법적 지위만을 약화시키는 것이기 때문에 부진정 소급입법에 해당한다.[19]

이와 관련하여 대법원과 헌법재판소의 판례는 대체로 국가의 연금재정의 지속가능성 보장이라는 공익에 비하여 종래의 법적 상태에 대한 수급권자의 신뢰보호는 경미하므로 연금수급권을 축소, 제한하는 개정법령을 부진정 소급입법으로서 합헌으로 보는 것이 일반적이다.[20] 대법원과 헌법

19) 진정, 부진정 소급효의 구별은 독일연방헌법재판소의 판례에서 유래한다. 독일연방헌법재판소의 제1부(der erste Senat)는 판례를 통하여 진정 소급입법과 부진정 소급입법의 개념적 구별과 더불어 헌법상 신뢰보호원칙의 적용 여부에 대해서 확립된 견해를 제시하여 왔다. 이러한 견해에 따르면 진정 소급입법이란 이미 종료된 사실관계 또는 법률관계에 개정된 법령의 효력이 미치는 것을 말하며, 이는 소급입법을 정당화하는 중대한 공익이 존재하거나 상대방의 보호가치 있는 신뢰가 지극히 경미한 경우 등 특단의 사정이 있는 때에만 헌법적으로 정당화할 수 있다. 반면에 부진정 소급입법이란 아직 진행 중인 법률관계 또는 사실관계에 개정된 법률의 효력을 미치게 되어 당사자의 법적 지위를 사후적으로 악화시키는 것을 의미하는데, 이는 진정 소급입법과는 달리 원칙적으로 헌법적인 정당성을 가지지만 상대방에 대한 신뢰보호가 개정된 법령의 효력을 일정 부분 제한할 수 있게 된다. 그런데 독일연방헌법재판소의 제2부(der zweite Senat)는 제1부와는 다소 상이하게 법효과의 소급적용과 구성요건적 소급연결이라는 용어를 사용하면서, 전자는 개정 법령의 공포시점 이전에 그 효과를 이미 발생하는 것으로서 원칙적 위헌으로, 후자는 개정 법령의 효과가 공포 이후에 발생하는 것으로서 원칙적 합헌을 인정하였다. 이와 같은 兩部의 개념적 차이에도 불구하고 문헌에서는 양자가 본질적으로 다르지 않은 것으로 보고 있다. 진정 소급입법과 부진정 소급입법의 개념과 합헌 여부에 대한 독일연방헌법재판소의 견해는 우리 대법원과 헌법재판소의 판례를 통하여 그대로 수용되었다. 최근 독일 판례법상 소급효와 신뢰보호원칙과의 관계에 대한 논의는 Ralf P. Schenke, Normsetzung und Vertrauensschutz, 토지공법연구 제82집, 한국토지공법학회, 313면 이하(특히 324면 이하).

20) 이에 대한 상세한 논의는 김성수, 공무원연금 급여환수처분 및 급여제한처분의 소급효와 관련된 법적 쟁점 -대법원 2014.4.24. 선고 2013두26552 판결에 대한 평석-, 법학연구, 제25권 제2호, 연세대학교 법학연구원, 1면 이하.

재판소가 부진정 소급입법의 합헌성을 인정하고 적법성 심사기준으로서 신뢰보호원칙을 제시하지만 부진정 소급입법, 특히 연금수급권을 제한 또는 축소하는 개정법령의 위헌, 위법성을 인정하는 것은 사실상 어려운 것으로 보아야 한다. 국가재정의 지속가능성이라는 국가존립을 위한 중차대한 공익과 연금수급권에 대한 신뢰는 비교가 사실상 불가한 것이기 때문이다. 이러한 의미에서 헌법재판소는 연금개혁입법에 대하여 국민의 재산권과 법적 안정을 보장하기 위하여 이를 견제하는 균형추의 역할을 부여받게 된다. 여기에서는 공적 연금수급권 제한하는 헌법재판소의 두 결정례를 살펴보고 부진정 소급입법의 경우 신뢰보호원칙이 유의미한 심사기준으로 작동하고 있는지 검토하기로 한다. 물론 이 두 결정은 연금개혁과 관련한 입법이 문제 된 사안은 아니며, 하나는 법 시행일 이후에 이행기가 도래하는 퇴직연금에 대하여 소득과 연계하여 그 일부의 지급을 정지할 수 있도록 한 입법과 다른 하나는 공무원이거나 공무원이었던 자가 재직 중의 사유로 금고 이상의 형을 받은 경우 퇴직급여를 감액하는 입법의 위헌성 여부이다.

1) 헌재 2009.7.30. 2007헌바113

헌법재판소는 이 사건 결정을 통하여 “이 사건 심판대상조항에 의하여 기존 퇴직연금 수급자의 경우에도 연금 외의 사업소득금액이나 근로소득금액이 있고 소득월액이 전년도 평균임금월액을 초과한 때에는 퇴직연금 중 일부(1/2의 범위 내)의 지급이 정지되지만, 이는 청구인이 이 사건 심판대상조항의 시행일(2005. 7. 1.) 이후에 지급 받는 퇴직연금부터 적용된다. 즉 이 사건 심판대상조항은 이미 발생하여 이행기에 도달한 퇴직연금수급권의 내용을 변경함이 없이 이 사건 심판대상조항의 시행 이후의 법률관계, 다시 말해 장래 이행기가 도래하는 퇴직연금수급권의 내용을 변경함에 불과하므로, 이미 종료된 과거의 사실관계 또는 법률관계에 새로운 법률이 소급적으로 적용되어 과거를 법적으로 새로이 평가하는 진정 소급입법에는 해당하지 아니한다. 따라서 소급입법에 의한 재산권 침해는 문제될 여지가 없고, 다만 청구인이 지니고 있는 기존의 법적인 상태에 대한 신뢰를 법치국가적인 관점에서 헌법적으로 보호해 주어야 할 것인지 여부가 문제될 뿐이다"라고 하면서 공을 신뢰보호원칙의 적용으로 넘기고 있다.

하지만 헌법재판소는 늘 그래왔듯이 부진정 소급입법의 경우 신뢰보호원칙을 유의미한 심사기준으로 적용하지 못하고 있다.[21] 헌재의 결정 내용은 다음과 같다. "이 사건 심판대상조항에 의해 기존의 퇴직연금 수급자들에게 소득심사제를 적용하여 퇴직연금 중 일부(1/2 범위 내)를 지급정지함으로써 달성하려는 공익은 사학연금 재정의 악화에 대비하여 사학연금제도의 유지·존속을 도모하려는 데에 있고, 그와 같은 공익적 가치는 매우 크다고 하지 않을 수 없다. 한편, 퇴직연금수급권의 성격상 급여의 구체적인 내용은 불변적인 것이 아니라, 연금의 재정상태, 다음 세대의 부담 정도, 사회 정책적 상황 등에 따라 변경될 수 있는 것인 점, 공무원연금법의 경우 재정악화의 정도를 반영하여 1975년부터 퇴직연금일부지급정지제도가 실시되어 왔고, 사학연금의 경우에는 그 재정상황에 맞추어 이미 1988년부터 이를 준용하여 시행하여 온 점, 우리 사회는 그 동안 인구 고령화와 저출산과 같은 급격한 사회·경제적 변화를 겪어온 점 등에 비추어 보면, 연금수급자들의 퇴직연금제도에 대한 신뢰는 반드시 "퇴직 후에 현 제도 그대로의 연금액을 받는다."는 데에 대한 것으로는 볼 수 없고, 또 퇴직

21) 대표적으로 헌법재판소는 양도소득세 이월과세 배제에 관한 부칙조항은 '주식 등의 처분일'을 기준으로 하여야 하고, 그렇게 볼 경우 이 사건 법률조항은 이미 확정된 사실관계에 적용되는 것이 아니라 시행일 이후 '주식 등의 처분'이라는 새로운 사실 관계에 대하여 적용되는 것으로서 이른바 부진정 소급입법으로 보고 있다. 따라서 결국 이 사건에서도 부진정 소급입법이 신뢰보호원칙을 침해하는가의 문제로 귀결되는데, 헌법재판소는 법인설립 당시, '법인 설립 후 5년 이내에 주식 등을 처분하더라도 양도소득세 이월과세의 혜택이 배제되지 않을 것'이라는 청구인의 신뢰는 헌법상 특별히 보호하여야 할 가치나 필요성이 크다고 보기는 어려운 반면에 이월과세 특례제도를 악용한 탈세를 방지하여 조세형평을 실현하고, 기업의 안정적인 구조조정을 지원한다는 정책적 목적의 실현은 청구인이 침해받는 신뢰이익에 비하여 중대한 공익이므로 신뢰보호원칙을 침해하지 않는 것으로 보고 있다. 물론 각주 22)와 같이 헌법재판소가 부진정 소급입법의 경우에도 신뢰보호원칙을 침해한다는 결정도 하고 있으나 앞서 본 바와 같이 신뢰보호원칙이 부진정 소급입법의 위헌 여부에 대한 유의미한 심사기준으로 보기에는 크게 미흡하다.

연금 수급자는 단순히 기존의 기준에 의하여 연금이 지속적으로 지급될 것이라는 기대 아래 소극적으로 연금을 지급 받는 것일 뿐, 그러한 신뢰에 기하여 어떠한 적극적인 투자 등의 조치를 취하는 것도 아니다. 뿐만 아니라 이 사건 심판대상조항은 기존의 퇴직연금 수급자에게 전년도 평균임금월액을 초과한 소득월액이 있는 경우에만 그 초과 액수에 따라 퇴직연금 중 일부(1/2 범위 내)의 지급을 정지할 뿐이다. 즉, 퇴직한 사립학교 교직원이 평균임금월액을 초과한 소득월액을 얻는 경우는 드물 것이어서 지급정지 대상자 자체가 소수일 수밖에 없고 평균적인 지급정지액 역시 적은 액수에 그칠 것으로 보이므로, 이 사건 심판대상조항에 의하여 퇴직연금 수급자가 입는 불이익은 그다지 크지 않다 할 것이다. 따라서 보호해야 할 퇴직연금 수급자의 신뢰의 가치는 그리 크지 않은 반면, 사학연금 재정의 파탄을 막고 사학연금제도를 건실하게 유지하려는 공익적 가치는 긴급하고 또한, 중요한 것이므로, 이 사건 심판대상조항이 헌법상 신뢰보호의 원칙에 위반된다고 할 수 없다”.

2) 헌재 2016.6.30. 2014헌바365

헌법재판소는 이 사건에서도 전 사건과 같이 연금수급권을 제한하는 입법이 다음과 같은 이유로 부진정 소급입법으로 보고 있다. “이 사건 부칙 조항은 이미 발생하여 이행기에 도달한 퇴직연금수급권의 내용을 변경함이 없이 이 사건 부칙조항의 시행 이후의 법률관계, 다시 말해 장래에 이행기가 도래하는 퇴직연금수급권의 내용을 변경함에 불과하므로, 이미 종료된 과거의 사실관계 또는 법률관계에 새로이 법률이 소급적으로 적용되어 과거를 법적으로 새로이 평가하는 진정소급입법에는 해당하지 아니한다. 따라서 소급입법에 의한 재산권 침해는 문제될 여지가 없고, 다만 청구인들이 지니고 있는 기존의 법적인 상태에 대한 신뢰를 법치국가적인 관점에서 헌법적으로 보호해 주어야 할 것인지 여부가 문제될 뿐이다.”

역시 앞서 본 사례와 같은 논리이다. 부진정 소급입법으로 인한 재산권 침해는 문제가 되지 않으며, 역시 기대할 수 있는 것은 신뢰보호원칙이라며 일종의 희망고문을 하고 있지만 결과적으로는 위 결정과 동일하다. "퇴직연금 수급권의 성격상 급여의 구체적인 내용은 불변적인 것이 아니라, 국가의 재정, 다음 세대의 부담 정도, 사회정책적 상황 등에 따라 변경될 수 있는 것이고, 앞서 본 바와 같이 헌법재판소에서 구법 조항에 대하여 공무원의 신분이나 직무상 의무와 관련이 없는 범죄의 경우에도 퇴직급여 등을 제한하는 것은 공무원범죄를 예방하고 공무원이 재직 중 성실히 근무하도록 유도하는 입법목적을 달성하는 데에 적합한 수단이라고 볼 수 없다는 이유로 헌법불합치결정을 하고 입법개선을 명함에 따라, 그 취지대로 개선입법이 이루어질 것을 충분히 예상할 수 있었으므로, 국회의 개선입법 지연으로 인하여 한시적인 입법의 공백상태가 발생함으로써 1년간 그 전액을 지급받을 수 있었다고 하여, 향후 개선입법이 이루어진 이후에도 그 이전에 급여지급사유가 발생한 퇴직 공무원들에 대하여 개선입법 이후 비로소 이행기가 도래하는 퇴직연금 수급권에 대해서까지 급여제한 처분이 없으리라는 청구인들의 신뢰가 합리적이고 정당한 것이라고 보기는 어렵다." 위와 같이 보호해야 할 퇴직연금 수급자의 신뢰는 합리적이고 정당한 것이라고 보기 어려운 반면, 이 사건 부칙조항에 의하여 보호되는 공익은 매우 중대하다고 할 것이므로, 이 사건 부칙조항이 헌법상 신뢰보호의 원칙에 위반된다고 볼 수도 없다.

3. 신뢰보호원칙 - 신뢰할 만한가?

앞서 언급한 바와 같이 헌법재판소는 부진정 소급입법의 경우에는 진정소급입법과는 달리 원칙적으로 헌법상 허용되고 다만, "기존의 법적인 상태에 대한 신뢰를 법치국가적인 관점에서 헌법적으로 보호해 주어야 할 것인지 여부가 문제될 뿐이다."라고 밝히고 있다. 원래 신뢰보호원칙은 행정법 분야에서 독일의 전후 판례를 통하여 확립된 행정처분의 위법성 심사기준이다. 특히 수익적 행정행위를 취소 또는 철회하는 경우 기존의 법적 상태가 지속되리라는 신뢰이익과 취소 또는 철회를 통하여 달성하려는 법률적합성이라는 공익 간의 비교형량에 따라서 결과적으로 전자의 이익이 큰 경우 신뢰보호원칙의 침해와 당해 처분의 위법성을 인정하는 것이다. 부진정 소급입법에 의한 퇴직연금의 제한 또는 축소의 경우에도 연금관련 법률개정과 법률적합성을 정당화하는 국가재정의 지속가능성이라는 공익과 연금수급권자의 법적 안정 및 신뢰이익의 침해라는 대립적인 구도가 동일하게 성립한다. 물론 오늘날 신뢰보호원칙은 단순하게 수익적 행정행위의 취소와 철회에 따르는 상대방에 대한 행정법적인 보호를 넘어서서 헌법재판소와 대법원은 법치국가의 일반적인 헌법원리로 그 위상을 격상시키고 있으며, 실제로 부진정 소급입법의 경우에도 신뢰보호원칙의 침해를 인정하여 그 위헌성을 인정하기도 하였다.[22)]

그러나 앞서 본 바와 같이 연금개혁을 위한 개혁입법은 국가재정의 지속가능성이라는 국가 존립의 절체절명의 조건과 결부되어 있다. 아무리 연금수급권자의 신뢰보호가 법적으로 고려되어야 한다고 할지라도 국가재정이라는 중차대한 공익과 형량한다는 것 자체가 큰 의미를 가지지 못한다, 위 결정들에서 헌법재판소가 신뢰보호원칙을 언급하기는 하지만 결국 부진정 소급입법에 대한 유의미한 심사기준이 되지 못한다는 사실이 이를 방증하고 있다. 이는 마치 독일의 전통적인 국가이론 중 하나인 재정유보 혹은 조세유보(Finanz-bzw. Steuervorbehalt)를 연상하게 하는데, 국가는 자신의 존립을 위하여 필요한 재정행위와 과세를 할 수 있기 때문에 여기에 국민의 재산권 보장규범의 적용가능성을 처음부터 배제하는 것이다. 이는 국민의 재산권 보장이라는 헌법적 가치와 비중이 국가 존립을 위한 재정문제에는 언제나 양보의 대상이 되어야 한다는 것을 의미한다. 물론 오늘날 헌법재판에서 이러한 일방적인 국가주의 법리는 극복되었지만 현실적으로 국가 존립의 전제조건으로서 재정의 지속가능성을 압도하는 개인의 권리나 이익을 발견하기는 어렵다. 이렇게 볼 때 부진정 소급입법으로 인하여 침해되는 헌법상 개인의 신뢰를 현실적으로 보호하기 어렵다는 의미에서 신뢰보호원칙은 일종의 법치국가의 취약한 틈새(offene Flanke des

22) 헌재 2012.8.23. 2010헌바28; 헌재 2009.5.28. 2005헌바20 등; 헌재 1995.10.26. 94헌바12. 대법원 2006.11.16. 선고 2003두12899 전원합의체 판결.

Rechtsstaates)를 그대로 보여주는 예라고 할 수 있다.[23)]

4. 재산권과 인간다운 생활을 할 권리

연금축소와 제한을 위한 부진정 소급입법의 심사기준으로서 신뢰보호원칙이 큰 의미를 가지지 못한다면 상대적으로 개인적 기본권의 효력과 의미를 강조할 필요가 있다. 헌법재판소는 연금조정이나 제한과 관련된 사건에서 대부분 진정 소급입법의 경우 재산권 침해를 언급하고 있으나 부진정 소급입법은 일반적으로 재산권을 침해하지 않는 것으로 보거나 과잉금지원칙을 적용하는 것으로 그치고 있다. 그러나 헌법재판소도 밝히고 있는 바와 같이 사학연금, 공무원연금제도는 교원이나 공무원이라는 특수직역을 대상으로 한 노후소득보장, 근로보상, 재해보상, 부조 및 후생복지 등을 포괄적으로 실시하는 종합적인 사회보장제도이며, 관련 연금법에 의하여 납부한 기여금은 민법의 규정에 의한 이자를 가산하여 수급자에게 반환하도록 하고 있다. 연금법상의 급여 중 본인의 기여금에 해당하는 부분은 재직 중 근무의 대가로서 지급하였어야 할 임금의 후불적 성격이 강하고, 그 나머지 부분은 재직 중의 근무에 대한 은혜적인 보상 또는 사회보장적 급여의 성격이 강하다고 할 것인데, 재산권의 성격이 강한 기여금과 그 이자부분을 반환하는 것이다.[24)]

따라서 사회정책의 수단으로서 입법자는 공적 연금의 수준과 방식, 그 축소 및 제한을 위한 개혁 등에 대하여 국가재정과 연금 후속세대의 권리보장 등 다양한 요소를 고려할 수 있다는 점에서 광범위한 입법권을 가지고 있으나 일정한 재산권적 한계를 존중하여야 한다. 여기에서 말하는 재산권적 한계란 본인의 기여금과 이자 부분이 연금개혁으로 인하여 침해되는 경우에는 재산권 침해로서 위헌으로 판단되어야 한다는 의미이다. 연금

23) Sung Soo Kim Unechte Rückwirkung von Normen -Vertrauensschutz als offene Flanke des Rechtsstaates?-, 토지공법연구 제82집, 한국토지공법학회, 141면 이하(특히 155면 이하).

24) 헌재 2002.7.18. 2000헌바57.

개혁 시에 공무원, 사립학교 교원 등의 기여금과 이자 부분에 대한 재산권 보장은 최소한의 보장에 그치는 것이기 때문에 노후 소득보장으로서의 기능을 수행하기 어려운 경우가 대부분일 것이다. 특히 공적 연금제도의 존속과 보장에 대한 국민의 신뢰는 현대사회에서 매우 중요하고, 이는 연금가입자의 생활이 절대적으로 연금에 의존하고 있으며, 국가에 의해 유도되고 강화된 신뢰에 기반하는 측면이 강하기 때문에 이에 관한 고려가 헌법재판의 과정에서 심도 있게 고려되어야 한다.

따라서 재산권 보장과 더불어 노후생활이 헌법상 인간다운 생활을 할 권리의 수준을 보장하고 있는가의 문제를 추가적으로 검토할 필요가 있다. 물론 헌법재판소는 연금의 제한을 위한 부진정 소급입법의 심사기준으로서 인간다운 생활을 할 권리를 언급하고 있지만, 그 내용이 너무 추상적이다.[25] 결국 헌법재판소는 재산권과 더불어 인간다운 생활을 할 권리도 과잉금지원칙과 연계하여 큰 의미 없는 심사기준으로 격하시키고 있는 것이다. 향후 헌법재판소는 연금의 축소 또는 제한을 위한 입법에 대해서는 인간다운 생활을 할 권리를 독자적인 심사기준으로서 보다 구체적인 내용을으로 보완하여야 한다. 예를 들어 연금수급권자가 인간다운 생활을 할 권리를 침해당한 것인가의 여부는 생활물가의 수준, 최저임금, 가족의 수 등 실질적인 부양 부담에 따르는 차별화의 필요성, 질병과 요양에 대한 개인적 수요 등을 모두 합리적으로 고려하여 사회적 합의에 따라 결정하여야 한다.

25) 헌법재판소는 2014헌바365 사건에서 "감액조항으로 달성하고자 하는 공익은 공무원으로 하여금 재직 중 법령을 준수하고, 성실하고 청렴하게 근무하도록 유도하며 공무원에 대한 국민의 신뢰를 유지하는 것으로서 그 중요성이 결코 적지 않다. 그러나 이 사건 감액조항에서 규정한 퇴직급여 감액사유는 결국 공무원 자신이 저지른 범죄에서 비롯된 것인 점에서 이 사건 감액조항으로 인하여 퇴직공무원들이 침해받는 사익에 비하여 달성하고자 하는 공익은 더욱 크다고 인정된다. 따라서 이 사건 감액조항은 재산권과 인간다운 생활을 할 권리를 침해하지 아니한다"고 판시하고 있다.

Ⅳ. 깨끗한 대기와 물 - 환경법과 헌법재판

1. 과소보호금지원칙 - 명백성에서 효과성 통제로

지난 30년 간 환경과 환경법은 헌법재판의 주된 소재는 아니었다. 이는 그 동안 이루어진 환경법 체계의 비약적인 발전과 국민들의 고양된 환경의식에 비한다면 다소 의외의 결과라고도 할 수 있다. 그러나 향후 헌법재판은 이와 같이 양적·질적으로 성장하는 환경법 체계와 더불어 미세먼지 없는 깨끗한 대기와 물을 희구하는 국민들의 보다 강한 요구와 마주할 것이 분명하다. 이렇게 보면 헌법재판소는 환경권의 법적 성격과 심사기준과 관련하여 기존의 입장에서 보다 전향적인 변화를 위한 적극적인 태도를 보여주어야 할 것이다. 과거 헌법재판소는 환경권의 적용에 소극적이었으며 기존에 헌법상 환경권 침해를 근거로 하여 특정한 법률조항을 위헌으로 선언한 예는 거의 없다. 그 근본적인 이유는 헌법상 환경권의 법적 성격이 애매하고 환경권의 구체적인 내용과 행사방법이 법률로 유보되어 있기 때문에 과연 헌법상 환경권이 입법권을 포함하여 모든 국가권력을 직접적으로 기속하는 국민의 기본권인가에 대하여 상당한 의문이 제기되었기 때문이다.[26] 물론 헌법재판소는 환경권을 자유권적 기본권과 생존권적 기본권이 혼합된 종합적 기본권으로 보아 때로는 심사기준으로서 과잉금지원칙을 때로는 과소보호금지원칙을 적용하고 있지만, 대부분의 경우 과소보호금지원칙을 우선적으로 고려하고 있는 것으로 보아 환경권이 생존권적 기본권으로서 국가의 기본권 보호의무를 전제로 하기 때문에 결과적으로 입법자의 역할에 전적으로 의존하는 느낌을 주고 있다.[27]

---

26) 헌법재판소는 환경권의 법적 성격과 관련하여 "환경권이 건강하고 쾌적한 생활을 유지하는 조건으로서 양호한 환경을 향유할 권리이고, 생명·신체의 자유를 보호하는 토대를 이루며, 궁극적으로 '삶의 질' 확보를 목표로 하는 권리라고 하면서, 환경권을 행사함에 있어 국민은 국가로부터 건강하고 쾌적한 환경을 향유할 수 있는 자유를 침해당하지 않을 권리를 행사할 수 있고, 일정한 경우 국가에 대하여 건강하고 쾌적한 환경에서 생활할 수 있도록 요구할 수 있는 권리가 인정되기도 한다고 하여 환경권은 그 자체로 종합적 기본권으로서의 성격을 가지는 것으로 보고 있다(2008.7.31. 2006헌마711)."

27) 이른바 명백성 통제기준은 대표적으로 헌재 2008.7.31. 2006헌마711. "기본권 보호 의무

헌법재판소는 2015년 가축사육시설의 허가 및 등록기준인 구 축산법 시행령이 국민의 생명·신체의 안전에 대한 국가의 보호의무에 관한 과소보호금지원칙에 위배되는지 여부에 대하여 "모든 국민은 건강하고 쾌적한 환경에서 생활할 권리를 가지며, 국가와 국민은 환경보전을 위하여 노력하여야 한다."고 규정하여(제35조 제1항) 국가에게 환경보전을 위하여 노력하여야 할 의무도 부여하고 있다. 그런데 후자와 같이 환경권에 대하여 국가의 보호의무를 인정한 것은, 환경피해는 생명·신체의 보호와 같은 중요한 기본권적 법익 침해로 이어질 수 있다는 점 등을 고려한 것이므로, 환경권 침해 내지 환경권에 대한 국가의 보호의무 위반도 궁극적으로는 생명·신체의 안전에 대한 침해로 귀결된다. 심판대상조항만으로 곧바로 가축들의 건강상태가 악화되어 결과적으로 청구인들의 생명·신체의 안전이 침해되었다고 보기는 어렵다. 또한, 국가는 심판대상조항뿐만 아니라 축산법 기타 많은 관련 법령들에서 가축의 사육 및 도축, 유통에 이르는 전 단계에 걸쳐 가축의 질병 발생과 확산을 방지하고 가축사육시설을 규제함으로써, 국민의 생명·신체에 대한 안전이 침해받지 않도록 여러 가지 조치를 취하고 있다. 따라서 심판대상조항이 국민의 생명·신체의 안전에 대한 국가의 보호의무에 관한 과소보호금지원칙에 위배되었다고 볼 수는 없다"고 보고 있다.[28] 물론 생존권적 기본권으로서의 환경권의 보호수준과 관련하여 입법자의 보호수준이 과소보호원칙에 의한 통제를 받아야 한다는 점에 대해서는 이의를 제기하기 어렵다. 다만, 우리나라 헌법재판소는 앞서 본 바와 같이 입법자의 보호의무에 대한 명백한 위반이 있는 경우에 한하여 과소보호금지원칙에 대한 위반으로서 위헌이라는 이른바 명백성 통제기준을

위반에 해당하여 헌법상 보장된 기본권의 침해로 인정되려면, 입법자가 국민의 본권적 법익 보호를 위하여 적어도 적절하고 효율적인 최소한의 보호조치를 취했는가를 살펴서 그 보호조치 위반이 명백하여야 할 것이다." 따라서 사회권적 기본권의 심사에 과소보호원칙을 적용하는 경우에도 과잉심사의 세부기준인 목적의 정당성, 수단의 적합성, 피해의 최소성, 법익의 균형성원칙을 동일하게 적용하여야 한다는 비판도 있다. 이준일, 사회적 기본권에 대한 헌법재판소의 심사기준, 헌법재판연구 제2권 제2호, 헌법재판연구원, 85면 이하(특히 97면 이하).

28) 헌재 2015.9.24. 2013헌마384.

계속하여 적용하고 있는데, 이러한 심사기준이 국민의 고양된 환경의식을 제대로 수용할 수 없다는 것은 명백하다.[29)]

이와 관련하여 독일연방헌법재판소는 이른바 제2차 낙태판결에서 입법자가 취하는 기본권 보호의무는 적절하고 효과적인 보호를 위하여 충분한 정도이어야 하며, 신중한 사실조사와 객관적인 평가에 의거하여야 한다는 점을 강조하였다.[30)] 이로써 연방헌법재판소는 국가의 기본권 보호의무와 관련하여 보건과 환경 영역에서 과거 입법자의 형성권과 재량을 광범위하게 인정하던 경향을 탈피하여 보호의무의 '효과성' 내지 '실효성'을 강조함으로써 과거의 이른바 명백성 통제로부터 효과성 통제로 발전하는 계기를 마련하였다.[31)] 입법자의 어깨가 한층 무거워진 것이다. 연방헌법재판소가 국민의 기본권 보호를 위하여 입법자가 취하는 조치가 실효성이 있어야 한다고 말한다면, 앞서 언급한 인간다운 생활을 할 권리가 실효적이기 위해서는 연금수급권자의 실질적 생활관계가 구체적으로 고려되어야 한다는 의미와 상통한다. 이로써 기본권 보호가 필요한 국민은 임박한 기본권에 대한 침해상태로부터 충분하고 실질적인 보호를 받을 수 있으며 과소보호금지원칙은 보다 실효적인 심사기준으로서 기능할 수 있다. 그런데 기본권에 대한 실효적 보장 여부는 입법자가 단 한 번의 입법을 통하여 충분한 수준의 입법적 배려로 그치지 않는다. 이른바 위험사회에서 환경에 대한 침해, 예를 들어 미세먼지와 먹는 물의 수질과 같이 상시적인 감시와 통제를 통하여야만 국민의 환경권을 실효적으로 보호할 필요가 경우에는 입법자가 일정한 시간적 주기를 가지고 상시적으로 보호수준의 적절성 여부를 고려하고 검토하여야 한다. 다시 말하자면 환경권에 대한 상시화된 위해가 존재하는 경우 입법자의 보호의무 역시 동태적인 보호라는 보호수준과 수단의 구조적 변화를 스스로 모색하여야 한다. 따라서 환경법의

---

29) 헌법재판소의 과소보호금지원칙에 대한 평가는 다른 장(제15장)에서 별도로 서술한다.
30) BVerfGE 88, 203, 254.
31) S. R. Lakowski, Kein Gleichstellungsgesetz für die Privatwirtschaft? ZRP, 2001, 504면.

영역에서는 과소보호원칙과 함께 지속가능성원칙도 동시에 심사기준으로 적용되어야 한다. 동태적인 기본권보호 의무는 기본권에 대한 위험이 상시화하고 장기적인 경우 입법자 역시 상시적인 통제장치를 마련하여야 하며, 지속가능성이라는 장기적인 관점에서 기본권 보호에 대한 안전성 장치를 구축하여야 함을 의미한다. 이것이 향후 환경권을 실효적으로 보장하는 헌법재판의 고민이고 또 미래의 과제인 것이다.

2. 환경권에 대한 개헌이 가질 수 있는 의미

문재인 정부 시절의 개헌 논의와 관련하여 국회보고서와 대통령개헌안은 모두 환경권을 강화하는 내용을 담고 있다.[32] 앞서 언급한 바와 같이 개헌이 이루어질 수 있을지, 또한 그 시기와 내용에 대해서는 예측하기 힘들지만 실제로 개헌이 된다면 그 내용은 국회보고서와 대통령개헌안의 내용과 범주를 크게 벗어날 것으로 보이지 않는다. 국회보고서에서 가장 눈에 띄는 점은 현행 헌법 제35조 제2항과는 달리 환경권의 내용과 행사방법에 대한 법률유보조항을 삭제하였다는 점이다. 또한 모든 생명체는 법률이 정하는 바에 따라 국가의 보호를 받는다는 규정을 둠으로써 인간은 물론 동식물도 법률에 따르는 환경적 보호의 대상이 될 수 있다.[33] 만약, 이러한 규정이 개헌을 통하여 헌법에 명시되는 경우에 헌법재판소는 헌법상의 환경권이 모든 국가권력을 직접적으로 기속하는 기본권이므로 환경권

32) 국회보고서의 경우 환경권 내용은 다음과 같다. 제37조 ① 모든 사람은 건강하고 쾌적한 환경을 함께 누릴 권리를 가진다. ② 모든 생명체는 법률이 정하는 바에 따라 국가의 보호를 받는다. ③ 국가는 기후변화에 대처하고, 에너지의 생산과 소비의 정의를 위해 노력하여야 한다. ④ 국가는 지구생태계와 미래세대에 대한 책임을 지고, 환경을 지속가능하게 보전하여야 한다. 현행 ②항 삭제. 이에 비하여 대통령개헌안은 현행 제35조 제1항의 환경권의 내용과 행사방법에 대한 법률유보원칙을 다음과 같이 유지하고 있다. 제38조 ① 모든 국민은 건강하고 쾌적한 환경에서 생활할 권리를 가진다. 구체적인 내용은 법률로 정한다. ② 국가와 국민은 지속가능한 발전이 가능하도록 환경을 보호해야 한다. ③ 국가는 동물 보호를 위한 정책을 시행해야 한다.

33) 환경정책기본법 제1조에서도 환경정책의 기본목표를 다음과 같이 규정하고 있다. "이 법은 환경보전에 관한 국민의 권리·의무와 국가의 책무를 명확히 하고 환경정책의 기본 사항을 정하여 환경오염과 환경훼손을 예방하고 환경을 적정하고 지속가능하게 관리·보전함으로써 모든 국민이 건강하고 쾌적한 삶을 누릴 수 있도록 함을 목적으로 한다".

침해를 이유로 수많은 헌법소원과 규범통제 과정에서 관련 조항에 대한 (주로 부진정) 입법부작위가 위헌이라는 판단을 해야 할 것으로 보인다. 때로는 입법자의 구체적인 보호수준에 대해서도 스스로 일정한 기준이나 가이드라인을 제시하여 헌법불합치와 입법촉구 등을 통하여 헌법상 환경권이 실효적인 기본권으로 그 효력을 가질 수 있도록 다양한 심사기준을 스스로 마련하여야 할 것이다.

물론 이러한 상황은 우려의 대상이 될 가능성도 있다. 헌법상 환경권이 현행 제35조 제2항과는 달리 법률유보원칙의 굴레를 벗는 상태에서는 국가의 모든 개발행위를 규정하는 법률 조항들을 사실상 무력화시킬 가능성이 있기 때문이다.[34] 환경권이 중요하지만 환경권의 남용이나 절대적인 우위는 법치국가의 균형성과 형량의 관점을 붕괴시킬 수 있다. 이러한 점을 의식해서인지 대통령개헌안은 환경권의 구체적인 내용을 법률로 정하도록 함으로써 현행과 같이 법률유보원칙을 고수하고 있다. 개인적인 견해이지만 법률유보가 없는 환경권을 예정한 국회개헌안은 현실적으로 수용하기 어려우며, 앞서 언급한 바와 같이 헌법재판소가 판례를 통하여 점차적으로 심사기준을 강화하는 방안이 바람직하다. 반면에 국회보고서와 대통령개헌안은 모두 동물보호 내지 생명체의 보호와 지속가능성원칙을 규정하고 있다.[35] 환경권에 대한 헌법개정이 이루어지는 경우 헌법재판소는 동식물에 대한 생태환경이나 보호를 전혀 등한시 하는 관련 법규에 대한 위헌결정을 할 수도 있으며, 국가의 개발을 예정한 법규가 환경의 지속가능성을 침해한다고 인정하는 경우 지속가능성원칙이라는 새로운 심사기준을 적용하여 당해 조항에 대한 위헌선언을 할 수 있을 것으로 보인다.[36]

---

34) 이는 국회보고서가 현행 환경권의 내용과 행사방법에 관하여 법률유보원칙을 폐지하고 환경권의 직접적 효력을 인정하였기 때문에 발생하는 문제라고 할 수 있다.

35) 다만, 국회보고서나 대통령개헌안이 규정하고 있는 기후변화 대처, 에너지 정의 등은 입법자에게 추상적인 차원의 의무를 부과하는 정도의 효력을 가지는 것으로 볼 수 있다.

36) 물론 지속가능성원칙에 대한 규범적 효력이나 더 나아가 위헌심사기준으로서 타당성에 대한 의문이 제기될 수 있다. 그러나 환경정책기본법은 비록 선언적 의미이기는 하지만 제9조 제1항에서 정부는 환경과 경제를 통합적으로 평가할 수 있는 방법을 개발하여 각종 정책을 수립할 때에 이를 활용하여야 한다고 규정하고 있으며, 지속발전가능법 제13

이를 통하여 헌법재판소는 미래에 보다 적극적으로 환경 분야에 대한 분쟁해결을 통하여 국민의 환경권과 동식물의 생태계 보호를 위한 적극적인 역할을 할 수 있을 것으로 기대된다.

V. 맺는 말

역동적인 한국사회에서 먼 미래를 예측한다는 것은 지난한 일이다. 다만, 지난 30년 간 헌법재판이 한국사회에서 이룩한 성과와 아쉬움을 정확하게 평가한다면 미래에 있어서도 우리 공동체의 방향성에 대한 길잡이로서의 위상을 더욱 굳건하게 구축할 수 있을 것은 분명해 보인다. 특히 입법부와 행정부 등 정치권력과 전통적인 사법권에 대한 국민의 신뢰가 동요하고 있는 우리의 현실을 돌이켜 볼 때 헌법재판이 가지는 한국사회의

조 제2항에 따라서 지속가능발전위원회는 국가가 마련하는 지속가능발전지표에 따라 2년마다 국가의 지속가능성을 평가하도록 규정하고 있다. 또한 이른바 새만금 사건에서 대법원의 반대의견은 다음과 같이 지속가능발전원칙을 비롯한 사전 배려원칙 등의 규범력을 강조하고 있다. "자연환경은 그 속성상 한번 파괴되면 이를 회복하는 것이 어려울 뿐만 아니라, 자연환경은 현재 세대의 생존의 기초가 되는 동시에 장래 세대에 대하여도 생존의 기초로 유지되어야 할 공동의 자산이기 때문에 현재 세대가 자신의 필요를 충족시키기 위하여 이를 소모하고 훼손하는 방식으로 활용하여서는 안 되는 것이며, 그 가치와 기능을 보전하여 장래 세대를 위해서도 생존의 기초로 기능할 수 있도록 지속가능한 개발을 하여야 하는 한계를 갖고 있다. 환경정책기본법, 자연환경보전법 등 환경관련 법령은 위와 같은 취지에 따라 환경오염을 사후에 제거하는 방식이 아닌 사전에 오염의 발생을 방지하여야 한다는 '사전예방의 원칙', 개발사업에서 환경보전을 우선적으로 고려하여 사전에 배려하는 조치를 하여야 한다는 '사전배려의 원칙', 미래세대가 그들의 필요를 충족시킬 수 있는 능력을 저해하지 않으면서 현 세대의 필요를 충족시키는 개발을 하여야 한다는 '지속가능한 개발의 원칙' 등 환경보전의 기본원칙을 천명하고 있다(환경정책기본법 제1조, 제2조, 제7조의2, 자연환경보전법 제3조 등). 중략. 이 사건 새만금사업과 같이 갯벌 등 생태계와 자연환경에 광범위하고도 심각한 영향을 미칠 대규모 개발사업에서, 당초 예상하지 못한 중대한 사정변경이 발생하였는지 여부 및 처분을 취소하여 사업을 중단하는 것이 공익상 특히 필요한지 여부를 판단함에 있어서도 위와 같은 관점과 기준에 따라 자연환경이 가지는 가치와 특수성을 우선적으로 배려하여 결정하여야 할 것이다"(대법원 2006.3.16. 선고 2006두330 전원합의체 판결). 결국 지속가능개발원칙에 대한 규범력은 헌법개정과 같은 성문규범의 변화와 함께 헌법재판소와 법원의 환경보호에 대한 의지 여하에 따라서 미래에는 보다 강화되는 방향으로 가는 것도 예상할 수 있다.

균형추(均衡錘), 방향타(方向舵)로서의 역할은 우리 사회가 드물게 가질 수 있는 신뢰와 희망의 기제로서 소중한 자산임을 간과할 수 없다. 앞서 언급한 바와 같이 헌법재판이 미래에 마주치게 될 과제에 대응하는 것도 중요하지만 행정법의 변화를 어떻게 수용할 것인가의 문제도 깊이 고민해야 한다. 오늘날 행정법 질서는 여전히 공권력 우월을 전제로 한 전통적인 처분론과 항고소송 제도를 중심으로 하고 있기는 하지만 새로운 대안 행정법, 신사조행정법의 출현으로 인하여 근본적인 변화의 기로에 서 있다.[37] 처분을 대신하는 협치와 거버넌스,[38] 사회국가원리의 보완적 개념으로서 보장국가론, 실체적 정의와 더불어 절차적 정의로의 강화 등 국가와 대등한 법적 지위를 가지는 국민과의 새로운 행정법 질서를 모색하는 학문적 경향에 대해 헌법재판 역시 전통적인 헌법소원론와 규범통제론에서 핵심적인 심사기준으로 작용했던 과잉금지원칙, 평등권 심사 등과 함께 민간부문과 공공부문 간 협력의 원칙,[39] 국가의 최소보장원칙 등의 새로운 심사기준의 발굴에 고민하여야 한다.[40] 자유주의적 법치주의 시대의 행정법

---

37) 김성수, 오토 마이어 - 행정법의 아이콘인가 극복의 대상인가, 공법연구 제45집 제2호, 231면 이하(특히 245면 이하).

38) 이에 관한 상세한 논의는 김성수, 행정조직법상 거버넌스와 민주적 정당성, 행정의 책임성 -국가물관리위원회의 제도설계를 중심으로-, 법학연구 제58집 제2호, 부산대학교 법학연구소, 1면 이하(특히 14면 이하).

39) 독일연방헌법재판소는 20년 전인 1998년 환경법상 협력의 원칙을 헌법재판의 위헌심사기준으로 적용하여 당시 '연방 자원순환 및 폐기물법'의 기본원리로서 협력의 원칙에 반하는 일부 주의 폐기물법과 부담금에 대하여 위헌결정을 내렸고(BVerfGE 98, 83; 98, 106. 이는 당시 상당한 논란의 대상이 되었다. 김성수, 독일 연방헌재의 폐기물법에 대한 결정과 환경법상 협력의 원칙 -과연 21세기 법치주의의 구조를 바꿀 것인가?-, 헌법판례연구(3), 한국헌법판례연구회, 391면 이하.

40) 선출되지 않은 민간부문이 고권적이고 공적인 의사결정을 하는 경우 헌법상 민주적 정성원칙에 비추어 보아 문제가 발생할 여지가 있으나 독일연방헌법재판소는 그러한 우려를 불식하였다. "민간부문이 참여하는 자율적인 조직은 기능적 자치를 실현하는 기관으로서 헌법상 민주주의원리를 보완하고 강화하는 것으로서 최종적으로 헌법상 민주주의 원리의 수준을 구체화한다. 민간부문이 참여하는 국가의 간접행정조직들은 모두 입법자가 법률의 제정을 통하여 그 조직, 형태, 기관, 업무 등의 내용을 정하는 것이기 때문에 의회의 입법에 그 정당성의 근거를 가지고 있으며, 의회는 이러한 자율적 조직체가 보다 효과적으로 관련 업무를 수행하기 위하여 상당한 정도의 입법형성권을 행사한다. 특히 입법을 통하여 자율적 조직체의 업무 범위가 명확하게 규정되고, 이러한 조직체가 역사적

이론체계를 완성한 독일의 행정법학자 오토 마이어는 “헌법은 사라지나 행정법은 존속한다”고 말한 바 있다. 헌정질서의 변화와 헌법의 정치성으로 인하여 새 헌법이 나타나면 구 헌법은 역사 속으로 사라진다는 의미일 것이다. 그러나 한국의 헌법재판이 지난 30년 간 이룩한 기본권 신장, 민주주의와 법치국가의 안착에 기여한 역할은 결코 사라질 수 없으며, 시대의 변화와 헌법의 개정에도 불구하고 우리 법문화의 불변의 자산으로서 존속할 것이다. 그러한 의미에서 마이어와 이야기는 달리 한국의 헌법은 존속한다. 그리고 행정법의 기술적 측면은 여전히 존속하겠지만 행정법 질서는 사회변동과 시간의 흐름에 따라서 끝없이 변화한다.[41] 그렇다면 헌법재판은 자신이 30년 간 이룩한 헌법적 성과의 존속을 유지하면서도 공권력과의 협치와 역할분담을 요구하는 국민과 이를 통해 변화하는 행정법 질서와 마주 앉아 미래에는 보다 적극적인 대화를 이어나가야 할 것이다.

인 경험에 의하여 그 효율성과 정당성이 확인되는 것으로 족하다” 연방헌법재판소는 독일기본법 제20조 제2항 제1문에 규정된 민주주의원리는 이와 같은 자율적인 조직체가 행사하는 공적이고 행정적인 조치들에 대하여 선출된 권력인 의회와 민주적 정당성에 기반한 국가행정조직의 전반적인 영향력 내에서 통제될 수 있는 것이면 헌법적으로 문제되지 않는다는 입장이다. 선출된 권력의 전반적인 영향력이라는 것은 이와 같은 자율적 조직의 업무와 권한이 의회가 제정한 법률에 의하여 명확한 내용을 가지고 있으며 선출된 권력과 그가 위임한 행정부와 같은 민주적 정당성을 가지는 국가기관이 민간부문을 적절한 감독권을 행사하는 것을 의미한다. BVerfGE 107, 59(93).

41) 김성수, 헌법은 존속하고, 행정법은 변화한다. 공법연구 제41집 제4호, 한국공법학회, 65면 이하.

제12장

미래세대 보호를 위한 법리적, 헌법적 기초

Ⅰ. 미래세대 보호의 국제적, 사회적 배경

제2차 세계대전 이후에 인류는 이른바 베이비붐 세대의 폭발적인 인구증가를 경험하고 각국의 경쟁적인 경제발전 과정에서 자원과 에너지에 대한 수요가 급증하면서 국제사회에서는 인구증가와 자원고갈로 인한 이른바 성장의 한계 문제가 제기되었다. 1972년 로마클럽은 이와 같은 성장의 한계(The Limits to Growth)를 지적하면서 인류가 지구환경과 천연자원을 불가역적인 방식으로 훼손하고 있다고 보고 이른바 지속가능한 개발이라는 개념을 최초로 제시하였다.[1] 이후 UN을 비롯한 국제사회는 1990년대에 이르러 기성세대와 미래세대의 이른바 세대 간 형평성을 지속가능한 발전의 중요한 목표로 설정하였는데, 1992년 UN의 "환경과 개발에 대한 리우선언"이 대표적이다.[2] 또한 UNESCO는 1997년 제27차 파리총회에서 미래세대에 대한 기성세대의 책임에 관한 선언을 하기에 이르렀다.[3]

우리 헌법 전문은 "우리들과 우리들의 자손의 안전과 자유와 행복을 영원히 확보할 것을 다짐하면서"라는 내용을 규정하고 있지만, 성장둔화, 청년실업, 주거난, 보육문제, 사교육비, 고용불안, 사회적 안전망의 부재 등의 악재와 악순환으로 인한 초저출산 현상으로 자손의 안전, 자유, 행복을 보장하기에 앞서 국가소멸의 위기감 속에서 공동체의 존속가능성 자체가 위협받는 엄중한 상황이 초래되고 있다. 세대 간의 형평성, 세대 간의 정의는 미래세대가 존재하는 경우에 논의할 수 있는 문제이기 때문에 미래세대의 존속 자체가 문제 되는 우리의 경우에는 보다 현실적인 관점에서 문제에 접근하는 것이 필요하다.

---

1) The Limit to Growth, Donella H. Meadows/Dennis L. Meadows/Jørgen Randers/William W. Behrens Ill, A Report for THE CLUB OF ROME'S Project on the Predicament of Mankind. 1972.

2) Rio Declaration on Environment and Development, Our Common Future. Principle 3 "The right to development must be fulfilled so as to equitably meet developmental and environmental needs of present and future generations.".

3) 이에 대한 상세한 논의는 손영삼, "국제환경법상 세대간형평(Intergeneration Equity) 원리에 관한 연구", 석사학위논문, 서강대학교 대학원, 2003, 39면 이하.

따라서 한국사회에서 미래세대를 보호하는 문제는 당위론적은 측면을 넘어서서 민족 자체의 존망이 달린 문제라고 할 수 있다. 외국의 학자들은 문헌연구를 통하여 미래세대의 보호가 윤리적인 관점에서 필요한 것인가를 논하고 있는데,[4] 이와 같은 논의는 우리나라에서는 다소 한가한 책상놀음으로 보인다. 해외에서는 세대 간의 형평성이나 정의에 관한 관점이 중요한 의제라면 우리 사회의 경우에는 세대 간의 공동체 構想과 連帶의 관점이 보다 본질적인 것으로 볼 수 있다.

본 연구는 미래세대의 보호라는 주제를 규범적인 측면에서 다루는 것이기 때문에 이 주제와 관련하여 현재의 헌법적, 법적 상태를 평가하고 향후 미래세대를 법적으로 보호하기 위하여 법제도적으로 무엇이 필요하고 정비되어야 하는지 등 입법정책적 대안을 제시하는 것을 목적으로 한다.

미래세대의 보호는 국가공동체의 총체적인 문제를 포괄하는 논제이기는 하지만 특별히 문제 되는 영역이 별도로 있다고 이야기하기 어렵다. 그럼에도 불구하고 미래세대의 보호, 세대 간 정의와 형평성이 특별하게 중요한 문제로 제기되는 영역은 다른 나라의 경우와 비교하여 볼 때[5] 공통

---

4) Meyer, Historische Gerechtigkeit, 2005; 同人, Intergenerational Justice, in : Zalta, Edward N. (Hrsg.), The Stanford Encyclopedia of Philosophy, http://plato.stanford.edu/2008, 10. 09. 2013; Birnbacher, Verantwortung für zukünftige Generationen, 1988; 동인, Langzeitverantwortung - das Problem der Motivation, in : Ethik, Technik, Ökologie, 2008, S. 83-97; Tremmel, A theory of intergenerational justice, 2008; Heubach, Generationsgerechtigkeit: Herausforderung für die zeitgenössische Ethik, 2008.

5) 대표적으로 핀란드는 의회에 미래위원회를 상임위원회로 설치하였다. 미래위원회는 핀란드의 미래, 과학, 기술 분야의 일종의 싱크탱크로서 내각의 수상을 카운터파트로 하여 1993년 출범하였다. 따라서 미래위원회의 주요한 활동목표는 핀란드의 미래와 관련한 주요 정책과 예상되는 영향에 대하여 정부와 소통하는 것이다. 핀란드 정부수반인 수상은 자신의 임기 동안 적어도 1회 이상 핀란드의 미래와 관련한 장기적인 전망 등에 대한 보고서를 작성하여 의회의 미래위원회에 제출한다. 미래위원회는 정부보고서에 대하여 의회 차원의 미래보고서의 초안을 작성한다. 정부와 의회가 이러한 소통과정을 통하여 미래에 발생할 수 있는 모든 정책적 사안에 대하여 비교적 초기에 필요한 대안을 모색하고 부정적인 효과를 최대한 차단할 수 있다. 2017년에 이미 핀란드 정부는 Agenda 2030 for Sustainable Development라는 보고서를 의회에 제출한 바 있다.

분모를 발견할 수 있는 보편적인 분야로서 환경, 사회보험 및 국가부채, 복제인간, 유전공학, 인공지능 등을 들 수 있으며,[6] 우리나라의 특수성을 고려한다면 통일, 교육 등의 문제가 제기될 수 있다. 그런데 우리나라에서 세대 간 정의나 형평성을 다룬 문헌은 적지 않지만 이러한 개별 분야들이 서로 뒤섞여 있어서 다소 혼란스러운 상태라고 할 수 있는데, 본 연구는 일단 미래세대의 보호를 위한 전반적인 법적 평가와 제도설계 원칙을 총론적인 관점에서 제시하는 것으로 그치고, 통일, 환경, 사회보험 및 국가부채, 미래기술과 관련된 개별적인 분야와 관련된 문제는 차후 연구과제로 남기고자 한다.

Ⅱ. 미래세대의 보호와 국민주권, 의회민주주의의 한계

1. 미래세대의 개념

1) 세대의 개념

법적으로 미래세대의 개념을 규정한 조항은 존재하지 않기 때문에 그 범위와 대상에 대해서는 다양한 견해가 제시될 수 있다. 후술하겠지만 미래세대의 보호가 필요한 다양한 영역이 있을 수 있는데, 예를 들어 사회보험 분야에서 세대 간 정의는 연금수급권을 가진 퇴직한 세대와 연금보험료를 납부하는 현업에 종사하는 세대 간의 형평성이 주된 관심사인 것에 비하여 환경오염과 자원고갈이 문제가 되는 세대 간의 형평성은 주로 기성세대와 아직 세상에 태어나지 않는 미래세대와의 관계를 그 대상으로 한다.

미래세대는 '미래'와 '세대'라는 용어의 복합체라고 할 수 있다. 우선 '세대'는 辭典的인 의미로는 다음과 같이 사용되고 있다. 1. 어린아이가 성장하여 부모 일을 계승할 때까지의 30년 정도 되는 기간. 2. 같은 시대에 살면서 공통의 의식을 가지는 비슷한 연령층의 사람 전체. 3. 한 생물이

6) Kleiber, Der grundrechtliche Schutz künftiger Generationen, 2014, S. 16 ff.

생겨나서 생존을 끝마칠 때까지의 기간.[7] 이와 같이 세대에 대한 사전적인 의미에도 불구하고 세대라는 개념은 흔히 '전후세대', '밀레니엄 세대', 'MG세대'와 같이 일정한 시대나 시대적 특징을 공유하는 유사한 연령층 등의 의미로 다양하게 사용되고 있다.

본 연구의 대상인 미래세대의 세대는 이와 같이 좁은 의미에서 특정 연령층이나 인구집단을 가르치는 것이 아니라 현존하는 인구집단에 후속하여 출생하는 모든 미래인간의 집합체(Die Gesamtheit künftiger Menschen)를 의미하는 보다 광의로 이해하고자 한다. 그런데 미래세대가 미래인간을 의미한다면 '인간'이 아닌 '세대'라는 용어를 구태여 사용할 필요가 있을까? 미래인간을 대신하여 미래세대라는 용어를 사용하는 것은 두 가지 이유가 있다.

첫째는 미래세대에서는 물론 미래에 출생하는 사람을 주된 대상으로 하지만 미래세대를 '보호'한다는 목적을 고려한다면 미래세대의 '세대'에 비인간적인 요소들, 예를 들어 미래의 동·식물이나 생물다양성 등을 포함시킬 수 있기 때문이다. 미래세대에 대한 현재의 연구는 주로 미래에 태어나는 사람에 대한 보호를 주된 대상으로 하지만, 향후에는 그 범위를 인간을 포함하는 생물체의 후속세대에 대한 보호의 문제로 외연을 확대할 수 있기 때문이다.

둘째로는 인간이라는 용어는 역사적으로 개인과 개인주의를 중심으로 하는 자유주의적 법치주의의 기본질서 하에서의 사람의 개체를 의미함에 비하여 세대라는 개념은 인간집단 전체를 대상으로 하고 있다는 점이 특징적이다. 후술하는 바와 같이 미래세대에 대한 법적인 보호의 문제는 미래세대에 속하는 특정 개인을 보호한다는 목적도 있지만 일정한 시대를 중심으로 생활하는 국민이나 시민 또는 미출생세대의 운명을 총체적으로 보장한다는 의미가 두드러지기 때문이다. 또한 본 연구가 지향하는 세대간 공동체는 기성세대와 미래세대를 운명적으로 포괄하고 그들 간의 공동

---

7) 두산백과, "세대"에 관련한 개념, http://www.doopedia.co.kr (2019년 6월 10일).

체적 연대가 실현되는 通時的 공동체라는 점에서 개인주의를 중심으로 하는 기존의 헌법 질서와 구별되는 특징을 가진다.

2) 미래세대의 '미래'의 의미는 무엇인가?

흔히 미래세대는 아직 출생하지 않는 세대와 출생은 했지만 기성세대에는 편입되지 않는 아동, 청소년 등 미성년세대를 개념적으로 구별하여 사용할 수 있다. 문헌연구에 따르면 일반적으로 전자를 협의의 미래세대, 후자를 광의의 미래세대로 구분하고 있다.[8] 그런데 미래세대에 대한 연구는 주로 협의의 미래세대, 즉 아직 출생하지 않는 세대를 중심으로 하여 이루어지고 있는데, 그 이유는 미성년자들을 주로 지칭하는 광의의 미래세대는 선거권이나 피선거권 등 일부 정치적 기본권에 있어서는 연령상의 제한을 받고 있으나 헌법상 기본권의 주체로서 인간 또는 국민이 향유하는 대부분의 기본권에 의한 보호를 받을 수 있기 때문이다.

필자의 견해로는 미래세대에 대한 문헌상의 구분이 일응 의미를 가질 수 있지만, 사회보험이나 국가부채 등의 문제에 있어서는 오히려 기성세대와 미성년세대와의 세대 간 갈등이나 형평성 문제가 보다 첨예하게 대립할 수 있기 때문에 문제 되는 영역에 따라서는 광의의 미래세대에 대한 연구 역시 중요한 논제라고 할 수 있다. 그러므로 본 연구에서는 미래세대에 아직 출생하지 않은 세대와 아동청소년 등 미성년인 세대를 포함하는 광의의 개념으로 이해하고자 한다.[9] 다만, 미출생 세대(ungeborene Gernerationen)라는 용어도 본 연구의 대상인 협의의 미래세대를 지칭함에 있어서 일정한 한계를 가지고 있음을 부인할 수 없다. 그 이유는 미출생 세대라 함은 受胎되었으나 아직 胎兒로서 존재하는 생명들을 한정적으로 의미하는 것으로

8) Tremmel/Laukemann/Lux, Die Verankerung von Generationsgerechtigkeit, ZRP 1999, S. 435.

9) 서용석의 연구 역시 미래세대의 개념을 "아직 미성년이거나 태어나지 않은 관계로 그들의 목소리를 현실 정치에 반영할 수 없는 사람들"을 모두 지칭하는 광의로 사용하고 있다. 서용석, 「세대간 정의 실현을 위한 미래세대의 정치적 대표성 제도화 방안」, 한국행정연구원 연구보고서 2014-09, 14 면. 보고서는 미래세대의 개념에 대한 외국의 다양한 연구를 소개하고 있다.

오해할 수 있는 여지가 있기 때문에다. 따라서 미래세대의 “미래”는 이와 같은 제한적인 생명을 지칭하는 것이 아니라 문자 그대로 미래에 태어날 수 있는 가능성을 가지는 인간의 집합체를 의미한다. 이러한 미래세대에 대한 개념정의에 따라서 현재성과 개별성을 특징으로 하는 기성세대나 미성년세대와는 달리 협의의 미래세대는 잠재적 가능성과 집단성이 강조된다.

본 연구는 미래세대의 보호에 대한 법적 과제를 그 대상으로 하지만 보호의 대상은 법적인 의미에서 권리와 의무 주체를 의미하는 것이 일반적이다. 그런데 문제가 될 수 있는 것은 아직 법적인 의미에서 권리와 의무의 주체가 될 수 없는 미래세대, 그것도 개인적인 차원이 아니라 집단적인 보호가 핵심이므로 미래세대 ‘권리’의 보호라는 주제가 적실성을 가지지 못한다는 지적도 있다. 따라서 ‘권리’와 ‘의무’를 대신하여 미래세대의 집단적 이익이나 법적 지위 등의 용어를 선호하는 연구자들도 있다. 이 문제에 대해서는 후술한다.

2. 국민주권, 의회민주주의와 미래세대 대표성의 한계

1) 헌법상 국민주권주의와 미래세대의 주권성 여부

미래세대는 현존하는 세대가 아니기 때문에 적어도 헌법상 주권자의 지위를 법적으로 행사할 수 없다. 후술하는 바와 같이 미래세대는 헌법상 선거권과 피선거권도 없으며, 기본권의 주체도 아니기 때문에 미래세대의 권리, 적어도 집단적으로나마 그들의 이해관계를 대표하거나 이를 대표하는 대표자들을 선출하여 실현할 수 있는 헌법상의 기구나 제도 역시 존재하지 않는다. 이렇게 볼 때 미래세대의 보호 문제는 헌법상 국민주권주의 원칙과 의회민주주의 원리라는 가장 기초적인 헌법적인 기제부터 작동하지 못한다. 이 문제는 앞서 언급한 바와 같이 미래세대의 권리, 기본권을 부정하는 헌법상의 논거로 제시되며, 기존의 헌법질서가 현존하는 기성세대와 미성년세대의 기본권과 권리보호를 위한 것이라는 점을 고려한다면 더 이상 미래세대의 보호에 관한 문제를 이어나가기 어려운 일종의 헌법적 단절현상에 빠지고 만다. 그러나 미래세대에 대한 보호가 국가공동체와 우리 사회의 연속성을 보장하는 절체절명의 과제로 부상하고 있는 상태에서 헌법개정을 통하여 명문의 규정을 두지 않는 한 "현행 헌법질서는 미래세대의 보호와 무관하다"는 논리가 더 이상 타당한 것인지는 의문이다.[10)]

헌법 제1조 제1항은 "대한민국의 주권은 국민에게 있고, 모든 권력은 국민으로부터 나온다"고 하여 국민주권주의를 선언하고 있다. 일단 법적인 의미에서 주권자는 "대한민국의 국민"이며, 대한민국의 국민이 되는 요건은 법률로 정한다(제2조 제1항). 대한민국 국민의 요건을 법률로 정한 국적법은 출생에 의한 국적 취득을 원칙으로 하며, 인지 또는 귀화에 의한 국적 역시 모두 출생한 자를 그 대상으로 한다. 국적법에 의한 대한민국 국민의 법적인 요건을 논의하기 이전에 미래세대가 헌법 제1조 제2항에 의한 주권자의 지위를 가질 수 있는지 검토하기로 한다. 기성세대와 미성년세대는 헌법상 주권자로서 기본권의 주체이며, 국가를 상대로, 경우에 따라서는 타인을 대상으로 헌법상 기본권을 법적인 권리로서 주장할 수 있다.

그런데 한국 국적 또는 법적으로 국민의 요건을 충족할 수 있다는 가정하에 대한민국에 출생할 가능성이 있는 미래세대는 현재는 아니지만 잠재적으로는 출생을 전제로 주권자의 지위를 가질 수 있는 정지조건부 잠재적 주권자라는 사실을 부정하기 어렵다. 특히 기성세대와 미래세대의 이해관계를 대립적 관점에서 바라보는 세대 간의 정의와 형평성보다는 세대 간 공동체 개념과 연대주의를 강조하는 입장에서 보면 적어도 미래세대는 추상적으로는 주권을 행사할 수 있는 가능성을 가지는 잠재적 국민이라고 할 수 있기 때문이다.

예를 들어 남북한 통일 문제와 관련하여 국가가 미래의 토지이용에 대한 결정을 내리는 경우 미래세대는 아직 출생하지 않았지만 자신들의 생존에 기초가 되는 토지의 소유와 이용관계에 지대한 관심을 가질 수 있는

10) 같은 취지로 배건이, "미래세대 환경권에 관한 헌법적 연구", 「비교법연구」 제11권 제3호. 2011. 172면.

것으로 추정할 수 있다. 지금과 같이 소수에 의하여 국토의 가용한 부분에 대한 과점상태를 유지 내지 확대할 수도 있는 중요한 정책적 결정이 내려지는 경우 미래세대의 생존권과 법적 지위는 최우선적인 고려사항이 되어야 하고 또한 그럴 수밖에 없다. 이러한 결정에서 누가, 어떻게 미래세대의 집단적 이해관계와 법적 지위를 고려할 것인가는 일단 차치하더라도 미래세대의 주권성 여부는 현실적인 문제로 다가온다.[11)]

다만, 일반 시민이나 소수자, 여성 등을 잠재적 주권자로 볼 수 있었던 이유는 이들이 실제로 현존하는 세대라는 점에서 아직 잠재적으로만 주권자의 지위를 가질 수 있는 가능성만을 염두에 둔 미래세대와는 질적인 차이가 존재함을 부인하기 어렵다. 그러나 대한민국 국적을 가지는 국민들과 국적법의 요건을 충족하는 인구집단이 한반도에서 그들의 후손을 이어나간다는 것은 불변의 사실이며, 인구의 감소나 다민족주의의 보편화에도 불구하고 미래세대가 존재한다는 것은 확정적인 것이기 때문에 그들을 잠재적인 주권자로 인정한다는 것이 논리상 문제가 될 것으로는 보이지 않는다. 미래세대를 헌법상 '潛在的 假想主權者'로 인정하는 경우에는 이러한 잠재적 주권자의 지위를 헌법상, 법률상 어느 범위에서 보호할 것인가는 문제 되는 기본권의 성격과 입법자의 형성권의 영역에 해당하는 문제라고 할 수 있다.

2) 미래세대 보호와 의회민주주의 대표성의 한계

앞서 언급한 바와 같이 현존하는 의회민주주의 원리는 미래세대가 자신들의 대표를 선출하거나 집단적인 이익을 실현할 수 있는 경로를 보장

---

11) 소수의 귀족이 독점하던 공동체의 정치적 의사결정이 의회민주주의를 통하여 대중화되는 과정에서도 과거 잠재적으로만 인정되었던 일반 시민의 주권을 현실화하는 제도는 인위적 기제로서 창출된 측면이 있다. 여성의 지위와 참정권 역시 처음에는 생소한 주제였지만 이것이 점차로 현실화되는 헌법적 변화와 그에 상응하는 법제도를 설계하는 역사적 과정을 거쳐서 완성된 것으로 볼 수 있다. 따라서 인류역사는 잠재적으로 주권을 가지는 국민의 범위와 내용을 확대시키는 과정으로 이해할 수 있는 측면이 있으며, 국민주권이라고 이야기할 때 주권자는 장차 그 지위를 취득할 가능성이 있는 잠재적인 인구집단을 포함하는 것으로 볼 여지도 있는 것이다.

하고 있지 못하다. 그러나 미래세대가 헌법상 이른바 잠재적 가상주권자의 지위를 가지는 법리가 보편적인 것으로 받아들여지는 경우에는 입법자가 그 보호의 방식과 수준을 결정할 수 있는 입법형성권을 행사할 수 있는 헌법적 여건이 조성될 수 있을 것으로 보인다. 다시 말하자면 세대 간 공동체 형성을 위한 가상적 잠재주권자라는 헌법상 연결고리를 통하여 미래세대는 입법자의 역할과 의지에 따라서 자신의 집단적인 법적 지위를 보장받기 위한 의회민주주의 체제로 편입된다.12)

앞서 언급한 바와 같이 귀족의 특권적 지위로부터 일반 시민, 여성, 이민자 등 소수자들에게 주권자의 지위가 확장된 역사적 과정은 결국 헌법제정권력자에 의한 다소 인위적이고 작위적인 類型化의 결과라는 점을 지적하였다. 물론 잠재적으로 "언젠가는 저들도 주권자의 지위를 가지고 기본권의 주체로 인정하는 것이 자연스럽다"라는 생각은 역사적 발전과정에서 일반적으로 공유된 인식이었겠지만, 적어도 그들이 헌법이나 법률을 통하여 실제로 그러한 범주로 편입되는 순간에는 기존의 주권자들에게 일종의 작위적 법제화가 작동하였을 것이라는 의식이 존재하였다는 것도 충분히 상상할 수 있는 일이다. 따라서 이민자나 여성 등 소수자의 대표를 선출하여 의회로 보내고 자신이 속한 계층의 이익을 집단적 또는 개별적으로 실현할 기회가 보장되는 역사적 과정을 거치면서 보편적인 의회민주주의 원칙이 성립하고 발전하였다고 할 수 있는 것이다.

오늘날 미래세대와 공동체를 형성하는 기성세대가 미래세대의 대표를 '대신하여' 선출하고 이들 미래세대의 대표들이 국가 또는 자치단체 차원에서 미래세대의 집단적 이해관계를 대변하도록 제도화하는 것이 다소 생경한 점이 있는 것은 사실이지만 의회민주주의의 역사에 비추어 보면 이를 자연스럽게 받아들이는 것은 시간문제에 불과하다고도 할 수 있다. 미래세대에게 잠재적 주권자의 지위를 보장하고 그들의 대표성을 확보하는

---

12) 서용석, 앞의 글(각주 9), 54면 이하; 현행 민주주의 체제가 실질적으로 어떻게 미래세대의 권익을 보호하고, 또 이들을 대표할 수 있는지에 대한 특히 해외의 관련 선행연구의 내용을 상세하게 소개하고 일부 비판적인 견해를 제시하고 있다.

것이 현행 의회민주주의 원리와 법리적으로 조화될 수 있는 것이라고 하더라도 오히려 문제는 각론에 있다고 할 수 있다. 다시 말하자면, 향후 우리나라에서 시행하는 모든 정책과 법령 등이 미래세대에게 구체적으로 어떠한 분야에서 어느 정도의 영향을 미치는가에 대한 정확한 평가와 더불어 평가의 기준이 되는 지표와 지수를 개발하는 작업이 이루어져야 한다는 점이다.13)

그리고 이와 같은 지표와 지수의 개발은 향후에 논의하는 미래세대 보호관과 사무처 등의 중요한 업무에 속할 것으로 보인다. 또한 현행 국회나 지방의회에서 미래세대의 대표를 선출하는 방식과 대표자의 수를 결정할 것인데, 여기에 대해서는 문헌상 다양한 연구가 진행되고 있지만 아직은 설득력 있는 대안을 발견하기 어렵다. 이는 미래세대의 보호가 필수적인 공동체의 과제라는 점과 더불어 적절한 보호의 수준에 대한 사회적 합의를 전제로 하는 것으로서 현존하는 기성세대가 동의하고 동참하는 경우에만 실현가능한 것이기 때문에 구체적인 제도설계의 내용이 무엇인지에 대해서는 깊은 고민이 필요하다. 후술하는 바와 같이 미래세대의 보호를 위하여 가장 현실적인 대안 중의 하나는 선거구에서 미래세대를 대표하는 후보자를 선출하는 방식보다는 각 정당이 미래세대를 대표할 수 있는 후보자를 정당명부에 포함시켜 비례대표로 추천하는 방식이다. 이 경우 미래세대를 대표하는 후보자의 숫자와 더불어 가능한 한 최우선순위로 각 정당이 후보를 추천할 수 있도록 법적 구속력을 부여하는 문제 등에 대한 구체적인 사항은 공직선거법의 개정이 필요한 것으로 보인다.14)

---

13) 한 번 생각해 보자. 이제는 보편화된 性認知 豫算, 性平等 指數와 같은 제도와 용어들이 처음 도입되었을 때의 생경함과 어색함이란! 현재 시점에서 '세대 간 형평성 지표'나 '세대 간 정의실현 지수' 역시 생소한 용어이기는 하지만 향후 입법을 통하여 상세한 내용이 규정되어 실제로 국가의 정책이나 입법에 대한 평가가 이루어지는 경우에는 예상보다는 조기에 정착될 가능성도 배제할 수 없다.

14) 국회에서 미래세대의 보호를 위한 제도적 장치로서 흔히 현실적인 방안으로 검토할 수 있는 것은 국회에 의석을 가지는 정당이 선거에서 정당별로 작성하는 비례대표명부의 최우선 순위로 미래세대 보호 비례대표를 배치하도록 의무화하는 것이다. 현행 공직선거법 제47조 제3항에 따라서 정당은 비례대표 국회의원 선거 및 비례대표 지방의회의원선거

Ⅲ. 미래세대 보호의 헌법적 근거

1. 현행 헌법규정과 개헌론

앞서 언급한 바와 같이 현행 헌법은 미래세대에 대하여 구체적으로 언급한 내용은 없지만 헌법 전문에서 "우리들의 자손의 안전과 자유와 행복을 영원히 확보할 것을 다짐하면서"라는 내용을 규정하고 있다. 헌법 전문에 대한 규범적 효력을 인정하는 것이 일반적이기는 하지만, 위 내용만으로는 세대 간 정의와 형평성을 실현하라는 구체적인 입법의무를 입법자에게 부과하거나 정부 또는 사법부에게 직접적으로 적용되는 행위규범 내지 재판규범으로서의 성격을 인정하는 것은 어려울 것으로 보인다. 앞서 언급한 바와 같이 국민주권주의와 의회민주주의에 대한 확장론적 해석을 통하여 미래세대를 잠재적인 주권자와 기본권의 주체로 인정한다고 하더라도 이로부터 입법자에게 구체적인 입법의무를 도출할 수 있는 것은 아니기 때문에 해석론의 한계를 극복하고 미래세대의 보호를 위해서는 이를 명문화하는 개헌론이 필요해 보인다. 2018년 1월 국회 헌법개정특별위원회 자

에 후보자를 추천하는 때에는 그 후보자 중 100분의 50 이상을 여성으로 추천하되, 그 후보자명부의 순위의 매 홀수에는 여성을 추천하여야 한다. 이 규정과 유사하게 정당법을 개정하여 정당은 비례대표 국회의원선거에 후보자를 추천하는 때에는 후보자명부의 최우선 순위에 미래세대의 권익을 대표하는 자를 추천하도록 하는 것이다. 각 정당별로 몇 명의 후보자를 최우선 순위로 미래세대의 권익을 대표하는 자로서 추천하도록 할 것인가는 물론 정당과 국민적인 합의가 필요한 부분이기는 하지만 일단 각 정당별로 적어도 1인의 미래세대 대표자를 확보하여 전체적으로 국회에 4, 5명의 미래세대 권익보호 비례대표가 활동한다는 것은 미래세대를 보호하는 국회의 위원회 또는 옴부즈만이 국회에서도 필요한 지원을 받을 수 있다는 의미가 있다. 특히 정부 부처 간의 이견으로 인하여 미래세대의 보호를 위한 정부입법이 원만하게 진행되지 못하는 경우 국회의원 중 미래세대의 권익을 대변하는 비례대표가 의원입법의 형태로 보다 적극적으로 국회에 관련 법안을 발의할 수 있기 때문이다. 그리고 국회 내의 미래세대 권익보호 비례대표를 포함하여 이 주제에 관심을 가지는 국회의원들이 보다 적극적인 의정활동을 펼칠 수 있도록 국회에 상임위원회로서 미래세대위원회를 설치하여야 한다. 미래세대위원회를 국회에 특별위원회로서 설치할 수도 있겠지만 미래세대위원회의 성격상 일정 기간만을 대상으로 활동하는 것이 아니라 미래세대의 보호를 위한 각종 관련 법안을 심사하고 국민의 여론을 반영하기 위해서는 소규모라고 하더라도 상임위원회로 설치하기 위하여 국회법을 개정하는 방안을 검토할 필요가 있다.

문위원회가 제안한 개헌안은[15] 현행 헌법 제35조를 다음과 같은 내용으로 개정할 것을 제안하였다.

현행 헌법 제35조

第35條 ① 모든 國民은 건강하고 快適한 環境에서 生活할 權利를 가지며, 國家와 國民은 環境保全을 위하여 노력하여야 한다.

② 環境權의 내용과 행사에 관하여는 法律로 정한다.

개정안 제37조

제37조 ① 모든 사람은 건강하고 쾌적한 환경을 함께 누릴 권리를 가진다.

② 모든 생명체는 법률이 정하는 바에 따라 국가의 보호를 받는다.

③ 국가는 기후변화에 대처하고, 에너지의 생산과 소비의 정의를 위해 노력하여야 한다.

④ 국가는 지구생태계와 미래세대에 대한 책임을 지고, 환경을 지속가능하게 보전하여야 한다.

<현행 ②항 삭제>

이에 비하여 2018년 3월 대통령이 제안한 헌법개정안은 제38조에서 환경권에 대하여 국회의 개헌안보다는 다소 소극적인 내용을 아래와 같이 제시하고 있다.

제38조 ① 모든 국민은 건강하고 쾌적한 환경에서 생활할 권리를 가진다. 구체적인 내용은 법률로 정한다.

② 국가와 국민은 지속가능한 발전이 가능하도록 환경을 보호해야 한다.

③ 국가는 동물 보호를 위한 정책을 시행해야 한다.

---

15) 국회 헌법개정특별위원회 자문위원회, 「국회 헌법개정특별위원회 자문위원회보고서」, 국회 헌법개정특별위원회 자문위원회, 2018.

2. 평가

미래세대의 보호와 관련하여 국회와 대통령의 개헌안에는 현행 헌법에서는 규정하지 않는 미래세대에 대한 책임, 지속가능한 발전을 위한 환경보호 등에 대한 내용이 명시되고 있다. 이는 특히 미래세대의 환경권 보호를 위하여 진일보한 내용으로서 후술하는 바와 같이 독일기본법 제20a조에 나타난 규정형식, 내용과 유사하다고 볼 수 있다. 독일에서는 기본법 제20a조의 환경보호를 위한 이른바 국가목적조항이 가지는 긍정적 효과와 더불어 그 한계에 대한 논란이 지금까지도 계속되고 있으며, 이에 대해서는 후술한다. 이와 같은 개헌안은 국가와 국민이 미래세대의 환경권 보호를 위하여 일정한 책임을 지고 있으며, 지속가능한 발전을 위한 환경과 개발의 조화 등에 관하여 입법자에게 일정한 헌법적 지침을 부과하고 있다는 점에서 추상적인 규정이기는 하지만 헌법재판소와 법원에게 일정한 사법적 심사기준을 제공하고 있는 것으로도 볼 수 있다.[16] 다만, 국회와 대통령의 개헌안은 미래세대의 환경권 보호와 지속가능한 발전의 원칙을 헌법상 환경권 규정에만 적용되는 것으로서 국가부채, 연금재정, 통일과 토지이용, 미래세대의 학습권 내지 교육의 권리 등 미래세대의 보호 문제를 다른 분야에까지 확장하는 데 한계를 가지고 있다.

따라서 차후에 개헌이 이루어지는 경우에는 환경 분야뿐만 아니라 미래세대의 보호가 필요한 개별 분야에서 간략하게 그 내용을 언급하는 것이 필요할 것으로 보인다. 예를 들어 "국가는 환경, 통일, 교육, 재정, 신산업 등 국정의 주요 분야에서 미래세대의 보호를 위한 특별한 책임을 지며, 법률이 정하는 바에 따라서 적절한 기구를 설치하여야 한다"는 내용이다. 개헌안의 내용과 함께 논란이 될 수 있는 부분은 미래세대의 보호를 위한 국가책임조항이 헌법전의 어느 부분에 위치할 것인가 하는 것이다. 사견으로는 헌법 제1조 제3항을 신설하는 것을 대안으로 제시할 수 있을 것이다.

---

16) 김성수, "헌법재판 30년 - 헌법재판 미래와 어떻게 대화할 것인가?", 「헌법논총」 제29집, 2018, 435면.

특히 헌법 제1조 제2항과 함께 신설되는 제3항에 따라서 미래세대가 자연스럽게 주권자의 지위에 다가갈 수 있다는 점에서 상당한 의의를 인정할 수 있다. 다만, 개헌안의 내용이 미래세대의 보호에 대한 국가의 헌법적 책임 외에도 법률이 정하는 기구를 설치하는 내용이 포함되는 경우 헌법 제1조 제3항의 위치가 적절하지 않을 가능성이 있다. 이 경우 대안으로는 헌법 제2조 제3항을 신설하는 방안도 검토할 수 있다. 이미 제2조 제2항에서 국가는 법률이 정하는 바에 따라서 재외국민을 보호할 의무를 지게 되므로 제3항에 따라서 미래세대의 보호와 법률이 정하는 바에 따르는 기구설치가 조화를 이룰 수 있기 때문이다.

3. 독일기본법 제20a조

1) 규정 내용

독일은 1990년 10월 3일 통일 이후 1994년 기본법에 대한 제22차 개정을 통하여 제20a조항을 신설하였다. 그 내용은 아래와 같다.

> Der Staat schützt auch in Verantwortung für die künftigen Generationen die natürlichen Lebensgrundlagen und die Tiere im Rahmen der verfassungsmäßigen Ordnung durch die Gesetzgebung und nach Maßgabe von Gesetz und Recht durch die vollziehende Gewalt und die Rechtsprechung. (국가는 "또한" 미래세대에 대한 책임을 지면서 입법권은 합헌적 질서에 의하여 행정권 및 사법권은 법률에 따라서 자연적인 생존의 기초와 동물을 보호한다).

이로써 독일헌법상 최초로 미래세대라는 용어가 명시되는 계기를 마련하였으나, 중요한 것은 그 헌법적 효력이다. 이 규정이 도입된 이후부터 현재까지 학자들이 위 조항을 비판하는 이유는 첫째, 이 조항은 기본권 주체에게 주관적 권리를 보장한 것이 아니라 이른바 국가목적조항에 불과한 것으로서 헌법재판에서 객관적인 위헌심사만이 가능하다는 것이다. 둘째, 이 조항으로부터 입법자에게 구체적인 내용의 입법의무를 도출할 수 없다는 것이며, 셋째, 이 조항은 우선적으로 환경 분야에 치중하고 있으며, 넷째, 이러한 이유 때문에 미래세대의 보호가 필요한 다른 분야에서는 일정한 한계를 보일 수밖에 없다는 비판이 그것이다.[17]

2) 객관적 규범으로서의 성격

독일 헌법학자들 중 다수는 이 조항이 국가목적조항으로서 특정인에게 기본권을 창설하는 규정이 아니기 때문에[18] 헌법재판의 실무에서는 대부분 추상적 규범통제로 그치고 매우 제한적으로만 구체적 규범통제의 대상이 될 수 있는 것으로 보고 있다.[19] 바꾸어 말하자면 미래세대가 자신의 헌법상 기본권을 침해하거나 지속가능 발전 원칙에 위반하는 법령 또는 국가의 공권력 행사에 대하여 헌법소원을 제기하는 경우 대부분 기본권 침해가능성이 없기 때문에 헌법소원 심판청구가 부적법하여 각하될 가능성이 크다는 것이다. 다만, 일부 헌법학자들의 경우 규범의 성격이 기본권인가 혹은 국가목적조항인가 또는 법적 구속력이 있는가 등의 문제와 연방헌법재판소가 헌법재판을 통하여 제20a조에 위반하는, 다시 말하자면 미래세대의 보호와 지속가능발전 원칙에 반하는 규범에 대한 위헌심사의 문제와는 차별적인 접근이 필요하다는 견해를 제시하고 있다. 물론 기본법 제20a조가 헌법상 환경권이라는 주관적 기본권을 보장하는 것은 아니라는 점은 이 조항이 기본법에 편입되는 역사적 과정을 살펴보면 보다 분명해진다. 통일 이후 기본법 개정을 위하여 설치된 헌법개정위원회의 회의록에서도 헌법상 환경권이라는 주관적 기본권이 아니라 입법자의 형성권을 존중하면서도 동시에 환경보호를 반드시 고려하라는 국가목적조항으로 주관적 청구권을 인정하지 않는다는 점을 강조하고 있다.[20]

물론 헌법개정을 위하여 구성된 헌법개정위원회에서도 이와 같은 국가목적규정으로서 환경에 대한 국가의 보호의무가 단순히 선언적이며 프로

17) 대표적으로 Baer, Demografischer Wandel und Generationengerechtigkeit, VVDStRL 68, S. 304.
18) Kloepfer, in : Dolzer/Großhof/Kahl/Waldhoff (Hrsg.), BK, Art. 20a GG Rn. 23.
19) Beaucamp, Das Konzept der zukunftsfähigen Entwicklung im Recht, 2002, S. 216.
20) Bericht der Gemeinsamen Verfassungskommission, BT DRs. 12/6000 S. 67.

그램 규정으로서의 성격에 불과하다는 것은 아니라는 점에 대해서는 일치된 견해가 존재하였다. 다만, 국가목적조항이라는 일종의 객관적 규범이 가지는 헌법적 효력에 대해서는 헌법개정위원회 위원들 간에 상당한 이견이 표출되었다. 이 문제는 실무적으로 헌법재판과정에서 기본법 제20a조에 위반하는 것으로 판단되는 법령에 대한 위헌심사의 문제로 나타난다. 다수 견해는 기본법 제20a조에 위반하는 것으로 판단되는 법령에 대한 위헌심사는 기본법 제93조 제1항 제2호에 의한 추상적 규범통제, 매우 제한적인 범위에서 기본법 제100조 제1항의 구체적 규범통제만이 가능하다는 입장을 제시하고 있다.[21)]

다만, 이러한 다수 견해에 대해서 소수 견해는 기본권 조항뿐만 아니라 헌법에 규정된 객관적 규범 역시 모든 종류의 헌법재판절차에서 유의미한 심사기준이 될 수 있다고 반박한다.[22)] 그러므로 헌법소원심판절차에서도 기본법 제20a조항의 위반 여부를 고려할 수 있다는 것이다. 물론 헌법소원심판청구인이 특정 법령 또는 국가의 공권력 행사가 기본법 제20a조에 규정한 환경권 침해만을 주장하는 경우에는 당해 헌법소원심판은 부적법 각하를 면하지 못한다. 앞서 언급한 바와 같이 기본법 제20a조는 환경권이라는 기본권을 규정한 것이 아니기 때문에 실제로 기본권 침해를 주장하는 사실관계가 확인되어야 하기 때문이다. 그러나 소수 의견은 만약 헌법소원심판청구인이 다른 기본권 침해를 주장하여 헌법소원의 적법성을 인정받을 수 있는 경우에는 헌법재판소는 당해 기본권과 환경보호조항을 통합적으로 심사하여 특정 법령이나 공권력 행사의 위헌성을 인정할 수 있다고 주장한다. 특히 독일연방헌법재판소는 기본법 제2조 제1항의 이른바 일반적 행동자유권을 광의로 이해하여 그 침해를 인정하는 결정을 다수 내린 바 있다는 점을 고려한다면 소수 의견은 다른 별도의 기본권 침해

21) Bericht der Sachverständigenkommission "Staatszielbestimmung/ Gesetzgebungsaufträge" (hrsg. von BMI und BMJ 1983), S. 21, 50.

22) Steinberg, Verfassungsrechtlicher Umweltschutz durch Grundrechte und Staatszielbestimmung, NJW 1996, S. 1992.

가 없는 경우에도 일반적 행동자유권과 기본법 제20a조의 통합적 해석을 통하여 특정 법령이나 공권력 행사를 환경보호조항에 대한 위반으로서 위헌으로 결정할 가능성을 배제할 수 없다는 것이다.[23)]

3) 구체적 보호기준의 흠결

앞서 언급한 바와 같이 기본법 제20a조를 비판하는 사람들은 이 조항으로부터 구체적인 입법자의 보호기준을 도출할 수 없는 추상적인 내용만을 규정하고 있다는 것이다.[24)] 다시 말하자면 헌법조항의 추상성으로 인하여 입법자는 거의 무제한의 입법형성권을 가지고 있기 때문에 미래세대의 환경보호의 구체적인 기준을 설정할 수 없다. 그렇기 때문에 기본법 제20a조에는 헌법제정권력자의 일종의 자기모순을 보여주고 있다는 평가가 있는데,[25)] 이는 일단 입법자에게 명백하게 입법의무를 부과하는 것이기는 하지만 결과적으로 사법부가 재판과정을 통하여 입법자의 입법의무를 상당 부분 감면하여 주리라는 기대를 동시에 가지고 있었다는 의미이다. 그러나 기본법 제20a조의 추상성에도 불구하고 일부 학자들은 입법자가 입법과정에서 미래세대의 환경을 보호하기 위한 일반적인 수준의 고려는 반드시 이루어져야 하기 때문에 구체적인 보호의 수준 내지 기준은 이차적인 문제에 불과할 수 있다는 주장을 제시하고 있다.[26)]

4) 환경보호에 치우친 내용

기본법 제20a조를 비판하는 학자들은 이 조항이 미래세대에 대한 책임을 명시하고 있지만 환경과 생존의 자연적 기초의 보호에 국한되기 때문에 미래세대에 대한 광범위한 보호에 미흡하다는 주장을 하고 있다. 이러한 비판은 이 조항의 연혁을 보면 보다 설득력을 가질 수 있다. 1993년 기본법 개정을 위하여 구성된 헌법개정위원회의 애초의 개정안은 제20a조

23) Murswieck, Staatsziel Umweltschutz, S. 230.

24) Lux-Wesener, Generationengerechtigkeit im Grundgesetz? Handbuch Generationengerechtigkeit. Munich:oekom, 2003, S. 417.

25) Murswieck(각주 23), S. 222.

26) Kleiber(각주 6), S. 33.

를 오직 환경보호와 관련하여 도입하는 데 초점을 맞추고 있었기 때문에 미래세대에 대한 언급은 빠져 있었다. 오히려 이 조항의 내용과 관련하여 두 가지 쟁점에 관하여 첨예한 의견의 대립이 있었는데, 하나는 인간중심의 환경보호인가 혹은 동물의 보호도 추가할 것인가의 문제와 두 번째로는 환경보호에 법률유보조항을 둘 것인가에 집중되었기 때문에 미래세대의 보호는 일차적인 관심의 대상 밖의 문제였다.[27]

흥미로운 野史이기는 하지만 미래세대의 보호를 기본법 제20a조에 추가하자는 제안은 헌법개정위원회가 3분의 2의 다수결로 이 조항의 헌법편입 여부를 결정하기 직전에 위원들 간의 비공식적인 접촉과 막후협상을 통하여 갑자기 부상하였으며 결국 관철되기에 이른 것이다. 그렇기 때문에 제20a조의 보호영역은 당연히 환경분야에 집중할 수밖에 없었다.[28] 또한 제20a조에는 동물을 보호하는 내용도 포함되었으나 이 역시 나중에 추가된 것으로서 큰 규범적 의미는 가지지 못한다. 이러한 측면에서 볼 때 기본법 제20a조의 내용에 포함된 미래세대와 동물의 보호는 독자적인 의미를 가지는 것이 아니라 환경에 대한 지속가능한 보호 내지 국가의 환경보호에 대한 장기적인 책임을 강조하는 일종의 보충개념으로 이해하는 것이 헌법개정위원회의 대체적인 분위기였다고 할 수 있다. 보다 극단적으로 이해한다면 미래세대의 보호는 환경보호를 위한 수단이라는 의미이지 환경보호의 목표가 미래세대의 보호에 있는 것은 아니라는 것이다.

5) 국가목적으로서의 세대 간 정의

기본법 제20a조에 대한 비판적인 견해는 미래세대에 대한 보호의 중심이 기성세대와 아동 청소년과 같은 미성년세대 간의 정의와 형평성 실현에 치우친 것으로서 아직 태어나지 않는 미래의 인류에 대한 배려를 목적으로 하는 것이 아니라는 점을 지적하고 있다. 물론 동물보호가 언급되고 있지만, 이는 이미 언급한 바와 같이 오직 환경보호를 위한 보충적인

27) Bericht der Gemeinsamen Verfassungskommission, BT Drs. 12/6000 S. 65 ff.
28) Bericht der Gemeinsamen Verfassungskommission, BT Drs. 12/6000 S. 67.

의미를 가질 뿐 기본법 제20a조는 역시 인간중심주의를 벗어나고 있지 못하기 때문에 "또한(auch) 미래세대에 대한 책임"이라는 표현 역시 이 조항이 아직 출생하지 않는 미래인류의 보호에 중점을 두고 있다기보다는 현생인류인 기성세대와 미성년세대 간의 형평성 실현이 보다 중요한 함의를 가지고 있다는 점을 지적하는 것이다.29) 다만, 이와 같은 비판적인 견해에 대해서는 이를 재차 반박하기도 하는데, 미래세대와 세대 간 정의는 동일한 개념은 아니지만 세대 간 정의 내지 형평성이라는 것이 기성세대와 미출생세대 간의 조화와 균형적 배려라는 목적을 내재하고 있다는 것이다. 즉 조화와 배려는 특정한 목적의 일방적인 우위를 인정하는 것이 아니라 마치 기본권 도그마 중의 하나인 실제적 조화의 원칙과 같이 양자 간의 균형적인 공존과 상생을 의미하기 때문이다. 따라서 기본법 제20a조가 "또한 미래세대에 대한 책임"을 규정한 것은 현생세대와 미출생세대 모두를 포함하는 것으로서 보아야 하는데, 다만, 비판을 재비판하는 견해도 기존 조항이 미출생세대의 보호에 다소 소극적이라는 비판은 피하기 어려운 것으로 인정하고 있다.30)

6) 미래세대의 보호인가, 국가의 미래에 대한 책임인가?

이상에서 살펴본 바와 같이 기본법 제20a조에 대한 비판론은 주로 당해 조항의 제한적인 헌법적 효력에 대한 것으로서 독일 헌법학계의 주류적인 해석론이다. 이에 따르면 기본법 제20a조가 독일 헌정사상 처음으로 미래세대에 대한 국가의 책임을 명시하기는 하였지만 이는 환경보호에 대한 국가목적조항으로서 우선적으로 생태적인 세대 간 정의라는 목적을 지향하는 것이다. 또한 이 조항이 미래세대의 보호가 유일한 목적으로서 국가에게 일정한 책임을 지우기 위한 것이 아니라는 것을 분명히 할 필요가 있다. 결론적으로 기본법 제20a조는 입법, 행정, 사법을 담당하는 국가기관으로 하여금 미래의 환경보호를 위한 책임을 부여하는 조항이며, 일차적

29) Mückl, Auch in Verantwortung für die künftigen Generationen, S. 195 ff.
30) Kersten, Das Klonen von Menschen, S. 341.

또는 주된 목적으로서 미래세대의 권리를 보호하기 위한 규범적 효력을 가지는 것은 아니다.[31)]

4. 국가부채의 헌법적 제한

독일에서는 미래세대에게 직접적인 부담이 되는 국가부채의 상한을 헌법적으로 규율하는 것이 재정헌법의 관행으로 오래 전부터 정착되었다.[32)] 최근에 이르러 급증하고 있는 국가부채의 문제가 세대 간 정의와 형평성의 관점에서 새롭게 주목받고 있다.[33)] 독일기본법은 조세와 기타 공법상 부담금과 함께 국가 收入源의 하나로서 국가부채를 명시적으로 규정하고 있다. 동시에 독일기본법은 미래세대의 재정적 부담을 의식하고 국가부채로부터 이들을 보호하기 위하여 국가부채의 상한을 헌법적으로 규정하였다.[34)] 물론 이와 같은 국가부채의 상한을 헌법적으로 규정한 것은 일차적으로 장래 국가활동을 제약할 수 있는 국가채무로부터 정부의 기능을 보호하기 위한 것이기는 하지만 동시에 미래세대의 재정적 부담을 고려한 것으로 이해하는 것이 일반적인 해석론이다.[35)] 물론 국가부채의 상한을 헌법적으로 제한함으로써 미래세대를 재정적인 부담으로부터 보호하려는 2009년 기본법 개정의 취지는 충분히 이해하지만 기본법 제109조 제3항

---

31) 같은 취지로 박진완, "미래세대를 위한 세대간 정의실현의 문제로서 지속성의 원칙 - 독일에서의 논의를 중심으로 -", 「법과정책」 제24권 제2호, 2018, 131면.

32) 이에 대한 상세한 논의는 Möstl, Nachhaltigkeit und Haushaltsrecht, S. 578 ff.

33) Isensee, Schuldenbarriere für Legislative und Exekutive, Festschrift für K. H. Friauf, 1996, S. 705 ff; Henseler, Verfassungsrechtliche Aspekte zukunfsbelastender Parlamententscheidungen, AöR 1983, S. 24 ff.

34) 독일은 2009년 기본법을 개정하여 종래 제109조에 따라서 정부가 국민총생산(GDP)의 범위 안에서 채무를 부담할 수 있도록 하는 이른바 황금률(goldene Regel)을 폐지하고 균형예산주의를 채택하였다. 현행 기본법 제109조 제3항은 연방과 각 주가 원칙적으로 부채를 부담하지 아니하는 방식으로 균형예산이 유지되도록 규정하고 있다. 기본법 제115조 제2항은 이와 같은 균형예산주의 원칙을 재천명하는 동시에 그럼에도 불구하고 제109조 제3항이 규정하는 국가 비상시나 자연재해 등이 있는 경우 국가부채의 상한으로 국민총생산의 0.35%를 넘지 않도록 하는 동시에 이를 정부가 특별히 관리할 책임을 부담하고 만약 국가부채가 국민총생산의 1.5%를 넘는 경우에는 정부에게 경기를 고려하려 강제상환의무를 부과하고 있다.

35) Tremmel, Generationengerechtigkeit in der Verfassung, APuZ 08/2005, S. 26 ff.

과 제115조 제2항 등이 제20a조와는 달리 미래세대에 대한 국가의 책임을 명시하지도 않았다.

또한 앞서 언급한 바와 같이 균형예산원칙이나 국가채무의 상한을 규정한 목적은 우선적으로 장래에 발생할 수 있는 재정적 불안정성이나 부담으로부터 국가의 정상적인 활동을 보호하는 것에 있는 것으로서 미래세대의 보호는 일종의 그 반사적 효과에 불과하다는 점을 고려한다면 독일의 국가부채 상한규정은 일정한 규범적 한계를 가질 수밖에 없다. 또한 이와 같은 규정에도 불구하고 국가가 헌법적 한계를 일탈하는 과도한 채무를 부담하여 미래세대의 피해가 명백한 경우에도 정부기관 간의 재정수입과 지출을 중심으로 하는 법률관계에서 미래세대는 물론 기성세대 역시 개인적 차원에서 재산권 침해나 기타 권익침해를 주장하여 헌법소송과 행정소송제도를 통하여 그 시정을 구할 수 없다. 이는 재정법의 특성이며 주관적 권리침해를 요건으로 하는 독일의 헌법소송과 행정소송제도의 본질로부터 유래하는 한계이므로 국가의 재정행위에 대한 사법심사는 사실상 불가능하다. 이와 같은 재정법과 주관적 권리구제제도의 흠결은 우리나라에서 국가의 채무부담행위에 대한 미래세대의 보호 문제를 법제화함에 있어서 반면교사로 삼아야 할 부분이며, (가칭) 미래세대 보호관에게 헌법소송과 행정소송에서의 심판청구인 내지 원고적격을 부여하는 객관적 소송제도의 도입에 대한 고려가 필요한 이유이기도 하다.

5. 기본법 제20b조 신설을 위한 개헌론

앞서 언급한 바와 같이 현행 기본법 제20a조와 제109조 제3항, 제115조 제2항 등이 미래세대의 보호에 미흡하다는 비판을 의식하여 2006년 독일의 연방의회의원 105명은 기본법 제20b조를 아래와 같은 내용으로 신설하자는 헌법개정안을 연방의회에 제출하였으나 실제로 개헌은 이루어지지 않았다. “Der Staat hat in seinen Handeln das Prinzip der Nachhaltigkeit zu beachten und die Interessen künftiger Generationen zu schützen” (국가는 자신의 활동에서 지속가능성의 원칙을 준수하고 미래세대의 이익을 보호하여야 한다).[36] 이와 같은 헌법개정안은 학자들이 미래세대의 보호를 명시하는 헌법규정이 필요하다는 요구를 반영한 것인데,[37] 물론 일부 학자는 새로운 조항을 신설하는 것보다는 현행 기본법 제20a조의 내용을 수정하여 세대 간 정의의 원칙과 지속가능성원칙을 명확하게 규정하는 것이 보다 현실적이라고 주장하였다.[38] 이와 같은 견해 차이에도 불구하고 이러한 내용으로 헌법을 개정하는 것이 미래세대의 보호에 근본적인 헌법적 규범력의 변화를 가져올 수 있는가 하는 점에 대해서는 회의적이다. 그 이유는 여전히 미래세대의 보호가 미래세대의 권리(Rechte)가 아니라 단순한 이익(Interessen)을 그 대상으로 한다는 점, 이 조항 역시 일종의 주관적 권리가 아닌 국가목적조항으로서 헌법상 객관적인 법질서를 형성하고 있다는 점 등을 고려한다면 입법이나 행정의 지침을 넘어서서 사법심사과정에서 유의미한 심사기준으로 적용되기는 어렵기 때문이다.[39]

기본법 제20b조의 개헌론에서 언급한 지속가능성원칙은 환경 분야뿐만 아니라 특히 사회보험 영역에서 입법자에게 재정의 지속가능성을 유지하도록 하는 의무를 부과하는 것으로 이해하고 있지만 동시에 이는 아직 태어나지 않는 미래세대 혹은 아동 청소년을 보호의 대상으로 한다기보다는 은퇴한 세대로서 연금수급권자와 장래에 사회보험료를 납부할 것으로 예상 되는 현재의 아동과 청소년 등 세대 간 정의와 형평성을 의미하는 것으로 본다. 그러나 재정의 지속가능성은 이와 같이 협의로 이해할 필요는 없으며, 통상적으로 미출생 미래세대를 포함하여 아동과 청소년 역시 장래에 사회보험료를 납부하거나 종국적으로 그 수급권자가 될 것이기 때문에 세대 간 정의와 형평성을 실현하는 기준으로 적용할 수 있다고 보여진다.

---

36) Entwurf eines Gesetzes zur Änderung des Grundgesetzes zur Verankerung der Generationengerechtigkeit, BT DRs. 16/3399.
37) Kahl, Nachhaltigkeit als Verbundbegriff, S. 15 ff; 동인, Staatsziel Nachhaltigkeit und Generationengerechtigkeit, DÖV 2009, S. 12 ff; Kersten, Demographie als Verwaltungsaufgabe, DV 2007, S. 315; Lux-Wesener(각주 24), S. 429.
38) Tremmel/Laukemann/Lux(각주 8), S. 434 ff.
39) 박진완, 앞의 글(각주 31), 142면.

Ⅳ. 세대 간 정의와 세대 간 공동체

1. 기존의 세대 간 정의론(Intergenerational Justice), 세대 간 형평성론(Intergenerational Fairness) - 규칙인가 원리인가?

미래세대의 보호라는 주제를 연구하는 학자들은 흔히 이를 세대 간 정의 또는 형평성을 실현하는 것으로 이해한다.[40] 따라서 미래세대의 보호와 기성세대와의 정의실현이라는 두 개념은 동일한 것인가 혹은 다른 것인가 하는 의문이 제기될 수 있다. 다수설에 따르면 미래세대의 보호는 세대 간 정의 실현에 필요조건으로 이해하고 있다. 따라서 입법자는 세대 간 정의실현을 위하여 필수적으로 입법활동에 미래세대의 보호를 포함시켜야 하며, 입법자는 미래세대의 보호와 기성세대의 권리 간의 적절한 형량의무를 부담한다. 이러한 입법자의 형량의무는 후술하는 바와 같이 다수 견해가 미래세대의 보호를 규범구조적으로 이른바 규칙(Regel)이 아닌 다른 법익과의 형량과 이를 통한 최적화명령(Optimierungsgebot)으로 이해하는 원리(Prinzip)의 형식이라는 점과 상통한다. Dworkin이나[41] Alexy 등과 같은 학자들이 제시한 이른바 규칙과 원리의 구별에 따르면 규칙은 일정한 규칙이 규정하는 요건을 충족하는 경우에는 일정한 법적 효과가 반드시 발생하는 것에 비하여 원리의 경우 다른 원리 또는 가치들과의 형량에 따라서 발생하는 효과나 결과가 가변적인 것일 수 있다는 견해를 제시하고 있다.

특히 Alexy의 경우 원리는 이와 같이 상충하는 가치와 법익 간의 형량을 통하여 입법자에게 최적화 명령에 따르는 합리적인 결과를 도출할 것을 요구하고 있다.[42] 세대 간 정의와 형평성을 연구하는 학자들은 미래세

---

40) 배건이, 미래세대 보호를 위한 법이론 연구 - 세대간 계약을 중심으로 -, 한국법제연구원 20-17-1, 107면 이하.

41) Dworkin, Taking rights seriously, Harvard University Press, 1978, S. 24, 26.

42) Alexy, Theorie der Grundrechte, S. 75 ff; 동인, Rechtsregeln und Rechtsprinzipien, ARSP Beiheft Nr. 25, 1985, S. 224; 동인, Zur Struktur der Rechtsprinzipien, Prinzipien und Elemente im System des Rechts, S. 32; 동인, Grundrechte als subjektive Rechte und als objektive Normen, Der Staat 29, 1990, S. 54; 동인, Individuelle Rechte und kollektive Güter, S. 283.

대의 보호를 기성세대의 보호라는 가치와 대립적인 구도를 설정하고 두 가치가 상충하는 경우 입법자가 일정한 조정자로서 양자 간의 최적화 모델을 발견할 것을 제안하고 있다는 점에서 미래세대의 보호는 이른바 원리의 문제로 인식하고 있는 것이 다수의 견해라고 할 수 있다. 기성세대의 권리와 미래세대의 보호라는 대립적인 구도는 이미 양자 간의 상호성이 결여되고 있으며 권리와 권한 측면에서도 양자는 비대칭적이며, 이미 사망한 세대와 기성세대와는 달리 미래세대는 확인이 불가능하고 미래세대가 어떠한 경험을 할 것인지 기성세대의 입장에서 예측이 불가능하다는 점에서 양자는 대립적인 구도를 형성하고 있다는 것이다.

흔히 세대 간 형평성과 정의를 실현하기 위한 수단으로 언급되는 세대 간 계약(Generationsvertrag)이라는 개념 역시 기성세대와 미래세대는 서로 반대방향에서 마주보며 자신들의 입장을 설정하여 특정 지점에서 합의를 이루자는 것으로서 근본적으로 양자 간의 입장이 다를 수밖에 없다는 것을 의미하는 것이다. 이러한 이유로 법윤리적으로 도대체 기성세대가 미래세대의 이익과 권리를 보호해야 하는가에 대한 근본적인 회의를 제기하는 견해도 있는 것이 현실이다. 그럼에도 불구하고 추상적이기는 하지만 미래세대에 대한 국가의 책임을 인정하는 것이 이미 문명화된 사회의 최소한의 합의라는 점을 고려한다면 양자 간 정의와 형평성 실현의 문제에 대한 해법을 찾는 노력은 당연히 필요한 것이다.

2. 世代間 共同體(Intergenerational Community)와 世代間 連帶(Intergenerational Solidarity)의 신원칙 수립 – “기성세대 없이 미래세대 없으며, 미래세대 없이 기성세대 있을 수 없다”

미래세대의 보호에 대한 기존 연구의 흐름이 세대 간 정의와 형평성 실현이라는 시각으로 보아 이른바 원리의 문제를 통하여 조화로운 해법을 제시하는 것이라는 점을 지적하였다. 그러나 미래세대의 보호 문제가 특히 한국사회와 같이 초저출산, 초고령화가 급속하게 진행되고 있는 상황에서는 기존의 연구가 다소 적실성을 상실하고 있는 것으로 보인다. 그 이유는 한국사회에서 미래세대의 보호가 국가존립과 직결되는 매우 긴급하고 비상적인 문제로 제기되고 있기 때문이다. 그렇다면 세대 간 정의와 형평성 실현이라는 기성세대와 미래세대의 대립적 구도와 시각이 여전히 유효한 것은 사실이지만 미래세대의 보호라는 시급한 시대적 과제를 해결함에 있어서는 세대 간의 문제를 바라보는 시각의 근본적인 변화가 불가피하다. 이러한 사고전환의 필요성은 마치 법치주의의 구조변화와 유사한 측면이 있다. 20세기 초반까지 국가는 시민의 자유를 존중하고 법률에 의하지 않는 한 그들의 자유와 권리를 제한할 수 없고, 법률에 의하여 규제하지 않는 다른 영역에서는 개인의 자유가 최대한 실현되고 국가는 방임한다는 이른바 자유주의, 자유주의적 법치국가가 지배하였다. 그런데 1920년 후반 경제대공황이 시작되면서 생존능력을 상실하고 빈곤에 빠진 개인들이 국가로부터 간섭과 규제를 받지 않고 자유를 누리는 상태에 변화가 일어났다. 이제는 오히려 국가가 개인의 삶 속에 깊숙이 들어오고 기업들의 자유를 규제하면서 실질적인 평등과 생존을 보장하는 요구받게 된 것이다. 자유주의적 법치국가와 함께 사회국가, 복지국가가 도래함으로써 이른바 사회적 법치주의라는 법치주의의 구조변화가 시작된 것이다.

결국 미래세대의 보호도 앞서 언급한 세계사적인 변화 앞에서 세대 간 정의, 형평성을 이야기하면서 기성세대와 미래세대를 대립적인 관계로 파악하는 틀로부터 구조적인 변화를 요구받고 있는 것이다. 그렇다면 이제 기성세대는 미래세대의 보호자 또는 수호자임을 자처해야 하며, 미래세대의 문제를 미래의 문제로 방치하는 것이 아니라 바로 자신의 시급한 현안으로 인식하여야 한다. 그렇다면 기성세대와 미래세대는 일종의 운명공동체로서 미래세대가 없이는 기성세대의 존립이 불가능하다는 명제가 성립한다. 현실적으로는 사회보험료를 납부하는 현직세대와 수급권자인 은퇴세대 간의 좁은 의미의 세대 간 계약 역시 노동시장에 진입하는 현직세대의 급격한 감소와 실업 등으로 인하여 수급권을 가진 은퇴세대와의 형평성과 정의를 실현하는 전제 자체가 불투명해질 수 있다. 따라서 이 문제에서는 세대 간 정의 또는 형평성보다는 사회보험제도 자체의 존립이 문제될 수 있기 때문에 미래세대와 기성세대의 대립적인 구도를 극복하고 이를 하나의 운명공동체로서 형평성에 앞서 양자 간의 연대를 실현하는 데 초점을 두어야한다. 즉 기성세대의 문제가 바로 미래세대의 문제라는 의식이다. 기성세대와 미래세대의 관계가 공동체로서 두 세대 간의 연대를 실현하는 것이라면 미래세대의 보호는 이제 원리의 문제라기보다는 규칙에 가까운 것으로 보아야 하지 않을까? 물론 규칙과 원리는 상대적인 개념이기는 하지만 이제 기성세대와 미래세대의 보호와 갈등, 긴장, 대립 관계에 있는 가치나 법익과 형량한다는 의미보다는 미래세대의 보호는 다른 무엇보다도 우월적 가치로서 반드시 실현해야 하는 일종의 定言命令 또는 법윤리적인 도그마에 가까운 것으로 볼 여지가 있다.[43] 미래세대의 보호가 지상명령까지는 아니지만 특히 한국사회에서와 같이 국가공동체 존립의 문제가 되었다면 다른 어떤 가치나 법익과 비교하기 어렵고 반드시 실현되어야 하는 지상과제임은 분명하다. 따라서 세대 간 정의와 형평성 실현이라는 미래세대 보호의 방법론과 보편적 가치를 유지하면서도 변화된 현실의 여건을 반영하여 미래세대 보호의 문제에 대한 시각과 제도에 대한 구조적인 변혁을 요구하는 시점이 도래한 것이다.

V. 결론

미래세대의 보호를 위한 기존의 연구는 기성세대와 미래세대 간의 정의와 형평성을 실현하기 위한 목적으로 환경과 재정 등의 영역에 있어서 지속가능한 관리를 주문하는데 초점을 맞추고 있다. 국내에서 미래세대의

43) 칸트에 의하면 도덕법칙은 이 세상의 행복을 얻기 위한 수단으로서, 이렇게 저렇게 해야 한다는 것이 아니다. 즉 도덕법칙은 "만약 행복해지려면 … 하라!"라는 가언명령(假言命令)이라는 가설, 즉 조건을 필요로 하지 않는다. 행복한가 어떤가에 관계없이 무조건으로 반드시 절대적으로(Absolute Maxim) "이렇게 해야(되어야) 한다"고 명령한다(정언명령). 도덕법칙은 그 자체가 최고의 가치를 지니며, 어떤 수단이 되지는 않는다. 따라서 도덕법칙은 정언적(定言的)·단언적(斷言的)인 지상명령인 것이다. 김재호, "칸트「윤리형이상학 정초」",「철학사상」별책 제7권 제14호, 2006, 23면.

보호를 위한 학문적인 연구는 아직 초보적인 단계에 머무르고 있으며, 법학의 영역에서 미래세대의 보호를 위한 법리적 연구나 제도설계를 위한 제안은 아직 제한적으로만 이루어지고 있다. 물론 세대 간 정의와 형평성에 대한 논의는 특정한 국가와 공동체를 넘어서는 지구촌의 보편적인 담론으로서 다른 나라의 사례들은 우리나라에서의 미래세대 보호 문제에 상당한 함의를 가지고 있음을 부인할 수 없다. 그러나 한국사회가 지난 수년간 경험하고 있는 초저출산과 초고령화로 인한 지방 내지 공동체 소멸이라는 사회적 위기로 인하여 미래세대의 보호 문제에 있어서 기존의 연구가 제시한 보편적인 논리를 수용하면서도 동시에 우리 사회의 특수성을 반영하는 법리와 입법론을 제시하는 것이 필요하다. 따라서 기성세대와 미래세대를 다소 대립적 관점에서 파악하는 기존의 연구방향을 다소 수정 내지 지양하고 양자를 일종의 운명공동체로 인식하여 세대 간의 연대실현이라는 새로운 시각 내지 구도를 제시하는 것이 필요하다.

그렇다면 미래세대의 문제는 기성세대의 생존권이나 개발에 대한 욕구를 실현하면서도 동시에 미래세대를 보호한다는 실제적 조화의 관점으로서 이른바 원칙의 영역으로 포섭하기보다는 다른 어떤 가치나 법익에 우선하는 규칙의 영역으로 이해하는 것이 중요하다. 그만큼 미래세대의 보호는 공동체의 존립과 직결되는 한국사회의 절박한 과제로 등장하였기 때문이다. 문재인정부 시절인 2018년 제기된 개헌논의는 미래세대의 보호를 위한 소중한 논의의 장을 열어주었다. 특히 국회의 개헌안은 비록 환경권 영역에 국한하고 있으나 미래세대에 대한 국가의 책임을 명시하였다는 점에서 커다란 의의를 가지고 있다. 물론 이러한 개헌론은 독일기본법 제20a조를 전범으로 하고 있는 것으로서 독일기본법상 이 조항이 가지고 있는 규범적 한계를 그대로 노정하는 것으로 볼 수 있다. 이른바 국가목적조항이 입법자의 형성권을 강조하고 미래세대의 보호는 부수적인 목적에 불과한 것으로서 독일의 경우 다수 견해는 이 조항이 실제 헌법재판에서 미래세대의 보호를 위한 국가의 공권력 행사나 법률 등에 대한 유의미한 심사기준이 될 수 없다는 입장을 견지하고 있다.

그리고 우리의 경우에도 실제로 개헌이 이루어지지 조차 못하였다는 사실은 아직도 미래세대의 보호를 위한 길이 요원하게 보이지만 미래세대의 보호를 위한 개헌론이 또다시 제시되고 이를 위한 동력이 확보되는 경우 환경보호의 분야는 물론 우리나라의 특수한 상황을 반영하여 통일, 교육, 환경, 재정, 신산업 분야를 아우르면서 규범적 실효성을 담보할 수 있는 다음과 같은 내용으로 개헌이 이루어지는 것이 중요하다. "국가는 환경, 통일, 교육, 재정, 신산업 등 국정의 주요 분야에서 미래세대의 보호를 위한 특별한 책임을 지며, 법률이 정하는 바에 따라서 이를 위한 적절한 기구를 설치하여야 한다." 흔히 역사를 잊은 민족에게는 미래가 없다고 하지만 미래에 대비하지 못한 민족은 역사에서 사멸될 것이라는 경고도 결코 가볍게 볼 수 없을 것이다.

제13장

미래세대 보호를 위한 법제 설계

Ⅰ. 미래세대 보호를 위한 기구와 수단

1. 머리말

2018년 문재인 정부 시절 국회와 대통령이 제안한 개헌론으로부터 미래세대의 보호의 문제가 제기되었으나[1)] 주로 환경 분야에 국한되었고 실제 개헌으로는 이어지지 못했다.[2)] 헌법조항을 통하여 환경 분야는 물론, 통일, 재정, 교육, 신산업 등 국정 전반에서 미래세대 보호에 대한 국가의 책임을 명기하고 이를 위한 적절한 기구를 설립하도록 하는 것은 국민들 사이에 미래세대 보호를 위한 헌법적 합의를 도출하는 가장 이상적인 방법이라고 할 수 있다.[3)] 언제 다시 헌법 개정을 위한 사회적, 정치적 동력을 확보할 수 있을지 현재로서는 예측하기 어렵지만 그렇다고 개헌이 이

---

1) 국회헌법개정특별위원회 자문위원회가 제안한 내용은 아래와 같다. 제37조 ① 모든 사람은 건강하고 쾌적한 환경을 함께 누릴 권리를 가진다. ② 모든 생명체는 법률이 정하는 바에 따라 국가의 보호를 받는다. ③ 국가는 기후변화에 대처하고, 에너지의 생산과 소비의 정의를 위해 노력하여야 한다. ④ 국가는 지구생태계와 미래세대에 대한 책임을 지고, 환경을 지속가능하게 보전하여야 한다. <현행 ②항 삭제>. 이에 비하여 대통령 개헌안의 내용은 다음과 같다. 제38조 ① 모든 국민은 건강하고 쾌적한 환경에서 생활할 권리를 가진다. 구체적인 내용은 법률로 정한다. ② 국가와 국민은 지속가능한 발전이 가능하도록 환경을 보호해야 한다. ③ 국가는 동물 보호를 위한 정책을 시행해야 한다.

2) 기존 문헌에서 이루어진 미래세대의 보호 문제는 주로 헌법 전문에 언급된 자손들의 안전, 자유, 행복의 문제를 자손에 대한 국가의 기본권 보호의무, 기성세대와의 통합, 민족의 정체성과 동질성 실현에 중점을 두고 있다. 조홍석, 국가의 기본권 보호의무와 개인의 보호청구권, 법과 정책연구 제11집 제3호, 2011.9. 1097면 이하; 방승주, 사회통합과 헌법재판, 저스티스 통권 제134-2호(2013. 2. 특집호 Ⅱ), 352면 이하.

3) 사견으로는 다음과 같은 개헌안을 제안한다. "국가는 환경, 통일, 교육, 재정, 신산업 등 국정의 주요 분야에서 미래세대의 보호를 위한 특별한 책임을 지며, 법률이 정하는 바에 따라서 적절한 기구를 설치하여야 한다"는 내용이다. 개헌안의 내용과 함께 논란이 될 수 있는 부분은 미래세대의 보호를 위한 국가책임조항이 헌법전의 어느 부분에 위치할 것인가 하는 것이다. 사견으로는 헌법 제1조 제3항을 신설하는 것을 대안으로 제시할 수 있을 것이다. 특히 헌법 제1조 제2항과 함께 신설되는 제3항에 따라서 미래세대가 자연스럽게 주권자의 지위에 다가갈 수 있다는 점에서 상당한 의의를 인정할 수 있다. 다만, 개헌안의 내용이 미래세대의 보호에 대한 국가의 헌법적 책임 외에도 법률이 정하는 기구를 설치하는 내용이 포함되는 경우 헌법 제1조 제3항의 위치가 적절하지 않을 가능성이 있다. 이 경우 대안으로는 헌법 제2조 제3항을 신설하는 방안도 검토할 수 있다. 이미 제2조 제2항에서 국가는 법률이 정하는 바에 따라서 재외국민을 보호할 의무를 지게 되므로 제3항에 따라서 미래세대의 보호와 법률이 정하는 바에 따르는 기구설치가 조화를 이룰 수 있기 때문이다.

루어지기 이전까지 미래세대의 보호 문제를 방기하기에는 사안이 너무 절박하고 엄중하다고 할 수 있다.[4] 그렇다면 대안은 헌법 개정이 이루어지기 이전이라고 하더라도 미래세대의 보호를 위한 입법전략을 시급하게 수립하는 것이다.

미래세대를 위한 입법체계를 형성함에 있어서 일차적인 문제는 이를 추진할 수 있는 체계를 마련하는 것인데, 크게 보아 위원회 방식과 옴부즈만(보호관) 방식을 고려할 수 있다.[5] 두 가지 입법방식 중에서 어떠한 것을 선택할 것인가는 전적으로 입법자의 형성권에 달린 문제이기는 하지만 그 장단점을 세세하게 분석하여 국민적인 공감대를 형성하는 것이 무엇보다 중요하다.[6] 미래세대의 보호를 전담하는 정부 부처를 신설하는 방안도 고려할 수 있지만 미래세대의 보호를 위한 추진체계는 업무의 독립성과 정치적 중립성이 무엇보다 중요하기 때문에 대통령과 국무총리의 감독과 지시를 받는 헌법과 정부조직법에 의하여 설치되는 중앙행정기관 등 행정조직은 입법적 대안에서 제외하기로 한다.

따라서 미래세대 보호위원회 또는 보호관의 위상 역시 대통령이나 총리에 소속되는 일반적인 방식보다는 국가인권위원회 등과 같이 어느 기관

4) 2019년 3월 통계청이 발표한 2017-2067년 50년 간 장래 인구추계에 따르면 2030년에 0-14세 유소년인구는 약 500만 명으로 추산되며, 이들이 노동시장에서 활동하는 2060년경을 기준으로 총인구는 약 4천 3백만 명으로서 이중 65세의 고령층은 약 1,900만 명으로 추정된다. 물론 2060년을 기준으로 15-64세의 이른바 생산가능연령의 인구가 2천만 정도가 되고 과감한 이민정책 등을 통하여 생산 가능한 인구를 어느 정도 유지할 것으로 예상할 수 있다. 그러나 우리 사회의 주축으로서 가장 왕성하게 경제활동을 할 것으로 예상되는 30세에서 44세의 인구가 500만 정도라면 이들 미래세대가 지게 될 조세와 연금 등 재정적 부담은 끔찍한 수준일 것이다. 장래인구 추계, 통계청, 2019.3. 참조.

5) 서용석의 연구보고서는 미래세대를 위한 옴부즈맨 또는 미래세대위원회의 설치를 제안하고 있으나 위원회안을 보다 선호하고 있는 것으로 보인다. “세대간 정의 실현을 위한 미래세대의 정치적 대표성 제도화 방안”, 한국행정연구원 연구보고서 2014-09, 124면.

6) 이스라엘, 핀란드 등 미래세대 문제에 대하여 오래전부터 지대한 관심을 가지고 있는 나라들의 경우 관련 과제를 수행하기 위한 추진체계를 가지고 있으며, 이스라엘은 의회 내에 필요한 경우 한시적인 특별위원회 또는 옴부즈만을 설치하기도 하였으며, 헝가리의 경우 옴부즈만 형태를, 미래세대 보호를 위한 위원회의 전범이라고 할 수 있는 핀란드의 경우 현재 의회에 상임위원회로 설치하여 운영하고 있다. 이에 대해서는 후술한다.

에도 소속되지 않고 독립적인 지위를 가지는 것이 바람직할 것이다. 다만, 헌법상 대통령 중심제를 취하고 있는 우리나라의 경우 대통령 소속기관으로서 실질적으로 강한 업무추진이 가능하다는 현실을 고려할 때 대통령은 물론 정부와 국회로부터 독립한 기관의 위상이 자칫 타 부처의 협력을 받지 못하는 헌법적인 迷兒가 될 가능성을 배제할 수 없다. 다만, 헌법개정을 통하여 미래세대 보호를 위한 독립적인 기구를 설치하는 경우에는 입법을 통하여 일종의 준 헌법기관을 창설하는 것이기 때문에 국가인권위원회와는 전혀 다른 차원의 독립기관의 위상을 가질 수 있다. 이하에서는 미래세대의 보호를 위한 추진체계로서 외국의 미래세대위원회 내지 옴부즈만 제도를 소개하고 각국이 어떠한 이유에서 이와 같은 추진체계를 가지고 있는지 검토하기로 한다.

2. 미래세대위원회

1) 이스라엘의 미래세대 특별위원회(The Knesset Subcommittee for Commissioner of Future Generations)

이스라엘은 제15대 국회 및 제16대 국회에서 각각 한시적으로 미래세대와 관련한 문제를 종합적으로 검토하기 위하여 1999.6. - 2003.2.(15대 국회)와 2003.2. - 2006.4.(제16대 국회)에 각각 한시적으로 의회에 미래세대 특별위원회(이하 위원회라 한다)를 설치하여 운영하였다.[7] 위원회의 활동은 실제로는 2001년에 시작되어 2006년 종료되었는데, 이스라엘 의회인 Knesset 내에 설치된 특별위원회로서 주로 원내 활동에 집중하였다. 위원장을 비롯한 위원들은 미래세대의 권익을 침해할 가능성이 있는 법안 또

7) 15대 국회의 미래세대 특별위원회의 경우 Naomi Chazan이 위원장으로, Mohammad Barakeh, Abraham Hirchson, Efi Oshaya, Eliezer Sandberg, Yitzhak Shaban, Shaul Yahalom 등이 위원으로 활동하였다. 16대에서는 Omri Sharon를 위원장으로, Reshef Chayne, Yitzhak Cohen, Inbal Gavriely Amir Peretz, Meir Porush, Yuri Shtern, Shalom Simhon, Shaul Yahalom 등이 위원을 역임하였다. https://main.knesset.gov.il.Subcommittee for the Commissioner of Future Generations - Historical Makeup.

는 하위규범을 조사하고 해당 상임위원회의 법안심사과정에 참여하여 의견을 진술하거나 법안에 대한 서면의견을 제출하는 권한을 행사하였다. 특히 위원장은 이스라엘의 정책결정자들에게 장기적인 관점에서 국가 전체 차원에서 미래세대 보호를 위한 사고의 틀을 제공하고, 이러한 사고방식이 법률과 법률 하위규범에 반영될 수 있도록 노력하는 역할을 수행하였다,

위원회는 원내에서 미래세대의 보호를 위한 광범위한 정보수집 및 참여 권한을 행사하였는데, 그 중에서도 가장 중요한 권한은 미래세대의 권익을 침해할 수 있는 법안 또는 하위규범을 저지 내지 집행을 지연하는 것인데, 다시 말하자면 위원회가 이에 대한 적절한 의견을 제시할 때까지 다른 해당 상임위원회가 충분한 시간을 갖고 숙고하도록 요구하는 권한이다.[8] 위원회는 미래세대의 보호를 위한 원내의 모든 아젠다에 대하여 이와 같은 막전 막후의 지연권 등을 행사할 수 있었지만 실제로는 철저하게 선택과 집중전략을 구사하여 미래세대의 보호를 위하여 보다 명문과 실리를 구할 수 있는 주제들, 예를 들어 교육, 보건, 환경, 경제, 재정, 과학기술 분야에 집중하였다.[9]

앞서 언급한 바와 같이 위원회가 한시적으로만 운영된 가장 큰 이유는 일단 특별위원회로서 조직의 운영비용이 과다하다는 비판과 더불어 원내의 다른 위원회나 구성원들이 자신의 업무에 위원회가 너무 간섭한다는 느낌을 가지고 있었다는 점이다.[10] 위원회와 위원장을 포함한 위원들이 미래세대의 보호라는 명문 하에 관련 상임위원회의 법안심사과정에 참여하여 사실관계, 정책대안을 마구 뒤섞어 놓고 심지어는 다른 구성원들에게 자신들이 제시하는 입장은 善이며, 심리대상인 법안의 내용은 惡이다라는

---

8) 익명을 요구한 위원에 의하면 이와 같은 지연전략을 행사함에 있어서는 원내의 다양한 구성원들로부터 상당한 반감을 불러일으킬 수 있기 때문에 지연권을 공식적으로 행사하기보다는 주로 막후에서 정치적인 전략의 일환으로 은밀하게 이루어진 측면이 있다.

9) Knesset Commission For Future Generations, http://www.fdsd.org/ideas/ knesset-commission-future-generations/.

10) Teschner, Official Bodies that Deal with the Needs of Future Generations and Sustainable Development, The Knesset Information and Research Center, 2013.

식의 주장을 하는 경우를 보고 다른 상임위원회들이 자신들의 고유한 업무가 위원회에 의하여 좌우된다는 불쾌감을 가질 수 있다는 것이다. 이러한 이스라엘의 사례는 우리의 경우 미래세대 보호를 위한 추진체계를 마련하는 경우 반면교사로 삼아야 할 부분이라고 할 수 있다.

2) 핀란드 의회의 미래위원회(Committee for the Future)

Eduskunta라고 부르는 핀란드 의회는 의원내각제를 취하고 있는 국가에서 실질적으로 최고 의사결정기구로서 단원제이며 200명의 의원으로 구성된다. 핀란드의 미래위원회는 상임위원회이며, 17명의 위원으로 구성된다.[11] 미래위원회는 핀란드의 미래, 과학, 기술 분야의 일종의 싱크탱크로서 내각의 수상을 카운터파트로 하여 1993년 출범하였다. 따라서 미래위원회의 주요한 활동목표는 핀란드의 미래와 관련한 주요 정책과 예상되는 영향에 대하여 정부와 소통하는 것이다. 핀란드 정부수반인 수상은 자신의 임기 동안 적어도 1회 이상 핀란드의 미래와 관련한 장기적인 전망 등을 담은 보고서를 작성하여 의회의 미래위원회에 제출한다. 미래위원회는 정부 보고서에 대응하여 의회 차원의 미래보고서의 초안을 작성한다. 정부와 의회가 이러한 소통과정을 통하여 미래에 발생할 수 있는 모든 정책적 사안에 대하여 비교적 초기에 필요한 대안을 모색하고 부정적인 효과를 최대한 차단할 수 있다. 2017년에 이미 핀란드 정부는 Agenda 2030 for Sustainable Development라는 보고서를 의회에 제출한 바 있다.

미래위원회는 의회 내의 다른 위원회의 업무 중에서 자신의 영역과 관련한 사안에 대하여 의견을 제출하거나 정부의 다른 관련 보고서와 재정문제 등에 대해서도 의견을 개진한다. 그럼에도 불구하고 미래위원회의 17

---

11) 미래위원회의 위원장은 Joakim Strand, 부위원장은 Pirkka-Pekka Petelius이며, 위원으로는 Marko Asell, Harry Harkimo, Hannakaisa Heikkinen, Katja Hanninen, Ville Kaunisto, Ari Koponen, Antti Kurvinen, Antti Lindtman, Merja Makisalo-Ropponen, Antti Rantakangas, Kristiina Salonen, Sari Tanus, Siunhe Wallinheimo, Jussi Wihonen이 활동하고 있다. https://www.parliament.fi/EN/lakiensaataminen/valiokunnat/tulevaisuusvaliokunta/Pages/default.aspx.

명의 위원들은 핀란드의 미래와 관련한 광범위한 주제들을 장기적이고 포괄적인 관점에서 정책화한다. 핀란드 의회의 미래위원회는 유럽차원의 의회기술평가연합(european network of parliamentary technology assessment ; EPTA)의 회원인데, EPTA는 유럽 차원에서 의회가 과학기술과 관련된 의사결정을 하는 경우 정책컨설팅의 과정에서 기술평가의 지표와 지수 등을 개발하는 것을 목표로 한다. 여기에서 기술평가(Technology Assessment ; TA)란 경영학, 사회학, 생물학 등 다른 관련 분야의 연구를 융합하여 정책과 관련한 특정 기술의 타당성을 검증하는 것으로서 우리가 살고 있는 세상에 기술의 발전이 국가와 개인에게 어떠한 영향을 미치는 것인지 검토하는 것이다.

3) 영국상원의 미래위원회 제안(Committee for Future Generations in the House of Lords)

영국상원은 2018년 3월 영국의 미래 아젠다를 다룰 미래위원회안을 제안하였다. 주지하는 바와 같이 다른 나라들과 마찬가지로 영국의 정치제도 역시 단기간의 현안 문제들에 집착하고 있다는 구조적 한계를 노정하고 있다. 이는 아무래도 의회민주주의의 현실이기도 하지만 국민과 市場이 발등에 떨어진 불을 끄기를 요구하는 단기처방을 원하기 때문이다. 그러나 우리가 살고 있는 공동체가 안고 있는 難題들은 주로 구조적이며 장기적인 관점에서 해법을 요구하는 과학기술, 연금재정, 사회기반시설, 세대 간의 정의와 형평성, 환경문제와 같은 것들이 대부분임을 부인할 수 없다. 그래서 영국상원이 장기적인 관점에서 의회가 보다 체계적으로 업무를 처리할 수 있도록 미래위원회를 제안한 것이다. 상원이 이러한 제안을 할 수 있었던 것은 대체로 하원이 단기적인 정치적 쟁점에 매몰되어 있으며 잦은 선거로 인하여 미래의 아젠다에 신경을 쓰기 어렵다는 구조적 한계를 가지고 있기 때문이다. 따라서 상원이 구상하는 미래위원회는 영국사회가 미래에 당면할 수 있는 다양한 문제들에 대하여 보다 장기적인 관점에서 체계적으로 대응할 수 있는 정책대안들을 제시할 수 있도록 하는 것이다.

영국상원이 미래위원회를 제안할 수 있었던 직접적인 계기는 2013년 옥스퍼드 대학의 마틴위원회(Oxford Martin Commission)가 발간한 "이제는 장기적으로"(Now for the Long Term)이라는 보고서에 기반하고 있다.[12] 마틴위원회는 정부의 위임에 따라서 당면하고 있는 일상적인 문제들을 해결하라는 압력으로부터 자유로운 혁신적인 기구를 제안하고 있는데, 이러한 기구는 미래의 문제들을 보다 체계적으로, 민주주의원리와 책임정치 원칙에 부합하는 방식으로 해결하는 임무를 수행하게 된다. 그런데 이와 같은 미래문제를 전담하는 독립적이고 혁신적인 기구는 크게 두 가지 유형으로 구분할 수 있는데, 하나는 핀란드 의회가 채택하고 있는 의회의 상임위원회 형태이며, 다른 하나는 옴부즈만 방식으로서 헝가리는 이와 관련한 오랜 전통을 가지고 있다. 웨일즈 역시 2015년 웨일즈 미래세대복지법(Well-being of Future Generations Wales Act 2015)을 제정하여 미래세대 옴부즈만 제도를 도입하였다. 이 법에 따라서 수상 산하의 특별조직은 장기적인 관점에서 정책을 디자인하고, 과학정책국은 이와 관련하여 필요한 계획을 수립한다. 맥킨지, 삼성과 같은 민간조직 역시 미래를 예측하고 아젠다를 선점하기 위한 조직을 운영하고 있는 것은 주지의 사실이다.[13]

마틴보고서에 따라 영국상원은 미래위원회의 기능을 다음과 같은 세 가지로 제시하였다. 첫째, 미래위원회는 기존 법률 또는 초안 형태의 법안이 장기적인 관점에서 미래세대에 지대한 영향을 미치는 경우 이를 선별하고 미래세대의 권익을 보호하기 위하여 수정안을 제시한다. 둘째, 미래위원회는 관련 상임위원회에 질의하여 영국의회 차원에서 적절하게 다루어지지 않는 주제로서 미래세대의 권익에 지대한 영향을 미칠 수 있는 주제에 대한 자신의 의견을 제안한다. 셋째, 미래위원회는 정부와 의회에게 장기적인 관점에서 미래세대에게 영향을 미칠 수 있는 정책이나 그 평가 등에 어떻게 대응할 것인가에 대한 자신의 의견을 담은 보고서를 매년 작

12) Now for the Long Term. The Report of the Oxford Martin Commission for Future Generations. October 2013.

13) www.fdsd.org/ways-forward/political-institutions-and-policy-making/.

성하고 의회 내에서 이를 토론에 붙인다. 영국상원은 미래위원회가 이러한 기능을 수행함에 있어서 특히 브렉시트 이후에 영국사회에 장기적인 영향을 미칠 수 있는 이슈들에 대하여 국민적인 참여와 토론을 이끌 수 있는 매우 적절한 지위를 가지고 있는 것으로 판단하고 있다. 위원회는 영국상원의 다른 상임위원회와 동일한 방식으로 구성하되, 정치적으로 균형을 이룰 수 있도록 배려한다.

3. 평가

핀란드, 이스라엘, 헝가리 그리고 영국의 경우와 같이 미래세대의 보호를 위한 위원회 또는 옴부즈만을 설치하고 운영하는 실태를 살펴보면 몇 가지 특징들을 발견할 수 있다. 이들 네 나라는 공통적으로 의원내각제 통치구조를 취하고 있으며, 의회의 다수당이 단독으로 또는 다른 정체세력과 연합하여 정부를 구성한다. 그러므로 국정의 최고 정점에 있는 기관은 의회이며, 미래세대위원회를 의회에 상임위원회 또는 특별위원회 형태로 설치하여 운영하는 것은 위원회 활동에 실질적이고 실효적인 기능을 부여하겠다는 의미로 해석할 수 있다. 미래세대위원회를 단지 장식적으로 설치하거나 보여주기식이 아니라 국가의 미래 또는 미래세대에게 영향을 미치는 정책이나 법안에 대하여 장기적인 관점에서 나름의 구속력 있는 결과를 이끌어 내겠다는 의지의 표현이라고 할 수 있다. 헝가리의 경우 미래세대 옴부즈만을 스웨덴식으로 의회에 설치하고 의회에 책임을 지도록 하는 것 역시 같은 의미로 볼 수 있다.

우리나라의 경우 미래세대위원회나 옴부즈만을 설치하는 경우 매우 사려 깊게 살펴보아야 할 사항이며, 제도의 실효성을 담보하기 위하여 이들의 지위와 권한을 어떻게 부여할 것인가를 고민하여야 한다. 첫째, 이스라엘의 경우에서 보듯이 미래세대위원회를 한시적으로 운영한 이유가 비용 문제뿐만 아니라 기성 정치권과 상임위원회가 미래세대위원회의 활동에 대해서 가지고 있었던 반감 내지 불쾌감이 반영된 결과임을 고려할 때 우리의 정치문화에 비추어 미래세대의 보호를 위한 기구를 기성 정치권과의 관계에서 어떻게 설정하고 운영할 것인가에 대해 상당한 고민과 숙제를 안겨주고 있다.

둘째, 외국의 경우 미래세대 혹은 국가의 미래에 영향을 줄 수 있는 정책이나 법안에 대하여 미래세대위원회나 옴부즈만에게 이를 지연하거나 저지하는 등의 주로 네거티브 방식의 권한을 부여하고 있다는 점이 특징적이다. 이는 현존하지 않는 미래세대의 권익침해를 적극적으로 보호하는 것이 현실적으로 어렵다는 것을 반증하는 것이라고 할 수 있으나 미래세대의 권익을 체계적으로 보호하고 이를 실현하기에는 일정한 한계가 있다. 따라서 후술하는 바와 같이 미래세대의 보호가 곧 기성세대의 존립에 관한 문제가 되어버린 한국의 현실을 보다 鎭重하게 받아들일 필요가 있다고 볼 때 우리의 경우에는 위원회나 보호관에게 지연권 등과 같은 네거티브 방식 이외에 미래세대의 보호를 위한 법안 청원권, 하위규범의 제정, 정책제안 등과 같은 보다 포지티브한 권한을 부여하는 문제도 신중하게 고려할 필요가 있다.

셋째, 외국의 미래위원회 또는 옴부즈만은 미래세대를 직접적으로 보호하기보다는 국가공동체의 미래에 영향을 미칠 수 있는 사안들에 대하여 이를 선제적으로 대응하기 위한 전략을 수립하는 일종의 싱크탱크로서의 역할을 부여받고 있다. 따라서 이와 같은 미래의 아젠다 중에서 미래세대의 권익에 직접적이고 지대한 영향을 줄 수 있는 사안에 대해서 그 영향 등을 분석하고 정책을 수립한다는 점에서 미래세대의 보호는 미래국가의 비전과 목표를 제시하는 과정에서 일종의 반사적, 부수적인 효과로서 검토하는 느낌을 가지게 된다.

따라서 우리나라에서 미래세대의 보호를 위한 입법을 하는 경우 보다 객관적인 측면에서 국가의 미래전략에 초점을 들 것인가 혹은 미래세대의 주관적인 권리 보호가 주된 목적이 될 것인가에 대한 상당한 논란이 있을 수 있다. 앞서 언급한 바와 같이 19대 국회에서는 '미래세대기본법'이라는 명칭으로 두 개의 법안이 제출되었지만, 20대 국회에서는 '국가미래기본법', '국가미래준비법', '국가미래대응기본법' 등 미래세대보다는 국가의 미래전략 수립에 중점을 두고 있다. 그런데 이는 단순하게 명칭상의 문제만은 아니며, 국가의 미래 아젠다에만 초점을 맞추는 경우 후술하는 바와 같이 본 연구가 제시하는 미래세대의 보호를 위한 보호관 등의 동의권, 협의권 등의 행정적 권한이나 광범위한 소송수행권 등을 인정할 수 있는 명분과 근거가 사라진다. 따라서 이는 전문가들의 토론과 더불어 국민적인 합의가 반드시 필요한 부분이다.

마지막으로 미래세대의 보호를 위한 추진체계가 그 나라의 통치구조의 차이에 따라서 의원내각제의 경우 의회를 중심으로 하는 추진체계가 보다 실효적이며, 대통령제 국가는 대통령 소속기관으로 설치하는 것이 실질적인 권한을 행사할 수 있다는 점과 더불어 미래세대의 보호를 위한 구체적인 영역을 설정하는 것이 매우 중요하다. 독일은 미래세대의 보호를 위한 헌법적인 근거를 최초로 마련하였다.[14] 그런데 기본법 제20a조를 비판하는 학자들은 이 조항이 미래세대에 대한 책임을 명시하고 있지만 환경과 생존의 자연적 기초의 보호에 국한되기 때문에 미래세대에 대한 광범한 보호에 미흡하다는 주장을 하고 있다.[15] 따라서 독일은 이후에 이 조항을 "국가적 활동은 지속가능성의 원칙을 준수하고 미래세대의 이익을 보호하여야 한다"[16]로 개정하여 환경영역뿐만 아니라 미래세대를 위한 지속가능성이 요구되는 모든 영역으로 확신시키고자 하였으나 실제로 이러한 개헌

---

14) 기본법 제20a조는 다음과 같이 규정하고 있다. Der Staat schützt auch in Verantwortung für die künftigen Generationen die natürlichen Lebensgrundlagen und die Tiere im Rahmen der verfassungsmäßigen Ordnung durch die Gesetzgebung und nach Maßgabe von Gesetz und Recht durch die vollziehende Gewalt und die Rechtsprechung. (국가는 또한 미래세대에 대한 책임을 지면서 입법권은 합헌적 질서에 의하여 행정권 및 사법권은 법률에 따라서 자연적인 생존의 기초와 동물을 보호한다).

15) Lux-Wesener, Generationengerechtigkeit im Grundgesetz? Handbuch Generationengerechtigkeit, 2003, S. 417.

16) "Der Staat hat in seinen Handeln das Prinzip der Nachhaltigkeit zu beachten und die Interessen Künftiger Generationen zu schützen" Entwurf eines Gesetzes zur Änderung des Grundgesetzes zur Verankerung der Generationengerechtigkeit, BT DRs. 16/3399.

은 이루어지지 못하였다. 우리나라의 경우 위에서 언급한 바와 같이 개헌이 현실화 하는 경우 국가는 환경, 통일, 교육, 재정, 신산업 등 국정의 주요 분야에서 미래세대의 보호를 위한 특별한 책임을 지며, 법률이 정하는 바에 따라서 적절한 기구를 설치하여야 하는 내용을 포함시키도록 하는 것이 바람직하다.

Ⅱ. 미래세대 보호관

1. 옴부즈만의 개념과 현행법상의 제도

앞서 언급한 바와 같이 미래세대의 보호를 위한 법의 정신은 무엇일까? 미래세대의 보호는 정부와 국회와의 유기적인 협조가 중요하며 국정 전반에 관련되는 광역적인 과제이기 때문에 기획재정부, 교육부, 산업통상자원부, 환경부, 통일부, 보건복지부, 여성가족부 등 정부의 관련 부처 및 이해관계 있는 사회단체, NGO, 일반 국민이 참여하는 민간중심의 협력적인 거버넌스를 구축하는 것이 필요하다. 이러한 의미에서 미래세대보호위원회는 업무의 추진체계로서 유력한 대안이 될 수 있다는 점을 지적하였다. 그러나 미래세대 보호의 문제에는 공공부문과 민간부문 간의 협치의 원리가 적용되는 것도 중요하지만 보다 본질적인 문제는 미래세대에 대한 강력한 보호와 배려를 실현할 수 있는 추진체계를 마련하는 것이다.

미래세대 보호를 위한 법의 정신은 바로 보호(Schutz)와 사전적인 배려(Vorsorge)라고 할 수 있다. 그렇다면 위원회제도 이외에 미래세대의 보호와 배려를 위한 입법을 마련함에 있어서 보다 적절하고 효과적인 추진체계에 대한 대안을 모색하는 것이 필요하다. 미래세대의 보호를 위한 입법과 추진체계와 관련하여 오래 전부터 위원회 제도의 대안 또는 보완제로서 제안된 것이 옴부즈만 제도이다. 본디 옴부즈만은 의회에 소속된 호민관으로서 1809년 스웨덴에서 의회의 행정권에 대한 견제라는 목적으로 처음 설치된 이래, 현재 전 세계적으로 약 120여 개 국가가 도입해 운영 중이다.[17] 이 제도는 잘못된 행정에 대해 관련 공무원의 시정을 요구하고 필요한 사항을 조사해 민원인에게 안내하는 등 민원처리와 민원인에 대한 보호 업무를 수행한다. 우리나라의 경우 대표적인 보호관제도는 '부패방지 및 국민권익위원회의 설치와 운영에 관한 법률'에 따라서 이루어지는 국민권익위원회의 고충처리 활동을 그 예로 들 수 있다. 이 법 제32조 제1항에 따라서 지방자치단체 및 그 소속 기관에 관한 고충처리의 처리와 행정제도의 개선 등을 위하여 각 지방 자치단체에 조례로 설치되는 시민고충처리위원회에 의하여 이루어진다.[18]

2. 미래세대보호관의 임기, 선출방식

미래세대의 보호가 필요한 다양한 영역에서 활동할 보호관은 앞서 언급한 민원처리를 위한 통상적인 의미의 옴부즈만과 비교하여 그 신분과 권한에서 질적으로 차원을 달리하는 것으로 보아야 한다. 미래세대 보호라는 공동체의 막중한 과제를 수행하는 보호관은 미래세대기본법이든 혹은 '미래세대보호관의 설치 및 운영에 관한 법률'(이하 미래세대보호관법이라 한다)이든 그 명칭 여하를 불문하고 10년 이상으로 상당한 임기를 보장받는 것을 원칙으로 한다. 세대와 세대를 넘어서 먼 훗날의 미래세대의 보호를 위한 제도를 설계하고 각종 관련 정책을 장기적인 관점에서 검토하고 제안하기 위해서는 2년 혹은 3년 등과 같이 단기간의 임기제는 바람직하지 못하다. 결국 이 문제 역시 기존의 공직과 책임에 관한 근본적인 발상과

17) 이에 대한 논의는 박찬운, 스웨덴 인권기구와 파리원칙 - 국가인권기구로서의 스웨덴 옴부즈만의 한계와 미래-, 법조 62권 5호, 164면 이하.

18) 서울특별시에서는 시민들의 고충민원 처리와 시민·주민감사 청구에 대한 조사, 처리 등을 위하여 2016.2.4. "시민감사옴부즈만위원회"를 출범하여 운영하고 있다. 시민감사옴부즈만위원회는 서울시 본청 및 그 소속기관, 차지구(시의 위임사무에 한하여), 시가 출자·출연한 기관 등의 위법·부당하거나 소극적인 처분(사실행위 및 부작위 포함) 및 불합리한 행정제도로 인하여 국민의 권리를 침해하거나 국민에게 불편 또는 부담을 주는 사항에 관한 민원을 조사·처리하고 조정·중재하는 역할을 수행한다. 대체로 현행법상 옴부즈만은 국민과 시민들의 고충과 민원을 처리하기 위하여 문제가 제기된 사안을 조사하고 당사자에게 합의를 권고하거나 필요한 경우 당사자 간의 민원을 조정하며 행정기관의 장 등에 대한 시정권고, 의견표명 등의 업무를 수행한다.

패러다임의 전환을 요구하는 부분이다.

따라서 특정한 미래세대보호관이 새로 취임하는 경우 그의 이름을 붙인, 예를 들어 "홍길여(동) 미래세대보호관의 설치 및 운영에 관한 법률"로 개정하는 것도 고려할 필요가 있다. 이는 그 존재가 미미한 위원회 제도보다는 특정한 인물을 미래세대의 보호라는 국가의 중차대한 과제와 연결시켜 그 상징성을 극대화할 수 있기 때문이다. 국민들은 특정 인물이 항상 미래세대의 보호를 담당하는 역할을 수행함을 알고 있으며, 그의 활동 결과와 신뢰 여하에 따라서 자연스럽게 그 인물을 통하여 조직의 정당성 여부에 대한 평가를 할 수 있도록 한다.[19] 이와 같이 강력한 신분보장을 받는 미래세대보호관의 임명절차는 대통령이 국회의 인사청문절차를 거쳐서 국회의 동의를 얻도록 하고, 국회에 미래세대보호관의 동의를 위한 선출위원회를 구성하도록 미래세대보호관법에 규정하여야 한다. 미래세대보호관 선출위원회는 국회의 의석수에 따라서 각 정당 내지 교섭단체에 배분하되, 임명동의에는 3분의 2를 얻도록 규정하여 미래세대보호관의 정치적 중립성을 보장하고 당파적 요소를 최대한 배제하도록 한다.[20]

3. 副保護官, 사무처

미래세대보호관이 미래세대를 위한 다양한 보호와 배려에 관한 업무수행에 있어서 실질적인 권한을 가지는 아이콘적인 존재라고 하더라도 스스로 모든 관련 업무를 처리할 수는 없기 때문에 일정한 보조기관과 지원조

---

19) "아! 지난 번에는 홍길여(동)가 미래세대에게 직접적인 재정적 부담을 주는 법안 또는 정부정책에 대하여 제동을 걸더니만 이번에는 국회에 대기 질 개선을 위한 입법청원을 하고 국회 미래세대위원회(가칭)에서 열심히 토론하는 모습이 방송에 보이네". 이러한 모습을 국민의 일상에서 흔히 볼 수 있도록 하는 것이 미래세대보호관의 역할이며 또한 그 상징성인 것이다.

20) 예를 들어 독일의 경우 연방헌법재판소 재판관을 선출하는 회의는 의결정족수가 재적위원 3분의 2의 찬성을 요구하는데, 이는 단순 과반수가 자칫 특정 정치세력의 의사를 일방적으로 관철할 수 있기 때문에 다수세력은 물론 소수세력이 모두 동의하는 3분의 2 가중된 정족수를 통하여 민의의 범위를 확장함으로써 재판관을 보다 객관적으로 선출할 수 있기 때문이다. 우리나라의 경우 미래세대보호관은 물론 헌법재판관, 대법관 등 사법부의 주요 구성원 선출방식으로 이러한 가중된 정족수 제도를 고려해 볼 필요가 있다.

직을 필요로 한다. 일단 미래세대보호관의 업무를 보조하는 보조기관으로서 고려할 수 있는 것이 각 관련 분야의 전문성을 가지는 부보호관을 補任하는 것이다. 미래세대의 보호와 배려를 위한 업무는 국정의 전반에 걸치는 광역적이며 전문성이 요구되는 분야이므로 미래세대보호관법이 각 영역별로 한 명씩 총 5명의 부보호관을 임명할 수 있도록 규정할 필요가 있다. 대표적으로 환경, 재정, 통일, 교육, 신산업 분야에서 상당한 경륜과 전문성을 가지는 사람을 부보호관으로 임명할 수 있도록 미래세대보호관법은 부보호관의 자격요건을 규정하여야 한다.

그리고 부보호관의 임명은 보호관의 제청으로 대통령이 임명하도록 하여 최대한 보호관의 판단에 따라서 같이 업무를 수행하기에 적절한 인사를 추천할 수 있도록 기회를 부여하여야 한다. 물론 보호관과는 달리 부보호관은 3년이나 5년 등 임기제로 운영하되, 연임할 수 있는 규정을 두도록 하여 업무의 연속성과 전문성을 실현할 수 있도록 한다. 실제로 부보호관의 업무 수행과정에서 자연스럽게 개별 부보호관들의 능력에 대한 평가가 이루어지도록 하고 유능한 부보호관의 경우에는 보호관에 필적하는 국민적 신뢰와 기대를 받을 수 있는 가능성도 있다. 미래세대보호관을 지원하는 조직으로 사무처를 설치할 필요성이 제기되는데, 사무처의 직원 역시 각 분야별로 전문가를 충원하여 보호관은 물론 관련되는 부보호관들의 업무를 효과적으로 지원할 수 있도록 한다. 사무처의 행정업무를 총괄하는 사무처장은 행정공무원이지만 부보호관 동일한 직급으로 補任하고 보호관을 포함한 사무처의 인사와 예산을 관장하도록 한다. 사실상 사무처장은 미래세대보호관의 활동과 관련하여 대외적인 연락이나 홍보업무를 수행함으로서 국회나 국민에 대한 소통창구로서의 역할을 하기 때문에 사무처의 업무를 총괄하는 사무처장 역시 상당한 영향력을 가지게 되며, 대중적인 인지도를 높일 수 있다.

4. 미래세대보호관의 업무와 권한

1) 광범위한 행정적, 사법적 권한

미래세대보호관법을 제정하는 경우 핵심적인 내용은 보호관이 행사하는 권한과 수행하는 업무라고 할 수 있다. 미래세대보호관의 업무와 관련하여 기존에 국회에 발의된 미래세대의 보호 내지 국가미래전략 등을 내용으로 하는 법안들은 대체로 미래세대보호관 내지 미래세대위원회의 업무로서 미래세대의 보호를 위한 기본계획의 수립, 미래세대 관련 법령의 제·개정에 따른 통보를 받고 이에 대하여 의견의 제시, 미래세대 권익보호 지표 개발 및 그에 따르는 미래세대 권익보호 평가, 보고서의 발행 등이다. 그러나 미래세대의 보호를 위한 법제를 설계하는 경우 기본계획의 수립이나 미래세대 권익지표의 개발 및 그에 따르는 평가 등도 미래세대보호관의 업무에 해당하는 것이지만 미래세대 관련 법령의 제·개정에 따른 통보를 받고 이에 대하여 의견을 제시하는 정도로는 법의 목적을 효과적으로 달성하기 어렵다. 따라서 미래세대의 보호를 위한 추진체계의 권한과 업무 역시 패러다임의 전환이 필요하며, 기존의 통상적인 행정법적인 제도와는 질적으로 다른 혁신적인 機制를 요구한다.

미래세대보호관법에서 규정할 내용으로는 위에서 언급한 것 이외에 첫째, 미래세대보호관을 정부조직법상 정부의 행정각부의 하나에 해당하는 장관급 중앙행정기관으로 인정하고 국회 또는 정부에 대하여 미래세대의 보호 내지 권익과 관련한 법률안을 제안하는 청원권을 부여하는 내용이 포함되어야 한다.

둘째, 환경, 재정, 통일, 교육, 신산업 등 관련 법률에 대하여 미래세대보호관이 헌법 제95조에 따라서 부령을 발할 수 있는 권한을 부여하여야 한다.

셋째, 미래세대보호관은 미래세대의 보호와 관련한 법령의 제정, 개정, 주요 정책의 입안과 결정에 있어서 사안의 종류와 성격에 따라 참여권 내지 의견제출권, 협의권, 동의권, 이의제기권, 시정요구권 등을 부여하여 미래세대의 보호를 위한 실효적인 행정권한을 보장하여야 한다. 이를 위하여 미래세대보호관은 미래세대의 보호와 관련되는 법령과 정책을 조사하고 위에서 언급한 권한 중 어떤 형태로 관련 법령의 제·개정, 정책에 행사하는 것이 적절한 것인지를 사전에 모니터링하고, 법령과 정책의 집행에 대한 사후 감시활동을 할 수 있어야 한다.

넷째, 미래세대보호관에게는 협의권이나 동의권과 같은 행정적인 권한을 부여하는 것뿐만 아니라 일단 행정청이 발령한 행정처분이 관련 법령에 위반하여 미래세대의 권익을 침해한다고 판단하는 경우 당해 처분에 대한 무효확인, 취소 등을 구하거나 법령상 행정청이 미래세대의 보호를 위한 처분의무가 있음에도 불구하고 이를 하지 않는 경우 그에 대한 의무이행을 구하는 소송, 행정청의 예방적 금지를 구하는 소송을 제기할 수 있는 소송수행권과 그 과정에서 헌법재판소에 해당 법률에 대한 위헌 여부를 가리기 위한 위헌법률심판 제청신청권을 부여하여야 한다. 다만, 미래세대보호관은 국가기관으로서 기본권 주체성을 가지기는 어렵기 때문에 헌법재판소법 제68조 제1항에 의한 헌법소원을 제기할 수는 없을 것이지만, 미래세대의 기본권 주체성을 인정할 수 있다면 그를 대리하여 헌법소원심판청구권을 부여하는 것을 고려할 수 있을 것이다.

다만, 이와 같이 미래세대보호관에서 강력한 신분보장과 권한을 부여하는 경우 초기의 제도설계 과정에서 기존 제도권의 상당한 반발과 저항이 예상된다. 앞서 언급한 바와 같이 이스라엘의 임시위원회도 그 운영과정에서 기존 상임위원회의 견제는 물론 예산을 확보하는 것도 결코 용이하지 않았다. 실제로 우리나라에서 미래세대보호관 제도를 도입하는 과정에서 상당한 진통이 예상된다. 그러나 다른 나라와는 달리 초저출산과 초고령화라는 우리 사회의 구조적 문제를 고려할 때 미래세대의 보호를 위한 추진체계를 도입하고자 하는 정치세력의 의지가 무엇보다 중요하다. 그리고 미래세대 보호관들의 권한을 적절하게 견제하고 권한을 남용하는 경우 국회는 물론 감사원이나 공수처, 검찰과 같은 사정기관의 역할도 중요하다. 결국 미래세대보호관의 활동과 권한행사에도 법치주의원리와 견제와 균형의 원리가 적절하게 작동하는 것이 중요하다.

2) 법률안 청원권 및 부령제정권

앞서 언급한 바와 같이 미래세대보호관은 별도의 미래세대보호관법에 의하여 설치되는 기관이지만 동시에 정부조직법상 행정각부의 하나로서 중앙행정기관의 위상을 부여하여야 한다. 또한 미래세대보호관은 각부 장관에 비하여 강력한 권한과 위상을 부여하고 기관의 독립성과 정치적 중립성을 보장하기 위하여 정부조직법 제18조의 적용을 배제하여야 한다. 미래세대 보호의 과제와 미래세대보호관의 위상을 고려하면 사실상 현행 헌법상 기성세대를 대변하는 정부와 또 다른 제2의 미래정부로 볼 여지도 있지만 이는 헌법개정을 전제로 하는 것이어서 현행 헌법상 정부의 입법절차를 일단 따르는 것이 보다 현실적인 방안이다. 미래세대보호관은 법률안 청원권과 함께 정부조직법상 중앙행정기관인 행정각부의 장으로서 부령을 발할 수 있는 권한을 행사할 필요가 있다. 헌법 제95조에 의하여 국무총리 또는 행정각부의 장은 소관 사무에 관하여 법률이나 대통령의 위임 또는 직권으로 총리령 또는 부령을 발할 수 있다.

3) 동의권, 협의권

미래세대보호관은 환경, 재정, 통일, 교육, 신산업 등의 분야에서 관련되는 법령의 개정과 정책의 시행 등에 관하여 단순한 통보를 받고 그에 대한 의견을 제시하는데 그치지 않고 일정한 사항에 대한 협의권과 동의권을 행사할 수 있어야 한다. 다시 말하자면, 미래세대보호관과 협의를 하지 않거나 그의 동의를 받지 않는 법령의 제·개정은 효력을 가질 수 없다는 점에서 미래세대보호관의 협의나 동의는 당해 법령과 처분 등의 효력발생요건이라고 할 수 있다. 물론 모든 법령의 제·개정과 정책결정에 대하여 일률적으로 미래세대보호관과의 협의 내지 동의를 요구하는 것은 아니며, 사안의 중요성이나 성격에 따라서 미래세대보호관이 행정절차법 등에 의한 청문이나 공청회에 참여하여 일정한 의견을 제시 내지 진술할 수도 있으며 이를 총칭하여 사전적인 통제권이라고 할 수 있을 것이다. 이에 비하여 행정청 등이 내린 결정에 대하여 시정을 요구하거나 이의를 제기하는 등의 시정요구권이나 이의제기권 등은 사후적인 통제권에 해당한다.

사전적인 통제권으로서 협의와 동의권으로서 환경법규에 규정할 수 있는 내용을 예를 들어 설명해 보기로 하자. 통상적인 환경영향평가와 환경에 영향을 미치는 행정계획을 수립하기 이전에 거쳐야 하는 전략환경영향평가의 경우 모두 사업자나 행정기관의 장은 환경영향평가서 초안을 작성하면서 환경부장관 등에게 초안을 제출하여 그 의견을 듣도록 하고 있다.[21] 여기에서 의견을 듣는 것은 사업자 또는 행정기관의 장의 법률상 의무이므로 이러한 의무를 해태하는 경우 향후 환경영향평가를 거친 사업승인 등의 처분의 절차적 하자 등 위법 여부에 영향을 미치게 된다. 또한 국가재정법을 비롯하여 다양한 법률에서는 성인지 제도를 규정하고 있는데, 국가재정법은 정부가 예산이 여성과 남성에게 미칠 영향을 미리 분석한 보고서[이하 "성인지(性認知) 예산서"라 한다]를 작성하여야 하고(제26조 제1항), 성인지 예산서에는 성평등 기대효과, 성과목표, 성별 수혜분석 등을 포함하도록 규정하고 있다(제2항). 향후 정부가 예산안을 편성함에 있어서는 성인지뿐만 아니라 미래세대에게 미치는 영향, 내지 기성세대와 미래세대 간의 형평성을 실현할 수 있도록 하고 편성된 예산에 대하여 미래세대보호관과의 협의절차를 마련하는 것이 요구된다. 이는 결산서의 작성, 미래세대보호를 위한 기금운용계획, 기금결산산서의 작성 등에도 동일하게 적용되어야 한다. 즉 미래세대보호관이 정부의 예산운용과 기금 등이 미래세대의 보호목적에 합당한 것인지 또는 미래세대와 기성세대가 적절한 수혜를 받고 국가재정활동이 양 세대 간의 형평성과 정의를 실현하는 방향으로 집행되었는지를 감시하고 협의하는 채널을 확보하는 것이다. 이와 같은 예들은 일부에 지나지 아니하며 미래세대보호관, 부보호관, 사무처 등에서는 미래세대의 보호와 관련되는 각종 관련 법령과 제도를 면밀하게

---

21) 환경영향평가법 제12조, 제27조.

조사하여 미래세대보호관이 사안에 따라서 동의권, 협의권, 의견제시권 등을 행사하여 미래세대 보호의 목적을 적절하고 효과적으로 달성할 수 있도록 법령과 제도를 모니터링하고 정비하는 업무를 수행한다.

4) 소송제기 및 수행권

미래세대보호관은 관련 법률안 입법청원, 부령의 제정과 같은 행정입법권, 정부의 정책결정, 처분 등에 대한 사전 동의 내지 협의권과 같은 행정적 권한의 행사와 더불어 행정청이 발령한 행정처분 등이 관련 법령에 위반하여 미래세대의 권익을 침해한다고 판단하는 경우 당해 처분에 대한 무효확인, 취소 등을 구하거나 법령상 행정청이 미래세대의 보호를 위한 처분의무가 있음에도 불구하고 이를 하지 않는 경우 그에 대한 의무이행을 구하는 소송, 미래세대의 권익을 해할 것으로 거의 확실시되는 처분이 임박한 경우 그에 대한 행정청의 예방적 금지를 구하는 소송을 제기할 수 있는 소송제기 및 수행권과 그 과정에서 헌법재판소에 해당 법률에 대한 위헌 여부를 가리기 위한 위헌법률심판 제청신청권, 경우에 따라서 미래세대의 보호를 위한 자신의 권한의 유무 또는 범위에 대하여 타 기관과의 다툼이 있는 경우 권한쟁의 심판청구권, 미래세대를 대리하여 미래세대의 기본권 침해 우려 시 헌법소원 등을 청구할 수 있는 심판청구인 적격을 부여하여야 한다.

달리 말하자면 행정소송과 헌법재판에서 일정한 범위의 원고적격 내지 청구인적격을 인정하는 것이고, 이는 미래세대보호관의 권익침해와는 관계없이 미래세대의 보호를 위한 입법목적 적합성, 정부의 정책목표가 헌법과 법률에 부합하는지를 소송의 대상으로 하는 것으로서 일종의 객관적 소송이다. 행정소송법은 행정청의 처분 또는 부작위로 인하여 자신의 법률상 이익을 침해당한 개인 또는 법인이 항고송의 원고가 되는 이른바 주관적 소송제도를 원칙으로 하고 민중소송이나 기관소송과 같이 직접 자기의 법률상 이익과 관계없이 그 시정을 구하는 객관적 소송은 법률이 정하는 경우에 법률에 정한 자에 한하여 제기할 수 있는 것이므로(행정소송법 제45

조), 위에서 언급한 객관적 항고소송의 형태는 행정소송법이 아닌 미래세대보호관법에 규정하는 것이 바람직하다.

미래세대보호관이 제기할 수 있는 항고소송의 형태로는 통상적인 취소소송 또는 무효등확인소송 이외에 행정청이 미래세대 보호를 위한 일정한 재량권을 가지고 있는 경우 그 재량권이 축소하여 일정한 처분의무가 있음에도 불구하고 부작위 또는 거부처분을 하는 경우 그에 대한 의무이행판결을 법원에 구하는 의무이행소송도 고려하여야 한다. 미래세대의 보호와 관련하여 특히 환경보호의 영역에서 미래세대보호관은 그와 같은 행정청의 위험한 처분을 금지하는 소송을 제기할 수 있어야 한다. 이와 더불어 취소소송의 경우 현행 행정소송법은 집행정지제도 이외에 가처분에 대한 규정이 없고 판례 역시 거부처분이나 부작위에 대한 가처분을 인정하고 있지 아니하다. 미래세대보호관은 미래세대의 보호를 위하여 긴급한 필요가 있음에도 불구하고 행정청의 부작위 또는 거부처분이 있는 경우 아래와 같은 가처분을 신청할 수 있도록 미래세대보호관법에 규정하여야 한다.[22] 물론 행정소송법상 집행정지제도와의 조화적인 운영을 위하여 가처분은 행정소송법 제23조에 따르는 집행정지제도로 목적을 달성할 수 있는 경우에는 허용하지 않도록 하는 방안도 검토할 필요가 있다.

미래세대보호관은 이와 같은 소송의 수행과정에서 재판의 전제가 되는 법률이 헌법에 위반한다고 주장하는 경우 위헌법률심판제청에 대한 신청권을 가질 수 있으며, 법원의 기각결정이 있는 경우 헌법재판소법 제68조 제2항에 의한 헌법소원도 제기할 수 있어야 한다. 또한 미래세대보호관은 미래세대의 기본권 침해에 대한 우려가 있는 경우 헌법재판소법 제68조 제1항에 의한 헌법소원심판청구를 청구할 수 있는 청구인적격을 부여하고

22) 처분 등이나 부작위가 위법하다는 현저한 의심이 있는 경우로서 다음 각 호의 어느 하나에 해당하는 때에는 본안이 계속되고 있는 법원은 당사자의 신청에 따라 결정으로써 가처분을 할 수 있다. 1. 다툼의 대상에 관하여 현상이 바뀌면 당사자가 권리를 실행하지 못하거나 그 권리를 실행하는 것이 매우 곤란할 염려가 있어 다툼의 대상에 관한 현상을 유지할 긴급한 필요가 있는 경우, 2. 다툼이 있는 법률관계에 관하여 당사자의 중대한 손해를 피하거나 급박한 위험을 피하기 위하여 임시의 지위를 정하여야 할 긴급한 필요가 있는 경우.

권한쟁의 심판청구를 할 수 있어야 하는데, 이를 위한 헌법소송절차는 미래세대보호관법에서 특례를 두는 방안을 검토하여야 한다.

5) 미래세대 보호를 위한 기본계획의 수립과 보호지표의 개발

기존에 국회에 제출된 미래세대 보호 관련 법률안들은 공통적으로 미래세대위원회 또는 보호관이 미래세대의 보호를 위한 기본계획을 수립할 것을 규정하고 있다. 이는 미래세대보호관이 수행하는 업무 중 기본적인 것으로서 10년 또는 20년 또는 그 이상의 기간을 대상으로 수립하는 미래세대기본계획에는 다음과 같은 사항이 포함될 수 있으며, 5년 또는 그 이하의 기간으로 기본계획의 이행상황을 정기적으로 점검하여야 한다.

1. 미래세대의 권익보호 현황 및 여건변화와 전망에 관한 사항, 2. 미래세대의 권익보호를 위한 비전과 목표에 관한 사항, 3. 미래세대의 권익보호를 위한 추진전략과 원칙에 관한 사항, 4. 미래세대의 권익보호를 위한 경제·사회·환경의 기본 정책 방향에 관한 사항, 5. 미래세대의 권익보호를 위한 주요 지표에 관한 사항, 6. 그 밖에 미래세대의 권익보호를 위하여 필요한 사항은 대통령령으로 정하도록 한다.

미래세대보호관은 기본계획의 수립과 함께 미래세대의 보호를 위한 지표를 개발하고 이를 평가하는 업무를 수행한다. 즉 미래세대보호관은 미래세대의 권익보호 정도를 나타내는 미래세대 권익보호지표를 작성하여 보급하여야 하며, 미래세대 권익보호지표에 따라 정기적으로 국가 또는 그 지방자치단체의 미래세대의 권익보호 달성 정도를 평가하여야 한다. 이와 같은 보호지표의 개발과 평가는 다시 미래세대보호관이 기본계획을 수립하거나 정기적으로 점검하는 경우 일종의 환류장치로서 기능하며, 평가결과에 따라서 제도적으로 개선이 필요한 경우 미래세대보호관은 이를 법령의 개정이나 정부정책을 변경하는데 적극적으로 활용하여야 한다.

Ⅲ. 미래세대 보호를 위한 비례대표의 선출 및 국회상임위로서 미래세대위원회의 신설

앞서 언급한 바와 같이 현행 헌법과 의회민주주의 제도는 전적으로 기성세대의 기본권과 권익을 대변하기 위한 대의제라는 특징을 가지고 있으며, 이는 결국 미래세대의 권익을 보호하기 위한 제도로써 구조적인 한계를 가지고 있다. 다만, 미래세대를 주권자의 범주에 포함시키는 헌법의 개정이나 헌법의 자연스러운 변천을 통하여 기존 의회민주주의를 미래세대 친화적인 구조로 변경시키는 과정에서 필연적으로 미래세대의 권익을 대변할 수 있는 방안을 모색하여야 한다. 이 문제를 해결하기 위해서는 기존의 의회민주주의와 선거제도의 틀과 근간을 유지하는 전제하에 미래세대의 보호를 위한 실용적인 해법을 찾을 수 있도록 현실적인 방안을 강구하여야 한다. 미래세대의 보호를 위한 AI나 인조인간을 의회에 파견할 수 없는 현실을 고려한다면 기존의 선거와 의회 제도를 미래세대 친화적으로 수정할 수밖에 없다는 점에서 앞서 언급한 바와 같이 미래세대보호관에게 강력한 행정입법권, 행정권을 부여하는 것과 대조를 이룬다. 이는 미래세대보호관이 선출되지 않는 권력, 즉 민주적 정당성이 없는자로서 대통령이 임명하는 정부 부처 장의 법적 지위를 가진다는 점에서 의회에 대한 권한은 자연스럽게 축소될 수밖에 없기 때문이다.

국회에서 미래세대의 보호를 위한 제도적 장치로서 흔히 현실적인 방안으로 검토할 수 있는 것은 국회에 의석을 가지는 정당이 선거에서 정당별로 작성하는 비례대표명부의 최우선 순위로 미래세대 보호 비례대표를 배치하도록 의무화하는 것이다. 현행 공직선거법 제47조 제3항에 따라서 정당은 비례대표 국회의원선거 및 비례대표 지방의회선거에 후보자를 추천하는 때에는 그 후보자 중 100분의 50 이상을 여성으로 추천하되, 그 후보자명부의 순위의 매 홀수에는 여성을 추천하여야 한다. 이 규정과 유사하게 정당법을 개정하여 정당은 비례대표 국회의원선거에 후보자를 추천하는 때에는 후보자명부의 최우선 순위에 미래세대의 권익을 대표하는

자를 추천하도록 하는 것이다.[23)]

각 정당별로 몇 명의 후보자를 최우선 순위로 미래세대의 권익을 대표하는 자로서 추천하도록 할 것인가는 물론 정당과 국민적인 합의가 필요한 부분이기는 하지만 일단 각 정당별로 적어도 1인의 미래세대 대표자를 확보하여 전체적으로 국회에 4, 5명의 미래세대 권익보호 비례대표가 활동하도록 함으로써 미래세대보호관이 국회에서도 필요한 지원을 받을 수 있다는 의미가 있다. 특히 정부 부처 간의 이견으로 인하여 미래세대의 보호를 위한 정부입법이 원만하게 진행되지 못하는 경우 국회의원 중 미래세대의 권익을 대변하는 비례대표가 의원입법의 형태로 보다 적극적으로 국회에 관련 법안을 발의할 수 있기 때문이다. 그리고 국회 내의 미래세대 권익보호 비례대표를 포함하여 이 주제에 관심을 가지는 국회의원들이 보다 적극적인 의정활동을 펼칠 수 있도록 국회에 상임위원회로서 미래세대 위원회를 설치하여야 한다.[24)] 미래세대위원회를 국회에 특별위원회로서 설치할 수도 있겠지만 미래세대위원회의 성격상 일정 기간만을 대상으로 활동하는 것이 아니라 미래세대의 보호를 위한 각종 관련 법안을 심사하고 국민의 여론을 반영하기 위해서는 소규모라고 하더라도 상임위원회로 설치하기 위하여 국회법을 개정하는 방안을 검토할 필요가 있다.

Ⅳ. 결론

미래세대의 보호를 위한 기존의 연구는 기성세대와 미래세대 간의 정의와 형평성을 실현하기 위한 목적으로 환경과 재정 등의 영역에 있어서 지속가능한 관리를 주문하는데 초점을 맞추고 있다. 국내에서 미래세대의 보호를 위한 학문적인 연구는 아직 초보적인 단계에 머무르고 있으며, 법학의 영역에서 미래세대의 보호를 위한 법리적 연구나 제도설계를 위한

23) 같은 취지로 서용석(각주 5), 143면.
24) 같은 취지로 서용석(각주 3), 137면.

제안은 아직 본격적으로 이루어지지 못하고 있다. 물론 세대 간 정의와 형평성에 대한 논의는 특정한 국가와 공동체를 넘어서는 보편적인 담론으로서 우리나라에서 미래세대의 보호 문제에 상당한 함의를 가지고 있음을 부인할 수 없다. 마침 2018년 문재인 정부에서 제기된 개헌논의는 미래세대의 보호를 위한 소중한 논의의 장을 열어주었다. 특히 국회의 개헌안은 비록 환경권 영역에 국한하고 있으나 미래세대에 대한 국가의 책임 명시하였다는 점에서 커다란 의의를 가지고 있다. 물론 이러한 개헌론은 독일기본법 제20a조를 전범으로 하고 있는 것으로서 독일기본법의 이 조항이 가지고 있는 규범적 한계를 그대로 노정하는 것으로 볼 수 있다.[25] 우리의 경우에는 실제로 개헌이 이루어지지조차 못하였다는 사실은 아직도 미래세대의 보호를 위한 길이 요원하게 보이지만 오히려 미래세대의 보호를 위한 개헌론이 또다시 제시되고 이를 위한 동력이 확보되는 경우 환경보호의 분야는 물론 우리나라의 특수한 상황을 반영하여 통일, 교육, 환경, 재정, 신산업 분야를 아우르면서 규범적 실효성을 담보할 수 있어야 한다.

미래세대의 보호를 위한 법제를 설계하는 것은 기존의 국민주권주의, 의회민주주의의 골격을 완전히 바꾸는 혁명적인 패러다임의 전환을 필요로 한다. 그만큼 미래세대의 보호 문제는 우리 사회의 절박한 과제로 부상하였기 때문에, 대한민국이라는 공동체의 존립 여부는 이 문제에 대한 해법을 찾는가 여부에 달려 있다고 하여도 과언이 아니다. 미래세대의 보호를 위한 추진체계로서 위원회와 옴부즈만 두 가지 대안을 고려할 수 있으나 이는 미래세대의 보호에 있어서 협치가 중심인지 혹은 강력한 실행력을 담보하여 미래세대에 보호에 보다 무게중심이 치우친 배려를 할 것인지 근본적인 사고와 담론에 따라 결정된다. 물론 미래세대 보호는 통일, 교육, 환경, 재정, 신산업 등 국정의 모든 분야에 걸쳐 종합적이고 포괄적인 접근이 요구되며, 미래세대는 물론 기성세대를 구성하는 공동체의 다양한

25) 대표적으로 Baer, Demografischer Wandel und Generationengerechtigkeit, VVDStRL 68, S. 304 ; Kloepfer, in : Dolzer/GroBhof/Kahl/Waldhoff (Hrsg.) BK, Art. 20a GG Rn. 23.

구성원의 이해관계를 고려하여야 한다는 점에서 협치를 중심으로 민간부문이 주도하는 위원회제도도 하나의 유력한 대안이 될 수 있다.

그러나 경험적으로 우리 사회에서 수많은 위원회의 존재가 미미한 것이 현실이며, 미래세대는 다수의 이해관계자들이 소통하여 최적의 대안을 제시하는 것보다는 오히려 이들을 보호하고자 하는 분명한 철학과 의지를 가지는 사람에게 강력한 권한과 신분보장을 통하여 장기적인 관점에서 정책을 형성하고 집행할 수 있는 체계를 구축하는 것이 보다 미래세대의 보호목적을 실효적으로 담보할 수 있다. 그렇기 때문에 이른바 미래세대보호관은 그 권한이 미약하기 그지없고 관련 정책의 통보를 받고 의견이나 제시하는 정도의 옴부즈만과는 질적으로 다른 존재로서 자리매김하여야 한다. 임기는 물론 법적인 권한에 있어서도 기존의 사고와 법체계를 훨씬 넘어서는 정도로 혁신적인 법제를 설계하여야 하며, 미래세대보호관 본인은 물론 미래세대의 보호문제를 다양한 영역에서 장기적이며 실효적으로 실행할 수 있는 副보호관들이나 사무처 등 staff들에 대한 지원도 매우 중요하다. 그리고 미래세대보호관에게는 국가의 관련 정책이나 법안에 대한 사전적, 사후적 행정권한을 부여하는 것은 물론 법률안 제출 청원권, 부령제정권 등 일련의 rule-making에 대한 준입법적 권한, 미래세대의 권익을 침해할 가능성이 있는 사안에 대한 소송수행권 등 준사법적 권한까지도 부여할 수 있도록 하여야 한다.

또한 미래세대보호관이 국회에서 일정한 지원을 받을 수 있도록 정당별 비례대표 후보자명부 최우선 순위로서 미래세대의 권익을 대표하는 자를 추천하도록 하고 국회 내에 미래세대위원회를 상임위원회로 설치하는 국회법 개정도 적극적으로 추진하여야 한다. 사람들은 건강보험에 대한 보장성을 확대하거나 경제위기 극복을 위한 재정지원을 늘리자는 정부여당의 정책이 제시되면 한결같이 "이것이 결국 미래세대의 부담으로 이어질 것"이라는 우려를 표명하는데, 하지만 어떻게 되겠지 하고 그것으로 그만이다. 나하고 별로 상관이 없는 일이기 때문이다. 구체적으로 미래세대에게 주는 부담의 수준이 어느 정도이며, 그렇다면 이 문제를 어떻게 해결할 것인지 공론화하고, 미래세대가 이 땅에 태어나는 것이 어른들의 잘못으로 인하여 축복이 아닌 저주가 되지 않도록 이제라도 법과 제도에 대한 설계에 착수하는 것이 책임 있는 기성세대의 모습이 아닐까? 기성세대의 책임 유기에 대해서 미래세대가 어떠한 역사적 평가를 할 것인지를 생각하면 얼굴이 화끈거리고 모골이 송연해진다.

제14장

존엄한 미래를 위한 기본권

독일연방헌법재판소 기후보호법(Klimaschutzgesetz) 결정에 대한 평가와 한국법에의 함의

Ⅰ. 문제의 제기

2021년 3월 24일 독일 연방헌법재판소는 2019년 연방의회가 제정한 기후보호법의 일부조항 중 2031년 이후 온실가스 감축에 대한 구체적인 내용이 부재하여 헌법소원 심판청구인들의 기본권을 침해한다면서 헌법불합치결정과 함께 2022년 12월 31일까지 이를 보완하는 법률 개정을 촉구했다.[1] 독일연방의회가 2015년 파리기후협약에 따라서 전 지구적인 기후변화에 적극적으로 대응하고 국민의 생명과 신체를 보호하기 위한 국가적 의무를 실현하기 위하여 2019년 제정한 기후보호법이 2031년부터 2050년까지 기후중립을 위한 전략과 구체적인 행동양식을 규정하지 않았기 때문에 미성년자인 심판청구인들의 자유 실현을 과도하게 침해했다는 결정내용은 필자의 흥미를 자극하기에 충분하다. 특히 헌법소원을 제기한 청구인들 중에는 다수의 미성년자들이 포함되었고 이들은 법정대리인들을 통해서 "존엄한 미래에 대한 기본권"[2] 침해라는 다소 낯설기는 하지만 미래세대가 당면하게 될 새로운 세계질서에서 자신들의 위상을 지키려는 모습이 우리에게도 절실한 문제로 다가왔기 때문이다. 그런데 연방헌재의 기후보호법 결정은 기본권 도그마와 관련하여 헌법이론적으로도 상당한 함의를 가지고 있다. 우선 연방헌재는 헌법소원 심판청구인들이 주장하고 있는 기본법 제2조 제2항의 생명과 신체의 자유 및 제14조의 재산권 침해 여부와 관련하여 이러한 기본권들이 전형적인 자유권적 기본권으로서 주관적으로는 국가에 대한 방어권이라는 논리와 함께 공동체의 객관적인 가치질서라는 측면에서 국가의 보호의무를 강조하고 있다는 점에 주목할 필요가 있다. 특히 국민의 생명과 신체의 자유와 더불어 기후변화로 인한 홍수 등으로 국민의 재산권이 침해될 수 있다는 점에 착안하여 재산권에 대한 국

---

1) BVerfG, Beschluss des Ersten Senats vom 24. Marz 2021- 1 BvR 2656/18 -, Rn. 1-270.

2) 헌법소원심판 청구인들은 기본법 제2조 제2항의 생명과 신체의 자유, 제14조의 재산권에 대한 보호의무, 기본법 제2조 제1항 및 제20a조로부터 존엄한 미래에 대한 기본권, 제2조 제1항 및 제1조 제1항으로부터 생태학적 최소 생존권에 대한 침해를 주장하였다.

가 및 입법자의 보호의무를 헌법적으로 도출하고 있는 점은 기존의 재산권 도그마에서는 찾아보기 어려운 시각이다.

연방헌재는 미성년자를 포함한 미래세대는 전체적인 단일체로서든 혹은 개인들의 집합체로서든 기본권 주체성을 가지지 못한다고 하면서도 기본권의 객관적인 질서로부터 미래세대에 대한 국가의 보호의무를 강조하고 있는데, 이러한 입장을 충분히 이해하면서도 동시에 기본권 주체성을 부인하는 전제 하에서 그에 대한 보호의무를 긍정하는 것이 논리적으로 모순이 아닌가 하는 의문도 제기된다. 연방헌재는 이 사건에서 미래세대의 개념에 대해 명시적으로 언급하고 있지 않아서 법정대리인들을 통하여 헌법소원을 제기한 미성년자들을 지칭하는 것인지 아니면 이들을 포함하여 아직 태어나지 않은 세대까지를 아우르는 것인지는 알 수 없다. 하지만 이들에게 기본권 주체성 여부를 논의하는 과정에서 헌법상 주권자로서의 지위를 부여할 것인가에 대한 문제가 선결되어야 하는 것이 아닌가 하는 의문이 제기될 수 있는데, 연방헌재는 현재의 의회민주주의 하에서는 이들의 의사를 정치적으로 대변할 제도적 장치가 없다는 언급만을 하고 있다. 논리적으로는 미래세대의 기본권 주체성을 논의하기 위한 전제로서 그들의 주권자적 지위에 대한 입장을 우선적으로 정리하는 것이 필요하다고 보기 때문이다.

기후보호법의 일부 조항에 대하여 헌법소원심판을 청구한 청구인들은 2020년부터 2030년까지 법률로 규정한 온실가스 배출량이 과다하므로 국가의 기본권 보호의무가 해태되어 위헌이라고 주장하였으나 연방헌재는 이 부분이 입법자의 형성권을 위헌적으로 행사한 것이 아니라고 보면서 과소보호금지원칙 중 이른바 명백성 통제기준을 심사기준으로 적용하였다. 그 결과 입법자의 형성권 행사가 위헌이 아니고 결과적으로 헌법소원심판청구인들의 기본권을 침해하지 않았다고 밝히는 과정에서 연방헌재는 과소보호금지원칙의 내용에 대하여 기존의 결정례를 언급하고 있을 뿐 명백성 통제기준을 넘어서는 보다 진전된 입장을 보여주고 있지 못하다. 이는 "입법자가 일정한 수준으로 소정의 성의를 다하였다면 헌법적으로 문제 삼지 않겠다"는 기존의 입장을 반복한 것에 불과하기 때문에 과소보호금지원칙의 사법적 심사범위 내지 그 밀도를 둘러싸고 적지 않은 논쟁이 벌어질 가능성이 있다.[3)]

연방헌재는 입법자가 2031-2050년 기간 동안 온실가스 배출 목표와 방식을 전혀 규정하지 않아서 미래세대가 온실가스 배출을 급격하게 줄여야 하기 때문에 자신들의 자유를 과도하게 제한받는 결과에 이르게 된다고 하면서 여기에는 비례의 원칙을 적용하여 헌법불합치결정을 내리고 있다. 그런데 의문이 드는 것은 이 부분에서 연방헌재는 입법자의 입법부작위 상태에 대해 과소보호금지원칙과 명백성 통제기준을 적용하여 간단하게 위헌으로 결정할 수 있었음에도 불구하고 세대 간 불균형한 온실가스 배출권 배분을 들어 미래세대의 일반적 행동자유권을 과도하게 침해한다는 논리를 전개하면서 왜 과잉금지원칙을 적용하였을까 하는 점이다. 이는 연방헌재가 2020년부터 2030년까지 입법자의 형성권 통제와는 전혀 다른 심사기준을 제시한 것인데, 어떻게 보면 세대 간 정의와 자유 실현 기회 배분의 불균형을 강조하겠다는 의미에서 이해가 가는 측면이 있지만 심사기준의 일관성을 유지하지 못하였다는 비판을 받을 여지도 있다.[4)] 이와 같이 독일연방헌법재판소의 기후보호법에 대한 일부 헌법불합치결정은 2050년까지 탄소중립을 국가적 과제로 설정하고 필요한 입법을 준비하고 있는 우리에게도 초유의 관심사가 아닐 수 없다.[5)] 탄소중립 관련 입법의

---

3) 독일연방헌재는 과소보호금지원칙을 낙태결정 II (BVerfGE 88, 203 - Schwangerschaftsabbruch II) 이후 실효성 통제기준으로 이해하고 있기 때문이다. 이에 대해서는 한국 법이론과의 비교 부분에서 상술한다.

4) 필자는 연방헌법재판소의 기후보호법 결정이 독일에서 어떠한 평가를 받고 있는지의 문제는 부차적인 것으로 다루기로 한다. 그 이유는 이 결정이 최근에 이루어져서 인터넷이나 학자들의 개인블로그의 간략한 소개 외에는 아직 본격적인 평석을 찾기 힘들기 때문이다. 필자가 가지고 있는 문헌은 연방헌법재판소의 결정문 전문이 전부인데, 이 기회에 한국인의 입장에서 독일학자들의 선입견 없이 원점에서 중요한 쟁점을 검토해 보고자 한다.

5) 정부는 2020년 10월 28일에 2050년까지 탄소중립을 이루겠다고 선언하였다. 21대 국회에 발의된 기후위기대응법안은 탈탄소사회로의 정의로운 전환을 위한 그린뉴딜정책 특별법안(심상정 의원), 기후위기 대응을 위한 탈탄소사회 이행 기본법안(이소영 의원), 기

내용에 대해 이런 저런 논의가 진행되는 것은 별론으로 하더라도 독일연방헌법재판소가 기후보호법 결정에서 보여준 미래세대 보호의 문제 제기와 헌법과 기본권 도그마틱에 대한 견해는 이 분야를 연구하는 학자들에게는 흥미로운 대상이 아닐 수 없다. 특히 이러한 연구를 통하여 탄소중립을 위한 우리의 입법 작업 역시 미래세대의 기본권 보호를 위한 확고한 이론적 기초를 제시함으로써 입법의 지속가능성과 세대 간 정의의 실현을 위한 밑그림을 그리는데 기여할 수 있을 것으로 보인다. 본 연구에서는 기후보호법에 대한 독일 연방헌재 결정의 주요 내용을 소개하고 그에 대한 분석, 평가와 더불어 마지막 부분에서는 특히 과소보호금지원칙과 관련된 독일 연방헌법재판소와 우리나라 헌법재판소의 결정을 비교하여 헌법재판에서의 심사기준의 발전적 형성에 대하여 논의한다.

Ⅱ. 결정의 주요 내용

기후보호법의 일부 조항과 국가가 온실가스, 특히 탄소배출에 대한 즉각적인 감소조치를 하지 않은 부작위에 대하여 헌법소원을 제기한 청구인

후위기대응법안(안호영 의원), 기후위기대응 기본법안(유의동 의원) 등이 대표적이다. 국회는 2021년 8월 31일 기후위기 대응을 위한 탄소중립·녹색성장 기본법안(대안)을 가결하고, 2021년 9월 10일 정부에 이송하였다. 그런데 탄소중립·녹색성장 기본법은 2050년까지 탄소중립 달성을 목표로 하면서도(제7조 제1항), 중장기 국가 온실가스 감축 목표를 2030년까지 2018년 대비 35% 이상의 범위에서 대통령령으로 정하도록 하고 있을 뿐이다(제8조 제1항).

한편 청소년기후행동 소속 회원인 청소년 19명은 대한민국 정부가 기후변화에 미흡한 대응을 하고 있어 자신들의 생명권, 행복추구권과 멸종저항권, 환경권, 평등권, 인간다운 생활을 할 권리 등이 침해된다는 이유로 저탄소 녹색성장 기본법 및 같은 법 시행령에 관한 헌법소원을 2020년 3월 13일 제기하여 현재 헌법재판소에서 심리 중이다{위 사건의 헌법소원 심판청구서 등은 청소년기후행동의 홈페이지(https://youth4climateaction.org/climate-litigation, 검색일: 2021년 9월 26일)에서 확인할 수 있다}. 그런데 기후위기 대응을 위한 탄소중립·녹색성장 기본법은 공포 후 6개월이 경과한 날부터 시행되고(부칙 제1조 본문), 이에 따라 저탄소 녹색성장 기본법은 폐지된다(부칙 제2조). 이러한 상황은 독일연방헌법재판소의 기후보호법에 대한 일부 헌법불합치결정에 대한 관심을 더욱 불러일으킨다.

들은 이러한 국가의 부작위 등으로 인하여 파리기후협약에서 합의한 지구 기온 상승을 1.5도 내지 2도까지로 억제하려는 목표에 미달하고 결과적으로 심판청구인들의 생명과 신체의 자유, 존엄한 미래에 대한 기본권 및 생태학적 최소 생존권을 침해하였다고 주장하였다. 흥미로운 것은 헌법소원 심판청구인들은 대부분 독일 국적의 성인 또는 법정대리인이 대리한 미성년자들이었으나[6] 네팔과 방글라데시 국적을 가진 사람들도 포함되어 있어서[7] 연방헌재는 심판청구인들을 독일 거주자와 외국 거주자로 구분하여 기본권 침해 여부를 심리하였다는 것이다.

1. 독일 거주자들의 기본권 침해 여부

1) 기본권의 주관적 성격과 객관적 기능

국가는 독일에 거주하는 청구인들에 대하여 기후변화의 위험으로부터 기본법 제2조 제2항에 근거하여 그들의 생명과 신체의 자유를 보호할 의무를 가진다. 하지만 연방헌재는 결과적으로 이들의 기본권 침해를 인정하지 않았다. 물론 국가는 기후변화로 인한 위협으로부터 기본법 제2조 제2항에 의한 국민의 생명과 신체를 보호할 의무를 지고 있다. 즉 국가는 기후변화의 상당한 잠재적 위험에 대하여 국제사회와의 연대를 통하여 인간에 의하여 만들어진 지구온난화를 멈추기 위한 조치를 취하고 기후변화를

---

6) 헌법소원 심판청구인들의 대부분이 아동과 청소년이라는 점은 이 사건이 기후중립과 같은 미래의 위기와 기회에 대한 이들의 관심을 반영하기 때문이다. 법정대리인들을 통하여 헌법소원을 청구한 심판청구인들은 앞서 언급한 기본법 제2조 제2항의 생명과 신체의 자유, 제14조의 재산권에 대한 보호의무, 기본법 제2조 제1항 및 제20a조로부터 존엄한 미래에 대한 기본권, 제2조 제1항 및 제1조 제1항으로부터 생태학적 최소 생존권에 대한 침해 외에도 미래에 자신들의 경제활동의 자유가 침해되었다고 주장하였다. 후술하는 바와 같이 연방헌재가 기후보호법이 2031년부터 2050년까지 기간에 온실가스 감축량과 목표를 규정하지 않았다는 것을 이유로 비례의 원칙을 적용하여 헌법불합치결정을 한 직접적인 이유 중의 하나는 이들 아동과 청소년들의 일반적 행동자유권, 직업의 자유를 포함한 경제활동의 자유를 과도하게 제한한다고 판단하였기 때문이다.

7) 연방헌재는 전 지구적인 기후변화로 인하여 국외에 거주하는 심판청구인들이 청구인 적격을 가지는지, 독일이 이들에 대한 기본권 보호의무를 부담하는가에 관하여는 아직 결정한 바 없으나 청구인 적격과 기본권 침해 문제를 원천적으로 배제할 것은 아니라는 견해를 제시하였다. BVerfG, (FN 1), Rn. 101.

억제할 의무가 있다. 그리고 국가는 기후변화로 인한 결과를 완화하는 적극적인 조치, 이른바 적응조치를 부가적으로 취하여야 한다.[8] 연방헌재는 독일기본법 제2조 제2항이 국민의 생명과 신체의 보호에 대한 국가의 의무를 규정하고 있다고 하면서 생명과 신체의 자유는 단순히 국가의 기본권 침해에 대한 주관적인 방어권만을 의미하는 것은 아니라고 보고 있다. 생명과 신체의 자유는 더 나아가 생명과 신체라는 개인적 법익을 보호하고 배려하는 국가의 의무와 더불어 제3자의 위법한 침해로부터 국가가 이를 보호할 의무를 포함한다. 물론 기본권의 객관적 기능으로부터 발생하는 국가의 보호의무는 기본권 주체의 주관적인 기본권 권능의 한 부분이다. 그렇기 때문에 국가가 기본권 보호의무를 다 하지 못한 경우에는 기본법 제2조 제2항에 규정된 생명과 신체의 자유가 침해된 것이며, 기본권 주체는 그 구제를 위한 헌법소원을 제기할 수 있다.[9]

기본법 제2조 제2항이 규정하는 생명과 신체의 자유에 대한 국가의 보호의무는 기본권 침해가 이미 현실화한 경우에만 발생하는 것이 아니라 장래에 그러한 침해가 예상되는 경우에도 동일하게 적용이 가능하다. 그렇기 때문에 국민의 생명과 건강, 신체에 대한 국가의 보호의무는 미래세대에게도 동일하게 발생할 수 있으며,[10] 특히 어떠한 현상이 돌이킬 수 없는 결과로 이어지는 경우에는 더욱 그러하다. 다만, 이와 같은 세대 간 기본권 보호의무는 전적으로 기본권의 객관적 기능으로부터 발생하는 것이기 때문에 아직 출생하지 않는 미래세대는 전체적인 단일체로나 개인들의 총합으로나 아직은 기본권 주체성을 가지지 않으며, 출생을 전제로 비로소 자연인으로 인정되는 경우에 한하여 기본권 주체성이 인정된다.

---

8) 연방헌재는 이러한 적응조치는 이미 상당한 정도로 현실화된 기후변화와 그로 인한 부정적 결과를 헌법적으로 수용가능한 정도로 축소시키기 위한 일종의 보충적 조치이므로 이러한 적응조치만으로는 기후변화로 인한 지구의 기온상승을 억제하는데 한계가 있기 때문에 근본적인 해결책이 될 수 없으며 결국 기후중립만이 최종적인 해결책임을 거듭하여 강조하고 있다.

9) BVerfG, (FN 1), Rn. 145.

10) BVerfG, (FN 1), Rn. 146.

2) 생명과 신체의 자유에 대한 침해 여부

앞서 언급한 바와 같이 연방헌재는 헌법소원심판 청구인들이 주장한 생명과 신체의 자유에 대한 국가의 보호의무 위반을 인정하지 않았다. 그 이유는 국가가 헌법상 기본권 보호의무를 이행하기 위하여 충분한 조치를 다하였는가 하는 문제에 대한 헌법재판소의 사법심사는 매우 제한적이기 때문이다. 기본권이 국가에 대한 주관적 방어권으로서 특정한 국가행위를 금지하는 것이지만 기본권의 객관적 기능으로부터 발생하는 국가의 보호의무는 상대적으로 그 내용이 불명확한 것이 사실이다. 국가가 국민의 생명과 신체를 위협하는 위험에 어떠한 방식으로 대처할 것인지, 보호의무의 개념과 규범적 의미를 어떻게 확정할 것인지의 여부는 일차적으로 입법자의 과제이며, 입법자는 자신이 가진 평가, 형량 및 형성의 자유를 바탕으로 특정한 법익을 보호하기 위한 조치를 취할 수 있다. 물론 입법자가 가지는 평가 및 형성의 자유에도 불구하고 국가가 기본권 보호의무를 이행하기 위하여 취하는 조치의 타당성 여부에 대한 사법적 심사가 원천적으로 배제되는 것은 아니다. 연방헌재는 국가의 보호의무가 전혀 이행되지 않았거나, 입법자가 만든 규정이나 취한 조치가 기본권 보호목적 실현을 위하여 명백하게 부적절하거나 혹은 전혀 불충분하거나 기본권 보호목적에 현저히 미달하는 경우에는 국가의 기본권 보호의무 위반을 선언하여 왔다.[11)]

이 점과 관련하여 독일연방의회는 기후보호법 제1조 제3항에서 2050년까지 기후중립 목표 달성을 입법의 기본목표로 선언하고 제3조 제1항에서 1990년을 기준 시점으로 하여 2030년까지 온실가스를 55% 감축하기

---

11) BVerfG, (FN 1), Rn. 146. Das Bundesverfassungsgericht stellt die Verletzung einer Schutzpflicht dann fest, wenn Schutzvorkehrungen entweder überhaupt nicht getroffen sind, wenn die getroffenen Regelungen und Maßnahmen offensichtlich ungeeignet oder völlig unzulänglich sind, das gebotene Schutzziel zu erreichen, oder wenn sie erheblich hinter dem Schutzziel zurückbleiben (vgl. BVerfGE 142, 313 m.w.N.; stRspr). BVerfG, (FN 1), Rn. 152. 후술하겠지만 이러한 표현은 연방헌법재판소가 과소보호금지원칙을 명시적으로 언급하지 않고 명백성 통제 기준만을 언급한 것으로서 실효성 통제를 의도적으로 간과하고 입법자에게 일종의 입법적 면죄부를 주었다는 비판을 충분히 받을 수 있다.

로 규정하였다. 이는 2050년 기후중립으로 가는 길에 일종의 잠정목표를 명확하게 규정한 것이다. 그런 측면에서 보면 입법자의 보호의무 이행이 명백히 부적절한 것으로는 보기 어렵다. 연방의회는 기후보호법에 2030년까지는 연도별 온실가스 감축목표와 감축량을 산업부문별로 구체적으로 규정하였으며 비록 2031년 이후에는 점차적인 감축목표만을 추상적으로 제시하기는 했지만 이를 이유로 입법자의 기본권 보호의무 이행이 전혀 불충분한 것으로 단정하기 어렵다. 헌법소원심판 청구인들은 기후보호법의 관련 규정들이 파리기후협약에서 합의한 지구기온을 1.5도 내지 2도까지로 상승을 억제한다는 목표에 미달하고 결과적으로 심판청구인들의 생명과 신체의 자유, 존엄한 미래에 대한 기본권 및 생태학적 최소 생존권을 침해하였다고 주장하지만 연방의회가 기후보호법에 규정한 온실가스 감축목표와 부문별 감축량이 기본권 보호목적에 현저히 미달하는 것으로도 볼 수 없다.[12)]

3) 재산권 침해 여부

연방헌법재판소는 이미 과거 결정을 통하여 기본법 제14조에 규정된 재산권 역시 단순한 국가에 대한 주관적 방어권으로서 자유권으로서의 성격뿐만 아니라 국가의 보호의무의 대상이 된다는 점을 밝힌 바 있다. 토지 등 부동산을 가지고 있는 국민은 기후변화로 인하여 주거용 또는 사업 및 농업용으로 사용하는 토지 또는 그 밖의 부동산에 대한 다양한 손해가 예상되기 때문에 기본법 제14조의 재산권 보장 규정은 국가가 기후변화로 인하여 발생할 수 있는 위험으로부터 국민의 재산권을 보호하는 의무를 포함한다. 재산권의 상실과 함께 지역에 형성된 사회적 공동체도 붕괴될 수 있다는 점에서 연방헌법재판소는 과거 결정에서 이와 같이 재산권이

---

12) 결국 연방헌법재판소는 각주 11)의 비판처럼 기후보호법의 내용에 전혀 문제가 없다는 결론을 내리고 있는데, 이는 2022년 말까지 이루어질 보완입법이 부실화할 수 있다는 점에서 부정적인 영향이 우려된다. 그럼에도 2021년 8월 18일부터 시행되는 제1차 기후보호법 개정법에 따르면, 2030년까지의 온실가스 배출량 감축 목표가 당초의 55%에서 65%로 상향되고, 2040년까지의 감축 목표가 88%로 설정되었으며, 탄소중립 달성 목표 시기가 당초의 2050년에서 2045년으로 당겨졌다.

가지는 사회적 공동체 내지 인간적인 네트워크 관련성을 고려하여 국가가 재산권 규정을 통하여 인간의 주거지나 고향으로부터 성립한 사회적 공동체를 보호할 의무가 있음을 밝힌 바 있다. 그런데 연방의회가 기후보호법을 제정하면서 이와 같은 재산권 및 재산권에 연관된 사회적 공동체 보호의무를 방기하였다고 보기 어렵다.[13] 앞서 언급한 바와 같이 연방의회는 2020년에서 2030년까지 그리고 2031년에서 기후중립의 최종 목표연도인 2050년까지 지속적으로 온실가스 감축을 대 원칙으로 규정하고 지구 기온을 1.5도 내지 2도까지 상승하는 것을 목표로 제시하였다는 점에서 입법자가 독일 내에 존재하는 재산권에 대하여 전혀 입법의무나 보호의무를 방기하였거나 헌법적으로 정당화되기 어려울 정도로 의무를 위반한 것으로는 볼 수 없다.

4) 외국에 거주하는 심판청구인들의 기본권 침해 여부

헌법소원 심판청구인들 중에는 방글라데시와 네팔에 거주하는 해외 거주 외국인들도 있었는데 연방헌재는 앞서 본 바와 같이 이들의 심판청구인적격을 긍정하여 본안심리를 하였지만 결과적으로 기본권 침해를 인정하지 않았다. 해외 거주 심판청구인들은 독일의 기후보호법이 기후온난화를 방지하기 위한 충분한 온실가스 배출제한 규정을 두지 않았기 때문에 이로 인한 전 지구적인 기온상승과 기후변화에 따라서 자신들의 생명과 신체에 대한 자유를 침해받았다고 주장하였다. 그러나 연방헌재는 다음과 같은 이유로 심판청구를 기각하였다. 독일이 전 세계적인 온실가스 배출량의 2% 정도를 차지하고 있다는 사실을 고려할 때 이를 어느 정도로 감축할 것인가 하는 문제는 전적으로 독일의 입법자가 결정할 문제다. 물론 기본법 제1조 제3항은 독일 영토에 국한하여 기본권의 효력을 제한하지 않고 독일 국가권력에 대하여 외국인을 포함하여 기본법이 규정하는 기본권의 포괄적인 효력을 인정한다. 이와 관련하여 연방헌법재판소는 기본권의 포괄적 효력을 인정하지만 외국인이나 외국에 거주하는 사람에 대한 효력

13) BVerfG, (FN 1), Rn. 171.

은 기본권이 적용되는 상황적 조건에 따라서 구분하여 고찰하는 것이 필요하다는 견해를 제시하면서 구체적인 조건에 대해서는 명확한 입장을 보이고 있지 않다.14)

온실가스 배출로 인한 지구온난화 문제를 해결하는 것은 독일뿐만 아니라 국제사회의 협력이 반드시 필요하며, 독일이 자국의 영토를 넘어서서 국제법적인 문제를 단독으로 처리할 수 없다는 현실적인 한계를 고려하여 볼 때 외국에 거주하는 외국인의 기본권 보호를 위하여 일정한 법적 조치를 취하는 것은 사실상 불가능한 일이다. 동시에 독일은 국제사회의 일원으로서 파리기후협약을 체결하고 비준하였으며 이에 따라 기후보호법을 제정하고 온실가스 감축목표와 감축량을 규정하였기 때문에 독일이 전 지구적인 온난화를 방지하여 외국에 거주하는 사람들의 생명권과 안전권을 보호하는 의무를 전혀 이행하지 않거나 명백히 부적절한 조치를 취한 것으로는 볼 수는 없다.15)

2. 미성년자들의 기본권 침해 여부

1) 세대 간 기본권에 대한 侵害 類似的 事前效果(eingriffsähnliche Vorwirkung)

연방헌법재판소는 기후보호법이 2030년까지는 연도별, 분야별 온실가스 배출량을 규정하고 있지만 2031년부터 기후중립이 완성되는 2050년 기간에는 이와 관련한 충분한 보호조치를 규정하지 않았기 때문에 결과적으로 미성년자들인 심판청구인들이 2031년 이후 상대적으로 보다 많은 감축의무를 감당하게 될 가능성이 있으므로 기후보호법 제3조 제1항 제2문 및 제4조 제3항이 이들의 기본권을 침해하였다고 판단하였다. 연방의회가 위 기후보호법 조항에 따라서 온실가스 배출량을 규정하지 않은 것은 기본법이 포괄적으로 보호하는 심판청구인들의 자유권적 기본권에 대한 侵

14) BVerfG, (FN 1), Rn. 175.
15) BVerfG, (FN 1), Rn. 181.

害 類似的 事前效果(eingriffsähnliche Vorwirkung)[16]를 가진다. 기후보호법은 기후중립을 실현하기 위하여 필요한 기술 발전과 그 실행방법에 대하여 근본적인 방향 및 인센티브를 제공하는데 적절하면서도 동시에 2031년 이후 온실가스 감축목표를 위한 최소한의 규정을 결여하고 있다.[17]

기본법 제20a조에 근거하여 입법자가 기후변화에 따르는 개인들의 자유로운 경제활동을 제한하는 것은 기본권적 자유와 기후변화로 인한 모든 국민들의 생명과 안전을 보호하는 국가의 의무와 조화를 이루는 것이 중요하다. 하지만, 계속되는 기후위기 시대에 국민의 생명과 안전을 보호하는 국가의무의 비중은 온실가스를 배출하는 개인들의 경제활동의 자유에 비하여 장래에 상대적으로 커질 것으로 예상된다. 따라서 계속하여 온실가스 감축에 대한 규제가 보다 커질 것으로 보이기 때문에 미성년자인 심판청구인들과 미래세대가 온실가스를 배출하며 직업을 영위하거나 자유로운 경제활동을 할 수 있는 여지는 점차적으로 협소해질 것이 분명하다. 2050년까지 온실가스 배출을 0으로 줄여서 탄소 내지 기후중립을 달성하는 경우 그 시점에서는 더 이상 온실가스 배출 자체가 허용되지 않기 때문에 2030년까지 잔존하는 온실가스 배출 여유량을 이미 상당 부분 소진한다면 2031년부터 2050년까지 경제활동을 하는 세대는 온실가스 감축을 보다 효과적으로 시행할 수 있는 획기적인 기술발전이 제시되지 않는 한 일반적인 행동자유권을 크게 제약받게 될 가능성이 크다.[18]

2) 심사기준으로서 기본법 제20a조와 비례의 원칙

앞서 언급한 바와 같이 기본법 제2조 제2항의 생명 및 신체의 자유,

---

16) 자유권에 대한 침해 유사적 사전효과라는 용어는 Michael Kleiber가 박사논문에서 처음 언급하였으며, Kleiber가 이 용어를 사용한 것은 자유권의 행사에 대한 기회를 기성세대가 독점해서는 아니 되며, 국가가 미래세대에게도 정당한 범위의 자유 실현의 조건을 마련할 의무를 가진다는 취지를 강조한 것이다. 기성세대가 세대 간 정당한 배분 조건을 위반하여 자유를 남용하는 경우 이는 곧 미래세대의 자유를 이미 사전적으로 침해하는 효과를 야기한다는 의미이다. Der grundrechtliche Schutz künftiger Generationen, Mohr Siebeck 2014, S. 296ff; 313ff.

17) BVerfG, (FN 1), Rn. 183.

18) BVerfG, (FN 1), Rn. 186.

기본권의 객관적 기능과 국가의 기본권 보호의무는 미래세대에게도 적용된다. 그리고 국가가 기후변화를 제대로 고려하지 않은 온실가스 배출량을 현재 시점에서 허용하는 경우 미래세대의 생명과 안전의 자유에 대한 국가의 보호의무를 위반하는 것이다. 기후보호법의 관련 조항은 심판청구인들의 자유를 과도하게 침해하지 않는 범위 안에서 합헌으로 평가할 수 있다. 입법자는 기본법 제20a조가 요구하는 2050년까지의 기후중립이 실현되는 시점까지 점증하는 기후보호의 필요성과 그에 따르는 온실가스 감축의 부담이 지속적으로 증가한다는 사실을 고려하면서 국민의 헌법상의 자유권이 지속적으로 기대가능한 수준에서 실현될 수 있도록 입법의무를 이행하여야 하며, 일방적으로 미래세대에 불리한 방향으로 온실가스 감축에 대한 부담을 세대 간에 배분하는 조치를 취할 수 없다. 온실가스 배출과 관련한 자유 실현에는 세대 간에 비례의 원칙이 적용되므로 한 세대가 상대적으로 많은 양의 온실가스를 배출하는 경제활동을 한 결과 심판청구인들이 주장하는 바와 같이 이후 세대가 온실가스 배출에 대하여 "급브레이크"를 밟아야 하는 상태를 감수하여야 한다면 이들 다음 세대들은 온실가스 배출을 통하여 영위할 수 있는 각종 자유권의 행사에 상당한 제약을 받을 수밖에 없다. 따라서 세대 간에 배분되는 온실가스 감축량이 기성세대에게 일방적으로 관대하게 설정되었다면 이 시점부터 다음 세대들에 대한 자유권이 과도하게 침해하지 않도록 적절한 입법적 조치가 필요하다.[19]

기본법 제20a조가 미래세대를 위하여 자연적인 생활의 기초를 보호할 의무를 국가에게 부과하고 있으므로 미래세대는 자신이 향유할 수 있는 자연적 생활의 기초를 마땅히 보장받아야 한다. 결국, 기본법은 미래세대가 자신들의 자연적인 생활의 기초를 보장받도록 국가에게 의무를 지우고 있기 때문에 국가는 기성세대를 대상으로 자연적 생활의 기초를 가능한 정도로 주의 깊게 보전하도록 필요한 입법적 조치를 취하여 미래세대가 급격한 희생을 치르지 않도록 배려하여야 한다. 이를 위하여 무엇보다도

19) BVerfG, (FN 1), Rn. 192.

입법자는 아직 잔존하고 있는 온실가스 배출량을 세대 간에 정교하게 배분하고 미래세대가 탄소중립적인 생활양식에 무리 없이 안착할 수 있도록 현 시점에서 필요한 변화를 이끌 수 있는 적절한 조치를 취하여야 한다.[20] 이와 같은 측면에서 보면 입법자는 현재 시점에서 2031년 이후에 발생할 수 있는 미래세대의 급격한 온실가스 감축에 대한 부담을 덜어주는 방향으로 그들의 기본권을 가능한 정도로 보호할 입법적 조치를 취하여야 한다. 기후보호법 제3조 제1항 제2문, 제4조 제3항이 규정하고 있는 온실가스 배출량은 기본법 제20a조가 예정하고 있는 잔여 배출량을 현저하게 감소시키고 있기 때문에 미래세대의 자유권 실현을 가능한 정도로 보호하기 위해서는 2031년부터 심판청구인들에게 부과되는 급격한 온실가스 감축량에 대한 부담을 완화하고 그들의 기본권 침해를 최소화할 수 있는 예방조치를 입법적으로 보완하여야 한다. 그와 같은 입법조치들은 2031년 이후 온실가스 배출과 관련하여 기후중립을 실현할 수 있는 광범위한 기술과 방법을 발전시키기 위한 충분한 인센티브와 방향을 설정하는 것이다.[21] 그렇지만 현재의 기후보호법에서는 그에 대한 명확한 규정을 찾을 수 없다. 오직 제4조 제6항에 따라서 연방정부가 2025년에 2031년 이후 향후 연도별 감축목표와 감축량을 법규명령에 따라서 정하도록 수권하고 있을 뿐이다. 결국 이 규정은 입법자가 미래세대의 기본권을 보호하는 방식으로 온실가스 감축목표와 감축량 등을 스스로 규정하여 향후 기후중립 실현과 그를 위한 기술발전에 투명성과 예측가능성을 제공하는데 실패한 것으로서 기본법 제80조의 법규명령에 대한 헌법적 요건을 충족하지 못한 것이다.[22]

---

20) BVerfG, (FN 1), Rn. 193.

21) BVerfG, (FN 1), Rn. 195.

22) 연방헌법재판소는 기후보호법 제4조 제6항이 연방정부에게 2025년에 2031년 이후 향후 연도별 감축목표와 감축량을 법규명령에 따라서 정하도록 수권하는 것은 법규명령의 내용, 목적, 범위에 대하여 법률이 스스로 규정하여야 한다는 기본법 제80조 제1항과 본질성 이론에 반한다는 견해를 제시하였다. BVerfG, (FN 1), Rn. 1260ff. 하지만 이 쟁점은 지면 관계상 본 연구에서는 상론하지 않는다.

Ⅲ. 평가

1. 미래세대의 기본권 주체성 부인과 국가의 보호의무 - 모순은 없는가?

연방헌재는 이 결정에서 수차례에 걸쳐서 기본법 제20a조에 따르는 국가의 환경보호의무와 기본법 제2조 제2항 제1문의 생명과 신체의 자유의 객관적 측면으로부터 국가가 미래세대에 대한 보호의무를 지고 있다고 판시하였다. 특히 기후변화와 같이 돌이킬 수 없는 환경변화로 인하여 미래세대의 생명과 안전이 직접적으로 위협을 받는 상태에서는 더욱 국가의 보호의무가 요청된다. 연방헌재는 미래세대에 대한 국가의 보호의무를 강조하였지만 이들 미래세대는 그들이 전체적인 단일체로든 개인들의 총합체로든 현재 시점에서는 기본권 주체성을 가질 수 없다는 점을 분명히 하고 있다. 미래세대의 개념과 범위에 대해서는 학자들의 견해가 나누어지기는 하지만[23] 연방헌법재판소는 이 사건에서 법정대리인을 통하여 헌법소원을 제기한 다수의 아동 및 미성년자들의 기본권 주체성은 당연한 것으로 전제한 것과는 달리 미래에 독일에 태어나는 미래세대에게는 기본권 주체성을 부인하였다는 점에서 양자를 구별하였기 때문에 여기에서의 미래세대는 아직 출생하지 않은 순수한 미래의 자연인들만을 의미하는 것으로 볼 수 있다.

그렇다면 가장 단순하고 기본적인 의문이 제기될 수 있다. 미래세대가 기본권 주체성을 가지지 못함에도 불구하고 국가가 그들의 생명과 신체, 안전 등을 보호해야 하는 헌법상 의무를 가지고 있다는 점을 과연 모순 없이 설명할 수 있는 것인가? 특히 미래세대의 기본권을 국가 또는 제3자의 기본권 침해 행위에 대한 주관적 방어권으로 이해하는 경우에는 미래세대가 아직 자신의 기본권 침해를 방어할 수 있는 지위를 가지지 못하기 때문에 국가가 이를 보호할 의무도 성립할 수 없다. 하지만 기본권의 성격과

23) 이에 대한 논의는 김성수, 「미래세대 보호를 위한 법리적, 헌법적 기초」, 법학연구연세대학교 법학연구원, 제29권 제4호(2019년 12월), 1-33면 (5면); 배건이, 「미래세대 보호를 위한 법이론 연구 - 세대간 계약을 중심으로 -」, 한국법제연구원, 2020, 93면.

기능을 주관적 방어권과 더불어 공동체가 지향하고 국가가 반드시 수호해야 하는 객관적인 가치질서로 이해하는 경우 미래세대가 현재 시점에서 기본권 주체성을 가지지 못하는 경우에도 입법자가 장래에 태어날 미래세대들의 생명과 안전을 보장하기 위하여 기후변화에 적극적으로 대응한다는 의미에서 일정한 보호의무를 부담한다는 것은 법리적으로 크게 모순되는 것은 아닐 것이다. 그 이유는 미래세대가 아직 현존하는 인간은 아니지만 가상공간에 머무르는 상상 속의 인간체가 아니라 언젠가는 특정 국가의 영토 안에서 반드시 태어날 것으로 예상되는 현실적이고 잠재적인 인간의 개체 또는 집단이기 때문이다. 따라서 언젠가는 특정 국가의 영토에 반드시 태어나서 생활하게 될 미래의 인간과 생명체가[24] 온실가스의 배출로 인한 기후변화라는 불가역적이고 미래위협적인 현상에 직면할 것이 잠재적이기는 하지만 현실적으로 존재하는 위험이라는 측면에서 국가가 미래세대의 생명과 안전을 보호한다는 것은 그들의 기본권 주체성의 인정 여부와는 관계없이 기본권의 객관적 기능이라는 측면에서 전혀 모순되는 것은 아니다.

독일의 경우 연방헌법재판소가 미래세대에 대한 국가의 기본권 보호의무를 강조하는 것은 기본법 제20a조가 헌법적인 근거를 가지고 있기 때문이다. 앞서 언급한 바와 같이 기본법 제20a조에 따라서 연방헌재는 이 조항이 미래세대의 생명과 안전을 위하여 기후보호에 대한 입법자의 보호의무를 포함하고 있다는 입장을 보이고 있다. 동시에 연방헌법재판소는 기본법 제20a조가 입법자에게 미래세대의 보호를 위하여 상당한 형성권을 부여하고 있는 것은 사실이지만 그렇다고 하여 단순한 입법자의 권한과 의무에 대한 선언적 규정이 아니며, 당연히 연방헌법재판소 등에 대한 사법

24) 미래인간보다 미래세대라는 용어를 사용하는 이유는 보호의 대상이 미래에 출생하는 사람을 주된 대상으로 하지만 미래세대를 '보호'한다는 목적을 고려한다면 미래세대의 '세대'에 비인간적인 요소들, 예를 들어 미래의 동·식물이나 생물다양성 등을 포함시킬 수 있기 때문이다. 미래세대에 대한 현재의 연구는 주로 미래에 태어나는 사람에 대한 보호를 주된 타깃으로 하지만, 향후에는 그 범위를 인간을 포함하는 생물체의 후속세대에 대한 보호의 문제로 외연을 확대할 수 있다. 김성수, 앞의 글 (각주 23), 4면.

적 심사의 권한 역시 부여한 것으로 보고 있다. 따라서 입법자의 의무가 해태되거나 부적절한 것으로 판단하는 경우 연방헌법재판소는 당해 법률이 기본법 제20a조에 위반하는 것으로 선언할 수도 있다는 입장이며, 이는 필자 역시 전적으로 공감할 수 있는 부분이다. 따라서 입법자는 미래세대의 환경과 자연적 생활의 기초를 보장하기 위하여 적절한 입법의무가 있으며, 특히 온실가스의 배출과 같이 기후변화에 대한 직접적인 원인을 제공하는 위험에 대하여 적절하고 효과적인 입법조치를 취할 의무가 있다. 결국, 독일연방헌법재판소가 미래세대의 기본권 주체성을 부인하면서도 기본권의 객관적 기능과 기본법 제20a조를 근거로 국가의 기본권 보호의무를 강조한 것은 기본권 도그마틱과 국가목적 조항의 해석에 관하여 적절한 견해를 제시한 것으로 볼 수 있다.

그렇다면 우리의 경우에도 독일의 기후보호법과 유사한 입법을 가지고 있는 상황에서 환경권, 생명과 신체의 자유 및 후술하는 바와 같이 재산권에 대한 국가의 보호의무를 어느 정도로 입법화 할 것인지, 그러한 입법에 대하여 우리 헌법재판소는 어떠한 심사기준과 견해를 제시할 것인지 비교법적인 측면에서 상당히 흥미로운 부분이며 이에 대해서는 후술한다. 다만, 우리 헌법은 독일과는 달리 환경권을 기본권으로 규정하고 미래세대를 위한 환경보호를 국가목적으로 규정하고 있지 않기 때문에 객관적인 측면에서 미래세대의 보호를 위한 입법자의 역할에 대해 상당한 제약이 따를 수 있다. 그렇지만 헌법 제35조 제1항 후단이 국가의 환경보전에 대한 노력을 규정하고, 제2항에서 환경권의 내용과 행사를 입법형성권으로 선언한 점, 헌법 전문에서 "우리들의 자손의 안전과 자유와 행복을 영원히 확보할 것을 다짐하면서"라는 부분을 종합적으로 고려한다면, 부족하기는 하지만 미래세대의 기본권 보호를 위한 입법자의 객관적인 보호의무를 도출할 수 없다고는 단언하기 어려울 것이다.[25]

---

25) 헌법해석론도 중요하지만 개헌을 통하여 미래세대의 보호를 위한 명문의 규정을 두는 것이 궁극적인 해결방안임은 자명하다. 김성수, 「헌법재판 30년 – 헌법재판 미래와 어떻게 대화할 것인가?」, 헌법논총 제29집, 2018, 401-445면 (434면 각주 31).

2. 미래세대의 주권자 적격성에 대한 검토

연방헌법재판소가 미래세대의 기본권 주체성을 논의하기 이전에 과연 미래세대가 헌법상 주권자의 자격을 가질 수 있는지에 대한 검토가 선행되었어야 할 것으로 보인다. 물론 헌법상 기본권 중에는 주권자인 국민뿐만 아니라 외국인들을 포함하여 모든 인간이 그 주체성을 가지는 경우도 있으며, 특히 생명과 안전에 대한 자유에 대한 침해는 국민뿐만이 아니라 기후변화로 인하여 국경을 초월하여 발생하는 홍수나 가뭄으로부터 외국인을 포함한 인류 전체를 그 보호대상으로 한다. 실제로 이 사건 헌법소원심판청구인 중에는 네팔과 방글라데시에 거주하는 외국인도 포함되어 있다. 그럼에도 불구하고 연방헌법재판소가 전적으로 독일 내에 거주하는 미성년자 심판청구인들과 미래세대에 대한 국가의 보호의무 위반 여부에 치중하여 판단한 것이기 때문에 주권자인 미성년자를 제외한 순수한 미래세대에 대해서는 기본권 주체성을 부인하기 이전에 그들이 과연 주권자로서 지위를 가지는 것인지 검토하는 것이 필요했을 것으로 보이지만 결국 이 문제는 거론하지 않았다. 아마도 그 이유는 연방헌재가 이 문제가 현행 의회민주주의 틀 내에서 논의하기에는 복잡한 담론이고 미래세대의 주권자성을 검토하는 것이 부담스러웠을지 모른다. 하지만 연방헌법재판소는 미래세대의 기본권 보호를 현실적으로 담당할 정치세력이 현재의 의회민주주의 제도 하에서는 사실상 부재하기 때문에 토론과 공론화 과정을 거쳐야 하는 입법사항에 대하여 이를 소홀히 할 수밖에 없다는 점을 지적하고 있다. 사실상 연방의회가 기후보호법에서 이 부분을 간과하고 기후보호법을 제정한 것은 바로 미래세대를 대표할 만한 정치세력 부재라는 문제의 맹점을 그대로 노출하고 있는 결과라고도 할 수 있다.

연방헌법재판소는 이와 관련하여 다음과 같은 입장을 제시하고 있다. 기본법 제20a조에 따라서 환경보호가 헌법상 국가의 과제로 규정되었는데, 그 이유는 국가가 환경보호의무를 단순히 법률상의 과제로 수행하는데 몇 가지 문제가 제기되기 때문이다. 우선 의회의 회기와 국회의원의 임기는 대체로 수년을 주기로 설정되어 환경보호를 위한 민주적 의사형성의 기간이 단기라는 점이다. 따라서 환경·생태적 과제를 장기적인 관점에서 처리함에 있어서 현행 제도는 구조적인 문제를 노정하고 있다. 둘째, 환경보호라는 국가적 과제에 특별하게 영향을 받는 미래세대는 기존의 의회민주주의 제도 하에서 민주적 의사형성의 기회를 가지지 못한다는 점이다. 이와 같은 제도적 한계 때문에 기본법 제20a조는 현재의 의회민주주의와 민주적 의사형성 과정에 대하여 일정한 내용적인 구속력을 부여하고 있다. 기본법 제20a조가 입법자에게 일정한 내용적 구속력을 부여하였다는 것은 헌법상 국가가 미래세대를 위한 자연환경의 생활기반을 형성하면서 기후변화로 인한 위험으로부터 그들의 생명과 안전을 도모하도록 의무화하였다는 의미이다. 물론 입법자가 미래세대의 생명과 안전을 보호하기 위하여 구체적으로 어떠한 내용의 입법을 할 것인가에 대해서는 상당한 형성권을 가지고 있지만 특히 기본법 제20a조가 기후변화로 인한 위험을 방지하도록 입법자에게 의무를 부과한 것이기 때문에 기후보호법이 이러한 내용을 제대로 반영하지 못하는 경우 당해 법률조항은 위헌으로 평가된다.

다시 말하자면, 기본법 제20a조는 헌법적으로 단순한 선언적 규정이 아니라 헌법재판규범으로서 법률의 위헌심사기준이 된다. 만약, 기본법 제20a조의 실체적 내용을 구체화하는 과정이 전적으로 근시안적이고 단기적인 기성세대의 이익에 따라서 일상적인 의회권력 행사의 대상으로 전락하는 경우에는 제20a조의 헌법적 규범력은 형해화된다.[26] 만약, 연방헌법재판소가 미래세대 전체를 하나의 단일체로 보건 혹은 개인들의 총합으로 인정하건 그 주권성을 인정하는 논리를 전개하였다면 앞서 언급한 바와 같이 이른바 대리민주주의 원리부터 시작하여 구체적인 헌법상 또는 법률상 실천 방법에 이르기까지 상당한 정도로 어려운 법리상의 검토가 필요하였을 것이다. 그러나 이 문제는 이 결정에서 핵심적인 쟁점은 아니었기 때문에 기본법 제20a조에서 규정하는 미래세대를 위한 환경적 기반을 형

26) BVerfG, (FN 1), Rn. 206.

성하는 입법자의 의무에 집중하여 논의를 전개한 것으로 볼 여지가 있다.

연방헌법재판소의 입장에서 보면 기본법 제20a조가 명시적으로 미래세대의 환경·생태적 기반을 조성할 입법자의 의무로부터 기후변화라는 이 결정의 핵심적인 키워드를 결합시키고 기후변화에 따르는 위험으로부터 미래세대의 생명과 안전 보호라는 입법자의 의무를 도출할 수 있었기 때문에 미래세대의 주권성 문제라는 난제를 우회할 수 있는 훌륭한 통로를 가지고 있었다고 볼 수 있다. 하지만, 앞으로 미래세대의 보호 문제는 기본권의 객관적 기능이나 기본법 제20a조와 같은 이른바 국가목적조항으로부터 입법자의 보호의무를 이끌어내는 것으로 그치지 않고 미래세대의 기본권 주체성이나 주권성 여부에 대한 본격적인 논의가 필요할 것으로 보인다. 앞서 언급한 바와 같이 연방헌법재판소는 아직 출생하지 않은 미래세대는 전체적인 단일체로서든 아니면 개인의 총합으로든 현재의 기본권 이론에 따르면 그 주체성을 인정할 수 없다는 견해를 보이고 있다. 하지만 헌법적으로 미래세대의 주권자로서의 지위를 인정하는 견해가 일반화되는 경우 그에 대한 기본권 주체성 여부는 자연스럽게 긍정할 수 있을 것으로 보인다.[27)]

---

27) 이와 관련하여 미래세대의 주권성을 인정하려는 견해도 조심스럽게 제기되고 있다. 예를 들어 한국 국적 또는 법적으로 국민의 요건을 충족할 수 있다는 가정 하에 대한민국에 출생할 가능성이 있는 미래세대는 현재는 아니지만 잠재적으로는 출생을 전제로 주권자의 지위를 가질 수 있는 정지조건부 잠재적 주권자라는 사실을 인정할 수 있다는 것이다. 과거 주권론이 전개되어 온 역사적 과정에서 초기에는 주권자의 지위를 가지지 못한 일반시민이나 소수자, 여성 등을 잠재적 주권자로 볼 수 있었던 이유는 이들이 실제로 현존하는 세대라는 점에서 아직 잠재적으로만 주권자의 지위를 가질 수 있는 가능성만을 염두에 둔 미래세대와는 질적인 차이가 존재함을 부인하기 어렵다. 그러나 대한민국 국적을 가지는 기존의 국민들과 국적법의 요건을 충족하는 미래의 인구집단이 한반도에서 모두 그들의 후손을 이어나간다는 것은 불변의 사실이며, 인구의 감소나 다민족주의의 보편화에도 불구하고 미래세대가 존재한다는 것은 확정적인 것이기 때문에 그들을 잠재적인 주권자로 인정한다는 것이 논리상 문제가 될 것으로는 보이지 않는다. 미래세대를 헌법상 '潛在的 假想主權者'로 인정하는 경우에는 이러한 잠재적 주권자의 지위를 헌법상, 법률상 특히 대리민주주의(proxy democracy) 제도를 통하여 어느 범위에서 보호할 것인가는 문제되는 기본권의 성격과 입법자의 형성권의 영역에 해당하는 문제라고 할 수 있다. 김성수, 앞의 글 (각주 23), 8면.

3. 기본권의 이중적 기능과 재산권에 대한 국가의 보호의무

연방헌법재판소가 기본법 제2조 제2항 제1문의 생명과 신체의 자유 및 제14조의 재산권이 국가의 보호의무의 대상이 된다고 본 것은 기본권이 가지고 있는 주관적 공권성과 공동체의 객관적 가치질서라는 두 가지 기능 중에서도 후자의 특성을 강조한 결과로 볼 수 있다.[28] 기본권의 두 가지 기능은 동일한 기본권을 대상으로 하지만 상이한 측면에서 보호의 방식을 가지고 있는데, 전자의 경우 기본권은 국가의 위법한 공권력 행사에 대한 방어의 측면에서, 후자의 경우에는 기본권 주체 이외의 제3자에 의하여 야기된 위험에 대하여 국가가 기본권 주체를 보호하는 방식을 취한다.[29] 다만, 이 사건에서 온실가스 배출을 통하여 기후변화에 대한 위험을 야기한 제3자가 불특정 다수라는 점에서 국가가 특정 제3자에 대한 개입을 통하여 기본권 주체를 보호하는 방식과 다소 차이가 있다. 다만, 국가의 기본권 보호의무가 원칙적으로 국가, 제3자, 기본권 주체라는 삼각관계를 전제로 하는 것이지만, 이 중 제3자의 범위를 특정인으로 한정하지 않고 온실가스를 배출하는 불특정 다수로 확장하는 경우에도 기본권 주체에 대한 국가의 보호의무를 인정하는데 이론상 무리가 없을 것으로 보인다. 이 사건에서 문제가 된 기본법 제2조 제2항의 생명과 신체의 불가침성 내

---

28) 자유권적 기본권에서도 기본권의 양면성으로 인한 국가의 보호의무가 일반적으로 존재한다. 이에 관한 논의는 정혜영, 「방어권과 기본권보호의무 : 보호의무사안의 방어권적 재구성에 관한 논의를 중심으로」, 아주법학 제7권 제4호, 2014, 133-164면; 허완중, 「기본권의 대사인적 효력과 기본권보호의무 그리고 기본권충돌의 관계」, 헌법논총 제25집, 2014, 1-59면 (17면); 동인, 「기본적 인권을 확인하고 보장할 국가의 의무」, 저스티스 제115호, 2010, 68-105면 (71면 이하).

29) 대표적으로 Josef Isensee, Das Grundrecht auf Sicherheit, 1983; Claus Dieter Classen, Die Ableitung von Schutzpflichten des Grundgesetzes aus den Freiheitsrechten, in : JöR N.F. 36 (1987), S. 29ff.; Johannes Dietlein, Die Lehre von den grundrechtlichen Schutzpflichten, 1992; Markus Möstl, Die staatliche Garantie für die öffentliche Sicherheit und Ordnung, 2002; Peter Szczekalla, Die sogennanten grundrechtlichen Schutzpflichten im deutschen und europäischen Recht, 2002; Ulrich Vosgerau, Grenzen der liberalen Gewährleistungstheorie, Schutzpflichten und Gemeinwohl im staatlichen Risikomanagement, in : Jörg Scharrer et alii (Hrsg.), Risiko im Recht – Recht im Risiko, 2011, S. 135ff.

지 자유는 국가에 대한 주관적 방어권으로서 국가는 개인의 생명과 신체를 침해하는 행위를 할 수 없다. 동시에 기본권 주체는 국가에 대하여 생명과 신체의 자유에 대한 보호를 요청할 수 있으며, 국가는 이를 보호할 의무가 있기 때문에 이러한 보호의무 또는 작위의무에도 불구하고 위험을 발생시킨 제3자에 대한 개입 또는 처분의무를 게을리한 경우 국가는 기본권 보호의무에 위반하는 결과가 된다.

국가가 부담하는 기본권 보호의무는 사인 간에 발생하는 위험으로부터 기본권 주체를 보호하는 것으로서 일종의 안전에 대한 기본권을 보장하는 것이기 때문에 보호의무를 부담하는 주체는 국가이며, 위험을 발생시킨 제3자가 아니다. 사인 간에 발생하는 위험과 그로 인한 권리침해는 전적으로 사법의 영역에 속하는 것이기 때문이다. 기본권의 주관적 방어권으로서의 성격은 기본권 도그마틱에서 가장 고전적인 논의이며, 기본권의 객관적 가치질서, 생존권과 사회권, 헌법상 제도보장론에 대한 헌법이론에 대한 중요한 기초를 제공하고 있다. 국가의 기본권 보호이론 역시 후술하는 바와 같이 기본권의 객관적 기능과 결합하여 논의가 이루어지고 있지만 역사적으로 보면 근대국가의 태동기에 이미 국가의 시민보호와 시민 간의 분쟁으로부터 국가질서를 유지한다는 사상으로부터 유래한 것으로 볼 수 있다.[30] 결국 국가의 기본권 보호의무는 근대 국가의 존립의 정당성 문제와 깊이 연관된 것으로서 오늘날 기본권 도그마틱의 발전에 따라서 부활한 것으로 이해할 수 있다. 후술하는 바와 같이 이 사건에서 연방헌법재판소가 2020년부터 2030년까지 연도별 온실가스 배출량과 산업 부문별 감축 전략에 대한 입법자의 조치에 대해서는 국가의 국민의 생명과 안전의 보호의무 위반 여부의 문제로 접근하고, 반면에 2031년부터 2050년까지의 입법부작위에 대해서는 법정대리인을 통하여 헌법소원을 제기한 미성년자 아동 및 청소년들의 일반적 행동자유권에 대한 과잉적침해라는 방어권 논리를 전개한 것도 기본권의 이중적 기능에 대한 논의와 무관하지 않다.

30) Josef Isensee, 앞의 책 (각주 29), S. 3ff.

그런데 연방헌재는 자신의 이전 결정례를 소개하면서 국가는 개인의 생명과 신체는 물론 헌법상 재산권에 대해서도 보호의무를 가지고 있다고 보았다.[31] 2021년 독일 서부권을 강타한 홍수로 인한 인명 및 재산피해를 보면 알 수 있듯이 기후변화는 주택을 포함한 사업용, 농업용 토지와 부동산 등 재산에 대한 막대한 피해를 야기할 수 있기 때문에 이러한 위험으로부터 국가의 보호의무가 발생한다는 것이다. 특히 기후변화로 인해 발생하는 홍수 및 해수면 상승 등으로 인하여 기존의 주거지역이 침수피해를 입는 등 더 이상 인간이 거주하기 어려운 상황으로 이어지는 경우 재산권에 대한 침해는 충분히 예상할 수 있는 위험이다. 연방헌재는 헌법상 재산권의 보호범위에는 기본권 주체가 재산권을 중심으로 생활하여 온 지역과 고향 등 주변의 사회적 네트워크를 포함하고 있기 때문에 기후변화는 이와 같은 총체적인 재산권의 보호영역을 침해할 수 있으며, 바로 국가의 보호의무가 여기에 존재한다. 연방헌재가 기본권의 이중적 기능을 언급하고 개인의 생명과 신체는 물론 재산권에까지 기본권의 객관적 기능으로부터 국가의 보호의무가 발생한다고 본 논리는 상당 부분 수긍할 수 있다.

다만, 기후변화로 인하여 발생할 수 있는 재산상의 손실 등 전방위적인 위험을 고려한다고 하더라도 개인의 생명과 신체와는 달리 재산권에까지 국가의 보호의무를 확장하는 것이 과연 바람직한 것인가에 대해서는 의문의 여지가 있다. 물론 앞서 언급한 바와 같이 이 문제와 관련하여 기후변화를 야기하는 제3자와 재산권 주체와의 민사상의 분쟁으로 다루기에는 제3자를 특정하기 어렵고 원인자를 특정한다고 하더라도 인과관계의 문제 등 어려운 법적인 문제가 있기 때문에 기후변화로 인한 모든 위험에 대하여 국가의 보호의무로 치환하는 것이 논리적으로 근본적인 문제가 있다고는 보기 어렵다. 하지만 국가가 헌법상 사유재산제도를 제도적으로 보장하는 것 이외에 사적 유용성과 처분권능을 가지는 모든 사인의 구체적

31) BVerfGE 114, 1. 하지만 연방헌법재판소의 이 결정은 생명보험을 체결한 가입자가 가지는 재산적 가치에 대한 법적 지위를 생명보험회사가 침해하는 것을 보호하는 것으로서 기후보호법이 지향하는 재산권 보호의무와 비교할 수 있는 것인지 의문이다. Rn. 140.

인 권리에 대하여 기후변화로 인한 위험을 부담하는 것은 재산권 주체와 재산권이 형성되어 작용하고 있는 사회질서에 대한 과도한 개입이 될 가능성이 있다. 재산권 주체는 이러한 위험에 대비하여 보험에 가입할 수도 있으며, 특히 침수와 홍수의 위험이 큰 지역에 대한 거주를 지양하거나 위험 요인을 제공할 수 있는 제3자나 국가, 자치단체 등에 대하여 재산권을 기반으로 제방의 축조 등 적극적으로 피해를 방지하기 위한 시설의 설치를 요구하는 물권적 청구를 통하여 기본권 주체의 적극적인 자기노력에 일정 부분 맡기는 것이 재산권 실현의 보다 바람직한 방식으로 보인다.

물론 미증유의 기후변화와 그로 인한 위해의 방지에 거시적인 책임을 지고 국민의 생명과 재산을 수호하는 것이 기본권의 객관적 기능에서 발생하는 당연한 국가의 의무이기는 하지만 이것이 개인의 특정 재산권을 보호하기 위한 국가의 의무이며, 이를 위반하는 경우 개인의 재산권을 침해한다는 논리는 성립하기 어렵다. 자칫 개인의 구체적인 재산권에 대한 국가의 보호의무가 강조되는 경우에는 보호의 차원을 넘어서서 후견의 가능성까지 있으며, 이는 마치 미성년자의 미숙한 재산관리를 법정대리인이 후견하는 상황과 오버랩 되는 모습도 그려진다. 앞서 연방헌재도 기본권의 객관적 기능은 기본권 주체의 주관적 지위의 본질적인 하나의 부분에 해당한다는 견해를 밝혔듯이[32] 기본권은 주관적 방어권이라는 대 전제를 고려하는 것이 중요하기 때문에 국민의 생명과 안전을 보호하는 의무에 대하여는 입법자가 상대적으로 상세하고 구체적인 입법의무를 부담하는 것과는 달리 헌법상 국민의 재산권 보호는 재산권 주체의 방어권이 주된 기능이며 국가의 보호의무는 공동체를 유지하는 기본적인 책무로서 추상적인 차원에 머무르는 것으로 이해하는 것이 바람직할 것으로 보인다. 따라서 국가의 재산권 보호의무를 입법자가 구체화하는 경우 추상적인 규정으로 족하며, 여기에 대해 사법부가 과소보호금지원칙을 적용하는 경우 전혀 입법이 없거나 현저히 부적절한 명백성 통제에 한정하고 실효성 내지 효

32) BVerfG, (FN 1), Rn. 145.

과성 통제는 자제하는 것이 바람직하고 또 실제로도 그렇게 할 수밖에 없을 것으로 보인다.

4. 명백성 통제기준과 과소보호금지원칙에 대한 평가

연방헌법재판소는 2020년부터 2030년까지 기후보호법 제3조 제1항 제2문, 제4조 제3항 및 부칙 2가 규정하고 있는 온실가스 연도별, 산업 부문별 배출량이 헌법소원심판청구인들의 생명과 신체의 불가침성 및 재산권에 대한 보호의무를 위반하여 이와 같은 기본권을 침해하였다는 주장을 받아들이지 않았다. 연방헌법재판소는 보호의무 위반 여부를 심사하는 기준으로서 명시적으로 과소보호금지원칙(Untermaßverbot)을 언급하지는 않았지만[33] 그 내용으로서 국가의 보호의무가 전혀 이행되지 않았거나, 입법자가 만든 규정이나 취한 조치가 기본권 보호목적 실현을 위하여 명백하게 부적절하거나 혹은 전혀 불충분하거나 기본권 보호목적에 현저히 미달하는 경우에는 국가의 기본권 보호의무 위반을 선언하여 왔음을 밝히고 있다.[34] 연방헌법재판소가 위 기후보호법의 관련 조항에 대하여 국가의 보호의무 위반 여부를 심사하면서 헌법적 통제기준으로서 과소보호금지원칙을 명시적으로 언급하지 않는 것은 결과적으로 자신이 확립한 과소보호금지원칙과 상충하는 것에 대하여 부담을 느낀 것으로 보인다. 다시 말하자면 연방헌법재판소는 이 결정에서 입법자의 보호의무 위반에 대하여

---

33) 하지만 연방헌재는 "보호조치가 어떠한 경우에도 보호목적에 현저히 미달해서는 아니된다"(die Schutzvorkehrungen dürften jedenfalls nicht erheblich hinter dem Schutzziel zurückbleiben)는 표현을 통하여 과소보호금지원칙의 적용을 암시하고 있다. BVerfG, (FN 1), Rn. 152 ff.

34) 구체적인 표현은 다음과 같다. Das Bundesverfassungsgericht stellt die Verletzung einer Schutzpflicht dann fest, wenn Schutzvorkehrungen entweder überhaupt nicht getroffen sind, wenn die getroffenen Regelungen und Maßnahmen offensichtlich ungeeignet oder völlig unzulänglich sind, das gebotene Schutzziel zu erreichen, oder wenn sie erheblich hinter dem Schutzziel zurückbleiben (vgl. BVerfGE 142, 313 m.w.N.; stRspr). BVerfG, (FN 1), Rn. 152. 여기에서는 연방헌법재판소가 "전혀 아니다"(überhaupt nicht), "명백하게 부적절"(offensichtlich ungeeignet), "전적으로 부족"(völlig unzulänglich), "보호목적에 현저히 미달"(erheblich hinter dem Schutzziel)이라는 표현을 사용함으로써 이른바 명백성 통제기준을 제시하고 있다.

"국가의 보호의무가 전혀 이행되지 않았거나, 입법자가 만든 규정이나 취한 조치가 기본권 보호목적 실현을 위하여 명백하게 부적절하거나 혹은 전혀 불충분하거나 기본권 보호목적에 현저히 미달하는 경우" 등 이른바 명백성 통제(Evidenzkontrolle)기준을 적용하였는데, 이는 연방헌법재판소가 낙태결정 II 등에서 언급한 과소보호원칙에서 상당한 정도로 후퇴한 것이기 때문이다.

연방헌법재판소는 낙태결정 II에서 과소보호원칙의 내용으로서 명백성 통제기준을 넘어서서 입법자가 태아의 생명권 보호 등을 위한 효과적이고 실효성 있는 조치를 취하여야 한다는 효과성 내지 실효성 통제(Wirksamkeitskontrolle)기준을 제시하였기 때문이다.[35] 연방헌법재판소는 낙태결정 II에서 입법자가 태아의 생명권 보호를 위하여 겉치레로 형식적인 내용만을 규정한 것으로서 보호의무를 다하는 것이 아니라는 점을 강조하면서 명백성 통제기준만으로는 입법자의 보호의무를 판단하기에 부족함을 시사하였다.[36] 물론 태아의 생명권과 임산부의 자기결정권 내지 사생활의 비밀과 자유라는 상호 충돌하는 기본권의 한계를 결정하는 것은 입법자의 형성권에 속하는 영역임에도 불구하고 이 경우 이른바 과소보호금지원칙이 연방헌법재판소를 포함한 사법부가 형성권의 남용 여부를 심사하는 기준으로 적용된다. 그런데 과소보호금지의 핵심은 해당 기본권을 적절한 수준에서 보호하고 있는가 하는 것이다. 다시 말하자면, 입법자의 보호조치는 그 자체로서 효과적이어야 한다. 여기에서 입법자의 보호의무

---

35) BVerfGE 88, 203 - Schwangerschaftsabbruch II. Allerdings hat der Gesetzgeber das Untermaßverbot zu beachten ; insofern unterliegt er der verfassungsgerichtlichen Kontrolle. Notwendig ist ein - unter Berücksichtigung entgegenstehender Rechtsgüter - angemessener Schutz; entscheidend ist, daß er als solcher wirksam ist. Die Vorkehrungen, die der Gesetzgeber trifft, müssen für einen angemessenen und wirksamen Schutz ausreichend sein und zudem auf sorgfältigen Tatsachenermittlungen und vertretbaren Einschätzungen beruhen. 이 결정에서 연방헌재는 입법자의 보호조치가 "적절하고 효과적이며 충분하여야만 한다"(müssen für einen angemessenen und wirksamen Schutz ausreichend sein)라는 표현을 사용하여 과소보호금지원칙은 실효성 통제를 의미하는 것으로 보고 있다.

36) 김성수, 앞의 글 (각주 25), 433면.

내지 보호조치가 적절하며 효과적이고 실효성이 있는가 하는 것은 사법부가 이러한 입법적 조치들이 입법목적을 달성하기 위하여 충분한지, 사실관계를 면밀하게 파악하고 합리적·객관적인(vertretbar) 평가에 기반한 것인지를 심사하는 것이다. 물론 연방헌법재판소가 입법자의 보호의무 위반에 대한 사법심사에 있어서 명백성 통제기준을 적용할 것인지 혹은 과소보호금지원칙에 근거한 실효성 내지 효과성 통제기준을 적용할 것인지는 개별사건에 따라서 구체적으로 결정할 문제라고 할 수 있다. 하지만, 연방헌법재판소가 기후보호법 결정에서 이른바 명백성 통제기준으로 회귀하였기 때문에 극단적으로 말하자면 입법자의 겉치레에 해당하는 엉성한 입법조치만 있었다면 위헌이 아니라는 논리인데, 이것이 얼마나 설득력을 가질 수 있을지 의문이다.

아마도 기후변화에 대응하여 온실가스의 연도별, 산업 부문별 배출량과 감축목표를 정하는 것은 고도의 정책적인 프로세스이며, 과학적인 판단과 전문성에 기반한 예측에 불가피하게 의존하는 상황을 고려하여 연방헌법재판소가 자칫 효과성 통제의 관점을 동원하여 입법자의 보호의무 위반을 선언하기에는 상당한 부담이 있었다는 점을 충분히 이해할 수 있다. 하지만, 그럼에도 불구하고 연방헌법재판소의 결정은 과소보호금지원칙을 명시적으로 밝히지 않은 상태에서 명백성 통제, 효과성 통제 그리고 더 나아가 생명과 신체의 불가침성과 같은 중요한 법익에 대한 명백하고 현존하는 위험에 대한 입법재량의 축소에 따르는 엄격성 통제에 대한 단계가 존재할 수 있는 것인지, 기후보호법은 이 중에서 어디에 해당하는지에 대한 상세한 설시가 결여되었다는 아쉬움이 남는다. 생각건대, 연방헌법재판소는 한편으로는 기후변화로 인한 심판청구인들의 생명과 신체의 불가침성이라는 중대한 법익 침해와 다른 한편으로 독일이 전 세계적인 온실가스 배출량에서 차지하는 상대적으로 작은 비중과 그에 따르는 배출량 감축의 한계성 등을 동시에 고려하여 과소보호원칙과 효과성, 실효성, 합리성, 객관성 통제기준을 적용할 수 있었지 않을까 하는 의구심이 제기된다. 결국 연방헌법재판소가 2031년부터 2050년 사이의 입법공백에 대한 헌법불합치 및 2022년 말까지의 입법촉구 결정과 함께 이 문제를 모두 연방의회와 연방정부의 정책과제에 전적으로 미루는 결과를 가져온 것과 관련하여 헌법재판의 현실적 한계, 사법적 자제라는 미덕에 호소하기에는 사안의 중대성에 비추어 진한 아쉬움이 남는다.

5. 2031-2050년 기간 동안 온실가스감축 목표와 방식 규정 부재에 대한 비례의 원칙 적용은 적절한 것인가?

앞서 언급한 바와 같이 연방헌법재판소는 기후보호법이 2030년까지는 연도별, 분야별 온실가스 배출량을 규정하고 있지만 2031년부터 기후중립이 완성되는 2050년 기간에는 이와 관련한 충분한 보호조치를 규정하지 않았기 때문에 결과적으로 특히 미성년자들인 심판청구인들이 2031년 이후 상대적으로 보다 많은 감축의무를 감당하게 될 가능성이 있으므로 기후보호법 제3조 제1항 제2문 및 제4조 제3항이 이들의 기본권을 침해하였다고 판단하였다. 필자는 연방헌재가 이 쟁점에 대해서 과소보호금지원칙을 통제기준으로 제시하지 않은 점을 앞서 비판하였지만, 더욱 이해가 가지 않는 것은 기후보호법이 2031년 이후 온실가스 감축량이나 목표, 전략에 대해서 아무런 규정도 두지 않은 결과 심판청구인의 일반적 행동자유권을 침해하였다면 여기에서야말로 명백한 입법적 흠결이 있는 것으로서 명백성 통제기준을 적용하여 위헌으로 선언할 수 있었다는 점이다. 더욱이 연방헌재가 기본법 제20a조로부터 심판청구인들에 대한 보호의무를 이끌어내는 방법론을 취하였음에도 불구하고 명백한 입법부작위에 대해서 위헌으로 선언하지 않고 심판청구인들의 자유를 과도하게 침해한다는 의미에서 비례의 원칙, 과잉금지원칙을 심사기준으로 적용한 것은 언뜻 이해가 가지 않는 대목이다. 연방헌법재판소의 결정을 최대한 선해하면 세대 간 정의, 형평성을 강조하려는 의미에서 후속세대의 자유를 보장한다는 취지로 이러한 결정방식을 취한 것으로 볼 여지도 있지만, 앞에서 상당한 공을 들인 명백성 통제기준으로부터 갑자기 방향을 바꾼 것에 특별한 이유가 있는지 의문이다. 연방헌재가 기후보호법에 대해서 명백성 통제기준과 비례의 원칙을 적용하여 일부 합헌, 일부 헌법불합치결정을 내린 것은 이제 국가의 기후정책도 헌법재판소를 비롯한 사법부의 심사대상이 된다는 점을 분명하게 제시한 역사적인 의미를 가지고 있지만, 특히 심사기준을 일관되게 적용하고 그 결과가 합리적인 것이었는가에 대해서는 여전히 많은 의문이 남는다.

Ⅳ. 결론 – 한국 법학에 제시된 함의

국가의 기후정책도 사법심사의 대상이 될 수 있는가? 이 질문에 대하여 독일연방헌법재판소가 긍정적인 답변을 내놓았다는 점에서 이 결정의 역사적 의의를 인정할 수 있을 것이다. 독일연방헌법재판소는 기후보호법이라는 국가의 공권력 행사가 국민의 생명과 안전, 미래의 자유를 침해한다면 헌법소원이라는 법적 구제절차에 따라서 입법자의 형성권, 권력분립원리 등을 신중하게 고려하는 과정을 거쳐서 기본권 침해를 인정하는 중요한 전례를 세계에 제시한 것이다. 특히 이 결정의 대상인 독일 기후보호법은 2015년 파리기후협약을 토대로 입법화한 것이기 때문에 우리나라를 포함한 협약당사국들이 국가별로 기후보호법, 기후중립 내지 탄소중립에 대한 입법을 하는데 상당한 시사를 할 것으로 보인다. 특히 주목할 점은 이 결정에서는 기본권의 객관적 기능에 중점을 두고 국가가 기후변화로 인한 위험으로부터 법정대리인을 통하여 헌법소원을 제기한 미성년자 청구인들과 아직 출생하지 않은 미래세대의 생명과 안전, 자유 등 이른바 미래의 기본권 보호에 대한 논의가 중심을 이루었다는 점이다. 물론 연방헌법재판소가 미래세대의 기본권 주체성은 인정하지 않으면서도 기본법 제20a조와 생명과 신체의 자유의 객관적 기능으로부터 이들에 대한 국가의 보호의무를 인정하였다는 점은 시사하는 바가 크다.

우리 헌법 제35조는 환경권을 주관적 권리로 규정하고 있으나 동시에 국가의 환경보호의무를 선언하고 있기 때문에 후술하는 바와 같이 환경권과 생명, 신체의 자유와 관련하여 미래세대에 대한 국가의 보호의무를 인정하는 것이 법리적으로 가능할 것으로 보인다. 다만, 미래세대의 기본권 주체성을 논하기 이전에 이들이 과연 헌법상 주권자의 지위를 가질 수 있는지에 대한 헌법적 논의가 선행되는 것이 필요했을 것으로 보인다. 연방헌법재판소도 인정하고 있는 바와 같이 현실적으로 작금의 의회민주주의 하에서는 미래세대의 정치적 입장을 관철할 수 있는 제도적 장치가 존재하지 않기 때문에 이들을 대리하는 이른바 대리민주주의가 제도화되는 경우 어렵지 않게 미래세대의 주권자 주체성을 인정하는 것도 가능하다. 물론, 이러한 모든 헌법적 논의는 아직 우리나라에서는 본격화되지 않았으나 미래세대 보호의 중요성을 고려한다면 공법학, 정치학, 사회학 등 사회과학 전반을 아우르는 학문적 관심사를 우리에게 던져주고 있다고 할 것이다.

헌법적으로 해명이 필요한 또 다른 쟁점으로서 생명과 신체의 자유 이외에 재산권과 같은 전형적인 국가적 방어권으로서 자유권에 대해서도 전반적·일반적으로 국가의 보호의무를 확대하는 것이 가능하고 또 필요한 것인가 하는 것이다. 우리 헌법재판소는 환경권 및 환경권 침해로 발생할 수 있는 개인의 생명과 신체의 자유에 대해서는 국가의 적극적인 보호의무를 인정하고 있다. 헌법재판소는 2019년 공직선거법에는 확성장치를 사용함에 있어 규정한 소음 규제기준에 대한 헌법소원사건에서[37] 국가의 기본권 보호의무가 기본권 주체에 대하여 제3자가 유발한 위험상태를 배제하기 위하여 성립하는 것으로 보고 있다.[38]

---

37) 헌재 2019.12.27. 2018헌마730.

38) "헌법 제10조의 규정에 의하면, 국가는 개인이 가지는 불가침의 기본적 인권을 확인하고 이를 보장할 의무를 지고 기본권은 공동체의 객관적 가치질서로서의 성격을 가지므로, 적어도 생명·신체의 보호와 같은 중요한 기본권적 법익 침해에 대해서는 그것이 국가가 아닌 제3자로서의 사인에 의해서 유발된 것이라고 하더라도 국가가 적극적인 보호의 의무를 진다. 그렇다면 국가가 국민의 기본권을 적극적으로 보장하여야 할 의무가 인정된다는 점, 헌법 제35조 제1항이 국가와 국민에게 환경보전을 위하여 노력하여야 할 의무를 부여하고 있는 점, 환경침해는 사인에 의해서 빈번하게 유발되므로 입법자가 그 허용범위에 관해 정할 필요가 있다는 점, 환경피해는 생명·신체의 보호와 같은 중요한 기본권적 법익 침해로 이어질 수 있다는 점 등을 고려할 때, 일정한 경우 국가는 사인인 제3자에 의한 국민의 환경권 침해에 대해서도 적극적으로 기본권 보호조치를 취할 의무를 진

헌법재판소가 환경권과 생명과 신체의 자유에 대한 국가의 보호의무를 제3자와의 이른바 3각관계를 바탕으로 도출하였다는 점은 독일연방헌법재판소의 견해와 대동소이한 것으로서 생명과 신체의 자유와 같은 전형적인 자유권적 기본권도 환경권과 결합하여 그 객관적 기능이 강조될 수 있다. 다만, 앞서 언급한 바와 같이 생명과 신체의 자유 이외에 재산권에 대해서도 국가의 보호의무가 있다는 독일연방헌재의 견해를 우리도 무리 없이 받아들일 수 있는가는 의문이다. 물론 기후변화로 인한 위험으로부터 국민의 생명과 안전뿐만 아니라 재산 역시 위협받고 있다는 사실은 지구 전역에서 발생하고 있는 기상이변과 홍수, 가뭄 등을 고려한다면 충분히 이해할 수 있는 측면이 있다. 하지만, 역사적으로 헌법상 보장된 개인의 재산권은 국가에 대한 방어권이라는 전형적인 자유권으로서의 성격이 강하고 제3자에 의한 재산권 침해는 원칙적으로 사법의 영역에서 문제되는 것이기 때문에 사유재산제도와 사법질서를 구축하는 국가의 일반적인 보호 및 입법 의무 이외에 구체적인 개인의 재산권에 대하여 국가의 보호의무가 존재한다는 논리를 헌법적으로 수용하기 위해서는 보다 깊은 연구가 필요해 보인다.

앞서 언급한 바와 같이 독일연방헌법재판소는 기후보호법에 대한 위헌심사기준으로서 명백성 통제기준과 비례의 원칙을 교차로 적용하는 등 다소 일관성이 상실된 모습을 보여주었으며, 명백성 통제기준과 과소보호금지원칙의 異同에 대하여도 명확한 입장을 제시하지 못했다는 비판을 받을 수 있다. 이와 관련하여 우리 헌법재판소는 위에서 언급한 2019년 공직선거법에 대한 위헌확인사건의 선례에 해당하는 2008년 공직선거법상 확성장치에 의해 발생하는 선거운동 소음을 규제하는 조항에 대한 헌법소원사건에서 과소보호금지원칙의 내용을 아래와 같이 실효성 통제기준과 동

다. 더욱이 이 사건에서 소음의 유발은 공직선거법이 허용한 일정 기간의 공직선거 운동기간 중에 공적 의사를 형성하는 과정 중에 발생하는 것이므로, 비록 그 소음이 후보자 등 사인에 의해서 유발되고 있는 것이라고 하더라도 공적 활동으로서 이해되는 측면도 있는바, 공적 영역에서 발생하는 환경권 침해 가능성에 대해 국가가 규율할 의무는 좀 더 분명해진다(헌재 2008.7.31. 2006헌마711).”

일한 것으로 이해하고 있다. "국가가 국민의 건강하고 쾌적한 환경에서 생활할 권리에 대한 보호의무를 다하지 않았는지 여부를 헌법재판소가 심사할 때에는 국가가 이를 보호하기 위하여 적어도 적절하고 효율적인 최소한의 보호조치를 취하였는가 하는 이른바 '과소보호금지원칙'의 위반 여부를 기준으로 삼아야 한다"(헌재 2008.7.31. 2006헌마711).[39]

헌법재판소는 11년 후인 2019년 사건에서 역시 심사기준으로서 과소보호금지원칙을 2008년 결정과 동일하게 설시하고 있지만, 다음과 같이 그 내용에 있어서 미묘한 변화를 보여주고 있다. 즉 헌법재판소는 "국가가 국민의 건강하고 쾌적한 환경에서 생활할 권리에 대한 보호의무를 다하지 않았는지 여부를 헌법재판소가 심사할 때에는 국가가 이를 보호하기 위하여 적어도 적절하고 효율적인 최소한의 보호조치를 취하였는가 하는 이른바 '과소보호금지원칙'의 위반 여부를 기준으로 삼아야 한다(헌재 2008.7.31. 2006헌마711)."는 선례의 입장을 유지하면서도 그 뒤에 2008년과는 달리 "그 보호조치 위반이 명백하여야 할 것이다"라는 표현을 삭제하고 이를 대신하여 "그런데 어떠한 경우에 과소보호금지원칙에 미달하게 되는지에 대해서는 일반적·일률적으로 확정할 수 없다. 이는 개별 사례에 있어서 관련 법익의 종류 및 그 법익이 헌법질서에서 차지하는 위상, 그 법익에 대한 침해와 위험의 태양과 정도, 상충하는 법익의 의미 등을 비교 형량하여 구체적으로 확정하여야 한다"는 문구를 추가하였다.

헌법재판소가 2008년과 2019년에 과소보호금지원칙의 내용으로서

39) 헌법재판소는 과거에는 과소보호금지원칙에 실효성 통제기준을 포함시켜 이야기 하면서도 실제로는 명백성 통제기준을 위헌심사기준으로 적용한 사례는 많이 있다. "국가가 국민의 생명·신체의 안전에 대한 보호의무를 다하지 않았는지 여부를 헌법재판소가 심사할 때에는 국가가 이를 보호하기 위하여 적어도 적절하고 효율적인 최소한의 보호조치를 취하였는가 하는 이른바 '과소보호 금지원칙'의 위반 여부를 기준으로 삼아, 국민의 생명·신체의 안전을 보호하기 위한 조치가 필요한 상황인데도 국가가 아무런 보호조치를 취하지 않았든지 아니면 취한 조치가 법익을 보호하기에 전적으로 부적합하거나 매우 불충분한 것임이 명백한 경우에 한하여 국가의 보호의무의 위반을 확인하여야 한다". 미국산 쇠고기 및 쇠고기 제품 수입위생조건 위헌확인, 헌재 2008.12.26. 2008헌마419; 교통사고처리특례법 제4조 등에 대한 헌법소원, 헌재 1997.1.16. 90헌마110; 담배사업법 위헌확인, 헌재 2015.4.30. 2012헌마38 등.

"적절하고 효율적인 최소한의 보호조치"를 공통적으로 언급한 것은 적어도 과소보호금지원칙이 명백성 통제기준과는 달리 효과성 통제기준으로서 한 단계 입법자의 보호수준에 대하여 보다 엄격한 심사가 가능하다는 점을 암시하고 있다. 헌법재판소는 2008년에 "그 보호조치 위반이 명백하여야 할 것이다"라는 표현을 사용함으로써 그 이전의 다른 사건에서와 같이 사실상 과소보호금지원칙과 명백성 통제기준을 동일시하는 입장을 제시한 것으로 볼 수 있다. 따라서 우리 헌법재판소가 2008년과 달리 2019년에 "명백성"이라는 표현을 삭제하였다는 것은 과소보호원칙을 독일 연방헌법재판소와 같이 효과성 내지 실효성 통제기준으로 한 단계 상향조정하려는 의도로 읽힐 수 있는 부분이다.[40] 특히 이 사건에서 반대의견이 명백성 통제기준을 바탕으로 하는 과소보호금지원칙과 선례 유지의 필요성을 강조하고 있다는 점은 법정의견이 명백성 통제기준을 효과성 통제 내지 실효성 통제기준으로 격상시키려는 노력과 대비되는 점이다.

헌법재판소는 2020년 동물보호법이 동물장묘업의 지역적 등록제한사유를 불완전·불충분하게 규정하여 청구인들의 환경권을 침해하는지 여부와 관련하여[41] 다시 한 번 과소보호금지원칙에 대하여 언급하면서 2019년과 동일하게 "국가가 국민의 건강하고 쾌적한 환경에서 생활할 권리에 관한 보호의무를 다하지 않았는지를 헌법재판소가 심사할 때에는 국가가 이를

---

40) 헌법재판소는 2008년의 법적 상태가 개선되지 않았다는 점을 2019년 공직선거법의 심판대상 조항에 대한 헌법불합치결정을 내리는 중요한 논거로 제시하고 있다. "심판대상 조항에 대한 헌법재판소의 선례(헌재 2008.7.31. 2006헌마711)가 선고된 이후 11년이 지났음에도 불구하고 확성장치로 인한 선거운동의 소음은 개선되지 아니하였다. 건강하고 쾌적한 환경에서 생활할 권리는 현대사회에서 전보다 더욱 중요한 가치를 가지며, 공직선거 때마다 발생하는 확성장치 사용에 따른 선거소음 문제는 더 이상 간과하기 어렵다. 출근 또는 등교 이전 및 퇴근 또는 하교 이후 시간대의 주거지역에서 확성장치의 최고출력 또는 소음을 제한하는 등 사용시간과 사용지역에 따른 수인한도 내에서 확성장치의 최고출력 내지 소음 규제기준에 관한 구체적인 규정을 두어야 할 것이다. 그러므로 심판대상조항이 이러한 규정을 두고 있지 아니한 것은 관련 법익을 형량하여 보더라도 적절하고 효율적인 최소한의 보호조치를 취하지 아니함으로써 국가의 기본권 보호의무를 과소하게 이행하였다고 평가되고, 이는 청구인의 건강하고 쾌적한 환경에서 생활할 권리의 침해를 가져온다."

41) 헌재 2020.3.26. 선고, 2017헌마1281.

보호하기 위하여 적어도 적절하고 효율적인 최소한의 보호조치를 취하였는가 하는 이른바 '과소보호금지원칙'의 위반 여부를 기준으로 삼아야 한다"고 앞서 언급한 헌재 2008.7.31. 2006헌마711 사건과 헌재 2019.12.27. 2018헌마730 사건을 선례로 들고 있다. 하지만 이 결정에서는 "적절하고 효율적인 최소한의 보호조치를 취하지 않았음이 명백히 인정되어야 할 것이다"라는 표현이 다시 등장하고 있다.

따라서 앞으로도 헌법재판소가 과소보호금지원칙을 심사기준으로 적용하면서 명백성 통제기준과 영원히 그리고 명백하게 결별한 것인지는 좀 더 지켜보아야 할 것이다. 그 이유는 헌법재판소가 어떠한 경우에 과소보호금지원칙에 미달하게 되는지에 대해서는 일반적·일률적으로 확정할 수 없으며, 개별 사례에 있어서 관련 법익의 종류 및 그 법익이 헌법질서에서 차지하는 위상, 그 법익에 대한 침해와 위험의 태양과 정도, 상충하는 법익의 의미 등을 비교 형량하여 구체적으로 확정하여야 할 것으로 보고 있기 때문에 사안에 따라서 다시 명백성 통제기준이 부활할 가능성을 전혀 배제할 수 없기 때문이다.

그럼에도 불구하고 우리나라 국회가 파리기후협약에 따라서 온실가스 배출을 규제하는 탄소중립법을 제정한 상황에서 이 법률이 헌법재판소의 판단 대상이 되었다고 가정한다면 헌법재판소는 쉽사리 명백성 통제기준으로 회기 할 수는 없을 것으로 보인다. 그 이유는 기후변화로 인해 국민의 생명과 신체의 자유는 이제 명백하고 현존할 뿐만 아니라 증명 가능하고 불가역적인 위험[42]에 노출되어 있기 때문에 당연히 입법자는 국민의 기본권을 효과적으로 보호하기 위한 실효적인 입법의무를 매우 촘촘하게

42) clear, present, verifiable, irreversible danger(CPVID; 이는 필자의 개인적인 견해이고 아직 학계에서 일반적으로 승인된 심사기준은 아니다)이라는 "명백하고 현존하는 위험"을 넘어서서 특히 개인의 생명과 신체의 자유, 환경권에 대한 위험이 증명가능하고, 불가역적이라면 입법자는 위험을 제거하고 예방하기 위하여 과거보다 더욱 효과적인 조치를 취할 의무가 있다. 이에 따라 헌법재판소를 포함한 사법부 역시 과소보호금지원칙을 명백성 통제(Evidenzkontrolle), 실효성 통제(Wirksamkeitskontrolle), 완전하고 엄격한 내용적 통제기준(volle Inhaltskontrolle)으로 단계로 구분하고 새로운 심사기준(CPVID)으로 발전시킬 수 있는지 더 많은 고민이 필요하다.

지게 될 것이 분명하고 사법부의 심사기준 역시 기본권을 보호하기 위한 엄격성 통제가 불가피하기 때문이다. 이를 통하여 우리 미래세대가 존엄한 미래에 대한 기본권을 보다 현실성 있게 향유할 수 있는 계기가 마련될 수 있을 것으로 기대한다.

제15장

맺는 말
- 행정법은 헌법의 구체화 법인가? -

행정법의 특수성과
독자성에 대한 새로운 국면의 전개

독일 신사조행정법학의 내용과 체계를 집대성한 것으로 평가받는 행정법의 기초(Grundlagen des Verwaltungsrechts) I, II, III 권은 2022년 대표발행인을 Andreas Voßkuhle/Martin Eifert/Christoph Möllers로 교체하고 제3판으로 거듭나는 변화를 겪었다.[1] 기존의 대표발행인 중 Wolfgang Hoffmann-Riem과 Eberhard Schmitt-Aßmann은 신사조행정법학이 태동하는 이론적 기초를 제공하고 이를 학문적 반석 위에 올려놓는데 상당한 기여를 하였지만 역시 고령을 피해갈 수 없었던 것으로 보이며 세 사람 중 가장 젊었던 Andreas Voßkuhle가 대표발행인의 대표 주자로 등장하는 것을 보면서 신사조행정법학도 지난 30 여년의 시간이 경과하면서 "새롭다"는 의미를 어디에 둘 것인지 또 다른 고민의 장으로 이행하는 느낌을 가지게 된다. 신사조행정법학이 지난 30 여년 동안 전통적인 법학방법론과 오토마이어의 행정법학에 반기를 들고 시대적 변화에 따르는 새로운 대안을 제시하고자 노력하여 오는 과정에서 또 다른 시대의 새로움들이 등장하고 이것이 향후 행정법학의 방법론에 대하여 어떠한 함의를 가질 수 있을지도 연구의 대상이 될 것으로 보인다.

독일의 신사조행정법학이 상당 부분 독일적인 특수성을 반영하고 있는 것은 사실이지만 후술하는 바와 같이 오늘날의 기술적, 사회적 변화는 전지구적인 현상으로서 한국의 행정법적 상황을 설명하는데 중요한 참고가 될 수 있으며, 한국행정법학의 입장에서는 다른 나라의 행정법 체계와 그 독자성과 유사성을 평가하는 비교행정법학의 연구대상이기도 하다. 지난 30 여년간 이루어진 변화는 가속화된 기후변화와 에너지 전환, 세대 간 연대 및 정의와 미래세대의 보호, 인터넷 등 정보통신 기술의 비약적인 성장, 인간 유전자 연구 및 디지털 헬스, 인공지능과 빅데이터와 같은 과학기술의 혁신적인 진보는 행정법의 체계와 연구 및 방법론에 미치는 영향이 심대할 것으로 보기 때문이다. 기후변화와 환경행정법학, 정보 및 지식행정법학, 과학기술행정법학이 마주하는 실정법 체계와 개인의 권리 보호 등의

1) 다만, 이번 연구에서는 제2판이 기준이 되며, 제3판에 따라 달라진 면수 등을 각주 등에 반영하지 않고 수년 후 출간될 신사조행정법 II에서 수정하기로 한다.

문제는 기존의 행정법학이 상상하기 어려운 변화를 예고할 것으로 보이며, 행정법의 전통적인 기반인 법치행정과 민주적 정당성이라는 헌법적인 틀이 행정법학과 어떠한 관계를 지속할 것인가 관심의 대상이 아닐 수 없다. 과연 이 모든 혁명적인 변화를 "헌법의 구체화법으로서의 행정법"이라는 기존의 명제 속에서 그 설명이 가능할 수 있을지, 행정법학의 독자성과 특수성을 어느 정도 인정하고 기존의 법치주의, 민주주의원리와 조화를 이룰 수 있을지 어려운 과제가 산적해 가고 있다.

바로 이러한 문제의식 속에서 행정법이 묻고 헌법이 답하는 과정이 더욱 궁금해지는 이유인 것이다. "헌법의 구체화법으로서의 행정법"이라는 명제는 여전히 오늘날도 타당하지만 시대적 변화를 선도하는 행정법질서가 헌법규범이나 헌법원리만을 대상으로 그 내용을 구체화하는 것을 넘어서서 행정법질서 자체의 특수성과 독자성이 부각되는 영역이 출현하는 것이 일반화하고 있다. 여기에서 말하는 행정법질서의 특수성과 독자성은 오토 마이어가 말하는 "헌법은 사라지나, 행정법은 존속한다"는 명제에서 강조되는 헌법의 이념성과 역사성에 대비되는 의미에서 행정법의 기술법적, 가치중립적 성격을 뛰어 넘는 보다 실체적인 내용을 포함하는 것으로 이해할 수 있다. 예를 들어 환경법과 재정법 영역에서 흔히 논의되는 지속가능한 개발 내지 지속가능성원칙은 자원의 정의로운 분배, 세대간 연대와 형평성 실현을 통하여 미래세대를 보호한다는 실체적 의미와 내용을 가지고 있다. 지속가능한 발전을 위한 기본법적 성격으로 제정된 지속가능발전기본법은 제1조에서 "이 법은 경제·사회·환경의 균형과 조화를 통하여 지속가능한 경제 성장, 포용적 사회 및 기후·환경 위기 극복을 추구함으로써 현재 세대는 물론 미래 세대가 보다 나은 삶을 누릴 수 있도록 하고 국가와 지방 나아가 인류사회의 지속가능발전을 실현하는 것을 목적으로 한다"고 그 목적을 규정하고 있다.

경제·사회·환경은 인간 생활의 모든 분야를 포괄하고 있기 때문에 사실상 지속가능한 발전은 단순히 환경법의 영역에서만 문제되는 것은 아니며 기성세대와 미래세대가 균형적인 발전과 성장의 과실을 공유한다는 점에서는 행정법의 모든 영역에서 타당한 원칙이라고 할 수 있다. 지속가능발전법은 지속가능성과 지속가능발전에 대해서도 그 개념을 정의하고 있는데(제2조 제1호, 제2호, 제3호), "지속가능성"이란 현재 세대의 필요를 충족시키기 위하여 미래 세대가 사용할 경제·사회·환경 등의 자원을 낭비하거나 여건을 저하(低下)시키지 아니하고 이들이 서로 조화와 균형을 이루는 것을 말하며, "지속가능발전"이란 지속가능한 경제 성장과 포용적 사회, 깨끗하고 안정적인 환경이 지속가능성에 기초하여 조화와 균형을 이루는 발전을 말한다. 또한 "지속가능한 경제 성장"이란 지속가능한 생산·소비 구조 및 사회기반시설을 갖추고, 산업이 성장하며 양질의 일자리가 증진되는 등 경제 성장의 산물이 모든 구성원에게 조화롭게 분배되는 것을 말한다. 물론 지속가능성원칙이 이 법에 의하여 규정되었다는 사실이 중요하기보다는 오늘날 인류의 경제활동과 화석연료의 남용으로 인하여 발생한 전지구적인 기후위기와 에너지 전환에 대응하기 위하여 행정법의 모든 분야가 경제와 환경, 기성세대와 미래세대간의 공존을 위하여 지속가능한 프레임을 지향하지 않을 수 없다는 절박한 현실을 반영하고 있다. 예를 들어 어떤 사람이 건축허가를 신청하였으나 에너지를 과소비하는 건물로서 그에 대한 저감계획을 전혀 가지지 못하고 자원순환계획 역시 부족하여 폐기물을 양산하는 구조를 지향하는 경우 행정청은 지속가능성원칙 위반을 근거로 하여 당해 건축허가에 대한 신청을 거부하게 되고 그에 대한 취소를 구하는 항고소송에서도 법원이 지속가능성원칙을 들어 원고의 청구를 기각하는 판결을 할 수 있다면 지속가능성원칙은 행정법의 일반원칙으로서 기존의 평등원칙, 행정의 자기구속, 신뢰보호원칙, 과잉금지원칙과 더불어 동일한 반열에 오르는 것으로 보아야 한다,

평등, 신뢰보호, 비례성원칙 등은 헌법상 법치국가원리로부터 유래하는 국가권력 행사의 일반적인 제한원리이고 헌법의 명문 규정이나 해석을 통하여 인정될 수 있다는 점에서 "헌법구체화 법으로서의 행정법"이라는 명제가 타당할지 모르지만 지속가능성원칙이 행정법 질서 일반을 지배하

는 일반원칙임에도 불구하고 헌법의 특정한 조항이나 원칙을 구체화한다고 보기 어렵다는 점에서 그 독자성과 특수성이 부각된다. 우리 헌법전문의 내용 중 "우리들과 우리들의 자손의 안전과 자유와 행복을 영원히 확보할 것을 다짐하면서"를 지속가능성원칙의 근거라고 말한다면 다소 구차한 느낌이 든다. 오히려 헌법개정 등을 통하여 혹은 헌법재판 과정에서 지속가능성원칙이 헌법에 명문화 되거나 헌법재판의 심사기준으로 적용된다고 하더라도 이는 헌법 영역 밖의 外生的인 요인에 의하여 행정법 분야에서 성립하고 발전한 원칙이 헌법에 이식되는 결과라고 이해하는 것이 더욱 설득력이 있다. 행정법 질서가 헌법을 구체화하기 보다는 오히려 헌법이나 기본권 도그마의 변화를 이끌어내는 예는 많이 있지만 최근 논의되고 있는 이른바 IT 기본권으로 알려진 정보통신기술 시스템의 완전성과 신뢰성에 대한 기본권(Grundrecht auf die Integrität und Vertraulichkeit der informationstechnischen Systeme)이라는 정보기본권 도그마의 변화도 사실상 정보통신행정법 분야에서 발전한 개인정보 보호의 필요성에서 촉발된 것이다.

건강 및 의료정보 등을 포함하여 사회의 각 분야에서 급격하게 발전하고 있는 개인정보의 알고리즘과 빅데이터의 구축사업의 가속화로 인하여 인터넷과 SNS를 일상적인 정보통신수단으로 사용하고 있는 현대인들에게 자신과 관련된 개인정보가 언제 누구에 의하여 어떻게 사용되고 있는지 모든 단계의 정보유통에 대하여 자기결정권을 행사하는 것은 사실상 어려우며 전방위적으로 자신의 개인정보가 노출되어 있는 상태라고 할 수 있다. 이는 정보통신행정법의 발전에 따라서 정보와 지식을 유통하고 사용함으로서 개인적 삶이 윤택해지고 산업의 발전을 도모하였다는 긍적적인 측면과 함께 개인의 사생활의 비밀과 자유에 대한 침해의 위험성은 그에 상응하여 증대되었다는 것을 의미하는 것이다. 오늘날 정보통신기술의 발전과 그에 따르는 기술적 수단을 국민들이 일상적으로 활용하고 있는 상황에서 정보통신행정법 관련 법규는 각 분야에서 개인정보의 보호를 위하여 정보통신 기술이나 장치 등의 안전성에 대하여 상당한 관심과 입법적 배려를 기울일 수 밖에 없는 상황을 강제한 측면이 있다.

예를 들어 지능정보화 기본법은 기본적으로 지능정보사회의 구현에 이바지하고 국가경쟁력을 확보하며 국민의 삶의 질을 높이는 것을 목적으로 하는 법으로서 이 법에서 말하는 "지능정보화"란 정보의 생산·유통 또는 활용을 기반으로 지능정보기술이나 그 밖의 다른 기술을 적용·융합하여 사회 각 분야의 활동을 가능하게 하거나 그러한 활동을 효율화·고도화하는 것으로서 대체로 이 법이 지능정보기술을 플랫폼으로 하여 여기에 콘텐츠로서의 필요한 정보를 생산·유통 또는 활용하여 사회 각 분야의 활동을 가능하게 하거나 그러한 활동의 효율화를 도모하겠다는 취지라고 할 수 있다. 심지어 이 법에 말하는 "초연결지능정보통신망"이란 정보통신 및 지능정보기술 관련 기기·서비스 등 모든 것이 언제 어디서나 연결(이른바 "초연결"; 超連結)되어 지능정보서비스를 이용할 수 있는 정보통신망을 말한다. 이는 필연적으로 정보통신기술 시스템에 의한 개인정보의 침해 문제를 동반하게 된다. 따라서 이 법은 이러한 개인정보 침해와 그 보호의 문제를 고려하여 정보보호의 개념을 "정보의 수집·가공·저장·검색·송신 또는 수신 중 발생할 수 있는 정보의 훼손·변조·유출 등을 방지하기 위한 관리적·기술적 수단(이하 "정보보호시스템"이라 한다)을 마련하는 것으로 규정하고 있다.

따라서 정보통신기술 시스템을 일상적으로 사용하는 국민의 입장에서 보면 이러한 시스템이 자신의 개인정보를 침해하지 않도록 하고 안전하면서도 또한 신뢰할 수 있는 상태로 사용할 수 있는 헌법상 의무를 국가가 부담하는 것으로 생각할 수 있고, 여기에 대응하여 개인이 헌법상 정보통신 기술시스템의 완전성과 신뢰성에 대한 기본권을 국가를 상대로 하여 행사할 수 있는 것으로 볼 수 있다. 이와 같이 국가 내지 입법자가 정보보호시스템을 구축하는 것 자체가 중요하다는 점을 고려하여 이 법 제58조에 따라서 과학기술정보통신부장관은 관계 기관의 장과 협의하여 정보보호시스템의 성능과 신뢰도에 관한 기준을 정하여 고시하고, 정보보호시스템을 제조하거나 수입하는 자에게 그 기준을 지킬 것을 권고할 수 있으며 유통·사용 중인 정보보호시스템이 제1항에 따른 기준에 미치지 못할 경우에 정보보호시스템의 보완 및 그 밖에 필요한 사항을 권고할 수 있다. 또한 과학기술정보통신부장관은 초연결지능정보통신기반의 안전성·신뢰성에 관한 기준 및 정보보호에 관한 기준(관리적·물리적·기술적 보호조치를 포함한다)을 행정안전부장관 등 관계 기관의 장과 협의하여 고시하고, 초연결지능정보통신기반을 제조·구축·운용하는 자에게 그 기준을 지킬 것을 권고할 수 있다(제59조 제2항). 이 법에서 정보보호시스템의 구축에 관한 국가의 의무를 정점화 하고 있는 조항은 제60조이며, 이래와 같은 내용을 규정하고 있다.[2)]

결국 이러한 정보통신 관련 행정법규로서 지능정보화 기본법은 개인정보의 보호에 관하여 전통적인 개인의 자유권으로서 자기결정권, 사생활의 비밀과 자유의 보장보다는 정보가 유동되고 사용되는 기술시스템의 안정성과 신뢰성을 보장하고 확보하는 것이 개인정보 보호의 핵심적 사항이라는 점을 강조하는 것이다. 특히 입법자는 정보통신기술의 발전에 따라서 이루어질 수 있는 개인정보의 침해 가능성을 항상 염두에 두고 적기에 매우 촘촘하고 세밀한 입법을 통하여 개인정보 보호의 실효성을 높여나가는 과제를 안게 되었으며, 그 보호의 수준과 관련하여 헌법재판소는 과소보호금지원칙을 명백성 통제기준보다는 실효성 통제기준 등으로 더욱 엄격하

---

2) ① 과학기술정보통신부장관은 행정안전부장관 등 관계 기관의 장과 협의하여 지능정보기술 및 지능정보서비스의 안전성을 확보하기 위하여 다음 각 호와 같은 필요한 최소한도의 보호조치의 내용과 방법을 정하여 고시할 수 있다. 1. 지능정보기술과 지능정보서비스의 오작동 방지에 관한 사항 2. 지능정보기술 및 지능정보서비스에 대한 권한 없는 자의 접근, 조작 등 전자적 침해행위의 방지에 관한 사항 3. 지능정보기술 및 지능정보서비스의 접속기록, 운용·활용기록의 저장·관리 및 제공 등에 관한 사항 4. 지능정보기술의 동작 및 지능정보서비스 제공을 외부에서 긴급하게 정지하는 것(이하 "비상정지"라 한다)과 비상정지에 필요한 알고리즘의 제공에 관한 사항 5. 기타 지능정보기술 및 지능정보서비스의 안전성 확보를 위해 필요한 사항 ② 과학기술정보통신부장관은 지능정보기술을 개발 또는 활용하는 자와 지능정보서비스를 제공하는 자에게 제1항에 따른 고시가 정하는 바에 따라 안전성 보호조치를 하도록 권고할 수 있다. ③ 중앙행정기관의 장은 사람의 생명 또는 신체에 대한 긴급한 위해를 방지하기 위하여 필요한 때에는 지능정보기술을 개발 또는 활용하는 자와 지능정보서비스를 제공하는 자에게 비상정지를 요청할 수 있다. 이 경우 요청받은 자는 정당한 사유가 없으면 이에 응하여야 한다.

게 적용할 필요가 있다. 이는 결과적으로 개인정보 보호를 위한 헌법상 기본권 도그마가 정보통신행정법의 발전에 따라서 정보에 대한 자기결정권이나 사생활의 비밀과 자유를 보장하는 것에서 정보통신시스템의 안전성과 신뢰성을 보장하기 위한 국가의 보호의무에 대응하는 객관적 의미의 기본권 질서 실현이라는 IT 기본권으로 변화할 수밖에 없는 상황을 잘 보여주고 있는 예라고 할 수 있다.

앞서 "행정법이 묻고 헌법이 답하다" 편에서 언급한 바와 같이 행정적 의사결정 과정에서 국가와 지방자치단체의 기관 등 공공부문 뿐만 아니라 민간기업이나 개인, AI 등이 광범위하게 참여하여 영향력을 행사하는 경우가 흔해지면서 선출된 권력이 가지는 민주적 정당성에 대한 새로운 해석을 요구하고 있다. 예를 들어 최근 챗 GPT 등 첨단 AI가 공적 의사결정에 필요한 데이터를 분석하고 사람의 의사결정에 일정한 조언을 하거나 더 나아가 특정 결정을 추천할 수도 있다.[3] 또한 행정청이 최종적인 의사결정을 하기 위한 일련의 사전 준비절차에서 실시간으로 AI가 자동으로 의사결정 하는 경우도 상정할 수 있다. 행정청이나 공공부문에서 일상적으로 이루어지는 의사결정을 위하여 거버넌스를 구축하고 그러한 결정의 합리성과 수용성을 제고하기 위하여 AI의 참여가 일상이 되는 것을 충분히 예상할 수 있으며, 국민들이 선출된 권력보다 AI에 의한 의사결정 쏠림 현상을 거부감 없이 오히려 자연스러운 것으로 받아들인다면 헌법상 민주주의 원리, 민주적 정당성 원칙은 크게 위협받을 수 있다. 물론 AI나 민간부문의 공적 의사결정이 헌법상 민주의의원리, 법치주의원리에 의하여 한계가 설정되어야 하며 통제받아야 한다는 원칙론은 여전히 유효하지만 그것이 행정청이나 공공부문의 결정보다 합리적이고 공정하다는 의식이 국민 간에 일상적으로 공유되는 경우 행정법 질서에 보편적으로 수용될 가능성을 부인하기 어렵다. 행정법 질서의 헌법기속성 원칙을 최종적으로 담보하는 헌법재판 제도 역시 실제로 이러한 상황이 벌어지는 경우 AI와 민간부문의

3) 손형섭, 디지털 전환(Digital Transformation)에 의한 지능정보화 사회의 거버넌스 연구, 221면.

참여 하에 이루어지는 공적 의사결정을 허용하는 입법자의 광범위한 형성권을 부정하기 어렵고 국민들이 이를 오히려 선호하는 경우 기본권 침해 문제를 쉽게 인정할 수 없을 것이며 헌법상 기본권, 민주주의원리, 법치주의원리 등을 당해 법률의 위헌심사 기준으로 적용하기가 사실상 어려울 것으로 보인다. 따라서 우리는 기술과 효율성이 지배하는 현대 행정의 현실 속에서 다음과 같은 질문에 마주치게 된다. "과연 지고지순한 민주적 정당성이라는 원칙이 존재할 수 있는가?"

독일 연방헌법재판소는 기존의 민주적, 인적 정당성과 함께 절차적 정당성, 기능적 정당성을 적절하게 조합하여 상호 보완하면서 정당성의 실제적 실현 정도를 나타내는 "정당성 수준"(Legitimationsniveau)이라는 용어를 사용하고 있다. 결국 민주적 정당성은 절대적인 기준이 아니라 현실 세계에서 달성 가능한 수준과 정도가 보다 중요하다는 의미이다. 예를 들어 공직에 민간 전문가의 개방을 허용하는 경우에 인적 정당성 기준을 충족시키지 못한다는 비판을 받을 수 있지만, 그 민간 전문가의 업무수행 능력이 탁월하여 국민들이 선호하는 합리적이고 생산적인 행정적 의사결정을 기대할 수 있다면 기능적 정당성이 인적 정당성의 흠결을 메움으로써 전체적으로 행정권력의 정당성의 수준이 제고될 수 있다는 의미이다. 이것이 신사조행정법학이 지향하는 다원적 정당성 모델이기도 하다.

행정권력은 물론 입법권과 사법권의 행사가 사실상 알고리즘이나 인공지능에 크게 의존하는 경우 이는 결과적으로 국민주권이 아닌 기술주권주의가 현실화 된다는 것을 의미한다. 물론 이 경우에도 형식적으로는 국민이 헌법상 여전히 주권자이고 주권자의 위임에 따라 그 대표기관으로서 의회 중심의 입법이 이루어지고, 또한 이와 같은 법률에 근거하여 국가행정과 사법권력이 작동한다면 여전히 국민주권, 의회민주주의, 행정·사법권력의 민주적 정당성의 연결고리가 존재한다. 그러나 국민, 의회, 정부 그리고 사법권력의 기술에 대한 의존도가 심화되면 심화될수록 사실상 법의 지배를 통하여 극복하려고 했던 사람의 지배를 대신하여 기술의 지배가 현실화 된다. 그렇다면 국민주권, 의회민주주의, 민주적 정당성 문제는 상당 부분 후퇴가 불가피하고 앞서 언급한 행정의 민주적 정당성과 기능적 정당성의 최적화된 조합 모델도 현실적으로 기술의 우위와 지배 현상을 효과적으로 견제하기 어렵다.

따라서 기술이 지배하는 사회에서는 민주적 정당성 문제보다는 인공지능과 알고리즘에 의한 행정적 결정을 민주적으로 통제하고 책임성을 확보하는 것이 훨씬 중요하고 효과적이라고 할 수 있다. 다시 말하자면, 기술의 지배를 불가피한 것으로 받아들인다고 하더라도 입법기관이 알고리즘의 메커니즘을 지속적으로 추적하여 그에 의존하는 결정이 분파적 이익에 매몰되지 않고 국민 다수의 민복과 공익 실현이라는 본래의 궤도를 일탈하지 않도록 입법적으로 통제하고 그에 대한 민주적 책임성을 담당하도록 하는 것이다. 여기에서 말하는 민주적 책임성은 국민의 위임을 받은 의회가 기술사회를 견제하는 고도화된 지식입법기관으로서 가지는 국민에 대한 책임성을 의미하며, 이는 의회의 전문적이고 지속적인 학습을 통하여 실현될 수 있다.

주권자인 국민은 국정 참여와 여론 형성을 통하여 기술 발전에 대응하는 의회의 학습과 성찰 과정에 대한 책임성을 추궁한다. 정부 역시 합리적이고 객관적인 결정을 위하여 기술에 대한 의존도가 점차적으로 높아지는 현실의 불가피성을 인정한다고 하더라도 그러한 결정이 이루어지는 절차, 형량의 기준, 국민들의 순응도, 약자에 미치는 영향 등을 면밀하게 모니터링하고 지속적인 평가과정을 통하여 국민과 의회에 대한 민주적 책임성을 실현하는데 보다 큰 비중을 두어야 한다. 성찰하고 학습하는 국가(reflektierender und studierender Staat) 만이 algocracy를 극복하고 국민에게 책임을 다할 수 있다.

이상에서 논의한 바에 따르면 헌법의 우위, 헌법재판 제도가 여전히 건재에도 불구하고 헌법과 상당한 거리를 유지하는 행정법 질서는 기술의 지배와 효율성의 추구라는 이념상의 특수성과 독자성이 고착화 되는 과정을 거칠 가능성이 크다. 특히 법치주의원리가 상징하는 국가행정작용의 예측가능성과 명확성은 행정처분이나 행정입법과 같은 단순하고 명료한 법적 형식을 통하여 발생하는 법적 효과를 중심으로 하는 것인데, AI나 민간부문이 공적 의사결정에 참여하는 경우에는 적법 또는 위법이라는 2분법에 기반한 처분이나 입법보다는 권고적 대안이나 협상, 갈등관리 등을 문제 해결에 보다 유연하고 적합한 방식으로 제안할 것을 예상할 수 있다면 법치행정의, 명확성, 예측가능성을 지향점으로 삼기에는 어려움이 예상된다.

행정법 질서가 헌법적 원칙이나 개념으로부터 계속하여 거리를 두게 되는 또 하나의 요인은 공적 의사결정의 조직원리로서 거버넌스가 유난히 강조되기 때문이다. 행정조직법정주의 역시 법치주의원리가 행정조직법에 투영되어 행정의 권한과 의무를 명확하게 규정하고 그에 따르는 법적 책임을 구현하는 원리로서 위계적인 관료제를 중시하였으나 오늘날 공적 의사결정을 내리는 주체의 조직원리에는 공공부문은 물론 다양한 분야의 민간의 플레이어는 물론 사전 준비단계에서 AI 등이 참여하는 복잡하고 다양한 형태의 거버넌스를 선호하게 됨에 따라서 권한과 의무 및 책임의 소재를 가리는 것이 복잡한 양상을 띠게 되었다. 이는 오늘날 국민들이 행정이 내리는 결정이 합법적인 것인가 혹은 위법한 것인가에 대하여 관심이 있는 것이 아니라 만인이 수긍할만한 합리성과 공정성을 담보하고 있는가를 중시하는 경향과도 무관하지 않다. 따라서 신사조행정법학에서 흔히 등장하는 거버넌스에 대한 논의는 헌법상 공적 결정를 내리기 위한 주체로서의 행정조직법정주의, 권한과 의무, 책임의 명확한 분배와 귀속, 예측가능성과 명확성을 중심으로 하는 법치주의원리와 상당한 정도로 유리된 측면이 있다. 이는 고전적인 법치주의원리의 측면에서 보면 상당히 우려스러운 일이지만 오늘날 행정법 질서에서는 자연스러운 현상으로서 그 독자성과 특수성이 반영된 결과라고 할 수 있다.

헌법과 행정법간의 관계 설정이라는 주제와 관련하여 행정법 질서에서 행정절차의 위상과 의미가 변화됨으로 인하여 헌법상 적법절차원칙의 지향점과 역시 다소간의 틈이 벌어지고 있음을 지적하지 않을 수 없다. 전통적으로 헌법상 적법절차원리는 미국수정헌법 제5조나 제14조에 따라 법의 적법한 절차에 의거하는 경우에만 국민의 자유와 권리의 제한과 박탈이 가능하다는 의미에서 절차적 정의를 실현하는 헌법원리로 이해하는 것이 일반적이다. 우리나라 헌법재판소결정이나 대법원판결 등에서도 적법절차원리는 행정절차법이나 개별법상의 특별 행정절차를 중심으로 불이익한 처분이나 계획의 결정 전에 상대방에게 대한 사전통지, 청문, 공청회 등 의견청취, 이유제시 등의 절차를 준수하지 않은 처분이나 계획결정 등 당해 행위의 위법을 인정하는 사법적 심사기준으로 적용된다. 하지만, 오늘날 행정절차는 다양한 이해관계를 가지는 시민, 전문가, 관련 행정청 등이 한 자리에 마주 앉아서 대다수 국민들의 삶에 중대한 의미를 가지는 공적 의사결정을 내림에 있어서 보다 합리적이고 공정한 대안을 도출하기 위한 일종의 지식과 정보의 교환 및 소통의 장이라는 의미가 부각된다. 행정절차는 합리적 결정의 기초가 되는 새로운 지식을 창출하고 이해관계인들이 이를 학습하며 토론과 의견교환 과정을 거치면서 가장 共同善에 적합한 결정을 이끌어내는 “행정법의 아고라”의 기능을 하게 된 것이다. 이는 기존의 적법절차와 행정절차가 개별 사건에서 절차적 정의를 추구하는 것과는 상당히 다른 양상이라고 할 수 있으며, 그러한 측면에서 오늘날 헌법상 적법절차에 비하여 행정법 질서에서의 행정절차는 새로운 기능과 의미가 부여되는 것으로서 그 독자성과 특수성이 발견 된다.

이상과 같은 논의를 통해서 분명해지는 사실은 행정법이 헌법질서와 원리를 구체화한다는 명제가 헌법의 지배와 헌법재판제도가 성숙화된 우리나라에서도 여전이 타당한 측면이 있지만 기술과 효율성이 극대화된 현대 행정의 특징과 합리적이고 공정한 국가의 의사결정을 선호하는 국민의 기대라는 관점에서 볼 때 행정법의 전면적인 헌법기속성이 과연 가능한 것이며 더 나아가 바람직한 것인지 근본적인 의문이 제기된다. 오히려 헌법과 행정법 질서는 각자가 추구하는 이념과 가치로 인하여 더욱 유리되고 상호간의 독자적 성격이 고착화되는 것은 아닌지, 또한 이러한 현상을 우려스럽다거나 바람직하지 못한 것으로 평가하고 양 법질서 간의 간극를 인위적으로 메우려 하는 것이 오히려 부자연스럽고 국민이 바라는 바와 배치된다면 헌법의 구체화법으로서의 행정법이라는 명제는 상당 부분 수정이 불가피할 것으로 보인다. 앞으로 헌법과 행정법 질서와의 관계에 대한 근본적인 문제 제기에 관하여 공법학이 어떠한 방향으로 대화하고 바람직한 해법을 제시할 수 있을지 관련 연구자들 각자 자신의 역할에 대해서도 많은 고민이 필요할 것으로 보인다.

사항색인

ㄴ

ㄷ

ㄹ

ㅁ

ㅂ

ㅅ

ㅇ

ㅈ

ㅍ

ㅎ

[저자약력]

연세대학교 법과대학 법학과 및 동대학원 졸
독일 Tübingen 대학교 법학박사
연세대학교 경법대학 교수 및 한양대학교 법과대학 교수 역임
독일 아데나우어재단(Konrad-Adenauer-Stiftung) 초청교수
LG 연암재단 해외 파견교수
독일 훔볼트재단(Alexander von Humboldt-Stiftung) 객원교수
한국공법학회 출판이사, 총무이사 역임
연세학술상 수상
훔볼트재단(Humboldt Foundation) 선정 2020년 라이마 뤼스트 국제연구상(Reimar Lüst Award) 수상
대검찰청 정책자문위원
법무부자문위원, 행정자치부자문위원
경제정의실천시민연합 시민입법위원장
헌법재판소 헌법연구위원 역임
헌법재판소 헌법발전연구위원회 위원장
현재 연세대학교 법학전문대학원 교수
한국수법포럼 좌장
한국탄소법학회 회장
법무부정책자문위원
(사)행정법과 법치주의학회 회장

저서 및 논문

세법 - 조세법과 공법원리, 법문사
개별행정법 제2판, 법문사
행정법판례평론 - 사례와 해설, 홍문사
일반행정법 제9판, 홍문사
행정절차법제정연구(공저), 법문사
민자유치론(공저), 박영사
법학개론(공저), 박영사
물과 인권(공편저), 도서출판 피어나
수법연구, 신조사
수법연구 II, 신조사
Rechtfertigung von Sonderabgaben, Duncker & Humboldt Berlin
Vom paternalistischen zum parterschaftlichen Rechtsstaat, Nomos Verlagsgesellschaft, Baden-Baden

신사조행정법

2023년 4월 20일 초 판 제1쇄인쇄
2023년 4월 30일 초 판 제1쇄발행

저 자 김성수
발행인 이명재 · 이종은
발행처 **신 조 사**
서울특별시 마포구 독막로 295 삼부골든타워 212호
전 화 (02) 713-0402 FAX (02) 713-0403
등 록 1994. 7. 4, 제17-179호(倫)
E-mail: sinjosa@sinjosa.co.kr http://www.sinjosa.co.kr

저자와 협의하여 인지첩부를 생략함

파본은 바꿔드립니다.

정 가 35,000 원

ISBN 979-11-86377-90-1